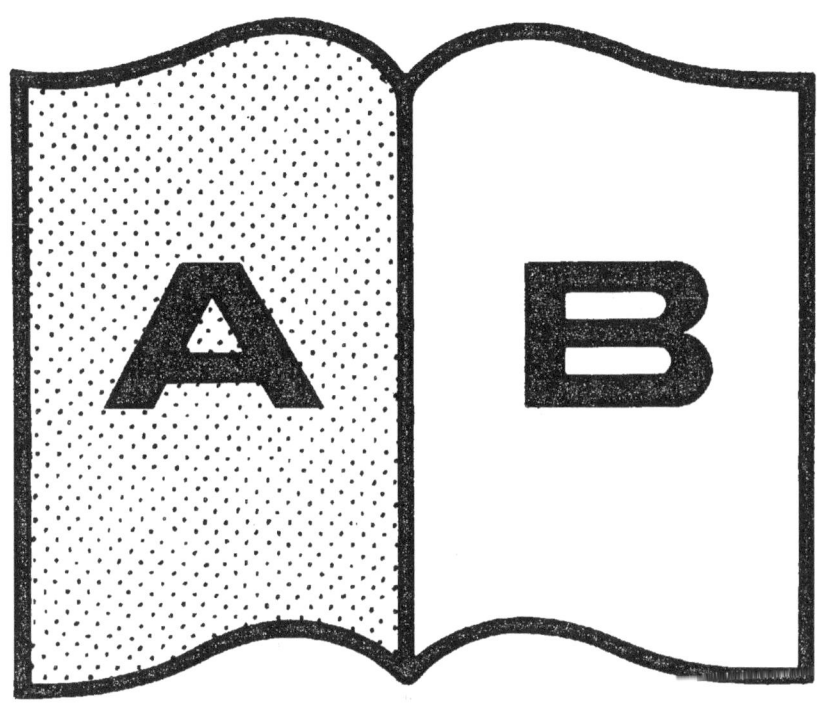

Contraste insuffisant

**NF Z 43**-120-14

Z 7746

# JUGEMENS
## DES
# SAVANS
## SUR LES
# PRINCIPAUX OUVRAGES
## DES
# AUTEURS
## PAR
## ADRIEN BAILLET.

Revûs, corrigés & augmentés par M. DE LA MONNOYE
de l'Académie Françoise.

TOME QUATRIEME.

A PARIS,

Chés { CHARLES MOETTE, ruë de la Bouclerie, près le Pont S. Michel.
CHARLES LE CLERC, Quai des Augustins.
PIERRE MORISSET, ruë Saint Jacques.
PIERRE PRAULT, Quai de Gêvres.
JACQUES CHARDON, Imp. Libraire, ruë du Petit-Pont.

M. DCCXXII.
*Avec Approbations & Privilége du Roi.*

# JUGEMENS
# DES SAVANS,
## SUR LES
### PRINCIPAUX OUVRAGES
# DES POETES.
*SECONDE PARTIE.*

Contenant les Poëtes Latins depuis les Guerres Puniques, & quelques-uns des Grecs, jufqu'à la renaiffance des Lettres.

---

*De quelques Anciens Poëtes Tragiques & Comiques, dont il nous refte des Fragmens.*

1. M. LIVIUS ANDRONICUS, à la fin de la premiere Guerre Punique.
2. CN. NÆVIUS mort à Utique (aujourd'hui Bizerte) en la 144. Olympiade, l'année que Scipion paffa en Afrique.
3. Q. ENNIUS né l'an 515. de la Ville de Rome, mort l'an 586. ou 585. en l'Olympiade 153. fous le Confulat de Q. Marcius Philipp. & de Cn. Servilius Cæpion, comme dit Ciceron.\*

\* *In Bruto, & de Senectute.*

I. Livius Andronicus eft confideré comme le premier de tous les Poëtes Latins. La premiere piéce qu'il fit fut repréfentée en la premiere année de la 135. Olympiade, l'an 514. de la fondation de Rome, fous le Confulat de C. Claudius Centon fils de l'aveugle, & de M. Sempronius Tuditanus, l'année d'après la premiere guerre Punique, un an

Sept ans devant la naiffance de Caron Præticu, felon Ciceron *de Senectute.*

Liv. Andronicus. devant la naissance d'Ennius, 240. ans devant notre Epoque vulgaire, 221. ans devant la mort de Virgile, & selon le calcul d'Agellius ou Aulu-Gelle, 160. ans plus ou moins depuis la mort de Sophocle & d'Euripide, & environ 52. depuis celle de Ménandre. (1)

Les Censeurs de ce Recueil ne me voudront peut-être point pardonner cette espece de digression qu'ils jugeront être un peu éloignée de mon sujet, s'ils la considerent toute seule ; mais on les prie de remarquer qu'il n'étoit point hors de propos de fixer l'Epoque de la Poësie Latine, pour donner lieu au Lecteur de porter son jugement sur la naissance, le progrès & la perfection de cette Poësie, qui ne fut à son période que plus de deux siécles après Andronicus

On a donné le nom de Tragédies & de Comédies à ses Poësies ; mais quelque plaisir qu'on prît alors à les chanter ou à les representer, il faut avouer qu'elles étoient encore fort brutes & fort grossiéres. C'est à son sujet que Ciceron (2) dit que les choses ne peuvent point avoir leur perfection dans leur naissance ; & Suetone l'appelle un demi-Grec (3), pour montrer peut-être que son langage étoit doublement barbare.

Mais il ne nous est resté de ses Ouvrages que quelques fragmens qui furent imprimés *à Lyon en* 1603. puis *à Leyde en* 1620. par les soins de *Scriverius*, avec les notes & les corrections de *Vossius*. On y a joint ce qui nous est resté des Tragédies & Comédies de Nævius, d'Ennius, de Pacuvius, d'Attius & de quelques autres anciens Poëtes. Mais c'est une erreur de croire qu'il ait écrit l'Histoire Romaine en vers, & ceux qui ont avancé ce fait l'ont pris pour Ennius. (4)

2 Nævius fit aussi diverses Piéces dramatiques, dont la premiere fut représentée l'an 519. de la fondation de Rome (5), qui selon la

---

1 A. Gell. Noct. Atticar. lib. 17. cap. 21. Vid. & Voss. de Poët. Lat. lib. sing. p.3.

2 Cicero in Bruto. Item Tusculan. qu. 1.

¶ Cicéron, dans l'endroit cité, immediatement après avoir dit que du tems d'Aëtion, de Nicomaque, de Protogéne, & d'Appelle la peinture avoit atteint sa perfection, ce qui n'étoit pas du tems de Zeuxis, de Polygnotus & de Timanthe, ajoute qu'il en est ainsi généralement de toutes choses : *nihil est enim simul & inventum & perfectum*. Ensuite dequoi avant que d'en venir à Livius Andronicus, il parle des Poëtes qu'il suppose avoir précédé Homére.*b*

3 Sueton. lib. de Illustrib. Grammat.

4 Diomed. lib. 3. Grammatic. & alii post illum.

¶ Il faloit citer ici Vossius Instit. Poët. l. 3. pag. 9. Baillet le cite plus bas : mais pour entendre ce qu'il veut dire il faut recourir à l'endroit que j'ai marqué de Vossius. §

5 ¶ Aulu-Gelle qui suit cette supputation l. 17. c. 21. en avoit suivi une autre l. 4. c. 3. où il dit que ce fut l'an 523. sous le Consulat de M. Attilius & de P. Valerius. Mais alors ce ne seroit ni en 523. ni en 519. puisque c'est en 1526. que les Fastes Capitolins marquent ce Consulat. §

## POETES LATINS.

remarque d'Aulu-Gelle fut aussi celui du premier divorce qu'on eût *Nævius.* jamais vû à Rome jusqu'alors. (1)

Il fit aussi l'Histoire de la guerre Punique en vers, mais sans distinction aussi bien qu'Ennius; de sorte que c'est à C. Octavius Lampadion que l'on devoit la division en sept Livres, qui en avoit été faite dans la suite selon Suetone (2), comme Varguntejus avoit fait la division de l'Ouvrage d'Ennius en dix-huit Livres.

La Poësie de Nævius étoit composée de vieux vers, qu'on appelloit *Saturniens* aussi bien que ceux d'Andronicus (3). C'est ce qui avoit fait croire à Ennius qu'il pouvoit les railler, & sur tout Nævius qu'il releguoit parmi les Faunes & les Poëtes Sauvages, à cause de l'irregularité & de la dureté de ses vers. En quoi Ciceron a jugé qu'Ennius étoit blâmable d'autant plus qu'il y avoit une espece d'ingratitude à ne pas reconnoître publiquement combien l'Ouvrage de Nævius lui avoit été utile pour composer le sien.

3 Si nous voulions même nous arrêter à la Critique de Volca- *Ennius.* tius Sedigitus, qui a fait en treize vers le jugement des dix principaux Poëtes Comiques des Latins, nous serions obligés de préferer Nævius à Ennius, puisqu'il met Nævius au troisiéme rang, & qu'il ne donne que le dernier à Ennius. (4)

Mais pour faire voir le peu de solidité qui se trouve dans ce jugement de Sedigitus, il suffit d'alleguer l'autorité de Ciceron, qui reconnoît qu'Ennius est beaucoup plus accompli que Nævius (5), quoiqu'il eût pris beaucoup de choses de lui, selon le même Auteur.

Ennius étoit très-persuadé lui-même de son propre merite; car sans parler du mépris qu'il témoignoit avoir pour les autres Poëtes ses contemporains, il a crû devoir se féliciter lui-même de faire des vers capables d'échauffer les cœurs, & de porter le feu jusques dans la moüelle des os. (6)

---

1 Cicero in Bruto seu de Clar. Oratorib. Item Petr. Scriverius in Proleg. ad Fragm. Trag. Enn. & aliorum.
 Gerard. Joan. Voss. lib. 1. de Hist. Lat. cap. 2. pag. 6. 7.
 Idem lib. sing. de Poëtis Latin. & Instit. Poëtic. lib. 3. pag. 9.

2 Sueton. Tranquil. lib. de Illust. Grammatic.

3 Vossius prétend contre Villiomare ou Scaliger, que Livius Andronicus avoit fait des vers héroïques. Grosippus ou Scioppius dit la même chose, mais on croit qu'il y a faute au mot de Livius pour *hujus* ou pour Ennius.

4 Volcat. Sedigitus apud A. Gellium lib. 15. Noct. Attic. cap. 24. ubi de Poëtis Comicis.

5 Cicero in Bruto ut suprà; ubi ait Nævio Ennium multa debere, Nævio suffuratum si negaret, ab eo sumpsisse si fateretur.

6 Ennius de se ipso apud Nonium Marcel. voc. *propinare*, & *Medullitus*.

A ij

## POETES LATINS.

*Ennius.* Effectivement c'étoit un Poëte de grand genie (1), au jugement de Ciceron & d'Ovide même, qui ajoute néanmoins qu'il n'avoit point d'art. (2)

*Ennius ingenio maximus, arte rudis.*

Ce sentiment a été embrassé par plusieurs des Critiques modernes, mais la plupart reconnoissent qu'il a recompensé ce défaut d'art par la vivacité de son esprit, par cette force & ce feu divinement infus dans son imagination (3); lequel lui a fait faire des vers sans savoir les regles de la Poëtique. & selon la remarque de Candidus Hesychius (4), il a fait voir en lui-même la différence qui se trouve quelquefois fort réellement entre les effets de la Nature & ceux de l'Art dans une même tête.

C'est peut-être ce feu & cet enthousiasme qui a porté Horace à nous le representer comme un beuveur; & qui lui a fait dire que jamais il ne s'étoit mis à faire de vers qu'il ne fût dans le vin (5): & quoi qu'Ennius ne vécût pas d'ailleurs dans le siécle de politesse, on peut néanmoins attribuer à cet emportement naturel, où il étoit presque sans cesse, la précipitation & le peu d'exactitude dont il est accusé dans un autre endroit d'Horace (6) qui n'a point laissé de l'appeller un homme sage, courageux, & pour tout dire, un second Homere.

Scaliger jugeoit par les restes de ses Poësies qu'on a tâché de sauver, que ce Poëte avoit le génie grand & élevé (7): & il prétendoit que si nous l'avions entier, nous nous passerions fort bien de Lucain, de Stace, de Silius Italicus (8) &c. Il ajoute que Virgile avoit

---

1 Oration. pro Muræna cap. 14.
Idem Cicero de Ennio passim honorific. mention. habet ut Academ. quæst. lib. 1. de Finib. lib. 1.
Item de Oratore lib. 3. non semel & lib. 1. ejusdem operis de Oratore non semel &c.
2 Ovidius 2. Tristium. Iterum in 2. Amor. elegiâ 15.
3 Candid. Hesychius in Dissertat. Godelius an Poëta cap. 2. pag. 75.
4 ¶ Le P. Vavasseur contre Antoine Godeau Evêque de Grasse. §
5 Horat. lib. 1. Epistolar. Ep. 19. v. 7.
6 Idem lib. 2. Epistol. Ep. 1. ad August. vers. 50.
7 Jos. Scal. in priorib. Scalig. pag. 78.
8 ¶ C'est dans le *prima Scaligerana* au mot *Ennius*. Je rapporterai le passage entier pour y faire une correction. *Ennius Poëta antiquus, magnifico ingenio. Utinam hunc haberemus integrum, & amisissemus Lucanum, Statium, Silium Italicum, & tous ces garçons-là.* Je crois qu'il faut lire *Gascons*, pour marquer la différence du style naturel d'Ennius au style enflé de Lucain, de Stace & de Silius, sur tout de Lucain & de Stace. Scaliger au reste en disant, Plût à Dieu que nous eussions Ennius entier, & que nous eussions perdu Lucain, Stace & Silius, déclare par-là qu'il estimoit plus Ennius seul, que les trois autres Poëtes ensemble, mais il n'entend pas, comme l'explique Baillet, que nous nous passerions fort bien de ces trois Poëtes si nous avions Ennius entier, puisque non seulement il ne contient absolument rien de ce qui est dans Lucain & dans Stace, mais qu'il

POËTES LATINS.

fait beaucoup de profit dans la lecture de ses Ouvrages, & qu'il en avoit pris jusqu'à des vers entiers, que ce Poëte par reconnoissance appelloit des perles tirées du fumier d'Ennius. (1)

Au reste il est bon de remarquer qu'Ennius a été le premier qui ait employé les Vers Epiques ou Héroïques parmi les Romains, & qu'on le considere comme celui qui en est l'Auteur & qui en a introduit l'usage (2). Il a tiré, pour ainsi dire, la Poësie Latine des bois & des villages pour la transplanter dans la ville, afin qu'on pût l'y cultiver, & qu'on s'appliquât davantage à la polir. Et pour y mieux réussir, il a fait conduire du mont Parnasse en Italie les eaux d'Hippocrene, s'il m'est permis de parler comme les Poëtes. C'est ce que Lucrece a voulu nous faire connoître par une expression toute differente, lorsqu'il a dit. (3).

*Primus amœno*
*Detulit ex Helicone perenni fronde coronam*
*Per Gentes Italas.*

Mais avec tous ces soins, on peut dire qu'Ennius ne pût point encore venir à bout de détruire entiérement la barbarie des siécles précedens, & quoiqu'Horace témoigne (4) qu'il a beaucoup enrichi la Langue du pays par un grand nombre de mots nouveaux qu'il mit en usage; néanmoins on ne peut pas dire que cela ait contribué à rendre son discours plus élégant & à polir son style qui a toujours passé pour un style rude & grossier. C'est ce qui a fait dire à Quintilien (5) que ce style n'avoit presque rien de considerable que son antiquité, comme ces vieux bois qui deviennent l'objet du culte superstitieux des paysans, & comme ces grands chênes des futayes

qu'il ne remplaceroit pas même beaucoup d'endroits de Silius.

1 Voss. Instit. Poëtic. lib. 3. pag. 9.
Item Philipp. Brietius lib. 1. de Poëtis Lat. pag. 3.
Vid. & vit. Virgil &c.

* Scaliger dans l'endroit cité n'ajoute quoique ce soit à ce que je viens d'en raporter. Le mot de Virgile touchant Ennius n'est pas non plus dans l'endroit où Bailler renvoie des Institutions poëtiques de Vossius. Je ne dirai rien du P. Brict que je n'ai pas. La citation seule de la Vie de Virgile suffisoit.

2 Dempster in Elench. ad Rosin. Antiquit. Roman.

Item Ger. Jo. Voss. de Histor. Lat. lib. 1. cap. 2. &c.

¶ Ces paroles de Dempster dans son Index des Auteurs sur Rosin : *Primus magni nominis Heroïcorum*, ne signifient pas qu'Ennius a le premier introduit l'usage des vers Héroïques, mais qu'il est le premier qui se soit rendu célébre parmi les Poëtes Héroïques. Ce n'est pas que je nie qu'Ennius soit le premier Poëte Héroïque, je nie seulement que ces paroles de Dempster le prouvent.

3 Lucret. de Rer. Nat. Carm. lib 1.
4 Horat. de Arte Poëtic. vers 56. 57.
5 Quintilian. lib. 10. cap. 1. Institution. Oratoriar.

**POETES LATINS.**

*Ennius.* sur lesquels la longueur des années semble avoir attiré la vénération des Peuples qui n'osent y toucher.

Macrobe paroît blâmer ceux qui ne sont point touchés d'un pareil respect pour les vers d'Ennius (1), parce que tout raboteux que paroisse son style, il ne laissoit pas d'être le meilleur de son siécle, & qu'on a eu dans la suite des tems des peines fort grandes pour tâcher d'amolir cette dureté universelle. D'ailleurs Ennius avoit plus qu'aucun autre Poëte Latin de son tems des talens particuliers qui rendoient ses Poësies de plus grande recherche que celles des autres. Car on peut dire que la véhémence & la force de ses pensées servoit beaucoup à soutenir son Lecteur (2), & ceux même qui voudront suivre Paul de Merle ou Merula, croiront avec lui qu'Ennius est le veritable Pere de toute l'élégance & de la politesse qui a paru depuis dans la Poësie Latine (3), & qu'on l'a dû honorer en cette qualité,
„ avant même qu'il eût senti la grace du nombre & de l'harmonie
„ des mots qui étoit dans les Poëtes Grecs, & dont il n'a fait paroître
„ aucun vestige dans ses vers, selon le P. Rapin. (4)

Les Poësies d'Ennius consistoient en diverses Tragédies & en dix-huit livres d'Annales de la Republique de Rome. Il nous est resté des fragmens de la plupart de ces Ouvrages. Scriverius a donné les fragmens de ses Tragédies & Comédies à Leiden l'an 1620. in-8°. avec ceux des autres Tragiques Latins, qui avoient déja paru ensemble à Lyon dès l'an 1603. *Merula* a donné ceux de ses Annales à Leyde in-4°. l'an 1595. Mais Jerôme *Colonna* publia ensemble ceux de ses Tragédies & ceux de ses Annales à Naples in-4°. l'an 1590.

\* *Cn. Nævii vita & fragmenta*, se trouve dans le *Corpus Poëtarum Latinorum* pag. 335. in-4°. *Geneva* 1611.\*

---

1 Macrob. Saturnal. lib. 6. cap. 3.
2 Lil. Gregor. Gyrald. de Histor. Poët. Dialog. 4. &c.
3 Paul Merula in Præf. ad edit. frag. Ann. Ennii.
4 Ren. Rapin Reflexions particul. sur la Poëtiq. pag. 101.

¶ Le P. Rapin n'a parlé d'Ennius ni près ni loin dans pas une de ses Réflexions sur la Poëtique, dans l'édition du moins que j'en ai d'Amsterdam 1686. in-12.

## MARCUS PACUVIUS.

Poëte Tragique, vers la 156. Olympiade, neveu d'Ennius, *Nepos*, c'est-à-dire selon Pline, fils de la sœur d'Ennius; mais son petit fils, c'est-à-dire fils de sa fille, selon saint Jerôme (1); natif de Brindes, mort à Tarente âgé de près de 90. ans.

1131 IL a passé pour le plus savant de tous les Poëtes Tragiques qui eussent paru à Rome jusqu'à lui, & il s'en est trouvé très-peu de ceux qui ont vécu après lui jusqu'au tems des Cesars, qui ayent eu l'avantage sur lui en ce genre de Poësie.

Il avoit tiré des Grecs tout ce qu'il avoit de bon aussi bien qu'Ennius & Attius, & c'est une des raisons dont Ciceron se servoit (2) pour faire voir que ses Tragédies n'étoient point à méprifer, quoi qu'il eût le style fort rude & qu'il fut plein de mots dont l'usage étoit passé. Le même Auteur avouë que Pacuvius (3) parloit même assés mal pour son tems, & qu'il n'avoit point cette délicatesse & cette élégance qui paroissoit dans le langage de Lælius & de Scipion ausquels il étoit contemporain.

Mais comme on a pris plaisir de faire le Parallele de ce Poëte avec un autre de même profession nommé *Attius*, nous rapporterons en parlant de celui-ci ce qui nous resteroit à dire de Pacuvius.

Nous ajouterons seulement une reflexion de Mr de Balzac à son sujet. Il dit(4) que quand Varron dans le jugement qu'il fait des Poëtes attribuë la grandeur à Pacuvius & la médiocrité à Terence, il n'a point dessein de préferer l'un à l'autre ni d'estimer davantage le grand que le médiocre. Il veut seulement, selon lui, representer par ces deux exemples l'idée & la forme des deux genres differens qui sont celui de la Poësie Tragique & celui de la Comique.

\* *M. Pacuvius* se trouve dans *Corpus omnium veterum Poëtarum Latinorum* in-4°. *Lugd.* 1603. — *Idem secunda editio* in-4°. 2. vol. *Genev.* 1611. — *Idem* in-fol. 2. vol. *Lond.* 1714.\*

---

1 ¶ Staliger dans son étition de la Chronique d'Eusébe traduite par S. Jérôme a supprimé ces mots *Ennii Poetæ ex filia nepos*, comme suspects de faux. §

2 Cicero Quæstion. Academic. lib. 1. Item lib. 1. de Finibus.

3 Idem in Bruto seu de Oratore. Item Quintilian. Instit. Orator. Item Phil. Briet. lib. 1. de Poët. pag. 4.

4 Balzac Traité du Caractere de la Comédie pag. 57. 58.

## L. ATTIUS.

Poëte Tragique plus jeune que Pacuvius de cinquante ans, né sous le Consulat de Mancinus & de Serranus, en l'Olympiade 152. nommé par d'autres Auteurs, *Accius* ou *Attius*, mort l'an de la Ville 618. en l'Olympiade 161.

1132   IL ne nous reste plus que des fragmens des Tragédies d'Attius, comme de celles de Pacuvius. Ils en firent representer ensemble & sous les mêmes Ediles ; mais Ciceron nous a fait remarquer (1) qu'Attius n'avoit alors que trente ans, au lieu que Pacuvius en avoit quatre-vingts.

Les anciens Romains du tems de la Republique étoient assés partagés sur la préférence dans la comparaison qu'ils faisoient des Ouvrages de ces vieux Poëtes, & particuliérement de Pacuvius & d'Attius. Les uns disoient que les Vers de Pacuvius étoient plus travaillés & plus polis (2) : les autres reconnoissoient qu'effectivement il y avoit quelque chose de plus dur dans les Vers d'Attius, mais qu'ils seroient néanmoins de plus longue durée, & ils les comparoient à ces pommes de garde qu'on a coutume de cueillir auparavant qu'elles soient dans une pleine maturité, & que l'on met sur la paille pour les conserver & les y faire meurir avec le tems. (3)

C'est la raison qu'Attius donna lui-même à Pacuvius, lorsqu'en son voyage d'Asie il le fut voir à Tarente où il s'étoit retiré sur la fin de ses jours. Ce fut-là qu'il lut sa Tragedie d'*Atrée* à Pacuvius, celui-ci lui en dit son sentiment comme il l'avoit souhaité, il loua son style pour la grandeur & la belle cadence qu'il y trouvoit, mais sur ce qu'il témoigna qu'il ne lui paroissoit point assés doux ni assés poli, Attius lui repartit qu'il en esperoit d'autant plus de succès qu'il voyoit que les fruits qui sont si tendres dans le tems qu'on les cueille se pourrissent au lieu de se perfectionner lorsqu'on prétend les garder, & qu'il attendoit de l'avancement de son âge la maturité de son esprit & de celle de ses productions. C'est ce qu'on peut voir dans Aulu-Gelle (4). Mais on ne voit pourtant pas que la suite du tems qu'il a vécu ait parfaitement répondu à ses esperances. Car

---

1 Cicero in Bruto seu de Clar. Oratorib.
2 Idem Cic. de Oratore non semel & de opt. gen. Orator.
3 Ap. Philip. Briet. lib. 1. de Poët. Lat. pag. 415. &c.
4 A. Gell. Noct. Attic. lib. 13. cap. 2.

ses Vers au jugement des Critiques Romains, n'avoient presque rien de la douceur de son naturel. (1)

Mais au reste il avoit du génie pour la Tragédie. Ovide dit (2) qu'il étoit mâle & courageux dans ses expressions. Horace lui donne un air de grandeur & d'élévation, & il dit que si Pacuvius avoit le dessus pour l'érudition, Attius l'emportoit par la force & la sublimité (3). C'est aussi le sentiment de Quintilien, qui ajoute que nonobstant cette difference ils avoient donné tous deux de la gravité à leurs pensées & du poids à leurs paroles, & que s'ils sont tombés dans diverses imperfections, ça été moins leur faute que celle des tems où ils ont vécu (4). [Pour l'édition, voyés à la fin de l'art. 1531.]

1 Vellei. Patercul. lib. 1. Histor. Vid. & Horat. lib. 1. sat. 10.

¶ Il n'est parlé nulle part de cette douceur de naturel d'Attius, qui en pouvoit cependant avoir.

2 Ovid. lib. 1. Amor. Elegia 15. Vid. & idem Ovid. idem Cicer. Horat. passim, & alii à Giraldo Scriverio collecti.

3 Horat. lib. 2. Epist. 1. &c.

4 Quintilian. Institution. Oratoriar. lib. 10. cap. 1.

De Attio plura apud Girald. de Histor. Poët. Dialog. 8. pag. 897. & seqq. Petr. Scriver. in Prolegomen. ad fragment. Voss. lib. de Poët. Lat. p. 6. 7. Item lib. 1. Hist. Lat. cap. 7. lib. 1. pag. 29. 30. où il est parlé des Annales qu'Attius avoit faits en Vers.

---

## CÆCILIUS du Milanois,

poëte Comique, qui étant esclave s'appelloit *Statius Cæcilius*, & depuis son affranchissement, *Cæcilius Statius*; contemporain d'Ennius, mort après lui.

1133    LE peu de fragmens qui nous reste de cet Auteur ne suffit pas pour nous faire juger de l'équité de la Censure que les Critiques en ont faite.

Ciceron nous apprend qu'il parloit mal Latin aussi bien que Pacuvius (1), quoi qu'il y eut de leur tems des gens qui parloient cette langue à Rome parfaitement bien & fort délicatement, tels qu'étoient Lælius & Scipion; & il a dit encore ailleurs que Cæcilius étoit un mauvais Auteur de la Latinité. (2)

Quelque grand que fût ce défaut, il n'a point fait, ce semble, beaucoup d'obstacle à l'estime que la plupart des Anciens ont témoignée pour ses Comédies. Varron ne le croyoit inférieur à personne

1 Cicero in Bruto seu de claris Oratorib.
2 Idem in Epistol. ad Atticum. Item ap. Phil. Brier.

**Cæcilius.** d'entre les Poëtes de la même Profeſſion pour le bonheur avec lequel il ſavoit trouver un ſujet, & le bien traiter (1). Horace ſemble lui donner le premier rang pour la gravité, comme à Terence pour l'artifice (2), du moins étoit ce l'opinion commune du Peuple Romain de ce tems-là, ſelon le ſens que quelques Critiques d'aujourd'hui donnent à ce ſentiment d'Horace.

Ciceron même qui blamoit ſi fort ſon ſtyle, ne s'oppoſoit point d'ailleurs à ceux qui vouloient alors faire paſſer Cæcilius pour le meilleur des Poëtes Comiques (3). Il paroît auſſi qu'il avoit des défenſeurs de ſa Latinité contre ceux qui étoient de l'avis de Ciceron, & Patercule n'a point fait difficulté de dire qu'il étoit un de ceux qui ont fait fleurir la Langue Latine, & qui en ont mis les beautés, les douceurs, & l'élegance dans le bel uſage (4). Quintilien après avoir dit que les Anciens combloient d'éloges les Ouvrages de Cæcilius, ce qu'il ne nous fait point remarquer de ceux de Terence, ajoute qu'effectivement les uns & les autres ſont très-élégans, mais qu'ils auroient encore eu plus de grace ſi ces Auteurs avoient voulu ſe renfermer dans les bornes regulieres des Trimetres (5). Mais rien ne paroît plus glorieux pour la reputation de Cæcilius que ce que l'on dit de Terence, qui, ſelon la remarque qu'en a fait le P. Briet (6) avoit coutume de lui porter toutes ſes piéces pour les ſoumettre à ſon jugement, de la ſolidité duquel il avoit une opinion merveilleuſe.

Enfin Cæcilius doit être à la tête des dix principaux Poëtes Comiques qui ayent jamais été parmi les Latins, ſi l'on veut déférer au jugement de Volcatius Sedigitus, qui s'étant mêlé de diſtribuer les rangs entre eux, a donné le premier à notre *Cæcilius*, le ſecond à *Plaute*, le troiſiéme à *Nævius* dont nous avons déja parlé, le quatriéme à *Licinius*, le cinquiéme à *Attilius*, le ſixiéme à *Terence*, le ſeptiéme à *Turpilius*, le huitiéme à *Trabea*, le neuviéme à *Luſcius*, & le dernier à *Ennius*. (7)

Il ſemble que Nonius Marcellus ait été dans le même ſentiment

---

1 Varro in Parmenone. Item ap. Joſeph. Scaligerum. Jul. Cæſ. Scalig. l. 6. Poëtices cap. 2. pag. 266. Remarq. anon. de Franc. Vavaſſ ſur les Reflex. de la Poët. pag. 124.
2 Horat. lib. 2. Epiſtol. 1. ad Auguſt. Verſ 59.
3 Cicero lib. de optim. gener. Orator.
4 Vellei. Patercul. lib. 1. Hiſtor.
5 Quintilian. Inſtitution. Oratoriar. lib. 10. cap. 7.

6 Phil. Briet. de Poët. Lat. lib. 1. pag. 4. præmiſſ. Acute Dictis.

¶ Térence, comme on voit dans ſa vie attribuée à Suétone, lut ſon Andrienne à Cécilius, par l'ordre des Ediles; mais qu'il lui ait lû ſes autres pièces, nul ancien ne l'a écrit.

7 Apud A. Gell. Noct. Atticar. lib. 15. cap. 24.

depuis Sedigitus à l'égard de Cæcilius (1). Mais les Critiques modernes se sont récriés contre le jugement de ce Sedigitus (2), & ils ont cru faire grace à notre Cæcilius de lui donner le troisiéme rang après Plaute & Terence malgré toute l'Antiquité dont nous venons de rapporter les témoignages. [ Voyés à la fin de l'art. 1131. ]

1 Non. Marcell. Voc. *poscere.*
2 J. Henr. Boëcler. de judic. in Terent. prolegom. in edit. ejusd. Terent.

---

## PLAUTE *Marcus-Accius.*

Poëte Comique, natif de *Sarsine sur les confins de l'Ombrie & de l'Emilie*, ou pour parler comme on fait aujourd'hui, *du Duché de Spolete & de la Romandiole,* plus jeune qu'Ennius, Pacuvius & Attius; mort néanmoins avant eux l'an de la fondation de Rome 570. la premiere année de la 149. Olympiade, 184. ans devant l'Epoque Chrétienne, sous le Consulat de Publius Claudius Pulcer, & de L. Porcius Licinius.

1134  Les anciens Critiques ne se sont point accordés sur le nombre des Comédies que l'on a attribuées à Plaute, les uns en comptoient vingt & une, & les autres vingt-cinq, d'autres quarante, quelques-uns cent, & d'autres enfin lui en donnoient jusqu'à cent trente. Mais ils confondent avec les siennes celles de divers autres Comiques, & particulierement celles de Plautius dont le nom avoit donné lieu à l'erreur à cause de sa proximité avec celui de notre Poëte. (1)

Parmi ce grand nombre de Comédies, Mr Menage dit (2) qu'il y en avoit tant de mauvaises, que Varron n'en trouva qui fussent dignes de lui que vingt & une seulement, qui furent appellées à cause de cela les Varroniennes.

Quoiqu'il en soit, il ne nous reste aujourd'hui que vingt Piéces qui portent son nom. Entre toutes ces Comédies il n'y en a pas une qui n'ait ses beautés particulieres, mais celle de l'*Amphitryon* semble être la plus estimée selon Mr Rosteau (3) qui remarque qu'elle a des

1 A. Gellius Noct. Atticar. lib. 3. cap. 3. Item Lil. Greg. Gyrald. de Histor. Poëtar. Dialog. vIII. pag. 887. & antea. Item Ger. Jo. Voss. lib. de Poët. Latin. pag. 9.
G. Menage Réponse au Discours sur l'Heautontimorumene de Terence pag. 45.
2 ¶ Après Aulu-Gelle l. 3. c. 3
3 Rosteau Sentim. sur quelques Auteurs pag. 40. 41. MS. dans la Biblioth. de l'Abbaye de Sainte Geneviéve.

B ij

**Plaute.** agrémens dont la Comédie Françoise a fu fe parer avec beaucoup d'avantage. Néanmoins quelques Critiques modernes ont trouvé des fautes de jugement dans cette Comédie de l'Amphytrion, comme lorfqu'il fait jurer Sofia & Amphytrion par Hercule qui ne devoit être conçu que cette nuit-là, felon le calcul de Monfieur de Balzac. (1)

D'autres Critiques cités par Mr Menage (2), & particulierement Muret dans fes diverfes Leçons, Heinfius dans les Notes fur Horace, & Voffius dans la Poëtique prétendent qu'elle eft contre la durée du tems prefcrit pour ces fortes de reprefentations qui n'eft que d'un jour ou tout au plus que de l'efpace de vingt-quatre heures. Ils veulent qu'elle foit de plus de neuf mois, & qu'Alcmene y conçoive & qu'elle y accouche. Mais ces Meffieurs fe trompent felon Mr Menage, étant certain qu'Alcmene étoit groffe de plus de dix mois quand la Comédie commence. Ce qui leur a pû donner cette penfée eft le difcours que fait Plaute de cette longue nuit qui en dura trois, dans laquelle Hercule ayant été conçû, ils ont crû qu'il l'avoit auffi été dans cette Comédie, fans fe fouvenir que Plaute y a corrompu la Fable, comme l'a remarqué Jules Scaliger au fixiéme Livre de la Poëtique, & qu'il a pris cette longue nuit pour celle de la naiffance de ce Héros.

Plaute ne s'étoit point propofé Menandre pour modéle, comme avoit fait Cæcilius dont nous venons de parler, mais il s'étoit attaché à fuivre Diphile, comme il paroît parce que nous en a dit Terence (3). On prétend auffi qu'il avoit tâché d'imiter Philemon & d'autres Comiques Grecs inferieurs à Menandre (4). Horace même femble nous faire connoître qu'il avoit marché fur les pas d'Epicharme Poëte de Sicile (5). Et ce fentiment qui étoit l'opinion commune des Romains du tems d'Augufte, eft affés favorable à ceux qui jugent que Plaute tenoit beaucoup plus de la vieille ou de la moyenne Comédie que de la nouvelle, dont étoient Diphile & Philemon auffi bien que Menandre, au lieu qu'Epicharme étoit plus ancien qu'Ariftophane même, & qu'il paffoit pour un des principaux Inventeurs de la vieille Comédie. (6)

La chofe qui a donné le plus de réputation à Plaute, eft fon ftyle & fa maniere de dire des plaifanteries.

1 Balzac Difcours fur la Trag. d'Herod. ou de l'Infanticide de D. Heinfius pag. 113.
2 G. Menage Réponfe au Difcours fur l'Heautontimerumene p. 46. 47. &c.
3 Terent. Prolog. in Adelphor. Comœd.
4 Gyrald. de Poët. hift. dial. 8. pag. 885

Voff. Inftitution. Poëticar. pag. 30.
5 Horat. lib. 2. Epift. 1. ad Auguftum.
6 Jul. Cæf. Scaliger Poëtices lib. 1. pag. 32. Lil. Gr. Gyrald. loc. citat. Tann. le Fevre des Poët. Gr. dans Epicharme; &c. Voff. & Borrich. de Poët. Latin.

Son style est très-Latin.(1) au jugement des Critiques anciens & Plaute. modernes. Aulu-Gelle ou Agellius a voulu le faire passer en plus d'un endroit de ses Nuits Attiques (2) pour le plus élégant de tous les Auteurs Latins, & pour le Maître de la Langue. Varron avoit appris de son Maître L. Ælius Stilo Præconinus à en faire tant de cas, que, si nous en croyons Quintilien (3), il assuroit que si les Muses avoient voulu parler le langage des hommes, elles auroient choisi celui de Plaute pour s'en acquitter avec plus de grace. Et le même Varron lui donnoit le prix de l'expression au préjudice des autres Comiques Latins, comme il le donnoit à Cæcilius pour l'art de bien traiter un sujet, & à Terence pour celui de bien exprimer les mœurs. (4)

Saint Jerôme qui avoit de l'inclination pour le style de Plaute, & qui en aimoit encore la lecture même au milieu de sa retraite & de ses mortifications, comme nous l'avons remarqué ailleurs (5), croyoit y trouver encore quelque chose de plus que de la gentillesse & de l'élégance : & lorsqu'il vouloit éxagerer l'éloquence de quelqu'un, il l'appelloit *l'éloquence de Plaute*. (6)

Ciceron qui avoit un goût merveilleux pour toutes les productions du bel esprit, attribuë à Plaute une délicatesse d'esprit toute particuliere pour la fine raillerie, & pour les rencontres ingénieuses, une adresse singuliere à jetter son sel dans toutes les plaisanteries ; un air enjoué, & cette *urbanité* Romaine pour laquelle notre langue ne nous a point encore donné d'expression. (7)

Mais les Critiques Modernes ne sont pas encore convenus de l'explication que l'on doit donner à la Censure qu'Horace a faite des Comédies de Plaute. On ne voit pourtant pas bien en quoi consiste l'ambiguité ou l'obscurité de ses termes. Il dit assés nettement & sans beaucoup de façon que les ancêtres de ces Romains polis du tems d'Auguste avoient été assés bons, c'est-à-dire pour ôter l'équivoque, assés niais & assés sots pour estimer & pour louer les Vers & les bons mots de Plaute. Et craignant que la Posterité ne prît ce jugement

---

1 Olaus Borrichius Dissertat. de Poët. Lat. pag. 56.
2 A. Gell. Noct. Attic. lib. 7. cap. 18. & sup. lib. cap. 7. Item lib. 3. cap. 3. Item lib. 15. cap. 23. ex Volc. Sedigit.
3 Quintilian. Institution. Oratoriar. lib. 10. cap. 1. Item ex eo Philip. Briet. Soc. J. lib. 1. de Poët. Latin. pag. 5. 6.
4 Varro in Parmenone, item ex eo Voss. Institution. Poëtic. lib. 2. pag. 117.

5 S. Hieron. Epistol. ad Eustoch. Virgil. Tann. le Fevre Vie des Poët. Cr. dans celle d'Aristophane. Tome 1. des Jugem. des Sav. au préjugé des Auteurs Ecclesiast. Item.
6 Vidend. Taubmann. prolegom. ad Plaut. edition. Item Fred. Gronov. Item Rosteau Sent. ut supr.
7 Cicero lib. 1. de Officiis num. 104. p. 38. m.

B iij

Plaute. pour un effet de quelque mauvais goût ou de quelque bizarrerie d'esprit, il se vante au même endroit de s'y conneître un peu, de savoir assés bien faire le discernement entre une boufonnerie grossiere & une véritable délicatesse, & d'avoir l'oreille assés fine pour juger du nombre & de la véritable cadence d'un Vers. (1)

Le peu de rapport qui se trouve entre ce sentiment, & celui de Ciceron, comme de la plupart des autres Anciens, semble avoir mis la division parmi nos connoisseurs, dont les uns ont pris le parti de Plaute, & les autres celui d'Horace.

Mr Gueret a remarqué (2), que ceux qui défendent Plaute contre la censure d'Horace, disent qu'il exigeoit de lui une *Urbanité* que personne n'a jamais connuë. Que c'est un *je ne sai quoi* qu'on ne sauroit expliquer, une grace d'imagination & de fantaisie ; & que depuis tant de siécles que l'on en parle, elle ne s'est rencontrée, dit-on, que dans trois ou quatre génies heureux qui peut-être ne la connoissoient pas eux-mêmes. Quand on veut louer un ouvrage, ajoute cet Auteur, il faut que ce soit par des beautés sensibles & qui sautent aux yeux. L'esprit ne donne son admiration que lorsqu'il se sent piqué, & ce sel Attique que les anciens Maîtres répandoient jusques sur leurs moindres syllabes, n'est point cette *Urbanité* qui s'échappe & qui passe sans dire mot : mais c'est une pointe qui réveille l'imagination, & qui souvent porte son atteinte au cœur. Il n'y a point de Catons à qui Plaute ne plaise. Ses bons mots & ses plaisanteries démontent leur gravité, & l'estime qu'on en fait est si générale qu'on les a traduits en toutes sortes de Langues.

Les autres Partisans de Plaute n'ont pas toujours été si moderés dans la maniere dont ils ont reçu la censure d'Horace. Lipse prétendant avoir raison d'estimer & d'admirer comme il faisoit les railleries agréables & les rencontres plaisantes de ce Poëte, dit qu'il n'a jamais pû lire sans quelque chagrin les Vers *d'un certain homme de Venouse* qui en a jugé autrement (3). Scaliger a porté son ressentiment un peu plus loin que Lipse, & après avoir dit qu'il faut être ennemi des Muses pour n'être point touché de l'agrément & des bons mots de Plaute, il n'a point fait difficulté d'ajouter que lors qu'Horace a porté ce jugement de Plaute, il avoit perdu le juge-

1 Horat. de Arte Poëtic. ad Pisones Epist. post med. *At nostri Proavi*, &c.
2 Traité de la Guerre des Auteurs p. 86. & suivantes.
3 François Blondel comparaison de Pindare & d'Horace pag. 265. 266.
¶ Ce n'est pas à Blondel dans sa comparaison de Pindare & d'Horace qu'il faloit renvoyer, mais à Lipse Antiq. lect. l. 1. c. 1.

ment lui-même (1). C'est ce qui a mis aussi Turnèbe de mauvaise Plaute.
humeur, & qui lui a fait perdre quelque chose de sa gravité ordinaire. Car on ne peut pas nier qu'il n'y ait quelque chose de bas &
de puérile, même dans la méchante plaisanterie qu'il a voulu faire
sur la condition d'Horace, lorsqu'il a dit qu'il aimoit mieux suivre
le sentiment de ces anciens Romains *de qualité* qu'Horace méprise
si fort, que de s'arrêter au goût du *petit fils d'un affranchi*. (2)

Horace de son côté n'a point manqué de Défenseurs dans ces deux
derniers siécles. Le Gyraldi qui d'ailleurs fait assés connoitre son
inclination pour Plaute dit (3) qu'Horace a fait paroitre tant de solidité
de jugement dans tout son Traité de l'Art Poëtique, qu'il n'a garde
de s'imaginer qu'il faille faire une exception pour l'endroit où il
parle si mal de Plaute; & que si on vouloit éxaminer ses Comédies
avec un peu d'éxactitude, on y trouveroit bien des badineries, des
subtilités froides & puériles, & des bouffonneries qui ne sont supportables qu'au Théâtre.

Heinsius étoit bien éloigné de croire comme faisoit Petrus Victorius, qu'on avoit déja perdu à Rome le goût des bonnes choses du
tems d'Horace, & qu'on n'y connoissoit presque plus cette beauté
naturelle de la Langue, & cet enjoûment qui étoit particulier à
Plaute. Il soûtient au contraire que les valets même d'Horace étoient
plus capables de juger de Plaute que plusieurs qui semblent être aujourd'hui dans les premiéres dignités de la Republique des Lettres:
& qu'on peut assûrer par-là que rien n'étoit à l'épreuve d'un esprit
aussi fin & aussi délié qu'étoit celui d'Horace, dans un siécle aussi
éclairé & aussi heureux qu'étoit celui d'Auguste.

Mr Blondel qui a examiné ce point plus particuliérement que les
autres Critiques, fait voir qu'il y a de l'excès dans la severité dont
Scaliger, Lipse, Turnèbe & les autres ont usé à l'égard d'Horace
au sujet de Plaute. Il ne sauroit souffrir qu'on l'accuse de jalousie envers le Comique, comme fait Parrhasius (4), ni qu'on le soupçonne
d'avoir eu du chagrin & une espéce d'antipathie contre lui, comme
l'a prétendu Famianus Strada (5), qui donnoit à Plaute une humeur

---

1 Jul. Cæf. Scalig. Poëtic. lib. 1. Item
Blond. loc. cit.

¶ Blondel ayant cité Scaliger sans marquer l'endroit, ni si c'étoit Jule ou Joseph,
Baillet au hazard a cité Jule l. 1. de sa Poëtique, où il n'est pas dit un mot de ce jugement d'Horace touchant Plaute. C'est Joseph qui sur la Chronique d'Eusébe n. M.
DXXXIV. s'est déchainé là-dessus contre
Horace dans les termes qu'on attribuë ici à
Turnèbe, & que je crois être uniquement de
Joseph Scaliger.¶

2 Hadr. Turneb. in adversar. & ex eo
Blond. ut supr.

3 Lil. Greg. Gyrald. Dialog. 8. de Hist.
Poëtar. pag. 887. tom. 2. in-8.

4 ¶ Prolegom. in Amphitruonem Plauti.
5 ¶ Prolus. l. 3. Prælect. 2.

*Plaute.* enjouée & tournée à la plaisanterie, & à Horace une humeur colere, sombre & mélancholique, ce qui effectivement paroît assés éloigné du caractere de ses Satires, & plus encore de ses Odes.

C'est donc au goût du siécle d'Auguste que Mr Blondel veut qu'on attribuë le jugement qu'Horace a fait de Plaute, parce, dit-il, que ce siécle étoit ennemi des mauvaises boufonneries, selon l'aveu même de Strada. Comme Horace n'a parlé le plus souvent que suivant les sentimens où étoient les honnêtes gens de son tems à l'égard des Auteurs, on ne doit pas s'imaginer que ce qu'il a dit de Plaute soit different de ce qu'en pensoient alors les personnes de bon goût, lesquelles étant accoûtumées aux délicatesses & aux cadences agréables des Poëtes Grecs dont les Romains faisoient alors leurs délices, ne trouvoient peut-être plus dans les manieres de Plaute ni dans les mesures si peu régulieres de ses Vers ces agrémens & ces douceurs que leurs Ancêtres y sentoient, parce qu'on n'avoit point encore vû rien de meilleur. Enfin il n'est pas étrange que sous un Monarque on ne prît plus tant de plaisir aux contes impertinens, aux pointes recherchées & aux boufonneries insipides, qui charment d'ordinaire la Populace dans un Etat Démocratique, & qui d'ailleurs avoient la grace de la nouveauté du tems de Plaute. (1)

Les siécles suivans étant déchus de ce point de délicatesse, semblent avoir repris le goût que les Anciens avoient pour Plaute avant qu'on eût eu la communication des Poëtes Grecs. C'est ce qui paroît non seulement par ce que nous avons déja rapporté de S. Jerôme, mais encore par l'estime particuliére que Macrobe & divers autres Auteurs témoignent (2) avoir eu pour ses Comédies.

Depuis la renaissance des Lettres, les Critiques voulant éviter les deux extremités où ils avoient vû les Anciens au sujet de Plaute, ont jugé que comme il y avoit quelque chose à louer, il se trouvoit aussi quelque chose à reprendre dans cet Auteur. Les principaux d'entre ceux qui en ont usé de la sorte, sont, ce me semble, Jules Scaliger, Gerard J. Vossius, l'Abbé d'Aubignac, & le P. Rapin, dont je rapporterai ici les jugemens.

Jules Scaliger dit (3) que Plaute, malgré les douceurs & les agrémens qui paroissent naturels en lui, n'a point laissé d'employer toute l'aigreur de la vieille Comédie des Grecs. Il témoigne ailleurs que lui & Terence ont été les principaux, & presque les uniques parmi les

---

1 Fr. Blondel comparaison de Pindare & d'Horace pag. 272. & suivantes.
2 Macrob. Saturnal. l. 2. c. 1. & ex eo Gyrald. ut supr. pag. 887.
3 Jul. C. Scalig. lib. 1. Poëtic. qui est historic. c. 7.

Romains

## POETES LATINS.

Romains qui ayent réussi sur le Théatre: mais qu'on est toujours Plaute. fort partagé sur la préférence que l'on doit donner à l'un sur l'autre, & que les Partisans de l'un & de l'autre, ont chacun leurs raisons qui ne sont nullement à mépriser.

On peut dire néanmoins que bien qu'ils ayent eu tous deux l'intention de plaire à leurs Auditeurs, Plaute a mieux réussi que Terence à divertir le Peuple, parce qu'il est beaucoup plus plaisant & plus facétieux. C'est ce qui a porté Volcatius Sedigitus à donner le second rang des Comiques Latins à Plaute, au lieu qu'il n'a accordé que le sixiéme à Terence.

Ce Critique (1) ajoute que Plaute a eu cet avantage sur Terence dans l'esprit de ceux à qui la Langue Latine étoit naturelle. Mais que depuis qu'on a été obligé d'étudier cette Langue comme étant devenuë étrangere, on a jugé la pureté de Terence préférable à toutes les pointes & à toutes les plaisanteries de Plaute. Autant que les Anciens estimoient Plaute, à cause du plaisir & du divertissement qu'il leur donnoit: autant Terence a-t-il été recherché parmi les Modernes, à cause de sa politesse. De sorte que Plaute doit sa réputation à la bonne fortune de ces Anciens, & Terence doit la sienne à notre misere.

Plaute doit être admiré comme un véritable Comédien, & Terence doit être consideré seulement comme un homme qui savoit bien parler: quoiqu'on ne puisse pas dire que Plaute parlât mal, & qu'on n'ait, ce semble, rien autre chose à lui reprocher que ses vieux mots.

Plaute a travaillé pour ceux de son tems, & il a réussi, parce qu'il a proportionné toutes choses à leur portée & à leur goût. Terence pour n'avoir jamais voulu s'écarter de cette pureté qu'il a tant affectée par tout, a quitté souvent, dit le même Scaliger, cette douceur & cette naïveté qui paroît être inséparable du caractere Comique. Ainsi on peut dire que Plaute a fait servir les mots aux choses, au lieu que Terence semble avoir voulu assujettir les choses aux mots, ce qui sans doute est beaucoup moins naturel.

Vossius estime (2) que Plaute a surpassé Terence par la varieté de ses matieres & de ses expressions. Mais il est de l'avis de ceux qui trouvent plusieurs de ses bons mots plats, fades, & ses jeux d'esprit souvent assés froids, languissans, quelquefois ridicules & malhonnêtes; & qui le jugent moins louable que Terence, en ce qu'il

---

1 ¶ Jule Scaliger l. 6 Poët. c. 2.     lib. 2. pag. 1-8. & retro pag. 1750.
2 Gerard. Jo. Voss. Institution. Poëticar.

*Plaute.* paroit s'être donné tout entier à la satisfaction & au divertissement de la populace sans distinction, au lieu que Terence s'est reservé pour un petit nombre d'esprits choisis & de Gens de bien, dont il a recherché l'approbation.

Ce même Critique dit encore ailleurs que Plaute est moins prudent & moins exact que Terence ; parce que celui-là introduit plus de quatre Entreparleurs à la fois sur le Théatre, ce qui n'arrive point à Terence. En un mot Plaute a fait selon lui un très-grand nombre de fautes en toutes rencontres, mais particuliérement lorsqu'il s'agit de representer les caracteres de ses Personnages, & les mouvemens divers des passions. (1)

Mr d'Aubignac témoigne aussi (2) que Plaute qui étoit plus près de la moyenne Comédie que Terence, n'a pas été si régulier que lui, lorsqu'il s'agissoit de séparer la representation de l'Action, c'est-à-dire, de faire en sorte que ni les tems, ni les lieux, ni les personnes présentes n'eussent point de rapport avec ce qu'il representoit. Il s'est abandonné tant de fois, dit-il, au désordre que produit cette confusion, que la lecture en devient importune, qu'elle embarasse souvent le sens, & détruit les graces de son Théatre. Le même Censeur a remarqué en d'autres endroits que d'un si grand nombre de Comédies qui nous sont restées de Plaute, il y en a très-peu qui soient achevées (3). Outre cela il prétend qu'il se trouve beaucoup de désordre dans la suite de ses piéces ; qu'il y a des Scènes perdues, & d'autres qui sont ajoutées ; qu'il y a des Actes confondus les uns avec les autres : Mais que celles de Terence sont beaucoup mieux reglées, & qu'elles peuvent servir de modéle encore aujourd'hui, ce qu'on ne peut pas dire de celles de Plaute. (4)

Le P. Rapin paroît être du sentiment des autres Critiques, touchant le défaut de régularité qu'ils ont remarquée dans Plaute ; mais il ajoute que quoique cette régularité ne soit pas tout-à-fait si grande dans l'ordonnance de ses Pieces, & dans la distribution de ses Actes que dans Terence, il ne laisse pas d'ailleurs d'être plus simple dans ses sujets, parce que les Fables de Terence sont ordinairement composées. Ce Pere reconnoît que Plaute est ingenieux dans ses desseins, heureux dans ses imaginations, fertile dans l'invention. Mais il avouë aussi qu'il a de méchantes plaisanteries ; que ses bons mots qui fai-

---

1 Gerard. Jo. Voss. Institution. Poëticar. lib. 2. pag. 22. & pag. 123. &c.

2 Hedelin d'Aubignac de la Pratique du Théatre liv. 1. chap. 7. pag. 57.

3 Le même Auteur livre 2. du même Ouvrage chap. 9. pag. 283. 284.

4 D'Aubignac au même Traité livre 3. chap. 4. pag. 283. 284.

soient rire le Peuple, faisoient quelquefois pitié aux honnêtes gens; Plaute. que s'il en dit des meilleurs du monde, comme on ne le peut pas nier, il en dit aussi quelquefois de fort méchans. Enfin il prétend que les dénoumens de Terence sont plus naturels que ceux de Plaute, comme ceux de Plaute sont plus naturels que ceux d'Aristophane. (1)

Un Auteur Anonyme croit (2), que Plaute n'est pas de ces Poëtes qu'on peut imiter indifféremment en toute rencontre, parce qu'il s'est donné des licences que l'on ne pouroit point souffrir aujourd'hui ailleurs que dans la bouche des Comédiens & des bouffons : au lieu qu'il n'y a presque rien dans Terence qu'on ne puisse fort bien employer même dans les sujets les plus graves & les plus sérieux.

Enfin ceux qui seront curieux de connoître une partie des fautes particuliéres que les Critiques ont remarquées dans diverses Comédies de Plaute, pourront consulter Jules Scaliger qui en a ramassé quelques-unes dans son Hypercritique, & dans le premier & troisiéme Livre de sa Poëtique (3). Nous nous contenterons de dire que ce Critique jugeoit Plaute peu juste & peu heureux dans l'inscription de la plupart de ses Comédies; que le *Rudens*, par éxemple, devoit être appellé plutôt la *Tempête*; que le *Trinummus* dont il n'est parlé qu'une seule fois dans celle qui porte ce nom, devoit avoir celui de *Tresor*; que le *Truculentus* devoit porter plus justement le titre de *Rustique*, &c.

Mais je ne doute presque pas que Mademoiselle le Fevre n'ait bien reformé des choses dans les Jugemens que la plupart des Critiques ont porté de Plaute : & comme je n'ai point encore eu la satisfaction de voir ce qu'elle a pû dire sur ce sujet dans sa docte Préface sur les trois Comédies de ce Poëte qu'elle a traduites en notre Langue, je me trouve obligé d'y renvoyer le Lecteur. J'ai seulement oui dire qu'elle prétend que Plaute a mieux entendu les regles du Théatre que Terence : & je me suis imaginé dèflors que la peine qu'elle a prise pouroit bien être l'effet de quelque compassion qu'elle auroit eu pour le petit nombre, & de quelque desir qu'elle auroit eu de fortifier le parti le plus foible pour faire plus d'honneur à son Auteur, & donner plus de poids à son travail.

---

1 René Rapin Reflexions particulieres sur la Poëtique seconde partie, Reflex. 26.
2 Bibliograph. historic. curios. Philolog. pag. 56.
3 ¶ Jul. Scalig. l. 1. c. 7. l. 3. c. ult. l. 6. c. 2. & 3.
V. & Ol. Borrich. Dissert. de Poët. Lat. num. 8. pag. 43
Et Georg. Matth. Konigius in Biblioth. Vet. & Nov.

# POETES LATINS.

Entre les diverses éditions qu'on a faites de Plaute, celles de Douza & de Gruter ont paru assés bonnes, mais on leur a preferé dans la suite celle de Pareus, celle de Taubman, & celle de Gronovius, sans parler de celle de Mr de Lœuvre pour le texte.

Les titres des vingt Comédies qui nous restent sont, l'*Amphitryon*, l'*Asinaria*, l'*Aululuria*, les *Captifs*, le *Curculio*, la *Casina*, la *Cistellaria*, l'*Epidicus*, les *Bacchides*, la *Mostellaria*, les *Menæchmes*, le *Soldat glorieux*, le *Marchand*, le *Pseudolus*, le *Pœnulus*. La *Persa*(3), le *Rudens*, le *Stichus*, le *Trinummus*, & le *Truculentus*.

\* *Plauti Comœdiæ* xx. *Jani Douza filii cum animadversionibus*, in-12. Francof. 1610. — *Philipp. Paræi* in-8°. Francof. 1610. in-4°. Neapoli 1619. — *Lambini* in-fol. Paris. 1577. — *Taubmanni* (Frid.) in-4°. Witteberga 1613. — *Ad usum Delphini Jacobo Operario* in-4°. Paris. 1679. — *Lexicon Plautinum editum* in-8°. Hanoviæ 1634.\*

1 ¶ Il faloit dire *le Persa* par rapport au parasite Saturion introduit comme Persan dans cette piéce. Ceux qui ont cru que *Persa* se devoit entendre de la fille de Saturion, que ce parasite ne fait pas difficulté de vendre, pour avoir dequoi manger, n'ont pas fait réflexion que Persa, comme en François *Persan*, est un nom toujours masculin, & que si Plaute avoit eu en vuë la fille de Saturion, pour en faire le titre de sa Comédie, ce n'est pas *Persa*, mais *Persis*, qu'il l'auroit intitulée. L'ignorance a cependant fait prendre *Persa* pour un féminin, jusque-là que dans les éditions vulgaires de Cicéron au livre 1, de la Divination, Persa petit chien de la fille de Paul Emile étant mort, on en a fait une chienne, & lu *mortua catella*, au lieu de *mortuus catellus*, Rabelais chap. 37. du livre 4. a suivi ces éditions, & dit *Persa* est morte, au lieu de *Persa* est mort, ce qui a induit en erreur son Commentateur. ¶

## P. TERENCE. (1)

*Africain de Carthage*, Poëte Comique, florissant particuliérement entre la seconde & la troisiéme guerre Punique, mort en Arcadie l'an de la ville 595. en l'Olympiade 155. dix ans avant le commencement de la derniere guerre Punique; ou selon d'autres l'an 599. de la fondation de Rome en la 156. Olympiade dans l'Achaïe.

1135 LE soin particulier que la posterité a toujours eu de conserver tout ce que Terence a pû lui confier, est une preuve incontestable de l'estime qu'elle a toujours faite de tout ce qui pouvoit venir de lui; & il y a peu d'Auteurs parmi les Anciens, dont elle ait plus heureusement pris la défense contre l'injure & la négligence des tems. Car on ne peut point dire que c'est par sa

1 Tanaquill. Faber. 2. Epist. crit. xi, & alii Critici.

## POETES LATINS.

faute, que nous sommes privés d'un grand nombre des Ouvrages *Terence?* de Terence, s'il est vrai qu'ils soient tombés des mains mêmes de leur Auteur, qui a eu, dit-on, le déplaisir d'en voir le naufrage, & de survivre à leur perte.

C'est peut-être cette disgrace qui a rencheri les six Comédies qui ont échappé de ce naufrage, & qui a interessé tant de siécles à leur conservation.

Mais ceux qui prennent pour une fiction tout ce qu'on a dit de la multitude des compositions de Terence, jugent avec plus de raison, ce me semble, que ce petit nombre de Comédies auquel ce Poëte leur semble s'être borné, tire son prix du mérite particulier de ces piéces plutôt que du malheur de celles que les autres Critiques supposent être perduës.

La premiére de ces Comédies qui est l'*Andrienne*, fut représentée l'an de la ville 587. sous le Consulat de C. Sulpicius Gallus, & de M. Claudius (1), 166. ans devant notre Epoque, après avoir été lûë, approuvée & admirée par M. Acilius (2) Glabrio l'un des Ediles, à qui Terence avoit eu ordre de la faire voir pour être examinée. (3)

L'*Hecyre* qui étoit la seconde dans l'ordre de la composition, fut jouée l'an de la ville 588. sous le Consulat de T. Manlius Torquatus, & de Cn. Octavius Nepos.

L'*Heautontimorumene* le fut l'an 590. sous le Consulat de T. Sempronius Gracchus & de M. Juventius Thalla (4). L'*Eunuque* & le *Phormion* l'an 592. sous le Consulat de M. Valerius Messalla, & de C. Fannius Strabo. Celle des *Adelphes* fut représentée l'an de la ville 593. sous le Consulat de L. Anicius Gallus & de M. Cornelius Cethegus, l'année que se firent la seconde & la troisiéme représentation de l'Hecyre.

Il faut avouer que ce recit pourroit passer pour une espece de digression de mon sujet; mais outre que j'ai reçu de mes Lecteurs la dispense de l'obligation où je me suis engagé de ne point toucher aux faits qui regardent les Ouvrages, c'est que les Censeurs équitables estiment même ces sortes de recits indispensables, lorsqu'ils servent à donner du jour aux jugemens que l'on a portés des Ouvrages qui en font le sujet.

---

1 ¶ M. Claudius Marcellus. ¶
2 On a pris mal-à-propos Cæcilius pour Acilius.
3 Gerard. Joan. Voss. lib. de Poët. Lat. pag. 10. Vid. & Prolog. Comœdiar. Terentii passim.
4 ¶ Glandorpius lit *Talva*. La meilleure leçon est *Thalna*. ¶

**Terence.**

Terence a pris l'Andrienne, l'Heautontimorumene, l'Eunuque & les Adelphes de Menandre, qu'il n'a presque fait que mettre du Grec en Latin, & les deux autres viennent de cet Apollodore dont nous avons parlé parmi les Poëtes Grecs. On ne peut pas nier aussi qu'il n'ait été secouru dans son travail par quelques personnes de la premiere qualité dans Rome. Ces personnes étoient C. Lælius surnommé le Sage, & le jeune Scipion, lequel quoique beaucoup moins âgé que Terence, ne laissa point de faire avec lui une liaison si forte pour le commerce d'études & de Lettres qu'ils entretenoient ensemble, qu'on a crû qu'il étoit lui-même l'Auteur de ces Comédies, & qu'il n'avoit emprunté le nom de Terence que pour ne point descendre de son rang (1) : comme a fait du tems de nos Peres le Cardinal de Richelieu, qui promettoit obligeamment de prêter sa bourse à ceux qui vouloient lui prêter leur nom, pour publier les piéces de Théatre qu'il avoit composées. (2)

L'envie qui fait usage de tout pour tâcher de décrier le mérite, ne manqua point d'employer ce prétexte pour faire mettre Terence au nombre des Plagiaires. Mais ce Poëte ayant fait justice non-seulement à Menandre & à Apollodore, mais encore à Lælius & à Scipion, pourvût fort bien à sa propre réputation par ce moyen, & il se fit même un honneur de ce que ses envieux prétendoient faire tourner à sa confusion. (3)

Les Critiques ont examiné particuliérement trois choses dans les Comédies de Terence : 1. l'ordonnance & la forme de ses Fables : 2. les mœurs du Poëte & celles de ses Personnages, ou pour mieux dire la morale du Poëte & les caracteres des Personnages : 3. le style & le discours. Comme ils y ont remarqué une infinité de choses très-louables & très-propres pour notre instruction, ils ont crû y trouver aussi quelques défauts dont ils ont bien voulu nous donner avis. Et quoique quelques-uns d'entre eux, tant parmi les Anciens que parmi les Modernes, se soient visiblement trompés dans les jugemens qu'ils ont prétendu faire au désavantage de ce Poëte, on n'en peut pas raisonnablement tirer une conséquence générale contre tous ceux qui ont pris la liberté de trouver quelque chose à redire dans ses Comédies, comme a fait Jules Scaliger (4), qui a

---

1 Autor Vit. Terent. non Donat. sed Suet. in prolog. omn. edition.

2 Relat. Hist. de l'Acad. Franc. par Mr Pelisf. page 110. jusqu'à 117. de l'édition in-12. 1672.

3 Terent. Prolog. Adelphor. Comæd.

Item Cicero lib. 7. Epist. 3. ad Attic. Item Lil. Greg. Gyrald. Hist. Poët. Dial. VIII. pag. 890. & seq. tom. 2. in-8.

4 Jul. Cæs. Scalig. lib. 6. Poëtices c. 3. pag. 768.

## POETES LATINS.

soutenu que tout ce que les Savans reprennent dans Terence, ne peut leur produire autre chose que du blâme, & qu'ils ne peuvent être que de mauvais Juges. Car Scaliger se seroit condamné lui-même, comme nous le verrons dans la suite.

### §. I.

Les Anciens ont dit peu de choses de l'ordonnance & de la conduite de ses Fables. Ils lui ont reproché, selon le P. Rapin (1), que ses Fables n'étoient pas simples comme celles de la plupart des autres Comiques, mais qu'elles étoient composées & doubles. C'est-à-dire qu'ils l'ont accusé de faire une Comédie Latine de deux Grecques, comme s'il eût voulu se renforcer par cet expedient & animer davantage son Théatre. Un autre Critique a prétendu au contraire (2), qu'on ne reprochoit pas à Terence que ses Comédies étoient composées de deux principales affaires, mais qu'il prenoit une partie d'un endroit des Grecs, & une partie de l'autre. Il semble que l'une & l'autre de ces deux opinions peut se défendre par l'autorité même de Terence (3); que l'une ne détruit pas l'autre, & que pouvant subsister toutes deux ensemble, elles font toujours connoître que l'œconomie de ses compositions n'étoit pas généralement approuvée.

C'est peut-être ce défaut d'invention qui l'a fait appeller par Cesar un *Demi Menandre*, ou comme l'explique le P. Rapin un Diminutif de ce Poëte Grec (4); parce que bien qu'il eût pris ses dépouilles, il n'avoit néanmoins pas pû prendre entiérement son caractere & son génie, & qu'on ne lui trouvoit ni force ni vigueur, quoiqu'il eût beaucoup de douceur & de délicatesse. Mais au reste, ajoute ce même Auteur, Terence a écrit d'une maniere si naturelle & si judicieuse, que de copiste qu'il étoit, il est devenu original. Car jamais Auteur n'a eu un goût plus pur de la nature.

Un ancien Ecrivain que Mr d'Aubignac a pris pour le Grammairien Donat (5), semble avoir aussi trouvé à redire à l'ordonnance des Fables de Terence. Il l'accuse d'avoir assés mal gardé les bienséances, d'avoir fait des passions trop longues & trop ardentes pour le genre Comique qu'il represente, & d'avoir employé souvent des expressions trop nobles & trop relevées, prétendant que c'étoit

---

1 Ren. Rapin Reflexions Particul. sur la Poëtique seconde partie Refl. 26.
2 François Vavasseur Anon. Remarques sur les Reflex. touchant la Poët. pag. 124.
3 Terent. Prolog. in Andr. Comœd.
4 Sueton. in vita Terentii præfix. edition.

Ter. ubi referuntur versus aliquot superstit. C. Cæsaris. Item Thomass. & Rap.
5 Suet. in vit. Ter. Item Hedeliu d'Aubignac de la Pratique du Théatre livre 2. chap. 10. pag. 185.

**Terence.** sortir des limites dans lesquelles les regles de son Art l'obligeoient de se renfermer.

Il s'est trouvé aussi quelques modernes qui n'ont pas jugé que le fonds & l'ordre de ses Fables fut irreprehensible (1), & qui ont publié qu'il n'étoit point heureux dans l'invention de son sujet. Mais cette censure ne paroît pas fort necessaire, quand on considere que Terence n'a point voulu éprouver ses forces sur ce point, & qu'il a bien voulu attribuer la gloire de l'invention du fonds de ses Comédies aux Grecs; ce qui lui est commun avec plusieurs autres Poëtes Latins. Quoiqu'il en soit, on convient assés que Terence est judicieux dans ses *Epitases*, & naturel dans ses *Catastrophes*(2). Cela veut dire qu'il conduit fort bien l'embarras, les difficultés & les dangers qui font le fort de la piéce, & qu'il les fait arriver naturellement à leur fin, c'est-à-dire au dénoument de l'intrigue.

Et pour faire voir qu'il avoit le génie véritablement Comique, & qu'il savoit parfaitement les regles de l'Art. Mr d'Aubignac (3) dit, que c'est lui qui nous a donné des modéles de la nouvelle Comédie, où l'on a sû séparer l'Action Théatrale d'avec la Representation. Cela consistoit à prendre un sujet auquel ni l'Etat ni les Spectateurs n'avoient aucune part; à choisir des avantures que l'on supposoit être arrivées dans des pays fort éloignés, avec lesquels la Ville où se faisoit la Representation n'avoit rien de commun; & à prendre un tems auquel les Spectateurs n'avoient pû être. Aussi ne verra-t-on pas, ajoute ce Critique, que Terence se soit emporté à ce déreglement, ni qu'il ait mêlé la Representation aux Actions qu'il imitoit dans ses Poëmes : où s'il l'a fait, c'est si rarement & si legerement, qu'il n'en est pas fort blâmable. Enfin cet Auteur paroît avoir été si persuadé de la capacité de Terence & de sa régularité en toutes choses, qu'il a entrepris sa défense contre divers Critiques indiscrets qui avoient prétendu lui trouver des fautes par un effet de leur propre ignorance ou par une pure envie de critiquer. Ce Traité a pour titre *Terence justifié*, & je ne doute pas que je n'en eusse reçu beaucoup de secours pour mon sujet, si j'avois pû parvenir à le trouver pour en faire la lecture.

1 Claudius Verderius in Cension. omn. Auctor. pag. 63.
2 René Rapin Refl. seconde partie comme ci-dessus,
3 Hedel. d'Aubign. Pratiq. du Théatre livre 1. chap. 7. &c.

§ 2.

## POETES LATINS.
### §. 2.

Pour ce qui est de la morale de Terence, on peut dire qu'elle ne pouvoit presque point être plus reglée ni plus pure hors du Christianisme, qu'elle le paroît dans ses Comédies. Aussi s'étoit-il appliqué à la tirer de la doctrine des Philosophes, comme Ciceron l'a remarqué (1), lorsqu'il a écrit que Terence avoit emprunté beaucoup de choses de la Philosophie.

Grotius témoigne (2), que s'il est utile aux jeunes gens à cause de la pureté de son style & de ses autres agrémens, il n'est pas moins propre pour l'instruction des hommes, de quelque âge & de quelque état qu'ils puissent être, parce qu'ils y voyent comme dans un miroir fidele une belle image de la vie & des mœurs de leurs semblables.

Vossius semble dire que cette sage conduite qu'il a observée dans toute sa morale est l'effet de la solidité de son jugement (3); que ne s'étant point étudié à suivre les inclinations de la Populace, qui tendent pour l'ordinaire à la corruption & au déréglement, il ne s'est attaché qu'à instruire les honnêtes gens d'une maniere qui leur plût; & qu'il a eu au dessus des autres Poëtes Comiques l'avantage & la gloire de corriger des courtisanes, & de les porter à un genre de vie plus sage & plus reglé.

Mr de Saci paroît avoir eu aussi les mêmes sentimens (4), lorsqu'il a dit que Terence a tracé dans ses Comédies un tableau excellent de la vie humaine; & que sans user d'aucun artifice, ni affecter aucune adresse, il a peint les hommes par les hommes mêmes, en les faisant paroître sur son Théatre, tels qu'ils paroissent tous les jours dans leurs maisons & dans le commerce de la vie civile.

Le P. Thomassin estime (5), que les Anciens consideroient Terence comme un autre Menandre, particulierement pour ce caractere moral qui l'a distingué des autres. Car on convient que Menandre est celui d'entre tous les Comiques, & peut-être même en-

---

1 Cicero Tusculan. quæstion. lib. 3. & apud Thomass. lib. 1. c. 15. n 12.

2 Hug. Grotius Epistol. ad Benjam. Maurerium pag. 134. post Naudæum.

¶ Le chiffre renvoie à une lettre d'Hugue Grotius datée de Roterdam 1615. à Benjamin du Maurier Ambassadeur de France en Hollande, page 134. post Naudæum, ce qui veut dire que cette lettre se trouve imprimée à la suite de la Bibliographie politique de Gabriel Naudé. C'est la cinquante-quatriéme des lettres de Grotius in-fol. Amsterdam 1687.¶

3 Ger. Jo. Vossius Institution. Poëticar. lib. 2. pag. 124. 125.
Item ibidem pag. 121. 123. & pag. 128.

4 Préface de la Trad. Franc. des Comed. de l'Andr. des Adelph. & de Phormion.

5 Louis Thomassin de la maniere d'étudier & d'enseigner Chrétiennement les Poëtes liv. 1. tom. 1. chap. 15. nomb. 12. p. 203.

Terence. tre tous les Poëtes Grecs qui a fait plus de leçons de morale dans ses Poësies. Le même Pere a crû que pour nous persuader que Terence n'a rien écrit qui ne doive être conforme aux regles de l'honnêteté & de la sagesse, il suffit de considerer que Scipion y a eu part : & que c'est relever bien hautement le merite des Comédies de Terence, de dire qu'il y a des traits non-seulement du plus grand homme qu'eût alors, & qu'ait peut-être jamais eu l'Empire Romain (1) mais d'un des plus sages & des plus grands amateurs de la sagesse & des sciences qui ayent jamais été parmi les Païens.

Mais quoique Terence ait passé de tout tems pour un des plus honnêtes & des plus retenus d'entre tous les Poëtes profanes, il ne laisse pas de se trouver dans notre Religion des Critiques dont la délicatesse est si chaste, & dont le goût est si incorruptible, qu'ils ne peuvent souffrir que ce Poëte ait mêlé dans ses Comédies des choses, qui bien qu'exprimées en des termes honnêtes, excitent néanmoins des images dangereuses dans ceux qui les lisent, & blessent d'autant plus la pureté, qu'elles le font d'une maniere plus imperceptible & plus cachée (2). Si l'on condamne Terence pour ces libertés, je ne vois pas quel est le Comique qu'on poura renvoyer absous, même parmi ceux de notre Religion.

Terence n'a point acquis moins de gloire par les mœurs qu'il a données à ses personnages que par sa propre morale. Varron disoit (3), que c'est principalement pour l'art de representer les mœurs qu'il a remporté le prix sur les autres, comme Cæcilius pour l'invention des sujets, & Plaute pour la beauté des discours.

En effet, si nous en croyons un ancien Grammairien (4), personne n'a jamais été plus éxact que Terence dans l'observation de tout ce qui concerne les personnages de ses Comédies, tant pour leur âge, leur condition, & le rang qu'il leur a une fois donné, que pour leurs devoirs & les fonctions qui y sont attachées. Il ajoute que ce Poëte est le seul qui ait osé introduire sur le Théâtre d'honnêtes courtisanes, quoique l'honnêteté ne soit pas ordinairement le caractere que l'on donne à ces sortes de personnes. Mais avec tout le serieux qu'il a employé dans le genre Comique, on ne peut pas dire qu'il ait jamais donné aucun air Tragique ou trop élevé à

---

1 Ciceron dit : *Propter elegantiam sermonis* : & ne parle que de Lælius.

2 Pref. d'Is. le Maistre de Saci, comme ci-dessus.

3 Varro in Parmenone & Nonius Marcel. in voce *Poscere*.

4 Evanthius seu quis alius de Tragœd. & Comœd. in Prolegomen. ad Terent. edition. per Nicol. Camus.

# POETES LATINS.

ses personnages, comme il ne les a jamais fait descendre dans le caractere bouffon. C'est un temperament auquel le même Auteur dit, que ni Plaute, ni Afranius, ni Accius n'ont jamais pû parvenir.

Enfin le P. Rapin écrit que (1) c'est dans l'expression des mœurs que Terence a triomphé par dessus les Poëtes de son tems, parce que ses personnages ne sortent jamais de leur caractére, & qu'il observe les bien-séances avec une rigueur entiere.

### §. 3.

Mais on peut dire que rien n'a tant donné matiere de discourir aux bons & aux méchans Critiques que le style & la diction de Terence. On ne peut point nier qu'il n'ait toujours été consideré comme un homme incomparable, & comme le premier d'entre les Auteurs Latins pour ce qui regarde la pureté du style, la grace & la naïveté du discours. (2)

Suetone qui a écrit sa vie (3), nous a conservé divers témoignages des plus anciens Auteurs qui ne nous permettent pas d'en douter. Afranius qui a vécu fort peu de tems après Terence, dit nettement qu'il n'y avoit personne qu'on pût mettre en parallele avec lui (4). César témoigne aussi qu'il avoit justement merité les premiers rangs pour la pureté de son discours, & qu'il se seroit rendu égal aux plus parfaits d'entre les Grecs, s'il eût eu un peu plus de cette force que demande le genre Comique. (5)

Ciceron le louë extraordinairement en plusieurs endroits de ses Ouvrages, & de ceux même qui se sont perdus, & dont on nous a conservé quelques fragmens (6). Il lui attribuë une douceur merveilleuse. Il le considere comme la regle de la pureté de sa Langue. Il assure que toute la politesse Romaine est renfermée en lui; & il témoigne que ses Comédies avoient paru si belles & si élégantes, que pour cette raison on croyoit qu'elles avoient été écrites par Scipion & Lælius, qui étoient alors les deux plus grands personnages & les plus éloquens hommes du Peuple Romain (7). C'est ce qu'il ne nous donne que comme une conjecture assés legere en parlant de Lælius, parce que plusieurs personnes, au rapport de

---

1 R. Rapin Reflexion 25. sur la Poëtique premiere partie pag. 59. de l'édit. in-12.

2 De Saci pref. de sa Trad. Franc.

3 Sueton. in vit. Terent. inter Suetonii opera & in edit. Ter.

4 Afranius in compitalib. in fragm. Ver. in vit. per Suet.
Item apud Gregor. Gyral. & alios.

5 C. Cæsaris vers. à Suetonio citati in vit. Terent.

6 Cicero in Limone seu Florileg. versuum deperdito, cujus fragment. extat apud eumdem Sueton.

7 Idem Cicer. lib. VII. Epistol. 3. ad Attic ut suprà.

Cela ne ruine point la reflexion que nous avons rapportée du P. Thomassin ci-dessus.

**Terence.** Santra (1), jugeoient que si Terence avoit été assisté par quelqu'un dans ses Comédies, il ne l'avoit pû être par Lælius & Scipion, qui étoient encore trop jeunes lorsque Terence écrivoit, pour pouvoir lui être utiles; mais qu'on devoit plutôt avoir cette pensée de Sulpicius Gallus, homme docte de ces tems-là, ou de Q. Fabius Labeo & de M. Popilius, tous deux Consulaires & tous deux Poëtes. Quoiqu'il en soit, Ciceron a toujours estimé si fort la beauté du style & la netteté des expressions de Terence, que selon la remarque du P. Briet (2), il a pris de ce Poëte les plus belles manieres de parler qu'il a employées dans ses Livres de l'Orateur.

Les témoignages avantageux que les autres Anciens ont rendus à Terence pour ce point, n'ajoutent presque rien à ce que nous venons de rapporter, mais on peut du moins remarquer le consentement & l'uniformité avec laquelle les plus considérables & les plus judicieux d'entre eux en ont parlé; de sorte qu'on peut dire que ce goût que l'on a eu pour son style, a été presque universel. C'est ce qu'il est aisé de voir par le recueil de ces témoignages que Mr Camus a mis à la tête de son édition, où l'on trouve parmi les autres un fragment d'Evanthius, qui nous fait remarquer que Terence paroît s'être éloigné de toute affectation; ce qui est assés rare en des Auteurs qui se sont appliqués à se rendre polis & élégans (3). Ce Grammairien ajoute qu'il n'a point employé de termes trop difficiles, ni d'expressions trop mysterieuses, pour obliger ses Lecteurs à chercher du secours ailleurs, afin d'en avoir l'intelligence. C'est ce qui fait qu'il n'est point obscur comme Plaute. Il dit aussi qu'on voit dans tout ce qu'a fait Terence; une liaison naturelle des parties & un enchaînement merveilleux du commencement avec la fin de son discours.

Le style de Terence n'a point trouvé moins de partisans & d'admirateurs parmi les modernes que dans l'Antiquité. Jules Scaliger loue l'artifice qui paroît dans la disposition de ses matieres & dans l'arrangement de ses mots (4); & c'est dans cette proportion que consiste sa beauté. Le même Critique dit ailleurs (5), que Terence est une excellente lime propre à polir la vieille & la nouvelle Latinité; & son fils Joseph reconnoissant qu'il y a dans ce Poëte des déli-

---

1 Santra apud Sueton. in vit. Ter. ut supr.
2 Philip. Briet lib. 1. de Poët. Latin. præfix. Collect. acutè dictor. per Poëtas.
3 Evanthius ut supra. Item Cicero de optimo genere Oratorum non semel. Vel. Paterculus lib. 2. Histor. Plin. Jun. lib. 1. & alii non pauci. V. prolegom. Nic. Camus &c.
4 Jul. Scalig. lib. 6. Poëtices cap. 3. pag. 768. ut suprà.
5 Idem in libris de causis Ling. Lat. & ex eo Tanaq. Fab.

gateſſes & des agrémens infinis, ajoûte que de cent perſonnes qui les liſent, à peine s'en trouve-t-il un qui les y apperçoive. (1)

Mr Guyet dit (2), que Terence renferme en lui ſeul toutes les beautés qui ſe trouvent répanduës dans tous les autres Comiques; & que bien qu'elles y ſoient fort frequentes, elles y brillent beaucoup plus que dans ceux même où elles ſont rares. Et ſelon Mr le Fevre de Saumur (3), ſi Longin a eu raiſon de dire que c'eſt une marque infaillible de l'excellence d'un Livre, lorſque ſes charmes ſont cachés, & lorſque plus on le lit, plus on le veut lire; la verité de cette penſée ſe fait connoître particuliérement dans les Comédies de Terence, qui par leurs attraits ſe font toujours lire & toujours relire avec un plaiſir nouveau, & qui laiſſent dans l'eſprit de leurs Lecteurs un appetit inſatiable, qui fait qu'on ne ſe laſſe jamais de les aimer & d'admirer leur Auteur.

Ce bon effet vient auſſi, au jugement d'un Anonyme moderne (4), de ce que Terence entremêle dans ſes diſcours quelques Sentences excellentes qu'il applique avec une naïveté merveilleuſe. Il ajoute que ce Poëte excelle encore dans des narrations continuées & ſuivies, & dans l'œconomie de tout ſon ouvrage.

Mr de Chantereſne dit (5), que la beauté de ce Poëte ne conſiſte nullement dans les penſées rares, mais dans un certain air naturel; dans une ſimplicité facile, élégante & délicate, qui ne bande point l'eſprit, qui ne lui preſente que des images communes, mais vives & agréables, & qui ſait ſi bien le ſuivre dans ſes mouvemens, qu'elle ne manque jamais de lui propoſer ſur chaque ſujet les objets qui ſont capables de le toucher, & d'exprimer toutes les paſſions & les mouvemens que les choſes qu'elle repreſente y doivent produire. Cette beauté ſemble être particuliere à Terence & à Virgile, & l'idée qu'on vient d'en donner fait aſſés voir qu'elle eſt encore plus rare & plus difficile que celle qui conſiſte dans les penſées extraordinaires & ſurprenantes, puiſqu'il n'y a point d'Auteurs dont on ait moins approché que de ces deux-là. Cependant c'eſt cette beauté qui fait l'agrément & la douceur de la converſation civile, & elle eſt d'un bien plus grand uſage que l'autre beauté qui conſiſte dans les penſées.

---

1 Joſeph. Scaliger referente etiam T. Fabro &c.

2 Franc. Guyet in not. ad Terentii Comœd.

3 Dion. Caſſ. Longin. in ſublim. & ex eo Tan. Faber. præfat. ad Terentii Comœd. edit. Salmur. 1671. in-12.

4 Iſ. le Maiſtre de Saci pref. ſur ſa Trad. Franc.

5 Chanter. ou Nic. Educat. du Prince 2. part. paragraph. 39. pag. 63. 64.

**Terence.** C'est sans doute cette beauté naturelle & ce grand talent qui a fait dire à Mr Gueret (1), que Terence est agréable par tout sans le vouloir être; que son vol est toujours égal, qu'il ne plane pas comme Plaute sur une pensée, & qu'il ne fuit rien tant que ces endroits favoris qu'on arrange par compartimens dans un ouvrage pour surprendre le Lecteur à chaque reprise. C'est, dit-il, dans Terence qu'on trouve cette *Urbanité* que l'on cherche tant. Mais elle n'est pas du goût de ceux à qui l'air naturel des choses ne peut plaire, ni de ceux qui n'aiment que le fard & l'afféterie, ni enfin de ceux à qui les beautés ne sont point sensibles quand elles sont simples & modestes.

Rien n'étoit plus propre pour soutenir également par tout cet air naturel que la proprieté des termes, c'est-à-dire l'emploi des mots dans leur signification propre. C'est en quoi Terence a parfaitement réussi au jugement de tout le monde, & c'est en ce point qu'on peut dire qu'il a particulierement excellé, & qu'il s'est élevé beaucoup au dessus de tous les autres Comiques, comme l'ont remarqué Mr le Févre (2) & le P. Lamy de l'Oratoire après quelques autres Anciens. (3)

Enfin c'est achever les éloges qu'on peut faire du style de Terence de dire qu'il n'y en a point de quelque Auteur que ce soit qui paroisse plus utile pour quelque genre d'écrire qu'on veuille embrasser; & que ce style tout Comique qu'il paroît dans les piéces de Terence est très-propre pour traiter les sujets les plus sérieux, ce qu'on ne peut pas dire de celui de Plaute. C'est ce qu'un Critique anonyme d'Allemagne a remarqué au sujet de quelques historiens & particuliérement d'Arnoul du Ferron continuateur de Paul Emile, & de Daniel Heinsius, qui dans l'histoire du siége de Bosleduc a inséré avec beaucoup d'artifice un grand nombre de Sentences de Terence, quoiqu'il ait affecté une sublimité de style dans tout cet ouvrage. (4)

Après avoir dit tant de bien du style de Terence, les obligations que je me suis imposées dans ce Recueil ne me permettent pas de dissimuler ce que quelques Critiques en ont écrit à son désavantage. Nous avons déja vû que Cesar ne lui trouvoit point assés de force & qu'il le jugeoit trop rampant (5), il semble même par le reste de

---

1 Gueret de la guerre des Auteurs p. 89. 90.
2 Tanaq. Faber. præfat. ad Terent.
3 Entret. sur les sciences & les études
4 entr. pag. 155.
4 Bibliograph. anonym. Curios. Histor. philolog. pag. 56.
5 *In hac despectus parte.*

ses Vers que Suetone nous a conservé que c'étoit l'opinion de ce Terence; tems-là.

Plusieurs veulent aussi qu'Horace ne lui ait point rendu toute la justice qui lui est duë, lorsqu'il s'est contenté de dire simplement que Terence se faisoit distinguer par l'artifice de ses compositions, comme Cæcilius par sa gravité (1). Quelques Critiques modernes ont prétendu qu'Horace parloit en cet endroit plutôt selon le sentiment du vulgaire que selon le sien propre, & ils ont crû par ce moyen travailler autant pour la réputation d'Horace que pour celle de Terence (2). Daniel Heinsius a fait une savante Dissertation pour défendre Plaute & Terence contre le jugement désavantageux de ce Poëte Critique. Jean Henri Boëclerus a fait presque la même chose pour Terence dans les Remarques qu'il a écrites sur les jugemens divers qu'on a faits de ce Comique. On trouve ce qu'en ont donné l'un & l'autre dans le Recueil des Piéces que Mr Camus a mises à la tête de son édition.

On peut mettre au rang de ceux qui n'ont pas assés connu le mérite de Terence ce Volcatius Sedigitus dont Aulu-Gelle rapporte la Critique qu'il a voulu faire des dix Comiques Latins, parce qu'il ne lui donne que le sixiéme rang (3). Mais il y a lieu de s'étonner qu'un aussi bon Grammairien qu'étoit Servius ait jugé que Terence n'est préferable aux autres Poëtes Comiques que pour la proprieté de ses expressions, & que dans le reste il leur est inferieur (4). Mr le Févre a cru que ce seroit expliquer fort bien la pensée de Servius, de dire que Terence a le dessus des autres pour l'art d'exprimer le naturel, mais qu'il leur céde pour le mouvement des passions (5). Ce qui ne me paroît pas tout-à-fait conforme au sentiment de Vossius qui estime que Terence avoit un talent particulier pour bien ménager les passions & y garder un tempérament judicieux. (6)

Néanmoins les gens du monde & les partisans de la galanterie semblent donner assés dans le sentiment que Mr le Févre a bien voulu attribuer à Servius. C'est au moins ce que l'on peut penser de Mr de Saint Evremont, qui reconnoissant (7) que Terence est peut-être l'Auteur de l'Antiquité qui entre le mieux dans le naturel

---

1 Horat. lib. 2. Epistol. 1. ad Augustum.
2 Dan. Heinsius de Comœd. & Tragœd.
Item J. H. Boëcler observat. in varior. judicia de Terentio in proleg. Ter.
3 Volc. Sed. ap. A. Gell. lib. 15. cap. 24. Noct. Attic.
4 Servius Comment. in Virg. Æn. ad illud 1. Æneid.
Talibus incusat. & in illum Boëcle.
5 Tanaq. Faber præf. ad Terent. Comœd.
6 Ger. Jo. Vossius Instit. Poëticar. lib. 1. pag. 124. 128. &c.
7 Saint Evremont jugement sur Seneque, Plutarque & Petrone pag. 285.

Térence. des personnes, prétend d'ailleurs qu'il a trop peu d'étenduë; que tout son talent est borné à faire bien parler des valets & des vieillards, un pere avare, un fils débauché, une esclave, une espece de *Briguelle*; que c'est jusqu'où s'étend la capacité de Terence. Mais qu'il ne faut attendre de lui ni galanterie, ni passion, ni les sentimens, ni les discours d'un honnête homme.

Jules Scaliger qui n'étoit peut-être pas toujours uniforme dans ses jugemens non plus que son fils, après avoir assuré qu'on ne pouvoit point trouver à redire à tout ce qu'a fait Terence sans se faire tort à soi-même, n'a point fait difficulté de dire qu'il est plus languissant que les autres Comiques dans les choses qu'il traite, que c'est notre misere & nos besoins qui l'ont mis en réputation; en un mot qu'il doit être consideré comme un homme qui sait parler, plutôt que comme un véritable Comique (1). Boëcler prétend que c'est Volcatius Sedigitus qui a jetté Scaliger dans l'erreur, & il dit qu'il n'a point eu raison d'avoir voulu le faire passer pour un Ecrivain languissant, à cause qu'il a eu la discrétion de garder la médiocrité & la retenuë dans la raillerie, ce qu'on n'a point dit de Plaute. (2)

Il semble que Mr d'Aubignac ait voulu augmenter aussi le nombre des Censeurs de Terence. Il dit que Plaute a mieux réussi que lui sur le Théatre, parce qu'il est plus actif; que Terence se charge de plusieurs entretiens sérieux; mais que ce n'est pas ce qu'on cherche dans la Comédie où l'on veut trouver de quoi rire: au lieu que Plaute est toujours dans les intrigues conformes à la qualité des Acteurs, d'où naissent plusieurs railleries, & c'est dit-il, ce qu'on desire. (3)

Mais je ne sai après quels Auteurs un Critique Moderne a eu l'assurance de dire (4) que la principale différence qui se trouve entre Plaute & Terence qui l'a suivi, est que ce dernier étoit piquant, qu'il railloit toujours licentieusement & d'une maniere des-honnête (5): & Plaute au contraire agréablement & ingénieusement. Jugement dont la fausseté est moins excusable après une approbation

---

1 Jul. Cæs. Scaliger Poëtices lib. 3. cap. 96, 97. Item lib. 6 cap. 2.
2 Joh. Henric. Boëcler. observ. ad Judic. de Terent. ut suprà.
3 Hedel. d'Aubignac de la Pratique du Théatre liv. 4. chap. 2. pag. 374. 375.
4 Rosteau sent. im. particul. sur quelques Auteurs pag. 40.

5 ¶ Comme il n'est pas vraisemblable qu'un homme de lettres ait pu se faire une idée de Plaute & de Terence si opposée à celle qu'on s'en fait généralement, il faut croire, si le manuscrit que Baillet cite est de la main de Rosteau même, que l'Auteur aura pris Térence pour Plaute, par équivoque, & Plaute pour Térence. ¶

de

## POËTES LATINS.

de tant de siécles que la passion de ces envieux, qui du tems de Terence croyoient ne pouvoir sauver leur propre réputation qu'en tâchant de le décrier par leurs médisances & en publiant que ses Comédies étoient foibles & basses, soit dans les manieres du style, soit dans les termes qu'il employe, comme nous l'apprenons de Terence même. (1)

Enfin on peut ajouter à la censure du style de ce Poëte, celle que Quintilien a faite de sa Prosodie, c'est-à-dire de la mesure de ses Vers & de la quantité des syllabes. Car on ne peut pas nier qu'il ne diminuë quelque chose des éloges qu'il a faits de l'élegance de son style, lorsqu'il ajoute (2) qu'il auroit eu encore plus de grace s'il se fût renfermé dans les bornes des Trimetres. Cette exception n'a point plû à quelques-uns des Critiques modernes, & Boëcler dit (3) que Georges Fabricius a eu raison de vouloir refuter Quintilien en ce point.

Les éditions les plus éxactes des Comédies de Terence sont (4) celles d'Heinsius, [in-12. à Amsterdam 1635.] de Guyet & de Boëcler, [in-8°. à Strasbourg 1657.] & pour le texte correct, les éditions de Lindembrogius [in-4°. à Francfort 1623.] & de *Variorum* d'Hollande & de Paris. [in-8°. à Amsterdam 1686.]

\* *Terentius cum commentariis hetrusco idiomate scriptis Joan. Fabrini* in-4°. *Venetiis* 1580. — *Antesignani (Petri)* in-4°. in-8°. in-12. 1560. 1574. & 1583. — *Parei* in-4°. *Neapol.* 1619.\*

---

1 Térent prolog. in Phormion. Comœd. Item prolog. in Heautontimor. In Andr. in Adelph. &c.

2 Quintilian. Institution. Oratoriar. lib. x. cap. 1.

¶ Quintilien en disant que les Comédies de Térence auroient eu plus de grace s'il n'y eût employé que des ïambiques trimètres, bien loin de marquer par-là, comme on l'a interprété, qu'il ne goutoit pas les piéces Comiques écrites en vers témoigne au contraire qu'il ne préfére les trimètres aux tétramètres, que parce que ceux-ci, quand ils finissent sur tout par des spondées, sentent trop la prose, & ne peuvent presque en être distingués, au lieu que les trimètres, moins étendus dans leur mesure, gardent un peu plus l'air de vers; aussi étoient-ils très-fréquents, & peut-être les seuls employés dans les piéces Grecques de la Comédie nouvelle, desquelles je ne pense pas qu'il nous reste aucun fragment que dans ce genre de vers.

3 Boëcler. Annotat. in Judicia Varior. de Terent.

4 Olaus Borrichius Dissert de Poët. Lat. pag. 44. Item de Saci Préface de la Trad. Franc.

## CATON.

L'ancien, dit le Censeur, mort vers le commencement de la troisiéme guerre Punique, environ l'an 605. ou 606. de la fondation de Rome.

1136   Nous avons des Distiques Moraux qui portent le nom d'un Caton, mais on n'a jamais crû sérieusement qu'ils fussent de ce célébre Censeur, ni d'aucun Romain de ce nom ou de cette race. On n'a peut-être point eu plus de raison de les donner à un Dionysius Caton (1) que les Critiques ne connoissent que fort imparfaitement.

☞ Les plus judicieux estiment que c'est l'ouvrage d'un Chrétien (2), & ils devinent que l'Auteur ou les Copistes auroient pû lui donner le titre de *Caton* à l'imitation des Anciens qui donnoient le nom de quelque personne considérable & qui s'étoit particuliérement

---

1 ¶ Siméon du Bois, *Simeo*, ou comme d'autres le nomment, *Simo Bosius*, Lieutenant général de Limoges, célébre par son commentaire sur les Epitres de Cicéron à Atticus, avoit un très-ancien manuscrit qui sous le titre de *Dionysius Cato ad filium*, contenoit, non pas les Distiques vulgairement dits de Caton, mais la prose qui dans toutes les éditions est à la tête de ces Distiques, sçavoir la Préface *Cum animadverterem* & les petites Sentences *Deo supplica*, *Parentes ama*, &c. au nombre de 56. Elie Vinet dans une de ses notes sur l'Idyle de son Ausone intitulée *Rosæ*, dit avoir vu ce manuscrit *Visendæ antiquitatis*, que du Bois lui-même lui avoit montré. Onze ans après la mort de Vinet, Joseph Scaliger qui avoit traduit en Vers Grecs les Distiques de Caton, voulant publier cette version, aussi bonne, pour le dire en passant, qu'est mauvaise celle de Planudès, eut occasion de parler du manuscrit de du Bois. Il en parla, mais ne se souvenant pas que Vinet avoit observé que les Distiques n'y étoient pas, il assura qu'ils y étoient, & sur cette idée les fit imprimer à Leyde en 1598. avec le titre de *Dionysii Catonis Disticha de moribus ad filium*, qu'il attesta être ainsi conçu dans le manuscrit de Limoges. Les gens de Lettres s'en sont fiés à Scaliger, & on l'en croit encore aujourd'hui, comme s'il avoit parlé *de visu*. A l'égard de l'ancienneté de ces Distiques, il en mettoit l'époque du tems à peu près de Commode ou de Sévére, & sa raison étoit que Vindicien Médecin de Valentinien I. n'auroit eu garde de citer comme il a fait dans une Epitre qu'on a de lui à cet Empereur, un vers de ce Caton, si dès ce tems-là l'Auteur du vers n'avoit déja passé pour ancien. Cette Epitre se trouve dans la collection médecinale de Marcellus nommé *Empiricus*. Vinet depuis, à l'exemple de Scaliger, employa contre Baptista Pius, comme nous le dirons plus bas, ce passage de Vindicien, que Simler dès l'an 1555. vingt ans avant Scaliger, avoit indiqué dans son Abrégé de la Bibliothéque de Gesner, au mot *Catonis Disticha*. b

2 ¶ Alciat cependant 4. *Parergon* 13. Scaliger 2. *lect. Auson.* 32. J. A. Fabrice 4. *Bibliothéque Lat.* 1. & plusieurs autres ne sont pas de ce sentiment. On trouve en effet dans ces Distiques diverses pensées Païennes, & sans vouloir entrer dans aucun détail, je demande si la morale Chrétienne enseigne que c'est une sotise d'appréhender la mort, & de se priver des plaisirs de la vie dans cette appréhension. C'est la doctrine du Distique 3. livre 2.

distinguée, au sujet que l'on traitoit dans l'ouvrage qu'on vouloit publier, comme Platon a fait dans ses Dialogues, Ciceron, Lucien, & les autres dont nous avons rapporté des exemples au préjugé des Titres de Livres.

Quant au jugement que l'on fait de l'ouvrage, on peut dire qu'il est assés uniforme dans tous ceux qui en ont voulu dire leur sentiment. La Morale y est assés proportionnée à la capacité des enfans pour qui il semble que ces Vers ayent été faits. Mais leur Auteur n'étoit point Poëte, & quoique l'ouvrage ne soit point une preuve de la sublimité de son esprit, il fait voir au moins qu'il étoit homme de bon sens; qui étoit la principale qualité des meilleurs Ecrivains qui ont paru depuis la désolation de l'Empire par les Barbares.

Ces Vers sont compris en quatre Livres ou parties, & quoiqu'ils soient tous hexametres, on ne laisse pas de les distinguer par distiques. Leur Auteur paroît être du septiéme ou du huitiéme siécle. (1 & 2)

1 ¶ Le passage de Vindicien Ecrivain du quatriéme siécle rend cette opinion insoutenable.

2 De Auctore hujus operis vid. Joan. Sarisberiensis de Nugis Curialib. lib. 7 cap. 9.
Melch. Goldast. in notis ad Columban. pag. 104.

Marc. Zuer. Boxhorn. in Rom. quæst. 14. pag. 77.
Gasp. Barthius Adversarior. lib. 24. cap. 4. col. 1178.
Vincent. Placcius de Anonymis detectis cap. 10 num. 290. pag. 77.
Georg. Matth. Konigius Biblioth. vet. & nov. pag. 177. &c.

## L. AFRANIUS

Poëte Comique, vers l'an de la Ville 650. du tems de Marius.

1137 IL nous reste de lui quelques fragmens recueillis par les soins de Robert Estienne, & publiés par ceux d'Henri son Fils.

Ciceron témoigne (1) que ses Vers étoient pleins d'esprit & de subtilité; qu'il étoit même disert, terme qui semble marquer plutôt de l'élégance qu'une veritable éloquence. Horace parle de lui en des termes qui nous font connoître qu'il avoit pris Menandre pour

1 Cicero in Bruto seu Dialog. de Orat.

son modele (1). Patercule nous apprend (2), qu'il avoit une grande douceur de ſtyle, & des plaiſanteries fort agréables. Mais Quintilien dit qu'il avoit infecté ſes Poëſies des maximes infames de la Pæderaſtie (3), & que c'étoit un effet du déréglement de ſes mœurs.

Les Critiques jugent qu'après Terence & Plaute, Afranius n'avoit perſonne au deſſus de lui, non pas même Cæcilius dont nous avons parlé. Il réuſſiſſoit particuliérement dans la Comédie de *longue-robe* (4), s'il eſt permis de parler ainſi, c'eſt-à-dire dans ce genre de Comédie Romaine que l'on compoſoit ſur les mœurs, les coutumes, & les façons d'agir des Romains dont on prenoit même les habits, d'où étoit venu le nom. Et il n'avoit pas moins de ſuccès dans les *Atellanes* (5) qui faiſoient un autre genre de Comédie, mais plus mordante & plus proche du caractere de la Satire dont elle n'employoit pourtant pas les Acteurs, deſquels l'art conſiſtoit dans l'expreſſion du ridicule, & dans la bouffonnerie: au lieu que les Acteurs des Atellanes devoient prendre un air brutal & repreſenter l'obſcénité en vieux langage. (6)

*\* Voyés dans le *Corpus Poëtarum*, cité à l'Art. 1131.\**

1 Horat. de art. Poët. *dicitur Afrani toga convenisse Menandro.* 2. Epiſt. 1.
2 Vell. Paterncl. lib. 1. Hiſt. circa finem.
3 ¶ Quintilian. l. 10. Inſtit. 1.
4 ¶ Cette expreſſion *Comédie de longue robe*, a fait rire. Baillet auroit pu éviter le ridicule, s'il avoit dit qu'Afranius excelloit dans les piéces nommées *Togatæ*, compoſées ſuivant les mœurs, les coutumes & les façons d'agir des Romains, dont on prenoit même l'habit, *Togа*, d'où venoit le nom *Togatæ*.

5 *Atella* Ville de Campanie.
6 Lil. Gregor. Gyrald. Dialog. 6. de Hiſt. Poëtar. pag. 696, 697. ubi de variis Comœd. generib. &c.
Phil. Briet. de Poët. Latin. lib. 1. pag. 9.
Ger. Joan. Voſſ. de Poët. Lat. l. ſing. 13.
Georg. Math. Konig. Biblioth. vet. & nov. pag. 14.

## Q. LUTATIUS CATULUS.

Conſul avec Marius, l'an 651. de la Ville, étouffé l'an 666. de l'odeur du charbon & de la chaux dont on avoit tout fraichement enduit les murailles de la chambre où il s'étoit renfermé, pour ſe ſauver des mains de Marius & de la mort.

1138   Quelque beauté qu'il y ait eu dans les Vers de cet homme, & quelque élégance que les Anciens y trouvaſſent, la perte que nous avons faite de la plus grande partie nous en doit être d'autant moins ſenſible, que cette beauté étoit toute infectée de ces ſaletés dont les Poëtes laſcifs font toutes leurs délices. Il faut même que cette infection ait été assés universelle dans ses Vers, puisque ceux qu'on nous a conservés, comme les meilleurs n'en sont pas tout-à-fait exempts. Il réussissoit particulierement dans les Epigrammes; mais il n'étoit pas encore arrivé au point de l'éxactitude où l'on a mis depuis la Prosodie.

* Voyés dans le *Corpus Poetarum*, Art. 1131.*

Lil. Gregor. Gyrald. de Histor. Poëtar. Dialog. 10. pag. 1081.

Ger. Joan. Voss. de Historicis Latinis lib 1. cap. 9. pag. 38. 39.

## C. LUCILIUS

Poëte Satirique, Chevalier Romain, grand Oncle de Pompée, né en l'Olympiade 158. mort en la 169. âgé de 46. ans. Sessa ou Suessa Pometia fut le lieu de sa naissance, & Naples celui de sa mort.

1139 Lucilius fut le premier à Rome qui acquit de la réputation à faire des Satires, & plusieurs le considerent comme l'inventeur de ce genre d'écrire parmi les Latins. (1)
Mr Despreaux prétendant que c'est,

*L'ardeur de se montrer & non pas de médire*

qui

*Arma la verité du vers de la Satire,*

ajoute que,

*Lucile le premier osa la faire voir,*
*Aux vices des Romains presenta le miroir,*
*Vengea l'humble Vertu, de la Richesse altiere*
*Et l'honnéte homme à pied du Faquin en litiere.* (2)

Horace dit qu'il s'étoit proposé l'exemple des Poëtes Grecs de la vieille Comédie qui attaquoient les gens sans artifice & sans déguisement, & qu'entre les autres il avoit suivi Eupolis, Cratinus & Aristophane, en se contentant de changer les pieds & la mesure de leurs Vers (3). Il ajoute que Lucilius est tout-à-fait plaisant & agréable, & qu'il avoit le goût fort bon. Mais il remarque en mê-

1 Plinius senior præfat. Histor. natural. Item patet ex Horatio Quintiliano &c.
2 Desp. chant 2. de l'Art. Poëtiq. p. 190.
3 Horatius Satir. 4. initio lib. 1. & Satir. 10. initio.

38 POETES LATINS.

C. Lucius. me tems qu'il avoit un grand défaut dans la composition de ses Vers ; qu'ils n'avoient que de la dureté, qu'ils n'étoient ni limés ni même travaillés: Que Lucilius en faisoit souvent deux cens en une heure, & qu'il les dictoit debout sur un pied (1) tenant l'autre levé en l'air, ce qui passoit pour une rareté fort singuliere ; que ces vers n'avoient ni force ni pureté, & que par leur impetuosité ils entraînoient beaucoup d'ordure, quoi qu'il y ait quelque chose de bon à prendre. Enfin il dit que la plus grande partie de ses vers n'étoit composée que de fatras & de babil, & qu'il ne savoit ni s'appliquer, ni mettre des bornes à son abondance.

Juvenal nous dépeint Lucilius comme un homme formidable à tous ceux de son tems qui ne se croyoient pas innocens, & il dit qu'il suffisoit de lui voir tirer l'épée pour trembler de frayeur, & pour voir rougir ceux que le crime avoit fait pâlir. (2)

Au reste cette aigreur & ce sel qu'il employoit dans ses vers étoit accompagné de beaucoup d'érudition. C'est le témoignage que Ciceron, Quintilien, Aulu-Gelle (3) & quelques autres Anciens lui ont donné. Le premier reconnoissoit encore en lui de la délicatesse & beaucoup d'agrément ; le second trouvoit la liberté de son caractere d'un goût assés relevé par le sel de ses expressions, & maintenuë par sa doctrine qu'il appelle merveilleuse ; & le troisiéme remarquoit en lui une grande connoissance de la Langue Latine.

Quelques Critiques modernes (4) n'en ont point parlé avec moins d'avantage, & les jugemens qu'ils en font semblent formés plutôt sur ceux des Anciens que sur la lecture de ses Ouvrages.

Les fragmens qu'on en a conservés furent publiés à Leiden in-4°. l'an 1597. avec les Commentaires de François Douza, & à Lyon l'an 1603. avec les restes des autres anciens Poëtes.

1 ¶ Il prend à la lettre cet endroit, où Horace dans sa quatriéme Satire du livre 1. dit parlant de Lucile
*in hora sæpe ducentos,*
*Ut magnum, versus dictabat, stans pede in uno.*
ne voyant pas que c'est une hyperbole proverbiale pour marquer la facilité avec laquelle Lucile composoit. Quintilien au contraire l. 12. c. 9. pour marquer une chose qui ne se fait qu'avec beaucoup d'effort: *In his actionibus,* dit-il, *omni ut agri sola dicunt pede standum est.* Les Grecs de même, au rapport de Suidas ὅλω ποδὶ pour ὅλῃ δυνάμει.

2 Juvenalis Satir. 1. & ex eo Jul. Cæs. Scaliger in Poëtic.

3 Cicero lib. 2. de Oratore. Quintilian. lib. 10. cap. 1. Institution. Oratoriar. A. Gell. Noct. Atticar. lib. 18. cap. 5.

4 Petr. Crinitus de Poët. Latin. c. 9. Philip. Briet. Soc. J. de Poët. Lat. lib. 1. pag. 6. 7. G. M. Konig. Biblioth. Vet. & N. pag. 484.
Jul. Cæs. Scaliger lib. 6. Poëtices pag. 867.

## LUCRECE.

*T. Lucretius Carus*, Poëte Philosophe, né l'an de la fondation de Rome 659. en la seconde année de la 171. Olympiade, tué de sa propre main dans la fureur que lui avoit causé un breuvage en la quarante-quatriéme année de sa vie, l'année que Virgile prit la robe virile. D'autres ne lui donnent que 26. ans de vie, & mettent sa mort l'année de la naissance de Virgile.

1140 Nous avons de cet Auteur six Livres composés en vers Hexametres sur la Nature des choses, selon les principes d'Epicure.

On n'est presque jamais disconvenu qu'il fut un des plus grands Philosophes de son siécle, & des plus célébres Epicuriens qui ayent jamais été jusqu'à M. Gassendi; mais on ne s'est pas si bien accordé sur le rang qu'on doit lui donner parmi les Poëtes.

Mr de Maroles dit (1), que son Poëme a été admiré des uns, & blâmé des autres ; mais qu'il a été presque universellement estimé de tous ceux qui l'entendent.

Ciceron écrivant à son frere Quintus, lui dit qu'il avoit raison d'estimer ses Poësies, parce qu'elles sont remplies d'esprit, & qu'il y fait paroître beaucoup d'artifice & d'industrie (2). Et si l'on s'en rapporte au jugement qu'en faisoit ce Frere, Lucrece avoit l'esprit tout-à fait tourné à la Poësie (3), & il avoit les qualités necessaires pour faire un véritable Poëte.

Ovide lui donne un caractere de sublime ou d'élevation, & il prétend que ses vers ne périront qu'avec le genre humain. (4)

Stace reconnoît aussi en lui une fureur Poëtique, & un emportement violent pour les plus grandes choses (5). Qualité qui a beaucoup de rapport avec cet enthousiasme que Platon demande à tous les Poëtes, & en particulier avec cette phrénésie, dans les intervalles

---

1 Mich. de Marolles au commencement de ses Remarques sur la Traduction Françoise qu'il a faite de Lucrece pag. 395.
2 Cicero lib. 2. Epistol. 10. ad Quintum Fratrem in Ep. ad Fam.
3 Apud Tanaq. Fabrin. Prolegom. ad Lucretm edit.
3 Ovidius lib. 2. Tristium.

5 Statius Papin. 2. Silvar. in Geneth!. Lucani.
¶ Le Vers de Stace, *Et docti furor arduus Lucreti*, devoit être uniquement expliqué de la fureur poëtique, sans y ajouter *cet emportement violent pour les plus grandes choses*, galimatias qui ne dit rien.

Lucrece. de laquelle Lucrece faisoit ses vers, & dont la violence le porta enfin à se poignarder lui-même.

On ne doit donc pas s'étonner que les Critiques des siécles suivans, l'ayent mis au rang des meilleurs Poëtes de l'Antiquité. Agelle ou Aulu-Gelle est un des premiers de ce nombre; & il dit que c'étoit un Poete d'un génie très-excellent & d'une très-grande éloquence; & il ajoute qu'on n'en peut pas douter, lorsqu'on considere que Virgile a pris de ce Poëte non-seulement des expressions & des vers, mais encore des endroits considérables & en grand nombre (1). C'est ce qu'on a aussi remarqué d'Horace. (2).

Denys Lambin qui a fait sa vie, releve fort haut toutes les excellentes qualités de sa Poësie, comme sont la subtilité & la vivacité de ses pensées, la majesté & la gravité de ses vers, accompagnée de toute la beauté & de tous les ornemens qui peuvent entrer dans la versification (3). Il dit que Lucilius a suivi Epicure dans les choses & dans sa matiere, mais qu'il a pris pour cet effet le genre d'écrire, les figures, les manieres, & le grand style d'Empedocle.

Il prétend que dans tout ce Poëme il n'y a rien d'étranger, rien de gêné, ni rien qui soit hors de son sujet. Tout y est naturel & domestique, pour ainsi dire. Tout y est simple & uniforme; & quelque difference qu'il y ait dans toutes les parties de cet Ouvrage, elles ont un rapport merveilleux entre elles, & composent un Tout achevé dans une symmetrie admirable. (4)

P. Victorius l'appelle un Poëte très-élégant, très-fleuri, & très-poli (5). Il dit que c'est un des Ecrivains les plus naturels, les plus éloquens, & du meilleur fonds de cœur que les Romains ayent jamais eu: & au rapport de M. de Balzac (6), ce Critique Italien prétend que Virgile est moins pur & moins Latin que notre Lucrece, quoique celui-là ait eu lieu de l'imiter en ce point, comme il a fait en d'autres choses.

Enfin Jules Scaliger, tout adorateur qu'il étoit de Virgile, tout jaloux qu'il étoit de son honneur & de sa divinité prétenduë, n'a point fait difficulté d'appeller Lucrece un *homme divin*, & un *Poëte incomparable*, (7)

1 Joseph. Scalig. in primis Scaligeran. pag. 104. & ante illum A. Gellius Noct. Attic. lib. 1 cap. 21. & alii.
2 Rosseau Sentimens sur quelques Ouvrages d'Aut. pag. 43. MS.
3 Dionys. Lambin. in vita Lucretii præfix. operib. ejusd. pag. 40.
4 Idem ibid. pag. 43. & seq.
5 Petr. Victorius Præfat. in Comment. ad Aristot. de Arte Poët.
6 Balzac dans le Recueil de ses Oeuvres diverses pag. 265. 266. edit. d'Holl.
7 Jul. Scalig. Comment. in hist. Animal. Aristotel. lib. 6. cap. 22. pag. 756.

Après

# POETES LATINS.

Après un consentement si universel & un jugement si uniforme *Lucrece* de tant de siécles, on auroit peine à croire qu'il se pût trouver des Critiques assés hardis pour refuser d'y souscrire, & pour s'élever contre la décision de tant de grands hommes. C'est néanmoins ce qu'a voulu faire Jerome Magius, lorsqu'il a dit (1), que *Lucrece ne nous a point donné sujet de le considerer comme un Poëte*. Une Sentence si courte & si décisive, a surpris une bonne partie des gens de Lettres, & elle a donné du chagrin aux autres. Mr le Fevre de Saumur nous a fait connoître qu'il étoit du nombre de ces derniers, & il n'a point crû pouvoir mieux vanger Lucrece, qu'en tournant ce Magius en ridicule, & en l'opposant par un plaisant parallele aux deux Cicerons, à Ovide, à Stace, à Scaliger & à Victorius (2). Mais Mr le Fevre n'a point deviné que d'autres Critiques viendroient après lui pour renouveller le jugement de Magius. Autrement ç'auroit été en lui un défaut de prudence de s'être amusé à se jouer de la personne particuliere du Critique, plutôt que de faire une réponse générale à la chose.

Le P. Rapin ne s'est arrêté ni au jugement de tous ces Anciens, ni à la maniere dont Mr le Fevre a jugé à propos de recevoir l'opinion de Magius; car il dit nettement (3), que *Lucrece ne doit point passer pour véritable Poëte*, parce qu'il n'a point cherché l'agrément, & que son but n'est pas de plaire.

Le P. Briet même n'a pas voulu nous faire croire que (4) Lucrece fut un excellent versificateur, puisqu'il dit que ses vers, quoique très-Latins, ne laissent pas d'avoir de la dureté, & qu'ils ont besoin de passer par la lime de Ciceron. En quoi ce Pere n'est pas entierement d'accord avec un autre Critique de sa Compagnie, qui prétend (5) que Lucrece est tout *limé*, que c'est un Auteur qui a de la netteté, de la subtilité, des agrémens & du génie, & qu'il est très-poli & très-élégant pour le sujet qu'il a traité.

Il ne seroit presque pas necessaire de rien ajouter pour le style de Lucrece, parce que ce que nous venons d'insinuer touchant la pureté, l'élégance, & la politesse de cet Auteur, pouroit suffire pour nous faire juger qu'il ne doit pas être mauvais. Néanmoins il semble que Quintilien ne soit pas favorable à l'opinion de ceux qui pré-

---

1 Hieronym. Magius Miscellaneor. lib. 1. cap. 17.
2 Tanaquill. Faber pag. ultim. Vet. Testimonior. Lucret. in Prolegom.
3 René Rapin Reflexion 8. sur la Poëtique

part. 1. pag. 17. édition in-12.
4 Philipp. Briet. lib. 1. de Poët. Latin. pag. 9. 10. præfix. acutè dictis &c.
5 Anton. Possevinus lib. 17. Bibliothecæ Selectæ cap. 23.

*Tome IV.*

tendent que la Langue Latine n'a point eu de meilleur Auteur au siécle même où elle a paru dans son état le plus florissant (1). Il semble faire une espece de parallele entre Macer & notre Lucrece ; il dit qu'il est bon de lire l'un & l'autre, mais qu'on ne le doit pas faire pour la bonté de la phrase, ou pour pouvoir donner du corps & de la force à l'éloquence; qu'ils ont fait paroître l'un & l'autre de l'élégance dans les sujets qu'ils ont traités, mais que Macer est rampant, & Lucrece difficile.

Ce jugement n'a point plû à Lambin, qui par un mouvement de cette tendresse, dont les Commentateurs se trouvent assés souvent prévenus & saisis à l'égard de leurs Auteurs, n'a point fait difficulté d'accuser Quintilien d'avoir eu le goût mauvais, ou de s'être laissé corrompre (2). Il dit que la comparaison qu'il a voulu faire de ces deux Poëtes entre eux, est semblable à celle que l'on feroit d'une mouche avec un élephant, & qu'on ne pouvoit presque pas trouver deux sujets plus inégaux & plus differens, que Macer & Lucrece le sont, au rapport de l'un à l'autre.

Il prétend que Quintilien s'est trompé particulierement au sujet de Lucrece, lorsqu'il a dit qu'il étoit difficile, & qu'il n'étoit point propre pour se former dans la diction & dans l'éloquence. Car soit qu'on considere la simplicité & la proprieté de ses mots, soit qu'on ait égard à l'élocution même, un Orateur, dit-il, qui voudra former son style, peut prendre dans la diction de Lucrece dequoi rendre son discours plus pur & plus élégant, il peut aussi y trouver de l'abondance & des beautés dont il poura enrichir son travail : & s'il y veut chercher la maniere de bien traiter un sujet, il y rencontrera tout ce qui peut contribuer à donner de l'élévation, de la grandeur, en un mot ce qu'on appelle *le sublime*, qui est ce que l'on cherche avec tant d'empressement dans les bons Auteurs.

Mr le Févre quoique moins zelé que Lambin, paroît avoir pris le parti de Lucrece contre Quintilien. Il dit (3) que le terme de *difficile*, dont celui-ci a voulu marquer le caractere de ce Poëte, ne lui convient nullement, parce que c'est un Auteur qui n'est ni obscur ni embarassé, mais qui au contraire a pris un air si aisé, que sa facilité est un charme continuel pour ses Lecteurs. Mais pour sauver l'honneur du Critique, il ajoute qu'on peut attribuer aux matieres Philosophiques que Lucrece a traitées, cette difficulté qui semble

---

1 Joseph Scaliger in primis Scaligeran, pag. 104. Quintilian. Instit. Or. l. 10. c. 1.
2 Dion. Lambin in vit. Lucret. ut supr.
pag. 41. 42.
3 Tanaq. Faber Not. in loc. Quintiliae. Instit. Orat. lib. 10. cap. 1.

## POETES LATINS.

tomber naturellement fur le ftyle de ce Poëte, quand on ne veut point faire violence à la penfée de Quintilien. Encore pouroit-on dire que fi ces matieres font difficiles par elles-mêmes, elles deviennent aifées par la maniere dont Lucrece s'eft fervi pour leur communiquer la netteté de fon efprit.

Gafpar Barthius avoit écrit prefque la même chofe avant Mr le Fevre. Il dit (1) qu'il eft difficile d'accorder Quintilien avec lui-même; & que cette *difficulté* prétenduë qu'il trouve en lui n'eft pas compatible avec cette *élégance* qu'il lui attribuë dans le même endroit. Il ajoute que s'il y a quelque chofe à reprendre dans Lucrece, loin de croire que ce foit aucune difficulté qui fe trouvât en lui, on peut dire que c'eft de s'être rendu trop populaire. On ne pouvoit pas trouver d'Auteur, felon ce Critique, à qui cette qualité convienne moins qu'à Lucrece, qui femble n'avoir point eu de plus grand foin que d'éviter l'obfcurité, & de fe rendre intelligible même au petit Peuple, malgré la fublimité de fa matiere, à laquelle il femble même qu'il ait voulu faire quelquefois du tort en faveur de ceux qui préferent la clarté du ftyle, & la netteté des manieres à la gravité des chofes qui font le fujet d'un Ouvrage. C'eft pourquoi, ajoute cet Auteur, on ne trouve point dans Lucrece de ces tranfpofitions qui caufent l'obfcurité, point de penfées guindées ou forcées, point de phrafes d'outre-mer ou de termes étrangers, ni aucun de ces embarras qui accompagnent ordinairement une éloquence trop étudiée.

Mais quoiqu'on fe fente porté à fuivre le fentiment de ces derniers Critiques plutôt que celui de Quintilien, il faut reconnoître qu'on pouroit encore fouhaiter quelque chofe au ftyle de Lucrece, pour en faire le modele achevé de la bonne Latinité. Le P. Rapin dit (2), que bien qu'il foit fi pur & fi poli, il n'étoit pourtant pas arrivé à la perfection du tems d'Augufte, dont le goût étoit de ne rien dire de fuperflu & de parler peu.

Barthius même que nous avons déja cité, juge que fon ftyle eft trop lâche & trop diffus; & pour fe raccommoder avec Quintilien il veut bien croire que le mot de *difficile* s'eft gliffé au lieu de celui de *diffus*, dans le texte du jugement que cet Auteur a fait de Lucrece.

Le Bibliographe Anonyme ajoute qu'il affecte prefque en toute rencontre des Archaïfmes ou des expreffions du vieux

---

1 Gafpar Barthius Adverfarior. lib. 43. cap. 2. col. 1928. 1929.

2 Ren. Rap. Comparaifon d'Homere & Virgile chap. 11. pag. 42. édit. in-4.

Lucrece. siécle (1). Et c'eſt ce que Lambin lui-même n'a point pû diſſimuler lorſqu'il dit pour excuſer Lucrece, qu'il s'eſt ſervi dans l'emploi des vieux mots du droit qu'ont les Poëtes de remettre les choſes anciennes en uſage comme d'en feindre de nouvelles, ou que ce ſont des termes qu'il a pris d'Ennius & de quelques autres Poëtes des premiérs tems. (2)

Après avoir parlé des qualités de la Poëſie de Lucrece, & de celles de ſon ſtyle, il ne ſeroit pas inutile de rapporter ce qu'on a remarqué au ſujet de ſa morale & de ſes ſentimens. Mais comme ſon Poëme n'eſt pas véritablement une imitation telle qu'Ariſtote & les autres Maîtres de l'Art la demandent dans un véritable Poëte, on ne doit point y rechercher beaucoup de Morale. Et comme tout ſon ſujet eſt pris du fonds de la Phyſique ou de la Philoſophie naturelle, il ſemble que nous pourions remettre plus à propos au Recueil des Philoſophes ce que les Critiques ont jugé de ſes ſentimens.

Je me contenterai de dire ici que les uns (3) ont trouvé mauvais qu'il n'ait point diſſimulé plus qu'il n'a fait la corruption de ſes propres mœurs, d'autant plus qu'il avoit moins d'occaſion de la faire paroître: les autres ont crû trouver dans ſon Ouvrage des marques d'Athéïſme, & l'ont accuſé de nier la Providence divine & l'immortalité de l'ame (4). D'autres enfin ont été ſcandaliſés de voir qu'il ait mis Epicure au rang des Dieux. Mais Mr Gaſſendi a répondu à ces derniers dans un chapitre tout entier de la Vie qu'il a faite de ce Philoſophe (5). Il dit qu'il a uſé en cette occaſion de ſon privilege de Poëte; & que comme c'étoit l'ordinaire des Peuples de rendre des honneurs divins aux hommes qui avoient rendu des ſervices extraordinaires au Genre humain, Lucrece jugeoit qu'Epicure en méritoit plus que Bacchus, Cerès, Hercule, Theſée & les autres, parce que le bien qu'il avoit fait aux hommes, étoit incomparablement plus conſiderable. Mais qui ne voit que Mr Gaſſendi par cette réponſe, a mieux aimé détourner (6) la difficulté, que de la reſoudre, & que de ſatisfaire préciſément ceux qui la propoſent.

Entre les éditions qu'on a faites de Lucrece, on a aſſés eſtimé celle de Lambin, [in-4°. à Paris 1570.] celle de Pareus, [in-8°. Franc.

---

1 Anonym. Bibliogr. hiſt. cur. Philolog. pag. 58.
2 Lambin ut ſup. loc. citat. vit. Lucret. præfix. Comment.
3 Phil. Briet lib. 1. de Poët. Lat. pag. 9. 10. ut ſuprà.
4 Roſteau Sentim. ſur quelq. Ouvr. MS.

comme cy-devant.
5 Petr. Gaſſend. de vita & Morib. Epicuri lib 4. cap. 6. pag. 121.
6 ¶ Il ne l'a point du tout détournée. Il y a répondu dans le pur ſens de Lucrèce, & par les propres raiſons du Poëte.

1631.] & celle de Giphanius, [in-8°. à la Haye 1595.] mais celle de Mr le Fevre de Saumur [in-4°. à Saumur 1662.] passe pour la meilleure de toutes; & nous avons remarqué ailleurs que celle de Jean Nardi Florentin [in-4°. à Florence 1647.] est la moins bonne au jugement de quelques Critiques (1), quoiqu'elle soit la plus magnifique, & une des plus recentes.

\* *Titi Lucretii Cari de rerum natura lib.* VI. *variæ lectiones* in-fol. Lond. 1712. — *Lucretius, Thoma Creech* in-8°. *à Oxfort* 1695.*

1 Tanaq. Faber. in præfat. ad suum Lucret. Item Olaus Borrichius Dissertat. de Poët. Latin. num. 12. pag. 45. 46. &c.

---

## CATULLE.

(Caius ou Quintus Valerius (1) né à *Verone*, ou dans la presqu'Isle de *Sirmion* (2) sur le Lac *de Benac*, aujourd'hui *de la Garde* (3), durant le septiéme Consulat de Marius & le second de Cinna, la seconde année de la 173. Olympiade sur la fin, la 667 de la fondation de Rome, & 86. ans devant notre Epoque.
Mort âgé de 30. ans (4), en la quatriéme année de la 180. Olympiade, & la 697. de la Ville de Rome, l'année que Ciceron revint de son exil.

1141 Quoique le grand talent de ce Poëte consistât à bien faire des Epigrammes, on prétend qu'il a également réussi dans deux autres genres de Poësie, savoir dans les Vers Liriques & dans les Elegiaques.

Il n'y a presque point de Poëtes parmi les Romains, à qui il n'ait disputé le rang de préséance. Il a eu pour entretenir ses prétentions des Partisans dans presque tous les siécles, mais il n'en a jamais paru de si zelés que dans ces derniers tems, où l'on a vû des gens qui

1 ¶ Le prénom *Caius* est le plus sûr, étant fondé sur le témoignage d'Apulée dans son Apologie, & de S. Jérome dans sa Chronique. Joseph Scaliger a prétendu que c'étoit *Quintus*, mais s'il est vrai que ce prénom se soit trouvé dans le manuscrit qu'il allégue c'est une pure équivoque du copiste qui aura confondu l'ancien *Quintus Catulus* avec le Catulle dont il s'agit. Voyés Achille Stace, & Isaac Vossius au commencement de leurs remarques sur Catulle.

2 ¶ Aujourd'hui *Sermione*.

3 ¶ Il faloit dire de Garde, *Lago di Garda*, ainsi nommé de *Garda* bourg adjacent dans le Véronois.

4 ¶ Plus vraisemblablement, suivant la supputation d'Isaac Vossius, à l'age de 37. à 38. ans la quatriéme année de la 182. Olympiade, & l'an de la fondation de Rome 705.

**Catulle.** n'ont point fait difficulté de le préferer à tous ceux de l'Antiquité, sans en excepter Virgile & Horace (1). Et quoique ce jugement paroisse être un effet de quelque tendresse pour ce Poëte, & peut-être même de quelque sympathie avec lui, on ne peut point nier que Catulle n'ait été un fort bel esprit, & qu'il n'ait fort bien sû faire servir à ses propres passions l'humeur la plus facile & la plus enjouée qu'on eût encore jamais vûë dans la Republique Romaine.

Cette qualité le rendit fort agréable à quelques personnes considérables dans la République, & particuliérement à Ciceron qui ne haïssoit pas le caractere des esprits libres.

Les anciens Critiques ont dit beaucoup de bien de son style & de ses manieres, & il semble qu'ils ayent voulu se décharger sur les modernes du soin d'en dire le mal qu'ils en pensoient. Ils nous ont vanté la pureté de sa diction, son élégance, sa naïveté, sa douceur & sa tendresse (2), qui sont des qualités que l'on remarque encore aujourd'hui dans ce qui nous est resté de ses Ouvrages, mais on s'est donné beaucoup de peine pour y chercher celle de l'érudition que Martial lui attribuë (3). Ceux qui croyent avoir rencontré sa pen-

---

1 ¶ Il étoit à propos de faire connoitre ces gens qui préferent Catulle à Virgile & à Horace. On ne nomme qui que ce soit. Un tel fait cependant ne devoit pas être avancé sans preuve. A la vérité Victorius dans la préface de ses Commentaires sur la Poëtique d'Aristote préfére Catulle à Virgile pour la pureté de la diction, mais il n'y a personne qui ne juge que Baillet, de la manière dont il s'exprime, a eu en vûë des gens posterieurs à Victorius mort il y avoit cent ans ; outre que l'ayant nommé sans façon dans l'article de Lucrèce pour une raison toute pareille, il ne l'auroit pas vraisemblablement plus ménagé dans l'article de Catulle.

2 Juvenal Sat. 13. Item A. Gellius l. 7. Noct. Atticar. cap. 20. Et inter recentiores Paul. Jovius in Elog. Casanovæ & Naugerii Gasp. Barthius col. 2356. & alii passim.

¶ Le premier Auteur que Baillet cite pour prouver la pureté de la diction de Catulle, son élégance, sa naïveté, &c. c'est Juvenal Sat. 13. où ces mots,
*mimum agit ille*
*Urbani qualem fugitivus scurra Catulli*,
désignent un autre Catulle, Auteur de la farce intitulée *Phasma*, dont parle le même Juvénal Sat. 8. L'épithète d'*urbanus* est synonyme d'*urbicus* & d'*urbicarius* pris pour Mimographe, Composeur de farces. Aussi ce Catulle parmi les Critiques est-il appellé l'*urbicaire* pour le distinguer de l'autre.

3 Martial Epigramm. *Verona Docti Syllabas amat Vatis.*

¶ A considérer la peine qu'on s'est donnée de rechercher les raisons qu'ont euës les Anciens de déférer à Catulle le nom de docte, on diroit qu'ils le lui ont tous unanimement déféré, sans lui donner jamais d'autre épithète. Je ne sache néanmoins parmi eux qu'Ovide & Martial qui lui aient fait cet honneur, à quoi très-assurément la commodité du vers a beaucoup contribué ; car une chose à remarquer, c'est qu'on ne cite nul Ancien qui en prose l'ait appellé docte. Mais quelles sont après tout les rares preuves de son érudition ? Barthius les fait consister dans quelques traductions de vers Grecs en vers Latins. Il n'y a pas ce me semble de quoi tant se récrier. Horace auroit incomparablement mieux traduit l'Ode de Sappho, & Tibulle, Properce ou Ovide l'Elegie de Callimaque. Le Grec à Rome étoit plus commun du tems de Catulle, que le Latin ne l'est aujourd'hui parmi nous. Le titre de docte est d'ailleurs naturellement consacré aux Poëtes. Claudien l'a donné

ée (1), disent que Catulle a été appellé docte par quelques Anciens pour avoir été le premier qui ait sû la maniere de tourner en un beau Latin tout ce que les Poëtes Grecs ont eu de plus beau & de plus délicat, & tout ce qui paroissoit inimitable : & pour avoir parfaitement réussi, en assujettissant cette Langue aux nombres & aux mesures que les Poetes Grecs avoient données à la leur (2)

Mais quoique les Critiques conviennent presque tous qu'il n'y a rien dans tous les autres Auteurs du bon siécle qui soit comparable à cet air naturel, avec lequel Catulle nous a representé la Langue Latine dans sa pureté originale, c'est-à-dire, dans toute sa simplicité & dans sa nudité entiere, sans fard & sans ornement étranger ; il y en a peu d'entre eux qui ne nous ayent fait remarquer quelques défauts, en nous faisant voir ses bonnes qualités.

Scaliger le Pere qui dans un endroit de sa Poëtique dit (3), qu'on trouve dans ce Poëte tous les enjouemens dont la pure Latinité est capable, témoigne (4) en un autre, qu'il n'y a rien que de commun & de vulgaire dans tout ce qu'il a fait, qu'il a des mots & souvent des expressions dures ; & que néanmoins il est quelquefois si lâche & si mou, qu'il n'a point de consistance ; & que ne pouvant se soutenir, il se laisse aller au penchant que lui donne sa propre foiblesse. Il ajoute qu'il y a dans Catulle beaucoup d'infamies & de saletés qui le font rougir, beaucoup de choses languissantes qui lui font pitié, beaucoup de choses entassées & ramassées sans choix qui lui font peine, & qui font voir qu'il n'étoit pas tout-à-fait libre ni capable de se retenir, lorsqu'il se trouvoit emporté par l'impetuosité de son naturel & la necessité des vers.

Scaliger le fils n'en parle pas tout-à-fait si mal, & il se contente de dire (5) que ce Poëte est fort scrupuleux, & fort incommode dans l'attache qu'il fait paroître à ne rien écrire qui puisse choquer la pureté de la Langue Latine.

donné à Ennius, Stace, à Lucrèce, Ovide à Calvus, & même généralement à tous les Poëtes, en ce vers de son 3. livre *de Arte*, *A doctis pretium scelus est sperare Poëtis*, par où il donne à entendre que les Belles ne doivent point vendre leurs faveurs aux Poëtes, c'est-à-dire à tous ceux qui s'acquiérent de l'estime dans cette profession, sans qu'il faille que les Dames avant que de les honorer de leurs bontés, examinent, comme les femmes savantes de Moliére, si ces Messieurs savent du Grec.

1 Gasp. Barthius Adversf. lib. xxxviii. cap. 7. col. 1730.
2 Idem Barth. Adv. lib. viii. cap. 22. pag. 407.
3 Jul. Cæf. Scaliger Poëtices lib. 5. c. 16.
4 Idem Jul. Scaliger. lib. 6. ejusd. operis cap. 7
5 Joseph. Scalig. fil. in primis Scaligeranis pag. 47.

**Catulle.**

Voffius dit (1) qu'il s'eſt contenté d'exprimer ſes paſſions & les mouvemens de ſon ame, avec les couleurs qu'il a cru les plus vives accompagnées de cette élégance qui lui étoit naturelle, mais qu'il a une âpreté qui choque la délicateſſe de nos oreilles; & que cette dureté que tous les bons Critiques remarquent en lui, vient particulierement de ſes frequentes éliſions, c'eſt-à-dire, pour parler en termes de Poëtique, des *Ecthlipſes* (2), & des *Synalephes* (3), qu'il met ſouvent en uſage dans la *Penthemimere*, qui eſt la céſure qui ſe fait au cinquiéme demi pied du vers Pentametre, c'eſt-à-dire, à la ſyllabe qui ſuit les deux premiers pieds de cette eſpece de vers.

Le Pere Briet étoit auſſi dans le ſentiment de Voſſius, touchant la dureté des vers de Catulle (4), & il s'y eſt confirmé d'autant plus volontiers qu'il le voyoit appuyé de l'autorité des deux Plines.

Il ſemble que le Pere Rapin y ait encore trouvé d'autres défauts, tels que ſont ceux d'être trop diffus & trop babillard. Car il dit (5) que Catulle ayant été le premier des Romains qui commença de donner le beau tour de l'élégance à la Langue, ne ſavoit pas encore le grand précepte d'Horace, qui veut qu'on retranche beaucoup, & qu'on parle peu.

Mais il y a un autre vice qui eſt incomparablement plus blâmable dans Catulle, & qui le rend haïſſable à tous ceux qui ne ſe ſont pas encore défaits de la pudeur. C'eſt l'impureté dont il eſt infecté juſqu'aux moüelles, & qui eſt répanduë dans preſque toutes les parties du corps de ſes Poëſies.

L'Auteur anonyme (6) du choix des Epigrammes Latines, a tâché de nous en inſpirer une horreur ſalutaire & une haine parfaite. Il dit qu'il n'a pû voir ſans une grande indignation (7), que des Ouvrages auſſi abominables que ceux de Catulle & de Martial, ſoient tolerés dans le Chriſtianiſme; &, ce qui eſt plus pitoyable, qu'ils ſoient ſoufferts entre les mains des jeunes gens.

Il prétend même, qu'à juger des choſes ſelon les maximes de l'honnêteté Civile & Païenne, on ne trouvera dans toute leur galanterie aucune véritable délicateſſe, ni aucune marque de cette *Urbanité* ſi vantée chés les Anciens. (8)

1 Gerard. Joan. Voſſius lib. 3. Inſtitut. Poëticar. pag. 107. 108.
Item ibidem pag. 56. ejuſd. libri.
Item libro primo ejuſdem operis pag. 75.
2 Colliſions de l'm.
3 Colliſions des voyelles & diphtongues.
4 Philipp Briet lib. 2. de Poëtis Latin. pag. 14. 15. ante acutè dicta, &c.

5 Ren. Rapin Compar. d'Hom. & Virg. chap. 11. pag. 42. edit. in-4.
6 ¶ P. Nicole, & non pas, comme l'a cru Ménage, Dom Lancelot.
7 Epigrammat. Delect. edition. Caroli Savreux anni 1659. in præfat. op.
8. *Non urbanus ſal, ſed illeberalis dicacitas.*

Il dit ailleurs (1) que ces deux Poëtes ont fait connoître non-seu- Catulle. lement qu'ils étoient ennemis de la vertu & des bonnes mœurs, mais même qu'ils n'avoient aucune politesse ni aucune finesse pour le bon goût des choses. Et pour me servir de la traduction de Mr Bayle (2), cet Anonyme a eu raison de dire que Catulle & Martial étoient des esprits grossiers & rustiques (3), & plus propres pour les conversations d'un corps de Garde que pour celles d'une ruelle.

En effet, dit le même Mr Bayle, Catulle qui a passé toujours pour l'un des plus galans Poëtes de l'Antiquité, & Horace qui a fait toutes les délices de la Cour d'Auguste, ont été souvent aussi libres dans leurs Poësies, que nos Théophiles, nos Sigognes, nos Motins, nos Berthelots, qui font l'horreur des honnêtes Gens, & qui ne plaisent qu'à des Soldats & à des Laquais. Il ajoute que c'étoit le défaut du siécle de ces Anciens, autant & plus que celui de leur esprit, puisque l'Empereur Auguste qui devoit être l'homme le plus poli de sa Cour, composoit les plus infames & les plus horribles Vers qui se puissent lire. Ce qui selon ce judicieux Critique, est une marque évidente qu'encore que notre siécle ne soit pas plus chaste que les autres, il est au moins plus poli & plus honnête pour l'extérieur ; & que les loix de la bienséance sont à present plus sévéres & plus étenduës qu'elles n'ont jamais été. (4)

Ce goût des derniers siécles, dont il semble qu'on ait voulu flater les Poëtes modernes, n'a point encore été si universel, qu'il ne se soit trouvé des défenseurs de Catulle, & des autres Poëtes licencieux de l'Antiquité ; & on a vû entre les autres un Italien nommé Robert Titius, qui a bien osé publier une Apologie pour Catulle, sous prétexte que tout n'est point empoisonné dans ses Ouvrages. Mais on juge néanmoins qu'il a perdu sa peine, parce que selon la remarque de Mr de Sainte Honorine (5), ce que l'on trouve de bon dans les Poëtes impurs n'en justifie pas la lecture.

Ce n'est pas seulement l'obscénité qu'on a blâmé dans Catulle, mais c'est encore la hardiesse qu'il avoit de déchirer les Gens par des vers mordans & injurieux. Cremutius Cordus dans Tacite (6) dit, que bien que la République eût changé d'état depuis que ce Poëte avoit écrit, on ne laissoit pas de lire encore avec liberté sous

---

1 Idem Auctor Delect. Ep. Dissertatione de vera pulcritudine &c pag. 24.
2 M. Bayle Nouvelles de la Republique des Lettres de Juin 1684. pag. 364.
3 Ciprimulgi & Fossores.
4 Le même Auteur parlant de l'édition de Catulle par M. Vossius pag. 363. &c.
5 Clavigny de Sainte Honorine de l'usage des Livres suspects chap. 2. pag. 24.
6 Corn. Tacit. lib. 4. Annal. cap. 8. pag. 169. de la trad. d'Ablanc.

Catulle. les Empereurs mêmes les vers de Bibaculus & de Catulle remplis de médisance contre les Cesars, & ces grands hommes ont souffert ces libertés avec autant de prudence que de générosité. En effet nous lisons que Jules Cesar ayant lû une piece que Catulle avoit faite contre lui, le pria à souper chés lui le jour même.

Pour ce qui regarde la comparaison qu'on a coutume de faire entre Catulle & Martial, les Critiques ne se sont point encore accordés pour le point de la préférence qu'ils veulent donner à l'un sur l'autre. On ne conteste point à Catulle l'avantage qu'il a sur Martial pour la pureté & les agrémens du style. Il y a bien de la difference, dit Vossius (1), entre le style du premier & celui du second. Celui-là est du bon siécle, au lieu que celui-ci se sent déja de la diminution & des disgraces de la Langue Latine.

Le caractere des Epigrammes de Catulle, selon un autre Critique Anonyme (2), est d'être tendre, mou (3), effeminé, pur & délicat. C'est ce qui l'a rendu si agréable à plusieurs, qu'ils l'ont jugé pour cet effet préférable à Martial. Mais il ajoute que ce n'est pas le sentiment des autres, parmi lesquels il semble vouloir prendre parti. Ceux-cy disent qu'avec toutes ces belles qualités les vers de Catulle ne laissent pas d'être presque toujours vuides de sens, que ce ne sont au plus que des badineries agréables & plaisantes, & qu'il folâtre souvent sur des riens : de sorte qu'au lieu de prétendre que ces qualités soient louables en lui, ils veulent au contraire qu'on les considere comme des vices ausquels il donne de l'agrément & de l'élégance. Ils estiment qu'il n'est pas difficile à plusieurs d'exprimer dans leurs vers cette tendresse de Catulle, pour peu qu'ils ayent d'usage de la Langue Latine & d'inclination à la galanterie : mais qu'on n'a presque vû personne jusqu'ici qui ait pû representer la force, la subtilité, les rencontres ingenieuses, les pointes & la finesse d'esprit que l'on trouve dans les Epigrammes de Martial. Je pense que Mr Richelet a eu aussi la même pensée, lorsqu'il a dit que la plupart des Epigrammes de Catulle sont des Epigrammes à la Grecque, c'est-à-dire, sans beaucoup de pointe (4)

Le P. Rapin dit néanmoins (5) que les gens de bon gout préférent la maniere de Catulle à celle de Martial, c'est-à-dire, la belle pensée

---

1 Ger. Jo. Voss. lib. 3. Institut. Poëtic. ut suprà lib. 3. pag. 108.
2 Anonym. Auct. Delect. Epigram. lib. 6. pag. 313. 314.
3 ¶ Il y a dans le Latin *mollis* qu'il faloit rendre par *doux*, *amoureux*.
4 P. Richelet Dictionaire François pag. 296. au mot Epigramme.
5 Ren. Rapin Reflexions particulieres sur la Poëtique, seconde partie, Reflex. xxxi.

à la pointe des mots, parce qu'il y a plus de vraie délicateſſe dans l'une que dans l'autre. On doit mettre au nombre de ces perſonnes André Nauger Poëte Venitien, que cet Auteur dit avoir été d'un diſcernement exquis en ce point. Ce Nauger par une antipathie naturelle contre tout ce qu'on appelle pointes dans les Epigrammes, faiſoit tous les ans la fête des Muſes, auſquelles il rendoit un culte ſuperſtitieux au milieu d'une Ville Chrêtienne, & au jour de cette fête il ne manquoit point de ſacrifier aux Manes de Catulle, qu'il honoroit particuliérement, un volume d'Epigrammes de Martial qu'il avoit en horreur. Paul Jove dit que c'eſt à Vulcain qu'il faiſoit ce ſacrifice (1). D'autres diſent qu'il faiſoit cette cérémonie le jour de ſa naiſſance, & que ramaſſant tout ce qu'il pouvoit rencontrer d'exemplaires de Martial dans la Ville de Veniſe, il les brûloit tous en ce jour. Quelques-uns même ont dit (2) la même choſe de Muret, à l'égard de Catulle, pour qui il avoit beaucoup de vénération, & qu'il tâchoit d'imiter ; de ſorte que cette diverſité d'opinions pourroit ſervir de motif raiſonnable à ceux qui voudroient mettre ce fait au rang des contes faits à plaiſir. Quoiqu'il en ſoit, tout cela s'eſt dit pour faire voir que Nauger & Muret eſtimoient le caractere de Catulle préferable à celui de Martial. * Voyés l'Article 1152. *

Nous avons parlé ailleurs du travail & des éditions que Scaliger, [in-4°. à Londres 1684.] Mr Voſſius le fils, & d'autres Critiques ont données de Catulle.

---

1. Paul. Jovius elog. 78. pag. 180. edit. Baſil. in-11.
Delect. Epigrammat. ſupr. citat. lib. 7. pag. 365.

Hieronym. Fracaſtor de Arte Poëtica, Sammarthan. & alii.

2 ¶ Fauſſement. §.

## PUBLIUS SYRUS,

*Ou de Syrie*, Poëte Mimique ou Mimographe, c'est-à-dire, bouffon & baladin, contrefaisant les actions ou les paroles des autres pour les rendre ridicules au Public, vivant sous Jules Cesar & les Triumvirs.

1142 DEcius Laberius Chevalier Romain, assés estimé (1) pour ses *Mimes*, dont il nous reste quelques fragmens recueillis dans l'édition de Lyon en 1603. [in-4°.] & dans Macrobe (2), étant mort à Pouzzol dix mois après l'assassinat de Jules Cesar en la seconde année de la 184. Olympiade : on vit monter sur le Théâtre avec plus d'éclat ce Publius venu de Syrie, & il effaça Laberius.

Il ne nous reste plus de ses Mimes que les Sentences qui en furent extraites dès le tems des Antonins, comme il paroît parce qu'Aulu-Gelle en a écrit (3). Elles ont été souvent imprimées avec les Notes de divers Critiques, & l'on juge que la meilleure édition est celle que Mr le Fevre en a donnée à la fin de son Phedre.

Les Anciens goûtoient si fort tout ce qu'avoit fait cet Auteur qu'ils le jugeoient préférable à tout ce que les Poëtes Tragiques & Comiques avoient jamais produit de meilleur, soit dans la Grece, soit dans l'Italie. C'étoit le sentiment de Jules Cesar, ç'a été depuis celui de Cassius Severus, & celui de Seneque le Philosophe. (4)

Parmi les modernes on peut dire que les deux Scaligers ont encheri encore sur des témoignages si glorieux. Le Pere écrit (5), que Publius a su tout seul dépouiller toute la Grece de la gloire qu'elle avoit acquise par l'usage des railleries fines & agréables, des bons mots & des rencontres ingenieuses pour s'en revêtir lui-même. Et

---

1 Cesar l'estimoit jusqu'à ce qu'il en eut été choqué, ou plûtôt jusqu'à ce qu'il eut connu & goûté Publius. Mais Horace témoigne par ses vers de la derniere Satire du second Livre qu'il n'en faisoit pas beaucoup de cas.

2 Macrob. Saturnal. lib. 2. & ex eo lib. Greger Gyrald. de Histor. Poëtar. Dialog. 8. pag. 914. 915.

3 Agell. seu A. G. in Noct. Attic. Item L. G. Gyr. ut supr. & G. J. Voss. de Poët. Latin. lib. sing. 18. pag.

4 C. Jul. Cæs. apud A. Gell. & Macrob. Item Glandorp. in Onomastic. pag. 718. & G. M. Konig. Bibl. V. & N. pag. 668.

Cassius Severus apud M. Senecam Patrem controvers. 3.

Luc. Senec Epistol. 8. Item Tanaq. Faber præ'at. in Publ. Syr. num. pag. 165. post edition. Phædri fabul.

5 Jul. Cæs. Scaliger Poëtices lib. 1. cap. 10. pag. 43. Item pag. 108.

le fils n'a point fait difficulté de dire (1) qu'il renferme des choses plus excellentes que tout ce que les Philosophes nous ont enseigné. [Voyés l'Article 1131.]

1 Joseph. Scalig. in Scaligeran. posterior. pag. 234.

## 1. FURIUS BIBACULUS

Né la seconde année de la 169. Olympiade.

1143   Cet Auteur nous est représenté par les Critiques comme un Poëte médisant, railleur & mordant (1) c'est ce que nous avons déja dit sur la foi de Cremutius Cordus au sujet de Catulle. Horace l'a tourné en ridicule par une espece de Parodie qu'il a faite d'un Vers où ce Poëte disoit que Jupiter crachoit des neiges sur les Alpes (2). Néanmoins on juge qu'il ne devoit pas être un si méchant Poëte, s'il est vrai, comme Macrobe l'a prétendu, que Virgile même l'a imité en divers endroits. (3) [Voyés l'Art. 1131.]

2. C. RABIRIUS qui vivoit sous les Triumvirs, étoit un Poëte de si grande importance, que plusieurs lui donnerent le premier rang d'après Virgile. Il avoit fait un Poëme de la guerre entre Antoine & Auguste. (4)

Mais comme on n'a point fait, ce me semble, de recueils particuliers des fragmens de Bibaculus, de Rabirius (5) & de divers autres Poëtes Latins qui ont paru sur la fin de la République & le commencement de la Monarchie, & qu'il ne s'en trouve que quelques Vers qui se sont conservés dans quelques Ouvrages des Anciens venus jusqu'à nous, je crois qu'il est assés inutile de rapporter les jugemens qu'on en a portés, puisqu'il ne nous reste plus rien qui soit capable de nous en faire faire l'application.

1 Tacit. Annal. lib. 4. cap. 8. pag. 168. de la traduction d'Ablanc.
2 Horat. lib. 2. Satir. 5.
*Furius hibernas cana nive conspuit Alpes.*
3 Macrob. lib. 6. Saturnal. cap. 1. quibus adde Ger. Jo. Vossium lib. sing. de Poët. Lat. Philipp. Brietium. lib. 2. de Poët.Lat. Olaum Borrichium Dissertat.de Poët. Lat. pag. 47.
4 Velleius Patercul. lib. 2. Histor.

Ovidius lib. 4. Eleg. ex Ponto ultim. Quintilian. lib. 10. Inst. Orat.
Voss. de Histor. Lat. lib. 1. cap. 21. pag. 111. & lib. sing. de Poët. Lat. pag. 24. & alii recentiores passim.
5 ¶ Il ne reste de Rabirius qu'un demi-vers héxamètre cité par Senèque l. 6. des Bienfaits c. 3. Mais pour les fragmens de Bibaculus ils se trouvent avec ceux d'autres vieux Poëtes, en divers recueils.

## VALERIUS CATON,
Du tems de Ciceron:
## & QUINTILIUS ou QUINCTUS (1) VARUS;
Du tems des Triumvirs. (2)

1144 ON prétend que nous avons quelques Poësies de ces deux Auteurs, mais que jusqu'à notre siécle elles n'ont point porté le nom de leurs Peres. La posterité qui ne les connoissoit pas, n'a pas laissé de remarquer dans ces productions quelques traits qui lui ont fait juger qu'elles devoient être de quelques Auteurs du bon siécle. C'est ce qui les a fait publier souvent sous le nom de Virgile, pour leur donner quelque éclat & quelque crédit.

La piéce qui porte le nom de *Dires* ou *Furies* appartient à Valerius Caton, si l'on s'en rapporte au jugement des deux Scaligers, & de ceux qui les ont suivis. Ce Caton qui étoit Gaulois & qui avoit fait encore d'autres Poësies sous le titre de *Lydie* & de *Diane*, est appellé *la Sirene des Latins* dans Suetone (1). Et son Poëme des

---

1 ¶ C'est, nonobstant l'autorité des inscriptions anciennes, une mauvaise affectation d'écrire contre l'usage ordinaire, *Quintlus* pour *Quintus*. Il auroit dû par cette raison écrire *Quinctilius*.

2 ¶ On doit bien se garder de confondre Quintilius parent de Virgile avec Quintilius Varus Général de l'armée d'Auguste en Allemagne. Celui-ci mourut l'an de Rome 760. & l'autre 719. Je suis persuadé que c'est par erreur qu'on a nommé Varus cedernier, & qu'au lieu de *Quintilium Varum* qu'on lit dans le texte corrompu de Servius sur le vers 10. de la 5. Eglogue de Virgile, il faut lire simplement *Quintilium*. S. Jérome dans sa Chronique ne l'appelle que Quintilius, ajoutant qu'il étoit de Crémone, ami de Virgile & d'Horace. Quintilius Varus qui se tua en Allemagne étoit aussi ami de l'un & de l'autre. Il avoit rendu à Virgile de grands services, aimoit les vers, & si l'on s'en tient au texte courant de Servius, en avoit fait quelques uns, *qui nonnulla*, dit-il sur le 35. vers de la 9. Eglogue, *carmina scripsit*, où il est visible qu'il avoit écrit *nulla*, parce que pour prouver que c'étoit *Vario* qu'il faloit lire en ce 35. vers, & non pas *Varo*; il se sert de cette distinction, que Varius étoit un Poëte, & Varus un Capitaine qui ne se mêloit pas de vers, *qui nulla carmina scripsit*, cela est censé; *nonnulla* fait un contresens. Horace & Virgile parlant du Capitaine Quintilius Varus, l'appellent toujours Varus, & ne donnent point à entendre qu'il fut Poëte, car il est sur tout dans l'endroit ci-dessus allegué, la leçon *Nam neque adhuc Vario* est la véritable. Virgile n'a fait dans ses vers nulle mention de Quintilius, à moins qu'on ne dise que c'est lui qu'il a regretté dans sa 5. Eglogue en la personne de Daphnis. Horace qui dans son Art Poëtique parle de ce Quintilius comme d'un Critique intelligent & sincére n'en parle dans sa 24. Ode du l. 1. que comme d'un honnête homme. On trouve souvent par la faute des Copistes le nom de Varus, pour celui de Varius. Ainsi dans Martial liv. VIII. 56. au lieu de *Quid Varos*, il faut, très-certainement, lire *Quid Varios*. *b*

1 Suet. de Grammat. illustrib. in Val. Cat. post Vit. Cæs.

POETES LATINS. 55

*Dires* parut fous fon nom à Leyde l'an 1652. avec les Notes du fieur Chriftofle Arnold.

Jules Scaliger prétend que Q. VARUS eft le véritable Auteur de l'*Ætna* (2). Il juge par cette piéce que c'étoit un Poëte de conféquence, & qu'il avoit bien mérité les louanges dont les Anciens l'avoient honoré. Il ajoute que le ftyle en eft grand & magnifique, & que l'ouvrage ne faifoit pas trop de deshonneur à Virgile, lors qu'il portoit fon nom. (3)

* Voyés *Corpus Poëtarum* à l'Article 1131. *

2 Jul. Cæf. Scaliger. lib. 6. Poëtices pag. 853. 854.
D'autres difent que cette piéce eft de Cornel. Severus qui vivoit fous Augufte.
¶ Ceux-ci ont raifon, ayant pour eux un paffage qui fe trouve dans Senèque, Epift. 79. & qui décide la queftion.

3 Philipp. Briet. lib. 2. de Poëtis Lat. pag. 28.

---

Les deux VARRONS, c'eft-à-dire,

1. Marcus Terentius Varron *Romain*, né la premiere année de la 166. Olympiade, la 638. de la fondation de Rome, dix ans devant Ciceron & Pompée, mort la premiere année de la 188. Olympiade, âgé de près de 89. ans, 28. ans devant notre Epoque.

2. Publius Terentius Varron *Gaulois*, né au quartier *de Narbonne*, dans le Village *d'Atace fur Aude, riviere qui portoit alors le même nom d'Atax*, la troifiéme année de la 174. Olympiade.

1145
1.
IL nous eft refté divers fragmens de plufieurs Poëmes que le Varron Romain avoit compofés, & particuliérement de fes Satires Menippée. On trouve auffi quelques Epigrammes de fa façon dans l'appendice ou les catalectes de Virgile que Scaliger a recueillies (1), dans le recueil des anciennes Epigrammes, donné par les foins de Mr Pithou l'aîné, & dans la collection des fragmens qu'un Critique de Frife nommé Aufone Popman ou Popma,

1 ¶ Le genre neutre parmi nous étant le même que le mafculin & en ayant le nom il femble que le mot Καταλεκτα qui eft du neutre en Grec, devroit être parmi nous du mafculin. Baillet cependant fait ici *Catalectes* du feminin, ce que je lui paffe d'autant plus aifément, que ce mot, pour peu qu'il fût admis dans notre langue, y deviendroit bientôt féminin, & cela uniquement à caufe de la terminaifon, qui eft féminine. Ainfi, nonobftant les neutres χιέκδοτα & σχόλια nous difons de curieufes anecdotes, & de bonnes Scholies. Cette raifon s'étend fur bien d'autres mots qui ré-

*Les deux Varrons.* publia à Franeker l'an 1590.

2. Le Varron Gaulois quoique d'une réputation fort inferieure à celle du Romain, ne laissoit pas d'être aussi bon Poëte que lui, c'est peut-être ce qui a donné lieu à tant de Critiques des siécles passés de confondre les Poësies de l'un avec celles de l'autre (1). Il avoit fait divers ouvrages en vers, dont on a recueilli les fragmens avec ceux des autres anciens Poëtes imprimés à Lyon 1603. & dans le recueil de Mr Pithou. Ses principaux Poëmes étoient celui de la guerre des *Sequanois*, c'est-à-dire de cette partie de la cinquiéme Celtique ou Lyonnoise, que nous appellons aujourd'hui Franche-Comté; celui de l'*Europe*; & selon quelques Savans, celui des *Astronomiques* qui porte le nom du Grammairien Fulgence Planciade (2), & qui a été aussi quelquefois attribué à S. Fulgence de Ruspe. Mais le plus considerable des Poëmes de Varron est celui des *Argonautes* en quatre Livres. Ce n'étoit proprement qu'une traduction de l'ouvrage d'Apollonius de Rhode; mais Quintilien le louë de s'en être assés bien acquité (3), quoiqu'il juge qu'il n'étoit point propre pour perfectionner les jeunes gens dans l'Eloquence. Le Pere Briet dit que les Grammairiens ont donné beaucoup d'éloges à cet Ouvrage en particulier, & Seneque le Pere rapporte de Julius Montanus (4) que Virgile estimoit si fort ce que Varron avoit fait, qu'il employoit quelquefois de ses vers en se contentant de les rendre meilleurs & de leur donner plus de force. [ Voyés l'Art. 1131.]

gulièrement devroient être masculins, & que nous faisons féminins, tandis que par une bizarrerie merveilleuse, *dialecte*, malgré sa terminaison féminine, & malgré son genre qui est féminin en Grec & en Latin, ne laisse pas d'être masculin en François.

1 C'est ce qu'a fait aussi Lil. Greg Giral. Dial. de Hist. Poëtar. pag. 442. 434.

2 ¶ C'est Pierre Pithou qui ne sachant de qui étoit ce fragment du poëme intitulé *Astronomica*, crut, apparemment sur le style, pouvoir l'attribuer au Grammairien Fulgence Planciade. Il ne le nomme à la vérité que Fulgence simplement, mais quel autre Fulgence pourroit-il avoir entendu que le Grammairien ? Il ne rejette pourtant pas, dit-il, la conjecture d'un savant homme qui donnoit ces vers à Varro Atacinus. Ce savant homme, jeune encore lorsque Turnébe l. 19. de ses *Adversaria* c. 3. en a parlé n'est autre que Pierre Daniel d'Orléans. La conjecture de Pithou paroit plus juste. Les vers, qui dans les recueils passent pour être véritablement de ce Varron, sont d'un autre gout. Turnébe cependant les appelle *gravissimos & politissimos*, & dit que c'est le célébre Henri de Mesmes, qui les ayant déterrés lui en fit présent. 4

3 Quintilian. Institution. Orator. lib. 10. cap. 1.

4 Marc. Seneca controvers. 16. Item Ger. Jo. Voss. de Historicis Latin. lib. 1. cap. 16. pag. 77. 78. Idem lib. singul. de Poëtis Latin. pag. 21. 22. & 64. Item Pithœus præfat. in collect. Epigram. Philip. Briet. lib. 2. de Poët. Lat. pag. 16.

J. C.

## C. HELVIUS CINNA,

### Du tems des Triumvirs,

**1146** IL avoit composé divers Ouvrages en vers sur *Achille*, *Telephe*, *Xerxes*, &c. Mais il semble que sa *Smyrne* à laquelle il employa neuf ans, ait eu plus de réputation que les autres, quoique ce Poëme fut obscur & difficile, & qu'un ancien Grammairien nommé Crassitius se crût obligé d'y faire des commentaires pour remedier à cet inconvenient, en quoi il paroît qu'il avoit réussi, comme nous l'apprenons d'une vieille Epigramme rapportée par Vossius (1). Nous en avons quelques fragmens qui se trouvent avec ceux des autres Poëtes perdus. Le P. Briet dit (2) que ce qui nous est resté de son *Achille*, de son *Telephe*, & de son *Xerxes* a l'air tout-à-fait Poëtique, & que tout cela est de bon goût. [Voyés l'Article 1131.]

---

1 Ger. Joan. Voss. de Poët. Lat. l. sing. pag. 19. cap. 1.
Ol. Borrich. de Lat. Poët. Dissert. 1.p. 49.
¶ Ce n'est pas Vossius qu'il faloit citer, mais Suétone dans son livre des illustres Grammairiens d'où Vossius a tiré cette Epigramme.§

2 Philipp. Briet lib. 2. de Poët. Lat. pag. 15. & 16.
De Smyrna ejusque novennio Catullus Carm. 96. & Quintilian. lib. 10. cap. 4.
¶ L'erreur du P. Briet, & ses paroles mal enteaduës ont fait croire à Baillet qu'Helvius Cinna étoit un Poëte Tragique, & qu'il nous restoit des fragmens de son *Achille*, de son *Téléphe* & de son *Xerxès*. Ces chimeres ont imposé à des lecteurs trop crédules. C'est en effet sur l'idée de ces prétendus ouvrages dramatiques de Cinna, qu'un excellent Traducteur a cru depuis peu que la *Smyrne* de ce Poëte étoit une Tragédie. C'étoit un poëme héroïque dont l'amour incestueuse de Myrrha étoit le sujet. *Smyrna* en étoit le titre parce qu'en Grec σμύρνα signifie *Myrrha*. Les vers que nous en ont conservés Servius ! & Priscien sont hexametres, & quoi qu'en petit nombre suffisent pour faire voir que ce n'étoit pas une piéce de théatre. La bévuë du P. Briet a causé toutes les autres. Comme dans son livre *de Poëtis Latinis* il avoit à parler de Cinna, il consulta au mot *C. Helvii Cinna* la table alphabétique du recueil d'ancien ne Epigrammes donné en 1590. par Pierre Pithou, laquelle l'ayant renvoyé à la page 59. il y trouva, tout au dessus, ces trois lignes ainsi ponctuées & rangées.

IN COMMENTARIUM L. CRASSI-
tii Grammatici in Smyrnam.
C. Helvii Cinnæ.

Trompé par le point mis mal à propos après *Smyrnam*, il crut que Cinna étoit l'Auteur non seulement de l'Epigramme *Uni Crassitio*, qui étoit autant contre Cinna lui-même que contre Crassitius, mais encore des quatre suivantes, dont la premiere a pour titre *de Achille*, la seconde *de Telepho*, les deux autres sont *in Xerxem*. De son côté Baillet, qui ne recouroit jamais aux sources, s'est imaginé que par ces mots du P. Briet : *superfunt etiamnum ejus aliqua de Achille, Telepho, Xerxe*, il faloit entendre trois Tragédies de la façon de Cinna, & depuis sur cette imagination de Baillet, on s'est figuré que la *Smyrna* étoit aussi une piéce de théatre. Voila comment la pelote s'est grossie.§

## C. PEDO ALBINOVANUS,

### Sous Auguste & contemporain d'Ovide.

1146 *bis*   IL a fait aussi diverses Poësies, comme sont le Poëme de la *Theseide* dont parle Ovide, celui de la Navigation de Germanicus dont parle Séneque, des *Epigrammes*, comme nous l'apprenons de Martial, & quelques *Elegies* dont quelques-unes ont été attribuées à Ovide, parce qu'on les joignoit ordinairement ensemble (1). Celle qu'il a faite sur la mort de Drusus Neron est très-élégante au jugement des Critiques (2), & elle est jugée très-digne d'un homme qu'Ovide appelle Poëte celeste (3). Celle qu'on a sur la mort de Mecenas est beaucoup au dessous pour le style & le caractere Poëtique ; aussi Vossius témoigne-t-il ne pouvoir s'imaginer qu'elle soit de Pedon, quoi qu'en ait dit Scaliger. J. Henri Meibomius a publié ces deux Elegies (4) sous le nom de ce Poëte, dont il nous reste encore quelques fragmens dans le Recueil que nous avons déja cité souvent, & qui parut à Lyon [in-4°.] en 1603. [& dans le *Corpus Poëtarum* de Geneve in-4°. 1611. Voyés l'Article 1131.]

---

1 Ovidius Elegia x. libri 4. de Ponto.
Marc. Seneca Suasoriâ prima refert 33. versus è navig. German.
Martial. lib. 2. Epigramm. 77. quod est in Cosconium.

2 Ger. Jo. Voss. lib. sing. de Poët. Lat. pag. 32.

Et Ol. Borrich. Dissertat. 1. de Poët. Lat. pag. 53.
3 Ovid. Elegia ultim. lib. 4. de Ponto. Voss. ut supra, &c.
¶ *Sidereusque Pedo.*¶
4 ¶ A Leyde in-4. 1653. à la suite de son *Mœcenas.* ¶

## CORNELIUS GALLUS,

De *Frejus* en Provence (1), premier Gouverneur de l'Egypte, depuis sa réduction en Province, tué de sa propre main, la seconde année de la 188. Olympiade, si l'on doit s'en tenir à la Chronique d'Eusebe, 27. ans devant notre Epoque, en la 40. année de sa vie, ou 43. selon d'autres. *J'avoue que toutes ces dates sont sujettes à beaucoup de difficultés.* (2)

1147     LE Pere Rapin dit que (3), les Elegies de Catulle, de Mecenas (4) & de Cornelius Gallus qui nous restent sont d'une grande pureté & d'une grande délicatesse, & il ajoute que Gallus est pourtant plus rond, & qu'il se soutient mieux que les deux premiers.

Les autres Critiques semblent avoir pris un parti assés different de celui de ce Pere, & comme ils n'ont pas eu tous le même sentiment que lui pour la personne de l'Auteur de ces Elegies qui ont porté long-tems le nom de Gallus, ils n'ont pas eu aussi le même goût pour le fonds de l'ouvrage.

1. Pour ce qui regarde l'Auteur, la plupart de ceux qui ont écrit en ces derniers tems prétendent que c'est un nommé Maximien qui est le veritable Pere. Le Gyraldi qui est un des premiers d'entre ces Critiques qui ont déterré ce Maximien, n'a pû retenir son zele contre Crinitus (5) & les autres qui vouloient donner ces vers que nous avons à Gallus, & il ne les accuse de rien moins que de folie, d'imposture & d'imprudence, parce que ces vers qu'il prétend n'avoir rien que de trivial & d'impur, font voir que leur Auteur n'étoit ni du

---

1 Quelques Italiens l'ont fait natif du Frioul à cause de la ressemblance du nom Latin *Forum Julii.*

2 ¶ Joseph Scaliger dans ses notes sur son Eusébe est d'accord de toutes ces dates à une année près.

3 René Rapin Reflexions partic. sur la Poëtiq. seconde partie Reflex. xxix. pag. 163. 164. edit. in-4.

4 ¶ Nous n'avons aucune Elégie de Mécénas, & l'on sait, à n'en pouvoir douter, que celles qui ont été publiées sous le nom de Cornelius Gallus ne sont pas de lui. Il n'y a pour s'instruire à fond sur cet article,

qu'à lire ce qu'en dit le nouveau Menagiana, tome 1. page 336. jusqu'à 346.

5 ¶ Rien n'est plus faux, Gyraldus n'a point du tout nommé, ni n'a du nommer Crinitus qu'il n'ignoroit pas s'être inscrit en faux, quelque quarante ans avant lui, contre les poësies attribuées à Cornelius Gallus. Voici les paroles de Crinitus c. 42. de son ouvrage des Poëtes Latins. *Ætate nostra Elegiarum libri sub nomine Cornelii Galli, qua in re facilè est imponere imperitis hominibus. Qui autem paulo diligentius antiquitatem observarunt, nihil minus censebunt quam ut hæc referenda sint ad Poëtam Gallum.*

# POETES LATINS.

*Cornelius Gallus.* pays, ni du tems, ni de l'âge, ni du goût du véritable Gallus. Il ajoute que ce Maximien, quel qu'il ait été, a fait connoître par ces Elegies qu'il étoit un vrai fot & un franc fripon, & qu'on s'étoit déja moqué de ses fadaises avant lui (1). Il avouë néanmoins qu'il y a une Elegie ou deux qui ne sont pas tout-à-fait indignes de cet ancien Gallus qui avoit l'estime de Virgile & des autres grands hommes de son siécle. Lipse, Mr Pithou, Scaliger le fils, Vossius le pere, le Pere Briet, le sieur Konig, le Pere de la Ruë, ont suivi le sentiment du Gyraldi (2), & ils ont adjugé toutes ces Elegies à Maximien sur la foi des anciens manuscrits.

2. Pour ce qui est des jugemens qu'on a portés de ces vers, on peut dire qu'ils sont assés uniformes. Jules Scaliger qui semble avoir crû qu'une bonne partie de ces Elegies étoient du veritable Gallus, s'est imaginé y avoir trouvé les défauts que Quintilien (3) avoit remarqués dans les Ouvrages de cet ancien Gallus, c'est pourquoi il dit que ces vers comme il les a lûs lui paroissent trop durs, parce que Quintilien en avoit dit autant de ceux qu'il avoit vûs. Scaliger ajoute néanmoins qu'il a rendu cette dureté moins désagréable à cause de quelques beautés & de quelques graces qu'il juge que l'Auteur y a répanduës. Il estime pourtant qu'il y a quelques piéces dans ce Recueil attribué à Gallus, qui ne peuvent venir que d'un Auteur fort impertinent & fort inepte des tems posterieurs, comme est la piéce Lyrique; & qu'il y en a d'autres qui font connoître qu'il ne savoit point du tout la Langue Grecque (4), & qu'il ignoroit la quantité des syllabes, la mesure des vers, & les regles de la versification. Le Gyraldi a remarqué la même chose, & il ajoute que cet Auteur ne savoit pas même la Langue Latine (5). Villiomare, c'est-à-dire, Joseph Scaliger & le Pere Briet disent (6) que l'Auteur de ces vers est un Barbare, & ce dernier ajoute que les six Elegies que nous avons sont très-infames, & que ce vilain vieillard ne fait autre chose dans toutes ces piéces que déplorer l'impuissance où la grande vieillesse

---

1 Lil. Gregor. Gyrald. de Hist. Poëtar. Dialog. 4.

2 Just. Lipsf. Elector. lib. 1. Petr. Pithœus præf. in fragm. Poët. seu Epigr.
Jos. Scaliger in Rob. Tit. Briet. de Poët. Lat. Konigius Bibl. V. & N.
Carol. de la Ruë not. in argum. Eclog. decimæ de Gallo.

¶ On ne peut pas dire qu'absolument ils suivissent le sentiment de Gyraldus puisque celui-ci des six Elegies attribuées à Cornelius Gallus, croyoit qu'il y en pouvoit avoir une ou deux véritablement de lui; au lieu que Lipse & les autres Critiques les ajugeoient toutes à Maximien sans exception.

3 Quintilian. Institution. Oratoriar. lib. x. cap. 1.

4 Jul. Cæs. Scaliger lib. 6. Poëtices qui est Hypercritic. pag. 852.

5 Gr. Gyrald. Dial. 4. Hist. Poët. ut sup. Jos. Scaliger anim. ad Cron. Euseb.

6 Yvo Villiomar. Animadvers. cont. Rab. Titi loc. commun.

& fes maladies le réduifoient de ne pouvoir pas fatisfaire fa brutalité fur une jeune fille dont il étoit fou. Ce Pere dit qu'entre les autres il n'y a rien de plus impudent ni rien de plus fale que la cinquiéme Elegie. Et pour achever la peinture d'un fi bel Auteur, celui qui a mis fa vie à la tête de fes Elegies nous fait remarquer auffi que ce font les vers d'un ignorant auffi-bien que d'un impudique (1). Voilà quelle eft la morale de cet Auteur, & pour ce qui eft de fon ftyle, le Pere Vavaffeur écrit (2) que ce qu'on attribuë à Gallus eft peu correct, que tout y eft puérile & extravagant, mais qu'il ne nous eft rien refté du véritable Gallus.

Voyés *Corpus Poëtarum* cité à l'article 1131.

1 Philipp. Briet. Soc. J. lib. 2. de Poët. pag. 26. 27.

2 Anonym. Remarq. fur les Reflex. touchant la Poët. pag. 127.

## VIRGILE.

(*Publ. Virg. Maro* d'*Andes* (1) *au territoire de Mantoue*, né le 15. Octobre de la troifiéme année de la 177. Olympiade, la 684. de la fondation de Rome, fous le Confulat de Pompée & de Craffus, l'année que Ciceron accufa Verrès de Peculat, 70. ans devant l'Epoque Chrêtienne. Mort à Brindes le 22. Septembre, la deuxiéme année de la 190. Olympiade, l'année de l'Empire d'Augufte, 25. à compter à la mort de Céfar. 24. à compter depuis fon Confulat. 12. depuis la bataille d'Actium. 11. depuis la prife d'Alexandrie ou la réduction de l'Egypte, & 9. depuis qu'il fut falué Augufte par le Senat. 19. Ans devant notre Epoque, c'eft-à-dire, 15. ans devant la Naiffance du Sauveur du Monde; fous le Confulat de C. Sentius Saturninus & de Q. Lucretius Cinna Vefpillo; l'an Julien ou de la correction du Calendrier Romain 27. & de l'Ere Efpagnole 20. âgé de 51. ans (2); & 735. ans depuis la fondation de Rome; de la Période Julienne 4695. Cycle Sol. 19. Lun. 2.

1148 L'Affectation (3) qui paroît dans le foin que j'ai pris de dater la mort de Virgile par toutes les Epoques que j'ai crû certaines & inconteftables, & qui ont eu cours dans l'Empire Romain, ne doit pas feulement nous faire fouvenir de la diftinction

1 ¶ Aujourd'hui *Petula*.
2 Cinquante ans onze mois fept jours.
3 ¶ On a eu raifon de fe mocquer & de la précifion affectée de tant de dates, & de la conféquence qu'il en tire à l'avantage de Virgile. ∫

qu'il faut faire de son rang & de son mérite d'avec celui des autres: mais elle peut servir encore a nous le faire considérer comme étant lui-même une Epoque fixe de la Poësie, & comme le centre universel de tous les Poëtes qui ont paru auparavant & après lui.

Je n'ai pas crû pouvoir donner une idée de Virgile qui fût plus achevée & plus parfaite que celle-là. J'ose dire qu'elle engloutit toutes celles qu'on nous en a fait concevoir jusqu'ici, & que tout ce que ses envieux & ses ennemis y ont remarqué d'humain s'y rapporte aussi parfaitement que tout ce que ses flateurs & ses idolâtres y ont reconnu de divin.

Voilà l'expédient que j'ai trouvé pour me tirer avantageusement de l'embarras où j'aurois été de rapporter les jugemens ou les éloges de plus de quinze cens Critiques qui m'auroient fait faire des cercles perpetuels, & qui m'auroient rendu insupportable au Lecteur par une infinité de redites. Par ce moyen je ne me trouve plus engagé qu'à choisir un petit nombre de ceux d'entre ces Critiques qui semblent avoir le plus d'autorité, & qui pour n'être peut-être pas toujours également judicieux ne laissent pas de donner grand poids à leurs jugemens par le crédit qu'ils ont acquis dans la République des Lettres; & à rapporter succinctement ce qu'ils ont dit de plus précis pour nous faire connoître le caractére de ce Poëte & l'utilité que nous en pouvons retirer.

Nous n'avons de Virgile (1) que trois ouvrages considérables, écrits chacun dans un genre différent de Poësie, savoir les dix Eclogues ou (2) Bucoliques, les quatre Livres des *Géorgiques*, & les douze de *l'Eneïde*. Les autres productions qu'on lui attribuë n'ont pas encore été légitimées.

Quoique les Bucoliques & les Géorgiques ne fussent que trop suffisans pour tirer un Auteur du nombre des médiocres Poëtes; il n'y a pourtant que l'Enéïde qui ait établi Virgile dans la réputation du premier de tous les Poëtes, & qui ait dignement éxercé l'industrie & les facultés des Critiques. C'est aussi ce Poëme qui fera tout le sujet des jugemens suivans, ausquels je tâcherai de donner quelque ombre de la méthode que les Maîtres de l'Art ont coutume de suivre dans leurs préceptes, je rapporterai 1°. une partie de ce qui s'est dit de plus considérable sur la fable de ce Poëme, 2°. sur sa ma-

---

1 ¶ C'est par ces mots qu'après avoir clairement & succinctement marqué le tems de la naissance, & de la mort de Virgile, Baillet devoit entrer en matiére.

2 ¶ Il faloit *ou les Bucoliques*, autrement il semblera qu'il y ait dix Bucoliques. Je ne dis rien d'*Eclogues*, sinon que, nonobstant l'étymologie, il auroit mieux fait d'écrire *Eglogues* conformément à l'usage.

tiére, 3°. sur sa forme, 4°. sur les mœurs, 5°. sur les sentimens, 6°. sur l'expression ou les paroles, & je finirai par l'abregé de la comparaison qu'on a faite de Virgile avec Homere. Mais auparavant que de descendre dans ce détail, il faut dire quelque chose de ce que les meilleurs Critiques de ces derniers tems nous ont appris du dessein de Virgile en général, & du succès de son éxécution.

§. I.

*Du dessein & de l'éxécution de l'Enéide en général.*

Jules Scaliger & la plupart des Critiques qui l'ont suivi, ont prétendu (1) que Virgile avoit eu plus d'une vûë dans cet ouvrage, & ils sont convenus presque tous de dire qu'il avoit voulu donner des préceptes généraux à tout le genre humain pour la conduite de la vie des hommes; & qu'il avoit en même tems envisagé la gloire du Peuple Romain en général, & celle de la famille des Césars en particulier, dans laquelle il a pris son Héros. A considérer les dispositions, où pouvoit être Virgile par rapport à l'état des choses de son tems, & à ses interêts particuliers, on trouve plus d'apparence dans l'opinion de ceux qui estiment que l'utilité publique n'occupoit pas si fort son esprit que la gloire particuliére d'Auguste. Ils disent que son grand Art paroît dans l'industrie & dans l'habileté avec laquelle il a enveloppé son dessein dans une infinité d'incidens qui paroissent assés indifférens & inutiles à ses fins, & qui néanmoins ne laissoient pas de contribuer merveilleusement à les établir.

C'est sur ce pied-là qu'il faut juger Virgile, & comme on n'a point dû éxiger autre chose de lui que ce qu'il a bien voulu entreprendre, c'est l'éxécution de cette entreprise qu'on a dû éxaminer pour voir s'il a mérité les louanges dont les uns l'ont comblé, & le blâme dont les autres l'ont voulu charger.

Il faut, dit Mr de Segrais (2), regarder Virgile comme un Sujet d'Auguste, obligé à son Maître, & comme un Romain charmé de la gloire de Rome : comme un homme qui ayant reçû de la Nature un jugement merveilleux & un génie admirable pour la Poësie, avec une naïveté & une facilité que nul autre n'a jamais euë dans sa

---

1 Jul. Cæf. Scaliger Poëtices lib 3. seu Ideæ cap. 11. pag. 228. Ren. Rapin, Ren. le Bossu, Jean Renaud de Segrais, & divers autres Modernes qui ont traité la chose plus nettement que quelques-uns des Anciens qui ont dit la même chose.

2 J. Ren. de Segrais préface sur l'Enéide nombre 5. pag. 8. & n. 4. pag. 7.

**Virgile.** Langue pour la verſification, & qui ayant fait ſes eſſais dans deux autres genres de Poëſie avec grand ſuccès, a voulu paſſer à ce qu'il y a de plus ſublime & de plus parfait dans l'Art Poëtique. Il faut auſſi entrer dans les ſentimens des Romains, & ſe repreſenter la gloire des Céſars. Car ceux qui jugent d'un Auteur ancien, dit-il, ou qui éxaminent les mœurs & les opinions des ſiécles paſſés; & qui les voudroient ſoumettre au goût, aux mœurs, & aux ſentimens de notre ſiécle, ſe tromperoient beaucoup dans leur jugement. Il faut ſe détacher de l'habitude & de la préoccupation, & ſe défaire de ſon ſiécle, pour le dire ainſi, afin de ne ſe conformer qu'à la raiſon qui nous doit faire entrer dans les ſentimens de l'Auteur dont il s'agit. Il prétend que c'eſt en cela que Virgile excelle au-deſſus de tous les autres. Car bien que dans la conformation de ſon Héros & dans quelques autres points, il y ait quelque choſe où il faille s'élever aux mœurs les plus auſtéres, & ſe défaccoutumer des nôtres, on peut dire néanmoins qu'il n'y a jamais eu d'Auteurs qui ayent été de tous les ſiécles comme lui, tant le bon ſens & le jugement paroiſſent par tout dans la conduite de ſon ouvrage.

Le P. Rapin (1) voulant rechercher dans Virgile ce qui auroit pû mériter ce conſentement général de tous les ſiécles pour lui donner leur approbation, a trouvé qu'il y a bien des gens qui ſe piquent d'être grands Critiques, & qui ſe mêlent de juger de Virgile par de profondes réfléxions, ſans peut-être avoir jamais pû appercevoir en quoi conſiſte la qualité éminente de l'eſprit & du jugement de ce Poëte, qui le diſtingue de tous les autres, & qui lui a fait prévoir le goût de la poſterité, comme il ſavoit celui de ſon ſiécle. Mais pour lui, dit-il, qui n'admire rien tant dans la maniére de ce Poëte que la modération & la retenuë admirable qu'il fait paroître en diſant les choſes, & en ne diſant que ce qu'il faut dire, il a toujours crû qu'on pouvoit le diſtinguer par-là.

Il faut, continuë ce Pere, s'appliquer à ſuivre Virgile de près, pour connoître que ſon ſilence dans de certains endroits en dit plus qu'on ne penſe, & qu'il eſt d'une diſcrétion exquiſe. Et lorſqu'on fait un peu entrer en ſon ſens, on le trouve quelquefois auſſi admirable en ce qu'il ne dit pas, qu'en ce qu'il dit.

Il ajoute qu'il ne connoît que Virgile qui ait un fonds de prudence

---

1 Ren. Rapin comparaiſon d'Homere & Virgile chap. 11. pag. 41. édit. in-4°.

assés grand pour conserver toute sa modération, & son sang froid (1) Virgile. dans l'ardeur & l'émotion d'une imagination échauffée par le génie de la Poësie le plus animé qui fût jamais. Cette maturité de jugement est à son avis la souveraine perfection de Virgile. En quoi il le compare à ces Généraux d'armée, qui portent dans le combat & dans la mêlée tout le flegme & toute la tranquilité du cabinet, qui au milieu de la fumée & de la poussiére, parmi le bruit des canons, des tambours & des trompettes, & dans le tumulte universel, ne sont attentifs qu'à ce que leur dicte leur prudence & leur modération, & ne consultent que leur raison. Ce qui ne peut être que l'effet des grandes ames & d'une sagesse consommée comme étoit celle de Virgile, qui dans la chaleur de son emportement, ne dit que ce qu'il faut dire, & en laisse toujours plus à penser qu'il n'en dit.

Daniel Heinsius ne nous a point donné une moindre idée de la grandeur du dessein de Virgile, lorsqu'il a dit qu'il avoit égalé celle de l'Empire Romain (2); non plus que Jules Scaliger (3), lorsqu'il a appellé l'ouvrage de l'Eneïde *un Monstre*, mais un Monstre qui n'a point de vices, & qui ne fait point horreur. Mais quelque grande que soit l'idée que ces deux célébres Critiques nous ont voulu donner de ce Poëme, on peut dire qu'elle n'est point assés nette.

Ainsi on doit être plus satisfait de celle que le P. Rapin s'est formée dans ses Réfléxions (4), où il nous apprend que le dessein le plus judicieux, le plus admirable, & le plus parfait de l'Antiquité, est celui de l'Eneïde de Virgile; que tout y est grand, & que tout y est proportionné au sujet qui est l'établissement de l'Empire de Rome, au Heros qui est Enée, à la gloire d'Auguste & des Romains pour qui l'ouvrage a été entrepris. Il ajoute qu'il n'y a rien de foible ni de défectueux dans l'éxécution, que tout y est juste, heureux, & achevé. De sorte que Mr de Segrais a eu grande raison de dire (5), que ce Poëme est sans doute le plus illustre monument de la gloire de Rome.

Le P. Rapin témoigne encore ailleurs être dans les mêmes sen-

---

1 Sens frais.

¶ Quelques-uns ont cru pouvoir écrire *sens froid*. Mais la raison & l'usage sont pour *sang froid*. Baillet devoit s'en tenir là & supprimer *sens frais* qui est ridicule, quoiqu'il semble avoir proposé cette expression comme meilleure que celle dont avoit usé le P. Rapin. *b*

2 Dan. Heinsius in Epist. ad Blyemburg. dedicat. operum Ovidii.

3 J. C. Scalig. Poëtices &c. ut suprà.

4 R. Rap Reflexion 9. sur la Poëtique pag. 41. 42. edit. in-12. part. 1.

5 Segr. pag. 9. de la préf. comme ci-dessus.

Virgile. timens (1). Il croit qu'on ne peut pas confiderer le deffein de ce Poëme dans toutes fes circonftances, qu'on ne convienne que c'eft le mieux imaginé de tous les deffeins qu'on ait jamais vûs; qu'effectivement Virgile y fait paroître un goût admirable pour le naturel, un jugement exquis pour l'ordonnance, & une délicateffe incomparable pour le nombre & l'harmonie de la verfification.

C'eſt l'heureuſe éxécution d'un fi beau deffein qui a fait dire à Scaliger (2) que Virgile étoit le ſeul d'entre tous les Poëtes qui eût trouvé le moyen de ne point tomber dans des puérilités, qu'on pouvoit dire qu'il n'y avoit que lui qui méritât le nom de véritable Poëte, & qu'en poſſedant ſon ouvrage on pouvoit aifément ſe paſſer de tous les autres. Et c'eſt ce qui l'a porté à vouloir ſoutenir en un autre endroit que Virgile ne s'étoit pas contenté de s'élever au-deſſus de l'eſprit humain, mais qu'il s'eſt trouvé égal à la Nature-même (3).

On eft pourtant affés perſuadé qu'avec tous fes talens naturels, il a eu encore beſoin d'autre choſe pour faciliter l'heureux ſuccès de ſon grand deſſein. C'eſt pourquoi on veut qu'il n'ait été dépourvû d'aucune des qualités & des connoiſſances qu'on peut acquerir par le travail & l'induſtrie. En effet les Hiſtoriens de ſa vie (4) nous apprennent qu'il avoit fait d'excellentes études, & qu'il avoit cultivé ſon bel eſprit par le ſoin d'apprendre toutes ſortes de ſciences dont on faiſoit cas pour lors, & de goûter tout ce que la Gréce avoit de plus délicat & de plus ſolide.

C'eſt ce qui a fait dire à pluſieurs que Virgile étoit fort ſavant. Si nous en croyons Macrobe (5), il ſavoit parfaitement le Droit Romain & la Théologie Païenne, l'Aſtronomie, & particuliérement la Philoſophie, & il prétend qu'il en avoit une connoiſſance ſi éxacte, qu'une ſeule de ces Sciences auroit été capable de le faire paroître avec beaucoup de diſtinction parmi les plus habiles de ſon ſiécle. Mais il ajoute qu'il avoit encore plus de prudence & de diſcrétion que de ſavoir, & que c'eſt ce qui lui faiſoit ménager ſi fort les occaſions qui ſe préſentoient de faire connoître ce qu'il ſavoit & de n'employer de toutes ces Sciences que ce qui pouvoit ſervir préciſément à ſon ſujet principal, ſans s'amuſer, comme font les eſprits

---

1 Reflex. 15. de la ſeconde partie, &c.
2 Scaligeri Poëtices lib. 5. ſeu Critic. cap. 2. pag. 538.
3 Idem lib. 6. Poëtices ſeu Hypercritic. cap. 1. pag. 765.
4 Auctor vitæ Virgilii ſub nomine Donati, item alii, &c.
5 Macrob. Saturnalior. lib. 1. cap. 24. pag. 258. 259. M.

## POETES LATINS. 67

médiocres, à faire parade de tant de belles choses que d'autres étalent avec tant de pompe.

C'est pourquoi Scaliger a eu raison de dire que l'érudition de Virgile étoit sans affectation (1), & il s'est fait un devoir de nous le prouver par un grand détail, dont les réfléxions ne tendent qu'à nous faire voir que ce sage Poëte étoit une merveille de prudence & de discernement. Cette excellente qualité qui sert à gouverner & à moderer toutes les autres, a été cause que bien que Virgile n'ait pas été le premier des Poëtes savans, on n'a point laissé de le proposer préférablement à tous les autres, comme le véritable modéle & comme la mesure de la science dont tous les Poëtes doivent faire provision. Vossius voulant montrer (2) qu'on ne doit point se mêler de faire le métier de Poëte, sans avoir au moins les semences & les principes de toutes sortes de sciences & de disciplines, a prétendu nous en convaincre par l'éxemple de Virgile. On voit, dit-il, par la maniére dont il parle de la Divinité qu'il est Théologien ; par celle dont il traite du lever & du coucher des Astres qu'il est Mathématicien ; par ce qu'il rapporte de la foudre, de l'incendie d'Etna, & des autres effets de la Nature qu'il est Physicien ; par la description qu'il fait de la terre qu'il est Géographe ; par le recit qu'il fait des actions des hommes, & par quelques Généalogies qu'il est Historien ; par ce qu'il dit des loix & des mœurs des Peuples qu'il est Jurisconsulte & Politique ; par ce qu'il dit des vaisseaux & de l'art de naviger, qu'il savoit la Marine & l'Hydrographie ; par la maniére dont il parle des armées & de la guerre, qu'il savoit l'art militaire. En un mot il n'y a point de sectes de Philosophes dont il n'ait sû parfaitement les dogmes, quoiqu'il ait voulu n'en répandre que les semences en divers endroits de ses Ouvrages.

Mais je ne sai si l'on ne pourroit point attribuer à la bonne fortune de Virgile une grande partie de cette réputation ; & si la gloire qu'on lui a donnée d'être universellement savant, ne seroit point la même que celle qu'il a méritée pour ne l'avoir été que superficiellement. Je crois que c'est le sentiment auquel tous ses disciples & tous ses imitateurs doivent s'arrêter pour se garantir du desespoir de pouvoir jamais acquerir la qualité de véritables Poëtes. Et pour flater davantage leur inclination, il me semble que nos Critiques & nos

---

1. Jul. Scaliger Poëtices lib. 3. seu Ideæ cap. 25. de prudentia pag. 287. 288. 289. & seqq. ad 293.

2. Gerard. Joan. Voss. Institution. Poëticar. lib. 1. cap. 1. §. 4. pag. 2. 3.

Maîtres en l'Art Poëtique, pourroient rabattre en leur faveur quelque chose de cette severité avec laquelle ils veulent éxiger d'un véritable Poëte toutes sortes de Sciences, sans même en exclure les Arts.

Du moins peut-on dire que l'éxemple de Virgile leur grand-Maitre, peut servir pour les défendre contre l'éxaction de ces Maîtres importuns. Il ne leur est peut-être pas plus difficile de faire voir que ce qu'on dit de l'universalité des Sciences dans Virgile, n'a pas moins l'air de vision & de chimére, que ce que plusieurs ont publié de sa profondeur & de son étenduë dans chaque Science. Je veux dire que tous nos Poëtes pour leur propre interêt, pourroient faire voir que Virgile ne s'est pas contenté de n'être que superficiel dans toutes les Sciences qui sont étrangéres à la Poëtique, mais qu'il a même donné lieu de croire qu'il y en avoit quelques-unes dont il n'avoit pas même cette teinture légere qu'on leur demande.

Mais je ne m'apperçois pas que je fais mal ma cour, & que nos Poëtes n'étant pas fâchés de passer dans le monde pour *universellement & profondément* savans, sont de concert avec nos Critiques pour soutenir qu'un Poëte doit savoir toutes choses à l'éxemple de Virgile, mais qu'il n'est pas obligé d'en donner des marques dans ce qu'il compose, & qu'il a même le privilége de faire des fautes dans toutes sortes de Sciences. Si ce privilége n'étoit attaché à la profession des Poëtes; il n'y auroit pas d'Ecrivain qui ne voulût l'acheter à quelque prix que ce fût, & il n'y auroit pas de Livre ni de composition si pitoyable dont on ne pût croire que l'Auteur ne fût *universellement & profondément* savant.

Effectivement les Poëtes ont un avantage particulier que n'ont pas les autres, pour prouver & pour établir leurs prétentions par l'éxemple de Virgile que les Critiques leur proposent. Ces derniers leur apprennent que Virgile, quoique bon Théologien parmi les Païens, n'a point laissé de faire diverses fautes au sujet de leurs sacrifices & de leurs cérémonies (1); que quoiqu'il fût grand Philosophe & grand Naturaliste, il n'a point laissé d'aller souvent contre ce que nous enseignent ceux de cette Profession, & quelquefois contre l'expé-

1 Evangelus dans Macrobe au 3. livre des Saturnales chap. 10. accuse Virgile d'ignorance sur ce sujet, par éxemple, sur le Sacrifice de Didon à la Romaine, sur l'immolation d'un Taureau à Jupiter, &c. Voyés aussi Castelvetro dans ses Commentaires sur Aristote rapporté & refuté en divers endroits par Gallucci. Voyés encore Vossius au premier Livre des Institut. Poët. chap. 3. page 30 31. où il défend Virgile contre du Verdier au sujet de la Peinture.

## POETES LATINS.

rience publique (1); que quoiqu'il fût très-bien versé dans l'histoire & dans la science des Tems & des Lieux, il n'a point laissé de pécher volontairement, disent-ils, contre la vérité de quantité de faits, de faire un grand anachronisme pour faire qu'Enée & Didon pussent se rencontrer ensemble, & de dire de quelques villes, de quelques Isles & de quelques côtes des choses peu conformes aux lumiéres & aux connoissances des autres Géographes (2). Enfin ils disent que quelque grande que fût la connoissance qu'il avoit de l'Art militaire & de la Marine, il s'est oublié quelquefois sur les devoirs d'un bon Capitaine & des soldats, & sur la forme & l'équipage des vaisseaux qui étoient en usage au tems d'Enée (3).

Mais les Critiques ont décidé enfin que toutes ces libertés ne sont pas des fautes de Poëte, parce qu'elles ne sont point contraires à l'Art Poëtique, & qu'elles n'empêchent pas qu'un Poëme ne puisse être agréable & merveilleux selon le dessein du Poëte. Ce ne sont au plus que des fautes accidentelles qui ne changent point l'essence du Poëme, & qui sont honorées du nom de *licence Poëtique*. Mais il faut toujours distinguer ce que l'on juge digne d'excuse d'avec ce qui mérite des louanges. C'est une précaution qu'il faut avoir sur tout, lorsqu'on lit trois ou quatre Livres des Saturnales de Macrobe, qui semble n'avoir point eu d'autre but dans ces Livres que de nous faire voir que Virgile étoit profond & éminent dans toutes ces con-

---

1 Par éxemple, Virgile dans le 1. & le 4. de l'Eneïde, met des Cerfs en Afrique contre le sentiment des Naturalistes, des Géographes, & des Historiens, & entre autres Aristote, Hérodote cités par Gallucci ; & contre Pline au 8. livre chap. 3. de son Hist. Nat.

Il est constant aussi qu'il ne vient point de Cedres en Italie, quoiqu'on en voye au bucher de Pallas dans l'onziéme de l'Eneïde, qu'il n'y vient pas d'Asnes sauvages &c. que les Serpens n'ont point de crin au coû, comme il leur en donne au second de l'Eneïde, que Favorin Philosophe Gaulois trouvoit beaucoup à redire à la description Physique du Mont Etna, au troisiéme de l'Eneïde, dans A. Gelle lib. 17. cap. 10.

2 Les principaux faits dont les Historiens contestent la vérité à Virgile, concernent l'usage de la peinture dans le premier de l'Eneïde, la patrie d'Achille dans le second de l'Eneïde, la mort de Deiphobe dans le sixiéme ; la naissance de Silvius Posthu-

mus, la coûtume d'endurcir les enfans à la gelée & à l'eau, qu'il attribuë au Peuple du Latium, & quelques autres points historiques rapportés par A. Gelle, Macrobe & le P. Tarquin Gallucci.

L'Anachronisme d'Enée à Didon est d'environ trois siécles, selon le calcul des Chronologistes, parce que Carthage ne fut bâtie que 72. ans, selon Justin au Livre 18. ou 65. ans seulement, selon Patercule au premier Livre, auparavant la fondation de Rome.

Enfin quelques Géographes qui se piquent d'éxactitude, se plaignent qu'il n'a point parlé comme eux de la mobilité de l'Isle de Delos, de la séparation de la Sicile d'avec le Continent, d'Inarime, &c.

3 Voyés pour ces deux points le P. Gallucci sur le 5. & le 8. de l'Eneïde page 106. & 154. & pour la justification presque universelle de ce Poëte qu'il a entreprise dans son Traité des Défenses de Virgile, à Rome 1621. in-4°.

Virgile. noissances dont nous avons parlé (1), comme l'a remarqué un Auteur moderne sous le nom de Candidus Hesychius. Il suffit de dire que Virgile n'avoit pas si bonne opinion de lui-même, qu'est celle que le rafinement des Critiques posterieurs nous en a donnée par les découvertes d'une infinité de belles choses, ausquelles Virgile n'a peut-être jamais songé en composant son Poëme (2); & qu'il ne se faisoit pas trop d'injustice en ce point, quoiqu'il fût assurément trop modeste & trop sévere à lui-même, dans le jugement peu favorable qu'il faisoit de ce chef-d'œuvre de l'Art sur la fin de ses jours (3).

§. 2.

*De la Fable & du Heros de l'Eneïde.*

Ce n'est donc point par les maximes de la Théologie, de la Jurisprudence, de l'Histoire, de la Philosophie, des Mathématiques & de toutes les autres connoissances étrangeres ou accidentelles à l'Art Poëtique, qu'il faut juger de l'ouvrage incomparable de Virgile; mais par la Fable ou le fondement de l'invention du Poëme qui est sa nature, par sa matière que nous appellons l'Action, par sa forme que nous appellons la Narration, par les mœurs ou les caracteres des personnages, par les sentimens ou la morale du Poëte, & enfin par l'expression & le style qui lui est particulier.

I. La Fable est ce qu'il y a de principal dans le Poëme, & elle en est comme l'ame, aux termes d'Aristote, qui a été suivi dans ce sentiment par tous les bons Critiques (4). Celle de l'Eneïde consiste à nous representer un Prince contraint de s'enfuir par le renversement de son Etat, & de chercher ailleurs un autre établissement. Il fait ses Dieux & son Pere compagnons de sa fuite. Les Dieux touchés de cette pieté s'interessent à l'établir dans un des meilleurs pays de la terre, & il devient le fondateur de l'Empire le plus florissant qui fut jamais (5). Cela étant ainsi, on peut assurer avec le Pere

1 Candid. Hesychius Dissertat. contra Godellum utrum Poëta &c. cap. 3. pag. 97.
2 C'est la pensée du P. Malebranche au 2. livre de la Recherche de la Verité chap. 4. pag. 110. où il traite de la bonne opinion qu'on a de ce qu'ont fait les Anciens.
3 Voyés sur les fautes qu'on a reprochées à Virgile Daniel Heinsius Dissertat. de

Tragœd. Infanticid. pag. 140.
4 Aristotel. de Arte Poëtica cap. 6. ἀρχὴ χ οἷον ψυχὴ μῦθος
Ren. Rapin Compar. d'Homere & Virg. chap. 3. pag. 13 edit. in 4°.
Ren. le Bossu livre 1. du Poëme Epique chap. 6. pag. 30.
5 R. Rap. comme ci-dessus pag. 14.

POETES LATINS. 71

Mambrun que l'Eneïde est achevée (1), & que s'il étoit vrai, comme Virgile. le prétendent les Poëtes Critiques (2), que de tous les ouvrages dont l'esprit de l'homme est capable, le Poëme Epique est le plus accompli, on ne devroit point hésiter à dire que l'Eneïde est le plus parfait des ouvrages dont l'esprit de l'homme est capable, parce qu'elle renferme toutes les perfections de tous les autres Poëmes du genre Epique.

Plusieurs se sont imaginés que le Poëme étoit imparfait, parce qu'ils ont crû que la mort de Turnus qui le termine, n'étoit pas la fin de la Fable du Poëme, ni du dessein du Poëte. Ils se sont persuadés que Virgile auroit imité Homere dans le nombre des Livres de ses deux Poëmes comme il a fait dans tout le reste, & que pour achever sa Fable il auroit rempli ce grand espace de tout ce qu'il auroit inventé sur le mariage de son Heros avec Lavinie, sur la conquête du pays où il vouloit s'établir, sur la consécration ou l'apothéose de ce Heros. Pour appuyer leurs conjectures ils disent qu'ils ne connoissent point d'autres raisons qui ayent pû porter Virgile à ordonner la suppression de son ouvrage en mourant. Il paroît entre les autres que ç'a été la pensée de Mapheus Vegius qui a crû pouvoir suppléer à tous ses défauts prétendus par un petit Poëme qu'il a voulu faire appeller le treiziéme Livre de l'Eneïde (3). Pensée assés semblable à celle de Tryphiodore qui avoit entrepris de continuer l'Iliade d'Homere. Il s'est trouvé même des Critiques (4) qui ont jugé que Virgile avoit dessein de passer jusqu'au tems & à la vie d'Auguste, & qu'il l'auroit fait infailliblement s'il avoit vêcu plus long-tems.

Mais les bons connoisseurs ont consideré toutes ces opinions comme des visions & des imaginations frivoles, & le P. Mambrun soutient (5) que l'ouvrage est très-achevé, qu'il ne manque rien au dessein ni à la Fable du Poëme, que le deuil de la mort de Turnus, les nôces de Lavinie, & l'apothéose d'Enée y sont décrites par anticipation. Il ajoute que tout le chagrin de Virgile en mourant, étoit de n'avoir pas eu le loisir de limer & polir cet ouvrage qu'il vouloit retoucher en une infinité d'endroits, & dont il vouloit retrancher

---

1 P. Mambrun Dissertation. de Epico Carmine quæstion 6. pag. 375.

2 R. Rap chap. 1. pag. 9. edit. in 4°. de la comp. d'Hom. & Virg.

3 ¶ Il est dit dans la Vie de Vegetius que ce qu'il en a fait n'a été que pour s'exercer, n'ignorant pas que le Poëme de l'Eneïde étoit achevé.

4 Le sieur Rosteau Sentim. partic. sur quelques Ouvrages d'Auteurs, pag. 47. Mais Vossius refute cette vision au 3. livre des Institut. Poëtic. chap. 4. pag. 11.

5 P. Mambrun Dissertat. de Epico Carm. ut suprà.

encore beaucoup de choses, sans vouloir y rien ajouter de nouveau.

Le P. Gallucci avoit aussi témoigné auparavant d'être dans le même sentiment, il dit (1) que si l'on veut s'en tenir à la maxime d'Aristote, il n'y a rien à ajouter à l'Eneïde. Car ce Philosophe prétend (2) qu'on doit se renfermer dans l'unité de la Fable, de sorte qu'on ne puisse pas dire d'un Poëme que son sujet soit double, mais que la Fable ait un rapport continuel avec l'unité d'Action. C'est ce qu'il a trouvé fort louable dans Homere, dont l'Iliade & l'Odissée sont renfermées éxactement dans l'unité de Fable & d'Action. C'est aussi ce que ce Pere & les autres estiment avoir été pratiqué par Virgile avec la derniére éxactitude. Et comme ce qu'il auroit pû dire de la fondation des villes d'Albe & de Rome, de la consécration d'Enée, de l'établissement de la Monarchie Romaine, auroit fait une Action nouvelle, ils jugent que ç'auroit été aussi une Fable nouvelle & le sujet d'un nouveau Poëme.

Comme donc on ne peut point disconvenir que la Fable de l'Eneïde ne soit éntiere, & qu'elle ne trouve son accomplissement à la mort de Turnus, ceux qui ont voulu se signaler parmi les Censeurs de Virgile, ont voulu trouver à redire à la fiction & à la disposition de cette Fable.

Les uns ont prétendu qu'elle n'étoit point assés simple, mais la vaste étenduë de la matiére qu'elle lui a fournie, ne souffroit point une aussi grande simplicité que celle qui paroît dans l'Iliade ou l'Odissée, & cette abondance dont un autre que Virgile auroit été aisément accablé, a donné lieu à des difficultés qui demandoient plus d'esprit & plus de conduite, que lorsque le Monde étant moins avancé en âge, avoit produit moins de choses capables d'éxercer les Poëtes & les Historiens (3); c'est ce qu'on peut voir avec plus d'étenduë dans l'ouvrage du P. le Bossu.

Les autres l'accusent de manquer d'invention, & de n'avoir été que l'imitateur d'Homere. Mr de Segrais dit (4) que cette objection est faite par des Critiques qui n'ont sû ce que c'étoit d'inventer, plutôt que par des Poëtes qui savent bien qu'on n'invente rien de longue haleine, qui soit nouveau dans le tout & dans ses parties. Au reste on auroit pû objecter la même chose à Homere, puisque

---

1 Tarquin. Gallut. Vindicat. Virgilian. loc. 1. in 12. Æneïd. pag. 200 201

2 Aristotel. de Art. Poëtic. cap. 6. & apud Gallutium loc. citat.

3 R. 'e Bossu livr. 1. du Poëm. Epiq. chap 11. pag. 65.

4 J. Ren. de Segrais Préface sur la Trad. de l'Eneïde nombre 15. pag. 25.

l'Histoire

## POETES LATINS.

l'Histoire de Troye n'est pas plus de son invention que de celle de Virgile, & que ce conte étoit dans la bouche des femmes & des enfans, auparavant que le premier des Poëtes Grecs en eût fait le sujet de son Poëme, & il s'étoit trouvé même des Historiens qui avoient déja débité cet évenement comme une Histoire véritable.

D'autres se sont imaginés pouvoir embarasser les défenseurs de Virgile, lorsqu'ils disent que tout ce qu'on a publié de la venuë d'Enée en Italie est un conte. Il est vrai que les Critiques sont aujourd'hui fort partagés sur la verité de ce fait; quelques-uns même ont écrit soit pour le ruiner comme Mr Bochart, soit pour l'établir comme Mr Ryckius (1). Mais il n'est point nécessaire pour le dessein de Virgile qu'Enée soit venu en Italie. Il suffit que ç'ait été l'opinion du Peuple, au tems duquel & pour lequel le Poëte écrivoit. Or il y avoit déja long-tems que cette Fable passoit pour un fait qu'on ne s'avisoit pas de contester, & les Historiens-mêmes l'avoient déja établi comme une vérité historique (2). D'ailleurs on peut dire, malgré le sentiment de quelques-uns, qu'il est encore plus convenable à la Fable de l'Eneïde, que son fondement ne soit qu'une fable, puisque ce n'est point la profession des Poëtes d'enseigner la vérité.

Enfin c'est à l'invention du Poëme de Virgile qu'en vouloit Caligula (3), lorsqu'il l'accusoit de n'avoir point d'esprit, & que sous ce prétexte il prétendoit le supprimer. Mais le jugement de ce Prince n'a jamais dû surprendre personne de ceux qui connoissent quel étoit le caractére de son esprit, & qui savent les autres circonstances de sa vie.

Comme la conformation du Heros fait la partie dominante de la Fable d'un Poëme, il auroit été à propos, sans doute, de rapporter ici ce que l'on pense de celui de Virgile; mais pour ne rien repeter quand nous parlerons des caractéres, nous remettrons parmi les mœurs ce que nous en aurions pû dire en cet endroit.

---

1 Dissertation de Sam. Bochart sur la question si Enée est venu en Italie, imprimée après les six premiers livres de l'Eneïde de Virgile de la Traduction de Segrais.
Theodor. Ryck. de Adventu Æneæ in Italiam post Luc. Holstenii annotation. in Stephan. Byzant.
2 Jul. Cæs. Scaliger, Sam. Boch. J. Rem. de Segrais & alii Critici passim.
3 Sueton. Tranq. in vit. C. Caligul. cap. 34.

## §. 3.

### *De la Matiere ou de l'Action de l'Eneïde.*

Le Pere Mambrun dit (1) que l'Action de l'Eneïde est au jugement de tout le monde la plus propre que l'on puisse jamais imaginer pour le Poëme Epique. Mais il ajoute que toute grande & toute magnifique qu'elle est par elle-même, elle est devenuë vicieuse par la maniére & le tour que Virgile a pris pour la traiter : & il dit qu'elle lui paroît si corrompuë en l'état que nous la voyons, qu'elle a perdu sa dignité naturelle, & qu'elle ne sert qu'à déshonorer le Heros, à la gloire duquel elle étoit destinée.

Il ne paroît pas que cette opinion ait eu grand cours parmi les Gens de Lettres; & ceux qui en veulent éxaminer la solidité, ont quelque peine à dire si cette censure du P. Mambrun tombe sur l'unité de l'Action de l'Enéide, sur son integrité, sur ses causes & ses effets, sur ses espéces, sur sa durée, ou sur son accomplissement, ou même sur les Episodes qui entrent dans cette Action; parce qu'en éxaminant cette Action par toutes ces circonstances, ils n'y trouvent rien qui ne fasse honneur au Heros & à l'Auteur du Poëme.

En premier lieu, si l'on consulte les défenses que le Pere Gallucci a faites pour Virgile, on trouvera que ce Poëte a religieusement pratiqué l'unité de l'Action, selon les maximes d'Aristote & d'Averroës; que cette Action est commencée, continuée & finie par un même homme, par le Heros même ou le principal personnage, qui l'a fait terminer par une seule fin & dans une seule vûë (2). Et c'est en vain que quelques Critiques ont prétendu découvrir deux fins dans cette Action, l'une des voyages d'Enée, & l'autre de la guerre d'Italie; l'une formée sur l'Odiffée d'Homere qui est celle des voyages, & l'autre formée sur l'Iliade qui est celle des guerres. Mais ils se trompent, parce que les guerres d'Enée ont la même liaison avec ses voyages, que la petite guerre qu'Ulisse fit aux galans de sa femme, en avoit avec ses travaux précédens.

---

1 P. Mambrun de tribus Poëmatibus causæ Diction. ad caput Poëmatum præfix. ejusdem Constantino edit. in fol.

2 Tarq. Gallutius Vindicat. Virgilian. Æneïd, 12. loc. 3. pag. 107. 108.

Il est pourtant plus aisé de dire en quoi cette unité de l'Action *Virgile.* Epique dans l'Eneïde ne consiste pas, que de voir en quoi elle consiste. C'est le sentiment du Pere le Bossu (1), qui se contente de nous dire que cette unité de l'Action non plus que celle de la Fable ne consiste ni dans l'unité du Heros, ni dans l'unité du tems.

La beauté & la justesse de cette unité de l'Action, consiste particuliérement dans l'emploi judicieux que Virgile fait des Episodes, qui sont tous tirés du plan & du fond de l'Action, & qui font chacun un membre naturel de ce corps. Ces Episodes ont une liaison mutuelle qui les fait presque nécessairement dépendre les uns des autres, & qui les tient attachés comme les membres le sont au corps. Et pour faire voir qu'ils ne sont placés que comme les parties d'un tout, c'est qu'on ne peut pas dire d'aucun d'eux que ce soit une piéce achevée ou une Action entiére.

Le P. Rapin a remarqué aussi (2), que les Episodes de l'Enéide sont admirablement proportionnés au sujet. Le plus grand de tous qui comprend le second & le troisiéme Livre de ce Poëme, n'est jamais détaché de la personne du Heros. C'est lui qui parle, dit ce Pere, c'est lui qui raconte ses avantures. Il ne sort presque point de son sujet sans faire des retours fréquens sur lui-même. Néanmoins ce même Auteur dans un autre Traité, a trouvé à redire à la longueur excessive de cet Episode (3) ; & il semble dire qu'il n'est pardonnable que par l'admirable effet qu'il produit, & par l'éloignement des tems obscurs d'Enée.

Les autres Critiques ont remarqué deux défauts considérables dans le grand Episode de Didon ; celui de l'anachronisme par lequel il a fait cette Princesse plus ancienne de trois cens ans qu'elle n'a été effectivement ; & celui de la calomnie par lequel il a deshonoré la plus sage & la plus vertueuse Princesse de son siécle, & l'a perduë entiérement de réputation dans l'esprit de toute la posterité.

Ces deux fautes insignes de Virgile ne sont aujourd'hui contestées de personne, mais la premiére n'est pas une faute Poëtique, c'est-à-dire qu'en qualité de Poëte il a pû aller aussi loin qu'il a voulu contre la foi de l'Histoire & le calcul de la Chronologie, sans pécher contre les regles de l'Art Poëtique. On ne doit considerer

---

1 Ren. le Bossu Trait. du Poëme Epique livre 2. chap. 7. pag. 170. 171. &c.
2 Ren. Rapin Compar. d'Homere & Virgile chap. 6. pag. 30. edit. in 4°.
3 Le même Reflexions particul. sur la Poëtiq. part. 2. Reflex. 8.

Virgile. en ce point que l'invention de Virgile, qui paroît admirable à ceux qui veulent rafiner fur fes intentions & fur fes vûës. Ils difent qu'il a sû trouver dans l'hiftoire de fon Heros une fource de la haine de Rome & de Carthage dès la fondation de leurs murailles, & qu'il a dès le commencement comme foumis la ville vaincuë au deftin de celle qui en a triomphé (1)

L'autre faute eft plus confidérable pour un Poëte, & il s'eft trouvé dans prefque tous les fiécles des Cenfeurs qui l'ont jugée inexcufable. Les Hiftoriens (2), les Peres de l'Eglife-même (3), & divers autres Ecrivains de l'Antiquité (4), nous affurent que Didon a toujours vécu d'une maniére irréprochable & dans une auffi grande pureté qu'on ait pû éxiger des perfonnes les plus vertueufes engagées dans l'état du Paganifme. Ils difent qu'ayant toujours confervé du vivant de fon mari Sicharbas ou Sichée une chafteté conjugale, elle lui garda après fa mort une fidélité inviolable accompagnée d'une continence éxemplaire durant tout le tems de fon veuvage, qui fut le refte de fa vie. Et qu'à la fin fe voyant dangereufement pourfuivie par Hiarbas Roi de Mauritanie qui la vouloit contraindre de paffer à de fecondes noces, elle ne trouva point d'expédient plus fûr & plus court pour fe fouftraire à fa brutalité & à fes violences, que de fe tuer & de fe faire mettre en cendres. Voilà un fait de la vérité duquel Virgile a fait un étrange abus. Et il femble qu'il n'en ait voulu conferver les extrémités que pour donner une couleur de vérité à fa calomnie.

Un procedé auffi lâche qu'a été dans Virgile celui de vouloir relever la gloire des Romains par la ruine de la réputation d'une honnête femme fous prétexte qu'elle avoit été la fondatrice d'une ville ennemie, n'a point encore pû rencontrer de défenfeurs qui ayent eu de bonnes raifons pour publier (5) cette injuftice Les Poëtes-mêmes tout intereffés qu'ils font dans la réputation. de Virgile, & malgré les prétentions qu'ils ont fur toutes fortes

---

1 J. R. de Segrais préf. fur l'Eneïde nombre 16. pag. 29.
Item Gallut. vind. Virg. in lib. 1. Æneïd. loc. 8. pag. 43. 44. & feqq.
2 Juftin. ex Trog. Pomp. lib. hiftor. 18.
3 S. Auguftin. Confeffionum lib. 1. cap. 3. ubi vocat Virgilii Mendacium.

Item Tertullian. exhortat. ad Caftitat. où il dit plaifamment *uri maluit* quam nubere.
4 Macrob. Saturnal. lib. 5. cap. 17.
Item Aufonius in Carminib.
1 ¶ *Excufer* auroit été plus jufte. *b*

de libertés, n'ont pû retenir leurs plaintes contre lui (1). Virgile.

En effet voilà, selon le sentiment du Pere Vavasseur (2) en quoi consiste le grand défaut de l'Episode de Virgile plutôt que dans le contre-tems de trois cens ans, parce que quelque licence que les régles de l'art de feindre lui donnassent de changer une verité historique, celles de la Poëtique n'ont jamais pû lui permettre de nous representer une personne en un état où elle n'avoit jamais dû être, à moins qu'elle n'y eût été effectivement dans le monde, ce qu'on ne pouvoit point dire de Didon, qui ayant été l'ornement de son sexe & l'admiration de toute la terre, ne laisse point de passer pour une miserable prostituée dans l'esprit de bien des gens, depuis qu'il a plû à Virgile de nous la representer en cet état.

C'est l'opinion dans laquelle semblent avoir été Messieurs de l'Académie, quand ils disent que ceux qui blâment Virgile d'avoir démenti l'Histoire, en faisant une impudique d'une très-vertueuse Princesse, & un Heros accompli d'un traître & d'un lâche, ne le blâment pas d'avoir simplement alteré l'Histoire; puisqu'ils avouent que cela est permis, mais de l'avoir alterée de bien en mal au sujet de Didon, & d'avoir ainsi péché contre les bonnes mœurs, mais non pas contre les régles de l'Art. (3)

Il y a encore une autre qualité de l'Action de l'Eneïde qui ne paroit pas moins importante que celles de son Unité & de ses Episodes. C'est sa *Durée*, dont la question a bien donné de l'exercice aux Critiques jusqu'ici. Le P. le Bossu pour nous en mieux faire connoître l'état, a separé cette durée de l'Action d'avec celle de la Narration (4), nous confondons ici l'une avec l'autre pour éviter toutes les subtilités, comme ont fait plusieurs autres Critiques.

---

1 Auson. Epigrammat. 111. pag. 17. 18. edit. Scaliger. cujus verba ut sonant lubet recitare.

— *Non Maro quam mihi finxit erat mens,*
*Vita nec incestis læta cupidinibus.*
*Namque nec Æneas vidit me Troius unquam,*
*Nec Lybiam advenit classibus Iliacis.*
*Sed Furias fugiens atque arma Procacis Hiarbæ*
*Servavi fateor morte pudicitiam.*
*Pectore transfixo castos* * *quod pertulit enses*
*Non furor aut læso crudus amore dolor.*
*Sic cecidisse juvat. Vixi sine vulnere famæ,*
*Ulta virum, positis mœnibus opetii.*
*Invida cur in me stimulasti Musa Maronem*
*Fingeret ut nostræ damna pudicitiæ?*
*Vos magis Historicis, Lectores, credite de me*

*Quàm qui furta Deûm concubitusque canunt,*
*Falcidici vates, temerant qui carmine verum,*
*Humanisque Deos assimilant vitiis.*

* L'edition de Tollius porte *castus quod perculit enses*, ce qui fait une meilleure construction.§

Vid. & Marulli Epigr. Vid. & Tarq. Gallut. loc. 8. in Æneid. lib. 1. p. 42. 43.

2 Anonym. dans les Remarques sur les Reflex. touchant la Poët. 83. 84.

3 Sentimens de l'Academ. Franc. sur la Tragi-com. du Cid. pag. 47.

4 Ren. le Bossu Trait. du Poëme Epiq. livre 2. chap. 8. pag. 265. 272. & livre 3. chap. 12. pag. 379.

Virgile.

Si Aristote & les autres Maîtres de l'Art avoient voulu déterminer le tems de l'Action Epique comme ils ont fait celui de l'Action Tragique, il ne seroit pas si difficile de juger Virgile sur ce point. De tous ceux qui dans la suite des tems ont tâché de donner des bornes à la durée de cette Action, les uns l'ont enfermée dans le cours d'un an (1), les autres prenant Homere pour la regle de leur jugement, l'ont voulu restraindre aux termes d'une Campagne. Les uns & les autres semblent avoir pris pour le modéle de leur établissement l'espace du tems qui a été reglé pour l'Action de la Tragédie. Ceux qui donnent un an à l'Action Epique (2), en y comprenant l'hyver, paroissent avoir suivi ceux qui donnent à l'Action Tragique un jour que les Chronologistes appellent *Nycthemere* ou de vingt-quatre heures, & ceux qui ne donnent à l'Action Epique qu'une seule Campagne, semblent s'être reglés sur ceux qui renferment la Tragédie entre le lever & le coucher du Soleil à l'exclusion de la nuit. Mais de quelque maniere qu'en ait usé Virgile, on peut assurer qu'il a toujours très-bien fait, parce qu'on est persuadé que c'est le bon sens qui a conduit la durée qu'il donne à son Action comme tout le reste, & qu'il ne l'a jamais abandonné nulle part, non pas même dans les endroits où sa conscience l'a quitté.

Ronsard & les autres Censeurs qui ont crû que la durée de l'Enéide s'étend jusqu'à seize ou dix-sept mois, ont peut-être été trop précipités dans la condamnation qu'ils ont osé faire de Virgile sur ce pied-là. Car s'il étoit vrai qu'il eût passé le terme d'une année, sa pratique en ce point devroit avec raison passer pour la regle de ceux qui sont venus après lui, puisque l'Art ne lui en donnoit point d'autre. C'est sur sa conduite qu'on a dû faire la regle, & non pas juger de sa conduite & décider s'il a bien ou mal fait par les regles qu'il a plû aux Critiques posterieurs d'établir sur ce sujet.

Mais quoi qu'on puisse dire avec eux que la durée de l'Action & de la Narration de l'Enéide est d'un an & de quelques mois, comme l'a fort bien remarqué le P. Rapin (3), on peut aussi aisément faire en sorte de ne trouver qu'un an depuis la tempête du premier livre de l'Enéide jusqu'à la mort de Turnus. Et pour fermer la bouche à tout le monde, même à ceux qui veulent que l'Action du Poëme Epique ne soit que d'une seule campagne, on peut dire après la

---

1 P. Mambrun de Poëm. Epico Dissertat. Peripatetic. Pierre Ronsard préface sur la Franciade &c.

2 L'action & la Narration sont ici la même chose.

3 Ren. Rap. Compar. d'Homere & Virg. chap. 12. pag. 44. edit. in-4.

supputation de Mr de Segrais & du P. le Boſſu que toute l'Enéide ne comprend pas un an entier, quoi qu'ils ne ſoient point d'accord du point où il faut faire commencer & finir cette expédition. (1)

§. 4.

*De la Forme & de la Narration de l'Eneïde.*

La premiere beauté de l'Enéide au jugement de Mr de Segrais (2) eſt la Narration qui eſt d'autant plus admirable dans ce Poëme qu'elle eſt difficile dans quelque genre que ce ſoit, & particuliérement dans le genre ſublime. Virgile ne s'eſt point contenté de faire un beau choix de ſes Matieres qui ſont toutes grandes & dignes de ſon ſujet, la diſpoſition qu'il en a faite & qui conſiſte toute dans la Narration ou la forme qu'il leur a donnée ſe ſoutient admirablement dans une ſublimité toujours égale, elle a les fictions nobles, l'ordonnance belle, & l'expreſſion magnifique, & toutes les beautés dont elle eſt accompagnée par tout éclatent moins par elles-mêmes que par la fuite du défaut qui leur eſt oppoſé.

La premiere & la plus importante des qualités d'une excellente Narration eſt la ſimplicité & cet air naturel qui eſt oppoſé à l'affectation. C'eſt auſſi celle qui regne dans tout le Poëme de Virgile. On ne voit point auſſi qu'il s'écarte jamais de cette ſimplicité pour s'amuſer à moraliſer. Il ne s'emporte point dans des apoſtrophes ou dans des déclamations qui ne ſervent ſouvent qu'à faire connoître la partialité d'un Auteur, à découvrir ſes ſentimens ſans neceſſité ou l'intereſt qui l'anime.

Il ne s'eſt point appliqué à faire un amas de belles réflexions comme font les Auteurs ordinaires, mais les circonſtances dont il accompagne ſa Narration & l'énergie avec laquelle il déduit toutes choſes, font tout l'avantage qu'il a ſur les autres, & c'eſt à cette qualité que Jules Scaliger ſemble avoir attribué la divinité qu'il prétendoit trouver dans Virgile. (3)

Il n'ignoroit pas ſans doute, & ſur tout après avoir lû les Poëtes Grecs, que les Sentences font une des grandes beautés de la Nar-

---

1 J. Ren. de Segrais Pref. ſur l'Eneïde de Virgile nomb. 21. pag. 59. & R. le Boſſu livre 3. du Poëme Epique chap. 11. pag. 382. où pour enfermer l'Eneïde en une ſeule campagne, ce Pere la fait commencer avec l'Eſté, & l'a fait finir avant la fin de l'Automne de la même année.

2 Seg. nomb. 8. & 9. pag. 13. 14. 15. &c.

3 Jul. Cæſ. Scalig. Poëtic. lib. 3. cap. 95. pag. 365. 366.

ration dans un Poëme, & que c'est ce qu'on en retient plus volontiers : cependant il n'en a employé que très-rarement & par forme de transition, encore sont-elles toutes fort courtes. Mais elles sont judicieusement semées dans les discours des personnes qu'il fait parler, & toujours avec égard & sans affectation (1). Il a été encore plus sobre à l'égard de l'Apostrophe, quoi qu'elle soit une des plus pathetiques d'entre les figures, il n'en a fait que cinq ou six dans tout son Poëme, & il les a placées en des lieux où il semble qu'elles étoient necessaires. Mais sur toutes choses il ne s'interrompt jamais, & il témoigne par tout la même précipitation pour arriver à la fin de son récit. C'est dans ce dernier point que consiste le plus bel éloge qu'on puisse faire d'une Narration, parce que c'est une maxime receuë parmi le monde, que le Poëte doit avoir encore plus d'impatience de se voir à la fin de son recit que le Lecteur.

Il y a d'autres réfléxions à faire sur la Narration de Virgile qu'il sera plus à propos de joindre avec ce qu'on pourra dire des jugemens que l'on a portés sur l'expression & le style du Poëme. Mais c'est ici le lieu de parler de deux autres qualités qui regardent essentiellement la forme de ce Poëme pour le rendre agréable. C'est le Vrai-semblable & le Merveilleux, qui doivent être ordinairement inséparables dans l'ordonnance d'un Poëme reglé dont ils doivent faire la seconde partie.

Le Pere Rapin témoigne (2) que Virgile a gardé un juste temperemment dans l'emploi qu'il a fait de l'un & de l'autre, qu'il a employé le Merveilleux pour toucher le cœur de ceux pour qui il faisoit son Poëme, & pour les animer & les porter à des entreprises louables & genereuses ; mais qu'il l'a toujours accompagné du Vrai-semblable pour ne les pas rebuter par une trop grande distance de ce qu'il leur proposoit avec leur état & leurs propres forces.

Cet endroit est une des plus grandes épreuves de la solidité du jugement de ce Poëte. Jamais il n'a paru plus judicieux que dans le grand ménagement de ses Miracles & de ses Machines qui est le nom que l'on donne au ministére des Dieux dans un Poëme. Il semble qu'il nous ait voulu faire croire qu'il n'avançoit rien de Merveilleux dans tout ce qu'il disoit, qui ne fut fondé en raison, & l'on remarque qu'il s'est presque toujours tenu dans une réserve pleine de discrétion, pour ne point passer les bornes de la Vrai-semblance. Enfin l'Auteur que je viens de citer prétend dans un

---

1 Les mêmes Critiques aux lieux cités.      6. pag. 26. 28. 29. edit. in-4.
2 R. Rap. Comp. d'Hom & Virg. chap.

autre

POETES LATINS. 81

autre de ses Ouvrages (1) que Virgile est presque le seul qui ait eu Virgile. l'Art de ménager par la préparation des incidens, la Vrai-semblance dans toutes les circonstances d'une Action heroïque.

Il semble que ç'ait été aussi la pensée du P. le Bossu dans la distinction qu'il fait de la Vrai-semblance des choses & des incidens pris séparément, d'avec la Vrai-semblance de rencontre qui consiste à faire que plusieurs incidens qui sont Vrai-semblables chacun en leur particulier, se rencontrent ensemble vrai-semblablement. C'est en quoi Virgile a parfaitement réussi. On n'a jamais vû de Poëte plus délicat que lui sur la pratique de cette derniére espéce de Vrai-semblance. On ne peut pas dire qu'il fasse paroître tout-à-coup quelque accident qui n'a point été préparé & qui avoit besoin de l'être ; & il a soigneusement évité un défaut où tombent la plupart des autres Poëtes qui désirent de surprendre les Auditeurs ou les Lecteurs, par la veuë de quelque beauté qu'on ne leur fait point attendre.

C'est par cette sage conduite qu'il represente dans le premier livre de l'Enéide, Junon qui prépare la tempête qu'elle veut exciter, & que Venus y prépare les amours du quatriéme (2), comme le même Pere l'a remarqué. La mort de Didon qui arrive à la fin de ce quatriéme est préparée dès le premier jour de son Mariage. Helenus, continuë-t-il, dispose dans le troisiéme toute la matiere du sixiéme ; & dans celui-cy, la Sibylle prédit toutes les guerres suivantes & tous les incidens considérables qui entrent dans la composition des six derniers Livres.

Il y a pourtant une autre sorte de surprise à laquelle Virgile s'est appliqué pour entretenir la curiosité & l'admiration dans l'esprit de ses Lecteurs. C'est ce qu'il a fait en joignant le Merveilleux au Vrai semblable, & en faisant voir des merveilles continuelles sans jamais quitter le caractere sublime & heroïque pour descendre dans le puérile & le comique, qui est l'écueil ordinaire des Poëtes Dramatiques & des faiseurs de Romans, qui ne savent point faire le mélange de deux qualités si différentes, & dont il est fort difficile de prendre le juste temperament. Mais ce qu'il y a de fort estimable dans cette méthode de Virgile, ce n'est pas tant l'emploi des choses surnaturelles & du ministere des Dieux que cet autre genre de Merveilleux qu'il a fait naître lui-même du fonds de son Ouvrage. Car on peut dire qu'il n'y a gueres que lui qui ait su entretenir l'admiration & la surprise du Lecteur en pressant ses matiéres, en ne rapportant jamais rien que

1 Le même Reflex. particul. sur la Poët. seconde part. Reflex. 11.
2 R. le Bossu livre 3. du Poëme Epique chap. 7. pag. 338. 339.

Tome IV. L

de grand, en faisant voir toujours quelque chose de nouveau, en fuyant enfin les bassesses & les affectations avec un soin tout particulier. De sorte qu'on ne doit plus s'étonner qu'il ait excellé si fort par dessus tous les autres qui n'ont pas eu tous ces égards, & qui n'ont point eu assés d'autorité sur eux-mêmes pour retrancher toutes les inutilités, comme il a fait, & pour ne jamais rien avancer contre la Vrai-semblance. (1)

Voilà ce que les Critiques les plus judicieux ont remarqué sur la maniere dont Virgile a tâché de ne jamais séparer le Merveilleux du Vrai-semblable. Il s'est trouvé néanmoins des Censeurs qui ont bien voulu l'accuser de s'être quelquefois départi de sa maxime. Quoique leur autorité ne soit pas de grand poids en ce point, & que leur sentiment ne fasse point beaucoup d'impression sur nos esprits, je ne laisserai pas de rapporter quelques-unes de leurs objections, pour délasser ou pour divertir le Lecteur.

Seneque le Philosophe (2) accusoit Virgile d'avoir fait une faute contre la Vrai-semblance naturelle, pour avoir dit que les Vents étoient renfermés dans des grottes, parce que le vent n'étant qu'un air ou des vapeurs agitées, c'est détruire sa nature de le tenir enfermé en repos. Mais plusieurs ont répondu à ce Censeur, que Virgile avoit pris la cause pour l'effet, par le droit que les Poëtes & les Orateurs ont d'en user ainsi.

D'autres ont prétendu qu'il avoit passé la Vrai-semblance dans ce qu'il dit du rameau d'or au sixiéme de l'Enéide; du bois qui avoit poussé du corps de Polydore au troisiéme; du changement des Vaisseaux d'Enée en Nymphes de la mer au neuviéme; & ils veulent qu'il n'ait cherché en ces occasions que le Merveilleux. Vossius répond à ces objections par des exemples semblables ou même plus incroyables, qu'il a pris dans les fables de l'Antiquité païenne. (3)

Enfin il s'en est trouvé d'autres qui ont écrit qu'il y a dans Virgile un grand nombre de fautes contre la Vrai-semblance, quoi qu'il ne fût point question dans la plupart des endroits qu'ils censurent de faire valoir le Merveilleux (4). Le P. Gallucci a recueilli une bonne partie de toutes ces fautes prétenduës; & ceux qui s'imaginent que les accusations de ces Censeurs de Virgile méritent d'être examinées

---

1 Segrais pref. nomb. 7. pag. 12. 13. Le Bossu livre 3. chap. 8.
2 Senec. Natural. Quæstion. lib. 5. pag. 898.
Item apud Vossium in lib. Institution. Poët. & Ren. le Bossu l. 3. c.
3 Ger. Joan. Voss. Instit. Poët. l. i. c. 2? parag. 13. pag. 10. 11.
4 Jacques Pelletier au livre 1. de l'Art Poëtique chap. 5. de l'Imitation.

pourront se satisfaire dans les réponses de ce Pere. (1)

§. 5.

*Des Mœurs & des Caracteres marqués dans l'Eneïde.*

Les Mœurs Poëtiques ne sont autres que les inclinations qu'il plaît au Poëte de donner à ses Personnages pour les porter à des actions bonnes, mauvaises ou indifférentes. Nous appellons Caractere ce qu'une personne a de propre & de singulier dans ses mœurs, & ce qui la distingue d'avec les autres Personnages du Poëme. Et parce que souvent ce caractere n'a point de nom, on prend ordinairement pour le caractere d'une personne la premiere qualité qui domine en lui, & qui étant comme l'ame de toutes les autres doit se trouver partout pour faire distinguer le Personnage. C'est ainsi que l'on dit que le Caractere d'Achille est la Colere mêlée de Valeur, celui d'Ulisse la Dissimulation accompagnée de Prudence, & celui d'Enée la Piété jointe à la Bonté.

C'est suivant cette notion que les Critiques ont voulu juger de la capacité de Virgile. Mr de Segrais dit (2) que la conduite qu'il a tenuë pour ne jamais s'éloigner des Caracteres qu'il a une fois choisis est entierement inimitable, & il ajoute en un autre endroit qu'il s'est montré par tout si sage, si équitable & si désinteressé, qu'on ne voit pas dans les Mœurs & les Caracteres qu'il donne aux autres quel peut avoir été son penchant & sa passion, s'il en avoit.

Le P. Rapin témoigne aussi (3) qu'il observe admirablement par tout les Caracteres de ses Personnages, & qu'il est fort religieux dans l'observance de l'honnêteté, des bienséances & des Mœurs.

Et le P. le Bossu examinant la maniére dont il s'en est acquitté, dit (4) qu'il traite des Mœurs & des passions, tantôt comme un Historien & un Géographe, en marquant l'éducation, les habitudes, les inclinations des Peuples, & les coûtumes des pays différens; tantôt comme un Philosophe moral, & quelquefois Physicien, en rendant raison des choses par la matiere dont les corps sont composés, & par la maniere dont ils sont unis aux ames; & tantôt en Astrologue, lorsqu'il rapporte leurs causes aux Dieux, c'est-à-dire aux Planetes, aux Astres & aux Elemens.

---

1 Tarquin. Gallutius in Vindicationibus Virgilianis passim.
2 J. R. de Segrais pref. sur l'Eneïde de Virgile nombre 11. & nombre 13.
3 R. Rap. Comp. d'Hom. & Virg. c. 7. pag. 31. edit. in-4.
4 R. le Bossu livre 4. du Poëme Epique Traité des Mœurs &c.

**Virgile.** Le principal Perſonnage eſt le *Heros* du Poëme, non ſeulement il doit être par tout, mais il doit encore regner par tout, & il doit être le centre de toutes choſes; en ſorte qu'il ne ſe diſe & ne ſe faſſe rien dans un Poëme qui n'ait rapport à lui, lors même que ce n'eſt point lui qui dit ou qui fait les choſes. C'eſt donc à bien former les Mœurs & le Caractere du Heros qu'un Poëte doit employer tous ſes talens. Et c'eſt auſſi en ce point que Virgile s'eſt ſi fort élevé au deſſus de tous les Poëtes ſans en excepter même Homere.

Le P. Rapin dit (1) que Virgile forma ſon Heros particuliérement des vertus d'Auguſte, ce qui étoit une flaterie fine & ingenieuſe par rapport à ſes deſſeins; mais comme il vouloit faire un Heros accompli, il ne ſe borna point aux ſeules qualités de ce Prince pour compoſer ſonEnée. Il voulut auſſi le former de tout ce qu'il y avoit eu de vertueux & de grand parmi les plus grands hommes de l'Antiquité. Il prit des deux Heros d'Homere tout ce qui pouvoit ſervir à ſes fins. c'eſt-à-dire la valeur d'Achille & la prudence d'Uliſſe, comme l'a remarqué le même Auteur en un autre endroit. Il trouva encore le moyen d'y joindre la grandeur d'ame d'Ajax, la ſageſſe de Neſtor, la patience infatigable de Diomede, & les autres vertus dont Homere marque les Caracteres dans ſes deux Poëmes. Il ne ſe contenta pas encore de ce bel aſſemblage,& il voulut réünir enſemble toutes les excellentes qualités qui avoient rendu recommandables les perſonnes les plus illuſtres de l'Hiſtoire, comme Themiſtocle, Epaminondas, Alexandre, Annibal, Jugurta & divers autres Etrangers, ſans oublier ce qu'il avoit reconnu de meilleur dans Horace, Camille, Scipion, Sertorius, Pompée, Ceſar & un grand nombre d'autres Romains qui s'étoient ſignalés dans la guerre ou durant la paix.

Ayant ainſi raſſemblé toutes les vertus morales, politiques & militaires dont il a pû avoir connoiſſance, il en fit un Tout compoſé de religion pour les Dieux, de piété pour la Patrie, de tendreſſe & d'amitié pour ſes Proches, d'équité & de bonté pour tout le monde. Avec ce fonds de perfections, ce Heros ſe trouve hardi & conſtant dans le danger (2), patient dans la fatigue, courageux dans l'occaſion, prudent dans les affaires. Enfin il eſt bon, pacifique, liberal, éloquent, bien fait, civil. Tout ſon air a de la grandeur, & de la majeſté; & afin qu'il ne lui manque aucune des qualités qui peuvent contribuer à l'accompliſſement d'un grand homme, il eſt heureux.

---

1 Rap. Comp. d'Hom. & Virg. pag. 19. ou 25. chap. 4.    2 Dans le même Ouvrage chap. 4. pag. 17. 18. edit. in-4.

Mais selon la judicieuse remarque du même Auteur, les trois qualités souveraines qui font le caractere essentiel du Heros de l'Eneïde, sont la Religion, la Justice & la Valeur. C'étoient effectivement celles d'Auguste de qui Virgile vouloit faire le portrait. C'est aussi par ces trois qualités qu'Ilionée vouloit faire connoître Enée à Didon (1) en l'appellant

*Illustre en pieté,*
*Fameux par sa Valeur, fameux par sa justice.* (2)

Jules Scaliger a prétendu trouver regulièrement toute la suite d'une Philosophie Morale & Politique dans la representation que Virgile nous a donnée des Mœurs & du Caractere de son Heros. (3) Il dit que ce Poëte ayant voulu faire un homme accompli dans toutes ses parties, sur l'idée la plus parfaite que son esprit & ses connoissances pouvoient lui donner, a pris dans la vie active & dans celle qu'on appelle contemplative tout ce qu'on y peut pratiquer de louable; de sorte qu'on trouve dans le seul Enée l'homme privé & l'homme public, dans toute la perfection qui dépend de la nature & des forces humaines. Ce Critique pour nous faire mieux valoir l'étenduë d'esprit & l'industrie de Virgile, prétend en qualité de Philosophe que le Poëte voulant exprimer ces deux genres de vie en un seul sujet, a trouvé le moyen de les joindre ensemble par leur objet ou par leur fin qui est la societé humaine dans l'un & dans l'autre. Et comme cette societé ne s'entretient & ne s'altere, soit durant la paix, soit durant la guerre, que par la providence ou la conduite secrete de Dieu, il dit que Virgile a parfaitement réussi à nous le faire voir dans les Mœurs & le Caractere qu'il donne à son Heros. Mais quelque grand que pût être le plaisir que l'on auroit de lire ici les preuves qu'il en rapporte, j'ai apprehendé que leur multitude ne devînt onereuse au Lecteur si j'avois entrepris de les copier, outre que je n'aurois pû éviter de tomber dans quelques redites de ce que j'ai déja rapporté plus haut touchant les qualités de ce Heros.

Le P. le Bossu n'a pas trouvé moins de Philosophie dans les Mœurs & le Caractere du Heros de Virgile que Scaliger. Il y a remarqué aussi bien que lui un grand fonds de Politique, lorsqu'il dit (4) que le Poëte voulant faire recevoir aux Romains une nouvelle espéce de

---

1 Lib. 1. Æneid. de la Trad. de M. de Segrais.

2 *Quo justior alter.*
*Nec pietate fuit, nec bello major.*

3 Jul. Cæs. Scaliger. Poët. lib. 3. cap. 11. pag. 228. 229. & seq.

4 Ren. le Bossu Trait. du Poëme Epique chap. 9. pag. 87. du livre 4. seconde partie.

86 POETES LATINS.

Virgile. gouvernement & un nouveau Maître, il faloit que ce Maître qu'il representoit dans son Heros eut toutes les qualités que doit avoir le fondateur d'un Etat, & toutes les vertus qui font aimer un Prince. Mais il avoit déja fait voir ailleurs qu'il y a plus que de la Politique & de la Morale dans les Mœurs du Heros, & que Virgile s'étoit comporté aussi en Physicien & en Astrologue dans la formation de ce Heros. Si l'on en croit ce Pere (1), le Poëte ne s'est pas contenté de nous faire considérer Dieu comme la cause de ces Mœurs la plus universelle & la premiere de toutes, lorsqu'il nous fait connoître combien ce Heros est chéri de Jupiter, & que Junon qui le persécute d'ailleurs ne peut s'empêcher d'estimer sa Personne. Mais il n'a point manqué de donner encore à ces Mœurs une cause seconde, qui est celle des Astres, dit-il, & principalement des Signes & des Planetes, dont il a voulu marquer la force sur la compléxion des hommes en diverses occasions. Car il ne faut pas s'imaginer que ce soit par hazard que ce Poëte, si savant d'ailleurs dans l'Astronomie, fait agir les Planetes en faveur de son Heros, conformément aux regles des Astrologues. De sept il y en a trois favorables, Jupiter, Venus, & le Soleil : toutes trois agissent ouvertement dans le Poëme en faveur d'Enée. Il y en a trois dont les influences sont malignes, Saturne, Mars, & la Lune ou Diane. Si elles agissent c'est en effet contre le Heros, mais elles paroissent de telle sorte qu'on peut dire que Virgile les a cachées sous l'Horison. Enfin Mercure dont on dit que la Planette est bonne avec les bonnes, & mauvaises avec les mauvaises, agit ouvertement comme les bonnes Planettes, mais il n'agit jamais seul, c'est toujours Jupiter qui l'envoye. C'est ainsi que le Poëte fait sur son propre Heros l'horoscope de l'Empire Romain en sa naissance.

Mais quelque grand qu'ait été le nombre des admirateurs du Heros de l'Eneïde, ils ne l'ont point pû garantir de la Censure de divers Critiques qui ne l'ont pas trouvé entierement à leur goût.

Les uns accusent Virgile d'avoir fort mal formé ce Prince dans le dessein qu'il avoit de le proposer pour l'exemple des Rois, des Capitaines & des Politiques. Mr de Segrais dit (2), que l'aversion qu'on a conceuë pour ce Heros a été si loin, qu'on a passé jusqu'à dire que le Poëte l'avoit fait timide, qu'il lui a mis trop souvent les larmes aux yeux, & que ce caractére de pieté qu'il lui a donné n'est pas si

---

1 Ren. le Bossu Traité du Poëme Epique chap. 2. p. 6. 7. du livre 4. seconde partie.

2 J. Ren. de Segrais Preface sur la Trad. de l'Eneïde nomb. 17. pag. 35.

agréable que ce caractere d'amour que nos faiseurs de Romans ont coutume de donner à leurs Heros.

Les autres ont blamé Virgile d'avoir rendu son Heros coupable d'une lâche ingratitude, de l'avoir representé comme ayant abusé Didon, & comme l'ayant abandonné deux jours après son mariage, par une perfidie dont ce Poëte fait Jupiter & Mercure auteurs, selon la remarque de Mr du Hamel (1).

D'autres Critiques même parmi les anciens Auteurs Ecclésiastiques, trouvent de la lâcheté & de la bassesse, & qui plus est de la cruauté & de l'impieté dans ce prétendu Heros, lorsqu'il tuë Turnus suppliant & désarmé, quoiqu'il le conjurât par les Manes de son Pere Anchise (2) de lui accorder la vie (3). Et sans alleguer ici l'impieté avec laquelle les Historiens disent qu'il livra sa Patrie & les Citoyens à leurs ennemis, on a crû que c'étoit une chose contraire à la pieté & à l'humanité de réserver huit prisonniers comme il fit pour les immoler sur le bucher de Pallas (4).

Enfin il s'est trouvé dans notre siécle des Personnes difficiles, qui loin de traiter l'Eneïde de divin Ouvrage, comme on faisoit dans le siécle passé, ont prétendu trouver une infinité de choses à réformer dans le Caractere du Heros. C'est ce qu'on peut voir par une longue suite de plaintes qu'un Critique moderne a mis dans la bouche de Maynard contre Virgile (5).

Mais quoique ce fût un grand sujet de consolation pour tous les Poëtes malheureux de voir le chef de tous ceux de la Profession chargé de tant d'accusations & quoiqu'il fût peut-être de leur interêt que ces accusations demeurassent sans réponse pour pouvoir se défendre de son exemple, les Critiques n'ont point jugé à propos de leur donner cette satisfaction. Ces derniers ont crû qu'on ne pouvoit point abandonner la défense de Virgile en ce point, sans l'exposer à perdre la qualité de véritable Poëte, parce qu'il n'en est point de ces fautes comme de celles que nous avons marquées ailleurs contre la Chronologie, la Physique, & les autres connoissances qui sont étrangéres à la Poëtique ; au lieu que celles dont il s'agit, sont essentiellement contraires aux régles de cet Art.

Mr de Segrais répond tout d'un coup à toutes les objections que l'on fait à Virgile sur la conformation de son Heros, en disant

---

1 Du Hamel Dissertat. sur les Poësies de Brebeuf. page 14. 15.
2 Dares genuin.
3 Lactant. Divin. Institution. Item Jacq. Peletier du Mans livre de l'Art Poëtiq. chap. 5. de l'Imitation. Item du Hamel, &c.
4 Tarq. Gallutius Vindic. Virgilian. in lib. 1. Æneid. loc 9. pag. 53. 54. &c. ubi de loco decimi Æneidos peregrin.
5 Guetet de la Guerre des Auteurs depuis la page 62. jusqu'à 84.

**Virgile.** que pour bien juger du Caractére qu'il lui a donné, il faut s'élever aux mœurs les plus auſtéres des Anciens, & ſe déſaccoutumer des nôtres (1). Et ſur ce fondement il dit ailleurs que les points qui ont donné ſujet aux Cenſeurs d'accuſer l'Enée de Virgile de timidité, de foibleſſe, & d'ingratitude, ne ſont que de certains traits qui marquent ſa ſoumiſſion & ſon obéïſſance envers les Dieux. C'eſt dans la réſiſtance qu'il lui fait faire au mouvement de ſes paſſions, qu'il fait paroître la piété & le courage de ſon Héros ; & ceux qui l'accuſent de l'avoir fait trop indifférent & trop froid à l'amour, ne ſongent peut-être pas qu'ils relevent infiniment le mérite de ce Poëte Païen, au-deſſus de tous nos Poëtes & nos Auteurs de Romans, qui faiſant profeſſion de Chriſtianiſme n'ont pourtant pas fait ſcrupule de donner à leurs Heros l'amour déreglé pour principal & unique Caractere ; & qui bien loin de les repreſenter comme victorieux de cette paſſion honteuſe, ſemblent avoir voulu faire conſiſter tout leur courage & toute leur vertu dans leur chûte & dans leur eſclavage.

Virgile n'a point crû comme eux qu'il y eût plus de gloire à céder à ſes paſſions qu'à les combattre, il a jugé au contraire que la principale marque de la vertu étoit de les vaincre ; & comme l'amour eſt la plus indomptable, il a voulu nous perſuader qu'en la faiſant dompter à Enée, il lui donnoit la plus grande marque de vertu qu'il pouvoit trouver. Mr de Segrais qui fait toutes ces belles rélfiéxions, avouë néanmoins qu'Enée pouvoit quitter Didon avec moins de bruſquerie & plus de tendreſſe ; & que Virgile, ſans le faire déſobéïr aux Dieux, pouvoit marquer un peu davantage la violence & l'agitation de ſon amour dans les diſcours qu'il lui fait faire. Mais Virgile en a fait aſſés d'avoir marqué qu'Enée n'étoit pas inſenſible à cette paſſion, & d'avoir fait voir que ce Nouveau Marié ne pût ſe ſéparer d'elle ſans ſentir les atteintes des ſoucis & des autres effets de cette paſſion (2), mais qu'il ne put ſe diſpenſer d'obéïr à Dieu *qui le rendoit ſourd aux plaintes & aux inſtances de Didon ; & aux deſtins qui le forçoient de la quitter.* De ſorte que ſi Virgile en avoit uſé autrement, il auroit peut-être démenti ce premier Caractere de piété qui n'étoit pas compatible avec celui de l'amour en cette occaſion.

1 Segr. Pref. nomb. 5. pag. 8. 9. & plus au long nomb. 17. pag. 35. 36. & ſuiv.
2 Virgil. lib. 4. Æneidos ait ;

*Curam ſub corde premebat*

*Multa gemens, magnoque animum labefactus amore.*
Et ſuprà.
*Fata obſtant placidaſque viri Deus obſtruit aures.*

POETES LATINS. 89

Virgile.

Les larmes que quelques Critiques blâment tant dans le Caractere de ce Heros, pourroient encore servir de réponse à l'objection de son insensibilité prétenduë ; & comme elles sont louables & judicieuses par tout où on les lui fait répandre, à l'éxemple des plus grands hommes de la terre, elles se défendent assés par elles-mêmes. On peut pourtant conjecturer comme font quelques-uns de nos Commentateurs (1), que si Auguste avoit été moins tendre & moins sujet aux larmes, Virgile auroit fait son Heros un peu moins pleureur.

L'inhumanité que les autres ont prétendu trouver dans ce Heros, se peut excuser ou par la piété envers les morts, ou par le droit de conquête, ou par la nécessité des affaires (2). C'est ce qu'on peut voir dans l'Art Poëtique de Peletier, & particuliérement dans les défenses du P. Gallucci, qui en plusieurs endroits semble avoir plutôt voulu faire voir son érudition que la nécessité de répondre à des accusations, dont plusieurs, à dire le vrai, sont fort frivoles & fort impuissantes pour nous faire perdre quelque chose de la bonne opinion que nous avons des perfections du Heros de l'Eneïde.

LES AUTRES personnages de ce Poëme, ont mérité aussi que les Critiques fissent quelques réfléxions sur le Caractere que Virgile leur a donné. Didon est sans doute le premier de ces personnages que le Poëte nous presente après son Heros, & c'est le plus considérable de la premiere partie de l'Eneïde, puisque c'est elle qui en fait le nœud. Comme il vouloit marquer en elle le Caractere des Cartaginois & les inimitiés de Cartage avec Rome, il la rend passionnée, hardie, entreprenante, ambitieuse, violente, de mauvaise foi; & toutes ces qualités, dit le Pere le Bossù (3), sont maniées par la Ruse qui en est l'ame & le caractere. Ainsi il n'a eu aucun égard aux qualités effectives que l'Histoire nous marque dans la véritable Didon. Cette Ruse regne dans toutes ses actions. Ce Caractere est pourtant mauvais & odieux, mais Virgile étoit obligé de le rendre tel par le fond de sa Fable. On peut dire néanmoins que dans la liberté qu'elle lui a laissée, il a eu soin de donner à ce Caractere tous les adoucissemens propres à son sujet, & de le relever par toutes les beautés dont il l'a trouvé capable. Car il ne lui fait

---

1 Servius in Virgil. comm. Taubman. & alii passim.
2 Jacq. Peletier Art Poëtiq. livre 1. chap. 5. de l'Imitation. Tarquin. Gallutius Vindic. Virgil. in lib. 1. pag. 53. 54. & seqq.
3 Seconde partie du Poëme Epique livre 4. ch. 10. pag. 91. 92.

Tome IV.

M

exercer ses Ruses que sur d'illustres sujets, il lui donne des qualités vraiment royales. Elle est magnifique, elle est bien-faisante, & elle a beaucoup d'estime pour la vertu.

Jamais Poëte n'a trouvé dans ses fictions un si beau champ à son industrie, que celui que Virgile s'est donné dans le systeme de sa Didon pour former le Caractere d'une République ennemie de la Republique Romaine. C'est sans doute ce qui a fait dire au P. Rapin (1), que le bel endroit de Virgile & son véritable chef-d'œuvre, est la passion de Didon. Jamais l'eloquence, dit ce Pere, n'a mis en œuvre tout ce qu'elle a d'artifice & d'ornemens avec plus d'esprit, ni avec plus de succès. Tous les degrés de cette passion, tous les redoublemens de cette affection naissante, & cette grande fragilité y sont développés d'une maniére qui donne de l'admiration aux plus habiles. Il ajoute que tout est tendre, délicat, passionné dans la description de cette avanture, & que jamais il ne se verra rien de plus achevé.

Ce même Auteur pour soutenir l'honneur de Virgile, s'est fait aussi un devoir de répondre au grand reproche qu'on fait à ce Poëte, d'avoir déshonoré cette Princesse en lui donnant tant de passion contre son propre caractere. Il prétend que cette conduite-même est un artifice des plus délicats & des plus fins de Virgile, lequel, afin de donner du mépris pour une Nation qui devoit être un jour si odieuse aux Romains, ne crût pas devoir souffrir de la vertu dans celle qui en fut la fondatrice; croyant pouvoir en toute sûreté la sacrifier, pour mieux flater ceux de son pays.

Il est inutile de parcourir tous les autres personnages à qui Virgile s'est étudié de donner des Mœurs & de former un Caractere. On peut dire en général qu'il y a fait une peinture admirable du genre humain, qu'il y a marqué les différentes inclinations des séxes, des âges & des conditions (2), avec une sagesse & une prudence qui ne s'est jamais démentie, & il est aisé de voir que c'est sur sa conduite plus que sur celle d'Homere que le Pere le Bossu a tiré les plus belles réflexions du quatriéme Livre de son Traité sur le Poëme Epique.

ON PEUT assurer que Virgile n'a pas été moins heureux à exprimer les Mœurs & le Caractere de ses Dieux, que les Maîtres de l'Art appellent *Machines*, & il paroît assés qu'il a connu la nature &

---

1 R. Rap. C. d'H. & Virg. chap. 13. pag. 51. edit. in 4°.
2 Horatius lib. 2. Epistol. 1. hæc habet.

*Dilecti tibi Virgilius Variusque Poëtæ*
*Nec magis expressi vultus per ahenea signa*
*Quam per Vatis opus mores animique virorum &c.*

## POETES LATINS.

les fonctions de ses Dieux aussi parfaitement qu'aucun homme de sa Religion. Il en parle avec un respect dont on voit bien qu'il a voulu communiquer les sentimens à ses Lecteurs, il n'employe leur ministere que dans les affaires d'importance, en quoi sa discrétion est allée beaucoup plus loin que celle des Poëtes d'avant lui. En un mot il a ménagé ses Dieux comme s'il eût voulu nous marquer le Caractere de la Divinité par la distance de leur Nature d'avec la nôtre; & selon la remarque du Pere Rapin, il a religieusement observé le conseil qu'Horace a donné depuis dans sa Poëtique, qu'il est bon que *les Dieux ne paroissent que dans les difficultés qui ont besoin de leur présence & de leur assistance.* (1)

Un Auteur de ce tems a prétendu néanmoins que ce Poëte donne une méchante idée de la Divinité dans le tableau qu'il fait de Junon. Il semble que le Caractere qu'il nous en donne ne soit qu'un mélange de colere, d'ambition, d'impuissance, de foiblesse, d'indiscrétion & d'indécence; & qu'il ait voulu nous persuader que cette Déesse ne savoit point l'avenir, qu'elle n'avoit pû retenir ses passions, & qu'elle n'avoit remporté que la honte de son entreprise (2).

Mais si nous voulons suivre la pensée de ceux qui estiment que Virgile est tout mysterieux, nous n'aurons pas de peine à nous imaginer que le Caractere qu'il donne à Junon, n'est pas formé au hazard. On voit agir quatre Divinités plus particuliérement que les autres dans tout le Poëme de l'Eneïde (3). C'est Jupiter, avec le Destin, Junon, & Venus, qui representent la Nature divine séparée en quatre personnes, comme en autant de differens attributs. 1°. Jupiter y est marqué comme la Puissance de Dieu. 2°. Le Destin y est representé comme sa Volonté absoluë à laquelle sa Puissance-même est soumise, parce que Dieu ne fait jamais que ce qu'il veut. 3°. Venus est la Miséricorde Divine, & l'Amour que Dieu a pour les hommes vertueux, qui ne lui permet pas de les oublier dans les maux qu'ils souffrent. 4°. Junon est sa Justice; elle punit jusqu'aux moindres fautes, elle n'épargne pas les plus gens de bien, qui n'étant pas sans quelques défauts, en sont féverement punis en cette vie, pour devenir plus parfaits & plus dignes du Ciel.

---

1 Rapin comme ci-dessus chap. 6. pag. 28.

Horat. de Art. Poëtica.
*Nec Deus intersit nisi dignus vindice nodus Inciderit.*

2 Gueret de la Guerre des Auteurs pag. 65.

3 Le Bossu livre 5. des Machines chap. 1. & suivans pag. 144. &c.

## §. 6.

### *Des Sentimens & de la Morale de Virgile.*

Après avoir parlé des mœurs & des caracteres que Virgile a donnés aux Hommes & aux Dieux, il est juste de dire quelque chose de ce que les Critiques ont pensé des propres mœurs de ce Poëte, ou plutôt de ses *Sentimens*, qui n'ont été effectivement que les expressions de ses mœurs.

Nous avons déja vû plus haut qu'il n'est pas aisé de deviner quel peut avoir été le panchant & la passion particuliére de Virgile; & quoique l'Histoire nous apprenne qu'il avoit vécu dans quelques déreglemens, & qu'il avoit entretenu de méchantes habitudes, il n'est pas hors d'apparence qu'il en ait voulu éteindre la mémoire, puisqu'on n'en trouve aucune marque dans ses écrits. (1) C'est une discrétion dont la Posterité Chrétienne ne sauroit assés le remercier; & si tous les autres Poëtes avoient eu autant de sagesse pour dissimuler dans leurs vers les passions scandaleuses dont ils étoient esclaves, les siécles suivans, & principalement ces deux derniers ne nous auroient point tant produit de Poëtes lascifs que l'éxemple de ces Anciens a gâtés, & nous ne serions pas obligés de recourir au scrupule & à la précaution pour lire ou faire lire les Ouvrages des uns & des autres.

Il faut avouer que c'est éxiger des Auteurs quelque chose de bien difficile, que de vouloir qu'ils dissimulent leurs sentimens & qu'ils cachent leurs passions. On ne voit presque point d'Ecrivains, dit Mr de Segrais (2), qui ne fassent paroître leur humeur & leur inclination particuliére dans leurs Ouvrages, & qui n'y laissent quelques traits de leur caractere, quelque soin qu'ils puissent prendre de les déguiser. C'est pourtant ce qu'on cherche dans Virgile, & c'est ce qu'on n'y trouve pas, parce qu'il a gardé toujours beaucoup d'uniformité dans les beaux éxemples qu'il propose à ses Lecteurs en toutes rencontres. Il est aisé de juger qu'il a pris à tâche de ne nous faire voir que des actions de civilité, de probité, de justice & d'honnêteté, lorsqu'il a voulu nous présenter quelque éxemple à suivre, & de nous inspirer de l'aversion pour le vice, lorsqu'il s'est crû obligé de parler des défauts ou des méchantes actions des autres. De sorte que plusieurs ont avoué qu'ils n'avoient jamais lû

---

1 Horsmis dans quelques Eglogues, selon quelques-uns.   2 J. R. de Segrais préf. nomb. 13. pag. 22. 23.

cet Ouvrage fans y avoir trouvé fujet de devenir meilleurs, pré- Virgile?
tendant que fa lecture eft auffi profitable que les préceptes des plus
fages d'entre les Philofophes.

On n'y remarque rien qui ne témoigne partir d'un efprit très-bien
fait & très-noble, d'un homme prudent & moderé, d'un courage
libre, ennemi de la baffe flaterie & de la fervitude, d'un cœur tendre
& bon ; & fur tout d'un vrai Philofophe qui eft fans oftentation, &
fans affectation (1).

On y trouve les plus beaux fentimens que la Théologie des
Platoniciens & la Morale des Stoïciens ayent jamais pû infpirer à
un homme vivant hors de la véritable Religion. C'eft ce que le P.
Thomaffin a fait voir en nous montrant la méthode d'étudier &
d'enfeigner Chrétiennement les Poëtes.

Il prétend que (2) dans le premier Livre de l'Eneïde, on apprend
que tout ce qui femble ne venir que des caufes naturelles, comme
les vents, les tempêtes, le calme, eft pourtant la matiére du gouvernement & de la direction des Anges marqués par les Divinités
inférieures à Jupiter, fous le bon plaifir de Dieu : Et que ce qui
paroît ne venir que de notre volonté libre, comme les amitiés, les
inimitiés, les craintes, les confiances, les averfions & les complai-
fances, font néanmoins ménagées (3) par les Anges fous les ordres
& pour les fins de la Providence Divine.

Dans le fecond on voit, felon ce même Pere, que tous les degrés
de lumiere & de fageffe nous viennent du Ciel. Dans le troifiéme,
que bien que Dieu foit notre guide, & que nous arrivions enfin au
lieu où il nous deftine, c'eft par des routes bien interrompuës &
bien traverfées, afin d'exercer notre patience & notre obéïffance.

Dans le quatriéme, on voit la naiffance & la victoire d'une
paffion violente. On y voit les déguifemens & les artifices dont on
ufe pour fe tromper ; enfin on y voit comme on a recours aux facrifices & à la Religion, en apparence pour guérir, mais dans le
fonds pour autorifer fa paffion, comme les plus vertueux & les plus
attachés aux ordres du Ciel s'endorment quelquefois, & ont befoin
que Dieu les réveille & rompe leurs liens.

Dans le cinquiéme, on voit la conduite d'un homme de bien qui
joint toujours des facrifices à la joie & aux faveurs qui lui arrivent,
& qui cherche fa confolation dans la priére, lorfqu'il tombe dans

1 J. R. de Segrais préf. nomb. 13. pag.
22. 23.
2 Louis Thomaffin de la Méthode d'é-
tudier & d'enfeigner chrétiennement part.
1 livre 2. chap. 8. pag. 411. 412. & fuiv.
3 ¶ Il faloit dire : *eft néanmoins ménagé.*

quelque difgrace & quelque adverfité. Dans le fixiéme, on trouve une Théologie pleine de grands fentimens pour la Divinité, & on y voit auffi ceux que Virgile avoit pour la juftice. Les autres Livres de l'Eneïde ne font pas moins remplis de ces fentimens de Religion & d'équité naturelle, qu'on peut voir dans les Réfléxions du Pere Thomaffin; & je veux croire, fans trop éxaminer les intentions de Virgile, qu'il n'eft difficile de trouver tous ces beaux fentimens dans fon Poëme, qu'à ceux qui auroient la malice d'y chercher autre chofe.

Mais il eft bien difficile de fe perfuader fur la foi de Chriftophle Landin (1), qu'il n'y a pas dans tout Virgile un feul endroit, pas une feule penfée, pas même un feul mot qui ne renferme de grands enfeignemens & les plus belles maximes de la fageffe. C'eft ce qu'il a tâché de faire voir dans un Ouvrage entier que Piftorius a publié fous le titre d'Allegories Platoniques fur l'Eneïde. Mais le P. Gallucci eftime avec raifon qu'il a perdu fa peine.

§. 7

*Du ftyle & de l'expreffion de Virgile.*

Les Critiques ne fe contentent pas de dire que le ftyle de Virgile eft magnifique, égal & poli; qu'il a de la pureté & de l'élegance; qu'il a pris un foin particulier de fuir les expreffions profaïques; que fa verification eft nette, facile, naïve, & douce dans fa plus grande pompe; mais ils prétendent qu'il poffede ces excellentes qualités à un point où nul autre n'a jamais pû atteindre (2).

La plupart des Auteurs anciens, autant ceux de l'Eglife que les Ecrivains profanes, fe font contentés d'admirer dans Virgile cette éloquence Romaine, dont il a été confidéré comme le Pere par les uns, & dont les autres n'ont pas crû pouvoir mieux marquer la grandeur, qu'en oubliant la qualité de Poëte pour lui donner celle de grand Orateur (3). Mais il y en a peu qui en ayent parlé avec

---

2 Chriftoph. Land. Alleg. Platonic. in 12. Æneid. lib. apud Gallutium in Oratione tertia de Contextu Allegorico Virgil.

¶ Chriftophle Landin a répandu fes allégories dans fes Commentaires fur les œuvres de Virgile, imprimés avec ceux de Servius à Venife in-4°. l'an 1510. Il a de plus compofé un ouvrage imprimé *in-fol.* à Strafbourg l'an 1508. qui a pour titre *Difputationes Camaldulenfes* en 4. livres dont les deux derniers font encore remplis de fes allégories fur Virgile. Floridus Sabinus dans fon Apologie contre les calomniateurs de la langue Latine, & l. 2. de fes *Lectiones fucceffivæ* c. 14. l'a tourné amplement là-deffus en ridicule. ¶

2 J. R. de Segr. nomb. 14. pag. 23. de la Préf. fur la trad. de l'Eneïde.

3 Quintilian. Inftitut. Orator. lib. 10. cap. 1. & alibi.

Auctor Dialog. de corrupt. L. L. five Quintiliani five alterius fit fœtus. Senecæ Pater & Fil. & apud SS. Patres, D. Hieronymus, D. Auguftinus, &c. quos adfert in Oratione prima de Virgilio Tarq. Gallut.

tant d'étenduë qu'Aulu-Gelle, qui n'en a pourtant dit que fort peu Virgile, de choses en comparaison de Macrobe. Ce dernier estime que Virgile est le plus fort & le plus puissant de tous les Orateurs (1). Il dit même qu'il y a des Auteurs considérables qui pretendent que ce Poëte a passé Ciceron dans l'éloquence & dans l'artifice du discours. Mais ce jugement a passé dans la posterité pour le fruit de la tendresse de quelques Critiques passionnés pour Virgile. Ces Auteurs (2), au rapport du même Macrobe, disoient que ce Poëte avoit rassemblé en lui-même toutes les qualités que les plus célébres Orateurs avoient comme partagées entre eux; qu'il a l'abondance & la force de Ciceron, la breveté de Salluste, la sobrieté & la fermeté de Fronton, la douceur & les ornemens du jeune Pline & de Symmaque. Mais l'éloge de Virgile ne seroit point accompli, si ces Auteurs s'étoient contentés de dire que ce Poëte avoit renfermé dans son Poëme tous les quatre genres d'éloquence qui composent l'Art Oratoire, & qu'il avoit possedé toutes les excellentes qualités des plus célébres Orateurs qui ont excellé dans quelqu'un de ces genres, sans ajouter en même tems qu'il n'avoit point eu part à leurs défauts. Aussi le même Macrobe nous fait-il assés connoître que c'étoit sa pensée; de sorte qu'il faudroit dire, selon lui, que Virgile n'a rien des emportemens & des longueurs de Ciceron, ni rien de l'obscurité de Salluste, ni rien de la sécheresse de Fronton, ni rien enfin de la mollesse efféminée (3) & des superfluités de Pline & de Symmaque (4). C'est pourquoi on a moins lieu de s'étonner que ce même Auteur ait crû que Virgile ne peut être entendu ni expliqué que par un savant Orateur, ou par un Critique qui sache non seulement la Grammaire, mais aussi l'Art Oratoire; & qu'il ait jugé que cela ne suffit pas encore, à moins qu'on ne soit extrémement pénétrant pour pouvoir découvrir toutes les profondeurs de la Philosophie & de la Sagesse humaine qu'il y a renfermée.

Voila ce que les anciens Critiques ont dit de plus important sur le style de Virgile. Les Modernes n'en ont pas jugé moins avantageusement. Jules Scaliger qui s'est fait une espéce de nécessité & un

1 Macrob. Saturnal. lib. 5. chap. 1. pag. 350. 351. M.
Vid. & Tarq. Gallut. Oratione prima de Virgilii Allegoria pag. 210. 211.
Idem Gallut. ead. Orat. pag. 218.
2 Eusebe, &c.
¶ Cet Eusébe est un des personnages qu'introduit Macrobe dans ses Saturnales. *b*
3 ¶ Reconnoit-on bien dans cette *mollesse efféminée*, & dans ces *superfluités*, le *pingue & floridum* qu'attribuë Macrobe à ces deux Auteurs. *b*
4 Ce Symmaque étoit contemporain de Macrobe.

Virgile. mérite de nous montrer que tout est admirable dans Virgile, a voulu nous faire admirer la force & l'énergie de son style, qu'il appelle une efficace qui emporte son Lecteur par tout ou il plaît au Poëte, & qui lui rend toutes choses présentes & sensibles (1). C'est aussi le jugement qu'en a fait Mr Borrichius (2), lorsqu'il a dit que le principal talent de Virgile consiste à employer des expressions qui égalent les choses qu'il represente, & à faire de véritables Spectateurs, pour le dire ainsi, de ses Lecteurs qui s'imaginent s'être trouvés en personne à tous les événemens dont ils ne voient pourtant que la peinture. Et voilà le point de cette perfection auquel tous les autres Poëtes n'ont point encore pû parvenir au sentiment du même Critique.

C'est dans la même pensée que le Pere Rapin prétend que les paroles de Virgile font des choses (3), que les discours même de tendresse & de passion qui portent par tout ailleurs un caractere de legéreté, n'ont rien dans le Poëme de l'Eneïde qui soit vain, rien qui soit chimérique, mais que tout y est fondé. Le même Critique pour nous faire mieux considérer le prix du style & de l'expression de Virgile, nous avoit déja fait connoître qu'il n'y a rien qui n'y soit nécessaire. Il passe, dit-il, legérement sur ses matières comme un voyageur pressé, sans s'y arrêter. Il coupe & il tranche généreusement tous les discours superflus pour ne retenir précisément que les nécessaires. C'est en quoi consiste l'excellence d'un Ouvrage qui n'est jamais plus parfait que lorsqu'on n'y peut rien retrancher : Et c'est aussi dans cette circonspection & dans cette admirable retenuë que consiste le mérite de l'expression & du style de Virgile, en quoi ce Pere est entiérement d'accord avec Jules Scaliger (4).

Mr de Segrais juge (5) qu'il a parfaitement allié deux qualités qu'il est très-rare de rencontrer ensemble, c'est la clarté & la breveté qu'il est fort difficile de trouver inséparables dans aucun autre Poëte, & dans Homere-même. Car effectivement il n'y a point de beauté dans l'Iliade ou dans l'Odyssée qui ne soient dans les douze Livres de l'Eneïde, quoique ces deux Poëmes soient de vingt-quatre Livres chacun. Il en a touché les plus belles descriptions, les plus riches comparaisons, & perfectionné les inventions les plus heu-

---

1 Jul. Scaliger Poëtic. lib. 3. seu Ideæ cap. 26. de efficacia pag. 294. 295. & seqq.

2 Olaüs Borrichius Dissertation. de Poët. Lat. pag. 48. 49.

3 Ren. Rapin Compar. d'Homere & Virgile chap. 13. pag. 50. & chap. 11. pag. 41. 42.

4 Jul. Cæf. Scaliger Poëtices lib. 5. chap. 2.

5 J. R. de Segrais nombre 11. & 12. pag. 19. 20. 21.

reuses

## POETES LATINS.

reufes. Outre cela il a compris toute l'Antiquité de l'Italie, toute la Religion & toutes les Mœurs des Anciens. Il n'a oublié aucun des grands Perfonnages de l'Hiftoire Romaine, ni aucun de leurs plus célébres exploits; & les louanges de fon Prince y font fi amplement touchées, qu'il eft impoffible de comprendre comme il a pû ramaffer tant de richeffes, & renfermer un fi vafte fujet en moins de dix mille vers. Cette précipitation & cette impatience qu'il fait paroître pour arriver à la fin, eft une des plus grandes marques d'un efprit profondément favant, parce que les plus grands hommes font ordinairement ceux qui aiment moins à parler, & qu'il n'y a point au contraire de plus grands parleurs que les Demi-Savans, qui appréhendent toujours de perdre l'occafion de dire ce peu qu'ils favent.

Ce défaut, dit le même Auteur, ne fe trouve point dans Virgile; il eft fi affuré de fa richeffe; que ne difant que peu de chofes, il ne craint point de paffer pour ftérile, parce qu'il n'oublie rien de ce qu'il y a de principal & de plus beau fur chaque fujet. Il fe contente feulement, dit Voffius (1), d'employer des termes grands & nobles, lorfqu'il veut relever une matiére qui eft baffe d'elle-même.

Il faut avouer néanmoins qu'il fe trouve des chofes qu'il a touchées deux fois par la néceffité de fon récit, mais c'eft d'une maniére fi différente qu'on ne peut pas raifonnablement l'accufer pour cela d'avoir dit deux fois la même chofe. Il fait regner fa difcrétion par tout, & il évite foigneufement tout ce qui pourroit troubler le plaifir de fon Lecteur. On peut dire qu'il n'y a point un vers qui ne foit un effet de fon jugement exquis; & parmi ce beau feu qui l'emporte, on ne peut pas dire que la régle & la juftefle l'ayent jamais abandonné. (2)

Je n'aurois pas omis en cet endroit le fentiment de Mr de Chanterefne touchant la beauté de l'expreffion de Virgile, fi je ne l'avois déja rapporté parmi les jugemens qu'on a faits fur Terence, à caufe qu'il y a joint ces deux Auteurs enfemble, & j'aime mieux prier le Lecteur de vouloir le chercher en cet endroit plutôt que de le répéter ici. Mais j'aurois bien plus de fujet d'omettre le jugement que Victorius a fait du ftyle du Poëte, fi cet Auteur n'avoit acquis de fon tems la réputation d'être le premier des Critiques de l'Italie. Ce Cenfeur accufe Virgile de prendre des mots les uns pour les autres,

---

1 Gerard. Joan. Voffius Inftitution. Poët. lib. 3. pag 26. Vid. & lib. 1. ejufd. operis pag. 2. 3. & alibi paffim.

¶ Voffius ne dit rien de tel dans les endroits cités.

2 Segrais au lieu rapporté.

Tome IV.

Virgile. & d'être moins pur & moins Latin que Lucrece (1). C'eſt aller, ce me ſemble, contre la preſcription de dix-ſept cens ans, durant leſquels on peut dire que le ſtyle de Virgile a toujours poſſedé la même gloire qu'on lui donne aujourd'hui.

Au reſte quoiqu'il n'y ait rien dans Virgile qui ne ſoit excellent, il ſemble pourtant que ceux qui ſeroient obligés de faire un choix entre les douze Livres de cet admirable Poëme, pourroient préférer le premier, le quatriéme, & le ſixiéme aux neuf autres. Le premier (2) eſt le plus travaillé & le plus achevé pour la verſification, & il n'y en a point de plus châtié: le quatriéme contient la matiére la plus agréable; & le ſixiéme eſt le plus docte. En effet on tient que Virgile montroit ces trois Livres plus volontiers que les autres: le quatriéme comme celui qui pouvoit plaire davantage aux Perſonnes de la Cour, & le ſixiéme comme celui où la Nobleſſe Romaine étoit la plus intereſſée, ſurquoi on peut voir Mr de Segrais dans ſes remarques ſur l'Eneïde.

Virgile au rapport de Macrobe (3), a pris le ſecond Livre de ſon Poëme d'un ancien Poëte nommé Piſandre, qu'il n'a preſque fait que tranſcrire de ſuite. L'on pretend auſſi qu'il a pris le quatriéme preſque entier du Poëme des Argonautes, fait par Apollonius de Rhode, qu'il n'a fait que changer les Amours de Medée pour Jaſon, en ceux de Didon pour Enée (4); mais il a tellement annobli les vers de ſa traduction, que cette copie eſt beaucoup au deſſus de ſon original.

Scaliger le Pere prétend néanmoins (5) qu'il n'y a rien de plus faux ni même de plus mal fondé que cette opinion qu'on a euë du quatriéme de l'Eneïde. Il n'a pû s'empêcher même de dire des injures à ceux qui l'ont debitée, & il a prétendu faire voir par la confrontation des endroits des deux Poëtes, qui ſemblent avoir quelque rapport qu'il n'y a rien de ſemblable, ni dans l'expreſſion ni dans la diſpoſition, ni même dans la matiére, ſi ce n'eſt que Didon reçut Enée comme Medée avoit reçu Jaſon.

Les autres Livres ſont pris ou imités d'Homere pour la plupart,

---

1 Petr. Victorius Commentar. in Ariſtot. & Balzac, Oeuvres diverſes pag. 266. edit. d'Hollande.

¶ C'eſt ce qu'il a déja marqué ci-deſſus article 1140.

2 Segr. pag. 41. de ſes Remarques ſur le premier livre de l'Enéïde.

3 Macrob. lib. 5. Saturnal. cap. 2.

Item ex eo Voſſius lib. 1. Inſtitut. Poëtic. cap. 7. paragr. 3. pag. 62.

4 Gallutii Oration. de Virgil. Æneïd. Voſſ. Inſt. Poët. & alii paſſim. Item Comment. in Apollon. Argonautic. &c.

5 Jul. Scaliger lib. 5. Poëtices cap. 6. pag. 637.

comme on le peut voir dans le même Macrobe, qui a employé une grande partie de ses Saturnales à nous en donner des preuves & des éxemples (1). Il y a même des Critiques, qui sans avoir égard aux obligations que Virgile avoit à Pisandre & à Apollonius, ont dit que les six premiers Livres de l'Eneïde sont imités de l'Odissée, & que les six derniers le sont de l'Iliade (2). C'est ce qui nous donne occasion de finir par une comparaison succincte de ces deux Poëtes.

## §. 8.

### Abregé de la Comparaison que les Critiques ont coutume de faire entre Homere & Virgile.

Quoique la plupart des Auteurs qui ont écrit de l'Art Poëtique, ou qui ont travaillé sur les Poëtes, ayent eu soin de faire le parallèle d'Homere & de Virgile, on peut dire qu'il n'y en a point parmi les Anciens qui ayent eu tant de distinction que Macrobe, ni parmi les Modernes qui méritent tant d'être considerés, que Jules Scaliger, Fulvius Ursinus ou Orsini, Paul Beni, le P. le Bossu le Chanoine Regulier, & le P. Rapin Jésuite.

Ce dernier dit (3) que Macrobe, Scaliger & Ursinus, n'ont éxaminé les Ouvrages de ces deux Poëtes qu'en Grammairiens pour faire leur comparaison, & qu'ils n'en ont pas bien jugé, parce qu'ils ne se sont arrêtés simplement qu'à l'exterieur & à la superficie des choses, sans se donner la peine d'en pénétrer le fonds; & que ce défaut, qui est assés général dans les Critiques, a empêché presque tous les Savans d'en porter un jugement qui soit sain & solide.

Pour ce qui est de l'ouvrage de Paul Beni, il paroît assés qu'il n'a fait la comparaison d'Homere & de Virgile, que pour mettre le Tasse en parallèle avec eux (4). Mais cet Auteur a été souvent contredit dans ses sentimens par divers autres Critiques de son Pays. (5)

On peut dire que tout le beau Traité du P. le Bossu sur le Poëme Epique, n'est presque qu'une comparaison perpetuelle, qui consiste dans une suite de réflexions judicieuses qu'il a faites sur les Ouvrages de l'un & de l'autre, pour en former des maximes qui peuvent passer pour les véritables regles de l'Art.

1 Macrob. totis quatuor vel quinque libris inter Saturnal.
2 Carol. de la Ruë in Proleg. ad Æneïd. Virgil. post Georgic.
3 Compar. d'Hom. & Virgil. pag. 11.
chap. 2.
4 ¶ Voyés l'article 1063. b
5 Vid. Augustin. Mascard. in lib. de Arte Histor. Vid. & nonnulli Academ. della Crusca, & J. Ph. Thomassin. elog.

Virgile. Mais personne n'a écrit plus régulièrement ni parlé plus juste sur cette matière que le P. Rapin, qui est peut-être le seul qui ait fait un systême achevé de cette comparaison dans le Traité qui en porte le titre. Ainsi j'ai crû ne pouvoir rien faire de plus conforme à mon dessein, ni rien de plus agréable au Public que de tirer de cet Auteur & du P. le Bossu la meilleure partie de ce que j'ai à rapporter sur ce sujet, en y joignant aussi quelques-uns des sentimens que j'ai pû trouver dans quelques autres Critiques.

Le Pere Rapin dit donc premiérement, que la préoccupation pour Homere a ébloui tous ceux qui ont prétendu à la gloire d'être savans; que ceux qui affectent la réputation d'être doctes croyent s'attirer de la considération & se faire honneur en prenant le parti d'Homere, & en lui donnant l'avantage sur Virgile, parce que cela semble avoir un air plus capable; & qu'en effet comme il faut une plus profonde érudition pour juger d'Homere que pour juger de Virgile, on pense se distinguer beaucoup du commun, en préférant le premier au second. (1)

Je pense néanmoins que ce Pere n'a voulu parler que des Critiques modernes; car selon le sentiment de Barthius (2) & d'un Ecrivain (3) anonyme de Port-Royal (4) les Anciens sans affecter trop d'érudition, étoient comme accoutumés à préferer Homere à Virgile. C'est ce qui paroît par deux Epigrammes attribuées à Alcinoüs (5), & dont je n'aurois pas osé employer l'autorité, si ces Anciens ne s'en étoient servis comme d'une régle pour former ou pour appuyer leur jugement. Dans la première de ces Epigrammes on prétendoit (6) nous persuader qu'il n'étoit pas possible de voir naître personne qui pût égaler ou imiter Homere, comme on n'avoit vû avant lui naître personne qui eût pû lui servir de Modèle. Mais quand il seroit vrai qu'Homere n'eût eu personne à suivre, ce qui n'est pas, ce seroit toujours une fausse subtilité de conclure de là qu'il ne pourroit être suivi ni être égalé de personne dans la suite des siécles. Comme si la Nature étoit moins capable de produire des

---

1 R. Rapin chap. 1. pag. 11. ut suprà.
2 Gasp. Barthius Adversarior. lib. 32. cap. 9. col. 1478. 1479.
3 ¶ P. Nicole.
4 Delect. Epigrammat. Latin. l. 6. pag. 329. apud Carol. Savreux.
5 ¶ La première de ces deux Epigrammes est rapportée sous le nom d'Alcimus, la seconde sous celui d'Alcinoüs. Elles sont apparemment l'une & l'autre d'un seul & même Auteur, soit Alcimus, soit Alcinoüs. J'opterois Alcimus. ¶
6 Cette Epigramme se trouve dans divers Recueils en ces termes.

*Mæonio Vati qui par aut proximus esset*
  *Consultus Pæan risit, & hæc cecinit:*
*Si potuit nasci quem tu sequereris, Homere,*
  *Nascetur qui te possit, Homere, sequi.*

merveilles dans la vigueur & les progrès du genre humain, que dans Virgile, ses commencemens, où l'on aura toujours sujet de compter Homere par rapport à la durée qu'il plaira à Dieu de donner au Monde.

L'autre Epigramme nous fait connoître (1) qu'on donnoit au moins le second rang à Virgile, de telle sorte néanmoins qu'on le considéroit comme étant fort près d'Homere, & dans une grande distance au dessus de tous les autres Poëtes, c'est-à-dire que ce second rang n'étoit point dans le juste milieu du premier & du troisiéme ; mais tout proche de l'un & fort loin de l'autre ; n'y ayant pas un Poëte qui pût se vanter d'être aussi près de Virgile que celui-ci l'étoit d'Homere. C'est aussi dans le même sentiment & dans les mêmes termes que Domitius Afer répondit à Quintilien, qui étant encore jeune avoit eu la curiosité de le consulter sur ce sujet, comme il nous l'apprend lui-même dans ses Ecrits. (2)

Mais Scaliger le Pere (3) suivi de la bande presque entiere de nos Critiques n'a point fait difficulté de se récrier contre le jugement de tous ces Anciens, & de le faire passer pour l'effet de leur mauvais goût. Il faut excepter Properce du nombre de ces Anciens, puisque malgré la jalousie (4) qu'il devoit avoir de la réputation de Virgile, ou si l'on veut, par un mouvement de flaterie pour le Prince plutôt que pour le Poëte, il n'a pû s'empêcher de dire en parlant de l'Eneïde (5), qu'il voyoit *paroître je ne sai quoi de plus grand que l'Iliade*. Il est donc juste de retirer aussi de la bande de ces Modernes qui ont suivi Scaliger, Carvilius ou celui qui a pris ce nom pour décharger son chagrin contre Virgile (6), Castelvetro, & quelques autres Critiques mal intentionnés, contre lesquels Guillaume Modieu en France (7), & Tarquin Gallucci en Italie ont tâché de soutenir la cause de Virgile.

---

1 Dans les Prolegomènes des éditions de Virgile, & dans les autres Recueils.

*De numero Vatum si quis seponat Homerum,*
*Proximus à primo tum Maro primus erit.*
*Et si post primum Maro seponatur Homerum,*
*Longè erit à primo quisque secundus erit.*

2 Quintilian. Institution. Orator. lib. 10. cap. 1.

3 Jul. Cæs. Scaliger Poëtices non uno in loco. Auctor anon. delect. Epigramm. R. Rap. R. le Bossu, P. Mambr. Tarq. Gallut. &c.

4 ¶ Properce étant Poëte Elegiaque de profession n'avoit pas lieu naturellement d'être jaloux de Virgile Poëte Epique. §

5 Propertius elegiar. lib. 2. eleg. ultima pag. 200. M. post medium.

*——— Actia Virgilium custodis littora Phœbi,*
*Cæsaris & fortes dicere posse rates.*
*Cedite Romani Scriptores, cedite Graii*
*Nescio quid majus nascitur Iliade.*

6 ¶ Ce Carvilius, quel qu'il soit, avoit pris ce nom, par rapport au Peintre Carbilius, auteur du livre intitulé, comme il est dit dans la vie de Virgile, *Æneidomastix*. §

7 ¶ Guillaume Modieu, quoique François, est moins connu en France, que Tarquinio Gallucci, quoiqu'Italien. §

## 1. *Comparaison de leur dessein.*

ON ne peut point refuser à Homere la gloire de l'invention au dessus de Virgile, ni celle d'avoir été son modèle pour le dessein & l'éxécution du Poëme de l'Enéïde. Mais d'un autre côté Scaliger dit (1) que Virgile a sur Homere celle d'avoir poli la matiére que l'autre avoit trouvée, & de l'avoir portée à sa perfection, non pas en ajoutant quelque chose à Homere, ou en lui donnant des ornemens; mais ce qui est singulier, en lui retranchant toutes ses superfluités, & en le renfermant dans des bornes raisonnables, en donnant à son Enéide tout le Caractére Militaire de l'Iliade, & tout le Caractére Politique de l'Odiffée.

C'a été aussi la pensée de Daniel Heinsius qui dit (2) que Virgile a fait paroître beaucoup de jugement & beaucoup de bon sens dans l'usage qu'il a fait des Ouvrages d'Homere, lorsqu'il les a réduits en méthode, & qu'il en a rejetté ce qui ne pouvoit point être au goût ni à la portée de son siécle.

Heinsius ni Scaliger n'ont point été les premiers de ce sentiment, & il paroît qu'ils ont voulu suivre celui d'un ancien Poëte inconnu, qui fait parler Virgile dans une Epigramme qui s'est conservée, & qui lui fait dire entre autres choses (3) qu'un homme qui ignoreroit ce qu'a fait Homere; n'auroit qu'à lire l'Enéïde, & se persuader qu'il auroit lû toute l'Iliade & l'Odissée entiére; que le fonds d'Homere est une vaste campagne qu'il n'a fait que parcourir, au lieu que le sien n'est qu'un petit champ, mais fort bien cultivé.

C'est ce qui a porté les défenseurs de Virgile à compter cette action parmi les autres avantages qu'il a sur Homere (4), parce qu'il a eu l'adresse de joindre ensemble tout ce qu'Homere avoit séparé & répandu dans ses deux Poëmes, & qu'il a fait de son Enée un abregé de tout ce qu'il y a de louable dans l'Achille de l'Iliade, & l'Ulysse de l'Odyssée, & de tout ce qu'il a remarqué de bon dans la plupart des grands hommes qui avoient paru dans le monde jusqu'au tems d'Auguste.

---

1 Jul. Scaliger Poëtic. lib. 5. cap. 2. & alibi etiam non semel.

2 Dan. Heinsius Epistol. ad Blyemburg. dedicat. operum Ovidii.

3 ¶ Extat in Catalect. Virgil. in hunc modum.

*Mæonium quisquis Romanus nescit Homerum,*
*Me legat, & lectum credat utrumque sibi.*
*Illius immensos miratur Græcia campos,*
*At minor est nobis, sed bene cultus ager.*

4 Gallut. in Orat. 3. de Virgil. Allegor. pag. 244. post Vindic. Virg.

## POETES LATINS.

Il est vrai dit le P. Thomassin (1), que Virgile a imité Homere & *Virgile.* l'a suivi de près, mais l'espace d'environ mille ans qui se sont écoulés entre ces deux Poëtes, avoit apporté de grands changemens, non seulement dans la police des Etats; mais aussi dans la culture des esprits, & dans la politesse des Mœurs. Les Dieux & les Héros d'Homere tenoient encore de cette humeur sauvage & presque brutale des siécles où il vivoit. Virgile au contraire se rencontra dans le siécle le plus poli & le plus éclairé de la Gentilité. La Philosophie des Stoïciens avoit éloigné, non pas des Temples & des Théâtres, mais de la plupart des plus beaux esprits les illusions des fausses Divinités : elle avoit fait connoître, au moins confusément le véritable Dieu, & elle avoit donné des idées assés justes des vices & des vertus. Virgile étoit fort versé dans les sentimens de ces Philosophes, il n'étoit donc pas possible que son Poëme n'eût quelques beautés qui manquent à ceux d'Homere.

Il faut remarquer aussi, comme a fait le P. le Bossu (2) que Virgile étoit beaucoup plus gêné qu'Homere, parce que les Romains n'avoient pas cet usage de fables & d'allegories qui étoient en vogue du tems de ces Anciens, & qui leur servoient à couvrir toutes les instructions qu'ils vouloient donner aux Peuples. Ainsi Virgile voulant renfermer les siennes sous des allegories, n'a pû se contenter d'un extérieur aussi simple qu'est celui d'Homere qui choque trop ceux qui ne le pénétrent pas, & ceux qui ignorent qu'il a parlé par figures. Il a donc tellement composé son extérieur & ses fictions, que ceux mêmes qui en demeurent-là sans y chercher autre chose, peuvent être satisfaits de ce qu'ils y trouvent.

Le P. Rapin dit (3) qu'Homere a un plan bien plus vaste que Virgile, c'est une vérité dont nous venons de voir la raison dans le P. le Bossu. Cela n'empêche pas que le P. Thomassin n'ait eu aussi raison de dire dans un autre endroit que celui qu'on vient de rapporter, que le plan de l'Enéide est beaucoup mieux concerté que celui de l'Iliade ni celui de l'Odyssée d'Homere. (4)

Le P. Rapin ajoute qu'Homere a une plus grande étenduë de Caractéres que Virgile; qu'il a les maniéres plus nobles que lui; qu'il a un air plus grand, & je ne sai quoi de plus sublime. Homere dit

---

1 Louis Thomassin de la Méthode d'étudier & d'enseigner chrétiennement les Poëtes livre 2. premiere partie chap. 7. pag. 391. nombre 1.

2 René le Bossu Traité du Poëme Epique chap. 18. & dern. du 1. livre pag. 125. 126.

3 René Rapin Comp. d'Homere & Virgile pag. 12. chap. 2.

4 L. Thomass. livre 2. chap. 8. pag. 410, après avoir fait le plan de l'Enéide.

Virgile. cet Auteur (1), peint beaucoup mieux les choses que Virgile ; ses images sont plus achevées, ses réfléxions sont plus morales & plus sententieuses ; son imagination est plus riche ; il a un esprit plus universel. Il a plus de varieté dans l'ordonnance de la Fable ; il a plus de cette impetuosité qui fait l'élévation du Génie, son expression est plus forte ; son naturel est plus heureux. Homere est Poëte par temperament, dit-il, ses vers sont plus pompeux & plus magnifiques ; ils remplissent plus agréablement l'oreille par leur nombre & par leur cadence quand on fait connoître la beauté de sa versification. Enfin il est plus naturel que Virgile, parce que toute son étude ne va qu'à cacher son art, & il ne peint rien que d'après nature.

Voilà ce que ce Pere a crû qui se pouvoit dire en général en faveur d'Homere au préjudice de Virgile ; mais il nous fait connoître que ceux qui s'en tiennent-là, ne jugent de l'un & de l'autre que superficiellement, c'est ce qui me porte à retrancher les jugemens de divers Critiques qui ne nous apprennent rien de plus que ce que nous venons de voir. (2)

1 Je suis mon Auteur plutôt que mon ordre pour ne point détacher ce qu'il dit de suite.

2 Jacq. Peletier du Mans livre 1. de l'Art Poëtique chap. 5. de l'Imitation. Gasp. Barthius in Advers. libris non semel, & alii.

### 2. *Comparaison de leur Fable.*

Quoi que Virgile soit beaucoup plus reservé & plus modeste qu'Homere dans l'art de feindre, au sentiment de Vossius & de tous les autres Critiques (1). Le P. le Bossu n'a point laissé de dire (2) que nous ne trouverons point dans la Fable de l'Enéïde cette simplicité qu'Aristote a trouvée si divine dans Homere. Mais si la Fortune de l'Empire Romain sous Auguste a envié cette gloire à son Poëte, la vaste étenduë de la matiére qu'elle lui a fournie, a donné lieu, dit-il, à des difficultés qui demandoient plus d'esprit & plus de conduite.

Comme Homere a travaillé pour les Grecs, & Virgile pour les Romains, il faut, pour bien juger de la constitution de leur Fable, considérer la différence qu'il y avoit entre ces deux nations. Les

1 Ger. Joan. Voss. Institution. Poët. lib. 11. c. 1. §. 13. pag. 10. & alii qui docent Virgilium Homeri notam reveritum quod ille Deos Deasque pugnantes, saucios, flentes &c. induxisset &c.

2 Le Bossu du Poëme Epique l. 1. c. 11. pag. 65. &c.

POETES LATINS.

Romains n'avoient point comme les Grecs cette double obligation l'une de vivre en des Etats séparés & indépendans, & l'autre de se réunir souvent ensemble contre des ennemis communs. Suivant cette réfléxion du Pere, on peut dire que Virgile avoit sur Homere l'avantage de pouvoir renfermer tous ses desseins en un seul Poëme, & que sa Fable avoit plus de rapport à celle de l'Odyssée qu'à celle de l'Iliade, puisque l'Etat Romain qu'il avoit en vuë étoit gouverné par un seul Prince. S'il avoit voulu dresser une Fable sur le même fonds qu'Homere avoit pris pour établir celle de l'Iliade, il se seroit jetté dans des inconveniens très-facheux. Mais l'Etat Romain lui fournissoit une matiére assés différente pour s'écarter des vestiges de celui qui l'avoit précédé, & pour pouvoir aspirer à la gloire d'une premiére invention.

Avec tout ce beau raisonnement, il faut convenir selon le P. Rapin (1), qu'Homere mérite la préférence sur Virgile pour l'invention, qui est une des qualités les plus essentielles au Poëte. Car on ne peut nier qu'il soit le modéle & l'original sur lequel Virgile s'est formé; quand même il n'auroit pas eu lui-même la gloire de la premiére invention, comme nous l'avons remarqué au Recueil des Poëtes Grecs. Homere a même le fonds de l'invention plus riche, quoique Virgile ait pû trouver après lui de quoi enrichir le sien de tout ce que neuf ou dix siécles avoient produit de plus beau depuis le tems de ce Poëte jusqu'à celui d'Auguste.

1 Le P. Rapin chap. 13. de sa comp. d'Hom. & Virg. & chap. 13.

---

3. *Comparaison de l'Action ou de la Matiére de leurs Poëmes.*

C'Est particuliérement dans l'Action du Poëme que Virgile semble avoir triomphé d'Homere. L'Action d'Achille, dit le P. Rapin, est pernicieuse à son pays & aux siens, comme Homere l'avouë lui-même: celle d'Enée est utile & glorieuse pour son Peuple & sa Posterité. Le motif du premier est une passion, celui du second est une vertu.

L'Action d'Achille est l'occasion de la mort de Patrocle son meilleur ami: l'Action d'Enée est l'occasion de la liberté de ses Dieux & de celle de son Pere; & elle est aussi la cause du salut des siens. L'une est héroïque, c'est-à-dire, au dessus de la vertu ordinaire de l'homme; l'autre n'est pas même raisonnable, & elle porte en soi un caractére de brutalité.

**Virgile.** L'Action d'Enée a une fin plus parfaite que celle d'Achille, parce qu'elle termine les affaires par la mort de Turnus: au lieu que celle d'Achille ne les termine point par la mort d'Hector, puisque le siége de Troye dure encore un an après. La mort d'Hector n'est point une décision des choses, ce n'est qu'un obstacle ôté à la décision. Ainsi de quelque manière que l'on regarde l'Enéïde, on trouvera que l'Action en est beaucoup plus louable & plus honnête, & la fin beaucoup plus heureuse & plus parfaite que celle de l'Iliade.

Les divers avantages que Virgile a sur Homere se rendent encore bien plus sensibles, lorsque l'on considére sérieusement combien il a fallu de conduite, d'invention, de discernement & d'esprit, pour avoir choisi un sujet qui fait descendre les Romains du sang des Dieux, & sur tout Auguste, qui regnoit dans le tems même que ce Poëte écrivoit, & qu'il flate adroitement par la promesse d'un Empire qui devoit être éternel. L'on peut assurer qu'il n'y a rien de comparable dans celui d'Homere. Car comme jamais Auteur n'a fait plus d'honneur à son pays par son Ouvrage que Virgile en a fait au sien en donnant aux Romains une origine divine & une postérité éternelle dans l'ordre des destins: on peut dire qu'Homere a deshonoré le sien d'avoir pris pour son Heros celui qui fit tant périr de Heros pour les sacrifier à son ressentiment.

Le même Auteur nous a fait remarquer ailleurs que l'Action de l'Iliade est toujours défectueuse, soit qu'on la fasse consister dans la guerre de Troye, comme quelques-uns l'ont prétendu, soit qu'on la mette dans la colere d'Achille, comme il y a plus d'apparence. L'Action de l'Odyssée n'est pas plus parfaite que celle de l'Iliade. Mais on ne trouve pas les défauts de l'une ni de l'autre dans l'Enéide. Virgile y suit toujours son dessein, l'Action y est unique & le sujet bien suivi, il va toujours au but qu'il s'est proposé, sans s'amuser à ce qui n'y a pas de rapport. Il est même plus heureux qu'Homere dans l'arrangement des matiéres & des événemens particuliers qui regardent l'ordonnance générale de son Poëme. On y trouve une juste proportion des parties, & un rapport éxact entre elles qu'on ne remarque pas si aisément dans l'Iliade. En effet, il étoit bien plus aisé à Virgile d'en user ainsi qu'à Homere, parce que comme le même Auteur l'a remarqué en deux ou trois autres endroits du même Ouvrage, Virgile étant plus borné devoit être par conséquent plus fini & plus régulier, les petits Ouvrages étant ordinairement plus achevés que les grands (1). Car après ce que nous avons dit plus

1 Le P. Rapin chap. dern. de sa comp. d'Hom. & Virg. p. 63. & ch. 6. du même Ouvrage.

haut, on doit se souvenir qu'Homere a une plus vaste étenduë des matiéres, & qu'il fait voir bien plus de pays à ses Lecteurs que Virgile : mais que son esprit l'emporte presque toujours, & qu'il n'en est souvent pas le Maître comme Virgile l'est du sien.

Virgile.

Enfin Virgile ne sort jamais de son sujet, même au milieu de ses Episodes qui font la partie la moins essentielle de l'Action. Homere au contraire en sort presque toujours par la multitude & l'attirail de ses Episodes, dans lesquels on peut dire qu'il s'abandonne sans cesse à l'emportement & à l'intempérance de son imagination.

4. *Comparaison de la Forme & de la Narration de leurs Poëmes.*

LUllus, Vossius, & quelques autres Critiques (1) estiment que Virgile est inferieur à Homere pour l'œconomie de son Poëme. Si cette œconomie n'est autre chose que l'ordonnance de la Fable, qui consiste dans la disposition & dans la suite naturelle de l'Action principale & des matiéres qui la composent, & dans l'arrangement & la convenance des Episodes avec l'Action principale, ces Critiques ne sont pas entiérement d'accord avec le Pere Rapin, qui, comme nous l'avons vû plus haut, donne l'avantage à Virgile sur Homere pour ce point.

Ce Pere ne fait point difficulté de dire encore ailleurs (2) que Virgile est plus discret & plus judicieux qu'Homere dans le mélange & le juste tempérament du Merveilleux avec le Vrai-semblable, qui n'est pas moins essentiel à la forme du Poëme que l'arrangement des Matiéres & la proportion des parties. Le Merveilleux qui consiste pour la plus grande partie dans les Machines & les Miracles, est bien plus fondé en raison & en Vrai-semblance que celui d'Homere. Les Machines y sont moins fréquentes & moins forcées. Le ménagement du ministére des Dieux est bien plus proportionné à leur rang & à leur condition.

Pour ce qui est de la durée de la Narration que j'ai crû devoir joindre ci-devant avec celle de l'Action précise du Poëme qui ne commence proprement qu'au premier départ de Sicile, il semble que Virgile n'ait pas été aussi régulier qu'Homere, si l'on veut avoir égard à la maxime de ceux de nos Critiques qui bornant cette du-

---

1 Anton. Lullus Balear. lib. 7. de Oration. cap. 5. & apud Vossium Institution. Poëticar. lib. 3. cap. 3. par. 5. pag. 10.

2 R. R. Compar. d'Hom. & Virg. chap. 6. pag. 29. & chap. dernier

**Virgile:** rée à une seule campagne ou à une année seulement, prétendent que Virgile a passé ce terme. On ne peut disconvenir qu'Homere ne soit beaucoup plus net, comme le P. le Bossu le reconnoît (1), car il a fait un Journal éxact du tems qu'il donne à chacun de ces deux Poëmes.

La pratique d'Homere, selon ce Critique, est sans doute de réduire la durée de la Narration Epique dans une campagne de peu de mois. Mais la difficulté de connoître le dessein & la pensée de Virgile, fait qu'on doute, dit-il, si l'on ne pourroit pas pousser les choses jusqu'à une année & plus, & si la saison de l'hyver doit réguliérement en être bannie. Ce Pere semble se déclarer d'abord pour Homere contre Virgile ; ou plutôt, il témoigne avoir plus d'inclination pour borner cette durée à une seule campagne qu'à une année entiere, & il s'y porte d'autant plus volontiers qu'Homere a toujours été estimé en ce point comme le plus excellent modéle des Poëtes, & que Virgile se l'est proposé en particulier comme celui qu'il vouloit suivre. Mais il se range ensuite dans le parti de ces Critiques, qui soutiennent que toute la durée de l'Eneïde est renfermée dans une seule campagne à l'exclusion de l'hyver, & qu'elle ne comprend pas plus de sept ou huit mois. Ainsi Virgile ne sera pas même au-dessous d'Homere en ce point, & la durée de sa Narration ne sera pas moins réguliere, quoiqu'elle soit moins claire & moins évidente.

1 R. le Bossu Tr. du P. Epiq. liv. 3. chap. 12. pag. 387. 388. &c.

---

§ *Comparaison des Mœurs ou Caractéres des Poëmes, & des sentimens des deux Poëtes.*

Nous pouvons commencer cette comparaison des Mœurs par le Parallèle des Heros de l'un & de l'autre, puisque le Heros est le principal Personnage & l'ame du Poëme.

Le P. Rapin appuyé de l'autorité du Tasse (1) dit que l'intention d'Homere n'a point été de donner en son Heros l'idée d'un grand Capitaine ni d'un Prince accompli, mais de montrer combien la discorde est préjudiciable dans un parti. Par cette conduite il a donné sur lui-même beaucoup d'avantage à Virgile, outre que n'ayant point d'autre idée pour la construction de son Heros que

1 Comp. d'Hom. & Virg. chap. 4. & 5. pag. 16. 17. 20. 21. &c. & Tass. Opuscul. Ital.

celle de la vertu d'Hercule, de Thesée ou de quelques autres per- Virgile: sonnes qui n'ont paru dans le tems fabuleux que par leur force & par leur courage, ce n'est pas merveille si les mœurs sont si défectueuses dans son Heros. Mais Virgile ayant eu le moyen de composer son Heros de toutes sortes de vertus morales dont il trouvoit des exemples dans l'Histoire, & des préceptes dans les Poëtes & les Philosophes venus depuis Homere, s'est acquité beaucoup mieux des obligations d'un véritable Poëte qui doit representer les hommes plutôt comme ils ont dû être que comme ils ont été en effet.

L'Achille d'Homere & l'Enée de Virgile sont braves tous deux; mais c'est la premiére & la principale qualité d'Achille, au lieu qu'elle n'est qu'une des moins considérées dans Enée, quoiqu'elle ne fût pas moins grande dans celui-ci que dans l'autre. Mais Achille rendoit cette qualité mauvaise par son emportement, sa violence, ses injustices, & par la licence qu'il donnoit à ses passions, au lieu qu'Enée honoroit cette même qualité par sa piété, son équité, sa bonté, & sa patience.

Quoiqu'Achille fût Roi & Général d'Armée, Homere ne lui donne de sa souveraineté que cette indépendance qui lui fait refuser à Agamemnon l'obéïssance qu'il lui devoit d'ailleurs. Son Achille est plus un Particulier, dit le Pere le Bossu (1), qu'il n'est Roi ou Général. Aussi ne peut-on pas dire qu'il y ait rien de tout ce qui se fait de bien ailleurs qu'où il est, qui soit dû à sa valeur ou à sa bonne conduite. Le Heros de Virgile n'est pas de même. Il ne se défait jamais de ses dignités, il agit par tout & pleinement en Général, & cette qualité met la gloire de ses armes beaucoup au-dessus de celle d'Achille. Ainsi pour rendre la comparaison juste, il faut dire qu'Achille est un vaillant Soldat, & Enée un véritable Capitaine.

Il faut considérer aussi qu'Homere, étoit beaucoup plus libre que Virgile pour choisir le Caractére de ses deux Heros. Le Pere le Bossu remarque encore ailleurs que si le Heros de l'Iliade devoit être colere, vif & inéxorable (2), la Fable de son Poëme qui éxigeoit cela nécessairement, laissoit néanmoins au choix du Poëte

---

1 Le Bossu seconde partie du Poëme Ep. livre 4. chap. 2. pag. 11, & 12. & chap. 9. pag. 87. 88. &c. & chap. 12. pag. 107. 108. &c.

2 Horat. de Arte Poët. hæc de Achillis Charactere, v. 121.

*Impiger, iracundus, inexorabilis, acer,*
*Jura neget sibi nata, nihil non arroget armis;*

des circonſtances qui pouvoient ou relever ou embellir ce Caractére, ou le rendre plus difforme & plus odieux. La qualité que la Fable de l'Odyſſée éxige de ſon Heros eſt la Prudence, parce qu'elle eſt toute pour la conduite d'un Etat & pour la Politique : néanmoins il a été libre au Poëte de déterminer & de fixer cette qualité par la diſſimulation qui eſt le caractére donné à Ulyſſe.

Mais quelque rapport qu'il pût y avoir entre le Heros de l'Odyſſée & celui de l'Eneïde, le caractére de ce dernier n'en eſt pas moins différent qu'il l'eſt de celui de l'Iliade. Virgile étoit beaucoup plus gêné qu'Homere, parce qu'il vouloit faire recevoir aux Romains une nouvelle eſpéce de gouvernement, & un nouveau Maître, & qu'il faloit que ce Maître eût toutes ſortes de bonnes qualités & point de mauvaiſes. Son Heros n'avoit que de nouveaux ſujets de même qu'Auguſte. Enée ne devoit donner à ces nouveaux ſujets que des marques de ſincérité & de franchiſe. Il ne pouvoit porter le Caractére d'Ulyſſe, puiſque la diſſimulation eſt dangereuſe à un nouveau Maître. D'un autre côté les violences d'Achille étoient entiérement oppoſées au deſſein de l'Eneïde, & le Poëte les a judicieuſement miſes dans Mezentius & dans Turnus qu'il oppoſe à ſon Heros. Il étoit donc obligé de former un Caractére oppoſé à celui-là. Ainſi on ne peut point comparer autrement les Caractéres de ces Heros qu'en diſant que celui d'Achille eſt la colere inéxorable d'un Prince vindicatif & brave ; que celui d'Ulyſſe eſt la ſage diſſimulation d'un Roi prudent & vaillant ; & que celui d'Enée eſt une piété douce mêlée de bonté, & ſoutenuë comme les autres d'une valeur & d'une fermeté de courage inébranlable.

Une des choſes les plus capables de donner de l'éclat à la comparaiſon de ces deux Poëtes eſt l'Unité du Caractére de leur Heros qu'ils ont gardée l'un & l'autre fort éxactement, quoique d'une maniére différente, Cette unité dit le P. le Boſſû, & cette ſimplicité eſt ſi éxacte & ſi uniforme qu'elle fait voir Achille, Ulyſſe, & Enée les mêmes en toutes ſortes de rencontres. Homere a diſpoſé ſes Fables de telle ſorte qu'il lui étoit aiſé de garder cette unité dans les principales parties : Virgile a fait tout le contraire. La premiére partie de ſon Eneïde eſt ſemblable à l'Action de l'Odyſſée qui a pour Caractére la froideur, la diſſimulation, & la prudence. La ſeconde eſt, comme l'Iliade dans les horreurs de la guerre qui entraînent naturellement avec elles la colere & la cruauté ; & néanmoins il a fait regner en l'une & en l'autre partie la douceur & les paſſions les plus tendres. Enée n'eſt pas moins doux ni moins pieux en tuant Laufus dans une horrible bataille, que dans les jeux qu'il Virgile fait faire en l'honneur d'Anchife. Il n'eſt pas moins modeſte quand il voit à ſes pieds ſes ennemis vaincus, que quand étant batu par la tempête & jetté ſur un bord étranger, il ſe trouve dans la néceſſité d'implorer l'aſſiſtance de Didon.

Voilà ce que les Critiques ont dit de plus important pour ſervir à la comparaiſon des Heros de nos deux Poëtes, on en pourroit dire autant de leurs autres Perſonnages à proportion des diſtances & des différences qu'ils ont miſes entre les uns & les autres : Et on pourroit juger de la diſcrétion qu'ils ont apportée dans la repreſentation des Mœurs & des Caractéres de ces Perſonnages divers, ſur la conduite qu'ils ont gardée dans celle de leurs Heros. Ainſi on n'eſt pas ſurpris d'entendre dire (1) au P. Rapin qu'Homere n'a preſque jamais égard aux bonnes mœurs, & qu'il ménage rarement les bien-ſéances : parce que la maniére dont il nous a repreſenté ſon Achille, nous porte aſſés à le croire. Il dit au contraire que Virgile eſt fort ſcrupuleux dans l'obſervation des Caractéres, qu'on trouve par tout ſon Poëme une régularité achevée pour l'honnêteté, la pudeur, la bien-ſéance des Mœurs, l'uniformité de la Morale même dans la repreſentation des choſes malhonnêtes & criminelles. Cependant cet Auteur n'a point laiſſé de donner à ces deux Poëtes une gloire égale pour leurs propres mœurs & leurs ſentimens, c'eſt-à-dire proprement pour leur Morale. C'eſt dans les Réfléxions ſur la Poëtique (2), où il dit qu'Homere & Virgile n'ont jamais dit d'ordures (3) ni d'impiétés, qu'ils ont toujours été ſévéres & vertueux comme des Philoſophes.

Quoique ce ſentiment puiſſe ſouffrir quelques difficultés, on pourroit néanmoins l'appuyer par celui du Pere le Boſſù, qui lui eſt tout-à-fait conforme (4). Ce Pere dit qu'Homere & Virgile, tout Païens qu'ils étoient, n'ont point ſouillé la majeſté de leurs Epopées, par ces délicateſſes criminelles dont nos Poëtes Chrétiens ſemblent avoir fait toutes leurs délices dans ces derniers ſiécles. Ulyſſe eſt froid chés Circé ; il eſt triſte auprès de Calypſo. Briſeïde & Chryſeïde n'enflamment Achille & Agamemnon que de colere. Dans Virgile Camille n'a point d'Amans ; à peine parle-t-on de l'amour de Turnus pour Lavinie ; & toute la paſſion de Didon n'eſt traitée

---

1 R. R. Comp. d'Hom. & Virg. chap. 7. pag. 31. 32.
2 Reflexions générales ſur la Poëtiq. I. part. Reflexion 9.
3 ¶ Voyés l'Article 1093. §. 9.
4 R. le Boſſu livre 4. part. 2. du P. Epiq. chap. 3. pag. 25. 26.

Virgile que comme une infidélité criminelle, dont cette misérable Reine est punie cruellement. Il est à remarquer aussi que Virgile n'insinuë que des affections conjugales, & qu'il a toujours eu en vûë les maximes de la tempérance.

Si ces deux excellens Poëtes ont été les modéles de tous ceux qui les ont suivis, c'est leur faire injure de vouloir autoriser par leur exemple l'infidélité de nos Poëtes modernes, qui s'arrêtent avec tant de complaisance & d'affectations à ce que les passions ont de plus honteux & de plus criminel ; qui en font les endroits de leurs Poëmes les plus touchans & les plus tendres ; & qui tournent les amours infames en des galanteries qu'un honnête homme & qu'un brave Cavalier peut mettre au rang de ses bonnes fortunes. Ce qui surprend le plus nos Directeurs & nos Prédicateurs, c'est de voir une différence si étrange entre ces deux anciens Païens d'une part, & ces Chrétiens modernes de l'autre. Quand on dit en général que ce n'est pas le moyen de faire haïr les vices, lorsqu'on n'en represente que ce qu'ils ont d'aimable & de doux, on auroit de la peine à s'imaginer que cette remontrance regarde nos Poëtes Chrétiens, & non pas Homere & Virgile. C'est néanmoins ce que nous sommes obligés d'avouer à la confusion de ceux-là, pour ne point faire d'injustice à ces deux Anciens. Et si nous pouvions dire que la bonne foi d'Homere & de Virgile, qui disoient les choses comme ils les pensoient, est un exemple à suivre pour nos Poëtes Chrétiens, nous ne pourrions nous empêcher de croire que ceux d'entre eux qui ne font voir les vices que sous de beaux masques, ne les envisagent que par ce bel endroit ; & que s'ils parlent de bonne foi, ils pensent comme ils parlent, & vivent comme ils écrivent.

Ces Poëtes modernes ne se trompent pas, lorsqu'ils prétendent que le but de la Poësie est de plaire & de dire toutes choses de la maniére la plus agréable qu'il leur est possible, & que ça a été aussi la principale intention d'Homere & de Virgile : mais j'ose dire qu'ils se trompent, lorsqu'ils se croyent obligés de préferer le goût des Lecteurs vicieux, intempérans, & libertins, à celui des Lecteurs qui ont quelques sentimens d'honnêteté & de vertu. Les Maîtres de l'Art & ceux même de l'Antiquité Païenne, nous apprennent que c'est corrompre les régles les plus essentielles de la Poësie & de la Fable ; & qu'un Art pernicieux n'est pas un Art, ou du moins qu'il n'est pas tolérable. S'il ne se trouvoit que des Lecteurs déréglés, & s'il falloit absolument qu'un Poëte fût corrompu ou se laissât cor-

rompre

rompre pour leur plaire, ce seroit une nécessité très-malheureuse, & la malediction pourroit bien tomber sur ceux qui entretiendroient cette corruption, & qui préféreroient la gloire d'être Poëtes à celle d'être Gens de bien.

Mais il faut laisser la comparaison des Modernes avec ces deux Anciens, pour reprendre celle que nous faisons des mœurs & des sentimens de ces deux-ci entre eux. Le Pere Rapin trouve (1) qu'Homere a un air plus moral & plus sentencieux que Virgile, mais qu'il est excessif dans ses Sentences: & que Virgile au contraire semble avoir affecté un air plus simple & plus uni.

Enfin on ne peut nier que ce dernier ne soit encore préferable à l'autre par la pureté des mœurs qu'il donne à ses Dieux, & par la beauté des sentimens qu'il paroît avoir eu de la Divinité. C'est dans cette pensée, sans doute, que le Pere Thomassin dit qu'on remarque non seulement plus de politesse entre les hommes & les Heros, mais aussi plus de civilité entre les Dieux de Virgile, qu'entre ceux d'Homere. Tous les autres Critiques généralement (2), ont reconnu cette grande difference entre ces deux Poëtes, en remarquant que les excès des Dieux entre eux, ou des Hommes contre les Dieux qu'on lit dans Homere, ne paroissent presque pas dans Virgile. Jupiter y est beaucoup plus respecté des autres Dieux, & on voit bien que la créance de l'unité d'un Dieu souverain étoit mieux établie au tems de Virgile. Les Champs Elysiens même & le Paradis de Virgile, dit le P. Thomassin (3), sont bien plus beaux que ceux d'Homere, l'immortalité des Ames y est encore plus clairement établie. Mais pour ce qui est de l'usage des fréquentes priéres, des sacrifices, des augures, des prodiges, des oracles, des prédictions, des songes, des apparitions des Dieux, de leurs diverses métamorphoses, de leur présence invisible, de leurs déliberations communes, & de leurs résolutions sur toutes nos affaires, il n'y a presque aucune difference entre Virgile & Homere.

Virgile.

1 R. Rap. Comp. d'Hom. & Virg. chap. 14. &c.
2 Jacques Peletier du Mans Art Poëtiq. liv. 1. chap. 5. de l'Imitation, & généra-lement tous ceux qui ont traité cette matiére.
3 L. Thomassia Méthode d'ét. & d'ens. chrétienn. les Poëtes liv. 2, ch. 8. nombr. 2. pag. 411.

## 6. Comparaison de l'expression & du style des deux Poëtes

Nous avons déja rapporté ailleurs le sentiment des Critiques, qui conviennent que l'expression qui consiste dans les paroles, est ce qu'il y a de plus accompli dans Homere, & personne ne fait difficulté de reconnoître aussi que c'est la partie dans laquelle il surpasse Virgile. C'est ce que le P. Rapin nous apprend en plusieurs endroits de la comparaison qu'il en a faite, où il ne fait point difficulté de dire qu'Homere est incomparable pour ce point, & que Virgile n'en approche pas, soit pour la beauté de l'expression & l'éclat du discours, soit pour la grandeur & la noblesse de la narration (1); sa versification est plus magnifique & plus pompeuse, sa cadence & sa mesure ont quelque chose qui scharme davantage.

Homere, dit le même Auteur, a quelque chose de plus riche & & de plus somptueux que Virgile. Il a de plus grandes vivacités, il a un tour de vers plus beau, un air de dire les choses plus brillant, un son même de paroles plus rond, plus plein, plus raisonnant, plus propre à la Poësie, & qui satisfait bien plus l'oreille, que tout ce qu'a fait Virgile. Mais il semble avoir voulu nous persuader que cet avantage vient moins de l'industrie particuliére d'Homere, que des proprietés de la Langue Grecque, qui a naturellement tous ces avantages que nous venons de marquer sur la Latine, dont le serieux, la modestie, & la gravité ne sont pas si susceptibles de ces agrémens & de ces beautés.

Cet avantage qu'Homere a sur Virgile, n'est pas comparable à ceux que ce Poëte Latin a remportés d'ailleurs sur ce Grec. On ne peut pas dire même que celui-ci soit fort entier, puisque, selon Jacques Peletier (2), & Jules Scaliger (3), Virgile n'est point tombé dans ce grand nombre de répetitions dont Homere s'est chargé si inutilement, & il a fort judicieusement évité cette superfluité d'Epithetes qui est dans Homere.

Cela n'empêche pas que le P. Rapin n'ait eu raison de dire (4),

---

1 R. Rap. Comp. chap. 13. pag. 48. & chap. 9. pag. 36. imo 35. 38. & chap. 16. pag. 62. & chap. 2. pag. 12. &c. chap. 22. &c.

2 Peletier de l'Art Poët. livre 2. chap.

5. comme dessus, & dans la Biblioth. d'Ant. du Verdier &c.

3 Jul. Scaliger Poëtices lib. 3. seu de Idea cap. 26. pag. 298. &c.

4 R. R. pag. 38. chap. 10. & 11.

qu'Homere est plus admirable que Virgile en Epithetes & en Adverbes, parce qu'il ajoute que ce sont toujours des ornemens, quoiqu'ils viennent de la richesse & de la fécondité de la Langue plutôt que du Poëte. Il ne faut pas douter que le génie different des deux Langues, n'ait beaucoup contribué à la diversité de leur caractére pour le style. Autant qu'Homere a d'inclination à parler, dit cet Auteur, autant Virgile en a-t-il à se taire; & c'est par une suite naturelle de ce sentiment qu'il avoit dit auparavant qu'Homere est plus insupportable & plus puérile dans ses descriptions.

Cela paroît assés conforme à l'idée que Jules Scaliger & Gaspar Barthius ont voulu nous donner de ces deux Poëtes, par la peinture qu'ils en ont faite en les opposant l'un à l'autre (1). Ils disent qu'Homere est semblable à une Courtisane assés belle d'elle-même, bien parée, qui parle volontiers à tout le monde, qui se donne des airs libres, qui se met en differentes postures, qui marche tantôt pompeusement, tantôt négligemment, qui croit que tout lui sied bien, qui entreprend sur toutes choses, qui ne fait scrupule de rien, qui est indiscréte; & qui n'ayant pas le goût fort fin pour la véritable beauté, se laisse ajuster par des coëffeuses mal-habiles, & se laisse charger de mille bijoux inutiles & de mille nippes ridicules. Au contraire Virgile, selon eux, ressemble à une jeune fille, simple, mais d'une pudeur délicate & d'une modestie charmante, qui ne parle jamais que fort à propos, qui prend garde à tout, qui est dans des précautions sur toutes sortes de choses, fort reglée dans ses mœurs, composée dans toutes ses démarches, uniforme dans toutes ses actions, qui contrefait la Dame de qualité, d'une taille riche, d'un port majestueux, superbement vêtuë, mais sans affectation & sans superfluité, d'une beauté achevée, ennemie du fard, qui porte sur son visage & dans les yeux des témoignages d'une chasteté éprouvée, qui ne s'avance jamais témérairement, & qui se laisse mener avec un discernement accompagné de beaucoup de lumiéres. Et Scaliger dit ailleurs, mais tout seul, qu'il y a autant de difference entre le Grand Homere & le Divin Virgile, qu'il y en a entre une crieuse de vieux chapeaux ou une folle qui court les ruës & une Dame de la premiere qualité. Mais il est bon de savoir que Scaliger étoit un peu fou de Virgile, qu'il a trouvé dans ce Poëte mille beautés imperceptibles au commun des

---

1 Poëtic. Scalig. ut suprà sed lib. 5. cap. 2. imo & cap. 3. &c. fusissimè Gasp. Bar-thius Adversarior. lib. 32. cap. 9. col. 1479. &c.

Critiques, & qu'il a crû y découvrir un grand nombre de myſteres impénétrables à ceux qui n'ont pas ſon zèle ni ſon raffinement, & à Macrobe même. Enfin dans l'éxamen qu'il fait des vers de l'un & de l'autre, Virgile a toujours le deſſus d'Homere.

Mais pour revenir de ces excès & pour conclure la comparaiſon, il faut convenir qu'ordinairement Virgile eſt ſuperieur à Homere. Mais il en faut excepter le fonds & l'étenduë de l'invention, la fécondité & la beauté de l'expreſſion, qui ſont deux choſes pour leſquelles il doit céder à Homere. On peut dire cependant, pour mettre encore quelque reſtriction à cet aveu, que Virgile l'emporte encore en divers points qui regardent ces deux parties. Car ſelon le P. Rapin (1), Virgile a l'avantage ſur Homere, premiérement pour la délicateſſe de ſon deſſein, de ſes idées, de ſes inventions, & de ſes penſées; en ſecond lieu pour tout le détail même de ſes expreſſions, qui ſont beaucoup plus ſolides & plus touchantes, & qui ſont très-propres à faire leur effet ſelon l'intention du Poëte.

Cet Auteur décide en un autre endroit qu'Homere a plus d'eſprit, & que Virgile a plus de diſcrétion & de jugement: & il n'a pas crû pouvoir mieux finir la comparaiſon, qu'en diſant qu'il aimeroit peut-être mieux avoir été Homere que Virgile, mais qu'il aimeroit auſſi beaucoup mieux avoir fait l'Eneïde que l'Iliade & l'Odyſſée.

### §. 9.
#### Des Eglogues & des Géorgiques de Virgile.

Mr de Segrais dit (2) que les Eglogues & les Géorgiques de Virgile ont été eſtimés par le ſiécle le plus éclairé & le plus délicat de toute l'Antiquité, comme les plus accomplis d'entre les Ouvrages qu'on ait jamais entrepris dans ces deux genres d'écrire.

I. Pour ce qui eſt des Eglogues, on peut dire qu'elles ne ſont pas toutes Bucoliques non plus que toutes les Idylles de Théocrite, & que ce qu'il dit dans la quatriéme au ſujet de la naiſſance de Saloninus Pollio, dans la ſixiéme touchant les connoiſſances ſublimes de Silenus, & dans la dixiéme ſur la paſſion de Gallus, eſt quelque choſe de ſuperieur à la portée des Bergers (3), c'eſt le ſentiment de

---

1 R. Rap. comme ci-deſſus pag. 50; & concluſ. pag. 63.
2 J. R. de Segrais Préf. ſur la Trad. de l'Eneïde nombr. 4. pag. 7.
3 Servius Comment. in 1. Eclog. & ex eo Voſſ. Inſtit. Poët. lib. 3. cap. 8. parag. 16. pag. 33.

## POETES LATINS.

Servius que l'on peut voir sur la premiére Eglogue.

Quoique Théocrite eût acquis une grande réputation en ce genre d'écrire parmi les Grecs, Pelletier prétend (1) que Virgile l'a surpassé de beaucoup, & le P. Rapin est aussi dans le même sentiment. Car il dit (2) que Virgile dans ses Eglogues est plus judicieux, plus éxact, & plus régulier que Théocrite, qu'il est même plus modeste par le caractére de son propre esprit & par le génie de la Langue Latine. Il ajoute qu'il a plus de bon sens, plus de force, plus de noblesse & plus de pudeur que Théocrite. Mais qu'après tout Théocrite est original, au lieu que Virgile n'est souvent que copiste.

Jules Scaliger avoit déja remarqué auparavant les mêmes avantages dans Virgile sur Théocrite, & il en avoit rapporté diverses preuves, en faisant la comparaison des vers de l'un avec ceux de l'autre (3), dans un assés long détail qui fait plaisir à lire. Il prétend que s'il y a des beautés & des graces dans le Grec de Théocrite, dont le Latin de Virgile n'a pû s'accommoder, celui-ci a substitué d'autres agrémens qui sont naturels à sa Langue, & qui ne sont pas moins beaux que tout ce que Théocrite a de plus agréable. C'est ce qu'avoit dit Agelle ou Aulu-Gelle long-tems avant Scaliger (4).

Ce dernier ajoute qu'il y a au moins quatre Eglogues qui sont originales, & qui ne doivent rien à Théocrite. Ce sont celles de Silene, de Tityre, de Pollion, & de Moëris.

II. Pour ce qui est des Géorgiques, il semble que si on s'arrêtoit au sentiment de Servius, on devroit dire que c'est l'ouvrage qui a fait le plus d'honneur à Virgile, parce qu'il a suivi Homere de fort loin dans l'Enéïde, qu'il a fort approché de Théocrite dans ses Eglogues, mais qu'il a passé de beaucoup Hesiode dans ses Géorgiques (5). Il paroît assés par tout ce que nous avons rapporté au sujet de l'Enéïde & des Eglogues, qu'on n'a point eu grand égard à cette opinion de Servius, mais il a été suivi dans le jugement qu'il a fait des Géorgiques par rapport à Hesiode. Car il n'y a rien dans tout l'ouvrage que ce Grec a composé sur les travaux & les journées des hommes qu'on puisse mettre en parallèle avec ce qu'a fait Virgile;

---

1 Jacq. Peletier du Mans de l'Art Poët. chap. 5. &c.
2 Rem. Rap. Reflex. particul. sur la Poët. Refl. 27.
3 Jul. Cæf. Scalig. Poëtices lib. 5. cap. 5. pag. 617. & seqq.
4 A. Gell. Noct. Attic. lib. 9. cap. 9. pag. 475. 476. edit. Thif. & Oifel.
5 Servius Comment. in lib. 1. Georgic. pag. 60.

**Virgile.** & si on en croit Scaliger, tous les vers d'Hesiode joints ensemble n'en valent pas un de ceux de Virgile (1).

Hesiode n'est pas le seul qui ait fourni la matiére à Virgile, il a profité aussi beaucoup de Nicandre & d'Aratus, comme les Critiques l'ont observé (2). Quoique cet Ouvrage fût dédié à Mœcenas, il n'avoit pourtant pas laissé de le finir par un long éloge qu'il avoit fait de son ami Cornelius Gallus. Mais la disgrace qui lui arriva en Egypte, jointe à la volonté d'Auguste, fit qu'il le supprima ensuite, & lui substitua la Fable d'Aristée qui tient près de la moitié du quatriéme Livre de ses Géorgiques (3), comme l'ont remarqué divers Critiques, & particuliérement le Pere de la Ruë sur la dixiéme Eglogue (4).

Nous ne disons rien de *L. VARIUS*, un des plus excellens d'entre les Poëtes de son tems, parce qu'il ne nous est rien resté de lui (5).

\* *Virgilii Opera cum Comment. Servii* in-fol. *apud Robertum Stephanum* 1532. — *Ejusdem cum Comment. Pontani*, in-fol. *Lugd.* 1603. — *Ejusd. Opera* in-fol. *è Typ. Regia* 1641. — *Ejusdem Joah. Ogilvium edit.* in-fol. *Lond.* 1662. — *Commentate in Lingua Toscana, da Giovanni Fabrini* in-fol. *Venetia* 1604. — *Ejusdem cum Comment Taubmanni* in-4°. 1618. — *Ejusdem cum Notis Variorum,* 3. vol. in-8°. *Lugd-Bat.* 1680.

1 Scalig. liv. 5. Poët. cap. 5. initio &c.
2 Freder. Taubmann. Proleg. Comment. ad Virgil. Georgic.
3 Carol. de la Ruë Soc. Jes. in not. ad argum. 10. Eclog. pag. 83. post alios Criticos, &c.
4 ¶ Le P. de la Ruë n'a pu se fonder que sur ce qu'en ont dit l'Auteur de la vie de Virgile, & avant lui, Servius sur cette diziéme Eglogue.
5 ¶ Il a bien voulu donner la moitié du 1144. article à *Quintilius* qu'il nomme *Quintilius Varus* dont il ne nous reste rien du tout. Lucius Varius excellent Poëte Epique & Tragique, loué hautement par Horace, & par Quintilien, méritoit bien un article entier, puisqu'outre le jugement avantageux qu'a rendu de sa Tragédie de Thyeste Quintilien, qui en a même cité deux demi-vers l. 3. de ses Institutions chap. 8. il nous reste quelques douze vers de son Poëme Héroïque *de morte* que Macrobe nous a conservés dans ses Saturnales, & que Virgile n'a pas dédaigné de copier.¶

## ÆMILIUS MACER

De *Verone*, du tems d'Auguste, mort en la premiere année de la 191.
Olympiade, de la fondation de Rome 738. seize ans devant
notre Epoque, trois ans après Virgile.

1149     IL nous reste quelques fragmens qui portent le nom de cet ancien Macer. Mais c'est aux Historiens plutôt qu'à ce reste de vers que nous sommes redevables de la connoissance que nous avons de ce que cet Auteur avoit fait pour continuer Homere, & sur les herbes, les oyseaux & les serpens (1). C'est pourquoi il est inutile de nous y arrêter (2).

Mais il est bon de remarquer que l'ouvrage que nous avons aujourd'hui sous le nom d'Æmilius Macer touchant *la force & la vertu des Herbes*, imprimé à Fribourg avec les Commentaires de Jean Atrocien l'an 1530. à Venise (3) en 1547. à Francfort en 1540. à Bâle en 1581. à Hambourg en 1596. est une pure supposition, quoi qu'en ayent voulu dire quelques Critiques & quelques Médecins (4), dont plusieurs voyant que le véritable Macer avoit été connu & cité par Ovide (5), & que ce prétendu Macer cite Pline, ont cru que c'étoit toujours Macer, mais qui auroit vécu du tems de Pline.

Quoiqu'il en soit Jules Scaliger dit (6) que cet Auteur que nous avons sur la vertu des herbes n'étoit point Poëte, qu'il étoit mauvais Médecin & mauvais Versificateur.

---

1 Scaliger donne la continuation d'Homere à un autre Macer contemporain, mais qui est mort depuis Ovide.
¶ Ce ne sont pas les Historiens qui ont parlé des ouvrages de Macer. Ovide a très-nettement distingué deux Poëtes de ce nom. Le premier dans la diziéme Elégie du 4. livre des Tristes. C'est celui qui mourut 32. ans avant lui, & qui déja fort avancé en age lui lut ses Poëmes des plantes, des oiseaux, & des serpens. L'autre Macer à qui le même Ovide adresse la 18. Elégie du 2. liv. des Amours, & la 10. du 2. liv. *de Ponto* est celui qui avoit entrepris la continuation d'Homere. Les Historiens n'ont fait nulle mention de ce dernier Macer, que Joseph Scaliger sur Eusèbe croit avoir survécu à Ovide. ¶

2 Voss. de Historic. Latin. lib. 1. cap. 10. & lib. de Poët. Latin, pag. 28.

3 ¶ Il ne faut pas croire que ces Commentaires d'Atrocien aient été réimprimés dans les quatre éditions ici marquées, postérieures à celle de Fribourg. Celle de Francfort qui suivit en 1540. parut avec les Commentaires de Cornarius. Il est bon touchant ce faux Macer de voir Saumaise dans la préface sur ses *Homonyma hyles iatricæ*, & Jean Albert Fabrice l. 4. de sa Biblioth. Latinæ c. 12. n. 7. ¶

4 Ap. Jo. Antonid. Vander Linden de script. Medic. & Voss. ut suprà.

5 Ovid. lib. 4. de Tristib. elegia 10. Idem lib. 2. de Ponto eleg. 10.

6 Jul. Cæs. Scaliger Hypercritic. seu lib. 6. Poëtices pag. 822.
Joseph Scaliger animadversion. in Euseb. Chronicon pag. 157.

## PROPERCE.

*Sext. Aurel. Prop.* sous Auguste, natif de *Bevagna en Ombrie*, mort après Virgile & devant Horace au sentiment de quelques - uns

1150    Nous avons de ce Poëte quatre Livres d'Elegies qui nous font connoître qu'il ne se faisoit pas grande violence pour résister à ses passions, c'est ce qui a fait dire au Pere Briet (1) qu'on doit le considérer plutôt comme un bon Poëte que comme un honnête homme.

Jules Scaliger témoigne (2) qu'il a l'air aisé, & beaucoup de naturel ; qu'il a fort bien pris le Caractére de l'Elégie. Il dit qu'il a beaucoup de netteté, quoique les Critiques ayent jugé le contraire, sous prétexte qu'il n'aime pas les choses communes, & que quelques-uns l'ont accusé d'affecter les grands mots pour soutenir ses pensées. mais cette derniére accusation ne regarde que les derniers mots des vers Pentametres qu'on commençoit alors à ne plus goûter dès qu'ils passoient deux syllabes. Aussi s'en corrigea-t-il dans la suite par la confusion (3) qu'il eut de voir Ovide & Tibulle ses amis réussir mieux que lui dans cette pratique qui étoit à la mode & au goût de ce siécle.

Le même Critique ajoute que ce qu'il y a de singulier dans Properce, c'est le mélange des Fables qu'il a employées en toutes rencontres dans ses vers, parce qu'effectivement la Fable est l'ame de la Poësie, & qu'il suivoit en cela le conseil que la célebre Corinne avoit donné à Pindare.

C'est par cet endroit que Vossius estimoit (4) que Properce a l'avantage sur Tibulle, parce que les Fables & les traits de l'Histoire même servent beaucoup à remplir & à soutenir ses Elegies. Le P. Vavasseur a fait aussi la même remarque (5), & il ajoute que l'imitation des Grecs l'a rendu plus savant. En effet il passoit pour un homme de beaucoup d'érudition parmi le grand nombre des Poëtes de son siécle.

---

1 Philipp. Brierius de Poët. Latin. præfix. Acutè dict. &c.
2 Jul. Cæf. Scaliger Poëtices Hypercritic. lib. 6. cap. 7. pag. 854.
3 ¶ Ce que Jule Scaliger a dit avec un

pent-être, Baillet le dit affirmativement. §.
4 Gerard. Joan. Vossins Institution. Poëticar. lib. 3. pag. 55.
5 Franc. Vavass. libr. de Ludicra dictione p. 187.

Barthius

POETES LATINS.

Barthius même a prétendu (1) que dans toute l'Antiquité on n'avoit point vû avant Properce un Ecrivain qui eut pour me servir de ses termes, une doctrine plus douce ni une douceur plus docte que ce Poëte. Il dit que plus on lit cet Auteur plus on se trouve engagé à l'aimer; que pourvû qu'on puisse obtenir de soi-même assés de patience pour ne point se rebuter d'abord de ce qui paroît obscur, on trouvera infailliblement dans sa lecture des beautés qui doivent être d'autant plus agréables qu'elles lui sont naturelles.

Enfin Properce, selon Joseph Scaliger (2), est un Auteur très-éloquent, & d'un style très-châtié & très-pur; & selon le P. Rapin, il a de la noblesse & de l'élévation dans ses Elégies (3). Mais avec tous ces avantages, nous n'oserions pas dire que c'est un ouvrage qui mérite d'être lû par ceux à qui les maximes du Christianisme & celles même de l'honnêteté humaine apprennent qu'on doit préférer la pureté des mœurs à celle du langage. * Voyés Art. 1152. *

1 Gaspar Barthius Adversariorum lib. 9. cap. 10. initio col. 431.
2 Joseph Scaliger, in primis Scaligeranis pag. 47.
3 Ren. Rapin Reflex. particul sur la Poëtiq. 2. part. Refl. 29.

---

## HORACE

(*Quint. Hor. Flaccus*) natif de *Venose*, qui est maintenant dans la *Basilicate* au Royaume de *Naples*. Mort à Rome la troisiéme année de la 192. Olympiade, l'an 744. de la Ville, dix ans devant notre Epoque, & six devant la Naissance de Jesus-Christ, neuf ans après Virgile, sous le Consulat de Quintus Fabius Maximus Africanus & de Julius Antonius, âgé de 50. ans, selon saint Jerome (1), ou plutôt de 57. selon tous les bons Chronologistes. C'étoit selon Scaliger l'année du Consulat de Marcius Censorinus & d'Asinius Gallus, deux ans depuis cette premiére datte, quoiqu'il prétende avec raison que Suétone a eu tort de donner cinquante-neuf ans de vie à Horace.

1151 **H**Orace a excellé en deux genres de Poësies fort différens, sçavoir le Lyrique, & le Satirique. Dans le pre-

1 ¶ Les éditions communes de la Chronique d'Eusébe traduite & augmentée par S. Jérome portent toutes qu'Horace mourut en la 57. année de son age. L'Edition de Scaliger porte que ce fut en la 50., mais quoiqu'il y ait tout au long *quinquagesimo ætatis suæ anno*, Scaliger dans ses Animadversions ne laisse pas, rapportant ce texte, de lire, sans marquer y avoir fait aucun changement, *quinquagesimo septimo*.

Tome IV.    Q

Horace. mier genre nous avons cinq Livres d'Odes; & dans le second nous avons deux Livres de Satires, deux d'Epitres, parmi lesquelles nous comprenons l'Art Poëtique dont nous avons parlé ailleurs.

Mais avant que de rapporter en particulier les jugemens divers que les principaux Critiques ont portés premiérement sur les Odes, & ensuite sur les Satires, il est bon de dire quelque chose de ce qui regarde les unes & les autres en commun, & de ce qui se peut attribuer généralement à tous ses Ouvrages pour nous faire connoître le caractére & les mœurs du Poëte, & sa maniére d'écrire, sans nous attacher à des méthodes trop scrupuleuses.

§. I.

*Jugemens généraux des maniéres & des sentimens d'Horace.*

L'Empereur Auguste au rapport de Joseph Scaliger (1), disoit qu'Horace étoit un Auteur fort correct (2) en tout ce qu'il disoit & en tout ce qu'il écrivoit, & qu'il avoit l'esprit fort juste.

Pour ce qui est de son style & de sa maniére d'écrire, Erasme a jugé (3) qu'elle n'avoit point l'air de Ciceron. Mais quoi que cela ne fût nullement nécessaire, on peut dire qu'Horace avoit assés de cette humeur agréable qu'on a remarquée dans Ciceron (4) pour dire de bons mots; & que cet air enjoué & railleur, qui a paru dans l'un & dans l'autre, étoit peut-être aussi semblable dans son principe & dans sa source qu'il a dû être différent dans ses effets, autant que le Caractére du Poëte est différent de celui de l'Orateur.

Son style a par tout autant de pureté qu'il en paroît peu dans ses mœurs (5), dont il n'a pû s'empêcher de nous faire voir la corruption, n'ayant pas même fait scrupule de vouloir la communiquer à ses Lecteurs.

Un Auteur fort connu de nos jours prétend (6) qu'il y a une ma-

---

1 Referente Jos. Scalig. in primis Scalig. pag. 91.

2 ¶ On ne trouve nulle part qu'Auguste ait dit qu'Horace étoit un Auteur fort correct. Il y a seulement lieu de juger qu'il le croyoit tel, parce qu'il en goutoit fort les ouvrages, & c'est ainsi que doit être expliqué l'endroit du *Prima Scaligerana*, où il est dit *Horatius emendatissimus auctor, ut dicebat Augustus*. Scaliger se fondoit sur ce que Suétone rapporte dans la vie d'Horace, touchant l'estime qu'Auguste faisoit des écrits de ce Poëte. *Scripta quidem ejus usque adeo probavit*, &c. ¶

3 Erasm. in Dialog. Ciceronian. p. 147. edit. Batav. in-12.

4 Macrob. in Saturnalib. post exam. lib. Virg. Æneïd.

5 Olaüs Borrich. Dissertat. de Poët. Lat. pag. 50.

6 Chanterefne Trait. de l'Educ. du Prince part. 2. §. 38. pag. 63.

lignité & un air d'impudence répandu dans ses Ouvrages, qu'il n'y a point d'homme d'honneur qui voulut lui être semblable en ce point, & que s'il a voulu donner cette idée de lui-même, il a péché contre la vraie Rhétorique aussi bien que contre la vraie Morale.

Pour ce qui est de ses sentimens, Mr Blondel témoigne (1) qu'il n'avoit pas de piété, que comme il se vantoit d'être Epicurien, il se moquoit assés ouvertement de ses Dieux, & que l'on trouve un caractére d'impiété marqué en plusieurs endroits de ses Ouvrages. Quoi qu'il parlât comme le Vulgaire, on peut dire qu'il n'en avoit ni la Religion ni la créance, & qu'il a fait assés paroître qu'il n'étoit point persuadé de l'éxistence ni du pouvoir de ses Dieux. Aussi ne leur rendoit-il pas grand culte, & il témoigne lui-même qu'il étoit fort peu attaché à leur service, & qu'il fréquentoit peu leurs Temples. C'est ce qu'il nous apprend dans quelques-unes de ses Odes (2). Et lorsqu'il a voulu nous faire croire qu'il avoit été touché de la crainte des Dieux & qu'il vouloit revenir de son impieté, il traite les causes de cette conversion prétenduë d'une maniére si bouffonne, dit Mr Blondel, qu'il n'y a personne qui ne connoisse qu'il ne parle pas comme il pense.

Mais au reste, tout le monde convient que sa Morale est admirable, & la beauté de ses sentimens l'a fait mettre au rang des plus éxcellens d'entre les disciples de Platon (3). Ses Sentences sont fréquentes, mais elles sont si nobles, si justes, & placées si à propos qu'on peut dire qu'elles font tout l'ornement de ses Ouvrages, & qu'elles sont comme l'ame de sa Poësie. On voit qu'il s'est attaché avec un soin particulier à faire les éloges de la vertu & des personnes vertueuses, & qu'il a pris plaisir d'abaisser le vice & de tourner en ridicule les personnes vicieuses. De sorte que selon Mr Blondel, on ne trouvera peut-être rien parmi les Ouvrages des Anciens qui soit plus propre que ceux d'Horace pour nous imprimer les sentimens de l'honnêteté morale. (4)

---

1 Franc. Blondel Compar. de Pindare & d'Horace pag. 28. & suivantes.
2 Horatius ipse de se ; *Parcus Deorum cultor & infrequens*, &c.
3 Louis Thomassin de la Méthode d'étudier & d'enseigner chrétien. les Poëtes liv. 1. part. 1. chap. 15. nomb. 2. pag. 196.

Le même Auteur parle de l'excellence des Satires d'Horace & de la Censure qu'il a faite des vices dans le même Ouvrage chap. 14. nomb. 5. pag. 190. 191.
4 Blondel Compar. de Pindare & d'Horace pag. 72. 73. & suivantes.

## §. 2.

### *Jugemens sur les Odes d'Horace.*

Quintilien dit (1) qu'entre tous les Lyriques Latins, il n'y a presque qu'Horace qui mérite d'être lû, qu'il a de l'élévation de tems en tems, qu'il est plein d'agrémens & de beautés, & qu'il a des figures & des expressions fort hardies, mais en même tems fort heureuses. Ce bonheur extraordinaire avec lequel Horace savoit exprimer sa pensée a été remarqué aussi par Petrone (2) qui le louë d'avoir inseré ses Sentences avec tant d'adresse dans le corps de ses piéces, que loin de paroître hors d'œuvre elles sont nécessaires & essentielles aux sujets pour lesquels il les employe.

Jules Scaliger dit (3) que toutes ses Odes ont tant d'invention & de graces, que sa diction a tant de pureté, & que ses figures ont tant de varieté & de tours nouveaux, qu'elles ne sont pas seulement à l'épreuve de la censure & du blâme des Critiques, mais qu'elles sont encore beaucoup au dessus de tous les éloges qu'on en pourroit faire, & qu'elles sont recommandables autant pour le style sublime qu'il leur a donné que pour la douceur & la simplicité qui les accompagne.

Le même Auteur avoit déja dit auparavant (4) qu'Horace est le plus éxact de tous les Ecrivains Grecs & Latins, qu'il n'y a rien de plus travaillé que ses Vers dans toute l'Antiquité, qu'ayant voulu joindre la majesté avec la belle cadence dans ses Odes il en est venu fort heureusement à bout, & que si ces deux excellentes qualités ne se trouvent point dans ses autres Ouvrages, il est aisé de voir qu'il ne les y a pas voulu employer, & qu'il n'y a pourtant rien perdu de sa réputation, puisque c'est plutôt par un effet de son jugement que de son impuissance qu'il les a voulu dépouiller de double ornement. Il a prétendu pourtant qu'Horace avoit bien des duretés; mais qu'elles sont cachées dans ses vers Lyriques sous diverses beautés comme sous de beaux habits, au lieu que n'ayant rien dans ses autres Vers qui les puisse couvrir, elles choquent le

---

1 Quintilian. Institut. Oratoriar. lib. 10. cap. 1.

2 Blondel Comp. de Pindare & d'Horace pag. 283. 284. & suivantes, à l'occasion de ces mots de Pétrone : *Horatii curiosa felicitas*, qu'il cite néanmoins dans une autre vuë.

3 Jul. Cæs. Scalig. Hypercrit. seu lib. 6. Poëtices pag. 879. cap. 7.

4 Idem in Critico seu lib. 5. Poëtic. cap. 7. pag. 659.

monde par leur difformité. Il ajoute qu'on n'a point raison de dire Horace.
qu'Horace en ces endroits ne songeoit qu'à la pureté, parce que
cette qualité n'est point incompatible avec la douceur. Mais les
Critiques d'aujourd'hui considérent ce dernier point comme le fruit
d'une imagination déréglée.

C'est pourquoi rien ne nous doit empêcher de croire avec le Pere
Briet (1) & les autres, qu'on n'a point encore vû personne de ceux
qui ont embrassé le genre Lyrique, qui ait pû joindre Horace, &
qu'on trouve dans ce qu'il a fait une délicatesse inimitable, une
netteté & une politesse de langage incomparable, avec l'idée ou la
forme de la Latinité la plus exquise.

On ne peut pas lui contester ce glorieux avantage sur tous les
Romains qui ayent jamais écrit en vers Lyriques (2), puisqu'il est le
premier & le dernier, & par conséquent le seul & l'unique de sa
langue dans tout ce grand Empire, selon le sieur Rosteau, qui semble n'avoir pas eu grand tort d'en exclure Catulle (3). Et pour ce qui
regarde les Poëtes Lyriques qui ont éclaté dans l'état le plus florissant de la Grece, je trouve la plupart des Critiques assés disposés à
les soûmettre à notre Poëte Latin.

Horace, dit Mr Godeau (4), vaut mieux tout seul que les trois
principaux Poëtes Lyriques des Grecs, qui sont Sappho, Anacreon &
Pindare. Car quelque grande que soit la délicatesse des deux premiers,
elle n'a rien au dessus de celle d'Horace; & quand celui-ci confesse
que Pindare est au dessus de toute imitation, il a voulu faire voir la
défiance où il étoit de ses propres forces, & il croyoit devoir suivre
l'opinion commune pour tâcher de gagner l'esprit de ses Lecteurs
par ce témoignage de sa modestie.

On ne peut point nier qu'il ne se le soit proposé comme un des
modéles qu'il auroit pû suivre, mais il ne s'est point borné à la mesure de ce Grec, il ne s'est point contenté de l'atteindre, en un mot
il est devenu plus habile que lui. Ses maniéres sont incomparablement plus délicates, son style est beaucoup plus poli, la structure
de ses vers plus belle & ses pensées plus raisonnables. Ce même
Auteur ajoute que toutes les richesses de la Langue Latine éblouïssent
les yeux dans ses ouvrages; que toutes les délicatesses y chatouil-

---

1 Philip. Briet lib. 2. de Poëtis Lat. pag.
22. præfix. Acutè dict. Poët.

2 ¶ Il y a, dans le 4. livre des Sylves
de Stace deux Odes, l'une Alcaïque, l'autre Sapphique, lesquelles au sentiment de
Mr Huet pag. 366. de ses Origines de Caen,
sont des chef-d'œuvres.

3 Rosteau Sentim. sur quelques Auteurs
particuliers MS. pag. 48.

4 Ant. Godeau Evêque de Vence Discours sur les Oeuvres de Malherbe.

lent les oreilles, & que nous n'avons point de source qui soit plus pure & plus abondante en même tems.

Le P. Rapin semble avoir été dans le même sentiment que ce Prélat pour la comparaison qu'on peut faire d'Horace avec les Lyriques Grecs (1). Il dit qu'Horace dans ses Odes a trouvé l'art de joindre toute la force & l'élévation de Pindare, à toute la douceur & la délicatesse d'Anacreon, pour se faire un caractére nouveau en réunissant les perfections des deux autres. Car outre qu'il avoit l'esprit naturellement agréable; il l'avoit aussi grand, solide, & élevé; de sorte qu'il faut être plus que médiocrement éclairé & pénétrant pour voir tout cet esprit dans son étenduë, & pour pouvoir découvrir toutes les graces secrettes, dont il semble avoir voulu ôter la connoissance au commun de ses Lecteurs.

Mais il n'y a personne de ces anciens Lyriques de la Grece avec qui on ait pris tant de plaisir de le comparer qu'avec Pindare. Jules Scaliger malgré son aversion qui lui donnoit un mauvais goût pour lui, reconnoît que la comparaison est juste. Il est obligé d'avouer même (2) qu'Horace est beaucoup plus exact que Pindare, que les sentences en sont plus belles & plus fréquentes; qu'il ne se donne point tant de licence; que s'il témoigne de la hardiesse, il a soin de ne point blesser le respect qu'il doit à son Lecteur, & qu'il n'est point gêné dans cet air de grandeur qu'il a donné à ses expressions pour attirer sur lui nos applaudissemens & notre admiration. Il ajoute pour achever son éloge qu'il n'y a rien de lâche ni rien de desuni dans tout ce qu'il a fait, que tout y est si serré & si naturellement lié, qu'il semble que tout soit d'une piéce. Voilà ce que ce Critique a crû pouvoir dire à l'avantage d'Horace, mais si on l'en veut croire, il a diminué le prix de toutes ces bonnes qualités par les fréquentes répétitions d'un même sujet, par quelques façons de parler qui paroissent trop dures, & par l'emploi de ses adjectifs en *osus.* (3) qu'il prétendoit mettre en usage, mais qui ne pouvoient servir qu'à dégouter & à rebuter le Lecteur.

Mr Blondel qui a entrepris de faire le Parallele d'Horace avec Pindare plus particuliérement que les autres, & qui en a fait un Traité singulier, nous apprend que le Poëte Latin ne céde point

---

1 René Rapin Reflex. particul. sur la Poëtique pag. 2. Reflex. xxx.
2 Jul. Cæs. Scalig. lib. 6. Poëtic. ut sup. pag. 879.
3 ¶ Scaliger a uniquement remarqué le fréquent usage des adjectifs en *osus* dans Horace, sans en tirer contre lui aucune mauvaise conséquence, tant parce que ces mots sont d'eux-mêmes très-Latins, que parce qu'ils ne sont employés qu'à une longue distance la plupart les uns des autres.

au Grec pour la fécondité & la sublimité de ses inventions, la richesse & la hardiesse de ses expressions, mais que la diction est plus châtiée & plus pure dans Horace que dans Pindare (1). Cet Auteur a remarqué encore dans la suite de son Traité qu'Horace a bien plus d'étenduë, de savoir & de connoissances que Pindare, qu'il a plus d'égalité, plus de douceur, plus d'enjoumens (2), & beaucoup moins de fautes. (3)

Il en est donc d'Horace comme de Virgile à l'égard des anciens Poëtes qui les ont précédé. Ils ont l'un & l'autre perfectionné ce qu'ils ont pû prendre dans ces Auteurs & qu'ils ont pû convertir à leur usage, de sorte qu'on peut dire qu'ils ont fait plus d'honneur à ces Anciens qu'ils n'en ont retiré d'utilité. On peut juger néanmoins qu'Horace a été plus scrupuleux ou plutôt plus indifférent que Virgile pour chercher à profiter des lumiéres de ces Anciens, & que loin de vouloir se rendre suspect d'avoir jamais été Plagiaire, il ne pouvoit même souffrir ceux qui faisoient profession d'imiter les autres, & traitoit ces imitateurs d'*animaux esclaves* (4). C'est pourquoi quelques-uns ont pris pour une plaisanterie de Rodomont (5) la pensée qu'a euë Scaliger le Pere de dire (6) que si nous avions tous les Ouvrages que les anciens Poëtes Grecs ont faits dans le genre Lyrique, on auroit plus de lieu de remarquer un grand nombre des larcins d'Horace.

Pour ce qui est des sentimens du Poëte dans ses Odes, on pourroit s'en instruire sur ce que j'ai déja rapporté de sa Morale en général, Lævinus Torrentius Evêque d'Anvers dit de ses Ouvrages Lyriques en particulier (7) que ce ne sont point des disputes subtiles, ni des raisonnemens trop étudiés, mais que c'est tout ce qu'on peut souhaiter d'un homme Païen très-bien instruit des maximes de la Morale, & des devoirs de la vie de l'homme; qu'on ne peut rien imaginer de mieux pensé & de mieux dit sur la maniére de mener une vie honnête, tranquile & heureuse; qu'on peut dire que c'est une Philosophie dont les préceptes sont tirés des exemples de Poëtes & d'Historiens, & du train ordinaire de la vie & de la societé civile.

1 Franc. Blondel Compar. de Pindare & d'Horace pag. 248. & suivantes.
2 ¶ *Enjoument* auroit été mieux au singulier.¶
3 Le même pag. 283. 284. &c.
4 Horat. ipse: *O Imitatores servum pecus.*
5 ¶ Il pourroit y avoir plutôt de la malignité dans cette pensée que de la rodomontade, parce qu'en nous donnant lieu de croire qu'Horace n'est pas original, on rabaisse d'autant son mérite. Voyés la 245. Epitre de Scaliger le fils.¶
6 Scalig. in Critic. seu lib. 5. Poët. c. 7. pag. 659.
7 Lævin. Torrent. præfat. commentarior. in Horat.

Et Mr Rosteau (1) estime que personne d'entre les Anciens n'a loué avec tant d'ornemens qu'il a fait dans ses Odes la Justice, la fidélité, la continence, la modestie, la patience dans la pauvreté & dans les afflictions, & le mépris de toutes les choses périssables de ce Monde : & que personne n'a blâmé davantage, ni plus agréablement persécuté les vices opposés à ces vertus.

C'est toujours grand dommage qu'une partie de tant de belles maximes n'ait pû se garantir (2) de la corruption du cœur de leur Auteur.

§. 3.

*Jugemens sur les Satires d'Horace.*

Les Romains se sont attribués tout l'honneur de la Satire sans en avoir obligation aux Grecs, de qui ils reconnoissoient avoir reçu les Arts & les Sciences. Lucilius fut le premier dans Rome qui y acquit quelque réputation. Mais Horace étant venu après lui l'effaça presque entièrement & témoigna moins d'aigreur que lui. Il est aussi beaucoup plus net & plus poli selon Quintilien (3) qui ajoute qu'Horace est admirable quand il s'agit de peindre les mœurs.

Mr Despreaux semble n'avoir pas voulu exclure l'aigreur du caractére Satirique d'Horace, & dire qu'il s'est contenté d'ajouter à celle de Lucilius ce qui pouvoit lui manquer pour la perfectionner & pour la rendre plus agréable & plus utile. (4)

*Horace à cette aigreur mêla son enjouement.*
*On ne fut plus ni fat, ni sot impunément.*

Perse qui étoit de la même profession que lui semble dire (5) que toute l'adresse & le grand art d'Horace consiste à toucher les défauts des autres d'une manière délicate, agréable, qui divertit & qui fait rire même ceux qui ont quelque part à la Satire, & à se moquer si spirituellement de ses Spectateurs ou de ses Lecteurs, qu'il les porte à se mocquer d'eux-mêmes sans s'en appercevoir.

---

1 Rosteau pag. 48. parmi ses Sentim. sur les Auteurs qu'il a lûs, v. ci-dessus.

2 ☞ Peut-être a-t-il voulu dire *n'ait pu garantir de corruption le cœur de leur Auteur.*☜

3 Blond. pag. 240. 241. de la Comp. de Pindare & d'Horace Quintil. 10. instit. 1.

4 Boil. Desp. chant 2. de l'Art Poëtique pag. 190.

5 Persius Satira 1. sic habet:

*Omne vafer vitium ridenti Flaccus Amico,*
*Tangit, & admissus circum præcordia ludit,*
*Callidus excusso Populum suspendere naso.*

Aussi

## POETES LATINS.

Aussi le P. Rapin a-t-il bien sû remarquer que la délicatesse & l'a- Horace. dresse à reprendre finement est le vrai caractére d'Horace (1). Ce n'étoit, dit-il, qu'en badinant qu'il exerçoit la censure. Car il savoit très-bien que l'enjoument d'esprit a plus d'effet que les raisons les plus fortes & les discours les plus sententieux pour rendre le vice ridicule.

Dom Lancelot dit (2) que cette maniére simple & basse en apparence, telle qu'elle paroît dans Horace est presque au delà de toute imitation ; & que ceux qui préférent les Satires de Juvenal à celles de ce Poëte, témoignent avoir peu de goût du bel air d'écrire, & ne discerner pas assés l'éloquence d'avec le stile des Déclamateurs. Une seule Fable que conte Horace, comme celle du Rat de Ville & du Rat de Campagne, celle de la Grenouille & du Bœuf, celle du Renard & de la Belette, a plus de grace que les endroits de Juvenal les plus étudiés. Il n'y a rien aussi de plus ingénieux, selon cet Auteur, que les petits Dialogues qu'il entremêle dans ses discours sans en avertir son Lecteur par des *inquam* ou des *inquit*, comme si c'étoit dans une Comédie.

Mais ce qu'il y a particuliérement d'admirable est l'image qu'il fait par tout de l'humeur des hommes, de leurs passions & de leurs folies, sans s'épargner lui-même. C'est ce qu'a remarqué aussi Mr Blondel (3) lorsqu'il dit que l'ingénuité d'Horace & l'aveu si franc & si naïf qu'il fait de ses propres défauts dans ses Satires ravissent son Lecteur aussi bien que la justesse de son sens qui régne presque par tout, & qui empêche que son caractére railleur ne tombe dans le genre bouffon.

Dom Lancelot n'est pas le seul qui ait jugé Horace préférable à Juvenal, ç'a été encore le sentiment de Vossius, de Mr Godeau (4), & de divers autres Critiques, comme nous le verrons ailleurs ; & l'on peut dire que le Public s'accommode à leur goût d'un consentement qui paroît assés général, parce que bien qu'Horace ne soit pas moins mordant que Juvenal, & que son sel ne soit guéres moins acre, on aime mieux le voir mordre en riant, & piquer avec ses plaisanteries & ses agrémens, que de voir Juvenal faire la même chose en colére & toujours dans son sérieux.

C'est pourquoi ces Critiques ont eu raison de se mocquer de Ju-

---

1 Ren. Rapin Reflex. xxviii. sur la Poët. seconde partie.
2 Lancel. Nouvel. Meth. Lat. Traité de la Poësie Lat. pag. 877. chap. 4. n. 4.
3 Blondel pag. 72. 73. de la Compar. de Pindare & Horace.
4 Ger. Joan. Vossius Institution. Poëtic. lib. 3. pag. 41. 42. &c.
4 Ant. Godeau Histoire de l'Eglise à la fin du premier siécle.

Tome IV.                                                                R.

les Scaliger, lorſqu'il a prétendu faire paſſer pour des ſots & pour des bêtes ceux qui ont oſé dire qu'Horace eſt proprement le ſeul qui ait connu parfaitement la Nature & le véritable Caractére de la Satire(1), & que Juvenal a plutôt l'air d'un Déclamateur que d'un Poëte Satirique. Il ſoutient que Juvenal a beaucoup mieux répondu qu'Horace, à l'inſtitut & à la fin de la Satire; qu'il y a dans celui-là des pointes & des rencontres plus fines & plus ingénieuſes que toutes celles qu'on trouve dans celui-ci; que cette *Urbanité* & ces agrémens qu'on loüe tant dans Horace, n'ont pas le goût ſi relevé que ceux de Juvenal.

Il ajoute que ce qu'il y a de bien agréable dans Horace, ce ſont ces petites Fables & ces plaiſans Apologues, mais que cela ne nous donne point envie de rire; qu'Horace eſt autant inférieur à Juvenal que Lucilius eſt inférieur à Horace; en un mot, que ſi l'on conſidére la variété des ſujets, l'adreſſe & l'artifice dans la maniére de traiter les choſes, la fécondité de l'invention, la multitude des Sentences, la force & la véhémence de la cenſure, la véritable Urbanité, & l'agrément même des plaiſanteries, Juvenal doit l'emporter ſur Horace.

Il accuſe ce dernier d'avoir fort mal pratiqué cette ſimplicité qu'il a tant recommandée aux autres, & que de quelque genre que ſoient les matiéres qu'il embraſſe, il n'a pû s'empêcher de les traiter toutes d'une maniére Satirique, tant il étoit peu Maître de ſon génie & de ſes inclinations. C'eſt ce qu'il a tâché de faire voir dans une longue déduction de divers endroits, où l'on a crû trouver quelque air de malignité ou une envie ſecrette de chicaner.

Au reſte les Satires d'Horace, parmi leſquelles on comprend auſſi ſes Epitres, ne ſont pas d'un ſtyle ſi élevé que ſes Odes. Il ſemble au contraire qu'il ait affecté de le rabaiſſer, & d'en diminuer la force exprès, pour faire voir que ce n'eſt point ſur des grands mots ni ſur des expreſſions ſuperbes qu'il vouloit élever ſes penſées, comme ont fait ſouvent les autres Satiriques, ſelon la remarque de Mr Blondel (2).

Quelques-uns ont pris ſujet de cette baſſeſſe affectée ou plutôt de cette ſimplicité naturelle, pour tâcher de diminuer le prix de ces

---

1 Jul. Cæſ. Scalig. in Hyperc. ſeu lib. 6. Poët. cap. 7. pag. 867. & ſeq. Item p. 872. & ſeq. Il dit aux pages 876. 877. que le ſtyle des Epitres d'Horace eſt plus net que celui de ſes Satires, & qu'elles ont plus de douceur, d'élégance, d'agrément & de ſel même.

2 Horat. de ſe ipſo: *Extenuantis eas conſulto.* Franc. Blond. Comp. de Pind. & d'Hor. pag. 250. 251.

POETES LATINS. 131

Satires & de ces Epitres : mais Dom Lancelot prétend (1) que c'est Horace. par un effet de leur mauvais goût qu'ils en usent de la sorte, s'ils ont crû devoir trouver dans ces piéces d'Horace la majesté & la cadence des vers héroïques comme dans Virgile; ou par une suite de leur ignorance, ne sachant pas qu'Horace a fait ainsi ses vers à dessein pour les rendre plus semblables à des discours en prose, comme il nous en a averti lui-même (2), lorsqu'il a bien voulu se retrancher de la Compagnie des véritables Poëtes, & donner l'exclusion de la Poësie à ses Satires & à ses Epitres.

C'est une négligence étudiée qui est accompagnée de tant de graces & d'une si grande pureté de style, qu'elle n'est guéres moins admirable en son genre que la gravité de Virgile. C'est aussi la pensée de plusieurs autres Critiques, & particuliérement de Grotius (3) & du Bibliographe Allemand (4), qui jugent qu'il n'y a rien de plus utile, sur tout pour les jeunes gens, que cet air négligé & naturel accompagné de cette pureté originale de la Langue.

Mais Scaliger le Pere a prétendu se signaler en se distinguant des autres par la singularité de son sentiment. Il semble qu'il ait voulu vanger Lucilius, dont Horace avoit dit que les vers entraînoient de la boue en coulant, & dire qu'il n'appartenoit point à Horace de parler si mal de Lucilius, puisque lui-même est encore plus défectueux, & qu'il n'est pas même coulant en la maniére qu'il l'a reconnu de Lucilius (5). Si l'on veut suivre cette pensée, on sera naturellement engagé à croire que c'est donc la boue qui empêche le style d'Horace de couler, comme fait celui de Lucilius nonobstant le même obstacle; cependant le même Scaliger, avoit reconnu auparavant dans les Satires d'Horace une grande pureté de style, jusqu'à prétendre que la trop grande affectation pour cette pureté, lui a fait perdre la douceur qui est une des meilleures qualités qu'on puisse donner à son style. Ce qui nous fait voir que ce grand homme s'oublioit quelquefois lui-même, & que s'il falloit avoir égard à un jugement qui paroit si peu équitable, ce seroit pour diminuer quelque chose de sa réputation plutôt que de celle d'Horace.

---

1 Nouvelle Méthode pour la Lang. Lat. Fr. de la Poës. Lat. comme cy-dessus.
2 Horat. lib. 1. Satir. 4. hæc habet :

*Primum ego me illorum dederim quibus esse Poëtas*
*Excerpam numero; neque enim concludere versum*
*Dixeris esse satis: neque si quis scribat uti nos*
*Sermoni propiora, putes hunc esse Poëtam.*

3 Hugo Grotius Epist. ad Benj. Auberium Maurer. post. Gabr. Naudæi Bibliograp. Poëticam pag. 134.
4 Anonym. Bibliogr. Cur. histor. philologic. pag. 62.
5 Scaligeri Poëtic. lib. 6. Hypercritic. p. 867. &c.

Enfin pour achever de peindre le caractére du style des Satires d'Horace, on peut dire avec Messieurs de Leipsick qui dressent les Actes des Savans (1), que parmi les trois principaux Satiriques de l'Antiquité dont nous avons quelque chose d'entier, celui-ci tient le milieu entre les extrémités des deux autres, c'est-à-dire entre les invectives de Juvenal, qui par leur étenduë font paroître un air de Déclamation, & la bréveté obscure & difficile de Perse. Ainsi on a lieu de conclure, comme ils font, qu'Horace ne regne pas moins sur tous les Poëtes Satiriques que sur les Lyriques Latins.

* *Q. Horatii Flacci Opera, cum Comment. Dion. Lambini & variorum* in-fol. *Paris.* 1604. — *Idem cum Comment. Dion. Lambini* in-4°. *Venet.* 1565. — *Idem cum Comment. Cruquii & Franc. Dousæ* in-4°. *Lugd.-Bat.* 1597. — *Idem cum paraphrasi Eilhardi Lubini* in-4°. *Rostoch.* 1599. — *Idem Commentate da Gio. Fabrini da Fighine* in-4°. *Venet.* 1581. |1599. — *Idem cum Comment. Lævini Torrentii, & Petri Nannii in Artem Poëticam* in-4°. *Antuerp.* 1608. — *Idem cum indice Thomæ Treteri*, in-8°. *Antuerp.* 1575. — *Idem è Typogr. regia* in-fol. 1642. — *Cum Comment. Landini* in fol. *Florent.* 1482. — *Idem cum Notis Richardi Bentleii* in-4°. *Cantabrigiæ* 1711.*

1 Acta Eruditor. Lipsiens. mens. Junii ann. 1684. tom. 3. pag. 262.

## TIBULLE (ALBIUS)

Né la même année qu'Ovide, sous le Consulat d'Hirtius & Pansa, l'an de la Ville 711. le 2. de la 184. Olympiade, mort devant Ovide.

1152    Tibulle peut être lû hardiment par ceux que Dieu a confirmés dans l'insensibilité de leurs passions.

Ceux qui ne peuvent ou qui ne doivent pas le lire, se contenteront peut-être de savoir que ses quatre livres d'Elégies, nonobstant leur impureté, ne laissent pas d'être écrits dans un style très-pur, très-net, & très-poli, au sentiment de Joseph Scaliger (1) & du P. Briet (2). On prétend même qu'il n'y a personne parmi tous les Poëtes Latins qui l'ait surpassé dans le genre Elégiaque, & que personne n'a écrit avec plus d'esprit, de tendresse & d'élégance, comme le témoigne le Sieur Rosteau. (3)

1 Jos. Scalig. in primis Scalig. pag. 47. edit. Groning.
2 Philipp. Briet. lib. 2. de Poët. Lat. pag. 25. præfix. Acutè dictis &c.
3 Rosteau Sentim. sur quelques Livres pag. 45. MSS.

Jules Scaliger le trouve presque uniforme par tout (1); il dit que Horace jamais il ne s'oublie & ne se quitte soi-même, & qu'on ne le voit point démentir son caractére; qu'il donne toujours un même tour aux choses, & qu'il ne diversifie presque pas ses matiéres; mais qu'au reste c'est le plus châtié & le plus limé de tous ceux qui se sont signalés dans le même genre d'écrire. Il ajoute que l'usage trop fréquent qu'il fait des Infinitifs de cinq syllabes au tems passé, est quelque chose d'assés dégoûtant, & qu'il y a des endroits où il ne se soutient point assés, & où il n'est point assés serré.

Son quatriéme Livre n'est composé que du Panégyrique de Messala & de quelques Epigrammes. Le même Scaliger que je viens d'alleguer dit, que ces Epigrammes sont dures, languissantes & désagréables; & que le Poëme qu'il a fait à la louange de Messala paroît si négligé, si rampant, si dénué de vigueur, & de son harmonie ordinaire, qu'il est aisé de juger que c'est le fruit d'une précipitation trop grande, qu'il n'y a que la premiére chaleur de son imagination qui ait pû produire cette piéce, qu'elle est devenuë publique devant qu'il l'eut achevée, & sans qu'il se fût donné le loisir de la revoir.

C'est ce qui a fait dire au P. Rapin (2), que Tibulle étant d'ailleurs si éxact, si élégant & si poli dans ses Elégies, ne le paroît pas beaucoup dans ce Panégyrique de Messala.

* *Joan. Passerati Commentarii in C. Val. Catullum, Albium Tibullum & Sex. Aur. Propertium* in-fol. *Paris.* 1608. — *C. Val. Catulli, Albii Tibulli, Sex. Aur. Propertii Opera omnia, cum variorum Doctorum Virorum Comment. Notis, Observ.* in-fol. *Lutetiæ* 1604. — *Idem cum Observationibus Isaaci Vossii* in-4°. *Lug.-Bat.* 1684. — *Albii Tibulli, cum variarum Lectionum Libello, atque Indices* in-4°. *Amst.* 1708.*

1 Jul. Cæs. Scalig. lib. 6. Poët. seu Hypercritic. pag. 863.

2 Ren. Rapin Refl. sur la Poët. seconde partie Refl. XIV. & Refl. XIX.

# OVIDE

( *Publius Ovidius Naſo* ) né à *Sulmone Ville de l'Abruzze*, l'année que moururent les deux Conſuls, comme il l'a marqué lui-même, c'eſt-à-dire ſous le Conſulat d'Hirtius & Panſa, la deuxiéme année de la 184. Olympiade, de la Ville 711. devant notre Epoque 43.

Mort la premiére année de la 199. Olympiade, de la Ville 770. l'an 17. de notre Epoque, ou la 21. de Jeſus-Chriſt, à la fin de la troiſiéme année de Tibere, *à Tomes dans la petite Scythie*, lieu de ſon éxil, aujourd'hui *Tomiſwar*.

§. I.

*Jugement général du Génie & des Ecrits d'Ovide.*

1153 Tous les Critiques conviennent qu'Ovide avoit l'eſprit fort beau (1), & une facilité inconcevable pour faire des vers, mais la plupart ont reconnu en même-tems que ces avantages de la Nature lui avoient fait concevoir trop bonne opinion de lui-même, & lui avoient donné trop de confiance en ſes propres forces ; de ſorte que, ſelon Gaſpar Barthius (2), cet eſprit aiſé ne pouvoit ſe captiver ni ſe réduire à devenir éxact ; & ſelon le ſieur Roſteau (3), cette facilité pour l'invention de ſes matiéres & pour la verſification, lui a fait ſouvent avancer & écrire des choſes qui n'avoient ni régle ni méſure, & qu'il ne ſe donnoit pas le loiſir de digérer.

Quelques-uns ont remarqué que c'avoit été autrefois le ſentiment de Quintilien, lorſqu'il a dit qu'Ovide eſt louable, mais plutôt en ſes parties que dans l'ordre & dans le fonds de ſes Ouvrages. Cela veut dire, ſelon le Cardinal du Perron (4), que ſes vers ſont bons, mais que la diſpoſition en eſt défectueuſe, & qu'il n'a point de jugement. *Car un Poëte*, dit ce Cardinal, *doit être bon en ſoi, & non pas en ſes parties*.

---

1 V. Crit. in proleg. Variar. edit. Ovid.
2 Gaſp. Barthius Adverſarior. lib. 58. cap. 9. col. 2739. & 2740.
3 Roſteau ſentim. ſur quelques livres d'Auteurs qu'il a lûs pag. 49.
4 In Perronianis, au mot *Poëſie*. Quintil. 10. Inſtit. 1.

POETES LATINS. 135

Seneque le confidéroit comme le plus ingénieux de tous les Poëtes  Ovide.
Latins, mais il le plaignoit en même tems (1) de n'avoir pas fû faire de
ses talens tout le bon usage qu'on auroit pû souhaiter, & d'avoir réduit toute la force & l'élévation de son esprit, & toute la beauté de ses matiéres à des badineries puériles.

Daniel Heinsius qui s'est beaucoup plus appliqué à remarquer ses excellentes qualités qu'à éxaminer ses défauts, dit (2) qu'outre cette facilité surprenante qui regne dans tout ce qu'il a fait, on lui trouve encore une grande simplicité, beaucoup de subtilité, une vivacité ou une promptitude extraordinaire, mais sur tout une douceur admirable; & que ce qu'il y a de remarquable, c'est de voir toutes ces qualités unies ensemble, & accompagnées d'une si grande pureté de la Langue, que s'il s'est trouvé d'autres Poëtes qui ayent eu plus de majesté & de grandeur, il n'y en a pas un à qui on puisse dire qu'il doit céder pour le génie Poëtique. Ce qu'il y a de plus surprenant, au jugement du même Auteur, c'est de voir qu'il n'y a personne de tous ceux qu'on ne lui peut pas comparer à cause de la différence des caractéres & des maniéres d'écrire, qu'il n'ait égalé ou surpassé même en diverses autres qualités.

De sorte que, si nous en croyons ce Critique, il est le premier de tous les Poëtes Latins après Virgile, parce qu'il a joint l'art d'adoucir par sa facilité tout ce qu'il y avoit de rude dans les Anciens à celui de donner du poids, de la force, & du nerf à son caractére. En quoi l'on peut dire aussi, selon lui, qu'il a été presque le dernier des bons Poëtes.

Les autres Critiques n'ont pas jugé tous qu'Ovide fût si proche de Virgile qu'Heinsius semble avoir voulu nous le persuader; & le P. Briet, entre les autres, dit qu'il y a une longue distance entre ces deux Poëtes (3), quoiqu'il reconnoisse dans Ovide la plupart des bonnes qualités que nous venons de remarquer.

Voilà ce qu'on peut dire du caractére & des maniéres d'Ovide en général, à moins qu'on ne veuille ajouter le sentiment d'Erasme sur son style, & dire avec ce Critique qu'Ovide peut passer pour le Ciceron des Poëtes (4).

Ses Ouvrages sont connus de tout le monde, mais ils ne sont pas venus tous jusqu'à nous. Ceux qu'on regrette le plus d'entre ses Ou-

---

1 Seneca lib. 3. Natural. quæstion. cap. 27.

2 Daniel Heinsius Nicolai pater Epistol. ad Blyemburgium præfix. editioni Ovidianæ dedic. ad eumd. Blyemb.

3 Philipp. Briet. de Poëtis Latin. lib. 2. pag. 24. præfix. Acutè dictis &c.

4 Erasmus in Dial. Ciceroniano pag. 147.

vrages perdus, font la Tragédie *de Médée*, qui étoit fort eſtimée au ſiécle de Veſpaſien & de Trajan (1), les ſix derniers Livres des *Faſtes*, le Livre contre les *méchans Poëtes*, le Poëme des *louanges d'Auguſte*, &c. (2). Il eſt inutile de faire le dénombrement des autres Ouvrages que le tems a épargnés, parce qu'ils ſe trouvent dans la plupart des éditions, dont on dit que celle de Mr Heinſius le jeune [imprimée chés Elzevir en 3. vol. *in*-12. 1629.] eſt la plus correcte: mais je me contenterai de rapporter une partie des jugemens qu'on a faits ſur les principaux de ces Ouvrages en particulier.

### §. 2.

*Jugemens ſur les quinze Livres des Métamorphoſes.*

Les Métamorphoſes d'Ovide ſont, au jugement d'un Critique moderne (3), un des plus mémorables & des plus ingénieux Ouvrages de toute l'Antiquité, elles ont été eſtimées de tous les tems, & traduites dans preſque toutes les Langues qui ont eu cours parmi les peuples où l'on a eu quelque ſoin de cultiver les Lettres.

En effet il ſemble qu'Ovide ait voulu nous prévenir lui-même ſur l'opinion que nous devons avoir de cet Ouvrage, & qu'il ait crû juger tout d'un coup du prix qu'il auroit dans la ſuite des ſiécles, lorſqu'il nous a aſſuré qu'il n'auroit point d'autre durée que celle de l'éternité (4). C'eſt le ſentiment qu'il en avoit en finiſſant ſon quinziéme Livre, ſi cette concluſion eſt de lui (5).

Cependant les Critiques qui ont paru avec diſtinction parmi ceux de leur profeſſion, ont jugé que c'eſt l'Ouvrage d'un jeune homme, c'eſt-à-dire, d'un eſprit qui n'étoit point encore parvenu à ſa maturité. C'a été la penſée du P. Vavaſſeur, lorſqu'il a dit (6) que ces Métamorphoſes ne ſont qu'*un eſſai de jeuneſſe*, que l'Auteur n'a jamais revû. C'a été auſſi celle du P. Rapin, puiſqu'il nous aſſure (7) qu'il y a dans les Métamorphoſes *des jeuneſſes* qu'on auroit de la peine

---

1 Dialog. de cauſis corrupt. Eloquent. inter Quintiliani vel Taciti opera.
2 Gerard. Joan. Voſſ. de Poët. Latin. pag. 29. 30.
3 Roſteau ſentim. ſur quelques Livres &c. pag. 50. Mſſ.
4 Ovidius in peroratione totius operis Metamorphoſ. ad fin. lib. 15.

*Jamque opus exegi, quod nec Jovis ira, nec ignes Nec poterit ferrum, nec edax abolere vetuſtas &c.*

5 ¶ Pourquoi n'en ſeroit-elle pas ? Eſt-ce qu'elle marque trop de vanité ? Horace lui en avoit donné l'exemple, & les Poëtes d'un certain rang peuvent faire paroitre un noble orgueil. Baillet lui-mème, quelques lignes plus bas, répond aux autres objections. ¶
6 Remarq. anon. ſur les Reflex. touch. la Poëtiq. page 6.
7 Ren Rap. Reflex. particul. ſur la Poët. part. ſeconde Reflex. 15. page 138. edition. 1684. in 4°.

à lui

POETES LATINS.

à lui pardonner, sans la vivacité de son esprit, & sans je ne sai quoi d'heureux qu'il a dans l'imagination. Enfin ç'a été celle de Gaspar Barthius (1), de Vossius le pere (2) & de divers autres Auteurs.

On pourroit croire aussi que ç'a été celle d'Ovide-même, quelque chose que nous ayons voulu dire plus haut de la bonne opinion qu'il semble en avoir euë, lorsqu'il étoit encore dans la chaleur de sa composition. Car étant dans un âge plus avancé, il jugea l'Ouvrage si défectueux & si peu digne de lui, qu'il voulut le jetter au feu, & le perdre sans ressource pour la postérité. Il éxécuta même ce dessein avant que de partir pour son éxil. Mais il étoit trop tard, parce que les copies de cet Ouvrage s'étoient multipliées entre les mains de ses Amis. C'est un détail qu'il nous a fait lui-même dans ses Elégies (3).

Les Métamorphoses sont donc venuës jusqu'à nous malgré leur Auteur, & il semble que la postérité n'ait point été si délicate ni si difficile que lui dans le goût qu'elle y a pris. Il faut avouer néanmoins avec le P. Briet (4) & Mr Borrichius (5), que le style n'en est pas si relevé que dans ses autres Ouvrages, mais il ne laisse pas d'être beau & assés éxact; & si nous voulons écouter Heinsius le Pere (6), il y a inseré des discours & des lieux communs avec une adresse & des agrémens merveilleux. On pourra dire aussi de ses narrations que ce sont autant de chansons de Sirènes, c'est une éloquence & une candeur perpétuelle, qui est toujours mêlée avec l'artifice qui fait un cercle fort accompli de toutes ses Fables, personne d'entre tous les Poëtes n'a traité les plus grands & les plus petits sujets avec plus d'ornement. En un mot ces Métamorphoses sont, selon lui, quelque

Ovide.

1 Gasp. Barth. ut suprà in adversar. lib. 58. cap. 9. &c.
2 Vossius lib. singul. de Imitatione Poëtica cap. 6. pag. 16. post Institut.
3 Ovid. lib. 1. de Tristib. Eleg. 6. hæc habet:

*Carmina mutatas hominum dicentia formas*
*Infelix Domini quod fuga rupit opus.*
*Hæc ego discedens, sicut bona multa meorum,*
*Ipse meâ posui mæstus in igne manu, ...*
— *Non meritos mecum peritura libellos*
*Imposui rapidis viscera nostra rogis.*
*Vel quod eram Musis, ut crimina nostra, perosus,*
*Vel quod adhuc crescens & rude carmen erat:*
*Quæ quoniam non sunt penitus sublata, sed extant:*
*Pluribus exemplis scripta fuisse reor ....*
*Non tamen illa legi poterunt patienter ab ullo,*
*Nesciat his summam si quis abesse manum.*

*Ablatum mediis opus est incudibus illud :*
*Defuit & scriptis ultima lima meis.*
*Et veniam pro laude peto : laudatus abunde,*
*Si fastiditus non tibi, Lector, ero, &c.*

Idem etiam de eodem opere lib. 3. Trist. Eleg. 14. in hunc modum :

*Illud opus potuit si non prius ipse perissem,*
*Certius à summâ nomen habere manu.*
*Nunc incorrectum Populi pervenit in ora,*
*In Populi quidquam si. tamen ore mei est.*

4 Phil. Briet. de Poët. Latin. lib. 2. ut suprà.
5 Olaus Borrichius Dan. Dissertat. de Poët. Latin. pag. 51.
6 D. Heinsius Epist. dedicator. operum Ovidian. ad Blyemb.

chose qui passe notre génie & notre admiration. Voilà le sentiment d'un Critique qui auroit crû manquer au devoir d'un bon Commentateur, s'il s'étoit contenté de louer médiocrement son Auteur.

Le P. Rapin n'a pas jugé si favorablement de son style dans la Comparaison qu'il a faite d'Homere & de Virgile. Il prétend (1) qu'Ovide dans ses Métamorphoses & dans ses Héroïdes-mêmes, a été l'un des premiers Auteurs qui ont donné le mauvais goût des Epithétes extraordinaires & surprenantes dans le discours à leur siécle, où l'on aimoit encore la simplicité. Il dit néanmoins qu'il a sû du moins ménager ces faux brillans avec quelque discernement. Mais ce discernement n'a point empêché le même Auteur de dire dans un autre Ouvrage qu'Ovide s'égare quelquefois dans ses Métamorphoses faute de jugement (2), quoiqu'il reconnoisse encore ailleurs qu'il y a du génie, de l'art, & du dessein dans cet Ouvrage (3).

Ce Pere estime qu'Ovide se fit beaucoup de violence pour réunir ses Métamorphoses (4), & pour les renfermer dans un même dessein. C'est en quoi, dit-il, il ne réussit pas tout-à-fait si bien, qu'il fit depuis dans ses Elégies, où l'on trouve presque toujours un certain tour qui en lie le dessein, & qui en fait un Ouvrage assés juste dans le rapport de ses parties.

On ne peut pas nier qu'il n'y ait quelque différence entre ce sentiment du P. Rapin & celui de Mr Borrichius, qui a prétendu (5) qu'il se trouve dans les Métamorphoses une suite & un enchaînement merveilleux des Fables de l'Antiquité. Vossius même témoigne (6) qu'il admiroit cette suite continuelle sans interruption, & cette liaison admirable de tant de choses différentes, tissuës avec tant d'artifice depuis le commencement du Monde, selon l'opinion des Gentils, jusqu'à son tems. Guillaume Canter avoit dit auparavant la même chose de lui-même (7), assurant qu'il avoit été si charmé du bel ordre qui tient toutes ces Fables enchaînées les unes avec les autres, qu'il n'avoit pû s'empêcher de réduire tout cet Ouvrage en abregé suivant la méthode de son Auteur, & pour tâcher de mieux comprendre l'esprit du Poëte en racourci, comme dans un tableau qui pût le lui representer tout d'un coup & d'une seule vûë.

---

1 Ren. Rapin, comparaison d'Homere & Virgile chap. 10. pag. 39. edit. in 4°.
2 Le même, Reflexion 2. sur la Poët. prem. part. pag. 3. edition in-12.
3 Reflex. 15. du même Auteur pag. 138. edit. in 4°. de la seconde part.
4 Reflex. 19. de la prem. part. pag. 42. 43. edit. in-12.
5 Ol. Borrichius de Poët. Latin. Dissert. ut suprà.
6 Ger. Jo. Voss. Institution. Poëticar. lib. 3. cap. 5. pag. 19. 20.
7 Guillelm. Canter. lib. 1. Novar. Lection. cap. 20. Item ap. Voss.

Mais tout cela n'empêche pas que le P. Rapin n'ait eu raison de dire qu'Ovide n'a pas entiérement réussi dans la réunion de ses Fables, supposant que ses intentions ont été de renfermer toutes ces Fables dans un même dessein, & de n'en faire, pour ainsi dire, qu'un corps qui n'auroit eu qu'une ame.

Ceux qui prétendent y trouver cette union & cet enchaînement dont nous venons de parler, disent que l'intention du Poëte n'a point été de réduire toutes ses Fables à une seule Action, mais qu'il y a autant d'Actions que de Fables, & autant d'ames que de corps différens, mais qu'elles sont jointes ensemble par un lien qui ne confond rien, & qui n'empêche pas qu'on ne distingue toutes ces Actions différentes sous cet artifice.

Vossius qui a suivi le sentiment de ces derniers, dit (1) qu'Ovide s'est proposé dans ce dessein l'éxemple des Poëtes *Cycliques* qui étoient différens des Poëtes Epiques, en ce qu'ils racontoient les anciennes Fables d'une maniére toute simple & toute unie, & sans aucun Episode (2). Il blâme un Critique Espagnol, nommé Lullus de Mayorque, d'avoir trop légérement accusé Ovide d'indiscrétion & d'ignorance (3), dans la composition & dans l'arrangement de ses Fables. Il dit que cet homme a grand tort de prétendre qu'Ovide a dû imiter Homere & Virgile, & réduire toutes ses Fables à une seule Action, sous prétexte que la liaison qu'il leur donne, semble ne faire qu'une histoire continuë, & que la connéxion de ses matiéres est si affectée, si contrainte, & si peu naturelle, qu'on ne peut point, sans le secours d'une mémoire toute extraordinaire, retenir ses Fables dans la même suite qu'il leur a donnée.

Cette multiplication de Fables que les Maîtres de l'Art appellent *Polymythie*, qui est vicieuse & monstrueuse dans le Poëme Epique, n'a rien de déreglé dans le corps ou l'assemblage des Métamorphoses. Et le P. le Bossu (4) dit qu'on ne peut pas condamner & taxer son Auteur d'ignorance, pourvû que l'on ne prétende pas qu'il ait voulu faire une Epopée, & qu'on ne le compare pas aux Poëmes d'Homere & de Virgile, comme Stace (5) a fait son Achilléide & sa Thebaïde.

---

1 Voss. loc. cit. & l. sup. ubi de Trag. &c.
2 Cette opinion n'est pas suivie de tout le Monde.
3 Anton. Lullus Balear. lib. 6. de oratione cap. 5. exscrib. Voss.
4 Ren. le Bossu Traité du Poëme Epique, livre 1. chap. 16. pag. 116. 117.
5 ¶ Stace n'a comparé nulle part sa Thébaïde avec le Poëme ou d'Homére en de Virgile. Il l'a même jugée inférieure du tout au tout à l'Enéïde. S'il a comparé son Achilléide avec l'Iliade, ç'a été purement pour faire voir que son dessein étoit d'embrasser dans un Poëme Cyclique toute l'Histoire d'Achille, en quoi bien loin de vouloir se préférer, ni même s'égaler à Homére, il se déclaroit plutôt versificateur que Poëte.

### §. 3.

#### Jugemens sur les Fastes d'Ovide.

Le style des Fastes au jugement de Scaliger (1) est aisé, doux & naturel. C'est un Ouurage de beaucoup d'érudition, mais de cette érudition que l'on puise dans la plus belle Antiquité. Quoique sa matiére ne soit pas toujours également traitable ni capable de beaucoup d'ornemens, & qu'il n'y soit pas toujours le Maître de son Esprit; néanmoins il s'y est souvent surpassé lui-même, & il a poli & orné sa matiére en plusieurs endroits. Mais tout le Monde, dit le même Auteur, n'est pas d'humeur à souffrir ses diverses licences, & cet air efféminé qu'il donne quelquefois à ce qu'il dit (2).

Ces Fastes sont du nombre des Ouvrages qu'il a faits dans un âge plus avancé, & quoiqu'ils paroissent plus négligés ou plutôt moins travaillés que quelques autres, il semble, dit Heinsius (3), qu'ils n'en sont pas moins éxacts & qu'ils n'en ont pas moins de douceur. Il y a, selon ce même Critique, un certain enchantement secret dans cet Ouvrage des Fastes qui charme & qui captive l'esprit de l'homme; de sorte que les endroits où il a caché son artifice & son éxactitude, servent à nous en découvrir la douceur & les agrémens; & ceux où il fait paroître ces artifice & cette éxactitude, servent à nous garantir du dégoût & de la lassitude que sa lecture pourroit nous causer.

En un mot le P. Rapin donne aux Fastes d'Ovide la gloire d'être l'Ouvrage du meilleur goût, & le plus judicieux d'entre tous ceux qui sont sortis de ses mains. Il dit (4) que ce Poëte n'a pû arriver à la perfection de Prudence & de Modération, qui consiste à dire seulement ce qui est nécessaire & convenable que sur ses vieux jours, en composant les Fastes; qu'il n'est modéré & discret qu'en cet endroit; & qu'il est jeune par tout ailleurs.

---

1 Jul Cæs. Scaliger Hypercritic. lib. 6. Poëtic. pag. 855. &c.

2 ¶ Scaliger a dit: *Quod si quis nolit ejus vel lasciviam vel licentiam tolerare* Ce qu'on traduiroit fort mal en rendant *lasciviam* par air efféminé. Il faudroit, si je ne me trompe, pour traduire juste, dire: *Que si on ne veut pas excuser ou cette profusion, ou cette licence à laquelle il s'abandonne.*

3 Heinsius Senior Prolegom. ad edit. Ovid. in Epist. ad Blyemb.

4 R. Rap. Comp. d'Hom. & Virg. chap. 11. pag. 41. edit. in-4°.

§. 4.

*Jugemens sur les Elégies d'Ovide comprises dans les quatre Livres des Tristes, & dans les quatre marqués du Pont.*

C'est par ces Elégies qu'Ovide a passé dans l'esprit de plusieurs Critiques pour le premier de tous les Poëtes Elégiaques, & c'est sa douceur & sa facilité qui l'en a rendu le chef (1). Il semble qu'Ovide ait voulu se rendre ce témoignage à lui-même, n'ayant point été honteux de dire qu'il tenoit dans le genre Elégiaque le même rang que Virgile tenoit dans le genre Epique (2). Il auroit été plus à propos qu'il se fût fait rendre justice par quelqu'autre personne. Mais la justice Poëtique n'avoit peut-être pas encore alors ses Officiers en titre, ou leur jurisdiction n'étoit pas reconnuë de tout le monde universellement.

Au reste Ovide ne se trompoit point dans son jugement. Car le P. Rapin assure (3) qu'il est préférable à Properce & à Tibulle dans ses Elégies, parce qu'il est plus naturel, plus touchant & plus passionné, & qu'il a mieux exprimé par-là le caractére de l'Elégie que les autres. Le même Auteur a reconnu néanmoins dans un autre de ses Ouvrages (4), que les inductions d'exemples & de comparaisons qu'il employe dans ses Tristes & dans ses autres Elégies ont des superfluités qui marquent que le jugement du Poëte n'étoit pas encore arrivé à sa maturité (5).

Mais il semble qu'il ait eu besoin de la sévérité d'Auguste pour parvenir à ce point de discernement, & que son malheur joint à la vieillesse ait plus contribué qu'autre chose à réformer & à perfectionner sa fécondité qui passoit auparavant pour une abondance déréglée & pour un libertinage.

On peut dire même que sa disgrace lui ayant donné un peu plus d'expérience, lui a donné aussi le moyen d'augmenter sa douceur & ses graces. C'est ce que Daniel Heinsius croit avoir remarqué particuliérement dans les Livres des *Tristes* & *de Ponto*, où on ne laisse pas, dit-il (6), de trouver de la délicatesse, quoique la simplicité y

---

1 Thom. Dempster ad Jo. Rosini Antiquit. Roman. &c.
2 Ovid. de se ipso sic sentiens hæc habet in lib. de remedio Amoris, v. 395. & 396.

*Tantum se nobis Elegi debere fatentur,*
*Quantum Virgilio nobile debet opus.*

3 Reflex. particul. sur la Poëtiq. seconde part. Reflex. 29.
4 Compar. d'Homere & Virg. chap. 11. comme ci-dessus.
5 ¶ Ovide pourtant avoit alers 50. ans, & mourut dix ans après. ¶
6 Heinsius Epistola citat. ut suprà.

regne plus qu'ailleurs ; & de la vigueur même, quoiqu'il les ait écrits dans un âge où les autres ont coutume de languir.

Mr Borrichius témoigne aussi (1) qu'Ovide est fort net & fort naturel dans toutes ses Elégies, mais Jules Scaliger qui trouve à redire au titre qu'elles portent de *Tristes* & *de Ponto*, prétend qu'elles sont moins travaillées que ses autres Ouvrages & sur tout ses Epitres (2).

§. 5.

*Jugemens sur les Epitres d'Ovide qu'on appelle Héroïdes.*

Il ne faut pas s'imaginer que toutes ces Epitres en vers qui portent le nom de quelque *Héroïne* soient véritablement d'Ovide, sous prétexte qu'elles se trouvent parmi les siennes. Il témoigne lui-même (3) que celles de Penelope, de Phyllis, de Canacé, d'Hipsipyle, d'Ariadne, de Phedre, de Didon, de Sapho étoient de lui. Joseph Scaliger y ajoute celles de Briséis, d'Oenone, d'Hermione, de Dejanire (4), de Médée, de Laodamie, & d'Hypermnestre. Les autres sont ou d'Aulus Sabinus, ou postérieures & supposées.

Le sieur Rosteau (5) prétend que ces Epitres d'Ovide sont inimitables, & qu'elles sont de plus grand prix que les Métamorphoses & les Fastes. Le P. Rapin n'en juge pas moins avantageusement. Car tantôt il dit (6) que ces *Héroïdes* d'Ovide sont ce qu'il y a de plus fleuri dans les Ouvrages purement d'esprit, & où nos Poëtes n'arriveront jamais : tantôt il nous assure qu'il appelle toujours ses Epitres *la fleur de l'esprit Romain*, quoiqu'il ajoute qu'elles n'ont rien de cette maturité de jugement qui est la souveraine perfection de Virgile (7).

Mr Borrichius témoigne aussi que le style en est fort pur, & Daniel Heinsius dit (8) que l'imitation des passions & l'expression des incli-

---

1 Borrichius pag. 51. Dissertat. de Poët. Latin. ut suprà.

2 Scaligeri Poëtic. lib. 6. pag. 855. 856. &c.

¶ Scaliger dit bien dans l'endroit du 6. livre de sa Poëtique, où renvoie Baillet, que les titres *de Tristibus*, & *de Ponto* ne sont pas justes, mais ce n'est qu'au chap. dernier du l. 3. qu'il en rend la raison. Il y a un siécle & davantage que les livres des Tristes ne sont plus intitulés que *Tristium*, mais il n'y a guère, je pense, plus de 60. ans que le titre *de Ponto* a été changé en *ex Ponto*. 5

3 Apud Vossium lib. singul. de Poët. Latin. pag. 29. 30.

4 ¶ On ne doit non plus prononcer *Dejanire* que *Najade*, & *Lajus*, il faut dire constamment *Deianire*, *Naiade* & *Laius*. §.

5 Rosteau sentim. sur quelques livres qu'il a lus, &c.

6 R. Rap. Comp. d'Hom. & Virg. comme ci-dévant pag. 40. c. 11.

7 Le même au même Traité un peu après pag. 41.

8 Heinsius Pater loc. citat. ut suprà.

nations & des mouvemens du cœur y paroît d'une telle maniére, Ovide
qu'on voit bien que c'est-là le grand talent d'Ovide. Enfin Jules
Scaliger prétend (1) que ces Epitres sont ce qu'il y a de plus poli
entre tous les Ouvrages d'Ovide : que les pensées y sont admirables,
que sa fécondité ou sa facilité y est assés réglée, qu'elles ont l'air
tout-à-fait Poëtique; qu'elles ont même de l'éclat & de la grandeur;
& qu'elles approchent assés de la belle simplicité des Anciens. Mais
avec toutes ces belles qualités, elles ne laissent pas de renfermer,
dit-il, quantité de choses puériles & languissantes.

## §. 6.

*Jugemens sur les Livres d'Ovide qui traitent de l'amour
ou de l'art d'aimer.*

Nous sommes redevables au malheur d'Ovide du peu de vers
qui ne sentent point la corruption de son cœur, & nous aurions
encore plus d'obligation à cette mauvaise fortune, si elle l'eût porté
efficacement à faire périr avant que d'aller en éxil toutes ces misé-
rables productions de son esprit, comme elle lui avoit inspiré le desir
de supprimer ses Métamorphoses en particulier. Mais Dieu a bien
voulu souffrir que des hommes d'humeur & d'inclination semblables
à celles de cet Auteur eussent plus d'industrie pour les conserver que
les personnes sages n'en ont eu pour sauver des injures du tems les
piéces les plus utiles de l'Antiquité.

Ainsi la punition d'Ovide n'eut que la moitié de son effet, puisqu'elle ne remédia point aux suites pernicieuses de sa faute, & on lit
encore aujourdhui ces vers qui corrompirent la fille d'Auguste (2),
& qui infecterent la partie la plus florissante de la Cour de ce Prince.

Cependant ces vers qui servirent de prétexte à son bannissement
n'étoient, selon quelques Critiques (3) qu'une rhapsodie de ceux
que les Poëtes dédioient à Priape (4). Et quoiqu'il soit assés difficile
de nous bien prouver que ceux de cette espéce ne sont point différens
de ceux qui sont restés sur le titre de *ses Amours* & qui ont constamment fait sa disgrace, il est toujours certain que ni ces derniers ni

---

1 Jul. Cæf. Scalig. Hypercrit. seu lib.
Poët. pag. 156. & seqq.
2 ¶ Quelle preuve en a-t-on ?
3 Clavigny de sainte Honorine de l'usage
des Livres suspects pag. 15. chap. 2.
4 ¶ C'est une réverie. Les Priapées consistent en de courtes piéces pleines de vilains
mots. L'Art d'aimer d'Ovide est un ouvrage d'haleine, où il n'y a d'ordures que
dans le sens, & point du tout dans les expressions.

Ovide. ceux qu'il a faits fur l'Art d'aimer n'ont pû trouver d'approbateurs, parmi ceux même qui ont tâché d'allier la galanterie avec quelque refte d'honneur.

Jules Scaliger qui avouë qu'il y a beaucoup d'endroits dans ces Livres qui font délicatement touchés, ajoute (1) qu'il y en a auffi beaucoup où il n'y a rien que de lafcif & d'impur, fans qu'on puiffe dire qu'il y ait quelque chofe de tolérable pour diverfifier tant d'obfcénités ; qu'il y en a beaucoup d'autres où on ne trouve ni fel ni goût ni aucune autre bonne qualité qui puiffe diminuer quelque chofe du dégoût que produifent tant de fadaifes & d'infamies : en un mot que fes Livres de l'Art d'aimer ne font qu'un tiffu de fottifes & de badineries puériles.

Les autres Critiques ont été obligés de reconnoître la même chofe ; & Daniel Heinfius lui-même tout zèlé qu'il étoit pour la réputation d'Ovide, & malgré la réfolution qu'il avoit prife de nous faire voir que ce Poëte avoit excellé en toutes chofes, n'a point laiffé de déclarer que fon efprit n'étoit point libre lorfqu'il compofa ces Ouvrages, qu'il n'avoit pû fe rendre le maître de fon abondance ni la renfermer dans les bornes de l'honnêteté (2). Mais il n'a pas crû que ce témoignage qu'il rendoit à la Vérité dût l'empêcher de louer la difpofition & la méthode des Livres de l'Art & du Reméde de l'Amour, la gravité des Sentences, la beauté de la Narration. Il femble même avoir voulu nous perfuader qu'Ovide avoit eu deffein de faire une efpéce de compenfation de tant d'ordures par une Morale faine, en nous faifant voir qu'il eft plein dans les autres Ouvrages de Maximes très-falutaires & de préceptes de fageffe pour régler notre vie.

\* *Ovidii* ( *Publii* ) *Nafonis opera cum variorum Commentariis* in-fol. 2. vol Francof. 1601. — *Idem ad ufum Delphini* 4. vol. in-4°. Lugd. 1689.

1 Scalig. ut fuprà.
2 Dan. Heinfius. Epiftol. ad Blyemburg. ut fuprà non femel.

## GRATIUS,

Contemporain à Ovide, fur la foi d'un Vers de la derniére Elégie du quatriéme Livre *de Ponto*, où il eſt cité en ces termes :
*Aptaque venanti Gratius arma dedit.*

1154    NOus avons de cet Auteur une eſpéce de Poëme ſur la chaſſe appellé le *Cynegeticon* que Sannazar (1) emporta de France en Italie pour le mettre au jour. Le P. Briet dit (2) que le ſtyle de ce Poëme eſt pur, mais qu'il n'a point d'élévation, parce qu'il s'eſt moins étudié à plaire à ſon Lecteur qu'à l'inſtruire.

Jules Scaliger témoigne (3) que cet Auteur a de l'élégance auſſi-bien que Nemeſien qui a traité le même ſujet long-tems après : mais il prétend que Gratius eſt beaucoup plus correct. Le même Critique faiſant ailleurs la comparaiſon de ces deux Poëtes avec Oppien qu'il met beaucoup au-deſſus d'eux, les compte tous deux parmi ceux de la populace (4). Mais il préfére néanmoins Gratius à Nemeſien, parce qu'il a beaucoup plus de pureté, qu'il a plus d'invention. D'ailleurs il le juge blâmable de s'être amuſé trop long-tems & trop ſouvent à raconter des Fables.

\* *Gratius, Nemeſianus, Calpurnius, & fragmenta Veſpricii Spurinnæ, cum Comm. Gaſparis Barthii* in 8°. *Hanoviæ* 1613. \*

1. ¶ Voyés le 1. vol. du nouveau Menagiana pag. 15.
2. Phil. Briet lib 2. de Poët. Latin. pag. 28.
3 Jul. Cæſ. Scalig. Hypercritic. lib. 6. Poët. pag 850. 851.
4 Idem lib. 5. Poëtic. ſeu Critic. cap 16. pag. 758.

## MANILIUS.

Sous Tibere, quoique quelques Auteurs le mettent ſous Theodoſe l'Ancien.

1155    CEt Auteur a mis en Vers Latins ce qu'il avoit à nous dire touchant l'Aſtronomie. Il n'a pourtant pas fait tout ce qu'il avoit deſſein de faire ; & ce qu'il a fait n'eſt pas venu même tout entier juſqu'à nous. Il promettoit deux parties de ſon *Aſtronomique*, la premiére pour les Etoiles fixes, & la ſeconde pour les

Planetes. Il n'a pas fait cette dernière partie, ou du moins n'en a-t-on rien vû : & des six Livres-mêmes qu'il avoit composés sur les Etoiles, nous n'en avons que cinq dont le dernier n'est pas même entier. Sur quoi l'on peut voir Mr du Fay (1) que j'ai appellé mal-à-propos Mr *De la Faye* parmi les Critiques ou Scholiastes Dauphins, faute d'avoir bien compris ce que vouloit dire Michel *Fayus* (2).

Le Gyraldi semble n'avoir pas fait beaucoup de cas de tout cet Ouvrage de Manilius, quoiqu'il ait jugé que la versification en est assés belle (3). Joseph Scaliger s'est crû obligé en qualité de son Commentateur de prendre ses interêts contre ceux qui trouvoient diverses choses à redire dans cet Ouvrage, & il a crû pouvoir rejetter sur l'ignorance ou la témérité des Grammairiens & des Maîtres de Classes les diverses difformités dont il reconnoît que Manilius étoit défiguré avant qu'il eût entrepris de le rétablir dans sa premiére forme (4).

Junius dans une Lettre à Smet (5) rapportée par Mr du Fay (6), prétend que Manilius est préférable à plusieurs autres Ecrivains, soit pour la gravité du style, soit pour la propriété des termes & des expressions, soit pour la commodité du sujet. Il dit qu'outre les graces qu'il a trouvées dans ce Poëme, il n'a pû s'empêcher d'admirer l'art & la noblesse avec laquelle il a sû exprimer les mœurs des hommes; de sorte qu'il n'est pas possible aux grands Orateurs, ni aux excellens Poëtes de les mieux représenter. En un mot il prétend que Manilius a joint par tout la douceur & la bréveté à la gravité, & qu'il s'est proportionné à la portée & à l'usage de tout le monde. Aussi Scaliger jugeoit-il qu'il devoit être fort utile à la jeunesse pour entrer dans la connoissance de la Sphére; mais cela ne regarde pas la Poësie dont nous traitons présentement.

Gaspar Barthius qui avoit coutume de juger favorablement de tout le monde, assure (7) que Manilius étoit un Poëte fort éloquent & de grand génie, & il dit que la seule description d'Andromède en est une preuve suffisante. Mr Borrichius témoigne que sa diction est nette, quoique sa manière d'écrire soit dans le genre médiocre; il ajoute qu'il a le jugement exquis, qu'il a beaucoup de facilité de parler dans un sujet que personne n'avoit traité en vers Latins avant

---

1 Mich. Fayus de vita & scriptis Manilii proleg. ad edition.
2 Tome 2. des Jugemens des Savans art. 605. n. 4. pag. 515.
3 Lil. Gregor. Gyral. Dial. de Histor. Poëtar. tom. 1. pag. 483. M.
4 Jos. Scalig. præfat. ad edition. tertiam Manil. Astronom.
5 ¶ L'usage est pour Smèce.
6 Fr. Junius Bitur. Non. Epist. ad Henr. Smetium apud M. Fayum.
7 Gasp. Barth. Adversarior. lib. 8, cap. 8. col. 374.

## POETES LATINS. 147

lui, (au moins en original), & qu'il raisonne assés juste sur la Philosophie (1).

Néanmoins Vossius semble avoir eu si petite opinion du style de Manilius, qu'il étoit tenté de croire avec quelques autres Critiques, que sans ce que cet Auteur dit d'ailleurs qui semble ne pouvoir convenir qu'au siécle d'Auguste, il auroit plutôt vécu du tems de Théodose (2). Enfin Caltelvetro prétend (3) que Manilius est plutôt un simple Versificateur qu'un véritable Poëte : en quoi il a eu égard principalement à la matiére que cet Auteur a traitée.

\* *Manilii Astronomicon cum Notis Scaligeri & aliorum* in-4°. *Argent.* 1655. & in-4°. *Lugd.-Bat.* 1600. — *Idem in usum Delphini cum Notis M. Fay & Huetii* in-4°. *Paris.* 1697. — *Idem By Edward Sherburne* in-fol. *London.* 1675.

1 Olaus Borrichius Dissertat. de Poët. Lat. pag. 55.
2 Gerard. Joan. Voss. de Poët. Lat. libr. singul. cap. 2. pag. 36.
3 Ludovic. de Castelvetro Comment. in Art. Poëtic. Aristotel.

---

## PHEDRE.

Natif de *Thrace*, affranchi d'Auguste, écrivant sous Tibere.

1156   Nous avons de cet Auteur cinq Liures de Fables à qui il a donné le nom d'Esope pour leur attirer plus de crédit & de réputation, comme on a vû, dit-il lui-même (1), que quelques Ouvriers croyoient augmenter l'estime & le prix de leurs Ouvrages, en les attribuant à ceux qui avoient autrefois excellé dans le même genre; que les Sculpteurs, par exemple, ne faisoient point difficulté de mettre le nom de Praxitele à leurs Statuës, ni les Orfévres celui de Myron à leur argenterie, parce qu'on a toujours vû par expérience que l'Envie épargne davantage le mérite des Anciens que celui des personnes présentes.

En effet ce sont des Fables qu'il a faites à l'imitation d'Esope plutôt que des Fables d'Esope, parce que cet Ancien lui en ayant seulement découvert quelques-unes, *ce sont ses termes* (2), il en a inventé de lui-même beaucoup d'autres. Par cette reconnoissance il prétendoit avoir payé à Esope tout ce qu'il lui devoit, & ne lui étant plus redevable que du genre d'écrire qui étoit ancien, il lui

1 Phedr. lib. 5. Fabular. fab. 1. in promythio seu initio p. 110.
2 Idem in prologo libri 5. pag. 109.

Phedre. restoit assés de quoi s'ériger en Auteur original, en prenant des maniéres toutes nouvelles. Il n'a pû s'empêcher même de témoigner ailleurs quelque chagrin de ce qu'Esope l'ayant prévenu lui eût ôté la gloire d'être le premier en ce genre d'écrire : mais on voit que par une espéce de compensation il prétendoit bien lui ôter celle d'avoir été le seul (1) sans craindre d'être accusé d'autre chose que d'une louable émulation.

Phedre n'avoit pas tout-à-fait perdu le jugement en parlant de la sorte de ses Fables, quoiqu'il parût un peu alteré par la maladie ordinaire à la plupart des Ecrivains de Rome au siécle d'Auguste, où il semble qu'on faisoit profession de faire valoir ses propres Ecrits, & de demander publiquement pour eux l'immortalité aux siécles futurs (2).

Car si l'on veut considérer le mérite de ces Fables, on peut dire après Mr Gallois (3) que l'Antiquité n'a rien de plus élégant ; & quoique Mr le Fevre de Saumur ait prétendu faire voir quelques défauts dans l'original, cela ne doit rien diminuer de l'estime générale où elles ont toujours été parmi ceux qui les ont connuës.

Les autres Critiques (4) y trouvent la belle Latinité du bon siécle, ils y remarquent une pureté admirable, le véritable caractére de la Langue des Romains, & un air tout-à-fait naturel. C'est le jugement qu'en ont fait Camerarius, Rittershuys, Mr Bongars, Barthius, le P. Briet, &c.

Mr le Fevre dont nous venons de parler témoigne aussi (5) que personne n'avoit plus approché de Terence que Phedre, qu'il avoit parfaitement bien pris sa simplicité & sa douceur, & qu'il s'étoit formé un caractére aussi aisé. Il ajoute que rien n'est plus propre pour traiter ces sortes de discours Moraux sous l'écorce des petites fables qu'un style facile & uni comme le sien.

Mais quoique cette grande pureté de style soit accompagnée de beaucoup de naïveté & d'une grande simplicité, elle ne laisse point

---

Idem Epilogo libri 2. fab. 9. pag. 45. hæc habet :

*Quoniam occuparat alter ne primus forem,*
*Ne solus esset studui, quod superfuit :*
*Nec hæc invidia, verum est æmulatio.*

2 De Horatio, de Ovidio, de aliis quibusdam liquet. De Phædro vidend. Prolog. libri 3. vers ante penultim. ad Eutychium, & quatuor ultimi versus Prolog. libr. 5. ad Particulonem.

3 Gall. Journal des Savans du 2. Fevrier de l'an 1665.

4 Conrad. Ritthershus in Epistol. dedicat. Phædri. Item Joachim. Camerarius, & Jacob. Bongarsius.
Gaspar Barthius lib. 50. adversarior. cap. 9. col. 2358. Item lib 35. chap. 21. ejusdem operis col. 1670.
Philipp. Briet lib. 2. de Poëtis Latinis pag. 32. 33.

5 Tanaquill. Faber in notis ad Phædrum pag. 187.

d'être soûtenuë de quantité d'expressions très-nobles & fort élevées, *Phedre.*
& qui se sentent un peu de la hardiesse de la Poësie. On y trouve,
dit le sieur de Saint Aubin (1), un modéle parfait d'une des choses à
laquelle ceux qui commencent doivent travailler davantage selon
Quintilien. C'est celui d'une narration excellente & accomplie en
toutes ses parties, parce que Phedre raconte ces Fables avec tant de
clarté, jointe à une si grande bréveté, qu'on peut dire qu'il est parfait en son genre comme Virgile & Horace le sont dans le leur.

Un Auteur Anonyme, qui n'est peut-être pas différent de celui
que je viens de citer, témoigne (2) que la beauté des narrations,
en quoi consistoit le grand talent de Phedre, ne paroît pas seulement en ce qu'elle sont courtes, mais aussi en ce qu'elles ont ordinairement quelque chose de surprenant, & qu'elles sont faites avec
une grace & une adresse admirable. Et ce qui distingue particuliérement son caractére d'avec celui de Terence, c'est, dit-il, qu'on lui
trouve divers endroits, & sur tout dans le sens ou l'application de ses
Fables, dans ses Préfaces, & dans ses derniers livres, qui sont fort
hardis, & qui sont même dans ce style sublime que l'on recherche
tant.

Mais ce qu'il y a encore de plus considérable dans ces Fables,
ce sont les sentimens & la morale de cet Auteur, qui, selon Mr
Rigaut (3), a renfermé avec beaucoup d'artifice sous ces Apologues
les maximes les plus utiles que l'on puisse pratiquer dans la vie. Il y
corrige les défauts des particuliers avec beaucoup d'agrément, & il
touche d'une manière fort délicate & fort adroite, certaines choses
qu'il n'approuvoit pas dans la conduite des Grands & dans celle de
Tibere même.

Comme il vivoit dans une Cour extrémement rafinée, il n'étoit
pas sûr de prendre des voies communes & ordinaires pour reprendre
publiquement les vices de son siécle. C'est ce qui le rend d'autant
plus estimable d'avoir sû par la force & l'adresse de son génie,
trouver le secret de le faire impunément & sans choquer personne,
& de se jouer agréablement des hommes sous des noms de bêtes,
de la nature desquelles il semble les avoir revêtus.

On peut dire que c'est à l'imitation des plus grands Philosophes,
des anciens Sages d'Egypte, & des autres Maîtres de l'Antiquité parmi

---

1 De Saint Aubin préface sur sa Traduction Françoise de Phedre.
¶ Isaac le Maistre de Saci.
2 L'Auteur de la Traduction de trois Comédies de Terence.
3 Nicol. Rigalt. Epistol. ad Jac. Aug.
Thuan. dedicat. Phædri Pithœan.

**Phedre.** les Peuples Orientaux, qu'il a voulu représenter toute la conduite des hommes sous des figures ingénieuses & divertissantes, sous des emblêmes & des entretiens de bêtes. Il donne même, selon un Critique moderne (1), plus de préceptes & plus de régles que Terence pour rendre les hommes sages dans toutes leurs actions, & pour leur faire aimer la vertu & haïr le vice. C'est pourquoi ses livres sont d'autant plus excellens qu'ils sont proportionnés tout ensemble aux personnes les plus sages & aux enfans. Les premiers admirent les instructions importantes qui sont cachées avec tant de graces dans les replis de ces Fables : les derniers s'arrêtant à l'écorce de ces fictions ingénieuses qui les charment, y trouvent tout à la fois le plaisir qu'ils y cherchent, & les enseignemens qu'ils n'y cherchent pas. (2)

Quand on fait réfléxion sur tant d'excellentes qualités qui rendent cet Auteur si recommandable, on a quelque sujet d'être supris de voir que l'Antiquité ait eu si peu de soin de nous le conserver, ou du moins de nous en recommander la lecture. Il semble même qu'elle l'ait mis dans un oubli assés volontaire, & qu'on se soit peu soucié de le nommer dans les citations. Si nous en croyons Vossius (3) le premier des Anciens qui ait fait mention de lui, est Avienus qui vivoit trois cens ans après lui sous Theodose. Mais quoique Vossius se soit trompé, & que Martial eut parlé de lui long-tems auparavant (4) ; néanmoins il n'auroit pas été impossible à des Plagiaires, tels que Nicolas Perrot (5) & Gabriel Faërne de le supprimer en le pillant comme ils ont fait (6), si Mr Pithou n'eût rendu la vie à notre Auteur.

* *Phœdri Fabulæ Æsopiæ cum notis Tanaq. Fabri* in-4°. *Salmur.* 1657. —*Idem cum notis Rigaltii* in-4°. *apud R. Steph.* 1617. —*Idem cum notis Petri Danet* in-4°. *Paris.* 1673. — *Idem cum Mart. Guidii Comm. curante P. Burmanno* in-8°. *Amst.* 1698. — *Idem cum notis Joh. Fred. Nilant* in-8°. *Lugd.-Bat.* 1709. — *Idem cum notis Davidis Hoogstratani, in usum Principis Nassavii* in-4°. *Amst.* 1700. *

---

1 Le Maiftre de Saci ou celui qui a traduit Terence &c.

2 De Saint Aubin, ou le Maiftre de Saci préface sur la traduction de Phedre.

3 Ger. Joan. Voff. de Poët. Lat. lib. sing. pag. 38.

4 Martial. Epigram. xx. lib. 3.

5 ¶ Il faut écrire *Pérot*, & voir le 3. vol. du nouveau Menagiana, où depuis la page 223. jufqu'à 228. il eft parlé amplement de Nicolas Pérot, & du manufcrit qu'il avoit des fables de Phédre.

6 De Perroto V. Gafp. Barthium lib. 35. adverfar. cap. 21. col. 1670. De Faërno, Vide Jac. Aug. Thuan. Hift. Item eumd. Barthium.

## CÆSIUS BASSUS,

Poëte Lyrique, sous Claudius & Neron.

1157 Quintilien lui donnoit le premier rang après Horace (1), mais le peu de fragmens qui nous en sont restés, ne nous donne pas lieu d'en dire davantage. [ Voyés dans le *Corpus Poëtarum* Art. 1131.]

1 Quintilian. lib. 10. Institut. Oratoriar. cap. 1.
Vossius lib. 1. de Histor. Latin. cap. 22. pag. 115. & de Poët. Lat. pag. 44.

## PERSE,

Poëte Satirique, (*Aul. Pers. Flacc.*) mort âgé de 29. ans, en la seconde année de la 110. Olympiade, l'an vulgaire de Jesus-Christ, c'est-à-dire de notre Epoque 62.

1158 Les Critiques ont presque tous donné leur voix pour la réprobation de Perse. Jules Scaliger dit nettement que c'est un Ecrivain impertinent, qui n'a point eu assés de jugement pour voir que c'étoit en vain qu'il prétendoit se faire lire, s'il ne vouloit point être entendu (1). Il ajoute que ce n'est qu'un fanfaron qui fait parade d'une érudition fiévreuse, & qu'il ne paroît que du caprice & du chagrin dans son style.

Joseph Scaliger son fils appelloit Perse un *pauvre Poëte* & un *misérable Auteur*, qui ne s'étoit appliqué qu'à se rendre le plus obscur qu'il lui étoit possible, & qui pour ce sujet a été nommé l'*aveugle* par les Poëtes. (2). Il témoigne néanmoins que bien qu'il n'y ait rien de beau dans cet Auteur, on peut pourtant écrire de fort belles choses sur lui (3). C'est ce qu'on a remarqué dans la conduite de Casaubon, dont les Commentaires valent beaucoup mieux que l'original de Perse, comme nous l'avons vû ailleurs. (4)

Mais comme notre Poëte n'a point eu dessein de se faire entendre,

1 Jul. Cæs. Scalig. Hypercritic. lib. 6. Poëtic. pag. 8, 8.
2 Joseph. Just. Scalig. in primis Scalig. pag. 125.
3 Alter. Scalig. & ex Scaligero Franc. Vavassor lib. de ludicra dictione pag. 240.
4 Tom. 2. part. 2. des Jugem. des Sav. où il est parlé de Casaubon, Art. 457.

Perse. il semble que Casaubon & les autres Critiques qui ont voulu travailler sur lui, soient allé contre ses intentions, & qu'ils ayent eu tort de le vouloir expliquer, vû que selon Mr Godeau (1) il ne méritoit point la peine que ces savans hommes ont prise pour cet effet.

On peut dire néanmoins que leur travail n'a pas été entièrement inutile, puisqu'il a servi du moins à faire connoître le peu de mérite de leur Auteur. Le P. Vavasseur nous apprend (2) que le P. Petau l'estimoit encore de la moitié moins qu'il n'auroit fait si on l'eut laissé sans explications, sans gloses, & sans commentaires, parce que son obscurité nous auroit au moins fait croire qu'il auroit quelque chose de mysterieux.

Le P. Rapin prétend qu'il est tombé dans cette obscurité pour avoir affecté de la grandeur d'expression sans avoir de génie, & pour avoir été trop hardi dans son langage (3). Le même Auteur dit ailleurs (4) que c'est l'affectation qu'il avoit de paroître docte qui lui causoit cette obscurité, à laquelle il ajoute que ce Poëte a joint la gravité & la véhémence du discours, mais cela n'a point été capable de lui donner plus d'agrément. Ce n'est pas, dit cet Auteur, que Perse n'ait quelques traits d'une délicatesse cachée: mais ces traits sont toujours enveloppés d'une érudition si profonde, qu'il faut des Commentaires pour les développer. Il ne dit que tristement ce qu'il y a de plus enjoué dans Horace, qu'il tâche quelquefois d'imiter. Son chagrin ne le quitte presque point. C'est toujours avec chaleur qu'il parle des moindres choses, & il ne quitte jamais son sérieux lorsqu'il veut railler.

Vossius croit qu'il ne savoit pas les régles de la Satire, ou du moins (5) qu'il les a négligées & renversées, lorsqu'il a attaqué seulement quelques Personnes en particulier, au lieu de reprendre les vices ausquels plusieurs sont sujets; & lorsqu'en voulant marquer quelques fautes ou quelques actions de ces Particuliers, il ne se sert souvent que de termes généraux, qui ne nous donnent point de lumiéres pour connoître ni le fait ni la personne. C'est pourquoi ce qu'il a fait ne mérite presque point le nom de Satire, selon ce Critique, parce qu'il ne censure personne nommément, & qu'il aime mieux blesser tout de bon que de piquer ou mordre en se jouant.

1 Ant. Godeau Hist. de l'Eglise à la fin du premier siecle pag. 378. au premier tome de l'édition d'Hollande.

2 Franc. Vavassor de ludicra dictione, ut supra pag. 241.

3 Ren. Rapin Reflex. generale 30. sur la Poëtiq. pag. 79. edit. in-12.

4 Seconde partie du même Ouvrage Reflex. XXVII. &c.

5 Ger. Jo. Voss. Institution. Poëtic. l. 3. pag. 41.

Enfin

## POETES LATINS.

Enfin Casaubon & Farnabe après lui, ont remarqué (1) que si on vouloit dépouiller Perse des plumes d'autrui dont il s'est voulu parer, il ne resteroit de ce qui lui appartient que des bagatelles, & des inutilités fort grandes; & ils prétendent que toutes ses Satires ensemble ne valent pas une seule page de celles de Juvenal.

Mais quoiqu'on ait pû dire contre les Satires de Perse, il n'a point laissé de rencontrer quelques Critiques assés favorables pour juger qu'il n'étoit pas entiérement dépourvû de sens. C'est ce qui paroît par le sentiment que Mr Despreaux semble en avoir eu, & qu'il a exprimé en ces termes. (2)

> *Perse en ses vers obscurs, mais serrés & pressans,*
> *Affecta d'enfermer moins de mots que de sens.*

Chytræus prétend même (3) que c'est un grand Philosophe, & que sous la sévérité de la Satire il cache divers enseigemnens tirés des livres de Platon.

* *Eilh. Lubini Paraphrasis in Auli Persii Flacci Satiram* in-8°. *Amst.* 1595. — *Idem Persius cum notis Farnabii* in-12. *Amst.* 1650. — *Persii Satira cum comment. Isaaci Casauboni per Mericum Casaubonum* in-8°. Lond. 1647. — *Juvenalis & Persii Satiræ cum notis Hennini* in-4°. Ultraject. 2. vol. 1685. — *Con Annotazioni dal Conte Camillo Silvestri da Rovigo* in-4°. in Padoua 1711. — *Cum notis Rigaltii* in-12. Paris. apud Rob. Steph. 1616.*

---

1 Isaac Casaubon Præf. in Pers. Comm. Item Thom. Farnab. prætat. ad Juvenalem.
¶ Quoi que Casaubon ait recueilli curieusement tous les endroits où Perse a imité, pour ne pas dire copié, Horace, bien loin cependant de le rabaisser au dessous & d'Horace & de Juvénal, il prétend que toute compensation faite entre les trois Satiriques, de ce qu'ils ont de bon & de mauvais, Perse pourroit fort bien disputer de la préférence avec les deux autres. Ce n'est donc pas Casaubon que Baillet devoit citer, c'est uniquement Farnabe qui à l'exemple de Jule Scaliger a parlé de Perse avec le dernier mépris.

2 Despreaux de l'Art Poëtique chant 2. pag. 190.

3 Chytr. de Poëticar. lectione recte instituend. ap. J. Andr. Quenstedt. de Patr. Vir. ill. pag. 322.

## LUCAIN,

Poëte Epique historique ( *Marcus Annæus Lucanus* ) né à Cordouë en Espagne vers l'an 37. ou 39. de notre Epoque (1), fils d'Annæus Mela, & neveu de Seneque le Philosophe, mort en la dixiéme année de l'Empire de Neron, en la troisiéme année de la 210. Olympiade, qui fut celle de la premiére persécution de l'Eglise, & la fin de la 63. de notre Epoque. D'autres mettent cette mort deux ans après, sous le Consulat de Nerva, & Vestinus suivant Tacite.

### §. I.

1159 IL y a peu d'Ecrivains qui ayent été plus exposés à la censure des Critiques que Lucain. Les uns en ont voulu faire un grand Poëte, les autres un Historien médiocre, quelques-uns un véhément Orateur, & d'autres un Philosophe, un Mathématicien & un Théologien.

Mais on ne sait pas bien encore à qui de Lucain ou de ses Critiques cette multitude de Censeurs est plus nuisible, parce que si d'un côté elle nous porte à croire qu'il y a bien des choses à dire dans Lucain, & qu'il faut que sa *Pharsale* soit bien inégale & bien défectueuse; de l'autre on peut dire que la diversité de tant de jugemens inégaux & pleins de contradiction qu'on a portés sur son Ouvrage, ne nous donne pas une grande idée de la solidité de la plupart de ces jugemens, ni de la capacité de quelques-uns de ces Critiques qui se sont le plus écartés du commun des autres. Il en faut rapporter les principaux, pour donner au Lecteur le moyen de prendre tel parti qu'il lui plaira, & de choisir les uns en se divertissant des autres.

Quelques-uns de ceux d'entre les Critiques qui en ont voulu faire un grand Poëte, n'ont point fait difficulté de l'égaler à Virgile, mais Farnabe n'a point appréhendé de dire que ces sortes de Critiques ne nous ont point tant fait voir la grandeur de Lucain que leur propre insolence, en faisant un paralléle si bizarre (2) & si ridicule.

Un de ces Critiques qui n'est point sans doute du premier ordre, ayant entrepris de donner une nouvelle édition de la Pharsale avec

---

1 Ces diversités viennent de la difficulté d'accorder saint Jerôme avec les Historiens Romains.

2 Thomæ Farnabii præfatio ad Lucani editionem.

ses notes a voulu user du privilége que les Scholiastes & les Commentateurs semblent s'être donné pour élever leurs Auteurs aussi haut qu'ils le jugent à propos, sans se soucier de faire tort aux autres. Il a voulu nous faire croire (1) que Lucain est si fort approchant de Virgile, qu'il y a un très-grand nombre d'endroits dans lesquels on ne sait lequel des deux l'emporte sur l'autre. Virgile est riche & magnifique, dit ce grave Auteur : Lucain est somptueux & splendide. Virgile est mûr, sublime, abondant : Lucain est véhément, harmonieux, diffus. Virgile imprime le respect : Lucain imprime la terreur. Virgile est net & composé : Lucain est fleuri & juste. Virgile a plus d'avantage dans la qualité. Lucain en a plus dans la quantité. Virgile a plus de force : Lucain a plus de véhémence. Voilà le jugement de Sulpitius, c'est-à-dire, d'un des plus zélés admirateurs des perfections de Lucain.

D'autres l'ont voulu aussi comparer à Virgile, mais avec plus de distinction, comme Dempster, qui dit (2) que Lucain n'est pas fort éloigné de la majesté de Virgile. Il s'en est encore trouvé d'autres qui ont usé de la même comparaison, mais ç'a été par une espéce d'opposition & pour faire voir la différence de ces deux Poëtes. C'est ainsi que le P. Rapin a dit que Lucain n'est qu'un emporté au prix de Virgile. (3)

### §. 2.
#### *Du génie de Lucain pour la Poësie.*

Mr Godeau dit (4) que Lucain avoit sans doute beaucoup de génie, & l'esprit grand & élevé, comme il paroit sur tout dans ses descriptions : mais qu'il avoit le vice ordinaire des jeunes Gens, qui est de ne pouvoir jamais se modérer. Il ajoute que comme quelques-uns l'estiment trop, d'autres le blâment aussi plus qu'il ne mérite, parce que comme il a ses vices, on ne peut pas nier qu'il n'ait aussi ses vertus.

Philippe Rubens ou Rubenius témoigne aussi que Lucain avoit l'esprit élevé & sublime, & qu'on ne remarque rien de servile en lui (5), quoiqu'il fut dans l'esclavage sous les Tyrans. Farnabe ne pouvoit se lasser d'admirer sa liberté, son éloquence, sa force, son feu, son activité, sa subtilité noble & divine, l'élévation de son es-

---

1 Joannes Sulpitius Verulanus in Epistol. præfix. Lucani edition.
2 Thomas Dempster Scot. ad Joan. Rosini Antiquit Roman.
3 René Rapin comparaison d'Homere & Virgile chap. 11. pag 41.
4 Antoine Godeau Histoire Ecclésiastique fin du premier siécle
5 Philip. Rubenius lib. 1. Elector. cap. 2. & apud Mart. Hanch. de Script. Rom.

prit, la vigueur de sa Muse toute mâle & toute militaire, son air coulant qu'il prétend même être sans impétuosité, la sublimité, la clarté & la pureté de son style. (1)

Barthius assure en divers endroits (2) de ses Ouvrages que c'est un Poëte d'un prodigieux génie, d'une érudition toute extraordinaire, d'un caractére tout-à-fait héroïque; qui depuis que sa Pharsale parut au monde, a toujours été considéré comme un Auteur de grand poids parmi les Philosophes & les autres Personnes d'importance à cause de la gravité, de la force, de la vivacité, de la subtilité, de la véhémence des pensées qui brillent par tout son Ouvrage, & qui font considérer sa Poësie comme un des plus grands efforts d'un esprit tout de feu.

C'est ce qui a fait dire à Mr de Chanteresne (3), que toute sa beauté consiste dans des pensées extraordinaires & surprenantes, qui ne laissent point d'être solides: mais qu'après tout, cette beauté est beaucoup moins d'usage que celle qui consiste dans un air naturel, dans une simplicité facile & délicate, qui ne bande point l'esprit & qui ne lui présente que des images communes.

Jules Scaliger avoit déja pensé & publié la même chose que ces Critiques en divers endroits de sa Poëtique, ou il s'est suscité plusieurs occasions de parler sur les bonnes & les mauvaises qualités de Lucain avec plus d'étenduë. Tantôt il dit que cet Auteur n'est pas un Poëte du commun (4), mais qu'il est trop embarassé & trop confus dans ses pensées, qu'il porte toutes les choses à l'excès, & qu'on le trouve toujours dans l'une des deux extrémités, faute d'avoir connu ce que c'est que le juste milieu des choses.

Tantôt il avouë (5) que c'est un génie vaste, transcendant, & plus que Poëtique; mais que c'est un esprit qui ne connoît point de Maître, qui n'a point voulu de bornes, qui n'a pû souffrir de bride, incapable de se soulager dans ses efforts, & de revenir de ses égaremens; qui est presque toujours ébloui de son brillant, & aveuglé de la fumée de son feu; qui est esclave au milieu de ses emportemens, & qui n'ayant de l'entousiasme & de la fureur Poëtique que cette fougue qui l'emportoit toujours hors de lui-même, jamais il n'avoit

---

1 Farnabius in Epist. præfator. edit. Luc.
2 Gasp. Barthius Adversarior. lib. 53. cap. 6. &c. 1487. 1488.
3 Nicole Traité de l'Education du Prince part. 2. parag. 36. pag. 63.
4 Jul. Cæs. Scalig. in Critico, seu lib. 5. Poëtices cap. 15. pag. 717.
5 Idem Auctor in Hypercritico, seu lib 6. Poëtices pag. 844.

pû rencontrer ce beau tempérament & cette admirable médiocrité où Virgile s'est renfermé d'une manière tout-à-fait unique.

Nous venons de voir que Scaliger a voulu nous faire passer Lucain pour un Poëte qui est fort au dessus du commun des autres Poëtes. Le Gyraldi qui vivoit de son tems, & qui n'étoit guéres moins Critique que lui, n'a pourtant pas fait difficulté (1) de le mettre au rang des derniers, & de le compter parmi ceux de la lie (2). Il prétend que comme cet Auteur n'avoit ni discrétion ni jugement, il faut beaucoup de l'une & de l'autre pour ne point prendre pour des perfections & des vertus, ce qui n'est que vice & que défaut. Il ajoute qu'on doit dire de Lucain ce que Ciceron (3) disoit généralement des Poëtes de Cordoüe de son tems, *qu'ils avoient je ne sai quoi de grossier & d'étranger*: que c'est avec raison que l'on compare Lucain à un cheval indompté qui court au milieu d'un pré ou d'un champ, & qui fait des sauts non-pareils, mais sans régle, sans mesure & sans fruit : ou à un jeune soldat qui jette son dard avec beaucoup de courage & de violence, mais sans prendre garde où il le jette, ni à qui il en veut.

Un autre Critique qui étoit de quelques années plus âgé que le Gyraldi (4), a prétendu au contraire que Lucain est un Auteur fort judicieux, que c'est un Ecrivain adroit, abondant, vigoureux & poli dans ses harangues ; qu'il est grave, savant & net dans tout le reste ; qu'il explique les causes, les desseins, les raisons & les actions avec tant de majesté qu'on s'imagineroit voir toutes ces choses plutôt qu'on ne les lit, & qu'on croit être present à tout ce qu'il dit.

Joseph Scaliger disoit nettement (5) que Lucain n'avoit pas pû devenir Poëte, parce qu'il avoit le génie trop violent, trop monstrueux & trop terrible ; qu'il avoit trop d'esprit, & que ne pouvant se retenir faute de jugement & de lumiéres, il n'avoit su ce que c'étoit que faire un Poëme.

Quoique la plupart de ces Critiques que je viens d'alleguer, ayent remarqué beaucoup de génie & peu de jugement dans Lucain, cela n'a point empêché le P. Rapin de dire dans la premiére partie de

---

1 Lil. Greg. Gyrald. Dialog. 4. de Hist. Poëtar. antiquor.

2 ¶ Gyraldus en parlant de Lucain n'use pas d'une expression si méprisante. Il ne le rabaisse qu'à l'égard de Virgile avec lequel il ne peut souffrir qu'on le compare. Il veut qu'on ne le regarde ni comme le second ni même comme le troisième, mais qu'il y ait entre Virgile & lui une distance aussi grande qu'il y en auroit dans la carriére entre celui qui auroit atteint le but de la course, & celui qui seroit encore à la barriére. Cela ne veut pas dire que généralement parlant Lucain soit de la lie des Poëtes. ¶

3 ¶ Dans l'Oraison *pro Archia*.

4 Jo. Sulp. Verul. Lucani editor ut suprà.

5 Joseph. Scalig. in Primis Scalig. p. 103. 104.

ses Réfléxions (1), que Lucain languit souvent faute de génie, & qu'il a pourtant du jugement. Mais le même Auteur s'est expliqué ailleurs (2) d'une maniére plus nette, & qui nous tire de peine. Il dit que Lucain est grand & élevé à la vérité, mais qu'il est peu judicieux, & qu'il ne pense qu'à faire paroître son esprit. Il approuve Scaliger qui blâme les emportemens continuels de ce Poëte, parce qu'en effet il est excessif dans ses discours, où il affecte de paroître plus Philosophe que Poëte. Et pour faire voir son peu de jugement, il remarque que ses Episodes ont je ne sai quoi de contraint & d'affecté, & qu'il y fait de grandes dissertations Scholastiques & des disputes purement spéculatives sur les choses naturelles qu'il trouve en son chemin.

Le P. Briet écrit que Lucain ayant affecté de ne rien dire que d'exquis, & de ne rien rapporter qui ne fût éclatant & extraordinaire, son prétendu Poëme en est devenu tout enflé, tout irrégulier, & fort obscur en plusieurs endroits (3). Le même Pere donne avis aux Maîtres de ne point laisser Lucain entre les mains des jeunes Gens, & de ne leur en point faire la lecture, parce qu'il juge qu'il n'y a point de Poëte qui ait si dangereusement corrompu la Poësie.

C'est par le défaut de jugement qui paroît dans toute la Pharsale, que Jacques Peletier jugeoit du peu de raison qu'ont eu les Ecrivains du moyen âge de l'avoir voulu faire passer pour un grand Poëte. Il est, dit-il, trop ardent & trop enflé: il est trop affecté dans ses harangues, où il ne sait ce que c'est que de garder la bienséance des Personnes, & où il fait parler un Nautonier & les derniers des hommes d'un air de César & de Pompée. Vous diriés, ajoute cet Auteur (4), que quand il est sur la description de quelque objet, il n'en doit jamais sortir. Il n'a point la discrétion de se modérer & de supprimer tout ce qui n'est point nécessaire à son sujet; ce qui pourtant est un des plus grands artifices qu'un Poëte doive mettre en usage. Mais pour rendre une justice entiére à Lucain, Peletier ne laisse point de reconnoître qu'il y a un grand nombre de beaux traits semés dans la Pharsale.

Gaspar Barthius qui a fait voir sa profusion dans les éloges qu'il

---

1 R. Rap. Reflexion 1. sur la Poëtique prem. part. pag. 3. ed t. in-12.

2 Le même Auteur au même Traité, seconde part. Reflex. 8.

Et dans la Reflexion 15. de la même partie.

3 Philipp. Briet. lib. 2. de Poët. Latin. p. 34. 35.

4 Jacq. Peletier du Mans dans son Art Poët. livre 1. chap. 5. de l'Imit.

POETES LATINS. 159

donne à Lucain en plus d'un endroit de ses *Adversaires*, avouë  Lucain
néanmoins dans le dernier de ses Ouvrages (1), que ses bonnes qualités ont été balancées par de grands défauts. Il dit qu'il en vouloit
mortellement à César & à toute sa famille, & que sous prétexte de
parler pour la liberté, il ne cherchoit qu'à autoriser la passion &
l'ambition de certaines gens de son tems qui vouloient dominer
seuls, ou qui ne pouvant souffrir leur Prince légitime, étoient plutôt disposés à se soumettre à tout autre, tel qu'il pût être, pourvû
que ce ne fût pas un César qui pût se vanter de venir de celui qui
avoit ruïné la liberté de la République. Il reconnoît aussi que Lucain
paroît n'avoir été qu'un jeune étourdi, un téméraire, & un brouillon,
qui ne savoit pas ménager les caractéres de ceux qu'il représentoit,
ausquels il donnoit souvent le sien, c'est-à-dire celui de la légéreté,
de la vanité, & de l'emportement.

Mais cette liberté que Barthius a prise pour le fruit d'un esprit peu
judicieux, a passé dans l'imagination de Daniel Heinsius pour une
vertu tout-à-fait héroïque, & pour l'effet de cette générosité Romaine dont le cœur de Lucain étoit tout plein. C'est ce qu'il a prétendu nous faire voir fort amplement dans le curieux Livre qu'il a
fait des louanges de l'*Asne*, pour la consolation de ceux qui ont eu
honte jusqu'ici de paroître tels sous la figure humaine. Il soutient
(2) que la Pharsale est le monument le plus glorieux qu'on ait jamais
dressé à la liberté de la République Romaine. Il a raison de dire que
Lucain avoit le sang noble & bouillant dans les veines; mais les
Poëtes ne doivent point savoir beaucoup de gré à ce Critique d'avoir
malicieusement insinué que Lucain avoit été parmi ceux de leur
profession, ce qu'est un Cheval hennissant & fougueux au milieu d'une
troupe d'Asnes. Il est bon néanmoins de rapporter la raison qu'il
croyoit avoir pour appuyer sa comparaison. C'est que comme il n'y
a pas d'animal plus soûmis & plus propre à la servitude que l'Asne;
de même parmi les diverses espéces de Savans, il n'y en avoit pas

1 G. Barth. lib. 60. Adversarior. ad S. Augustini libros de Civit. Dei lib. 1. cap. 12. ad calc. volum.

¶ Le soissantième & dernier livre des *Adversaria* de Barthius consiste dans un essai du vaste Commentaire qu'il avoit entrepris sur les livres de Saint Augustin de la Cité de Dieu. C'est là que page 3016. à l'occasion de cet hémistiche *Cælo tegitur qui non habet urnam*, que S. Augustin cite, & qu'on fait être de Lucain, il s'étend sur les louan-ges de ce Poëte sans en toucher les défauts, en sorte qu'il est évident que Baillet s'est mécompté dans la citation de cet endroit des *Adversaria* de Barthius, au lieu qu'il devoit renvoyer au 53. livre du même ouvrage, chap. 6. où effectivement l'Auteur met dans la balance tout ce qu'on a coutume de louer & de reprendre dans Lucain. *b*

2 Dan. Heinsius lib. singul. de Laude Asini edit. in-4. pag. 86. 87. & seqq.

autrefois de plus flateurs & de plus esclaves des Grands que les Poëtes. Mais Heinsius devoit songer que sur ce pied-là Lucain n'étoit pas le seul Cheval de son siécle, puisqu'il s'est trouvé encore sous Neron & sous Domitien quelques autres Poëtes qui ont usé d'une liberté aussi grande que s'ils avoient vêcu dans une République, tandis que les autres flatoient les Grands, & se faisoient honneur de leur servitude en donnant de l'encens aux Princes ou à leurs Favoris.

Enfin pour ne point séparer nos paradoxes, je rapporterai ici l'opinion de Mr du Hamel (1), qui n'a point fait difficulté de dire que Lucain garde la bien-séance de son Héros beaucoup plus judicieusement que Virgile. Mais quand on accorderoit cela de l'Action principale de son Poeme, on aura toujours raison de dire, comme fait Vossius (2), que Lucain n'est nullement judicieux dans toutes les circonstances qui accompagnent cette Action, dans ses Episodes tirés de trop loin, & recherchés avec trop d'affectation, & dans ses digressions trop fréquentes; & qu'il défigure son Héros & ses autres personnages en leur donnant un Caractére de Docteurs qui ne leur sied pas, & en leur faisant faire des discours & des dissertations étudiées sur des points d'érudition, où l'on trouve des choses exquises à la vérité, mais qui n'ont ni rapport nécessaire, ni liaison naturelle à son sujet, & qui font voir que ce jeune Poëte n'avoit que de l'ostentation.

§. 3.

*De la Constitution du Poëme de Lucain ou de l'Ordonnance de sa Fable.*

Les plus expérimentés d'entre les Critiques semblent être toujours convenus que l'Action de la Pharsale en la maniére que Lucain l'a traitée n'est point la matiére d'un Poëme Epique, c'est ce qui les a portés à mettre Lucain parmi les Historiens plutôt que parmi les Poëtes.

C'est à lui que Petrone en vouloit, lorsqu'il a dit (3) qu'il n'étoit pas possible de ne pas succomber sous le fardeau, lorsqu'on prétendoit se charger de toute la matiére des Guerres civiles, sans avoir tous les secours nécessaires pour la bien traiter. Car il ne s'agit pas, dit il, pour faire un Poëme, de renfermer une suite d'Actions dans

---

1 Du Hamel Dissertation sur les Poësies de Mr de Brebœuf pag. 14.
2 Gerard. Joan. Vossius lib. 1. Institution. Poëtar. cap. 4. pag. 41.
3 Petron. Arbiter in Satyrico.

## POETES LATINS. 161

des Vers, parce que c'est entreprendre sur l'Office d'un Historien : Lucain mais il faut prendre des détours, il faut employer des machines, c'est-à-dire le ministére des Dieux, il faut que l'esprit en se laissant aller dans le vaste champ des Fables ait soin de conserver toujours sa liberté, de telle sorte néanmoins qu'il fasse paroître de l'enthousiasme & de cette inspiration qui excite la fureur Poëtique.

Les Ecrivains des siécles suivans qui ont paru d'une érudition un peu distinguée, ont été dans le même sentiment à l'égard de la Pharsale, & ils n'ont pas jugé à propos de faire passer Lucain pour un Poëte, sous prétexte que son Ouvrage est historique. C'est ce qu'on peut voir dans Servius (1), dans Jornande Historien des Gots (2), dans Saint Isidore de Seville (3) & dans le Polycratique de Jean de Sarisberi Evêque de Chartres (4).

Jules Scaliger n'a point laissé de soutenir (5) que bien que l'Ouvrage de Lucain soit historique, l'Auteur de cet Ouvrage ne laisse pas d'être un véritable Poëte. Vossius semble avoir songé à les accommoder tous, en disant que Lucain est un Poëte Historique, & non Mythique (6) : qu'à dire le vrai, il déclame plutôt qu'il ne chante (7), mais qu'on trouve pourtant une chose fort louable en lui, qui est d'avoir sû choisir une Action principale, & de s'y être attaché avec assés de fidélité dans toute la suite de son Ouvrage. Gaspar Barlæus a voulu aussi concilier les partis, en faisant Lucain également Poëte & Historien ; mais j'ai peur qu'il n'ait pris un galimatias pour la pointe de son Epigramme (8), lorsqu'il a voulu nous dire qu'on ne peut point refuser ces deux qualités à Lucain, sans faire connoître en même tems qu'on est moins bon Poëte & moins bon Historien que lui (9).

1 Servius commentar. in Virgil. Æneïd, lib. 1. versu 181.
2 Jornand. seu Jordan. de histor. Goth. cap. 5. & apud. Hanckium.
3 Isidor. Hispalens. Originum. lib. 8. cap. 7. & Hanck.
4 Joan. Sarisberiens. Polycratie. De nugis curialib. lib. 1 cap. 19.
Item. ap. Mart. Hanck. de script. Rer. Roman.
5 Jul. Cæs. Scaliger lib. 3. Poëtices cap. 2.

6 Vossius Institution. Poëticar. lib. 3. cap. 4. pag. 13.
7 Item lib. 1. Inst Poët. cap. 7. pag. 62.
8 ¶ Ce pourroit être une fausse pointe, mais comme le sens en est fort intelligible, ce n'est pas un galimatias.
9 Gasp. Barlæi Epigramma sic habet :

*Cui minus Historicus credor, minus esse Poëta.*
*Me minor est Vates, & minor Historicus.*

§. 4.

*Des connoissances de Lucain qui sont nécessaires ou étrangéres à son Ouvrage.*

Lucain ne s'eſt pas contenté de faire l'Hiſtorien dans ſon Poëme, il a voulu faire connoître auſſi qu'il étoit encore un Orateur. En effet Quintilien voyant ſa véhémence & la nobleſſe de ſes penſées eſtimoit (1) que cet Auteur mérite plutôt d'être mis au rang des Orateurs que parmi les Poëtes. C'eſt ce qu'Eraſme a remarqué auſſi après lui, mais il juge que bien qu'il ait plus l'air d'un Orateur que d'un Poëte, ſon éloquence ne laiſſe pas d'être très-éloignée de celle de Ciceron (2).

Jean Sulpice qui a peu ſurvécu à Eraſme (3), Gaſpar Barthius & Thomas Farnabe du tems de nos Peres nous l'ont auſſi dépeint comme un grand Orateur. Barthius a prétendu que Lucain n'avoit point eu ſon ſemblable dans l'art de mêler les fleurs & les ornemens du diſcours avec le poids de ſes penſées. Il dit que c'eſt avec toute la bonne foi imaginable (4) qu'il a gardé le Génie & le Caractére d'un Déclamateur ; que c'eſt un Orateur Républicain plus ſemblable à Caton pour la conformité d'humeur & de tempérament qu'à Ciceron, & aux autres Orateurs qui vivoient dans un Etat de liberté. Il ajoute qu'étant ennemi déclaré de la Tyrannie & de toute

---

1 Quintilian. Inſtitution. Oratoriar. lib. 10. cap. 1. &c.

2 Eraſmus in Dialog. Ciceronian. pag. 147.

3 Joan. Sulpitius Verul. in præfat. ad Lucani edition.

¶ Jean Sulpice de Véroli *Joannes Sulpitius Verulanus*, contemporain de Domitius Calderinus, de Nicolas Pérot, & même de Politien vivoit encore en 1495. Cela paroit par les œuvres de Campanus Evêque de Téramo imprimées à Rome & à Veniſe, cette-année-là, parmi leſquelles au-devant de ſes Poëſies eſt une Epitre de Michel Fernus adreſſée à Pomponius Lætus, où il eſt fait mention de Jean Sulpice comme d'un homme qui avoit ſurvécu à George Merula, & à Politien, morts l'un & l'autre l'année précédente 1494. Sabellic dans ſon Dialogue de *Reparatione Latinæ Linguæ* le compte parmi les premiers reſtaurateurs des belles lettres à Rome dans le quinziéme ſiécle, C'eſt à lui qu'eſt dûë la plus ancienne & la plus rare de toutes les éditions de Vitruve. L'éxemplaire qui s'en voit à la Bibliothèque du Collège Mazarin n'a véritablement nulle marque ni du lieu ni du tems de l'impreſſion ; mais de la maniére dont Jean Sulpice parle d'Innocent VIII. dans l'Epitre dédicatoire on juge que le livre a été vraiſemblablement imprimé l'an 1490. deux ans avant la mort de ce Pape. Enfin les Commentaires de Jean Sulpice ſur Lucain ont été imprimés à Veniſe dès l'an 1493 Toutes ces dates ne permettent pas de croire qu'il ait pu ſurvivre à Eraſme, mort le 12. Juillet de l'an 1536. Auſſi n'ai-je d'abord obſervé que Jean Sulpice vivoit encore en 1495. que parce que je ne crois pas qu'on puiſſe prouver qu'il ait guéré vécu au-delà, d'où je conclus qu'il eſt probablement mort 40. ans tout au moins avant Eraſme, bien loin de lui avoir ſurvécu. ¶

4 G. Barthius lib. 53. Adverſar. cap. 6. ut ſuprà col. 2488.

Monarchie, il auroit mieux réuffi s'il eut donné à la vivacité de fon esprit & à la force de fon éloquence la liberté de la profe, au lieu de l'enchaîner dans les vers. Mais après tout, depuis qu'on eut perdu le goût de la véritable Eloquence, qui felon plufieurs de nos Maîtres ne fe peut point rencontrer hors d'une République, & qui avoit regné dans le Senat avant la révolution de l'Etat, perfonne n'avoit encore fait paroître avec tant d'éclat ce nouveau genre d'éloquence qui femble même avoir pris fa naiffance dans la famille de Lucain. Car fon oncle Seneque le Philofophe en avoit déja donné un éxemple en profe, & on pourroit foupçonner fon grand Pere Seneque le Rhétoricien d'en avoir voulu donner la forme & les régles. Comme le goût de cette forte d'éloquence qui confiftoit toute dans les pointes des mots & dans les brillans continuels des penfées étoit bien établi fur la fin de l'Empire de Neron, Lucain que la Nature avoit fait éloquent en ce fens, fe trouva, même au préjudice de fon oncle felon quelques-uns, le Prince des Orateurs du tems malgré la mefure de fes vers, fans faire autre chofe pour mériter cet honneur, que de fe laiffer aller à fon impétuofité naturelle & au génie de fon fiécle.

Outre que Lucain étoit Orateur, on peut dire après le P. Thomaffin (1) qu'il étoit encore un grand Théologien en fa maniére. Si nous en croyons Beroalde (2) & quelques autres Auteurs (3) il étoit euffi habile Géographe. Il étoit bon Philofophe & bon Politique, felon Barthius (4). Enfin c'étoit un grand Aftrologue au jugement de Nicolas Clemangis (5), c'eft-à-dire d'un homme qui vivoit en un tems où l'on n'éxigeoit pas encore grand chofe pour croire un homme habile en Aftronomie. Auffi Jofeph Scaliger qui en jugeoit par l'état où on avoit fait avancer cette belle connoiffance de fon tems, prétendoit-il que Lucain étoit fort ignorant dans l'Aftronomie (6), & qu'il fe trouve moins de folidité que de vanité, de fanfare, & d'oftentation dans ce qu'il en a dit.

Mais Gafpar Barthius qui reconnoiffoit d'ailleurs (7) que Lucain n'étoit pas bon Mathématicien, prétend que Jofeph Scaliger n'a

---

1 Louis Thomaffin de la Méthode d'étu. chretiennem. les Poëtes, livre 1. chap. 6. nombre 9. pag. 71. 72.
2 Philip. Beroald. in prælection. feu Oratione ad prælect. Luc.
3 Et apud Mart. Hanck. in libris de fcriptorib. Rerum Romanar.
4 Barthius lib. 53. Adverfarior. col.

2489. cap. 6.
5 Nicol. Clemangis feu de Clamengiis Epiftol. 5. & apud Gafp. Barthium l. 60. Adverf. pag. 3016.
6 Jofeph Scaliger lib. 1. Epiftol. 3.
7 Idem Barthius lib. Adverf. 60. p. 3016. ut fuprà.

point fait moins paroître d'injuſtice & d'animoſité en attaquant les Mathématiques de Lucain que ſon Pere Jules en avoit témoigné en cenſurant ſa Poëſie. Farnabe s'eſt trouvé dans les mêmes diſpoſitions que ce Critique à l'égard de Lucain. Après avoir déclaré qu'il n'approuvoit pas la cenſure de Jules Scaliger, & qu'il trouvoit le jugement de Petrone plus raiſonnable & plus judicieux, il ajoute que Joſeph Scaliger ne lui paroît pas plus diſcret que ſon Pere quand il s'emporte dans des déclamations & des invectives contre Lucain (1), ſous prétexte qu'il n'eſt point éxact dans ſes obſervations Aſtronomiques & Mathématiques. Il dit que ceux qui ſont ſi clair-voyans dans ſes défauts devroient bien avoir auſſi remarqué ſes bonnes qualités; qu'à dire le vrai, il a fait quelques fautes contre la Géographie & l'Aſtronomie; qu'il a quelquefois des duretés dans ſes maniéres, des hyperbates & des tranſpoſitions, des digreſſions & des réfléxions tirées de trop loin, & qu'il a trop d'attache à ſon parti. Mais il faut, dit-il, avoir quelque égard à la jeuneſſe du Poëte, & conſidérer que la plus grande partie de ces défauts ſont compenſés en quelque façon par ce grand cœur, & cet eſprit qui ne reſpire que la liberté ancienne, par ce torrent d'éloquence qui ſemble n'avoir point de bourbe, par la facilité & le bonheur avec lequel il a renfermé dans les vers une matiére qui paroiſſoit n'y être point propre, par la grace & la nobleſſe de ſes expreſſions, par ſa ſubtilité & ſon élévation qui a quelque choſe de divin, par ſa force & ſa véhémence, & par le ton mâle & militaire qu'il a donné à ſa Muſe.

§. 5.

*Du Style de Lucain.*

Il réſulte de tout ce que nous venons de voir ſur le ſujet de Lucain, que ſon ſtyle eſt grand, élevé, véhément, brillant & fleuri; mais qu'il eſt auſſi trop affecté & trop inégal. L'inégalité le rend aſſés ſouvent rampant & bas auprès des endroits les plus élevés; l'affectation le rend dégoûtant & le fait tomber dans quelques puerilités; & la véhémence jointe à la néceſſité de ſon ſiécle & à cette premiére révolution de la Latinité qui ſe fit ſur la fin de l'Empire de Tibere, ſemble avoir été un grand obſtacle à la pureté & à la clarté de ce ſtyle.

Outre cela on peut dire qu'il eſt trop hériſſé de pointes, de

---

1 Thomas Farnab. præfat ad Lucani edition.

fentences & de fubtilités étudiées. Cette affectation, dit Voffius (1), Lucain. étoit particuliére à la famille des Annéens qui étoit la fienne, celle des Seneques, & de Florus l'Hiftorien, & même à l'Efpagne entiére, comme il a paru dans Martial & quelques autres Ecrivains de cette Province de l'Empire.

C'eft dans la vûë de ces défauts que Petrone ne pouvoit fouffrir le ftyle de Lucain. Ce n'eft qu'à lui dit le Pere Rapin dans fes Réfléxions (2) & à Seneque qu'en veut ce Cenfeur fatirique par ces traits qui lui échappent contre les méchans Poëtes & les faux Déclamateurs. Le même Pere dans la comparaifon d'Homere & de Virgile (3) nous apprend que ce qui rend encore fon ftyle défectueux, c'eft ce mauvais goût des Epithétes recherchées & extraordinaires auquel il s'eft abandonné, & cette affectation pour les pointes dont il s'eft fait un art, quoique ce ne foit le plus fouvent qu'un jeu de paroles oppofées entre elles, qui eft un genre d'écrire qui ne peut revenir qu'à des efprits fuperficiels & de peu de folidité.

Jules Scaliger a prétendu (4) que Lucain avoit rendu fon ftyle odieux en lui donnant un air fier & menaçant qui n'infpire que la crainte & la terreur. D'autres Critiques y ont remarqué diverfes autres qualités dont on peut voir la bonté ou le vice parmi les jugemens différens qu'on en a rapportés plus haut. Ainfi on peut finir & conclure avec Mr du Hamel (5) que ceux des Critiques qui ont prétendu ne rien trouver que de louable dans Lucain, auffi bien que ceux qui n'y ont voulu remarquer rien que de blamable, font paffés à des extrémités qu'on ne peut point approuver; & que les premiers ont fait paroître trop d'ignorance, & les derniers trop d'injuftice dans leurs jugemens.

Au refte ceux qui voudront avoir un recueil des éloges que Lucain a reçûs de divers Auteurs pourront joindre ce que Mr Hanckius en a ramaffé dans la premiére & dans la feconde partie de fes Ecrivains des affaires de Rome (6), & y ajouter ce que

---

1 Gerard. Joan. Voff. Inftitut. Poëticar. lib. 3. pag. 108. &c.

2 Petrone au rapport du P. Rapin dans l'avertiffement des Réfléxions fur la Poëtique.

3 René Rapin compar. d'Homere & de Virgile chap. 10. page 39. edit. in-4°.

4 Jul. Cæf. Scalig. lib. 3. Poëtices cap. 27.
Item apud M. Hanck.

5 Du Hamel Differtatation fur les Ouvrages de Brebeuf page vingt-deux & vingt-trois.

6 Martinus Hanckius de Rerum Romanarum Scriptoribus, cap. 11. parte primâ, Articulo tertio pag. 78. & fequentib. Item parte fecundâ in addendis ad cap. 11. pag. 246. & fequentibus.

Voſſius en a recueilli dans ſes Hiſtoriens Latins ( 1. )

Nous aurions pû joindre à Lucain ſa femme *Polla Argentaria* qui faiſoit auſſi bien des Vers que lui ; qui avoit même plus de bon ſens & de jugement que lui ; & qui corrigea les trois premiers Livres de la Pharſale après la mort de ſon mari, mais il ne nous eſt rien reſté des autres Poëſies qu'elle avoit faite d'elle-même, & toutes celles de ſon mari ſont péries avec les ſiennes hors la Pharſale.

\* *M. A. Lucanus Romæ* in-fol. 1469. — *Sulpitii Verulani & Comment. Omniboni Vincentini* in-fol. *Venet.* 1493. — *Cum Lamb. Hortenſii & Jo. Sulpitii Verulani Commentariis* in-fol. *Baſil.* 1578. — *Idem ex emendatione Theod. Pulmanni* in-12. *Antuerp.* 1576. — *Per Hugonem Grotium* in-8°. *Lugd.-Bat.* 1626. — *Ejuſdem & aliorum* in-8°. *Lugd.-Bat.* 1669.

1 G. J. Voſſius de Hiſtoric. Lati. lib. 1. cap 28. pag. 137. 138. & ſeqq.
Bibliograph. Anonym. cur. hiſtorico-Philologic. pag. 60.
Roſteau ſentim. ſur quelques Livres qu'il

a lûs pag. 52. MS. où il dit qu'il y a dans Lucain des ſaillies d'eſprit inimitables, & que s'il ſe ſoutenoit également, ſa Pharſale ſeroit ſans comparaiſon.

# SENEQUE

Le Tragique, c'eſt-à-dire, un compoſé de trois ou quatre Auteurs dont le principal eſt *Seneque* le Philoſophe, *Lucius Annæus Seneca* natif de Cordouë, mort la première année de la 211. Olympiade, ſelon Saint Jérôme, la 12. de l'Empire de Neron, la 65. de notre Epoque. *Tacite met cette mort devant celle de Lucain* ; mais la même année.

1160 DE toutes les dix Tragédies Latines qu'on a recueillies & publiées en un corps ſous le nom de Seneque, on convient aſſés communément que les plus belles ſont de ce célèbre Philoſophe Précepteur de Neron, & que c'eſt lui qui eſt le véritable Auteur de la *Médée*, de l'*Hippolyte*, & des *Troades*. Les autres ont auſſi leurs beautés & leur prix, quoi qu'on ne ſache pas bien encore à qui les attribuer. Mais perſonne ne nie que la moins raiſonnable de toute & la moins digne du nom de Seneque ne ſoit l'*Octavie*, à laquelle d'autres ajoutent la *Thebaïde* qui eſt l'ouvrage d'un Déclamateur qui ne favoit ce que c'étoit que Tragédie (1). Seneque.

Lipfe n'étoit pourtant pas d'avis qu'on donnât celle des Troades à Seneque, la jugeant fi mauvaife qu'elle ne pouvoit être à fon avis que le fruit de quelque petit Poëte crotté, ou de quelque Pédant ignorant. Mais ce Critique s'eft attiré le chagrin de Jofeph Scaliger (2) pour avoir fi mal parlé de cette Tragédie, que celui-ci prétend être *divine* entre les autres, & la principale des neuf qu'il foutient être abfolument de Seneque (3).

Le même Scaliger jugeoit (4) que celui qui a fait ces Tragédies eft un bon Auteur; mais qu'on ne doit pas éxiger de lui cette éxactitude que demandent les régles du Théâtre (5). Son Pere Jules alloit encore plus loin dans l'eftime qu'il faifoit de cet Auteur. Il dit (6) qu'il ne le jugeoit inférieur à aucun des Grecs pour la majefté, & qu'à fon avis il avoit furpaffé Euripide même dans la politeffe & dans la beauté. On ne peut point ôter, ajoute ce Critique, la gloire de l'invention aux Grecs : mais ce n'eft pas d'eux que Seneque a pris ce grand air, ce ton élevé, cette gravité, ce courage & ce feu qui paroît dans fes Tragédies. Néanmoins il avouë que c'eft inutilement que cet Auteur a voulu fe rendre plus femblable à Sophocle qu'aux autres.

Les deux Scaligers ont été fuivis dans des fentimens fi avantageux pour Seneque, par un grand nombre de Critiques dont quelques uns ont prétendu qu'il n'y a que la Médée qui foit de ce Philofophe, & que toutes les autres hors l'Octavie appartiennent à un de fes neveux (7)

---

1 Ger. Joan. Voff. lib. fingul. de Poëtis Latinis cap. 3. pag. 40.
Philipp. Briet. de Poët. Latin. lib 2.
Dan. Heinfius de Tragœd.
Gafpar Barthius lib. 44. Adverfarior. cap 25 col. 2039.
Jean Racine, préface fur fa Tragédie de la Thébaïde.
Bibliog Anon. cur. Hift. Philol. p. 57.
Franc. Vavaff Remarques fur les Réflex. touchant la Poëtique pag. 114.
2 ¶ Jof. Scalig. Epitre 247.
3 ¶ Le mème là mème & Epitre 414.
4 Jof. Scalig. in prim. Scaligeranis p. 138.
5 On ne doit être content ni des paroles du *Prima Scaligerana*, ni du fens que leur donne Baillet. *Seneca Poëta, bonus Auctor eft, tamen Tragœdiarum character non eft exigendus ad veterem cothurnum.* Le mot *character* joint au mot *cothurnum* fait voir qu'il s'agit ici de l'élévation & de la gravité du ftyle en quoi Sénèque cède à qui que ce foit des anciens Tragiques. Ainfi la remarque du *Scaligerana*, telle que Vertunien l'a conçuë, n'eft point jufte, ni la traduction non plus, puifqu'il ne s'agit point là de l'éxactitude des régles du Théatre.
6 Jul. Scaliger Hypercritic. feu lib. 6. Poëtices. pag 839.
7 ¶ Tout cela eft fort incertain. Jofeph Scaliger des dix Tragédies, qui paroiffent fous le nom de Sénèque, en attribuë neuf fondé apparemment fur le ftyle, à Sénèque le Philofophe, à qui par la même raifon il auroit auffi attribué l'Octavie, fi le tems de la mort de cette Princeffe, pofterieure au tems de la mort du Philofophe ne s'y étoit oppofé. Scaliger en 1601. écrivant à Gruter donnoit cette piéce à un domeftique d'Octavie, ami de Sénèque, & rejettant le fentiment de Lipfe, trouvoit que c'étoit *optimum Poema*. Depuis en 1607. écrivant à Saumaife il attribuoit l'Octavie au Poëte Scæva Memor. Voffius qui, comme Lipfe, a trouvé fort impertinente, préfume qu'elle peut être de l'Hiftorien Florus. ¶

168     POETES LATINS.

*Seneque.* qui portoit le même nom que lui (1). Ils ne se contentent pas de louer la beauté de ses pensées & l'importance de ses maximes, ils admirent la majesté de son style, la force de ses expressions, & même la pureté de son langage (2) : enfin Mr Godeau n'a point fait difficulté de dire que c'est un original excellent en son genre (3).

Il semble néanmoins que tous ces éloges ne peuvent nous persuader autre chose, sinon que Seneque pensoit noblement & parloit bien. Car on peut dire qu'il n'avoit ni la connoissance de l'Art Poëtique, ni le discernement nécessaire pour le bon usage & la juste application de ses pensées & de ses paroles.

Vossius dit que ce grand amas de sentences, de pointes, & de subtilités d'esprit étouffe les mouvemens qu'un Poëte Tragique doit exciter ou ménager dans ses personnages, & qu'il semble qu'il ait voulu faire des Philosophes de toutes les personnes passionnées qu'il représente sur son Théâtre. Il ajoute qu'il a voulu imiter Euripide ;

*Comme de faire tuer sur le Théâtre.* mais qu'il en a toujours été fort éloigné (4) ; & que loin de parvenir à sa gloire, il n'a pû même arriver à celle des Poëtes médiocres qui pratiquent au moins les régles les plus communes du Théâtre (5).

Le P. Rapin dit nettement (6) que Seneque n'entend point du tout les mœurs ; que c'est un beau parleur qui veut sans cesse dire de belles choses ; mais qu'il n'est point naturel en ce qu'il dit, & que les personnes qu'il fait parler ont toujours l'air de personnages. Ce même Auteur dit ailleurs (7) que Seneque parle toujours bien, mais qu'il ne parle jamais naturellement : que ses vers sont pompeux, & ses sentimens élevés, parce qu'il veut éblouir : mais que l'ordonnance de ses fables n'est pas d'un grand caractére ; qu'il se plaît trop à donner ses idées, & à les substituer à la place des véritables objets ; & qu'il n'est pas toujours fort régulier dans ce qu'il représente. Il reconnoît pourtant en un autre endroit que quelque peu naturel que soit Seneque (8) il ne laisse pas d'employer quelques-uns de ces traits qui servent à distinguer la passion.

---

1 Bonavent. Vulcanius, Mart. Delrio, Petr. Scriverius, Dan. Heinsius, &c. Item Olaüs Borrichius Dissertat. de Poët. Latin. pag. 56.

2 Thom. Dempster ad Joan. Rosin. Antiquit. Rom. &c.

3 Ant. Godeau Hist. Ecclesiast. fin du premier siécle.

4 G. J. Vossius Institution Poëticar. lib. 2. pag. 56. Item lib. 1. pag. 58.

5 Idem Autor lib. 2. ejusdem operis pag. 68

6 Ren. Rapin Reflexions sur la Poëtique premiere partie, Reflexion XXV. page 39. de la seconde édition in-12. & page 106. in-4°.

7 Le même dans la seconde partie du même ouvrage Reflexion 21 &c.

8 Dans le même ouvrage Reflex. XXXVI. page 63. édition 2. in-12. & 119. in-4°.

Mais

# POETES LATINS.

Mais ces traits sont si rares & si foibles, que Mr l'Abbé d'Aubignac ne les a point jugés suffisans pour nous faire croire que Seneque étoit un excellent Poëte. Il dit en un endroit (1) qu'il n'a point sû l'Art du Poëme Dramatique ; en un autre (2), il prétend qu'on ne doit point l'imiter dans la structure des Actes, non plus que dans le reste, si on en excepte la délicatesse des pensées qu'on peut tâcher d'attraper. Car il n'y a, dit-il, rien de plus ridicule ni de moins agréable que de voir un homme seul faire un Acte entier sans aucune variété ; & qu'une Ombre, une Divinité, ou un Héros fasse tout ensemble le Prologue & un Acte.

Le Pere le Bossu ne paroît pas avoir traité Seneque avec plus d'indulgence que les autres Critiques. Il prétend (3) qu'il n'entend point l'art d'exciter les passions, lorsqu'il a quelque récit à faire qui en doive imprimer une qui soit grande ; & qu'il ôte même à ses Personnages & à ses Auditeurs toutes les dispositions qu'ils peuvent y avoir. S'ils sont dans la tristesse, dans la crainte, dans l'attente d'une chose horrible, il s'avise de commencer par quelque belle & élégante description du lieu qui ne sert qu'à faire paroître l'abondance & l'esprit pointilleux d'un Poëte sans jugement. Il faut, dit-il ailleurs (4), que les descriptions soient justes & bien ménagées. Elles ne doivent point être pour elles-mêmes, ce ne sont point de simples ornemens. Mais Seneque est bien éloigné de cette méthode. S'il a quelque récit à faire, si triste & si épouvantable qu'il doive être, il le commence par des descriptions non seulement inutiles, mais enjouées & badines.

Le même Auteur ne fait point difficulté de dire encore en d'autres endroits (5) que Seneque n'a ni discrétion ni jugement, qu'il fait parler des personnes qui sont dans le trouble, les dangers, & les extrémités les plus pressantes, comme si elles avoient le sens frais, comme des personnes qui sont dans leur cabinet, qui ont l'esprit reposé, & qui sont dans la plus grande tranquilité d'ame que l'on puisse avoir. Enfin il fait dire indifféremment à tout le monde des sentences étudiées, sans se soucier d'observer les Caractéres, & il arrive souvent que ces pensées sont froides, ridicules, fausses, & presque toujours entassées sans choix.

---

1 Hedelin d'Aubignac de la Pratiq. du Théâtre livre 1. chap. 8 pag. 68.
2. Le même, livre 3. du même Traité chap. 5. pag. 282.
3 René le Bossu Traité du Poëme Epique, livre 3. chap. 9. pag. 352.
4 Seconde partie du même Traité livre 6. chap. 2. pag. 202. &c.
5 Et chap. 4. pag. 215. Item pag. 216. 217. &c.

Voila des défauts très-considérables pour un Poëte Dramatique, & qui nous font connoître que Seneque n'avoit peut-être vû ni la Poëtique d'Aristote ni celle d'Horace. Cependant ces Tragédies toutes irréguliéres qu'elles sont & toutes défectueuses qu'elles paroissent presque dans toutes leurs parties, ne laissent pas de passer pour d'excellentes piéces au jugement de plusieurs personnes. (1)

Mais on peut dire au moins à la louange de Seneque, sans prétendre pourtant excuser ses fautes, que ses Tragédies sont remplies de sentimens merveilleux de Politique & de Morale (2) & que selon la remarque du Pere Thomassin (3), on y trouve une détestation inconcevable du crime.

On prétend que la meilleure édition est celle de Gronovius, [in-8°. Amst. 1652.] & qu'elle est beaucoup préférable à celle de Thysius ou de Variorum. [in-8°. à la Haie 1651. — *Cum Notis Heinsii & Scaligeri* in-8°. *Lugd-Bat*. 1611.]

1 D'Aubignac Prat. du Th. livre 4. c. 2. pag. 372.
2 Rosteau sentimens sur quelques livres qu'il a lûs pag. 51. MS. où cet Auteur prétend que les chœurs de Seneque sont incomparables, & que les ïambes dont les Tragédies de ce Poëte sont composées, ont servi de modele à ceux qui l'ont suivi en ce genre d'écrire.
3 Louis Thomassin de la méthode d'étud. & d'enseigner Chrétienn. les Poëtes, livre 1. chap. 13. nomb. 4. pag. 178.

---

## PETRONE

*Petronius Arbiter*, Provençal d'auprès de Marseille (selon Sidoine Apollinaire & les deux (1) Messieurs Valois) vivant sous Claudius & Neron, selon l'opinion commune, ou du tems des Antonins, ou de Gallien même, selon quelques nouveaux Critiques, mais avec peu de vrai-semblance.

1161    Nous avons de cet Auteur un reste de *Satire*(2), ou plutôt de plusieurs livres Satiriques qu'il avoit composés tant en Prose qu'en vers. C'étoit un Ouvrage fort long, & de beaucoup d'importance dans l'esprit de ceux de son siécle: de sorte que si nous en croyons Janus Douza ou Jean de Doés, ce qui nous est resté n'est peut-être pas la dixiéme partie de ce que nous avons perdu (3); quelques-uns même voyant que les conjectures sont à si bon marché & qu'elles ne payent pas d'impôts, ont crû pouvoir avancer que ce que nous avons n'en est pas la centiéme partie. Mr de Saumaise a prétendu avec beaucoup d'apparence que ce qui porte son nom, n'est

1 Henri & Hadrien Valois.
2 Satyric*ôn non* Satyricon.
3 Janus Douza in prædican. ad Petron. edit. & Hadr. Valef.

POETES LATINS. 171

qu'un Extrait des endroits les plus remarquables de cette fameuse Petrone. Satire, parce qu'effectivement ce que nous en voyons est fort peu suivi, & très-imparfait en toutes maniéres.

Cet Extrait selon Gaspard Barthius (1), n'a été fait que dans les siécles de la Barbarie la plus grossiére, par quelque ignorant qui a rendu un fort mauvais office à Petrone, parce que non content de lui laisser ses ordures, il en a fait un Auteur tout estropié, & barbare en quelques endroits, lui qui étoit un des plus corrects, des plus polis, des plus purs & des plus délicats d'entre les Ecrivains qui avoient paru depuis le siécle d'Auguste.

Mr de Saumaise que j'ai déja allegué, paroît avoir été dans le même sentiment (2). Il dit que ces fragmens ne sont qu'un recueil indigeste tiré des cahiers de quelque Particulier qui avoit extrait de Petrone ce qu'il y avoit à son goût, sans y observer d'ordre. Il rejette l'opinion de ceux qui vouloient que les Moines eussent ainsi traité cet Auteur dans le dessein de le mutiler, & de lui couper tout ce que la pudeur ne peut souffrir. En quoi il a d'autant plus de raison qu'il est probable que l'Auteur de l'Extrait a voulu faire le contraire, puisque ce n'est presque qu'un Recueil d'obscénités & un véritable cloaque, où on a peut-être ramassé toutes les ordures qui étoient répanduës dans toutes les Satires de Petrone.

S'il est vrai que cela se soit passé de la sorte, je ne vois pas de qui ce misérable Compilateur pourra recevoir des bénédictions. Car si d'un côté ceux qui déplorent la perte des anciens Auteurs, ont quelque raison de le condamner avec les autres faiseurs d'Extraits & d'abregés pour avoir été cause que nous n'avons pas Petrone entier on peut dire de l'autre que c'est avec encore beaucoup plus de justice qu'il est tombé dans la malédiction de tous ceux qui ne se sont pas encore dépouillés entiérement des sentimens de l'honnêteté & de la pudeur, & de ceux qui étant obligés de faire voir les Poëtes aux jeunes Gens, doivent sacrifier toutes choses pour la conservation de leur innocence & de leur intégrité.

Néanmoins s'il est du devoir des faiseurs d'Extraits & d'Abregés de ne prendre que l'esprit de leur Auteur, & de n'extraire que les choses qui se rapportent simplement à la fin qu'il s'est proposée dans son Ouvrage, il faudra convenir que le Compilateur s'est acquité avec assés de fidélité de la commission qu'il s'est donée & qu'il est assés bien

---

1 Gasp. Barthius Adversarior. lib. xxi. cap. 4. col. 1077.
2 Claud. Salmasius præfat. in Luc. Ams-
pelium.
Item ex eo G. M. Konigius in Biblioth. V. & N. pag. 625.

Y ij

entré dans les vûës & les intentions de son Auteur. Car il ne faut pas s'imaginer, comme l'a fort bien remarqué Mr de Saint Evremont(1), que Petrone ait voulu reprendre les vices de son tems, & qu'il ait composé une Satire avec le même esprit qu'Horace écrivoit les siennes. Les bonnes mœurs ne lui ont pas tant d'obligation. C'est plutôt, dit cet Auteur, un Courtisan délicat qui trouve ridicule qu'un Pedant fasse le Censeur public, & s'attache à blâmer la corruption. En effet, si Petrone avoit voulu nous laisser une Morale ingénieuse dans la description des voluptés, il auroit tâché de nous en donner quelque dégoût : mais c'est-là que paroît le vice avec toutes les graces de l'Auteur; c'est-là qu'il fait voir avec plus de soin l'agrément & la politesse de son esprit. S'il avoit eu dessein de nous instruire par une voie plus fine & plus cachée que celle des préceptes, du moins verrions-nous quelque exemple de la Justice divine ou humaine sur quelqu'un des débauchés qu'il nous dépeint. Loin de cela, le seul homme de bien qu'il introduit, le Marchand Lycas homme de bonne foi & de piété, craignant bien les Dieux, périt misérablement dans la tempête au milieu de ces corrompus qui sont conservés. Encolpius, Giton, Tryphena, Eumolpus, tous chargés des crimes les plus énormes se tirent du danger : le pieux Lycas appelle inutilement les Dieux à son secours, & à la honte de leur Providence, il est le seul innocent qui paye pour les coupables. Ainsi l'on peut assurer que Petrone a fait sa Satire, non pas contre le vice dont il prend si visiblement la protection, mais seulement contre le Ridicule qu'il censure fort sévérement.

Le même Auteur sans s'embarrasser de la diversité des opinions des Critiques sur la personne ou le siécle de Petrone, soutient comme une chose incontestable qu'il a voulu décrire les débauches de Neron, & que ce Prince est le principal objet de son ridicule : mais il avouë qu'il est difficile de savoir si les personnes qu'il introduit sont véritables ou feintes, s'il nous donne des Caractéres à sa fantaisie, ou le propre Naturel de certaines gens. Il le trouve admirable par tout non seulement dans la pureté de style, mais encore dans la délicatesse de ses sentimens, & sur tout dans cette grande facilité à nous donner ingénieusement toutes sortes de Caractéres. C'est, dit-il, un esprit universel qui trouve le génie de toutes les Professions, & se forme comme il lui plaît à mille Naturels différens. S'il introduit un Déclamateur, il en prend si bien l'air & le style qu'on diroit qu'il a déclamé toute sa vie. On trouve dans le festin de Trimalcion tout ce

——————
(1) S. Evremont pag. 177. & suivantes.

qui peut faire un faux délicat, un impertinent, un sot ridiculement magnifique dans un repas. Son Eumolpus nous fait voir la folie & la vanité des Poëtes, dont les plus excellens ne sont pas toujours les plus honnêtes gens, mais pour le malheur de ses Lecteurs, il a beaucoup mieux réussi encore dans le pernicieux talent d'exprimer naturellement les désordres les plus horribles de la vie la plus débauchée)

D'ailleurs le même Critique trouve que les vers de Petrone ont une force agréable, & une beauté qui a fait dire à Douza qu'il aimoit mieux le petit essai qu'il a fait de la guerre de Pharsale, que trois cens volumes des vers de Lucain avec toute sa fougue & toute son impétuosité. Quelque sujet qui se présente, on ne peut ni penser plus délicatement ni s'exprimer avec plus de netteté. Il lui arrive assés souvent dans ses narrations de se laisser aller au simple naturel, & de se contenter des graces de la naïveté: quelquefois il met la derniére main à son Ouvrage, & il n'y a rien de dès-honnête, rien de dur, quand il lui plait.

Car, comme l'a remarqué Mr Huet (1), on ne peut refuser à Petrone la gloire d'avoir été l'homme le plus poli de son tems, c'est-à-dire, de ce tems qui précéda le siécle des Flaviens, sous les derniers Princes de la famille des Cesars. Car nonobstant les savantes conjectures des deux Messieurs Valois, nous ne pouvons pas encore nous défaire entiérement de l'opinion où l'on a été jusqu'ici, que notre Petrone, fut-il différent de celui dont Corneille Tacite a parlé dans ses Annales (2), n'a point laissé de vivre & d'écrire vers le même tems, parce qu'on ne sauroit s'imaginer que le siécle des Antonins ou celui du bas Empire, ait pû produire une aussi grande délicatesse & une pureté de style pareille à la sienne.

Ce sont deux qualités que la plupart des Critiques ont remarquées dans l'Ouvrage de Petrone, même en l'état que nous l'avons. Lipse dit à Mr Pithou que depuis qu'on s'est mêlé d'écrire & de faire des vers, on n'avoit encore rien vû de plus beau, de plus fin & de plus agréable, & qu'il est charmé de tant d'enjoûmens, & de cette véritable *Urbanité* qui y régne. Mais il ne dissimule pas le danger qu'il y a dans la lecture d'un Auteur si lascif, quoiqu'il se vante d'être du nombre de ceux sur l'esprit desquels les obscénités ne font point d'impression. (3)

---

1 P. Dan. Huet. Dissert. sur les Romans pag 62. 63.

2 Cornel. Tacit. lib. 16. Annal. cap 4 Pag 424. M. où il l'appe le *Arbiter Elegantiæ*, faisant peut-être allusion à son nom.

3 Just. Lips. in Epistol. quæstion. lib. 3. Epistol 1.

Idem in Commentar. ad lib 16. Annal. Tacit. ubi vocat Petronii fragmenta *purissimæ impuritatis.*

Petrone. Gaspar Barthius en a dit presque autant que Lipse (1) sur la politesse & les saletés de cet Auteur, il semble avoir ajouté même quelque chose de plus à sa louange, car il prétend que l'Ouvrage de Petrone renferme toutes les graces de Ciceron & de Plaute jointes ensemble, & qu'ayant heureusement allié les caractéres différens de ces deux Auteurs, il s'en est fait un qui paroît inimitable, & qui lui est devenu propre.

Il seroit peut-être assés inutile de rapporter l'autorité de divers autres Critiques (2), qui ont jugé que le style de Petrone est fort pur, fort net & fort élégant (3), s'il ne s'en étoit trouvé d'autres qui étant venus depuis, semblent n'y avoir pas voulu reconnoître tant de bonnes qualités. Et je me contenterai de citer le P. Briet, Rosin & particuliérement Turnebe, dont l'autorité seule en matiére de Critique, peut donner du contre-poids à celle de quelques modernes qui en ont parlé autrement. (4)

L'Ouvrage de Petrone étoit selon Mr Huet (5) & Mr Valois le jeune (6), une espéce de Roman qu'il fit en forme de Satire du genre de celles que Varron avoit inventées en mêlant agréablement la prose avec les vers, & le sérieux avec l'enjoué, & qu'il avoit nommées *Menippées*, parce que Menippe le Cynique (7) avoit traité devant lui des matiéres graves d'un style plaisant & mocqueur. Cette Satire ne contenoit que des fictions ingénieuses, agréables, & souvent fort sales & dès-honnêtes, cachant sous l'écorce des paroles une raillerie fine & piquante contre la Cour de Neron. C'est le sentiment de Mr Huet, de Mr de Saint Evremont, & de tous ceux qui ont attribué à notre Petrone ce que Tacite a dit de l'élégance & de la galanterie de ce Petronius, qu'il témoigne avoir décrit toutes les débauches

Exoleti. de Neron sous les noms des *prostitués* & des courtisanes.

1 Barth. Adversar. lib. 50. cap. 9. col. 2357.

1 ¶ Glandorp que Baillet met à leur tête ne fait pas l'éloge de l'ouvrage de Pétrone par rapport à la pureté ni à l'élegance du style, mais dit seulement que c'est un ouvrage diversifié & d'érudition : *Opus varium, & eruditum*. Pour le P. Briet, Turnèbe & Rosin, ou plutôt Dempster dans sa Table des Auteurs cités sur Rosin, ces trois-là en condamnant les obscénités de Pétrone, louent fort la pureté de son style, surquoi Mr Huet n'est nullement d'accord avec eux, tant dans son Traité de l'Origine des Romans, que dans une Lettre Latine à Grævius.

3 Joan. Glandorp. in Onomastic. Roman. pag. 675.
Item Joh. Petr. Lotich. Jun. Biblioth. Poët. part. 4. pag. 1.
Joan. Rosin. Antiq. Rom.
Voss. de Poët Lat. pag. 41.
Philipp. Briet. de Poët. Latin. lib. 2. pag. 35.

4 Adr. Turneb. Adversarior. lib. 19. cap: 6. imo & lib. 2. cap. 20.

5 P. Dan Huet comme cy-dessus,

6 Hadr. Valesius Dissertation - de Cœna Trimalcionis sub Petronii nomine nuper vulgatâ pag. 19. post Wagenseilii Dissert.

7 Ger. Jo. Voss. Inst. Poët. l. 3. c. 10. p. 48.

Mais Mr Valois qui convient avec les autres que Petrone n'a fait Petrone. que des fictions, se sert de ce raisonnement pour prouver qu'il y a de la différence entre l'Auteur de la Satire, & ce Petrone de Tacite qui n'avoit rapporté que des faits & des vérités de la personne & de la Cour de Neron. Il ajoute pour donner plus de jour à cette différence, que notre Petrone a fait souvent l'office d'un Critique dans sa Satire; tantôt il censure, dit-il, les Déclamations que l'on faisoit dans les Ecoles; tantôt il se moque de ces Poëtes de son tems qui étourdissoient le Monde de leurs vers, & vouloient qu'on les écoutât malgré qu'on en eût, lorsqu'ils les recitoient dans les places publiques, sur les théâtres, dans les bains, & jusques dans les cabinets des Particuliers. En d'autres endroits il se plaint de ce qu'on négligeoit & qu'on laissoit périr les Arts liberaux & les plus belles Sciences; il fait des descriptions de la prise de Troye, de quelque navigation, &c. il recite des contes comme celui de la *Matrone d'Ephese*, enfin il donne des régles pour faire des vers; de sorte qu'on ne peut gueres trouver d'Ouvrages plus diversifiés que l'étoit celui de Petrone, ce qu'on ne peut point dire de celui dont parle Tacite.

Le P. Rapin dit que Petrone parmi les ordures de sa Satire, laisse de certains préceptes de la Poëtique qui sont admirables (1). Il ne s'est, dit-il, rien écrit en ce tems-là de plus judicieux, mais il n'a pas lui-même cette maniére aisée & naturelle qu'il recommande tant aux autres: il donne les plus belles régles du Monde contre l'affectation, qu'il n'observe pas. Car il affecte, continuë-t-il jusqu'à la simplicité du style, où il n'est pas toujours naturel.

Mr Huet a témoigné d'être dans des sentimens assés semblables sur ce point. Il dit que bien que Petrone paroisse avoir été grand Critique & d'un goût fort exquis dans les Lettres, son style toutefois ne répond pas tout-à-fait à la délicatesse de son jugement: qu'on y remarque quelque affectation; qu'il est un peu trop peint & trop étudié, & qu'il dégénére déja de cette simplicité naturelle & majestueuse de l'heureux siécle d'Auguste.

Mr Valois prétend que (2) le style de Petrone se sent du pays de sa naissance, qu'il a un air un peu étranger, c'est-à-dire, qui est plus Gaulois que Romain naturel; qu'il a plutôt le goût du siécle des Antonins que du tems de Neron. Mais s'il étoit vrai (3), comme

---

1 René Rapin Avertissement des Reflex. sur la Poëtique &c.
2 Valef. Dissertat. de fragm. Petron. Tragurienf. pag. 19. & sequentib.
3 Hadrien de Valois auroit pu répondre: *Mais s'il étoit vrai aussi que ce fût le Terentianus ami de Longin?*

176 POETES LATINS.

Petrone. nous l'avons vû ailleurs, que Terentianus Maurus eût vécu avant les Antonins, on pourroit reformer le calcul & la penfée de Mr Valois, puifque cet Auteur a parlé de Petrone, & qu'il l'a fait même d'une maniére honorable en l'appellant un Ecrivain éloquent ou plutôt *difert*. Mr Valois ne l'a point ignoré, & quoiqu'il reconnoiffe qu'effectivement Petrone eft difert, il prétend qu'il n'eft point comparable ni à Seneque, ni à Quintilien, ni aux deux Plines, ni à Tacite, ni même à Suetone, fuppofant qu'il leur a été poftérieur pour le tems. Il foutient même qu'il n'eft pas toujours net, qu'il n'eft pas clair, ni pur par tout, & que la bourbe empêche fouvent fon ftyle de couler.

La crainte d'approcher Petrone trop près de Neron, a pouffé ce Critique un peu loin vers l'autre extrémité. Elle lui a fait trouver des Gallicifmes dans le ftyle de cet Auteur, de forte que ceux qui voyent le paralléle qu'il fait de quelques expreffions de Petrone, avec des façons de parler qui font particuliéres à notre Langue, ne favent, que croire de la penfée qu'a euë Mr Valois (1). Car ou bien il faudra dire que Petrone a écrit en Latin dans le tems que fes Compatriotes parloient François, ou bien Petrone aura fu par voie d'infpiration la maniére dont ceux de fon pays devoient parler plufieurs fiécles après lui. Mais il femble enfin s'être déterminé fans y avoir pris garde, en difant, *qu'il eft clair par ces phrafes toutes Françoifes qu'il a rapportées que Petrone étoit Gaulois* (2). Ce qui à mon avis ne marqueroit point tant la naiffance de Petrone fous les Empereurs Romains que fous nos Rois de la troifiéme Race.

Mais fans examiner davantage la folidité de cette opinion, on peut dire que Mr Valois a eu grande raifon de prétendre qu'il y a un grand nombre d'expreffions dans Petrone qui ne font nullement du fiécle de Neron & de Vefpafien, & qui fentent la décadence de la Latinité. Néanmoins on ne fera point obligé de déplacer Petrone, fi l'on peut dire après Barthius, que ces expreffions ne font pas de Petrone dont nous avons perdu l'Ouvrage, mais du Compilateur qui vivant durant les fiécles de la Barbarie, a fait l'Extrait que nous avons aujourd'hui comme il l'a jugé à propos. (3)

Il s'eft trouvé plufieurs Critiques qui n'ont pas crû en devoir tant

1 ¶ Cet endroit, & ce qui fuit, avec ce qui a été ci-devant remarqué fur l'Article. 549. n'ayant pas plu à Mr de Valois le jeune, il fit pour s'en venger, les beaux ïambes qu'on lit au 105. ch. de l'Anti-Baillet.

2 Id. Valef. pag. 27 ejufd. Differtat. poft Vagenfeilii Differt.

3 Gafp. Barth. col. 1077. Adverfarior. ut fuprà.

accorder

accorder sur l'inégalité & les endroits corrompus de son style, & Mr Gueret compte jusqu'à dix ou douze Scholiastes qui ont pris la défense de son Latin. (1.)

Les meilleures éditions de Petrone sont celles de Leyde de l'an 1645. [in-8°.] avec les notes de Mr Bourdelot, & d'Utrect de 1654. [in-8°.] avec celles de Douza & des autres. [L'Edition que Pierre Burman a donnée à Utrect in-4°. en 1709. est la plus estimée.]

Il nous resteroit a parler de ce fameux fragment attribué à Petrone, touchant le festin de Trimalcion (2) qu'on prétend avoir été trouvé depuis trente ans par Marinus Statileus à Trau ou Troghir Ville de la Dalmatie Venitienne appellée *Tragurium* par les Latins; & des différends arrivés sur ce sujet entre Tilebomene & Statilée, c'est-à-dire pour parler franchement, Mr Mentel & Mr Petit d'une part, & Mr Wagenseil avec Mr Valois de l'autre: mais nous en pourrons toucher un mot au Recueil des Auteurs déguisés.

\* *Petronii Satyricon*, cum comment. *Ant. Gonsali de Salas* in-4°. 1633.
— *Idem* cum comment *P. Lotichii* in-4°. Francof. 1629.\*

1. Gueret de la guerre des Auteurs.
2. ¶ Voyés ce qu'en dit le nouveau Menagiana pag. 263. du tom. 1.

---

## SILIUS ITALICUS,

Que quelques-uns ont fait *Espagnol* mal-à-propos, croyant que son surnom pouvoit lui être venu d'Italica (1) Ville d'Espagne: vivant sous Vespasien & ses Enfans, mort à l'âge de 75. ans d'une faim volontaire. Il avoit été Consul l'année de la mort de Neron.

1162   Silius Italicus est un Historien qui a voulu faire le Poëte. Il a décrit en vers la seconde guerre Punique contenant les expéditions d'Annibal en XVII. livres. Cet Ouvrage avoit été près

1 On auroit dû dire *Italicensis* plutôt que *Italicus*.
¶ On veut que ce soit de la ville *in Pelignis*, nommée *Italica*, & auparavant *Corfinium*, d'où étoit originaire Silius. Mais pourquoi de cette *Italica* n'auroit-on pas pû aussi bien dire *Italicensis* que de l'*Italica* d'Espagne? Pour moi, comme c'est régulièrement d'*Italica* que se forme *Italicus*, je suis persuadé que le nom de la ville *in Polignis*, étoit vraiment *Italia*, comme l'appelle Diodore Sicilien en ces mots τὴν Κοίτην πόλιν Ἰταλίαν ὀνομάσαντες où Casaubon change mal-à-propos Ἰταλίαν en Ἰταλικήν

Tome IV.                                                                                       Z

**Silius Italicus.** de douze cens ans (1) enseveli sans être visité que par des rats de Bibliothéque, jusqu'à ce qu'enfin on le sauva de la misére où la tigne & les vers l'avoient réduit au, tems du Concile de Basle. (2)

Si l'on veut écouter Matamore (3), Silius Italicus est un divin Poëte qui approche beaucoup de la gloire de Virgile. Mais il n'en auroit peut-être pas tant dit de bien, s'il ne l'avoit point crû Espagnol. En effet les autres Critiques qui n'ont pas eu le même interêt, n'en ont point parlé de même.

Pline le jeune qui l'avoit connu, témoigne (4) qu'il faisoit des vers avec plus d'étude & d'application que de génie & de naturel.

A dire le vrai, il n'étoit pas né Poëte, & il ne le devint pas même par habitude dans la suite. Car ayant passé la plus longue & la plus belle partie de sa vie dans le Barreau & dans les Charges publiques, on peut dire que ce fut malgré les Muses qu'il se mit à faire des vers dans un âge fort avancé & déja languissant. (5)

Il savoit que Virgile passoit pour un bon Poëte, & comme tout le Monde le lisoit il voulut le lire aussi, il tâcha même de l'imiter, mais il n'en pût attraper que la versification (6); & comme il ne savoit point les régles de l'Art Poëtique, il crut devoir aussi se proposer pour des modéles à suivre Polybe & Tite-Live pour le fonds & la suite de ses matiéres. Ainsi (7) on a crû dire tout en l'appellant *le Singe de Virgile*, & le copiste de ces deux Historiens.

Il pouvoit hardiment faire quelque chose de médiocre en suivant ces deux derniers, sans exposer trop fort sa réputation, mais il n'a point pû faire impunément la même chose à l'égard de Virgile, parce que dans la Poësie on ne met pas grande différence entre le bas

---

1 Il y en avoit bien 1300. à compter depuis la mort de Silius arrivée sous l'empire de Trajan, jusqu'au tems de la découverte dont il s'agit. Ce fut, non pas, comme le dit ici Baillet après Vossius pendant le Concile de Bâle, mais pendant celui de Constance que Poge étant allé à S. Gal, Abbaye qui est à vingt milles de là y trouva dans une tour le manuscrit de Silius, outre ceux de Quintilien, de Valerius Flaccus, d'Asconius Pedianus, de Nonius Marcellus, de plusieurs Oraisons de Cicéron, & d'une partie de Lucrèce. Il fit d'abord part de cette bonne nouvelle à Léonard d'Arezzo qui par sa réponse datée de Florence le 13. Septembre 1416. lui en témoigna vivement sa joie. Hugolin Vérin pére de Michel l. 2. de son poëme *de illustratione urbis Florentia* parle en ces termes du Silius que trouva Poge :

*Quin etiam solers Germanis eruit antris*
*In Latium altiloqui divina poëmata Sili.*

2 Georg. Math. Konigius Biblioth. Vet. & Nov.

3 Alphons. Garsias Matamorus de Acad. & Vir. illust. Hispaniæ.

4 Plinius Secund. lib. 3. Epist. 7. & multi recentiores ex hoc fonte.

5 Gerard. Joan. Voss. de Historicis Latin. lib. 7. cap. 29. pag. 155. & 157.

6 ¶ Les connoisseurs n'en croiront pas Baillet. ¶

7 Apud Gasp. Bath. &c. Philip. Brietium de Poët. Lat. lib. 2. pag. 37.

& le médiocre. C'est ce qui l'a fait tomber dans le mépris & la risée de plusieurs Critiques, qui ont crû pouvoir le tourner en ridicule, en ce que s'étant jugé capable de voler si haut, il rampe même beaucoup au dessous de Stace, de Valerius Flaccus, & de divers autres Poëtes médiocres. (1)

Sa guerre Punique loin d'être un bon Poëme, n'en est pas même un méchant, à le prendre à la rigueur des régles de l'Art. On n'y trouve ni la Fable, ni l'Action, ni la Narration, c'est-à-dire, ni la Nature, ni la Matiére, ni la Forme d'un Poëme. (2)

Il ne fait autre chose qu'y raconter des faits véritables, quoiqu'il y mêle des Divinités & des Machines qui ont un air Poëtique & fabuleux. Et quand même ces additions seroient véritables, dit le P. le Bossu (3), elles ne feroient pas rentrer ses récits dans la nature de l'Epopée, parce que ces Fables ne sont que dans les additions & dans les ornemens de l'Action, au lieu que la Fable Epique est l'ame du Poëme & son essence, & que c'est le plan sur lequel tout le reste doit être bâti.

Barthius témoigne aussi ne pouvoir approuver ni le dessein, ni la matiére, ni les maniéres de ce prétendu Poëme. Il trouve que son sujet étoit trop récent, c'est-à-dire trop près du tems auquel il vivoit & trop éloigné de celui de la Fable, & que ce n'étoit plus le tems des Héros, & il prétend que c'est un Auteur froid, languissant & esclave de sa Langue & de ses mots (4).

Mais quoique Silius Italicus soit un fort méchant Poëte, il ne laisse pas d'être un assés bon Auteur au sentiment de plusieurs Critiques, dont on peut voir les témoignages dans les deux parties du Recueil que Mr Hanckius (5) a fait des Ecrivains des affaires de Rome.

Quoiqu'il soit le dernier des Poëtes, selon quelques Auteurs, & qu'il n'ait ni le génie, ni l'air, ni la mesure harmonieuse des anciens Poëtes, il ne laisse pas d'avoir quelques tours assés heureux & beaucoup d'érudition (6).

Jules Scaliger ne l'a point compté le dernier parmi tous les Poëtes généralemeut, mais parmi les bons seulement (7). Il a voulu dire

---

1 ¶ Il n'avoit donc pas attrapé la versification de Virgile. §

2 Gaspar Barthius lib. VIII. Adversarior. cap. 3. col. 365. 366.

3 René le Bossu Traité du Poëme Epique livre I. chap. 15. page 105. 106.

4 Barth. in lib. V. Thebaïdos Statii Pa-

pinii, & apud M. Hanckium.

5 Martin. Hanckius de Scriptoribus Rerum Romanarum duab. part.

6 G. Barthius Adversar. lib. 10. cap. 24. Item Hanckius, ut suprà.

7 Postremus bonorum.

Z iij

180 POETES LATINS.

Silius Italicus. que Silius peut être bon Auteur sans être bon Poëte, puisqu'il a ajouté qu'il n'a point de nerfs, point de mesure, point de cette inspiration Poëtique; qu'il n'a nulle beauté, nul agrément; qu'il s'arrête souvent, qu'il a peur presque partout, qu'il chancelle à chaque pas, & qu'il ne manque point de tomber dès qu'il fait quelque effort un peu hardi (1).

Joseph Scaliger prétend au contraire que ce n'est point un bon Auteur non plus qu'un bon Poëte : mais qu'il le faut pourtant lire en considération de son Antiquité. Il ajoute (2) qu'il n'a rien de nouveau, qu'il n'a rapporté que ce que les autres avoient dit avant lui, & même qu'il s'en est mal acquitté. Néanmoins Vossius a remarqué (3) qu'il est fort utile en beaucoup d'endroits de l'Histoire Romaine, qu'on ne trouve point aujourd'hui ailleurs que dans son Ouvrage, comme est ce qu'il rapporte de Xantippe, de Regulus, de Duillius, & de quelques autres choses qui concernent la premiére guerre Punique; & qui se sont perduës dans Tite-Live.

Le P. Rapin ne l'a pas jugé tout-à-fait si méprisable pour la Poësie même que plusieurs autres Critiques. Il prétend que dans son Ouvrage il est plus réglé que Stace, qu'il paroît du jugement & de la conduite dans son dessein ; que s'il n'avoit pas beaucoup de naturel, au moins a-t-il apporté beaucoup d'application ; mais qu'il y a peu de grandeur & de noblesse dans son expression. (4)

Barthius a fait aussi-bien que ce Pere la comparaison de Silius Italicus avec Stace, mais d'une maniére un peu opposée. Car témoignant de l'étonnement de voir une si grande différence entre deux Auteurs qui étoient de même tems, il ajoute que Silius est fort contraint, embarassé par ses Spondées, & incapable d'éloquence (5).

Il semble néanmoins que Dempster ait reconnu en lui quelque éloquence, puisqu'il dit qu'il fait plus l'Orateur que le Poëte (6). C'est ce que Martial avoit déja dit de notre Auteur (7), mais la qualité de Poëte & d'Ami sembloit rendre un peu suspect.

Au reste si on a égard au style d'Italicus, on ne pourra pas nier

1 Jul. Cæf. Scaliger Hipercritic. seu lib. 6. Poëtices pag. 841.
2 Joseph. Scalig. in prim. Scaligeran. pag. 138.
3 Voss. pag. 155. cap. 29. lib. 1. Histor. Latin. ut suprà.
Vidend. & idem de multis non una Actione ejus Poëmatis lib. 1. Institut. Poëtic. pag. 62.
4 René Rapin Réflex. sur la Poëtique, seconde partie Réflex. 15.

5 Gasp. Barthius Commentar. in Papin. Stat. Thebaïd. lib. 6. & in 5.
Item ap. Mart. Hanckium ut suprà.
6 Thom. Dempster in Elench. ad J. Rof. Antiq. Rom. &c.
7 Martial. Epigramm. 62. lib. 7. & Epigramm. 49. lib. 11. où l'on voit qu'il avoit étudié Ciceron devant Virgile, qu'il possedoit une des terres qui avoit appartenu au premier, & qu'il étoit aussi Seigneur du lieu où étoit le tombeau de Virgile.

qu'il ne foit au moins un bon Auteur par cet endroit. Car, felon Voffius (1), il ne le cédoit à qui que ce fût de fon fiécle pour la pureté de fes expreffions, & la beauté de fon Latin. Il dit encore ailleurs qu'il a la diction fort nette (2), mais le P. Briet prétend (3) qu'elle a pourtant plus d'abondance que de netteté : & Barthius dit (4) que bien que fon Latin foit affés pur, il n'eft pas néanmoins affés éxact. Enfin Jean Baptifte Pio y a trouvé quelques duretés qui viennent, dit-il, du grand nombre des taches, qui terniffent fa beauté (5).

\* *Silius Italicus cum Comment. Cl. Daufqueii* in-4°. *Parif.* 1618. — *Idem cum Notis D. Heinfii* in-12. *Lugd-Bat.* 1600. — *Cum Fr. Modii, G. Barthii, Dan. & Nic. Heinfii Adverfariis, curante Arn. Drakenborch.* in-4°. *Ultrajecti* 1717. \*

1 Ger. Voff. de Hiftor. Latin. lib. 1. pag. 156. 157. ut fuprà.
2 Idem lib. fingul. de Poët. Latin. p. 42.
3 Phil. Briet. loc. cit. ut fuprà.
4 Barth. Adverfarior. lib. 8. col. 366.
5 Joh. Bapt. Pius Annotat. Pofterior. cap. 31. & ap. Hanckium pag. 90.

---

## VALERIUS FLACCUS.

Sous Vefpafien & fes enfans, natif de *Sezze* ou *Setia*, dans la Campagne de Rome au pays des anciens Volfques, mais faifant fa demeure dans le territoire de Padouë.

1163   Cet Auteur a compofé un Poëme en huit Livres fur l'expédition des Argonautes, mais loin de les avoir pû limer & polir, il n'eut pas même le loifir de les achever. Une mort précipitée dont il fut furpris, nous a fait faire cette perte, felon Quintilien (1).

Jules Scaliger fe fert de cette raifon pour excufer la dureté de fes expreffions & le peu d'agrément qui paroît dans fes maniéres (2). Car il témoigne que cet Auteur avoit d'ailleurs l'efprit fort heureux, le jugement grand & folide, beaucoup de diligence & d'application, que fes vers même ont de l'harmonie & de la cadence, & qu'on doit le mettre au-deffus des médiocres ouvriers ; mais qu'il eft dé-

1 Quintilian. Inftitution. Oratoriar. lib. 10. cap. 1. & ex eo Voff. lib. fingulari de Poët. Latin. & Konig. Bibl. V. & N. &c.
2 Jul. Cæf. Scalig. Hypercritic. feu lib. 6 Poëtic. pag. 839.

nué de toutes les graces & des autres beautés que demande la Poësie.

Barthius dit (1) que c'est un Poëte de plus grand prix que ne se l'imagine le vulgaire des Critiques, & qu'il n'y a que les Pédans de l'Ecole & les Demi-Savans qui ne le veulent pas lire dans la pensée qu'il est dur & peu agréable : mais que dans le fonds c'est un Poëte qui a l'air noble & élevé. Il répéte encore la même chose ailleurs & plus d'une fois, il prétend même (2) que les Savans ne lui ont pas rendu assés bonne justice, lorsqu'ils n'ont point eu assés d'égard à son feu Poëtique, à son érudition, à sa gravité, & à son jugement. Il ajoute qu'il a fait une remarque assés singuliére, c'est que Valerius Flaccus est plus heureux lorsqu'il marche seul & sans guide, que lorsqu'il suit Apollonius de Rhode : qu'il se soutient fort bien quand il parle de lui-même, mais qu'il se relâche & qu'il se fait traîner quand il veut suivre un autre qui est entré devant lui dans la même carriére.

Le même Critique soutient en d'autres endroits (3) que depuis Auguste il ne s'est pas trouvé un Poëte qui ait eu l'avantage sur Valerius Flaccus pour les qualités que nous avons déja marquées, & pour cette égalité de style qui paroît par tout son Ouvrage ; que son mérite paroît encore avec beaucoup plus d'éclat lorsqu'on l'approche auprès de Lucain & de Stace, parce que ce Parallele fait mieux voir combien il est éloigné des extrémités où ils sont tombés, c'est-à-dire de l'enflure de l'un & de la sécheresse de l'autre : mais qu'en prenant tout ce que ces trois Poëtes ont eu de bon, l'on en pourroit composer un bon Poëte, qui seroit assés accompli pour ne céder la préséance qu'à Virgile.

Cet Auteur pour ne point se démentir dans la bonne opinion qu'il a tâché de nous donner de notre Poëte, a fait naître dans d'autres de ses Ouvrages diverses occasions de faire ses éloges & de nous en recommander la lecture. Tantôt il dit que notre siécle revient peu à peu de l'éloignement & de l'aversion dans laquelle on avoit été jusqu'ici à l'égard de Valerius Flaccus, & qu'on commence à le goûter & à lui rendre l'autorité & la réputation qu'il n'a jamais dû perdre. Tantôt il assure (4) qu'il trouve dans cet Auteur qu'il appelle ses dé-

---

1 Gaspar Barthius Adversarior. lib. 1. cap. 17. col. 38. Idem ibid. lib. 18. Adversarior. cap. 15 col. 921. M.

2 Idem Autor. lib. 16. Advers. cap. 3. col. 1159.

3 Idem Barth. lib. 56. Advers. cap. 11. col. 2653. 2654.

4 Barth. Comment. in Stat. Papin. Thebaid. lib. 2. pag. 377. & pag. 315. & ex eo G. M. Konigius Biblioth. V. & N. pag. 306.

lices, toute la Majesté Romaine & le caractére de l'esprit & de la Valerius Flaccus.
Langue de sa Nation au naturel ; qu'il aime beaucoup mieux le lire,
que ni Ovide ni Stace, parce que le premier a infecté ses matiéres
de beaucoup d'ordures & de saletés, & que le second les a comme
accablées & obscurcies sur ce faux air de grandeur qu'il a affecté de
leur donner, au lieu que Flaccus a toujours conservé aux siennes la
dignité qui leur est convenable.

Enfin Barthius non content d'avoir dit tant de bien de notre Poëte,
a crû pouvoir décharger son chagrin contre ceux des plus célébres
Critiques qu'il croit en avoir dit du mal. Il trouve mauvais que Jules
Scaliger ait dit que les Graces n'ont point eu de part à l'ouvrage de
Flaccus, & il soutient que pour n'avoir point affecté de les employer,
il n'a point laissé d'admettre celles de Rome & de la Gréce qui se
sont présentées d'elles-mêmes & sans ostentation. Mais il semble qu'il
ait voulu rafiner trop fort sur la pensée de Quintilien, lorsqu'il prétend (1) que c'est par un effet de sa malignité ordinaire, contre les
Poëtes qu'il a dit que la postérité avoit perdu beaucoup à la mort de
Valerius Flaccus ; comme s'il avoit voulu dire que ce qu'il a fait est
très-peu de chose en comparaison de ce qu'il auroit pû faire, s'il eut
vécu plus long-tems, & s'il eût eu le loisir de prendre de meilleurs
conseils.

Voilà quels sont les sentimens d'un Critique qui avoit une lecture
prodigieuse, mais qui ne lisoit guéres de Livres sans se laisser saisir à la
fin de quelque tendresse & de quelque mouvement d'affection pour
leurs Auteurs.

Les autres ont témoigné plus de liberté dans la censure qu'ils ont
faite de ce Poëme. Le Pere Briet dit (2) que le style en est inégal,
qu'il y a des endroits trop rampans & d'autres trop guindés, ce qui
ne s'accorde pas avec cette égalité que Barthius lui attribuoit. Ce
Pere ajoute néanmoins que Flaccus est meilleur & plus pur que
Stace.

Le P. Rapin écrit dans la premiére partie de ses Refléxions (3),
qu'il est tombé dans le style froid & languissant, pour avoir affecté
de la grandeur d'expression sans avoir de génie : & dans la seconde
il prétend que la fable, l'ordonnance, l'éxecution & tout le reste de
son Poëme y est d'un fort petit caractére. En effet il paroît assés qu'il

---

1 Idem in Adversar. col. 2654. ut supra lib. 56. c. 11. &c.
2 Philip. Briet. lib. 2. de Poëtis Latin. pag. 39.
3 René Rapin Reflex. 30. sur la Poët. part. 1. pag. 79. edit. in-12. & 2. Partie Reflex. XV.

ne connoiſſoit pas les régles de l'Art. Car ayant pris un ſujet tout-à-fait héroïque, fabuleux, & très-propre pour le Poëme Epique, il ne lui a point donné d'Action principale, comme l'a remarqué Voſſius (1), mais on y trouve preſque autant d'actions qu'il y raconte de faits.

\* C. Valerii Flacci Argonautica, cum notis Lamp. Alardi in-8°. Lipſ. 1630. — Cum Comment. Joan. Bapt. Pii in-fol. 1519. 1523. — Eadem recenſita per Benedictum in-8°. Florent. 1517. — Eadem per Nic. Heinſium in-12. Amſt. 1680. \*

1. Ger. Joan. Voſſ. Inſtitut. Poëtic. lib. 1. cap. 7. pag. 62.

## JUVENAL

Poëte Satirique, natif d'*Aquin* au Royaume de Naples, dans la Terre de Labour, ( *Decius Junius Juvenalis* ) vivant ſous Veſpaſien & ſes Enfans, quoique le ſieur Toppi ait écrit depuis peu qu'il avoit paru avant la venuë de *Jeſus-Chriſt*. (1).

1164. Nous avons de Juvenal ſeize Satires qu'on a diſtribuées en cinq Livres, & qui ont un caractére différent de celui des autres Satiriques qui l'avoient précédé. Car il a quelque choſe de plus aigre qu'Horace, de plus doux que Lucilius, & de plus ouvert que Perſe (2). Tout le monde convient qu'il a paſſé de fort loin les deux derniers : mais le premier a eu de tems en tems des partiſans aſſés zélés & aſſés forts pour le maintenir dans ſon rang de préſéance contre les efforts de ceux qui l'ont voulu donner à Juvenal, ou même le mettre de pair avec lui.

Il ſemble que Jules Scaliger ſe ſoit mis à la tête de ceux-ci. Du moins paroît-il avoir été un des premiers de ceux qui ont prétendu en faire le Prince des Satiriques Latins (3). Il dit que ſes Vers valent beaucoup mieux que ceux d'Horace, que ſes penſées ſont plus nobles & plus élevées, que ſes ſentences ont plus de ſel, plus de vigueur, plus de gravité; que ſa phraſe eſt plus ouverte & plus dégagée, & qu'il ne lui céde en d'autre choſe que pour la pureté du ſtyle.

1. Nicol. Toppi Bibliothec. Napolitan. pag. 168. voce *Giunio*.
2. Ol. Borrich. Diſſertat. de Poët. Latin.
3. Jul. Cæſ. Scalig. lib. 6. Poëtices ſive Hypercritic. pag. 838.

*Ailleurs*

Ailleurs il fait des invectives contre ceux qui ont voulu faire paſ- Juvenal. ſer Juvenal pour un Déclamateur plutôt que pour un vrai Satirique (1). Il ſoutient qu'on lui trouve plus de ce bon goût & de cette *Urbanité* Romaine qui fait tout l'agrément de la Satire, que dans tout ce qu'a fait Horace en ce genre d'écrire. Il ajoute qu'Horace lui eſt encore fort inférieur pour la variété des matiéres, la fécondité de l'invention, la multitude des ſentences, la force & la ſévérité des réprimandes, les rencontres ingénieuſes, la ſubtilité & même la belle plaiſanterie. Enfin il a crû tout dire, en diſant hardiment que Juvenal eſt ſupérieur à Horace avec une diſtance auſſi éloignée & auſſi ſenſible qu'eſt celle qu'on a toujours remarquée entre Horace & Lucilius (2).

Il ſemble que Floridus Sabinus qui vivoit en même tems que Scaliger, ait été dans les mêmes ſentimens, lorſqu'il juge (3) que c'eſt Juvenal qui a mis la derniére main à la Satire Latine, non pas ſeulement pour être venu le dernier, mais pour avoir éxactement remarqué ce qui pouvoit lui manquer après les ſoins de ceux qui l'avoient précédé. Il n'a pû s'empêcher même de maltraiter Marulle pour avoir voulu faire cet honneur à Horace.

Enfin il s'eſt trouvé d'autres Critiques, qui au rapport de Farnabe (4), ont eſtimé Juvenal préférable à Horace, en ce que celui-ci, ſelon leur avis, n'a été qu'un Satirique ſuperficiel qui s'eſt contenté de rire du bout des lévres, & de montrer ſes dents blanches: au lieu que Juvenal mord ſa proie juſqu'aux os, & la quitte rarement ſans l'étrangler & ſans lui donner la mort; en quoi ces Meſſieurs ſemblent avoir voulu mettre le but de la Satire, peut-être parce qu'ils n'ont pû le reculer plus loin.

On a vû un tiers parti de Critiques formé au ſujet de ces deux Satiriques; mais il s'eſt rendu moins puiſſant, & il a fait moins de bruit que les deux autres. Ceux qui s'y ſont rangés ont crû que comme c'étoient deux Génies d'un caractére fort différent, & qui ont eu un mérite tout-à-fait diſtingué, on pourroit les laiſſer ſans comparaiſon, & les priſer indépendemment & ſans rapport de l'un à l'autre; qu'on peut dire que Juvenal régne dans le genre ſérieux ſans ſonger même qu'Horace régne dans le plaiſant & l'agréable,

---

1 Jul. Cæſ. Scal. Poët. lib. 6. pag. 867. 868.

2 Idem in eodem opere pag. 872. imo & pag. 870.

3 Franc. Florid. Sabinus lib. 3. Lection ſubciſivar cap 1.

4 Thom. Farnab. præfat ad Juvenal edition.

quoique l'un ne foit pas moins véritable que l'autre (1) ; que l'un peut paffer pour l'Auteur de la Satire Tragique, & l'autre pour celui de la Comique (2), fans être obligé de les commettre.

La neutralité de ces derniers Critiques n'a rien changé au rang de nos deux Poëtes, & l'on peut dire même que tout le crédit & la faction des premiers ne s'eft terminée qu'à de vains efforts. Car enfin nous pouvons affurer après Mr Godeau (3) que les plus habiles & les plus judicieux Critiques eftiment Juvenal fort inférieur à Horace pour le vrai caractére de la Satire ; mais il ne laiffe pas felon Voffius (4), d'être immédiatement celui d'après lui, quoiqu'à la Verfification près, on puiffe dire que ni lui ni Perfe n'approchent pas encore fi près de la jufte Satire que quelques Auteurs qui en ont fait en Profe, comme Seneque parmi les Latins dans fon jeu fur l'Empereur Claudius, & parmi les Grecs Lucien dans fes Dialogues, & l'Empereur Julien dans fes Céfars. La raifon eft, parce que ces galans hommes connoiffant le foible de ceux à qui ils en vouloient, ont mieux aimé fe jouer que de bleffer férieufement, & railler agréablement que de gronder d'un ton impérieux (5).

Mais comme il ne s'agit ici que des Poëtes, on doit connoître qu'il n'y en a pas eu après Horace qui ait été doué de plus d'excellentes qualités que Juvenal pour la Satire. Il avoit paffé la plus belle partie de fa vie dans les éxercices Scholaftiques, où il s'étoit acquis la réputation de Déclamateur véhément, & quoique cela ne fût point capable de le rendre meilleur Poëte, on ne doit pas douter que les habitudes qu'il y contracta n'ayent beaucoup contribué à le rendre grand Cenfeur du vice, & n'ayent fortifié fon humeur chagrine. C'eft ce que Mr Defpreaux nous a voulu marquer en faifant le jugement de fes Satires en ces termes (6) :

> *Juvenal élevé dans les cris de l'Ecole*
> *Pouffa jufqu'à l'excès fa mordante hyperbole.*
> *Ses Ouvrages tout pleins d'affreufes vérités,*
> *Etincellent pourtant de fublimes beautés..............*
> *Ses écrits pleins de feu par tout brillent aux yeux.*

1 Ger. Joan. Voff. Inftitut. Poëticar. lib. 3. pag. 41. cap. 9. parag. 9.
2 Jofeph Sealig. in primis Scaligeranis pag. 95.
3 Ant. Godeau Hift. de l'Eglife à la fin du premier fiécle.
4 Voff. lib. 3. Inft. Poëticar. ut fuprà, fed parag. 17. pag. 45.
5 Idem ibid. parag. 9. chap. 9. p. 41. &c.
6 Defpreaux Chant 2. de l'Art Poëtique.

## POETES LATINS.

Mais cet Auteur avec tout son sérieux a eu bien de la peine à Juvenal. réuſſir dans le deſſein qu'il avoit de reprendre le vice. Car comme le témoigne le P. Rapin (1), ces violentes maniéres de Déclamation qu'il met en uſage par tout ont rarement l'effet qu'on en devroit attendre. Juvenal ne perſuade preſque rien, parce qu'il eſt preſque toujours en colére & qu'il ne parle point de ſang froid (2). Il eſt vrai, dit ce Pere, qu'il y a des lieux communs de Morale qui ſont capables d'éblouir les petits eſprits. Mais avec toutes ces expreſſions fortes, ces termes énergiques & ces grands traits d'éloquence, il fait peu d'impreſſion, parce qu'il n'a rien de délicat ni rien de naturel. Ce n'eſt pas un véritable zèle qui le fait parler contre les dérèglemens de ſon ſiécle, c'eſt un eſprit de vanité & d'oſtentation qui l'anime, c'eſt un déſir de déclamer qui le porte à vouloir faire des leçons à tout le monde.

D'autres reconnoiſſent pourtant aſſés de droiture & de ſincérité dans ſes intentions & dans ſes démarches. Il a fait voir même par ſon éxemple, ſelon le Pere Thomaſſin (3), qu'un Poëte Satirique ne doit être animé que de l'averſion du vice : & Farnabe témoigne (4) que pluſieurs préféroient ſes Satires à toute la Morale d'Ariſtote, & ne faiſoient pas difficulté de les égaler à celle de Seneque & d'Epictete.

Mais il s'eſt trouvé des Auteurs Païens même qui ont blamé au moins l'indiſcrétion avec laquelle il s'eſt acquitté de ſon miniſtére, comme l'a remarqué Voſſius (5), parce qu'au lieu d'inſpirer de l'averſion pour le deſordre & le crime contre lequel il veut déclamer, il ſemble qu'il enſeigne plutôt à le commettrre, outre qu'il n'étoit pas lui-même aſſés réglé dans ſes mœurs & ſa conduite pour ſe mêler de vouloir tirer les autres du déréglement. C'eſt pourquoi Ammien Marcellin trouvoit fort mauvais (6) que de ſon tems le Peuple fît ſes délices de ce Poëte, & qu'on en préférât la lecture à celle des plus excellens Auteurs.

En effet il y a des Satires qui ne devoient jamais paroître au jour pour les obſcénités qu'elles renferment. Le P. Brier en compte

---

1 René Rapin Reflex. particul. ſur la Poëtique, ſeconde partie Reflex. XXVIII.
2 Sens frais.
3 Louis Thomaſſin livre 1. chap. 14. nomb. 7. pag. 192. de la maniére d'étudier & d'enſeigner chrétiennement les Poëtes.
4 Farnab. Epiſt. ad Walliæ Principem dedicat. edit. Juvenal.
5 Ger. Joan. Voſſ. lib. 3. Inſtitutionn Poët. cap. 20. parag. 4. pag. 107.
6 Ammian. Marcellin. Hiſtor. lib. XXVIII. pag. 371. 372. edition. Henr. Val.

A a ij

Juvenal. deux de cette nature (1); Mr Rosteau en compte trois, savoir, la III. la VI. & la IX. (2) dont la compagnie a toujours fait beaucoup de deshonneur aux autres, parmi lesquelles il se trouve aussi diverses choses à retrancher pour les remettre dans les termes de l'honnêteté.

Plusieurs ont trouvé la X. trop Philosophe pour une Satire (3) & ils ont crû remarquer même dans la plupart des autres une affectation trop grande d'érudition & de capacité, qui est proprement le vice des anciens Sophistes & des Rhéteurs.

Nonobstant l'aigreur de ses Satires il ne laissoit pas d'être fort bien venu à Rome, mais ayant picqué trop vivement un fameux Tabarin nommé Paris, il tomba dans la disgrace du Prince, qui sous prétexte de le récompenser, l'envoya en Egypte en qualité de Brigadier ou de Tribun d'une cohorte, quoiqu'il fût déja sur le déclin de son âge & décrépite-même. (4). Et comme il n'avoit pas encore perdu son feu, il fit dans cet honorable bannissement la XV. Satire contre les superstitions de l'Egypte, mais comme dit Mr Borrichius, c'étoit vouloir nettoyer de la boue avec de la boue.

\* *D. J. Juvenalis Satyrarum lib. v. cum Comment. Eilhardi Lubinii* in-4°. *Hanoviæ* 1603. — *Cum veteris Scholiastæ & Joannis Britannici Comment. aliorumque* in-4°. *Paris.* 1613. — *Cum variorum Commentariis* in-8°. 1664. *Lugd.-Bat.*

Voyés encore art. 1158.

1 Phil. Briet. de Poët. Latin. lib. 2. pag. 40. præfix. Acutè dict.
2 Rosteau Sentim. sur quelques livres qu'il a lûs. pag. 54. MS.
3 Borrich. Dissertation. secundâ de Poës Lat. num. 40. pag. 64. 65; ut suprà.
4 *décrepite* pour *décrepit.*

## MARTIAL.

(*C. Valerius Martialis*) Espagnol, natif de *Bilbilis* au Pays des Celtiberes, dont les restes s'appellent aujourd'hui *Baubola*, près de Calatayud au Royaume d'Arragon, vivant sous l'Empereur Domitien, mort âgé de 75. ans, sous Trajan dans son pays & dans une extréme pauvreté.

1165    IL nous est resté de lui quatorze Livres d'Epigrammes qui sont entre les mains de tout le monde, & un Livre des Spectacles qu'on y joint ordinairement. On a coutume de diviser ses Ouvrages en trois parties fort inégales. La plus petite comprend ce qu'il y a de bon : celle d'après, ce qu'il y a de médiocre ; & la plus grande ce qu'il y a de mauvais. C'est le jugement qu'il semble avoir voulu faire lui-même de ses vers, & Scaliger le fils témoigne (1), qu'il n'a jamais mieux rencontré que lorsqu'il a dit de ses propres Ouvrages (2) :

*Sunt bona, sunt quædam mediocria, sunt mala plura.*

Le jeune Pline nous apprend que c'étoit un homme plein d'esprit ; qui avoit beaucoup de subtilité & de vivacité, qui savoit répandre avec abondance le sel & le fiel dans tous ses écrits ; mais qui faisoit pourtant paroître beaucoup de candeur dans l'usage qu'il en faisoit (3). Néanmoins on peut dire que l'interêt & la tendresse ont eu beaucoup de part à ce jugement de Pline. Il avoit de la tendresse pour un ami dont il n'auroit pas voulu publier les défauts en écrivant à un autre, & il avoit interêt de nous donner bonne opinion de l'esprit & de la sincérité de Martial en parlant des vers que ce Poëte avoit faits à sa louange.

Pline n'est pas le seul qui se soit contenté de nous faire voir le bel endroit de Martial, & comme on en peut voir des recueils à la tête ou à la fin des éditions de cet Auteur (4), je me contenterai de rapporter ici une partie de ce qui peut avoir été dit à son sujet avec le plus d'équité.

---

1 Joseph Scal. in primis Scaligeranis.
2 Martial. Epigr. 17. libri 1. ad Avitum.
3 Plinius junior Epistol. ultima libri 1. ad Corn. Priscum.
4 Editores varii Martialis puta Scriverius, Farnabius, & alii in prolegom.

**Martial.** Le P. Briet qui l'appelle après plusieurs autres un Poëte très-ingénieux, prétend qu'il a donné l'idée & le modéle de la véritable maniére de faire les plus belles Epigrammes (1). Mais je crois qu'il faut expliquer cette vérité du P. Briet par une autre qui est du P. Rapin, & qu'il faut dire que Martial étant consideré comme le principal Auteur des pointes des mots, il peut servir de modéle à ceux qui s'appliquent à ce genre d'Epigrammes dont la beauté consiste dans la pointe & le jeu des mots (2).

Car nous avons vû ailleurs qu'il ne pouvoit avoir cet avantage sur Catulle pour l'Epigramme, dont la force & la beauté est toute renfermée dans la pensée. L'amour des subtilités & l'affectation des pointes dans le discours avoit pris dès le tems de Tibere ou de Caligula la place du bon goût des choses qui regnoit avec Auguste. Cette corruption s'introduisit d'abord dans les Ecoles de Droit & de Rhétorique, c'est-à-dire dans l'esprit des Déclamateurs ou Rhéteurs & de ces sortes d'Avocats sans causes qu'on appelloit Scholastiques: Ensuite elle gagna les Philosophes & les Poëtes-mêmes, surtout du tems de Néron. Mais sous le regne de Domitien comme personne ne s'en garantit mieux que Juvenal (3), personne aussi n'en fut plus infecté que Martial, qui par ce défaut donna encore à Catulle un nouvel avantage sur lui (4).

Cela n'a pas empêché néanmoins quelques Critiques de lui trouver de la pureté de style & d'autres bonnes qualités qui font l'ornement du discours. Erasme dit (5), qu'il approche assés de la facilité d'Ovide, & qu'il peut avoir même quelque part à la gloire de Ciceron dont il semble avoir voulu prendre quelque air.

Jules Scaliger qui ne connoissoit quelquefois pas de milieu entre le divin & le diabolique, dit qu'il y a dans Martial plusieurs Epigrammes du premier genre, dont le style est fort pur, fort éxact, & fort propre pour la variété & l'abondance de ses matiéres: il prétend même que ses vers sont pleins & bien remplis, sans chevilles, qu'ils sont naturels, & soutenus d'une belle cadence, en un mot qu'ils sont très-bons. Je ne prétens pas proposer le sentiment de ce Critique, comme s'il étoit fort judicieux en toutes ses parties, mais pour faire voir seulement qu'il faut que parmi quelques bonnes qua-

---

1 Philipp. Briet. lib. 2. de Poëtis. cap. 40 præfix. Acutè dictis Poëtar.
2 Ren. Rapin Réflex. particul. sur la Poëtique Réflex. xxxi. seconde partie.
3 ¶ On feroit pourtant des Epigrammes de la plupart de ses pensées. ¶
4 Ger. Joan. Vossius Institution. Poëticarum lib. 3. pag. 107. & 108.
5 Desid. Erasm. in Dialog. Ciceronian. pag. 147. Edit. Hollande.

lités qui se trouvent dans les œuvres de Martial, il y en ait aussi de bien mauvaises, puisque Scaliger ayant pris le parti de le louer excessivement, n'a pû s'empécher de nous dire, que loin de vouloir éxaminer ses Epigrammes malhonnêtes ou lascives, il ne les avoit pas même jugé dignes d'être lûës (1).

 Jean Jovien Pontanus avoit dit cinquante ans auparavant (2) que Martial étoit le plus adroit & le plus artificieux homme du monde pour l'Epigramme; mais qu'il chatouille moins qu'il ne blesse dans ses jeux & ses railleries, quoiqu'on puisse trouver quelque plaisir à voir mordre les autres lorsqu'on pense n'y être pas engagé d'interêt. Il ajoute que cet Auteur cache souvent dans ses mots des traits piquants qui percent insensiblement; que non seulement il a beaucoup de méchantes plaisanteries qui n'ont rien que de fade & de fort désagréable, mais qu'on y remarque encore des bouffonneries plates, des obscénités grossiéres & brutales, de l'aigreur, de l'enflure, & des termes ampoullés, ce qui étoit, dit-il, le caractére des Espagnols de ce tems-là.

 Mais il ne laisse pas de reconnoître d'ailleurs que Martial a quelquefois de la délicatesse, & quelque chose d'assés fin; qu'il y a de la subtilité dans ses inventions; en un mot qu'il y a un assés grand nombre d'Epigrammes dont le Lecteur doit être satisfait.

 Le Giraldi pouvoit avoir été dans les mêmes sentimens, & il ajoute (3) que bien que les savans de son tems ne prissent pas grand goût aux Ouvrages de Martial, on pourroit néanmoins faire choix d'un petit nombre de ses Epigrammes qui méritent d'être conservées, & laisser périr le reste sans scrupule.

 Les raisons d'un dégoût si universel ne sont inconnuës à personne. Il n'y en a pas de plus importante que celle de son impureté dont il souille la meilleure partie de ses ouvrages, & particuliérement la fin de son troisiéme Livre, le septiéme & l'onziéme. Entre les autres raisons de ce dégoût, les uns mettent son humeur trop mordante (4), les autres sa flaterie honteuse à l'égard de Domitien, jointe à la manière indigne dont il le traita après sa mort (5): quelques-uns sa bouffonnerie, ce qui ne plaisoit pourtant pas à Turnebe qui ne trou-

---

1 Jul. C. Scaliger Hypercritic. seu lib. 6. Poëtices cap. 6. pag. 838.
2 Joan. Jovian. Pontan. lib. 3. de Sermone cap. 18. & ap. Farnab.
3 Ger. Joh. Voss. Institut. Poëticar. lib. 3. cap. 20. parag. 4. pag. 106. 107..

Lil. Gregor. Gyraldus de Histor. Poëticar. Dialog. X. pag. 1093. edition in-8°.
4 Paul. Jov. in elogio Marc. Anton. Casanovæ pag. 76. M.
5 Rost. Sentim. sur quelques Livres qu'il a lûs MS.

**Martial.** voit dans cette méchante qualité rien que de plaisant & d'agréable (1) : quelques-autres un air de malignité & d'imprudence répandu presque partout ses vers (2). Et si on en vouloit croire le Volaterran (3), on y ajouteroit aussi la mauvaise Latinité & l'impureté de son style ; sans parler du méchant goût de ses pensées, du faux brillant de ses Epithétes & de sa fausse délicatesse (4).

Tant de défauts ont fait douter à Lipse si Martial avoit mérité la peine qu'on a prise de le commenter, & même de le lire (5). Mais comme il a jugé qu'il n'étoit plus possible de le supprimer, il a crû comme plusieurs autres Critiques aussi sages que lui (6) qu'il ne restoit plus d'autres moyens pour tâcher de sauver l'innocence de la jeunesse, & de pourvoir à la pudeur des honnêtes gens, que de couper cet infame Poëte & de lui ôter ses ordures, ou de faire un petit recueil de celles de ses Epigrammes qui se sentent le moins des défauts de leur Auteur.

Il semble que le Public ait eu l'une & l'autre satisfaction. Car la premiére voie a été tentée par les Jesuites (7), & particuliérement par les PP. André Frusius, Emond Auger, Matthieu Rader, & P. Rodelle ; & la seconde par quelque Anonyme du P. R. (8).

Il auroit été à propos, ce semble, de dire aussi quelque chose du Livre des Spectacles ou de l'Amphithéatre qui porte son nom. Mais cet ouvrage n'est pas de lui selon Barthius (9), ou s'il y a quelque Epigramme de lui, il est assés difficile d'en faire le discernement d'avec les autres qui sont de divers Auteurs dans le même Recueil.

Ceux qui souhaitent voir la comparaison de Martial avec Catulle, la trouveront au titre de celui-ci, nombre 1141.

---

1 Hadr, Turneb. Adversarior. lib. 13. cap 19. Item lib. 8. cap. 4.
2 Chanteresne Traité de l'Educ. du Prince partie seconde parag. 38. page 63.
3 Raph. Volaterran. commentarior. Urbanor. lib. 17. & ap. Thom. Farn. pag. 455. ad Calc. edit. Mart.
4 René Rapin comparaison d'Homere & de Virgile chap. 10. page 39. edit. in-4°.
5 Just. Lips. Epistolicar. quæstion. lib. 1. Epist. 5. ad Jan. Lernut.
6 Hadrian. Junius Horn. Epistol. præfix. edit. Martial. Vidend. & ea quæ collegit Petrus Scriverius in sua edit.
7 ¶ Le P. Vavasseur, chapitre 20. de son Traité de l'Epigramme, convient sans façon que les Jésuites ne se sont pas avisés les premiers de purifier Martial. Il n'a pas sû à la vérité que Conrad Gesner Protestant avoit en 1544. éxécuté ce dessein à Zuric quatorze ans avant que l'édition des PP. Frusius, & Auger eût paru, mais remontant bien plus haut il a fait voir. que François du Bois, *Franciscus Sylvius* d'Amiens, Professeur en Humanités à Paris au Collège de Tournai, avoit été le premier de tous les réformateurs de Martial, ayant pris soin d'en donner en 1514. une édition purgée de ce que les précédentes avoient de licentieux. ¶

8 De Mart. emend. & emacul. vid. passim & Bibl. Soc. J. quibus addend. & alii puta Conrad Gesner &c.
De delectu Epigrammat. Mart.
9 Gasp. Barthius lib. 40. Adversarior. cap. 15. col. 1817. &c.

*M. V.*

**POETES LATINS.** 193

*M. V. Martialis Epigrammata* in-fol. *Ferrariæ* 1471. — *Eadem*, collata ab *J. Grutero & aliis* in-12. *Francofurti* 1602. — *Eadem cum M. Raderi Comment.* in-fol. *Mogunt.* 1627. — *Cum variorum Comment. & Indice Josephi Cangii* in-fol. *Lutetiæ* 1617. — *Laur. Ramirez de Prado* in-4°. 1607. *Parif.* — *Idem ad usum Delphini* in-4°. *Parif.* 1680. \*

---

## STACE,

( *P. Papinius Statius* ) de Naples, vivant sous Domitien, confondu par plusieurs Modernes avec Statius Surculus, ou Ursulus de Toulouse qui vivoit sous Claudius & Néron.

1166    IL est assés difficile de dire quel a été le goût des Anciens pour les Ouvrages Poëtiques de Stace, parce qu'ils paroissent ne les avoir lûs & éxaminés que comme des Grammairiens qui ignoroient l'Art Poëtique (1). Pour ce qui regarde les siécles de moyen âge, on peut dire qu'ils en ont été charmés, & que ceux qui s'appliquoient dans ces tems à la lecture en faisoient leurs délices, quoiqu'ils fussent incomparablement moins intelligens dans la véritable Poësie que ceux dont nous venons de parler. C'est ce qu'on peut voir dans Barthius, qui a pris un soin particulier de ramasser les témoignages des Auteurs de ces tems qui ont parlé favorablement de ce Poëte (2). Mais les Modernes ont été assés partagés dans les jugemens qu'ils en ont portés (3). Les uns ont prétendu qu'il avoit plus de solidité & de discernement que Virgile même. Les autres ont soutenu avec autant de chaleur que si nous en devions douter, qu'il n'avoit ni l'art ni le génie, ni la diction de Virgile.

   Jules Scaliger prétend non seulement que c'est un véritable Poëte, mais que c'est un Poëte de grand génie & de beaucoup de politesse ; qu'il n'y a pas d'Auteurs parmi les Anciens ni parmi les Modernes qui ait approché si fort de Virgile, & qu'il l'auroit encore touché de plus près s'il n'avoit eu peur de l'incommoder (4). Car étant natu-

---

1 Priscian. Grammat. & alii ejusdem ætatis, item Sever. Sulpit. versum ex eo citat. Dialog. 3. At Macrob. non meminit.

2 Gasp. Barthius lib. 11. Adversarior. cap. 2. col. 513. 514. &c.

3 Bibliograph. Anonym. curios. Histor. Philolog. pag. 59. ubi vituper. Crucci editio.

4 Jul. Cæs. Scalig. Hypercritic. seu lib. 6. Poëtic. pag. 843.

¶ Baillet a donné par cette traduction un air ridicule à ces paroles de Scaliger: *Etiam propinquior futurus, si tam prope esse noluisset.*

rellement élevé, il n'a pû éviter de devenir enflé & trop bouffant dès qu'il a voulu prendre son essor trop haut. C'est en quoi ce Critique met la principale différence de Stace d'avec Virgile, après lequel il ne fait point difficulté de lui donner le rang de préséance sur tous les Poëtes Héroïques des Grecs & des Latins, soutenant qu'il fait de meilleurs vers qu'Homere même.

Ce jugement joint à plusieurs autres de la même nature que j'ai rapportés dans toute la suite de ce Recueil, a fait douter à quelques personnes judicieuses si Scaliger étoit aussi bon connoisseur dans l'Art Poëtique comme il l'étoit en d'autres choses. Quelque excellent que soit son Traité de la Poëtique, il ne laisse pas de nous donner quelquefois des marques du peu d'uniformité de l'esprit de son Auteur, & de nous faire voir que la mémoire lui manquant quelquefois, ce défaut le faisoit tomber dans des contradictions qui ont fait quelque tort à la réputation où il est d'un Critique fort judicieux & fort expérimenté. Ainsi quoiqu'il ait dit en un endroit que Stace est enflé lorsqu'il veut s'élever, il semble avoir voulu dire le contraire en un autre, & il traite de *Petits-Grecs*, c'est-à-dire d'esprits vains, téméraires & menteurs, ceux-mêmes qui l'ont jugé trop enflé. Il prétend que ces sortes de Critiques ne connoissent point la véritable enflure, qui consiste, dit-il, dans des Métaphores de fer pareilles à celles qu'on trouve dans Pindare : car s'il falloit prendre pour un style enflé ce grand air que Stace a donné à ses vers, il faudroit aussi accuser Virgile d'être enflé (1).

Si nous étions fort en peine de chercher de l'appui pour le sentiment de Scaliger, nous trouverions des Critiques assés zèlés pour l'honneur de Stace qui pourroient le seconder, & nous pourrions nommer parmi les autres Mr de Marolles qui se plaint dans la Préface de sa Traduction qu'on ne fait pas assés de cas des Poësies de Stace (2), prétendant que nous n'avons rien de meilleur après Virgile.

Mais ceux qui en ont jugé avec plus de lumiére & de désinteressement, nous apprennent que pour quelques bonnes qualités que l'on trouve dans cet Auteur, on y en remarque beaucoup de mauvaises. Mr Borrichius reconnoît, par éxemple, que sa diction est assés fleurie & magnifique (3), mais il ajoute qu'elle ne se soutient pas, qu'elle n'est pas choisie par tout, qu'on le voit tantôt se guinder sur des échasses,

---

1 Idem Scalig. ibid. pag. 841. 842. cap. 6.
2 Mich. de Maroles Préface de sa Traduction Françoise.
3 Olaüs Borrichius Dissertat. 1. de Poët. Lat. ad calcem num 38. pag. 62.

POETES LATINS.

& s'élever fort haut ; tantôt marcher à petit pas & ramper sur terre. C'est ce qui avoit porté Famiano Strada célébre Jésuite à se le représenter sur la pointe la plus exhaussée du Parnasse, mais dans la posture d'un homme qui n'y peut tenir & qui se précipite.

Le P. Briet a remarqué qu'il étoit plus heureux que Martial pour la versification, qu'il faisoit des vers avec plus de facilité & d'abondance; & que c'est ce qui le rendoit plus agréable à l'Empereur Domitien : mais il ajoute qu'outre cette enflure que tout le monde y a trouvée, il est beaucoup plus obscur & beaucoup plus inégal, & que c'est un Auteur pernicieux à la jeunesse pour le mauvais style. (1)

Le P. Rapin le blâme (2) d'avoir mis l'essentiel de la Poësie dans la grandeur & la magnificence des paroles plutôt que dans les choses, il dit que ses vers remplissent l'oreille sans aller au cœur, qu'il est aussi bizarre dans ses idées que dans ses expressions (3) ; que ses deux Poëmes n'ont rien de régulier, que tout y est trop vaste & trop disproportionné. Enfin il assure (4) que Stace n'est qu'un furieux au prix de Virgile. C'est ce qu'on peut voir en divers endroits de ses écrits.

Les principaux Ouvrages de notre Auteur sont la *Thebaïde* en XII. livres, l'*Achilleïde* dont on n'a que deux livres, parce que la mort l'empêcha de la continuer, & les *Silves* en V. livres.

1. Dans ses *Silves*, il est plus pur, plus agréable, & plus naturel qu'ailleurs.
2. Dans sa *Thebaïde*, il est plus peigné, plus ajusté & plus fardé.
3. Dans son *Achilleïde*, il est plus inégal que dans le reste. (5)

1. Le volume des *Silves* est un assemblage de plusieurs piéces sur différens sujets qui méritent assurément une lecture attentive, à cause des choses excellentes qui s'y rencontrent parmi plusieurs qui sont assés communes (6) Scaliger dit que les plus Savans ont jugé ces *Silves* meilleures que la Thebaïde & l'Achilleïde, parce qu'étant ce semble plus négligées, elles paroissent écrites plus naturellement, mais il témoigne ne vouloir pas être de leur sentiment. (7)

Quoiqu'en dise Scaliger, il a été incomparablement plus facile à Stace de réussir dans ses *Silves* que dans ses deux Poëmes, parce que ce genre d'écrire n'ayant pas encore de régle comme les genres

---

1 Philip. Briet. de Poët. Lat. lib. 2. pag. 38. 39. ante Acutè dict. &c.
2 Ren. Rapin Reflex. 18. & 37. sur la Poëtique premiere partie.
3 Le même dans la seconde partie du même Traité Reflexion XV.
4 Dans la Comparaison d'Homere & de Virgile chap. 11.
5 Borrich. Dissert. ut suprà & Brietius ut suprà.
6 Rosteau Sentim. sur quelques livres qu'il a lûs pag. 55. MS.
7 Jul. Cæs. Scaliger in Poët. lib. 6. cap. 6. ut suprà.

Bb ij

**Stace.** Epique, Dramatique, Lyrique &c. il s'est trouvé dans une grande liberté de suivre son génie, sans craindre de pécher contre des Loix qui n'ont point encore été portées. Effectivement Vossius a remarqué que plusieurs de ces piéces ont été faites sur le champ, sans étude & sans préparation (1). Et c'est de Stace même qu'on a appris cette particularité que l'on trouve dans une Epitre à Pollius qui est à la tête du troisiéme livre des Silves.

2. & 3. Pour ce qui regarde sa *Thebaïde* & son *Achilleïde*, on peut dire que leur Auteur en avoit si bonne opinion qu'il les croyoit comparables aux Poëmes d'Homere & de Virgile (2), quoiqu'il ait eu assés de modestie pour témoigner qu'il ne pouvoit suivre le dernier que de loin, & qu'il ne le vouloit faire même qu'en baisant les vestiges qu'il lui avoit tracés. (3)

Il est vrai que quelques Critiques n'ont pas crû sa *Thebaïde* si éloignée de l'Enéïde de Virgile; que Mr de Marolles lui donne le premier rang du genre Epique immédiatement après ce chef-d'œuvre (4); & que Mr Rosteau a crû que ce Poëme est écrit dans toutes les regles (5). Mais on peut quitter ces Messieurs sans leur faire trop d'injure pour écouter les Maîtres de l'Art sur ce point.

Le P. le Bossu qui n'est pas un des moins considérables dit (6), que Stace ne mérite pas plus le nom de Poëte que Lucain & Silius Italicus, quoiqu'il ait pris un sujet Héroïque & Poëtique, c'est-à-dire fort propre au Poëme Epique. Lucain & Silius Italicus ont décrit l'un dans sa Pharsale, & l'autre dans son Annibal des choses véritables & purement historiques. Stace en a écrit de feintes & tirées des Fables, mais parce qu'il raconte ses fictions en historien, ses Ouvrages ne sont pas de véritables Poëmes Epiques non plus que ceux des autres.

Sa *Thebaïde* est pleine d'Episodes défectueux & surabondans, tout y est presque irrégulier, & l'on y trouve beaucoup d'endroits monstrueux (7). La plupart des Caractéres qu'il donne à ses Heros & aux autres personnes sont faux. Son génie emporté joint au desir

---

1 Gerard Joan. Vossius Institution. Poët. lib. 3. cap. 22. & ult. pag. 118.
Papinius Stat. non semel lib. 1. Silvar. lib. 2. & lib. 3.
2 Ren. le Bossu Traité du Poëme Epique liv. 1. pag. 117. à la fin du chap. 16.
2 ¶ C'est une fausseté à laquelle j'ai répondu sur l'article 1153. à la fin du §. 2. ¶
3 Ol. Borrich. & ipse Statius hoc versu :
Sed longè sequere, & vestigia semper adora.
4 De Maroles Abbé de Villeloin pref. de sa Trad. Franc. comme dessus.
5 Rosteau Sentim. sur quelques livres qu'il a lûs pag. 55. MS.
6 Le Bossu chap. 15. du 1. livre du Traité du Poëme Epique pag. 105.
7 Livre 2, chap. 7. du même Ouvrage p. 184. 185.

d'amplifier, & de faire que tout ce qu'il veut dire paroisse grand & merveilleux, l'a fait tomber dans ce défaut. Il porte presque toujours à l'excès les passions qu'il répréfente dans ses personnages. Il ne sait ce que c'est que de garder l'uniformité. Il fait faire à ses gens des extravagances qu'on ne voudroit point pardonner à de jeunes Ecoliers, & souvent au lieu de répréfenter ses personnages comme il devoit, il n'a fait que des chiméres. Toutes ces fautes ne peuvent être attribuées qu'au défaut de jugement, de science & de justesse d'esprit. Voila le sentiment du P. le Bossu sur la *Thebaïde* qui n'a point paru plus réguliére aux autres Critiques de notre tems (1), qui ont eu quelque réputation de capacité & de bon goût.

L'*Achilleïde* de Stace n'est pas moins défectueuse que sa Thebaïde. Le P. Mambrun dit (2) que c'est une Histoire & non pas un Poëme. Le P. le Bossu le blâme avec justice (3) d'avoir pris un Héros pour la matiére de son Poëme, au lieu de prendre une Action seule de son Héros; c'est-à-dire, d'avoir ramassé toutes les avantures & les actions qu'on attribuë à Achille, comme s'il avoit voulu faire une vie plutôt que de se renfermer dans des bornes semblables à celles qu'Homere s'étoit prescrites. Ainsi l'unité de ce Poëme est une fausse unité qui ne consiste que dans l'unité du Héros. Il n'y a point d'unité dans l'Action, qui néanmoins doit faire toute l'essence & toute la constitution d'un véritable Poëme Epique, selon les maximes d'Aristote & des autres Maîtres qui l'ont suivi. Ce n'est point une Fable quoique ce ne soit qu'un tissu de Fables. C'est une suite de fictions racontées dans un ordre historique (4). Il faut donc conclure avec les Critiques que Stace n'est qu'un méchant Historien, ou tout au plus un Poëte irrégulier & monstrueux.

\* *Publ. Papinii Statii Opera cum observationibus & comment. tam veterum quam recentior. Interpret. Emericus Cruceus recensuit & novo com. illustravit* in-4°. *Parif.* 1618. — *Idem ad usum Delphini* 2. vol. in-4°. *Parif.* 1685. — *Idem cum comment. Variorum* in-8°. *Lug.-Bat.* 1671.\*

1 Ant. Godeau Histoire de l'Eglise fin du premier siécle.
Ren. Rapin Reflex. particul. sur la Poët. seconde part. Reflex. IX.
2 P. Mambrun Causæ dict. de trib. Poësmatib. simul cum Differt. Dialect. de Poëmat. Epico.
3 R. le Bossu liv. 2. du P. Epiq. chap. 1. pag. 132. & chap. 7. pag. 184.
4 Le même au premier livre du même Ouvrage pag. 107.

## TERENTIANUS MAURUS,

*Africain* selon quelques-uns, vivant sous Domitien, si c'est le même que ce Gouverneur de Syene ou Asna en Egypte dont parle Martial : ou selon d'autres sous Severe, sous Gordien ou même plus tard. (1)

1167    **N**ous avons vû ailleurs qu'il étoit également bon Poëte Lyrique pour son siécle, & bon Maître de Poësie. Voyés-le parmi ceux qui ont écrit de l'Art Poëtique, Art. 1051.

<small>1 ¶ Sous Aurélien, si c'est le Terentianus à qui Longin adresse son Traité du Sublime.    Vivès sur le 6. livre de la Cité de Dieu chap. 2. recule Terentianus jusqu'à Dioclétien. §.</small>

## SULPITIA,

Poëte Satirique, vivant du tems de Domitien, femme de Calenus.

1168    **L**es vers qu'elle écrivit à son Mari sur l'amour conjugal & sur la fidélité & la chasteté que l'on doit garder dans l'état du Mariage se sont perdus : mais il nous est resté une Satire de sa façon qu'on imprime ordinairement à la fin de celles de Juvenal.

Scaliger en dit assés de bien : Il en louë l'adresse, & il dit que la versification même n'en est pas à méprifer.

<small>Jul. Cæs. Scalig. Hypercritic. seu lib. 6. Poëtic. pag. 838.</small>

## ☞ EZECHIEL,

*Juif*, Poëte Grec, sous Trajan ou Adrien, quoique Sixte de Sienne l'ait mis 40. ans devant Jesus-Christ. (1)

1169 IL court sous ce nom une Tragédie Grecque sur Moyse ou le passage des Israëlites. Frederic Morel la traduisit (2) en Prose & en Vers Latins sur la fin de l'autre siécle, ce qui n'en a pourtant pas rendu la lecture beaucoup plus fréquente ni la piéce beaucoup plus commune.

Clement Alexandrin parle de cet Auteur plus d'une fois, & il en rapporte un grand fragment. Gentien Hervet qui croyoit cette piéce perduë, conjecturoit par ce morceau que toute la piéce devoit être élégamment écrite.

Ce n'est point pour confirmer sa conjecture que j'ai crû pouvoir parler ici de cet Auteur, mais plutôt pour faire remarquer une rareté assés singuliére, de voir un Juif Poëte.

\* *Ezekielus Poëta, ejus fragmenta, ex libris Eusebii Cæsariensis, Gr. Lat.* in-fol. *Parif.* 1624.

1 ¶ Mr Huet chap. 2. de sa Démonstr. Evangelique n. 22. le met un siécle & plus avant J. C. Les vers d'Ezéchiel ne souffrent pas qu'on le croient si ancien. Ils ont tout l'air d'être d'un Juif Hellénifte, mauvais Poëte posterieur d'un siécle ou deux à J. C.
2 ¶ C'est-à-dire traduisit les fragmens qui en restoient de son tems.¶
3 Gent. Herv. in Com. ad Strom. Clem. Alex.

---

## Q. SERENUS SAMMONICUS,

Sous Severe, tué à table par l'Empereur Caracalla, & Pere de ce Sammonicus qui fut Précepteur du jeune Gordien, & Maître d'une belle Bibliothéque après son Pere qui l'avoit dressée.

1170 D'Un grand nombre d'Ouvrages que cet Auteur avoit composés, il ne nous est resté qu'une espéce de Poëme sur la Médecine & les remédes des maladies, que quelques-uns prétendent même être plutôt de son fils.

POETES LATINS.

Jules Scaliger juge (1) que son style est un peu plus net que celui de Macer, c'est-à-dire de l'Auteur qui porte ce nom, comme nous l'avons vû ailleurs. Mais il ajoute que ce style lui paroît si bas & si rampant, qu'il ne se souvient pas d'avoir rien vû au dessous; qu'il ne laisse pourtant pas de se servir de mots fort bons.

Le P. Briet paroît avoir été aussi du même sentiment (2), & il prétend que la bassesse de son sujet contribuë encore à rendre son style plus plat.

[*] *De Medecinâ, Præcepta salubria, carmine* in-8°. *Lugd.* 1587.

1 Jul. Cæs. Scalig. Hypercritic. seu lib. 6.    2 Philip. Briet lib. 3. de Poët. Latin. pag. Poëtic. pag. 812. cap. 5.    44.

## OPPIEN,

*De Cilicie*, Poëte Grec, vivant sous Caracalla, mort de peste à l'âge de 30. ans sur la fin du regne de cet Empereur.

1171 Nous avons de cet Auteur cinq livres de la *Pêche* qu'il présenta à Antonin Caracalla du vivant de son Pere l'Empereur Severe, & quatre de la *Chasse* qu'il présenta au même Caracalla après la mort de Severe. On dit qu'il avoit aussi travaillé sur la *Fauconnerie*.

Jules Scaliger avoit une estime toute particuliére pour ce Poëte, il en a parlé souvent & avec plaisir. Il dit (1) que c'est un très-grand Poëte & un Auteur très-beau & très-élégant; qu'il est agréable & aisé, que son style est fleuri, coulant, abondant, sublime, éloquent, harmonieux & mesuré. De sorte que non seulement il a passé de fort loin Gratius & Nemesianus qui ont écrit sur le même sujet, mais qu'il a encore été assés heureux pour prendre l'air de Virgile qu'il a tâché particuliérement d'imiter (2), & pour nous donner une image assés fidelle de la divinité de ce Poëte Latin, qui est le terme ordinaire de Scaliger. (3)

Ce Critique a répété encore la même chose en divers endroits de ses autres Ouvrages, & il n'y en a pas un où il ne nous le represente comme un très-excellent Poëte (4), & comme le favori particulier

1 Jul. Cæs. Scalig. in Critic. seu lib. 5. de Poëtica cap. 9. pag. 664.
Item ibid. cap. 16. ejusd. libri.]
2 A. Godeau Hist. de l'Egl. fin du 3. siécle.

3 Jul. Scalig. ut supr. pag. 758. cap. 16.
4 Idem in Exercitat. 218. sectione prima.
Item Exercitat. 225. &c.
Idem de Caussis Ling. Lat. l. 2. c. 53. & alibi.

des

## POETES LATINS.

des Muses. Les autres Critiques, au moins la plupart (1), ont témoigné être de l'avis de Scaliger, sur tout, pour les qualités excellentes qu'il attribuë à son style. Néanmoins le P. Rapin n'a point laissé de juger (2) qu'Oppien est sec. Et Mr Borrichius témoigne (3) qu'il est quelquefois un peu obscur, mais il ajoute qu'il est docte par tout, & que sa diction a d'ailleurs toutes les beautés & les avantages que Scaliger y a marqués. Il veut même que les Préfaces de ce Poëte puissent passer pour des Harangues & des Panégyriques à cause qu'elles sont fort étudiées & dans un style Asiatique.

Le sieur Crasso (4) estime que c'est particuliérement dans les Sentences & les Paraboles, c'est-à-dire dans les pensées & les comparaisons qu'il excelle. Il ajoute qu'Oppien a fait une chose fort difficile, qui est de garder l'uniformité par tout, & de l'avoir su si bien allier avec l'éloquence du discours & la maturité des choses qu'il traite. Mais on prétend que ce qu'il y a de plus singulier dans ce Poëte, est cette grande érudition qui soutient ses vers. C'est ce qui a fait dire à Rittershusius (5) qu'il avoit eu l'avantage sur tous les Savans de son siécle; & à un autre Allemand (6), que ce qu'il a fait n'est proprement qu'à l'usage des Savans.

\* *Oppiani de Venatione, lib. IV. latine Jo. Bodino Interpr. in-4°. Paris. 1555. — De Piscatione, latine per L. Lippium cum Scholiis Georg. Pistorii in-8°. Basil. 1560. — De Venatione lib. III. de Piscatu lib. V. Gr. Lat. cum notis Rittershusii in-8°. Lug.-Bat. 1597. — Annotationes Joan. Brodæi in-8°. Basil. 1552.\**

---

1 Conrard. Rittershusius in Proleg. ad suam Oppiani edition.
Olaus Borrich. de Poët. Græcis Dissertat. pag. 16.
Fr. Vavass. Remarq. sur les Reflex. touchant la Poët. pag. 102.
Laur. Crass. de Poët. Græc. pag. 382.
2 Ren. Rap. Reflex. particul. sur la Poët. seconde part. Reflex, xv.

3 Olaüs Borrich. Dissertation. de Poët. Græc. ut supra.
4 L. Crasso item ut sup. de Poët. Græc. Italicè in-fol.
5 C. Rittershusius præfat. in Oppian.
Item in notis ad eumdem.
6 Bibliograph. Anonym. cur. hist. Philologic. inter Poëtas.

*Tome IV.*

## ☞ GABRIAS,

Qui est un nom forgé sur celui de l'ancien BABRIAS Poëte Grec, dont on ne connoît ni le tems ni le pays. (1)

1171   C Et ancien Babrias avoit tourné les Fables d'Esope en Vers Choriambiques (2), au rapport de Suidas. Il en avoit fait deux Volumes, selon Festus Avienus (3). Cet Ouvrage n'est pas encore découvert, selon toutes les apparences. Mais on a voulu lui supposer des vers que nous avons sur le même sujet, & on s'est trompé dans l'imposture en nommant mal l'Auteur prétendu de l'Ouvrage. Le Giraldi prétend que c'est Alde-Manuce l'ancien, qui en l'imprimant l'appella Gabrias pour Babrias (4). Quoiqu'il en soit on convient que l'Ouvrage n'est pas ancien (5), & quelques-uns ont

---

1 ¶ Il se trouve diversement appelé, Gabrias, Babrias, & Babrius. Il est cité sous le nom de Gabrias dans la 59. Epitre de l'Empereur Julien, par où l'on voit qu'Avienus n'est pas le premier qui en ait fait mention.§

2 Suidas in Lexico, dictione *Choriambus*. ¶ Il est vrai que Suidas au mot Χορίαμβος dit que Βαβρίας ou Βάβριος avoit donné dix livres de Fables d'Esope en choriambes, c'est-à-dire en vers choriambiques, comme pour vers ïambique on dit ïambe; mais les vers qui nous ont été conservés de ce Poëte étant tous Scazons, il est visible que Suidas s'est mépris en les nommant Χορίαμβες au lieu de Χωλιάμβες. ïambes boiteux. §

3 Fest. Avien. praefat. Fabular. Aesopicar. ad Theodos. Ambros.

4 Lil. Greg. Gyrald. Hist. Poët. Dial. pag. 569. ubi Babrius dicitur.

¶ Alde ne l'appella Gabrias que sur la foi de son manuscrit. Celui que Patrice Junius envoya de la Bibliothèque Royale d'Angleterre au P. Petau, avoit Gabrias, On trouve Gabrias dans la huitième Chiliade de Tzetzès, & Babrias dans la treisième. Le Γ étant un B commencé, pour peu que l'une de ces lettres ait été mal formée, on aura pu s'y méprendre. A l'égard de Babrias & de Babrius, le manuscrit ayant pour titre ΒΑΒΡΟΥ ΜΥΘΟΥ, on a varié sur Βάβριος & Βαβρίας parce que l'un & l'autre viennent également de Βαβρίς.

5 Il devoit dire: Quoi qu'il en soit, on convient que Babrias est ancien, mais on doit convenir aussi que les Fables en quatrains Grecs ïambiques imprimées sous le nom de Gabrias, sont d'un Ecrivain en comparaison très-récent, nommé Ignace Diacre de l'Eglise de Constantinople, vivant au neuvième siécle. La Fontaine qui ne connoissoit ces quatrains que par la traduction Latine ou Françoise qu'il en avoit luë, a parlé ainsi de leur Auteur qu'il croyoit Gabrias. C'est dans le prologue de la fable du Pâtre & du Lion.

Phèdre étoit si succint qu'aucuns l'en ont blamé,

Esope en moins de mots s'est encore exprimé.

Mais sur tout certain Grec rencherit & se pique

    D'une élégance Laconique.

Il renferme toujours son conte en quatre vers;

Bien ou mal, je le laisse à juger aux experts.

publié sur la foi de quelques Manuscrits que c'est un Diacre nommé Ignace qui en est l'Auteur. (1)

Après tout on juge que ces Fables ne sont point à méprifer pour être un fruit du moyen âge, & qu'elles peuvent passer pour quelque chose de bon par rapport au tems où il y avoit peu de bons Ecrivains.

1 Ger. Joan. Voff. lib. de Poët. Græc. pag. 86. in Incert. ætat. script.
Idem lib. 2. Institution. Orator. cap. 15. pag. 317.

Item Lorenz. Craff. de Poët. Græc. pag. 81.
Item Konig. Biblioth. &c.

## TIT. CALPHURNIUS,

*De Sicile*, Poëte Bucolique, vivant sous Carus, Carin, & Numerien.

1172. IL composa sept Eglogues qu'il adressa à Nemesien qui étoit de la même Profession, c'est-à-dire Poëte Bucolique comme lui. Jules Scaliger dit (1) qu'il se trouvoit des gens qui lui donnoient le rang d'après Virgile en ce genre d'écrire, mais il ajoute qu'il n'étoit pas de leur sentiment, parce que c'est un Auteur trop lâche & trop enflé, qui n'a rien qui réveille son Lecteur, mais que tout le fatigue & le dégoute dès le commencement. Le P. Briet ne laisse pas de dire (2) que son style est assés net, & qu'il est passable, si l'on a égard au tems où il vivoit, & où la Poësie étoit entiérement déchuë de l'état florissant dans lequel elle avoit été sous les premiers Empereurs. Mais le P. Rapin le confidére avec beaucoup de mépris (3), disant qu'il a fait ses Eglogues d'une très-petite maniére, c'est-à-dire dans un caractére aussi bas que le style.

\* *Tit. Calphurnii Siculi Eclogæ seu Bucolica* in-8°. *Basil.* 1546.
— *Idem cum animadversionibus G. Barthii* in-8°. *Hanov.* 1613.\*

1 Jul. Cæf. Scaliger Hypercritic. seu lib. 6. Poët. pag. 822. 823.
2 Philip. Briet. lib. 3. de Poët. Lat. p. 45.
præfix. Acutè dict.
3 Ren. Rapin Reflex. 27. sur la Poëtique 2. part.

## NEMESIEN,

Africain, natif de Carthage (*Marc. Aurelius Olympius Nemesianus*) sous Carus, Carin & Numerien.

1173    CEt Auteur a fait un Poëme *de la Chasse*, & quatre *Eglogues*. Ce dernier Ouvrage n'est pas plus estimé que celui de Calphurnius. On y trouve à peu près le même caractére & les mêmes défauts, quoique Scaliger (1) ait dit que Nemesien est plus châtié & plus éxact que Calphurnius.

Mais le Poëme de la Chasse lui a acquis plus de réputation; quoiqu'il soit fort inferieur à Oppien & à Gratius qui avoient déja traité le même sujet en vers. Oppien le surpasse en toutes maniéres, & Gratius le surpasse pour la pureté du discours, pour l'invention, & pour la méthode. (2)

Néanmoins son style ne laisse pas d'être assés naturel, selon le même Scaliger (3). Ce n'est pas du style vulgaire de son tems, il a même quelque élégance, en un mot son Traité de la Chasse est un bon livre

Mais il semble qu'on n'ait jamais dû se coëffer de sa bonté, jusqu'au point de le faire lire dans les Ecoles publiques, & de l'enseigner à la jeunesse comme on a fait du tems de Charles-Magne & de ses Successeurs. C'est un honneur qui ne se rend ordinairement qu'aux Auteurs Classiques ou du bon siécle, & à quelques privilégiés d'entre les Modernes que l'on juge n'être inférieurs aux Anciens qu'en âge. Ainsi l'on peut considerer ce fait plutôt comme une marque du mauvais goût des huit & neuviéme siécles, que comme une preuve de l'excellence de l'Ouvrage de Nemesien. (4)

\* *Venatici & Bucolici Poëtæ Latini Gratius, Nemesianus, Calphurnius, cum animadv. G. Barthii* in-8°. *Hanoviæ* 1613.\*

---

1 Jul. Cæf. Scalig. lib. 5. & 6. Poëtices V. & quæ in Gratio & in Oppiano retulimus.
Ren. Rap. Refl. 17. sur la Poët. 2. part.
2 Scalig. lib. 5. Poët. seu Critic. cap. 16. pag. 758.

3 Idem in Hypercritic. seu lib. 6. p. 815. & pag. 850.
4 Test. Hincmar. Remens. ad Hincmar. Laudun. & apud Vossium de Poët. Lat. lib. sing. pag. 53. & Phil. Briet. lib. 3. de Poët. pag. 45.

## PUBLILIUS OPTATIANUS PORPHYRIUS,
### Sous Constantin le Grand.

1174   L'An 1595. on tira de la Bibliothéque de Marc Velser ; & on publia à Ausbourg le Panégyrique en vers que cet Auteur envoya du lieu de son exil à Constantin. Ce Prince en fit tant de cas qu'il voulut le récompenser par la liberté de son retour qu'il lui accorda. Cependant les Critiques (1) jugent qu'il y a dans cette piéce plus de travail que de génie ; qu'il y a des affectations tout-à-fait puériles & des extravagances même ; & que le style en est si bas & si trivial, qu'on prendroit volontiers cet Auteur pour un homme de la lie du Peuple de ces tems-là. De sorte qu'on auroit lieu, dit le P. Briet, de s'étonner du jugement si favorable de Constantin, si l'on ne savoit que les Princes qui n'ont pas le loisir de lire les livres & de s'instruire par eux-mêmes, n'en jugent ordinairement que sur la foi de ceux qui les approchent, & souvent sur le rapport de leurs flateurs.

1 Ger. Joan. Vossius lib. sing. de Poët. pag. 54.
Philip. Briet. lib. 4. de Poët. Lat. &c.
Gasp. Barthius Adversarior. lib. 60. cap. 11. & G. M. Kœnig. Bibl.

## RHEMMIUS (1) FANNIUS
### Ou *Favinus* que l'on fait disciple d'Arnobe, & vivant du tems de Constantin.

1175   Cet Auteur avoit fait un Poëme assés estimé sur quelques matiéres de la Médecine, qu'il avoit adressé à Lactance. Cet Ouvrage s'est perdu, mais nous avons une autre piéce de Versification qu'on prétend être de lui, quoi qu'on l'ait attribuée à Priscien. C'est une exposition des Poids & des Mesures, dont les vers sont d'un caractére fort bas & de fort petit goût. De sorte qu'il paroît assés qu'il n'a songé qu'aux choses qu'il vouloit nous apprendre, sans se soucier de la maniére de le faire. Quelques-uns ont crû

1 ¶ Ce nom se trouve écrit *Remus*, *Remius*, *Remmius*, *Rhemmius*, & *Rhemnius*.

que cet Ouvrage pouvoit être aussi de Q. Rhemnius Fannius Palæmon célébre Grammairien, & qui se mêloit aussi de faire des vers, dont Suetone a fait la vie. Il y avoit encore un autre Fannius du tems d'Horace qui se mocque de lui en deux endroits de ses Satires, parce que c'étoit un méchant Poëte qui ne laissoit pas de faire valoir ses vers parmi le peuple. Mais après tout, le style du Traité des Poids & Mesures paroît être plutôt du bas Empire que du bon siécle.

* *Q. Rhemnius Palæmon, de Ponderibus ac Mensuris* in-8°. *Lugd.-Bat.* 1587.*

Voss. pag. 34. 42. 43. & 54. de Poët. Lat. Briet. Konig. &c.

## JUVENCUS,

Poëte Chrétien, Prêtre Espagnol sous Constantin & Constance
( *Cajus Vestius Aquilius Juvencus* ) (1)

1175
bis

ON peut dire que l'Eglise a été trois siécles entiers sans produire de Poëtes, quoi qu'on ne puisse pas nier qu'il ne se soit trouvé des Ecrivains & sur tout parmi les Chrêtiens Grecs qui ont composé quelques Hymnes pour la consolation de leurs freres ou pour leur propre satisfaction.

Du moins n'ai-je pas crû devoir mettre *Tertullien* ni saint *Cyprien* parmi les Poëtes, quoi que l'on ait attribué au premier les cinq Livres en vers contre Marcion que l'on trouve imprimés avec ses œuvres, & quelques autres Poësies, parce que outre qu'on n'y remarque point ce feu & cette impétuosité qui paroît dans ses Ouvrages, on sait assés qu'il étoit trop savant dans la quantité & la mesure, pour avoir fait ce grand nombre de fautes de Prosodie qui sont répanduës dans ces vers.

Le Poëme de la *Genese* & celui de l'accident de *Sodome* sont un peu plus fleuris; mais cela ne paroît pas suffisant pour nous faire croire que Tertullien ou saint Cyprien en soient Auteurs, non plus

---

1 ¶ *Nobilissimus Poëta Christianus*, dit Juret p. 273. de son Symmaque in-4°. *qui vulgatis in libris dicitur simpliciter Juvencus, appellari debet* AQUILINUS CAIUS VETTIUS JUVENCUS, *quemadmodum scriptum reperitur in optimis & antiquissimis membranis.* Il semble pourtant que CAIUS étant un prénom devoit précéder AQUILINUS, mais il y a plus d'un exemple de cet irrégularité dans le bas Empire. ¶

## POETES LATINS.

que des autres petites piéces de vers qui sont à la fin de leurs Ouvrages.

Je n'ai pas dû parler non plus des Institutions Acrostiches de *Commodien*, qui vivoit sous le Pape Silvestre, 15. ou 20. ans avant Juvencus, parce que quoi qu'elles ayent la mine de Vers, elles n'en ont ni les pieds ni la mesure, & que ce sont de simples versets qui ne sont liés que par la première lettre des lignes.

Ainsi Juvencus peut passer pour le premier des Ecrivains du Christianisme qui se sont appliqués à la Poësie comme à une profession sérieuse. Nous avons de lui quatre Livres de l'Histoire Evangelique prise de saint Mathieu tout de suite, écrits en vers héxamétres: Mais ce qu'il avoit fait sur les Sacremens s'est perdu.

Barthius dit (1) que ce Poëte a fait connoître par son Histoire Evangelique qu'il étoit le plus simple de tous les Ecrivains; mais qu'il renferme pourtant plus de choses dans le fonds de son Ouvrage que sa montre n'en promet à l'exterieur. Il témoigne ailleurs, que bien que sa Versification ne soit pas élevée, elle ne laisse pas d'être assés Latine; de sorte qu'il prétendoit y avoir trouvé beaucoup d'expressions pures & pareilles même à celles que l'usage faisoit employer au siécle de devant celui de Virgile. Il ajoute (2) qu'il y a dans cet Auteur des improprietés & des barbarismes, mais il veut croire que c'est plutôt le fruit de quelques Moines postérieurs. C'est la solution ordinaire que les Critiques *Anti-Moines* apportent aux difficultés qu'on pourroit leur proposer sur la bonté des Ouvrages des Anciens.

Quoi qu'il en soit, on ne peut pas douter que Juvencus ne soit un fort médiocre Poëte, qui a écrit d'un style fort bas, selon le Pere Briet (3) & qui s'attachant plutôt à suivre les mots de l'Evangile qu'à choisir des expressions Poëtiques, semble avoir méprisé tous les ornemens de la Poësie par un respect particulier pour la Vérité qu'il n'a pas crû devoir déguiser ou souiller par des fictions. Ainsi l'on trouve plus de pieté que d'élégance dans ses manieres de parler, qui néanmoins ne laissent pas d'être quelquefois assés naturelles, mais qui sont toujours fort simples & fort plates, & qui nous font connoître que Juvencus n'étoit pas meilleur Versificateur que Poëte par le grand nombre de fautes de prosodie ou de quantité qu'il a faites dans ses

---

1 Gasp. Barth. Adversarior. lib. 8. cap. 1. col. 360.
2 Idem ibidem seu lib. 11. c. 23. col. 552.
3 Philip. Briet. lib. 4. de Poët. Lat. p. 48. præfix. Acutè dict.

Vers, comme l'a remarqué Mr Borrichius (1) & tous ceux qui se sont donné la peine de lire cet Auteur.

\* *Juvenci Hispan. sacra Poësis, seu Evangelicæ Historiæ Poëmatum libri* IV. in-8°. *Calari* 1573. — *Sedulii, Juvenci, Aratoris, Prob. Falconiæ Carmina C. Sulpitii & varia aliorum Opuscula* in-4°. *Venet.* 1502.\*

1 Olaüs Borrich. Differtation. 2. de Poët. Lat. pag. 69.

Quibus adde Ph. Labbeum de Scriptorib. Ecclesiast. Konigium in Bibl. &c.

## ☞ APOLLINAIRE

Le jeune, *Alexandrin*, Evêque de Laodicée en Syrie, ou dans la Phenicie du Liban, Poëte Grec, chef des Appollinaristes, vivant sous Julien l'Apostat, Jovien & Valens, mort vers le commencement du regne de Theodose en 379. ou 380. Il étoit fils d'un Prêtre du même nom.

1176 DE plusieurs Ouvrages que le jeune Apollinaire avoit composés en vers pour l'usage des Chrétiens à qui l'Empereur Julien avoit défendu l'étude des Livres prophanes, & particuliérement des Poëtes Païens, il ne nous est resté qu'une Paraphrase sur les Pseaumes, quoique plusieurs lui attribuent encore la Tragédie de *Jesus-Christ souffrant*, qui se trouve parmi les Poësies de saint Gregoire de Nazianze.

C'étoit un homme de grande érudition, & qui avoit de grands talens pour la Poësie, comme pour les autres Sciences. C'est ce qui paroît par les éloges qu'il a reçus, non seulement de Socrate & de Sozomene, mais encore de saint Athanase, de saint Basile, de saint Jerôme & de quelques autres saints Docteurs qui lui ont rendu des témoignages honorables, quoi qu'obligés d'ailleurs de décrier & de réfuter ses hérésies. (1)

Les Critiques ont jugé si favorablement de ses Poësies (2) qu'ils

1 Athanas. Epistol. ad Antiochen. Basilius Epistol. 72. & alibi; Hieronym. variis in locis, in Chronic. ad ann. 366 & 373. præfat. in Daniel, &c. Rufin. l. 2. c. 20.
Godefr. Herm. vie de saint Athanase tome 2. livre 11. chapitre 13. & tome 1. de la vie de saint Basile livre 2 chap. 26. &c.
Phil. Labb. Differtat de Scriptorib. Ecclef.
tom. 1. ad Bellarmin.

2 Sozomen. lib. 5. Hist. Ecclef. cap. 17. &c.
Joan. Sarisberiens. Polycratic. seu de Nugis curial. l. 8, c. 21.
Ger. Joan. Vossius de Poët. Græc. lib. singul. pag. 76.

les

## POETES LATINS.

les ont cruës égales à celles des Anciens les plus eſtimés. Ils n'ont Apollinaire. pas même fait difficulté de le leur préférer en une choſe , en ce qu'il a eu aſſés de réſolution pour embraſſer lui ſeul tous les genres d'écrire qui ont fait ſéparément l'occupation de chacun de ces Anciens en particulier.

Quelques-uns d'eux ont prétendu qu'Apollinaire a bien repreſenté Homere dans ſes vers héroïques , qu'il a heureuſement imité Euripide & Menandre dans ſes piéces dramatiques de l'une & de l'autre eſpéce , & qu'il a parfaitement ſuivi Pindare dans ſes Lyriques (1). Ils aſſurent qu'on trouvoit dans toutes ſes compoſitions le caractére d'un véritable Poëte , & qu'on a remarqué dans tous ſes vers de la force , de la méthode & de la cadence , & ſur toutes choſes une grande facilité pour la verſification.

Mais cette derniére qualité a paſſé dans l'eſprit de ſaint Jerôme pour un grand défaut (2). Ce Pere conſidéroit la promptitude avec laquelle Apollinaire expédioit ſes Ouvrages comme une précipitation blâmable qui le rendoit peu éxact & ſujet à beaucoup de fautes. C'eſt peut-être ce qui a fait dire à Poſſevin (3) que bien que ſa Paraphraſe ſur les Pſeaumes ſoit fort eſtimée , on ne doit pas laiſſer de la lire avec beaucoup de précaution. C'eſt un avis , qui ſelon le même Critique ne regarde pas moins le peu d'éxactitude d'Apollinaire dans ſes ſentimens ſur les dogmes de notre Religion , parce que cet Auteur , dit Bellarmin (4) , étant beaucoup moins exercé dans l'étude de la Théologie que dans celle de la Poëtique & de la Rhétorique , il eſt tombé dans des erreurs très-conſidérables qui l'ont même rendu chef de ſecte.

Quant à la Tragi-comédie ſur la Paſſion de Jeſus-Chriſt (5) , les Critiques modernes (6) ſemblent y avoir trouvé deux défauts conſidérables , le premier eſt d'avoir donné un air trop tragique aux diſcours qu'il fait tenir à ſes perſonnages , le ſecond eſt d'avoir employé un ſtyle tout-à-fait comique dans des ſujets tragiques , c'eſt-à-dire

---

1 Herm. Sozom. Hiſt. de l'Egliſe 4. ſiécle livre 4. pag. 328. de l'édit. d'Hol. l'an de J. C. 362. où il dit que les compoſitions d'Apollinaire n'euſſent pas été moins admitées que celles des Anciens , ſi elles euſſent eu l'avantage de l'Antiquité qui conſacroit les productions de ceux qu'Apollinaire égaloit , s'il ne les ſurpaſſoit &c.
2 S. Hieronym. Catalog. de Scriptorib. Eccleſ. illuſtr. Honor. Auguſtod. & alii.
3 Ant. Poſſevin. in Appat. Sacr. tom. 1.

4 Rob. Bellarm. in lib. de Script. Eccleſ. ad ann. 365.
5 ¶ Il n'y a nulle certitude que cette Tragédie , ſoit d'Apollinaris. Tous les manuſcrits l'attribuent à S. Grégoire de Nazianze quoi qu'elle ſoit très peu digne non ſeulement de lui , mais du plus médiocre verſificateur. ♦
6 G. Joh. Voſſ. Inſtitution. Poët. lib. 2. cap. 14. parag. 9. pag. 72.

Tome IV.

d'avoir traitté d'une maniére trop basse des matiéres très-nobles & très-relevées.

* *Apollinarii Metaphrasis seu Interpretatio Psalmorum Davidis Gr. Carmine cum versione Latina* in-8°. *Paris.* 1580.*

## ☞ S. GREGOIRE DE NAZIANZE.

Evêque de *Sasimes*, puis de *Constantinople*, né l'année que son Pere Gregoire le vieux fut fait Evêque de Nazianze l'an 327, un an devant saint Basile : mort l'an 389. dix ans après saint Basile.

1177    JE ne sai pas encore quel est le Patron que la Société des Poëtes Chrétiens en général s'est choisi, mais je crois que saint Gregoire de Nazianze l'est ou peut l'être de ce corps de Poëtes Ecclésiastiques, tant Réguliers que Séculiers qui veulent blanchir sous les lauriers du Parnasse, & qui prétendent mourir en chantant.

C'est une chose assés extraordinaire, & par conséquent très-digne de remarque, de voir que ce Docteur de l'Eglise après avoir vécu jusqu'à l'âge de cinquante-cinq ans dans des éxercices très-sérieux & très-éloignés de l'enchantement des Muses, semble s'être dépouillé de tous les soins que l'on pouvoit attendre d'une personne privée & publique de l'Eglise, pour jouir du repos de sa vieillesse en qualité de Poëte.

Ce n'est pas qu'il ne se fut appliqué à la Poësie dès le tems de Julien l'Apostat, lorsque ce Prince voulut par Edit ôter aux Chrétiens l'usage des Poëtes prophanes avec celui de tous les autres Livres des Païens : mais puisque la Tragi-comédie de Jesus-Christ *souffrant* n'est pas de lui, comme nous l'avons vû plus haut, on ne peut pas dire qu'il nous soit resté aucune Poësie de sa façon qui ait la moindre apparence d'avoir été composée du vivant de Julien.

Il est assés inutile à mon dessein d'éxaminer quels ont été les motifs de saint Gregoire en faisant de la Poësie une des principales occupations de ses derniéres années ; & ceux qui voudront se satisfaire sur ce sujet peuvent consulter Mr Hermant dans la vie de ce Pere (1)

---

1 Godefr. Hermant, Vie de saint Basile & de saint Gregoire, livre 10. chap. 16. pag. 329. 330.

V. Gregor Presbyt. de Vit. Greg. Naz. Item Suidas in Lexico.
V. & Jacob Billius In edit. operum Naz.

## POETES LATINS.

& le P. Thomaffin dans son Traité de la maniére d'étudier d'enseigner chrétiennement les Poëtes. (1)

<small>S. Gregoire de Nazianze.</small>

Il suffit de marquer que ses vers ont été également goûtés & respectés dans l'Eglise Grecque & dans la Latine en toutes sortes de tems. On y a toujours fort estimé cette belle diversité qui a paru dans tant de formes de vers. Mais il n'y a rien de plus important que d'avoir par la sagesse de sa conduite maintenu l'honneur de la Poësie Chrétienne, sans avoir recours aux réveries des Fables de l'Antiquité, ni aux prestiges des divinités ridicules du Paganisme.

Quelque chose que l'on puisse alleguer pour faire voir la différence qu'on prétend trouver entre la bonté de ses vers & l'excellence de ceux des Anciens Poëtes Grecs, on doit convenir avec Dom Lancelot (2) que sa Poësie est belle généralement parlant, & que ses vers sont beaucoup plus pompeux & plus relevés dans les choses que ceux d'Homere.

Tous ses Poëmes sont assés courts, & ils n'ont rien qui soit ennuyant ou inutile selon Mr Hermant (3). Il y exprime quelquefois les sentimens de son ame, & quelquefois il y fait l'éloge de la vertu ou la condamnation du vice : tantôt il y enseigne les dogmes de notre Religion, tantôt il y traite quelques sentences & quelques points de Morale, ou il y represente divers préceptes pour les faire retenir plus facilement par la cadence & la mesure des vers. Enfin on y remarque, ajoute le même Auteur, par tout du feu, qui est admirable dans un âge si avancé, mais qui est plein d'une lumiére que l'on voit toujours également entretenuë par l'onction de sa piété, & qui n'est nullement disproportionné à la gravité d'un grand & d'un saint Docteur de l'Eglise.

Mais j'espere parler de ce Pere avec plus d'étenduë au Recueil des Théologiens parmi les Auteurs Ecclésiastiques.

\* On trouve les Poësies de S. Gregoire de Nazianze dans ses Oeuvres imprimées à Paris 1609. 2. vol. in-fol. Gr. Lat. \*

---

1 Louis Thomaffin de la maniére d'étudier & d'enseigner chrétiennement les Poëtes, Preface pag. 5.
Le même dans le même Ouvrage livre 1. chap. 1. nomb. 8. & 9. pag. 8, 9, 10, 11.

2 Pref. de la Nouv. Methode pour la Langue Grecque pag. 36.
3 G. Herm. fin du chap. 16. comme ci-dessus pag. 330, 331.

## ☞ SYNESIUS,

De *Cyrene* ou *Cairoan*, dans la Province de la Libye qu'on appelloit Cyrenaïque, Evêque de *Ptolemaïde* ou *Tolometta* dans la Pentapole qui faisoit partie de la même Province; d'autres sur la foi de quelques Grecs le font Evêque de Cyrene-même; prétendant que cette Ville a porté aussi le nom de Ptolémaïde, peut-être auroit-il eu soin des deux Eglises. Il vivoit sous l'Empereur Arcade.

1178 Nous avons parmi les Oeuvres de ce Prélat dix Hymnes de sa façon, par lesquelles au jugement du Pere Thomassin (1), il a montré combien il est facile d'exprimer & d'insinuer par ce moyen dans les esprits ce que la Théologie a de plus élevé, & la piété de plus tendre. Tout Chrétien & tout Philosophe qu'il étoit, il ne pouvoit s'imaginer que l'esprit humain pût absolument se passer de plaisirs & de divertissemens. Il croyoit au contraire que Dieu avoit attaché l'ame au corps par les sens du plaisir, afin qu'elle ne s'ennuyât pas d'un poids si pesant & si peu proportionné à sa nature intellectuelle. Or le plaisir le plus innocent qui rabbaisse le moins la dignité de l'ame, & qui lui laisse plus de liberté de s'élever vers le Ciel est, selon ce Pere, celui qu'on goûte dans l'étude de la Poësie, & des autres connoissances humaines.

Mais quelque louable qu'ait été l'intention de Synesius, lorsqu'il a prétendu renfermer dans ses vers les maximes de la Théologie, & les sentimens de la piété Chrétienne, un Maître du sacré Palais (2) nous a donné avis qu'il ne sont pourtant pas encore entiérement éxemts de cet air de la Philosophie Païenne qu'il avoit contracté avant sa conversion; qu'il a inséré dans ses Hymnes des maniéres de parler & de penser qui sont encore toutes Platoniciennes & toutes Pythagoriciennes, & que la nécessité de garder la mesure des vers ne lui a point permis d'être aussi éxact sur la Trinité qu'un Théologien qui écriroit en prose.

\* *Synesii Opera Græcè & Latinè ex versione Dionysii Petavii* in-folio *Paris.* 1612. \*

---

1 Louis Thomassin de la maniére d'étudier & d'enseigner chrétiennement les poëtes Préface, pages 6. 7.
2 Joan. Maria Brasichellanus in Decret. sacr. Congr. Indic. Expurg. Item ex eo Philipp. Labb. tom. 2. Dissertat. de Scriptorib. Eccles. pag. 377.

## ☞ MUSÉE

Grammairien, vivant vers le commencement du cinquième siécle. Poëte Grec, Païen.

1179 Nous avons encore les vers que cet Auteur a composé sur les Amours d'Hero & de Leandre. Jules Scaliger juge que son style est plus châtié & plus poli que celui d'Homere. C'est un jugement que Scaliger a porté à l'aveugle dans la pensée que cet Auteur étoit cet ancien Musée qui vivoit devant Homere, & qui étoit contemporain à Orphée (1). La maniére de censurer les Livres en est assés plaisante, & quand il arrive qu'on se trompe aussi grossiérement sur un Principe de Critique pareil à celui-là, c'est-à-dire, qu'en jugeant du style par le siécle de l'Auteur, on ne s'abuse que de dix-huit cens ans, on peut se préparer à rire de la conclusion, quand même le hazard l'auroit rendue véritable. Joseph Scaliger a bien remarqué cette bévuë de son Pere, & il n'a pû s'empêcher de la relever en disant (2) que, cet Auteur n'est pas l'ancien Musée. ,, Mon Pere ,, en faisoit plus de cas qu'il ne faloit en le préférant à Homere, ,, mais il ne s'entendoit pas bien à la Poësie Grecque. Musée, con-,, tinuë-t-il, a un style de Sophiste, & qui n'est pas pompeux comme ,, celui de Nonnus de Panople.

Gaspar Barthius prétend (3) que ce Poëme a été composé avec beaucoup d'adresse & de conduite, & qu'il est incomparable pour le style fleuri & abondant. Il ne peut pourtant se resoudre de le pardonner à Jules Scaliger d'avoir bien osé le comparer à Homere, parce que non seulement le style affecté de Musée n'a rien de l'air naturel de celui d'Homere, mais qu'il y a encore entre la conduite de ce moderne & la sagesse d'Homere une distance aussi grande qu'est celle qui sépare la Terre d'avec le Ciel. Il soutient que Musée n'a que des beautés superficielles, qu'il est peint & fardé dans tout ce qu'il dit, qu'il ne s'attache qu'à l'harmonie & à la cadence de ses vers, & qu'il n'a cherché qu'à amuser son Lecteur au lieu de l'instruire; en un mot qu'il n'y a point dans son Poëme de quoi satisfaire les sa-

---

1 Jul. Cæf. Scaliger in Critic. seu lib. 5. Poëtices pag. 529. Musæi hujus & Homeri locos simul confert.

2 Joseph Scaliger in posteriorib. Scaligeran. pag. 65.
3 Gasp. Barthius lib. 47. Adversarior. cap. 22, col. 2230. 2231.

vans, qu'on n'y trouve point de cette érudition qui est nécessaire aux Poëtes, & qui ne peut plaire qu'à la populace & aux esprits du commun.

Enfin Vossius dit (1) que cet Ouvrage de Musée fait voir que son Auteur avoit plus d'artifice que de génie (2).

* *Musæi Erotopagnion, Herus & Leandri Gr. Lat. & alia ejusdem argumenti Poëmatia cum Comm. Dan. Parei* in-4°. *Francof.* 1627. — *Idem cum Notis Jac. Rondelli* in-8°. *Paris.* 1678. — *Idem cum Notis P. Voet.* in-8°. *Ultraj.* 1645.*

1 Gerard. Joan. Voss. de Arte Poëtica lib. singulari cap. 5. num 4. pag. 27.

2 ¶ Voyés le nouveau Menagiana page 6. 7. & 325. du 2. vol.

---

## AUSONE

*De Bourdeaux* sous Valentinien premier & Gratien, Consul avec Olybrius l'an 379. par la gratification de l'Empereur son disciple: mort sur la fin du quatriéme siécle, ou au commencement du suivant. ( *Decius ou Decimus Magnus Ausonius* ).

1180    Les Critiques semblent s'être copiés les uns les autres pour mieux convenir ensemble de deux choses touchant le jugement qu'ils ont crû devoir faire des Poësies d'Ausone. La premiére est que c'étoit un bel esprit, un génie aisé, subtil; & un Poëte également agréable & savant: la seconde est que son style est un peu trop dur, quoiqu'il semble avoir quelquefois assés d'élégance (1).

Erasme témoigne que ce style tient beaucoup de la licence & de la mollesse de la Cour (2), aussi-bien que la conduite particuliére de sa vie; qu'il ne se sent point du siécle de Ciceron, & qu'effectivement ce seroit faire autant d'injure à Ausone de l'appeller Ciceronien, que si on appelloit Allemand un homme qui voudroit passer pour François. Mr Borrichius prétend que tout est bien choisi & bien travaillé (3) dans ses compositions, & qu'il n'y a rien qui ne soit fort ingénieux; mais qu'il n'a pû se dégager des imperfections de son siécle.

1. J. C. Scalig. Poëtic. Thom. Dempster in Elencho Auctor. ad Ros. August Buchner. in thesauro Basilii Fabri à se aucto, & alii apud Martin. Hanck. in utraque parte de Script. Rer. Roman.

2 Erasm. in Dialog. Ciceronian. pag. 149. edit. Batav. in-12.

3 Olaus Borrichius Dissertat. 2. de Poëtis Latin. pag. 73.

## POETES LATINS.

Cependant Symmaque n'a point laissé de dire qu'on trouvoit dans les Ecrits d'Ausone la douceur & les agrémens de Ciceron (1). Mais il est bon de considérer que Symmaque pouvoit être l'ami d'Ausone, & que comme ceux qui vivent dans un même lieu, & qui sont accoutumés les uns avec les autres, ne s'apperçoivent point de la mauvaise odeur ou des autres qualités vicieuses qu'un même air leur communique, on peut dire de même qu'il n'étoit pas aisé à Symmaque de bien sentir les défauts du style & des maniéres d'Ausone, parce qu'il étoit environné d'un même air, c'est-à-dire qu'il vivoit dans un même siécle, & peut-être dans une même Cour.

Joseph Scaliger qui en étoit fort éloigné, quoique né dans la même province, s'est contenté de reconnoître en lui beaucoup d'érudition, & de dire que c'étoit le plus savant de tous ceux qui avoient paru depuis l'Empereur Domitien jusqu'alors, & que ce n'est pas entiérement perdre le tems que de l'employer à lire cet Auteur (2). Vivès témoigne même qu'il y a dans ses écrits de certains aiguillons, & un certain sel qui réveille son Lecteur ou qui l'empêche même de s'endormir dans sa lecture (3); & Brodeau le Chanoine de Tours trouvoit fort mauvais qu'on l'appellât Poëte de fer, pour en donner du dégoût comme on faisoit de son tems (4). C'est aussi ce qu'Elie Vinette ne pouvoit approuver (5).

Mais il semble que personne ne soit encore allé si loin que Barthius dans les éloges que l'on a donnés à Ausone. Car il ne se contente pas de dire que tout ce qu'il a fait doit être considéré comme un fruit de la bonne Latinité (6), que tout y est autorisé par quelque éxemple de l'Antiquité, qu'il étoit trop docte pour son siécle, & que les Livres qu'il aimoit le plus à lire sont ceux que nous avons perdus : mais il prétend encore qu'il y a tant de divinité dans ses Ouvrages (7), que cela l'a élevé beaucoup au-dessus de tous les Poëtes de son tems.

Néanmoins quelque apparence de vérité que l'on puisse trouver parmi ces éloges outrés de Barthius, je crois qu'il est bon de les modérer par ceux de Jules Scaliger. Ce Critique témoigne (8) que tout

---

1 Symmach. lib. 1. Epistol. ad D. M. Ausonium, quæ incipit, *Merum gaudium.*
2 Jos. Just. Scalig. in not. ad Catalect. Virgilian. & ap. M Hancx.
3 ] Lud. Vivès de trad. disciplin. lib. 3.
4 Joan Brodæus Turonens. lib. 1. Miscellaneor. cap. 6.
5 Elias Vinetus Santo Barbef. in Comment. ad Ausonii opera.
6 Gaspar Barthius Adversarior. lib. 3. cap. 7. col. 121 122.
7 Idem in eod. libro ejusd. operis cap 18. col. 144.
8 Jul. Cæs. Scaliger Hypercritic. lib. 6. Poëtic. pag. 815.

Aufone. n'eſt pas égal dans Auſone, que ce Poëte a embraſſé divers ſujets, mais avec un ſuccès aſſés divers, & qu'il vaut mieux prendre garde à ce qu'il a été capable de faire, qu'à ce qu'il a fait effectivement. Il prétend qu'on ne trouve preſque pas une de ſes Epigrammes qui ſoit travaillée, & qu'il n'y en a pas qui n'ait quelque dureté ; qu'il y en a même aſſés de froides & de frivoles, quelques-unes auſſi d'impertinentes, & d'autres qu'il s'eſt contenté de changer du Grec ſans pouvoir en faire paſſer la beauté originale dans ſon Latin. Il ajoute que c'étoit un Auteur aſſés négligent, & que l'on trouve pluſieurs de ſes ïambes aſſés bien commencés & dans une aſſés grande pureté, qui finiſſent très-mal, & qui rampent dans la fange, faute de s'être donné la peine de ſe ſoutenir, de revoir & de corriger ſes écrits.

Ce ſont des défauts qu'il auroit dû récompenſer par quelques bonnes qualités priſes d'ailleurs, & qu'il devoit réparer par des maximes & des ſentimens tirés de la Morale, comme les meilleurs Poëtes de l'Antiquité avoient eu ſoin de faire avant lui. Mais comme il vivoit parmi les Chrétiens il avoit peut-être peur qu'on ne le confondît avec eux, ſi on lui eût trouvé des ſentimens trop conformes aux leurs touchant les mœurs (1).

Le même Scaliger dit qu'il y a parmi ſes Ouvrages des choſes ſi honteuſes & ſi *déteſtables*, que comme elles ne devoient jamais trouver d'Ecrivains pour être rapportées, elles doivent trouver encore moins de Lecteurs & d'Auditeurs depuis qu'elles ont été écrites ; que ce n'eſt point avec l'éponge, mais avec le feu vangeur qu'on doit abolir toutes ces infamies ; & qu'on ne doit point le pardonner à la négligence des ſiécles ſuivans qui ont ſouffert qu'elles ſoient venuës juſqu'à nous.

Il auroit été du moins à ſouhaiter qu'on eût exterminé le miſérable *Centon*, c'eſt-à-dire cette méchante piéce de rapport qu'il a faite des moitiés de vers de Virgile, ſur des matiéres purement *érotiques*. C'eſt avec beaucoup de juſtice que l'Univerſité de Paris ſe plaignoit, il y a quarante ans, de la malice que ce Poëte a euë de faire parler d'une façon très-deshonnête Virgile, c'eſt-à-dire celui des Poëtes de l'Antiquité qu'on a toujours loué le plus pour ſa chaſteté (2). Et le P. Briet Jéſuite a porté ſon zèle encore plus loin, lorſqu'il nous a

---

1 ¶ Baillet qui prend ici Auſone non ſeulement pour un Païen, mais pour un Païen mal-honnête homme a pu, avant que de mourir, le voir juſtifié ſur l'un & ſur l'autre chef, dans le Dictionnaire de Bayle page 435. de la 2. edit. de Roterdam.

2 Réponſe de l'Univerſité à l'Apologie du P. Nic. Cauſſin page 358.

dépeint

dépeint cette action d'Aufone comme un attentat puniſſable, jugeant qu'il n'y avoit pas moins d'impudence & d'effronterie que d'impureté & d'infamie dans un homme qui avoit été capable de commettre une telle infidélité, & qu'il y avoit quelque choſe de plus diabolique qu'humain dans ce pernicieux art de pervertir les choſes, c'est-à-dire de les changer de bien en mal pour dreſſer des piéges à l'innocence & à la pureté de la jeuneſſe (1).

Au reſte la même juſtice que nous venons de rendre aux Poëſies deshonnêtes d'Auſone, nous oblige de parler avantageuſement de ſon Poëme ſur la *Moſelle*. C'eſt un Ouvrage qui a mérité ſans doute une bonne partie des éloges que Symmaque lui a libéralement donnés, quoiqu'il y ait de l'excès dans la maniére dont il l'approche de Virgile (2). Scaliger s'eſt contenté de dire (3) que ce ſeul Poëme d'Auſone peut lui acquérir la qualité de grand Poëte, à cauſe, dit-il, qu'il y a beaucoup d'art, de diſpoſition, d'élocution, de figures, de génie, de candeur, & de ſubtilité.

Avec tout cela il ſemble que le Pere Rapin n'ait pas jugé à propos de diſtinguer ce Poëme de la Moſelle d'avec les autres Ouvrages d'Auſone, lorſqu'il a témoigné (4) ne faire aucun cas de toutes ſes Poëſies, diſant que ce Poëte n'a pû s'élever au-deſſus de la foibleſſe de ſon ſiécle.

Quelques Critiques (5) prétendent que les Diſtiques Moraux qui portent le nom de Caton ſont d'Auſone. Mais c'eſt une conjecture dont ils devroient nous faire voir les fondemens.

\* *Auſonii Opera cum Comment. El. Vineti* in-4°. *Burdigalæ* 1580. — *Cum Notis variorum per Jac. Tollium* in-8°. *Amſtel.* 1671. \*

---

1 Philipp. Briet. lib. 4. de Poëtis Latin. pag. 50.
2 Symmach. lib. 1. Epiſtol. quæ incipit, *Petis à me literas.*
3 Jul. Cæſ. Scaliger l. 6. Poëtic. ubi ſuprà.
4 Le P. Rapin, Reflex. xiv. 2. part.
5 ¶ Baptiſta Pius ſur l'Epitre de Cicéron à Dolabella inſérée parmi celles du quatorzième livre à Atticus, & Guillaume Canterus dans ſa Préface ſur Euripide ſont les ſeuls, je penſe, qui ſe ſoient aviſés d'attribuer ces Diſtiques à Auſone. Contre cette opinion, qui n'a pas de fondement, Joſeph Scaliger allégue deux raiſons très-pertinentes. La 1. que conſtamment l'Auteur des Diſtiques eſt un Ecrivain Païen, ce qui ne peut convenir à Auſone, qui n'auroit pas été chéri des Empereurs comme il le fut, s'il eût fait profeſſion d'une autre Religion que la leur. La 2. que Vindicien dans une Epitre à l'Empereur Valentinien premier, dont il étoit Médecin, ayant cité un vers de ce Caton, comme on a coutume de citer quelque paſſage d'un Ancien, il étoit naturel de conclure qu'Auſone étoit conſidérablement poſtérieur à ce Caton.

## PROBA FALCONIA HORTINA,

Poëte Chrétienne, Dame Romaine, sous Gratien, femme d'Adelphius (1), fille d'Anicius Probus, mere de Julienne & ayeule de la Vierge Demetriade.

1181 Nous avons sous son nom quelques restes de *Centons* de Virgile sur divers endroits de l'ancien & du nouveau Testament. Mais quand on nous aura prouvé que ce que nous avons est véritablement d'elle, nous nous appliquerons alors avec plus de soin à rechercher les jugemens qu'on en a faits. Il suffit de dire que son Ouvrage, malgré le génie & l'industrie qui y paroissoit, ne laissa point d'être mis au rang des Livres Apocryphes (2) : mais personne n'ignore la différence de l'*Index* de ces premiers tems, c'est-à-dire depuis le cinquiéme siécle, d'avec celui de nos jours.

\* Voyés Article 1175. \*

1 ¶ Cet Adelphius n'est connu que d'Isidore. Proba Falconia étoit femme d'Anicius Sextus Petronius Probus. Plusieurs au lieu de Falconia, disent Faltonia, conformément aux anciennes Inscriptions. L'Abbé Fontanini l. 1. de ses Antiquités de la Colonie Horta parlant de ces Centons prétent qu'ils ne sont ni d'Anicia Faltonia Proba, femme d'Anicius Petronius Probus, ni de Valeria Proba femme du Proconsul Adelphius, mais de Falconia Proba nommée *Hortana*, parce qu'elle étoit de la Colonie *Horta*, aujourd'hui ville Episcopale dans le Patrimoine de S. Pierre. ¶

2 S. Isid. Hispal. de Viris illustr. l. singul. cap. 5.
¶ C. 3. *Sancta Romana Ecclesia. Dist.* 15. où le Pape Gélase I. condamne le livre en ces termes : *Centimetrum de Christo Virgilianis compaginatum versibus*, apocryphum. Le mot *centimetrum* se lit dans Burchard, dans Ives, & dans Gratien. *Pentametrum* qu'on lisoit en de mauvaises éditions de ce dernier étoit ridicule. *Centimetrum* n'est pas même fort correct, & l'on auroit mieux fait de retenir *cento* dont avoit usé le Pape Gélase dans sa Décrétale. ¶

## AVIENUS

(*Rufus Festus*) Poëte Païen, du tems de Théodose l'ancien.

1182 Cet Auteur a tourné en vers les *Phénoménes d'Aratus*, la *Periegese de Denys*, c'est-à-dire la description qu'il avoit faite de la Terre. Il avoit mis aussi tout *Tite-Live* en vers Iambes ;

mais cet Ouvrage est perdu, au lieu qu'il nous reste encore des Avienus; Fables qu'il a prises de Phédre, qu'il a mises en vers élégiaques, & qu'il a dédiées à Théodose, qui n'est autre que Macrobe.

Les Critiques nous donnent assés bonne opinion de ce qu'a fait cet Auteur. Barthius prétend (1) que c'est un fort bon Ecrivain, & qu'il est si excellent Poëte qu'on le voit souvent élevé au-dessus de lui-même. C'est ce qu'il repete encore ailleurs (2), mais il ne dissimule pas qu'Avienus est tout-à-fait dur dans son style.

Le P. Briet dit pourtant (3) que ce style est fort net, fort dégagé, & qu'il mériteroit d'être d'un siécle plus heureux que le sien. C'est ce que Mr Borrichius semble avoir assuré pareillement en des termes équivalens (4), ajoutant même qu'il a de l'élégance & qu'il est fleuri.

Mais le Sieur de Saint Aubin prétend (5) que ses Fables sont infiniment éloignées de la pureté, de la beauté, & de la grace de celles de Phédre; & qu'elles ne sont nullement propres aux enfans, puisque selon l'avis de Quintilien, il ne leur faut montrer d'abord que les choses les plus excellentes & les plus pures.

\* *Rufi Festi Avieni Paraprasis in Arati Phœnomena* in-fol. *Venet.* 1599. — *Fabulæ*, vide *corpus Poëtarum* in-4°. *Genevæ* 1611. art. 1131. \*

1 Gasp. Barthius Adversarior. lib. 46. cap. 16. &c.
2 Idem ibidem. sed lib. 44.
Item Gerard Joann. Vossius de Histor. Latinis lib. 2. cap. 9. pag. 102. 103.
3 Philipp. Briet. lib. 4. de Poët. Latin.

pag. 48. 49. antè Acutè dict.
4 Olaüs Borrichius Dissertation. de Poëtis Latin pag. 70.
5 Saint Aubin ou Saci de P. R. dans la préface de sa Traduction Franç. de Phedre vers la fin.

## PRUDENCE

Poëte Chrétien, Espagnol, Officier de la Cour de l'Empereur Honorius, né l'an 348. sous le Consulat de Philippe & de Salia à Sarragosse (*Aurelius Prudentius Clemens*) mort autour de l'an 412.

1183    LEs Poësies de cet Auteur ne sont inconnuës à aucun de ceux qui ont quelque usage dans l'Office de l'Eglise, & elles ont été souvent imprimées soit séparément, soit parmi les autres Poësies Latines des Chrétiens.

Il faut avouer qu'il y a plus de Christianisme que d'Art Poëtique dans ses Ouvrages (1). Mais cela n'empêche pas qu'il ne doive tenir un rang assés considérable parmi les Lyriques. Scaliger le fils ne fait point difficulté de dire en un endroit (2) que c'est un bon Poëte, & en un autre (3), que c'est un Poëte élégant. Turnébe avoit déja dit la même chose de Prudence (4), ajoutant qu'outre cette élégance qu'il y remarquoit, il y trouvoit encore d'autres beautés & beaucoup de conduite (5) Erasme-même l'avoit jugé digne de porter la qualité de *Pindare divin* (6), qualité qui a été depuis relevée, & autorisée par Barthius (7), qui témoigne que c'est un excellent Auteur rempli de mille raretés, concernant les Antiquités Chrétiennes & l'état des affaires de son tems; que c'est un Auteur qui demande un autre Critique & un plus habile Commentateur que n'étoit Gifelin (8), qui bien que le moins incapable de ceux qui y ont travaillé, n'avoit ni l'érudition ni le discernement nécessaire pour s'en acquitter dignement.

---

1 Lil. Gregor. Gyrald. de Histor. Poëtar. Dial 5. pag. 635. tom. 1.

2 Joseph Scaliger in primis Scaligeran. pag. 126.

3 Posterior. Scaligeran. pag. 51. in dictione Claudianus.

4 Adrian. Turneb. Adversarior. lib. 7. cap. 10.

5 Idem ibid. lib. 18. cap. 16.

6 ¶ Erasme parlant de Prudence dans sa 666. lettre de l'édition de Leyde dit que ce Poëte est plus éloquent que Pindare, mais il ne l'appelle, que je sache, nulle part un *Pindare divin*. C'est uniquement Barthius qui chap. XI. du l. 8. de ses *Adversaria* & non pas c. 9. du l. 50. lui donne ce nom. ¶

7 Gasp. Barthius lib. 50. Adversarior. cap. 7 col. 2360.

8 Addition au jugement de Gifelin.

## POETES LATINS

En effet si l'on en croit Pulman (1), Prudence est non-seulement  Prudence. le plus prudent, mais encore le plus savant d'entre les Poëtes Chrétiens. Sidoine Apollinaire Evêque de Clermont qui vivoit soixante ans après lui, & qui faisoit la Profession de Poëte aussi-bien que lui, a bien osé le comparer même à Horace (2), quoique le Pere Briet ait jugé a propos de dire que c'est vouloir atteler un bœuf avec un âne, de faire cette comparaison (3).

Quelque inégale que soit la comparaison, on ne doit pas convenir que Prudence fût entiérement dépourvû de cet esprit qui doit animer les Poëtes Lyriques. Mr Godeau dit (4) que ses Hymnes pour les Martyrs sont fortes & fleuries. Chytræus prétend même qu'il avoit autant de feu Poëtique qu'il est permis à des Chrétiens d'en avoir; mais que ce feu lui venoit du Ciel, c'est-à-dire de l'Esprit-Saint, & non pas de l'Apollon du Parnasse; que c'est du fond de son cœur embrazé de ce feu divin que sa veine a puisé & s'est remplie de tout ce qu'elle avoit de Poëtique, comme d'une source pure & abondante de piété & de gravité Chrétienne; & que son éloquence quelle qu'elle soit, ne laisse pas d'avoir quelque chose de divin, & une efficace merveilleuse pour toucher les cœurs & persuader les esprits (5). Erasme avoit déja témoigné être dans de pareils sentimens, lorsqu'il a dit (6) que les vers de Prudence respirent une sainteté & une éloquence tout-à-fait Chrétienne.

Giselin lui-même qui avoit si mal éxaminé ses propres forces pour travailler sur ce Poëte, n'a point laissé d'en connoître assés bien les qualités. Il prétend (7) qu'il y a trouvé un fonds & une variété admirable de choses excellentes, qu'il les a revétuës de divers ornemens pris des Anciens, & qu'il y a ajouté beaucoup d'autres beautés qu'il a trouvées dans lui-même; mais qu'avec toutes les libertés qu'il a prises pour embellir les sujets qu'il a traités, jamais il n'est sorti des bornes que la Religion Chrétienne prescrit à ceux qui veulent vivre & écrire suivant ses maximes.

Enfin Mr Borrichius assûre (8) qu'il n'y a presque rien de dur & d'irrégulier dans son style, & que ses vers ont assés de cadence & de

---

1 Theodor. Pulmannus in Prolegomen. ad suam Prudentii edition.
2 C. Soll. Apollin. Sidon. & ex eo Gyr. God. Briet. & alii.
3 Philipp. Briet. Soc. J. lib. 4. de Poët. Latin. pag. 52.
4 Ant. Godeau fin du quatriéme siécle de l'Hist. de l'Eglise, &c.

5 David Chytræus in Regulis studior. pag. 194. & apud J. Andr. Quenstedt Dialog. de Patr. Viror. illustr. pag. 26.
6 Erasm. de rat. concion. l. 2.
7 Victor Giselin præfat. in Prud. edit. & not.
8 Olaüs Borrichius Dissertation. 2. de Poët. Latin. pag. 72. num 53.

**Prudence.** majesté. Mais toutes ces qualités effectives ou apparentes n'ont point pû porter le P. Rapin à le mettre au rang des bons Poëtes (1), parce que Prudence avec tous ses avantages n'a pû s'élever au-dessus de la foiblesse de son siécle. Il est même tombé en un si grand nombre de fautes à l'égard de la Prosodie, qu'on ne peut pas raisonnablement le faire passer pour un Versificateur parfait (2). C'est le reproche que lui ont fait tous les Grammairiens, dont quelques-uns l'ont accusé aussi d'avoir négligé la pureté de la Langue (3), & de n'avoir pas fait le choix nécessaire de ses mots (4).

L'édition de Pulman avec les notes & les corrections de Giselin [*in-*12. Paris 1562.] étoit la meilleure du tems de Possevin (5); mais elle a paru peu de chose depuis celle de J. Weitzius, [*in-*8°. Hanover 1613.] & elle a encore beaucoup diminué de prix depuis celle de Nicolas Heinsius [*in-*8°. Amst. 1667.] (6).

De tous les Ouvrages de Prudence, qui sont, 1°. la *Psychomachie* ou le combat de l'Ame, 2°. le *Cathemerinon* ou des choses journaliéres, 3°. le *Peristephanon* ou de la couronne des Martyrs, 4°. l'*Apotheose* ou de la Divinité, 5°. l'*Hamartigenie* ou de l'origine des Péchés, 6°. des deux Livres contre Symmaque Préfet de Rome, 7°. & du *Dittochæon* ou *Diptychon* (7), autrement Manuel du V. & du N. Testament, il n'y a que ce dernier qu'on ait fait difficulté d'attribuer à Prudence, à cause qu'il paroît un peu plus travaillé & plus poli que les autres; mais selon Giselin & le P. Labbe après lui (8) on y trouve son style, ses maniéres de parler, ses mots favoris, ses allégories & les mêmes pensées que dans ses autres Ouvrages.

---

1 René Rapin Reflex. particul. sur la Poëtique seconde partie Refl. 14.
2 Gyraldus, Possevinus, Godeau, Brietius, Borrichius, & alii.
3 Lil. Gregor. Gyr. in Dialog. 5. de Histor. Poët. ar. ut supra
4 Just. Lipsius Saturnal lib. 2. cap. 20.
5 Ant. Possevin. in Apparatu sacro tom. 2. pa. 263.
6 Ol. Borrichius ut supra.
7 ¶ Gifanius a substitué *Diptychum* à *Ditto-chæum*, mot formé suivant l'esprit de ces tems-là où l'on se plaisoit à ces sortes de compositions. Διττιχαῖον de διττὸς & ὄχη *duplex alimentum* est une imagination qui convient fort à un siécle où l'on se repaissoit d'allégories, & de spiritualité. Alde Manuce dit avoir trouvé dans son Manuscrit *Dittochæum* interprété *duplex refectio*, ce qui fait voir que ce sens étoit reçû par tradition. Le même Alde ajoute que parce que ce livre est moins poli, & moins travaillé que les autres, on a cru qu'il n'étoit pas de Prudence : *Sed quoniam non sic excultus est, & elaboratus hic liber, ut cæteri à Poëta compositi, sunt qui non esse Prudentii dicunt.* Baillet a pris le contrepied.
8 Labb. Dissertat. de Scriptorib. Eccles. tom. 2. pag. 263.

## CLAUDIEN

(*Claudius*) Poëte Latin & Païen, natif de *Canope en Egypte*, vivant sous Arcade & Honorius qui lui firent dresser une Statuë, mort peu après Arcade.
Les Italiens prétendent que son Pere étoit Florentin.

1184   Claudien est sans contredit le premier de tous les Poëtes qui ont paru depuis le siécle heureux d'Auguste (1); & le Sabellic semble n'avoir pas eu trop mauvaise raison de dire (2) qu'il est le dernier des anciens Poëtes & le premier des nouveaux. C'est sans doute dans la même pensée que Mr Godeau (3), après divers autres Critiques d'Allemagne (4) & d'Italie (5), témoigne que de tous ceux qui ont tâché de suivre & d'imiter Virgile, il est celui qui approche le plus de la majesté de ce Poëte, & qui se sente le moins de la corruption de son siécle. Il s'est trouvé même un Critique Ecossois qui n'a point fait scrupule de préférer Claudien à Virgile, lorsqu'il a dit (6) qu'il avoit passé généralement tous les Latins pour l'abondance des choses, & qu'il n'y avoit qu'Homere seul parmi les Grecs à qui il pût céder la gloire de l'invention. Mais il faut rentrer dans les bornes du vrai semblable, & voir ce qu'en ont dit des Critiques plus raisonnables.

I. Pour ce qui regarde le *Génie*, on convient qu'il l'avoit admirable. Crinitus témoigne (7) qu'il sembloit être formé de la Nature même pour la Poësie, & qu'il y étoit heureusement porté. Je ne sai pourquoi le Pere Briet trouve si fort à redire à ce sentiment de Crinitus (8), puisque la plupart des Critiques en ont jugé de la sorte, & que les anciens Auteurs Ecclésiastiques même, tels qu'Orose (9) & Paul Diacre (10) ne lui avoient pas refusé cette gloire, en le décriant d'ailleurs comme un Païen trop passionné & trop obstiné.

---

1 Eustath. Swart. lib. 1. Analector. cap. 13. apud D. Mart. Hanck. de R. R. Script.
2 Marc. Anton. Cocc. Sabellic. Ven. Ennead. hist. 7. lib. 9.
3 Ant. Godeau Histoire de l'Eglise, fin du quatriéme siécle.
4 Joackim Vadian. in Art. Poëtic. Gasp. Barthius ad Claudian. Hanckius de R. R.
5 Joseph Castalio Ancon. Variar. Lect. cap. 40.
6 Thom. Dempster Scot. in Elench. ad Joh. Ros. Antiq. Rom.
7 Petr. Crinit. de vit. Poëtar. lib. 1. cap. 85. post. libb. de Honest. Discipl.
8 Phil. Briet. lib. 4 de Poët. Latin. pag. 49.
9 Paul Orosius lib. 7. histor. cap. 37. post D. Augustinum. de Civit. Dei.
10 Item Paul Diacon. lib. 13. histor. miscell. cap. 15. &c.

**Claudien.**   Vivès dit en un endroit que Claudien étoit né Poëte (1), & en un autre (2) qu'il possédoit l'esprit dans toute sa plénitude, & qu'il étoit tout rempli de ce feu qui produit l'enthousiasme. C'est ce qu'ont aussi reconnu Lipse (3), Buchanan (4), Contarini (5), & divers autres Auteurs que je ne rapporte pas ici, afin de laisser à Mr Hanckius toute la gloire que mérite la peine qu'il a prise de les recueillir, & d'engager le Lecteur à les aller chercher dans son Livre des Ecrivains de l'Histoire Romaine & dans la partie de ses additions (6).

II. La *Science*, c'est-à-dire, les qualités que Claudien avoit acquise pour la Poësie, répondoient assés bien à son grand génie & à tous les avantages qu'il avoit reçûs de la Nature pour être un véritable Poëte. Ce n'est pas que je voulusse croire entiérement avec Barthius (7) que tout ce qu'il avoit acquis de connoissances ait formé en lui une *sagesse* tout-à-fait *divine*. C'est encore assés, ce me semble, d'accorder à Jean Gebhard (8) que Claudien s'étoit rendu fort habile dans la Science des choses naturelles, dans celle des Loix & de la Jurisprudence, & dans celle de l'Art militaire; de convenir avec Mr Borrichius (9) qu'il étoit très-entendu dans la Politique, & qu'il possédoit parfaitement la Philosophie Morale ; & de remarquer avec le Pere Thomassin (10) que tout Païen qu'il étoit, il ne laissoit pas de faire souvent un assés bon usage de cette Morale qu'il avoit apprise.

Mais je m'imaginerois volontiers que Claudien étoit savant en Poëte, & que sans s'être tourmenté beaucoup pour approfondir toutes ces connoissances qui demandent chacune un homme tout entier, il s'étoit contenté d'en faire l'accessoire de sa profession principale. Il se peut faire même qu'il ne les avoit étudiées que dans son Homere & dans son Virgile, qu'il a tâché d'imiter presque en toutes choses; car

---

1 Johan. Ludov. Vivès Commentar. in lib. 5. August. de Civit. Dei cap. 25.
2 Idem Viv. de tradendis disciplinis lib. 3 & apud Hanckium, &c.
3 Just. Lipsius in Lib. 1. de Admirandis feu de Magnitud. Rom. cap. 1.
4 Georg. Buchanan. in Dialog. de jure regni apud Scotos post historiam suam.
5 Vincent. Contaren. Variar. Lection. cap. 30.
6 Martin. Hanckius lib de Rerum Romanarum Scriptoribus part. 1. cap. 35. Article 3.

Item parte secunda sive in additionib. ad cap. 35. Art. 3. &c.
7 Gasp. Barthius in Commentar. ad Claudiani Panegyric. Probino & Olybrio scriptum.
8 Joan. Gebhard. Animadvers. ad Propertii lib. 2. Eleg. 22. vers. 42. & apud M. Hanck. de Script. Rerum Roman.
9 Olaüs Borrichius Dissertat. 2. de Poët. Latin. pag. 73. num. 54.
10 Louis Thomassin de la Méthode d'étudier & d'enseigner Chrétiennement les Poëtes, liv. 1.

*selon*

selon le témoignage d'un Critique Italien (1), il semble que le plus *Claudien* grand de ses soins ait été de cultiver ses talens naturels par la lecture continuelle des meilleurs Poëtes de l'Antiquité. Il faut néanmoins reconnoître que ce n'est point d'eux qu'il a pris tout ce qui regarde le droit Romain dans ses Poësies & les usages de son siécle (2).

III. Pour ce qui est du *style* de Claudien, il y a peu de Critiques qui ne conviennent qu'il est beau, pur, châtié, élégant, doux, disert, grave, élevé, noble; & ce qu'on y a le plus admiré, c'est de le voir coulant & facile avec tant d'autres qualités qui se trouvent rarement unies ensemble dans les autres Poëtes (3).

Il y a pourtant quelques défauts dans ce style si vanté. Le P. Fabri prétend (4) que sa Latinité n'est pas si pure que plusieurs semblent avoir voulu nous le persuader. Le P. Briet dit (5) qu'il a trop de saillies de jeunesse, & qu'il est trop enflé; un Auteur de Port-Royal a remarqué la même chose (6). Le Giraldi prétend qu'il n'est point propre pour servir de modéle à la jeunesse (7), qui dans tout ce style ne peut, selon lui, s'accommoder d'autre chose que de certaines fleurs qu'il y a semées.

Mais ce défaut n'est pas le seul que ce Critique ait remarqué dans les Poësies de Claudien. Il a trouvé encore à redire à l'invention & à la disposition de ses sujets. Il dit qu'il ne s'y soutient pas assés ; qu'à dire le vrai, il envisage fort bien sa matiére d'abord; on voit même, ajoute-t-il, qu'il la prépare d'une maniére fort étenduë, & qu'il se met en devoir de la conduire avec beaucoup de courage & de feu, mais le vent lui manque, & il est assés rare que la fin de ses piéces réponde à leur commencement.

Le P. Rapin a été encore plus clair-voyant que le Giraldi sur les

---

1 Joseph Castal. cap. 37. Variar. Lection. &c. ut suprà.
2 Martin. Anton. Delrio præfat. notis ad Claudian. præmissa.
3 Lil. Gregor. Girald. de Histor. Poëtar. Dialog. 4. tom. 1. pag. 569. in-8°.
Johan. Cuspinian. comment. in commentar. ad Cassiodori Chronic. non semel.
Johan. Lang. not. ad Niceph. Callist. Historia Ecclesiast. lib. 12.
Ludov. Coquæus. comment. in lib. 5. de Civit. Dei cap. 26.
Jac. Sirmond. in not. ad Sidon. Apollin. Panegyr.
Sertor. Ursat. lib. 1. Monument. Patavin. section. 6. &c.
Ol. Borrich. ut suprà. Franciscus Modius

Novantiq. Epistol. 34. &c.
Jul. Scalig. in Hypercritic. pag 834.
Joach. Vadian. cap. 14. de Poëtica.
Honorat. Faber. lib. 3. Ingeniosi viri cap. 2.
Joseph Scalig. in poster. Scaligeranis pag. 51.
Bibliograph. anonym. cur. Historico-Philolog. pag. 59.
4 Honor. Faber seu Fabri ut suprà lib. 3. Ing. Viri cap. 2.
5 Phil. Brietius de Poët. lib. 4. ut suprà ante Acuté dict. Poëtar.
6 Anonym. Delect. Epigrammat. in Dissertation. præliminar. de Epigrammat.
7 L. G. Gyrald. Dial. 4. de Poët. Histor, ut suprà pag. 570. &c.

défauts de Claudien. Il nous le dépeint comme un Auteur qui n'a point fait paroître beaucoup de jugement dans ses Poësies. On voit regner, dit-il, dans tous les Panégyriques de Claudien (1) un air de jeunesse qui n'a rien de solide, quoiqu'il y paroisse du génie, il entasse sans ordre & sans liaison des louanges fades les unes sur les autres. Ce Poëte, ajoute-t-il encore ailleurs, a de l'esprit & de l'imagination, mais il n'a nul goût pour cette délicatesse de nombre, & pour ce tour de vers que les Savans admirent dans Virgile. Il retombe sans cesse dans la même cadence ; ce qui fait qu'on a peine à le lire sans se lasser, & il n'a nulle élévation dans toutes ses maniéres.

Jules Scaliger qui l'estimoit extraordinairement, ne le croyoit pourtant pas éxemt de taches. Mais comme il avoit envie de nous persuader qu'il avoit la veine heureuse, l'esprit juste, le jugement solide, le style naturel, & qu'il avoit beaucoup de netteté, de politesse, d'éxactitude, de subtilité, point d'affectation, point d'ambition, il s'est avisé de rejetter ses défauts sur sa Matiére, assurant qu'elle n'est point assés noble & relevée d'elle même, & qu'il n'a point laissé d'en être accablé, quoiqu'il ait tâché d'y suppléer par la beauté de son génie (2), & par la forme & les ornemens qu'il a tâché de lui procurer.

Gaspar Barthius qui s'est fait une étude de réfuter Scaliger en plus de vingt endroits de ses *Adversaires*, a crû devoir prendre contre lui les intérêts de Claudien en qualité de son Commentateur. Il a jugé que ce Critique étoit tombé en *délire*, lorsqu'il parloit ainsi de la Matiére que Claudien a prise pour le sujet de ses Poëmes; qu'il ne savoit point quel est le devoir d'un véritable Poëte, qui consiste d'une part à faire les éloges des Héros & des grands Hommes que le mérite a consacrés pour l'immortalité, & de l'autre à reprendre avec force le vice & à faire de puissantes invectives contre les Scélérats qui abusent de leur pouvoir pour incommoder le genre humain. Il ajoute qu'il ne connoît personne qui ait été plus heureux que Claudien pour ce dernier point, que les Poëtes Satiriques & Comiques n'ont dit que des choses fort générales sur ce sujet suivant leur Profession : mais que de tous ceux qui ont entrepris les Particuliers distinctement & séparément d'avec la masse du Peuple, Claudien est le seul qui y ait acquis de la réputation, & qui sans songer qu'il avoit des intérêts, une fortune, & une vie à conserver, est

---

1 René Rapin Reflex. particuliéres sur la Poët. 2. part. Reflex. XIV. Item Reflex. XV.

2 Jul. Cæs. Scalig. lib. 6. Poëtices pag. 834. 835. libri Hypercritici.

## POETES LATINS

allé attaquer le vice jusqu'auprès du Trône des Empereurs en la Claudien Personne de leurs Favoris; qu'il a fait en cette occasion la fonction des Dieux-mêmes, & qu'ainsi il n'a pû choisir une matiére plus élevée & plus digne d'être traitée en vers, c'est-à-dire en y employant le langage des Dieux (1).

Voilà le raisonnement de Barthius, lequel quoique débité avec assés de probabilité, semble avoir eu pourtant moins d'approbateurs que celui de Scaliger (2).

Entre les diverses piéces de Poësie que Claudien a publiées, les Invectives contre *Rufin* & contre *Eutrope* sont les plus belles au jugement de Mr Godeau, qui ajoute (3) qu'il ne lui paroît pas qu'en ce genre on puisse rien faire de plus achevé. Il semble que ç'ait été aussi le sentiment d'un Ecrivain moderne, mais anonyme d'Allemagne (4).

Barthius prétend que ce qu'il a écrit contre *Rufin*, est fort inférieur aux deux Livres Satiriques qu'il a faits contre *Eutrope*, soit qu'on y considére le fonds de doctrine, soit qu'on veuille avoir égard à la subtilité & à la force dont il lance ses traits de sorte que si on ajoute foi aux vers de Claudien, il n'y a personne dans toute l'Antiquité qui soit si diffamé & si perdu de réputation qu'Eutrope; & que Rufin même, qui n'a point été traité avec beaucoup plus de douceur, n'en approche pas (5). C'est néanmoins contre son *Rufin* qu'Alain de l'Isle a composé son *Anti-Claudien*, dont nous pourrons parler en son lieu.

Après ces Piéces il semble qu'il n'y en ait pas de plus estimée que le Poëme de l'*Enlévement de Proserpine*. Jules Scaliger témoigne que la composition en est fort belle, que les vers y sont naturels, bien travaillés, fort nets & d'une belle cadence, mais qu'ils ne sont pourtant pas toujours également & par tout tels qu'on vient de les dépeindre (6).

Joseph Scaliger faisoit aussi beaucoup de cas du Poëme sur le quatriéme *Consulat d'Honorius*, qu'il disoit être rempli de beaucoup de belles choses (7).

Enfin on peut dire que bien que sa Poësie ne soit peut-être pas toujours égale, sa Versification ne laisse pas de l'être. Aussi s'étoit-il

---

1 Gasp. Barthius lib. 53. Adversatior. cap. 2. col. 2475.
2 Mart. Ant. Delrio præf. in not. ad Claud. ut suprà.
3 Ant. Godeau Hist. Ecclesiast. comme ci-devant.
4 Anonym. Bibliograph. Curios. &c. ut suprà pag. 59. 60.
5 Barthius iterum lib. 53. Adverf. c. 2. col. 2475. & sequent.
6 Jul. Scalig. Hypercritic, seu lib. 6. in Claudian. judic.
7 Posterior. Scaligeran. pag. 51.

**Claudien,** appliqué par-dessus toutes choses, selon Vadianus (1) à la composition & à la liaison de ses vers, dont le fil n'est point rompu par les *Ecthlipses* & les *Synalephes* qu'il employe fort rarement. De sorte que tout y est coulant, & que la douceur de ses nombres, jointe à la belle chûte ou à la cadence de ses syllabes, se fait sentir sans qu'on y pense.

On croit ordinairement que l'édition de Nicolas Heinsius fils de Daniel [in-12. à la Haie 1650.] est la meilleure, mais un Critique Allemand prétend (2) qu'elle doit pourtant céder le premier rang à celle de Gaspar Barthius, quoique le Commentaire de celle-ci soit un peu trop long. Et parce que mes Censeurs ont témoigné vouloir me faire une affaire de mes omissions, je les prie de croire que lorsque je me suis trouvé engagé à parler des bonnes éditions, je n'ai jamais prétendu exclure de leur nombre celles des Scholiastes Dauphins, mais que je n'ai point pû rendre à leur excellence un témoignage dont je n'ai pas encore trouvé de preuve ou de caution dans les Actes publics, ou dans les Ecrits des Critiques, n'ayant pas remarqué d'ailleurs assés d'uniformité dans les jugemens que l'on en entend faire de vive voix aux Savans d'aujourd'hui pour en pouvoir tirer des conclusions raisonnables.

Au reste, il est bon de remarquer après Jules Scaliger, que Claudien a introduit dans la Poësie une espéce de nouveauté dont on n'avoit point encore vû d'exemple ailleurs que dans Perse. C'est celle de mettre des Préfaces à la tête de chaque Ouvrage, comme il a fait à la plupart des siens.

\* *Claudianus cum animadversionibus locupletissimis Gasp. Barthii* in-4°. *Francofurti* 1650. — *Stephan. Claverii Miscell. & Notæ ad Claudianum* in-4°. *Parif.* 1602. — *Idem ad usum Delphini* in-4°. *Parif.* 1677. \*

1 Joachim Vadian. de Arte Poëtica ad Eustr. cap. 29. & apud Hanckium.

2 Bibliograph. German. Histor. pag. 59. 60.

## RUTILIUS (1)

(*Claudius Rutilius Numatianus, Gallus*) qu'on croit être le surnom qu'il a pris de son Pays, car il étoit Gaulois, Ecrivain Païen du tems d'Honorius, après l'an 410.

1185   Cet Auteur composa un Itinéraire, ou plutôt son retour d'un voyage en vers Elégiaques, & il le partagea en deux Livres, après la prise de Rome par Alaric. C'est un ouvrage qui a de l'élégance & de la beauté, plus même que son siécle n'étoit capable d'en fournir ou d'en souffrir, qui a fait voir que le feu qui animoit les Poëtes du bon siécle n'étoit pas encore entiérement éteint, ou du moins qu'il restoit encore quelque chaleur dans les cendres, selon l'aveu de plusieurs Critiques de réputation.

C'est peut-être tout ce qu'on peut dire à la louange de cet Auteur & de son Ouvrage. Car l'Auteur ne nous a point donné d'ailleurs une grande idée de son équité & de sa modération, lorsqu'il a fait paroître contre les Chrétiens toute l'injustice & toute la malignité dont le plus envenimé des Païens ait été capable : & l'ouvrage ne paroît pas aussi travaillé avec toute l'exactitude possible. Mais c'est un défaut dont les Copistes & les Critiques doivent partager le blâme, parce que la transposition de quelques vers qui paroissent hors de leur place, semble venir de ces derniers plutôt que de l'Auteur (2).

\* *Cl. Rutilius de laudibus Urbis, Etruriæ, & Italiæ* in-4°. *Bonon.* 1520. — *Ejusdem Itinerarium, cum animadversionibus Theodori Litzmani* in-8°. *Lugd.* 1616. — *Ejusdem Itinerarium sive de reditu suo lib.* II. *cum animadv. Gaspar. Barthii* in-8°. *Francof.* 1623. \*

1 ¶ Volaterran à la fin du 4. livre dit que le manuscrit de Rutilius qu'il nomme Naumatianus, fut trouvé avec plusieurs autres dans l'ancienne Abbayie de Bobbio l'an 1494. Jovien Pontan par une Lettre du 13. Février 1503. à Sannazar, qui étoit alors en France où il avoit aussi trouvé les vers de Rutilius desquels il fit aussitot part à ses amis d'Italie, le félicite de cette découverte, & lui envoie en ces termes son jugement de l'ouvrage. *Rutiliani illi versiculi enodes sunt & nitidi ; cultus vero ipse peregrinus potius quam urbanus, ne dicam arcessitus.* Cette Epitre fait la 23. des cent recueillies par Melchior Goldast qui l'a tirée du tome des œuvres de Pontan où est son Traité *de rebus cælestibus.* ¶

2 Gerard. Joan. Vossius de Historicis Latin. lib. 2. cap. 15. pag. 222.

Idem iterum in eod. opere lib. 3. cap. 2. pag. 745. 746.

Philipp. Briet. lib. 4. de Poëtis Latin. pag. 52.

Petr. Pithœus in præfat. ad Rutil. Numatian.

Gasp. Barthius lib. 16. Adversarior cap. 6. col. 831.

Olaüs Borrichius Dissertation. 2. de Poët. Lat. pag. 75. &c.

## PALLADIUS

Rutilius Taurus Æmilianus, dont on ne connoît pas précisément le tems.

1186  IL a écrit en vers de la maniére de greffer les arbres. Le P. Briet dit (1) que la versification n'en est pas méchante, & qu'on peut admirer les fleurs de sa Poësie (par rapport au siécle où l'on suppose qu'il a vécu) comme les fleurs de ces Greffes des pays étrangers qui ont été entées sur les Arbres du lieu natal.
* *Domicii Palladii Epigrammata* in-4°. Venet. 1498. *

§ Philipp. Briet. lib. 6. de Poët. Latin. pag. 67. præfix. Acutè dict.

---

### De quelques Ecrivains Ecclésiastiques dont il nous reste quelques Vers.

1187  Nous avons diverses petites piéces de Vers, & sur tout des Hymnes de quelques Peres de l'Eglise Latine, qui ne m'ont pourtant pas fait résoudre de mettre leurs Auteurs parmi les Poëtes, soit parce qu'il y a peu de chose à remarquer sur leurs vers, où ils n'ont suivi le plus souvent que les mouvemens de leur piété & de leur zèle, soit parce que ne faisant pas profession d'être Poëtes, il sera plus à propos de parler d'eux au Recueil des anciens Peres de l'Eglise.

C'est ce qui m'a porté à ne rien dire de saint *Hilaire* ni de saint *Ambroise*, quoiqu'il nous soit resté quelques Hymnes de leur façon. J'aurois pourtant eu d'assés justes raisons pour donner ici un rang au Pape *Damase* Portugais de naissance, mort en 384. parce qu'il faisoit profession particuliére de faire des vers, & qu'il nous reste de lui diverses Epigrammes, Epitaphes, & autres piéces de Poësie dans le recueil que G. Fabricius a publié des œuvres Poëtiques des anciens Chrétiens. En effet il passoit pour le meilleur Versificateur qu'eût alors l'Eglise après *Latronianus* (1) Espagnol, que saint Jérôme jugeoit comparable aux Anciens pour la Poësie, & qui eut la tête

1 § Plusieurs lisent *Matronianus*. §

coupée à Tréves l'an 385. avec Priscillien & les autres partisans de la nouvelle secte. Mais la simplicité qui paroît dans le style de Damase jointe à diverses libertés, ou pour mieux dire à diverses fautes de Prosodie, ne nous donne pas lieu de le proposer comme un Poëte fort important, & capable de tenir tête en cette qualité aux Poëtes profanes de son siécle, je veux dire à Ausone, à Claudien & aux autres.

Je pourrois aussi ne pas omettre *Licentius* Africain d'Hippone (1) l'ami de saint Augustin, qui le considéroit (2) presque comme son Maître. Il est vrai que ses Hymnes (3) sont péries avec quelques autres de ses piéces, mais il nous est resté (4) de lui une espéce de Poëme galant & profane des *Amours de Pyrame & Tysbé* (5) dont le style au jugement du P. Briet est assés obscur, & assés bas, n'ayant aucune qualité qui puisse le rendre tant soit peu recommandable.

1 ¶ Licentius étoit de Tagaste.
2 ¶ C'est tout le contraire. Il devoit dire : *qu'il consideroit.*
3 ¶ Il n'en a fait aucunes.
4 ¶ Il n'en est absolument rien resté, & l'Auteur même n'acheva pas cet ouvrage.
5 ¶ Ce n'est pas de ce Poëme qui n'éxiste point que le P. Briet a jugé, ni pu juger ; c'est d'un autre, d'environ 150. vers, rapportés dans une Lettre de S. Augustin à ce Licentius, & dans la collection de P. Pithou. Ces cinq remarques sont de Ménage chap. 98. de son Anti-Baillet. ¶

## S. PAULIN

Evêque de Nole (*Meropius Pontius Anicius Paulin*) né dans la seconde Aquitaine, vers l'an 353, mort en 431. l'année du Concile Oecumenique d'Ephese, un an après saint Augustin, & trente ans après saint Martin.

1188   Les Poësies de saint Paulin ont toujours été fort considérées dans l'Eglise d'Occident, & ce qui s'en est conservé jusqu'à nous, fait voir qu'elles n'ont pas été indignes de l'estime de tous les siécles, par lesquels elles ont passé. Barthius dit qu'on le peut hardiment préférer à tous ceux d'entre les Chrétiens qui se sont adonnés à la Poësie (1). C'est un rang qu'on ne doit pas lui refuser, au moins sur tous ceux qui ont écrit en Latin. Le même Critique ajoute qu'il s'étoit formé le style dans la lecture des Auteurs profanes ; mais il avoit contribué de son propre fond cette onction que sa piété & sa douceur lui ont fait répandre par tous ses écrits.

t Gasp. Barthius Adversarior. lib. 13. cap. 14. & nonnulla lib. 19. cap. 8.

**S. Paulin.** Ce qui regarde autant sa prose que ses vers.

Le P. Rosweyde ou plutôt le P. Sacchini Jésuite qui est le véritable Auteur de la vie de saint Paulin qui paroît dans l'édition d'Anvers, préfére saint Paulin à Ausone, & dit que l'Ecolier a passé le Maître (1). Ausone lui-même reconnoissoit (2) que sa Muse étoit inférieure à celle de notre Saint. Et quand nous n'aurions pas cet aveu, il est fort aisé, dit cet Auteur, de s'en convaincre en conférant le génie & le style de l'un & de l'autre.

On ne peut pas nier que saint Paulin ne soit plus doux & plus agréable ; qu'il n'ait quelque chose même de plus naturel & de plus grand.

Ausone ne craignoit pas de se faire tort à lui-même en disant tout le bien qu'il en savoit ; & d'un autre côté la différence de Religion & d'inclination semble l'avoir mis à couvert du soupçon de la flaterie, lorsqu'il a publié que saint Paulin faisoit paroître dans ses vers une douceur extraordinaire jointe avec beaucoup de force & de sublimité, & une breveté qui n'a aucune obscurité (3).

Mais pour ne tromper personne, il faut ajouter que ce jugement regarde plutôt les Poësies que saint Paulin avoit faites avant sa conversion, c'est-à-dire avant son renoncement aux Muses profanes, que celles qu'il a composées depuis, sans s'écarter des régles que la simplicité de l'Evangile prescrit aux Chrétiens. Car après une abdication si rare, si volontaire, & si généreuse, il s'est étudié à éteindre la plus grande partie de son feu, il a fait désenfler sa veine, & ayant étouffé en lui tous les désirs de la réputation humaine, il a rabaissé son esprit & son style, & s'est renfermé dans les bornes d'un juste tempérament, tel que la modestie Chrétienne le demande de ses Ecrivains. Il a même porté le détachement jusqu'au point de ne se point soucier de garder l'exactitude de la Prosodie (4), quoique dans tout cet air négligé qui paroît autant dans sa Versification que dans sa Poësie, on trouve toujours de certains agrémens naturels qui font aimer l'Auteur & ses Ouvrages.

Mais nous aurons lieu de parler ailleurs de cet Auteur avec plus d'étenduë.

---

1 De Vita S. Paulini pag. 656.
2 Auson. Epistol. 20. & alibi, item in Vit. Paulini.
3 Idem Epistol. 19. ad Paulin. Item Vossius Hist. Latin. lib. 2. cap. 12. pag. 211. où Ausone fait l'éloge du Poëme que saint Paulin avoit fait sur les trois Livres que Suetone avoit composés touchant les Rois d'Afrique, d'Egypte, des Parthes, des Macédoniens.
4 Olaüs Borrichius Dissertation. de Poët. Latin. pag. 74.
Joh. Frederic. Gronovius lib. Observation. in Script. Ecclesiastic. cap. 10. pag. 99.

Je crois qu'il eſt inutile d'avertir qu'il y a eu pour le moins trois Paulins d'Aquitaine, qui ont fait des Vers, & que pluſieurs ont confondus enſemble aſſés mal-à-propos. C'eſt à celui de Perigueux appellé *Benedict. Paulin. Petrocor.* qu'appartiennent les ſix Livres de la vie de ſaint Martin en vers, qui ſont entre les mains de tout le monde. Et c'eſt à celui de Bourdeaux appellé *Paulinus Pellæus*, neveu ou petit fils d'Auſone qu'appartient l'*Euchariſticon* qui eſt une piéce qu'on a toujours jugée indigne du grand ſaint Paulin. On peut voir ſur ce point Barthius, le Sieur Chr. Daumius, Mr le Brun, les Auteurs des Actes de Leipſick & les autres Critiques.

\* Les Poëſies de S. Paulin ſe trouvent dans ſes Oeuvres imprimées in-4°. à Paris 1685.\*

## NONNUS,

Egyptien de Panopole dans la Thebaïde, Poëte Grec, vivant en 440. mort vers le milieu du ſiécle.

1189 Nous avons de cet Auteur deux Ouvrages d'un caractére fort différent; le premier eſt une Paraphraſe de l'Evangile de ſaint Jean, le ſecond eſt un Poëme de quarante-huit livres, appellé les *Dionyſiaques*, contenant les expéditions fabuleuſes de Bacchus.

Ceux qui veulent ſe contenter du jugement que Gerard de Falxembourg (1) a fait de ce Poëme, n'auront pas de peine à ſe perſuader que c'eſt un Ouvrage fort accompli, qu'on y trouve une abondance & une douceur admirable, une variété de choſes ſurprenantes: que c'eſt un Poëte qui a ſu parfaitement garder les bienſéances; qu'il a ſi bien pris le génie & le caractére d'Homere, qu'on retrouve heureuſement cet Ancien tout entier dans Nonnus avec tous les avantages qu'on peut tirer de l'Iliade & de l'Odyſſée, & qu'il n'y a point d'autre différence que celle qui ſe trouve entre les Héros, les ſujets & les inſcriptions des Poëmes des deux Auteurs; enfin qu'il n'y a rien dans Nonnus qui ne ſoit d'un prix égal à tout ce qui eſt dans Homere, & qu'en perdant les Ouvrages de celui-ci, on ne perdra rien tant qu'on poſſédera les Dionyſiaques de Nonnus. Ce ſont les ſentimens d'un Commentateur aveuglément paſſionné pour

---

1. Gerart. Falxemburg. Noviomag. in Epiſt. ad Joan. Sambucum præfix. edition. Nonni.

**Nonnus.** son Auteur, & Daniel Heinsius témoigne (1) qu'il s'étoit laissé emporter d'abord à son autorité, qu'il avoit suivie en sa jeunesse avec d'autant plus de plaisir qu'il étoit alors ébloui du faux brillant de Nonnus, & qu'il voyoit Politien & Muret même au nombre de ceux qui estimoient, & qui admiroient ce Poëte, étant également charmés de sa diction & de ses fictions.

Il ajoute qu'il demeura ainsi coiffé de cet Auteur jusqu'à ce que Joseph Scaliger lui décilla les yeux & le tira de son erreur; en lui faisant voir que c'est un des Poëtes les plus fantasques, les plus irréguliers, & les plus dangereux qu'on eût encore vû dans la République des Lettres.

En effet le même Scaliger ne faisoit point de difficulté d'appeller Nonnus un Poëte fanatique (2), un Poëte monstrueux: témoignant que son Poëme est rempli d'écueils qui ne sont couverts que d'une surface trompeuse, & qu'il y a une infinité de choses vicieuses, soit dans son style, soit dans ses pensées, soit enfin dans la méthode & la constitution de son Poëme. (3)

Effectivement son style passe pour une étrange maniére d'écrire. Ce ne sont presque que des fougues & des emportemens d'enthousiasme, sa diction est toute Dithyrambique ou Bacchique, selon Vossius & les autres Critiques (4); il n'y a rien de naturel, rien d'approchant de la pureté d'Homere; en un mot il n'a point cet air libre & dégagé, ni cette belle simplicité des premiers tems.

Si l'on considére l'ordonnance du Poëme, on n'y trouvera pas plus de régularité que dans le style. Le Poëme est généralement défectueux dans toutes ses parties, suivant l'opinion du P. Rapin (5) & de ceux qui nous apprennent qu'un Poëte doit renverser l'ordre des tems & des choses, au lieu de commencer par le commencement de l'Histoire. Ce même Pere a raison de dire ailleurs (6) que l'Ouvrage des Dionysiaques est moins un Poëme qu'un Roman, ou une histoire de la naissance, des avantures, des victoires, & de l'apothéose de Bacchus; que le dessein en est trop vaste, la Fable mal construite, sans air, sans ordre, sans vrai-semblance.

La *Paraphrase* sur l'Evangile de saint Jean, quoi que moins sujette

---

1 Dan. Heinsius in Dissertat. de operib. Nonni pag. 176. 177 & seqq.
2 Joseph Scaliger Epistol. 147. & 177.
3 Idem Jos. Scalig. ibidem.
4 Gerard. Jos. Vossius Institution. Poët. lib. 3. pag. 89.
Olaüs Borrichius Dissertation. prima de Poëtis Græcis num. 42. pag. 18.
Petrus Scriverius in Præfat. seu Epistol. dedicator. Dionysiacorum Nonni.
5 Le P. Rapin Reflex. particul. sur la Poëtique seconde partie Reflex. 1x.
6 Le même Reflex. xv. dans la même seconde partie.

aux régles de la Poësie, ne paroît guéres plus heureusement executée que le Poëme profane. Il a tâché de marcher sur les traces de saint Chrysostome, dont on voit qu'il a voulu prendre les explications; mais il n'a pû se défaire de son style dithyrambique, qu'il a même accompagné des maniéres dégoutantes des Sophistes de son siécle (1). C'est le devoir d'un Pararaphraste d'éclaircir le texte de son Auteur. Nonnus semble avoir fait tout le contraire; car selon Possevin (2) sa Paraphrase obscurcit beaucoup plus le texte de saint Jean qu'elle ne sert à l'expliquer. Cependant Mr Borrichius ne laisse point de dire qu'on doit toujours louer l'entreprise & les efforts de cet Auteur, quoi que l'événement ne leur ait pas répondu (3). Mais Scaliger le fils témoigne (4) qu'il est encore beaucoup moins excusable dans cette Paraphrase que dans son Poëme profane, puisque si l'on considére la sainteté de son sujet, il y a commis encore plus d'immodesties que dans l'autre. Et il ajoute qu'il a coutume de lire cet Auteur dans une disposition toute semblable à celle de ces spectateurs qui ne vont regarder les bouffons de Théâtre que pour se divertir à leur voir faire des postures & des gestes ridicules.

\* *Nonni Græca Metaphrasis Evangelii Joannis & D. Heinsii exercitationes ad eandem* in-8°. *Lugd.-Bat.* 1627. — *Ejusdem Panopolitæ Dionysiaca Gr. Lat. D. Heinsii, Jos. Scaligeri* in-8°. *Lugd.-Bat.* 1610. — *Idem cum notis Valkenburgi* in-4°. *Antuerp.* 1569.\*

1 G. Joh. Vossius lib. sing. de Poët. Gr. pag. 79.
2 Ant. Possevin. Mantuan. lib. 2. Bibliot. select. cap. 30.
3 Borrichius ut supra part. 1. Dissertation.
de Poët. Græc.
4 Joseph. Scalig. Epistol 247.
Et G. Matth. Konigii Bibliothec. Vet. & Nov. pag. 578.

## SAINT PROSPER,

Natif d'Aquitaine, Secretaire des Brefs sous le Pape saint Leon, homme Laïc & marié, appellé le disciple de saint Augustin, mais seulement à cause de la lecture de ses Livres, & de la défense de sa doctrine, mort vers l'an 455. ou 456.

1190     Outre un Recueil de 98. Epigrammes & quelques autres petites piéces de vers qui sont d'origine incertaine, nous avons de saint Prosper d'Aquitaine un Poëme très-considerable contre les Ingrats, c'est-à-dire, contre les ennemis de la grace de

Jesus-Christ, dans lequel il explique en Théologien très-profond la doctrine Catholique contre les erreurs des Pelagiens & des Semipelagiens.

Mr Godeau juge (1) après plusieurs autres Auteurs, que cet Ouvrage est l'abregé de tous les Livres de saint Augustin sur cette matiére, & particuliérement de ceux qui ont été écrits contre Julien. Il ajoute que les expressions en sont merveilleuses, & qu'il y a sujet en beaucoup d'endroits de s'étonner comment ce Saint a pû accorder la beauté de la versification avec les épines de sa matiére. Ce qu'il y a encore d'assés surprenant dans ce Poëme, selon un Auteur anonyme, c'est de voir que (2) l'éxactitude pour les dogmes de la Foi y soit si réguliérement observée malgré la contrainte des vers & la liberté de l'esprit Poëtique, & qu'on y trouve les verités représentées avec les ornemens naturels de la Poësie, c'est-à-dire avec des charmes & une hardiesse également agréable & ingénieuse.

C'est ce qui a porté le P. Briet à le compter parmi les bons Poëtes, ou du moins à le tirer du nombre des mauvais, quoi qu'il se soit glissé quelques fautes de quantité ou de Prosodie (3) dans son Poëme. Et Mr Borrichius lui rend le témoignage d'avoir fait beaucoup moins de ces sortes de fautes, que tous les autres Poëtes de son tems (4), ajoutant que c'est un Auteur disert, subtil, qui a de la profondeur dans le sens des choses qu'il traite.

1 Ant. Godeau Approbat. de la Trad. Fr. de ce Poëme contre les Ingrats.
2 Le Traduct. Anonyme de cet Ouvrage dans son Avant-propos.
§ C'est Isaac le Maistre de Saci.
3 Philipp. Briet. lib. 4. de Poët. Latin. pag. 54.
4 Olaüs Borrichius Dissert. de Poët. Lat. pag. 77.

---

## ☞ EUDOXE,

Ou plutôt EUDOCIE Impératrice, fille de Leonce Philosophe Athénien, femme du jeune Théodose, nommée Athenaïs avant son batême & son mariage, morte en 460.
Et PELAGE PATRICE sous Zenon.

1191   Es Anciens ont parlé avec éloge des Poësies de cette Princesse. Socrate témoigne (1) qu'elle avoit fait un Poëme héroïque touchant la Victoire que l'Empereur son mari avoit

1 Socrat. Histor. Ecclesiast. lib. 7. cap. 2.

remportée sur les Perses. Photius écrit (1) qu'elle avoit mis les huit premiers livres de l'ancien Testament en vers. Il loüe beaucoup ce travail, & il ajoute qu'on lui donnoit un rang considérable parmi les Poëmes héroïques, quoi qu'il n'en suivît pas les régles, & qu'on n'y trouvât point les maximes de l'Art Poëtique, parce que sa matiére & les vérités traitées dans son Ouvrage ne lui donnoient pas la liberté d'user des Fables, ni des autres ornemens dont les Poëtes ont coutume de divertir leurs Lecteurs : & qu'elle avoit été obligée de suivre son Histoire mot à mot pour n'en pas troubler le sens & la suite.

Cette Princesse avoit fait encore des Paraphrases Poëtiques sur les Prophéties de Zacharie, de Daniel & de quelques autres Prophétes, au rapport du même Photius. Mais ni lui ni Socrate, ni aucun des Anciens n'ont point parlé des *Centons d'Homere* sur la vie de Jesus-Christ que nous avons encore aujourd'hui. En effet cet Ouvrage a été attribué mal-à-propos à Eudocie, & plusieurs Critiques sont convenus de le donner à *Pelage Patrice* qui vivoit sous Zenon. (2)

\* *Eudoxiæ Imperatricis de Christo Homero-Centones. Vid. Bibliotheca Patrum* tom. VIII. col. 237. in-fol. *Paris.* 1624.\*

1 Photius in Myriobibl. seu Bibliothec. cod. 183. 184.
Et ex iis Vossius de Poët. Græc. pag. 78. & 80. & alii recentiores passim.
2 ¶ Il se trouve à la Bibliothèque Royale un manuscrit coté 2891. du Centon de ce Patrice, contenant 103. vers seulement, au lieu que le Centon qui sous le nom d'Ἐυδοκία se trouve en deux autres manuscrits de la même Bibliothèque, l'un coté 2977. l'autre 3260. contient 615. vers : où une chose à remarquer c'est que l'Eudocie du manuscrit 2977. n'est pas la femme de Théodose le jeune, mais une Eudocie sœur de l'Impératrice Zoé, femme de Constantin Monomaque ; ce qui ne s'accorde pas avec Tzetzes qui dans l'histoire 306. de sa 10. Chiliade attribuë nettement le Centon à la première Eudocie. Nos éditions vulgaires contiennent quatre fois autant de vers que les deux derniers Manuscrits Royaux ci-dessus spécifiés. ¶

## SEDULIUS

(*Cælius ou Cæcilius*) Prêtre Irlandois, selon quelques-uns, vivant vers le milieu du cinquiéme siécle.

1192 Nous avons de Sedulius cinq livres de Vers qui composent le *Poëme Paschal* où sont décrits les Miracles de Jesus-Christ.

Dempster qui croyoit parler d'un Ecrivain de son pays, lui a donné beaucoup d'éloges, & nous l'a dépeint comme un Poëte fort sublime

& d'une érudition diverse (1). Flaccius Illyricus témoigne qu'il a fait paroître beaucoup d'esprit dans cet Ouvrage aussi bien que de savoir (2). Le P. Briet assure aussi que ces cinq Livres sont très-ingénieusement écrits, & qu'il auroit été à souhaiter que le style eût répondu à ce grand génie (3). Néanmoins Mr Borrichius ne laisse pas de dire que ce style est facile, doux, coulant & qu'il a de la clarté & assés de pureté même pour son siécle : mais il n'est pas exemt de fautes contre la Prosodie. (4)

1 Thomas Dempster Scot. in Elench. ad Johan. Rosini Antiquit. Rom.
2 Catalog. Testium veritatis Auct. anonymo, id est Matth. Flacc. Illyr.
3 Philipp. Briet. lib. 4. de Poët. Latin. pag. 53.
4 Olaüs Borrichius Dissert. de Poët. Lat. pag. 76.

## DRACONTIUS,

Prêtre Espagnol, du tems de Marcien & Leon ; d'autres le mettent sous Justinien, & d'autres même après Charlemagne, mais sans fondement, & contre le témoignage de ceux de son tems & de son Pays.

1193 L'Hexaëmeron ou la description en vers de l'Ouvrage des six jours, qui porte ce nom dans la Bibliothéque des Peres & ailleurs, paroît être d'un caractére assés médiocre. Néanmoins Barthius dit que l'Auteur avoit du sens & de l'érudition (1), quoi qu'il n'eût point grand talent pour écrire poliment (2). Et Goldast prétend qu'on y trouve en différens endroits de certains traits d'élégance (3), qui rélévent de tems en tems le courage du Lecteur & soutiennent sa patience.

Le P. Briet après S. Ildefonse & S. Isidore dit (4), que c'est saint Eugene le jeune Archevêque de Tolede qui s'est chargé de revoir & de corriger l'Hexaëmeron de Dracontius, qu'il y a mis la Préface & les vers ou *Monostiches* de la récapitulation du septiéme jour, mais que son style est fort inférieur à celui de Dracontius ; & que s'il

1 Gasp. Barthius in Adversariis pag. 352. 353. 1549 1614 & 1615.
2 ¶ Baillet a omis le meilleur de ce que dit Barthius pag. 352. de ses *Adversaria* ; c'est que Dracontius pense si subtilement, qu'on a non seulement beaucoup de peine à l'entendre, mais qu'il y a lieu de douter s'il s'est bien entendu lui-même. *b*
3 Melch. Goldast. Haiminsfeld. not. ad Parænet. Script. Vet. &c.
4 Philip. Briet. lib. 4. de Poët. Lat. p. 53. S. Ildefonsus Toletan. de Vir. illust. c. 14. S. Isidor. Hispalens. de Vir. illust. cap. 24.

y a fait quelque changement, il n'aura pas manqué sans doute de rendre un mauvais office à cet Auteur, en l'alterant & en corrompant son sens.

## SIDOINE APOLLINAIRE,

(*Caius Sollius Apollinaris Sidonius*) né à Lyon, d'un Préfet du Pretoire gendre de l'Empereur Avite, Evêque de Clermont en Auvergne, mort un Samedy le 23. (ou le 21.) Août, l'an 484. selon Baronius & ses Sectateurs, & 482. selon le P. Labbe, le P. Lubin & les autres.

Quoique pour marquer le tems ou la mort de mes *Auteurs*, j'aye soin autant qu'il m'est possible de prendre mes dates dans les *Historiens* & les *Chronologistes* les plus exacts, je ne prétens pas néanmoins qu'elles doivent être exemtes d'un nouvel examen, sur tout lorsque les *Auteurs* ne sont point d'accord ensemble sur ce point. Je me suis contenté jusqu'ici de marquer la diversité des opinions, & j'en userai toujours de même dans la suite sans m'arrêter à les examiner. Mais pour faire voir une fois qu'il arrive souvent que les uns & les autres se trompent dans leur supputation, & que je ne veux prendre non plus parti parmi eux que parmi les garants des Jugemens que je rapporte; je prie mes Lecteurs de souffrir ici une espéce de digression, pour avoir le plaisir de voir que Sidoine Apollinaire n'est mort ni l'an 484. ni l'an 482. de notre Epoque, s'il est vrai qu'il soit mort le 23. Août, comme le disent les Martyrologes Romain & d'Usuard.

Il est constant que l'année de la mort de Sidoine avoit pour lettre Dominicale E. puisqu'il mourut le 23. Août qui étoit un Samedi. Or l'année 482. avoit pour Dominicale C. & l'année 484. avoit A. & G. à cause de son bissexte. C'est ce qu'on peut voir dans les planches du Cycle Paschal de Victorius d'Aquitaine expliquées par Bucherius, dans Calvisius, & dans ceux qui ont suivi la méthode de caractériser les années par les Cycles, par les lettres Dominicales, ou par les marques initiales des mois ou des Lunes.

Il faut donc que Sidoine soit mort ou l'année 480. bissextile F. & E. sous le Consulat du jeune Basile seul, la septiéme année de l'Empereur Zenon, que Pâque fut le 13. Avril; ou l'an 486. E. sous le Consulat de Decius & Longinus, la treiziéme de l'Empereur Zenon, que Pâque fut le sixiéme Avril, & que Clovis défit Siagrius le dernier des Romains qui fit quelque obstacle à la Monarchie Françoise.

*Sidoine Apolli-naire.*

Mais comme par diverses circonstances de l'Histoire de France & de l'Eglise de ces tems-là, on conjecture que Sidoine a passé l'an 480. & qu'il n'étoit plus au monde vers 483. on peut croire avec Savaron que nos Martyrologes nous trompent, & qu'au lieu du 23. jour d'Août où ils nous marquent la mort de Sidoine, il faut mettre le 21. du même mois, XII. Kal. VII. BRES. Ainsi étant mort un Samedi qui étoit marqué à la lettre B. c'étoit infailliblement l'an 482. qui avoit la lettre C. pour Dominicale. Voila comme les uns & les autres se sont trompés, de quelque manière que l'on prenne la chose; & comme en prenant des uns & des autres ce qu'ils ont dit de plus vrai-semblable, sans s'arrêter au reste où ils ont erré, il resulte que S. Sidoine est mort le Samedi 21. Août de l'an 482. sous le Consulat de Severin & de Troconde, qui fut une année de trouble pour la célébration de la Pâque, que les Egyptiens célébrérent le 25. Avril, quelques Latins le 21. Mars, & le reste des Fidéles le 18. Avril.

1194    Nous avons les Poësies de S. Sidoine Apollinaire en vingt-quatre piéces imprimées ordinairement avec les neuf livres de ses Epîtres. Gaspard Barthius dit (1) qu'il a fait paroître beaucoup d'esprit dans ces vers, & qu'il y a même de l'éloquence Poëtique, mais que c'est de celle de son siécle, qui dégénéroit déja beaucoup de l'ancienne par l'affectation dont il usoit dans les allusions sur les mots & dans les rencontres des noms qui avoient de la ressemblance. Le P. Rapin dit qu'il est tombé dans l'improprieté en affectant de la grandeur d'expression, sans avoir pourtant le génie de la Poësie (2), & il n'a point fait difficulté de dire encore ailleurs (3), que Sidoine a écrit d'une manière fort séche & d'un fort petit goût.

Néanmoins Jules Scaliger prétend que c'est un Ecrivain exact qui est plein de mots choisis & de pensées assés fines qu'il renferme dans un style concis (4), en quoi il fait paroître quelquefois un peu trop d'affectation & d'inquiétude. Mais on ne peut pas nier que cet Auteur n'ait le style trop dur, comme l'a remarqué le P. Briet (5), & quelquefois même trop enflé selon Mr Borrichius (6). L'un & l'autre trouvent aussi à redire qu'il ait inventé divers mots nouveaux qui paroissent un peu choquans, & qu'il ait fait des fautes de Prosodie,

---

1 Gasp. Barth. lib. 49. Adversarior. cap. 18. col. 2319. & lib. 57. cap. 11. col. 2699.
2 Ren. Rapin Reflex. 30. sur la Poëtiq. 1. part.
3 Le même seconde partie des Reflex. particul. Reflex. XVI.
4 Jul. Cæs. Scaliger Hypercritic. lib. 6. Poëtices pag. 822.
5 Philip. Briet. lib. 4. de Poët. Lat. pag. 57. ante Acutè dict.
6 Olaüs Borrich. Dissertation. 2. de Poëtis Latin. pag. 78.

quoique

quoique le dernier remarque en lui une érudition plus que médiocre & plus grande que son siécle sembloit le souffrir. Vivés avoit remarqué tous ces défauts long-tems auparavant tous ces Critiques de notre siécle, mais il avoit pourtant dit à l'avantage de la Poësie de Sidoine que les vieux mots, les phrases dures & obscures, ne paroissent point tant dans ses vers que dans sa Prose. (1)

Au reste on peut compter pour un des bons effets de la bonne fortune de Sidoine Apollinaire, d'être tombé entre les mains des bons Critiques, tels qu'ont été Savaron, Wower, Elmenhorst, mais le plus important & le plus capable, sans doute, est le P. Sirmond, dont les notes n'ont pourtant pas rendu entiérement inutiles celles de Savaron: & plusieurs même parmi les étrangers prétendent que l'édition de Savaron ne céde guéres à celle du P. Sirmond, quoique celle-ci ait été postérieure à l'autre. (2)

Il est bon de savoir que Sidoine renonça à la Poësie en renonçant au siécle: & qu'il ne fit plus de vers depuis qu'on l'eût fait Evêque; ce qui arriva l'an 472. de notre Epoque, après la mort d'Eparchius.

\* C. Sol. *Apollin. Sidonii Opera Jac. Sirmondi cura & notis* in-4°. *Paris.* 1652.\*

1 Joh. Ludovic. Vivés lib. 3. de ratione dicendi cap. de Poëtic. & ex eo Ger. Joh. Voss. lib. sing. de Poët. Latin. pag. 61.

2 Bibliograph. Anonym. Cur. historico Philolog. pag. 63.

---

## ☞ QUINTUS,

De Smyrne, dit ordinairement *le Calabrois*, à cause que le Cardinal Bessarion le trouva en Calabre dans une vieille Eglise de Saint Nicolas près d'Otrante. Cet Auteur vivoit vers le tems de Zenon ou d'Anastase.

1195 Quintus ou *le Cointe* de Smyrne, pour parler selon les Grecs & les Italiens, composa quatorze livres des *Paralipomenes d'Homere*, c'est-à-dire, de ce qu'il croyoit manquer à ce Poëte pour la perfection de ses Ouvrages. On lui donne encore deux livres à part de la prise de Troye. (1)

1 ¶ Les deux livres que Baillet dit ici qu'on attribue à Quintus outre les 14. des Paralipomenes, sont deux livres de ces mêmes Paralipomenes, savoir le 12. & le 13. que Michel Néander a donnés séparément sous le titre d'Ἅλωσις Ἰλιακῆς ἱστορίας

δύω dans son *aureum opus* imprimé à Leipsie in-4°. 1577. La remarque de cette erreur est dûe à l'év. & la loüeux J. A. Fabrice L. 1. de sa Bibliot. Grecque chap. 7. n. 6. b.

## 242 POETES LATINS.

**Quintus.** Mais le bon-homme s'eſt trompé, lorſqu'il s'eſt crû neceſſaire à Homere. Car ſelon tous ceux qui nous ont donné des régles de l'Art Poëtique, il eſt clair que l'Iliade eſt un Poëme achevé (1) & ſelon d'autres même (2) plus qu'achevé, puiſqu'il devoit finir à la mort d'Hector où ſe termine la colere d'Achille. Ainſi les Critiques ont eu raiſon de blâmer notre Calabrois (3), qui devoit pour le moins s'attacher à ſuivre ſon modéle & à prendre l'eſprit de la véritable Poëſie dans ſon original, au lieu de faire l'Hiſtorien dans ſes vers comme on le lui reproche (4). En effet quelque naturel qu'il eût pour la Poëſie, il ſemble que pour avoir ignoré les fondemens de ſon Art, il n'ait pû venir à bout de ſe faire conſidérer comme un Poëte légitime; & le P. Rapin dit nettement (5) que s'étant voulu mêler d'écrire la ſuite des Poëmes de l'Iliade & de l'Odyſſée, ſans avoir aucune ombre de cet air aiſé & naturel d'Homere, il n'a rien d'éxact ni de régulier.

Néanmoins cet Auteur n'eſt point ſans mérite, & quoique ſon ſtyle ſoit aſſés bas & aſſés corrompu ſelon Rhodomannus (6), il ne laiſſe pas d'être formé ſur celui d'Homere de l'aveu du même Critique, & d'être ſoutenu de quelque érudition. Conſtantin Laſcaris étoit prévenu ſi favorablement pour lui (7), qu'il ne faiſoit point difficulté de dire qu'il n'avoit rien trouvé de plus approchant d'Homere que ce qu'avoit fait notre Quintus: Et un Allemand nommé Freigius a pouſſé cette opinion juſqu'au point de dire que l'on trouve dans cet Auteur tout le génie, toute l'induſtrie & toutes les bonnes qualités d'Homere; de ſorte qu'on auroit pû prendre Quintus pour un Homere reſſuſcité. (8)

Mais ſans s'arrêter à ces hyperboles ridicules, je crois que c'eſt rendre à Quintus toute la juſtice qui lui eſt duë, de dire avec Mr Borrichius (9), que c'eſt un Ecrivain qui n'eſt pas tout-à-fait indigne d'être lû, que ſon ſtyle eſt aſſés net & aſſés temperé, qui n'eſt ni

---

1 Petr. Mambrun Diſſertat. Peripatet. de Carm. Epic. quæſt. 6. part. 1. pag. 376. edit. in-fol. cum ejuſdem Conſtantino.
2 R. Rap. Comparaiſon d'Homere & de Virgile &c.
3 Læl. Biſciola in Horis ſubceſivis &c.
Ludov. de Caſtelvetro comm. in Poëtic. Ariſtot.
Item Anton. Riccobon. lib. de Arte Poët.
Jacob. Mazzoni in Defenſ. Dantis Aligh.
Torq. Taſſo Diſc. Ital. de Poëm. Heroïco &c. quos omnes aliosque citat Laurent. Craſſus de Poët. Græcis Italicè.

4 Udeno Niſielli apud eumd. Craſſ. pag. 437. 438. &c.
R. Rap. Refl. part. ſur la Poët. ſeconde partie Refl. xv.
6 Laurent. Rhodoman. præfat. in edition. Quinti Smyrn. Calabri, & alibi.
7 Conſtantin. Laſcaris in Grammat. Græc. & apud Laur. Craſſ.
8 Joan. Thom. Freigius epiſtol. præfix. Quint. Calabr. edit.
9 Olaus Borrichius Diſſertat. de Poët. Græc. &c.

trop enflé, ni trop hardi, ni trop entreprenant, ni trop emporté.

* *Quinti Calabri Paraleipomena, id est derelicta ab Homero lib.* XIV. *Latine reddita à Laurentio Rhodomanno* in-8°. *Hanoviæ* 1604. *

---

## ☞ COLUTHUS,

De Lycopole dans la Thébaïde, vivant sous l'Empereur Anastase, Poëte Grec.

1196   Nous avons de cet Auteur un Poëme de l'enlévement d'Helene. Il n'a rien de considérable selon le P. Rapin, le dessein en est petit, le style y est froid & languissant (1). Il semble même que Suidas l'a consideré plutôt comme un Versificateur que comme un véritable Poëte (2). Néanmoins on ne laisse pas d'y trouver quelque érudition, sa diction n'est point trop fade ni trop plate, & on peut dire même qu'elle est assés fleurie au jugement de Mr Borrichius (3). Guillaume Canter estimoit parmi divers endroits assés beaux celui qui comprend le jugement de Pâris, parce qu'il lui paroissoit très élégamment écrit (4). Au reste Coluthe a la même obligation au Cardinal Bessarion que le Calabrois dont nous venons de parler plus haut [Voyés l'Article 1197.]

* *Coluthi Helenæ Raptus*, Steph. Ubelo in-8°. Franck. 1600. *

1 Ren. Rapin Refl. particul. sur la Poët. seconde part. Refl. xv.
2 Suidas in Lexico Vid. & Laur. Crass. de Poët. Græc. pag. 123.
¶ Baillet s'est imaginé que *Versificator* employé dans la traduction Latine de Suidas pour exprimer le Grec ἐ ποιβιὸς étoit un terme de mépris, ne sachant pas que proprement ἐποποιὸς signifie un Poëte Héroïque, & que Suidas n'a donné à Coluthus le nom d'ἐποποιὸς que parce que le poëme de cet Auteur est en Vers Héroïques. *Versificator* d'ailleurs n'a de soi rien de choquant, à moins qu'on n'y ajoute une épithète injurieuse. Cornelius Severus étoit un bon versificateur, Barius un mauvais §
3 Olaüs Borrichius Dissertat. de Poët. Græc. pag. 18.
4 Guillelm. Canterus in Commentar. ad Cassandram Lycophronis &c.

## TRYPHIODORE,

Ægyptien Poëte Grec, vivant du tems de l'Empereur Anaſtaſe.

1197 JE me contenterai de dire que cet Auteur a fait un Poëme ſur la priſe de Troye, & que le rapport qu'on lui a trouvé avec le ſujet que Quinte de Smyrne a traité, a donné lieu aux Critiques de le juger avec lui. Ce qui a paru d'autant plus commode qu'on a remarqué preſque les mêmes qualités & les mêmes défauts dans l'un & dans l'autre; & que celui-ci avoit eu la penſée de continuer & de perfectionner Homere auſſi bien que l'autre. Ainſi ſans m'obliger à des redites, on peut voir ce que j'ai rapporté de Quinte, & ajouter que Tryphiodore paroît un peu plus obſcur & plus difficile que l'autre, ſelon Mr Borrichius (1); & qu'il eſt d'un caractére un peu plus bas & plus groſſier, ſelon le P. Rapin dans la ſeconde partie de ſes Réfléxions. (2)

*\* Coluthi Helenæ Raptus Interpr. R. Perderiero, cum notis Bern. Berrandi, Et Tryphiodori Libello de Ilii expugnatione in-8°. Baſil. 1555.\**

1 Ubi ſupra pag. 19.   2 Comme ci-deſſus Refl. 15.

## ENNODIUS

Evêque de Pavie (*Marcus Felix Ennodius Juvenalis*) mort l'an 521. le 17. Juillet âgé de 48. ans ſelon le P. Sirmond (1) & le P. Labbe, qui dit qu'il ſuccéda à S. Epiphane l'an 490. de ſorte que ſuivant le calcul de ce Pere & des autres, Ennodius auroit été fait Evêque à dix-ſept ans. Ce qui ne ſe peut, puiſqu'Ennodius avoit agi aſſés long-tems en qualité d'Archidiacre, & qu'il avoit accompagné ſon Evêque dans diverſes négociations comme lui étant fort utile.

1198 Nous avons deux livres des Poëſies de cet Auteur, dont le dernier conſiſte en Epigrammes. Le P. Briet dit que c'eſt un Poëte tout-à-fait ingénieux (2), mais que ſelon le génie de ſon tems, il a préféré l'uſage des pointes à celui de la bonne Lati-

1 Le Pere Sirmond rend la choſe encore plus difficile, diſant qu'il avoit été long-tems marié, puis long-tems Diacre avant que d'être Evêque.
2 Philipp. Briet. lib. 4. de Poët. Latin. pag. 59.

nité. C'est aussi le sentiment de Mr Borrichius (1), qui ajoute que les Sentences n'y sont pas moins fréquentes que les pointes; mais qu'au reste si l'on veut mettre à part cette affectation & sa mauvaise Latinité, on ne peut pas nier qu'il ne fût un bel esprit. Ces Poësies sont à la fin de ses Ouvrages, tant de l'édition du P. Sirmond que de celle du P. Schott. C'est une chose assés singuliére de savoir que ces deux savans Jésuites travailloient en même tems sur un même Auteur qu'ils publiérent, celui-ci à Tournai, & celui-là à Paris en la même année, sans que l'un eût eu avis ou communication de l'Ouvrage de l'autre, mais celle du P. Sirmond est préférable pour les notes & l'éxactitude même, au jugement du P. Labbe (2) & des autres connoisseurs.

\* *Ennodii Opera, Jacobi Sirmondi* in-8°. *Paris.* 1642.\*

1 Olaüs Borrich. Dissertat. 2. de Poët. Lat. pag. 80.

2 Ph. Labb. Dissert. Philolog. de Script. Ecclesiast. ad Bellarm. tom 1. pag. 276.

## AVITE,

De Vienne (*Alcimus Ecdicius Avitus*) Archevêque de Vienne après son Pere, mort l'an 523. le 5. Février.

1199 Nous avons de cet Auteur cinq livres de Poësie sur l'histoire de Moïse, que le P. Briet dit être travaillés & conduits fort ingénieusement (1): de sorte que selon lui Avite méritoit d'être né dans un siécle plus heureux. C'a été aussi la pensée de Gaspard Barthius & de M. Borrichius. Ce dernier n'a point fait difficulté de dire (2) que c'est un Poëte fort élégant, & qu'on a lieu de s'étonner que ce siécle ait produit un homme qui avoit la veine si belle, si docte & si facile. Et le premier jugeant qu'il y a encore beaucoup d'imperfections, a cru pour faire le bon Protestant, qu'il en seroit quitte pour dire que les défauts qu'on trouve dans cet Auteur viennent de l'infidélité des Moines. (3)

Après tout il faut reconnoître que nous avons encore au Pere Sirmond l'obligation de nous avoir délivré de la mauvaise foi du

1 Philipp. Briet lib. 4. de Poët. Lat. pag. 52. ante Acuté dist Poët

2 Olaüs Borrichius Dissertation. de Poët. Lat. pag. 79.

3 Gasp. Barthius lib. 10. Adversar. cap. 16. col. 488.

Docteur Gagné (1), qui avoit fait glisser plus de 500. vers de sa façon parmi ceux d'Avite. (2)

\* *Sancti Aviti Opera Jacobi Sirmondi* in-8°. *Parif.* 1643. — *Ejusdem Poëmata.*\*

1 ¶ Il s'appelloit en François Jean de Gaigny. Son nom est ainsi écrit au titre de la traduction du Commentaire de Primasius sur S. Paul, faite par ce Docteur, & imprimée l'an 1540. à Paris.

2 Jac. Sirmondi præf. in Alcimum. Item Labb. Dissert. Critic. ad Bellarm. de Vir. illustr. tom. 1.

## BOECE ou BOETHIUS

(*Anicius Manlius Severinus Boëthius*) Consul seul l'an 510. mort à Pavie l'an 524. le 23. jour d'Octobre, deux ans avant son beaupere Symmaque, par les ordres de Theodoric ou Thierri Roi des Gots en Italie.

1200 CE que ce grand homme a fait de vers, est inféré dans ses cinq livres de la Consolation. Sa Prose n'étant pas fort excellente, semble avoir contribué par ses ombres à relever l'éclat de sa Poësie, que Jules Scaliger ne fait point difficulté d'appeller divine. Il prétend qu'il n'y a rien de plus travaillé & de plus poli que ses vers, ni en même tems rien de plus grave (1) que la multitude des Sentences ne retire rien à ses beautés, ce qui est assés rare, & que ses pointes & ses subtilités n'empèchent pas qu'il ne soit toujours naturel & ingénu.

Les autres Critiques n'en ont pas jugé beaucoup moins avantageusement. Erasme avouë (2) qu'il étoit assés bon Poëte, & que ses vers sont passables. Joseph Scaliger n'y admettoit point tant de modification, il disoit à ses Ecoliers (3) que Boëce est un excellent Poëte sans restriction (4), & qu'il imite la phrase & les maniéres qui étoient en usage à Rome du tems de Neron. C'a été aussi le senti-

1 Jul. Cæs. Scalig. Hypercritic. seu l. 6. Poëtic. pag. 815.

2 Des. Erasm. in Dialog. Ciceronian.

3 ¶ Joseph Scaliger n'a jamais eu d'Ecoliers ni en France, ni en Hollande, à moins qu'on n'appelle ses écoliers les personnes qui lui rendoient visite pour avoir l'honneur & le plaisir de sa conversation. Pendant son séjour en France, comme il demeuroit chés Messieurs de la Rochepozé, Vertunien Médecin de cette maison ayant souvent l'occasion de le voir, fit en son particulier un recueil de plusieurs choses dignes de remarque qu'il lui avoit ouï dire. C'est dequoi a été composé le *Scaligerana prima*, où il est dit que *Boëthius totus legendus est, magnus quippe Philosophus, & Poëta eximius, phrasin Neroniani temporis imitans.*

4 Joseph Just. Scaliger in primis Scalig. pag. 30.

ment du P. Briet (1) qui enchérit encore sur les autres Critiques, disant que sa Poësie est digne du bon siécle. Ce qui se doit entendre de toute autre chose que de sa Latinité, que Valla n'a point eu raison de nous proposer comme un modéle de pureté (2), puisque nous sommes trop persuadés qu'il faut mettre une grande distinction entre le style de Boëce & son bel esprit, son érudition, son industrie, sa sagesse, & ses autres excellentes qualités.

1 Phil. Briet. lib. 4. de Poët. Latin. pag. 59.

2 Jul. Scalig. iterum ut suprà.

¶ C'est tout le contraire. Laurent-Valle l. 6. de l'élégance de la langue Latine chap. 34. entreprend de faire voir que Boëce, tout Latin né qu'il étoit ne savoit pas parler Latin : *Huic homini Romano ostendam Romane loqui nescire.* Sa raison est que Boëce explique *persona* par *substantia*, au lieu de l'expliquer par *qualitas*. Il dispute fort au long contre lui, & conclud qu'il nous a, en parlant de cette maniére, appris à parler en barbares : *nos barbare loqui docuit.* C'est à quoi Jule Scaliger faisant allusion a dit agréablement : *Valla docet eum Latinè loqui ; at Vallam Boëthius bene sapere. Laurent Valle apprend à Boëce à parler Latin, mais Boëce apprend à Laurent Valle à être sage.* Baillet par une assés plaisante équivoque a cru que *Valla docet eum Latine loqui*, signifioit : *Laurent Valle prouve que Boëce parle bien Latin*, d'où il s'en suivroit qu'*at Vallam Boëthius bene sapere*, signifieroit : *Mais Boëce prouve que Laurent Valle est bien sage.* Pour moi je suis persuadé que l'ignorance dont Laurent Valle accusoit Boëce en matiére de Latin, se restraignoit dans le fond à quelques mots, & à quelques phrases, puisque dans la préface de sa Dialectique il dit par maniére d'éloge, parlant de lui qu'il est *eruditorum ultimus*, pour donner à entendre qu'il lui restoit encore quelque gout de la bonne & ancienne érudition, à peu près comme Cremutius Cordus appeloit dans son Histoire Brutus & Cassius *Romanorum ultimos*, parce que dans le tems que la liberté Romaine étoit perduë ils en avoient retenu l'esprit. ¶

## ☞ AGATHIAS,

Poëte Grec, natif de *Myrine* ou *Sebastopole*, en Eolide dans l'Asie mineure, aujourd'hui *Marhani* : Scholastique, c'est-à-dire Avocat à Smyrne du tems de Justinien.

1201    CEt Auteur a eu la réputation d'un des meilleurs Poëtes de son siécle. Je pense qu'il ne nous reste de ses Poësies que quatre-vingt & une Epigrammes (1), qui sont répanduës dans les Livres de l'Anthologie, & dont Vulcanius a fait un Recueil qu'il a publié avec l'histoire du même Auteur. Joseph Scaliger paroit en avoir fait bien du cas, puisqu'il s'est donné la peine de mettre en vers Latins celles qui sont dans le septiéme Livre de l'Anthologie. Dousa

1 ¶ On pourroit y en ajouter huit, tirées de la collection anecdote d'Agathias, dont le manuscrit a été transféré de la Bibliothèque Palatine à celle du Vatican, mais dont il y a nombre de copies entre les mains des curieux. Daniel Heinsius a traduit en vers Latins deux de ces huit Epigrammes qu'il a inférées avec leur version page 618. & 622. de ses Poësies, édit. in-12. 1649. ¶

& Vulcanius en ont fait autant de quelques autres. Ce dernier té‑
moigne qu'il aimoit les Pointes, les Sentences, & le style fleuri (1).

Il avoit fait encore un Poëme appellé les *Daphniques* ou *Daph‑
niaques*, qui étoit rempli de galanterie & de quelque chose de pis
(2), mais je ne sai s'il a vû le jour depuis l'invention de l'Imprimerie.

1 Bonaventur. Vulcan. seu Smit prolegom. ad Agath.
2 Lorenzo Crasso de 1. Poët. Græc. p. 12. V. & Suidas. in Lexic.
¶ L'ouvrage composé en vers hexamètres étoit divisé en 9. livres. L'Auteur en fait mention au commencement de son Histoire & dans l'Epigramme Δαφνιακῶν βίβλων rapportée l. 6. de l'Anthologie c. 9. Cet ouvrage n'existe point. ¶

## ARATOR,

*Ligurien*, Soudiacre de l'Eglise Romaine, né l'an 490. vivant sous Justinien, mort vers le milieu du sixiéme siécle.

1202 CEt Auteur a mis les Actes des Apôtres en vers Hexa‑
mètres, dont il fit deux Livres qu'il présenta au Pape Vi‑
gile le sixiéme d'Avril selon Aubert le Mire, ou le sixiéme de Dé‑
cembre selon Tritthème & le P. Labbe l'an 543.

Les Critiques ont jugé que cet Ouvrage est fort élégamment écrit par rapport au siécle où il vivoit, que l'emploi qu'il y a fait des allé‑
gories est fort agréable, à cause des fleurs & des autres beautés dont il les a accompagnées (1), qu'il a de la facilité, & qu'il est assés châtié; mais qu'il n'a pu tout-à-fait se garantir des imperfections de son siécle (2).

Arator avoit fait aussi des vers sur l'Evangile & sur quelques sujets particuliers qu'on n'a point encore déterrés, hors une lettre en vers Elégiaques à Parthenius, que le P. Sirmond a donnée.

1 Jul. Cæs. Scalig. in Poëtic. Mich. Justinian. de Scriptorib. Ligurib.
2 Ol. Borrich. Dissertat. de Poët Lat.
pag. 82.
Vidend. & Tritthem.
Aub. Mir. Bellarm. Labb. & alii passim.

CORIPPUS.

## CORIPPUS (1)

Le Grammairien, furnommé Crefconius felon quelques-uns, Africain, vivant fous l'Empereur Juftin le jeune.

1203 Nous avons de cet Ecrivain une efpéce de Poëme Latin divifé en quatre Livres à la louange de Juftin II. du nom Empereur de Conftantinople en vers Héxamétres. L'idée que les Critiques nous donnent de cet homme, eft celle d'*un grand flateur & d'un petit Poëte*. Tout ce qu'on a dit de plus à fon fujet, fe peut rapporter à quelqu'une de ces deux méchantes qualités. La premiére rend affés croyable tout ce qu'on a publié de fa légéreté, de fa vanité, de fa paffion aveugle, & de fon indifcrétion dans la diftribution du blâme & des louanges. La feconde n'a pas befoin d'autres preuves que celle que nous en donnent fes méchans vers, fa dureté, fon obfcurité, fa profodie vicieufe & fa mauvaife Latinité.

Voffius eftime qu'on ne devoit pas ôter des éditions poftérieures les argumens qui étoient à la premiere, parce qu'il les croit fi anciens, qu'il ne fait pas difficulté de les donner à Corippus-même comme à leur véritable Auteur.

\* *Corippus Africanus, de Laude Juftini Augufti Minoris carmine lib.* IV. in-8°. *Antuerp* 1581 — *Idem cum Comm. Dempfteri* in-8°. *Parif.* 1610.\*

---

1 ¶ Après avoir mis CORIPPUS au deffus en capitale, il faloit au bas mettre en caractère plus menu *Flavius Crefconius Corippus, Africain, Grammairien, vivant fous l'Empereur Juftin le jeune*. Cela auroit été plus jufte, & mieux lié. Il m'a paru qu'on devoit dire *Corippus Grammairien*, parce qu'il fembleroit fi on difoit *le Grammairien*, qu'il y auroit eu plus d'un Corippus.

Gafpar Barthius lib. 9. Adverfarior. cap. 12. col. 436.

Nicol. Alamann. præfat. in Procop. Cæf. lib. 9. fc. Anecdot.

Philipp. Briet. lib. 5 de Poët. Latin. pag. 61. auté Acuté dict.

Olaus Borrichius Differtation. 2. de Poët. Lat. pag. 83. ubi tamen Corippum vocat Poëtam non ignobilem.

G. J. Voffius de Hiftoric. Latin. lib. 3. cap. 3. pag. 748. 749.

Idem Voffius lib. fingul. de Poët. Lat. pag. 66. &c.

# FORTUNAT

(*Venantius Honorius* ou *Honoratus Clementianus Fortunatus*) né dans la Marche Trevifane, Evêque de Poitiers, mort vers le commencement du feptiéme fiécle.

1204    FOrtunat eft un des plus importans d'entre les Poëtes de l'Antiquité Chrétienne. Nous avons onze Livres de fes Poëfies diverfes tant en vers Lyriques qu'en Elégiaques; & quatre de la vie de Saint Martin en vers Héxamétres, fans parler de quelques fupplémens & de diverfes piéces qu'on dit être encore Manufcrites dans les Bibliothéques.

    Gafpar Barthius qui femble s'être fait le Panégyrifte des Auteurs du moyen âge, a témoigné en plufieurs endroits qu'il étoit charmé de la beauté de l'efprit de ce Poëte. Tantôt il dit (1) que c'étoit un génie extraordinaire, & que fa veine étoit beaucoup plus heureufe que les malheurs de fon fiécle fembloient ne le pouvoir fouffrir : tantôt il affure qu'il faifoit toute la merveille du tems & du pays où il vivoit, mais que ni l'un ni l'autre n'étoient pas affés bons juges de fon mérite; qu'il auroit dû paroître dans le bon fiécle, c'eft-à-dire fur un Théâtre digne de lui (2), & qu'il a eu moins d'honneur d'avoir été le premier de ceux de fon tems, & d'avoir pû fervir de modéle à ceux qui font venus après lui (3).

    Mais comme ces éloges pourront paroître outrés à ceux qui ne fongeront pas à faire la diftinction d'un bon Ecrivain des fiécles corrompus & barbares d'avec les médiocres Auteurs même des fiécles heureux : il vaut mieux n'y avoir point d'égard, & croire que Fortunat s'eftimeroit plus honoré d'avoir un rang honnête parmi les médiocres Auteurs du bon fiécle, que de fe voir à la tête de tous ceux des fiécles miférables, où les belles Lettres fembloient être difgraciées.

    On peut donc dire que Fortunat auroit même été eftimé parmi

---

1 Gafpar Barthius Adverfarior. lib. 46. cap. 5. item ex eo,
Philipp. Briet. lib. 5. de Poëtis Latin. pag. 62. antè Acutè dict.
2 Barthius iterum ac tertio lib. 5. Adverfarior. cap. 12. & alibi in eodem opere.
3 Idem in Commentar. ad Claudian. pag.

5. & ex eo G. M. Konigius in Bibl. V. & N. pag. 314.
G. Joh. Voffius lib. fing. de Poët. Latin. pag. 66. fed ex eodem Barth. Adverf. op.
Item Voffius in libris de Hiftoricis Latinis ubi de Vita S. Martini.

ces premiers pour la facilité merveilleuse qu'il avoit à faire des vers. En effet Brouwerus témoigne (1) qu'il les faisoit ordinairement sur le champ, sans effort, sans méditation, & sans étude. Cela suffit dit cet Auteur, pour faire voir combien il avoit l'esprit aisé & heureux pour ce genre d'écrire. Car quoi qu'on ne puisse pas dire qu'il y a beaucoup de ses vers qui soient parfaitement beaux, quoi que plusieurs même ne valent rien, quoi qu'il ait aussi de l'obscurité, & beaucoup d'endroits fardés, il ne laisse pas d'être quelquefois assés fleuri & assés rempli d'agrémens, sur tout lorsqu'il fait quelque description Géographique qui est l'endroit où il a coutume de faire mieux valoir son talent.

Il ne s'est pas soucié d'éviter les fautes de quantité, non plus que les autres Poëtes Chrétiens qui abandonnant la gloire de cette éxactitude aux Profanes de la Gentilité, ont eu grand soin d'acquerir celle de la retenuë & de la pudeur que ceux-là avoient presque généralement abandonnée.

Au reste Fortunat n'a point été du nombre de ces scrupuleux qui craignoient d'user des termes du Paganisme, & d'employer les noms des Divinités fabuleuses, dans un tems où il n'y avoit plus rien à craindre du côté de la fausse Religion. Et les Poëtes modernes n'ont pas manqué de tirer avantage de cet éxemple de Fortunat pour autoriser leur pratique en ce point, se croyant d'autant plus en sureté de ce côté-là, qu'ils sont encore plus éloignés que lui de ces tems où les Gentils regnoient dans le monde (2).

\* *Venantii Honorii Clementiani Fortunati Carminum lib* IV. *de Vita S. Martini, Parif.* 1624.—*Ejufdem Carminum, Epiftolarum & Expoſitionum libri* XI. *cum notis Chr. Broweri in-*4°. *Mogunt.* 1617. \*

1 Chriftophor. Brower. Soc. J. in vita Fortunati præfix. edit. Carminum ejufd. cap. 4. pag. 13. 14. Vid. & qui de Script. Ecclefiafticis.
2 Dan. Heinfius Differtation. pro Infanticida Tragœd. pag. 105. 106.

---

## MARTIANUS CAPELLA

( *Min. Felix &c.* ) Africain, &c.

1205 NE mérite presque pas le nom de Poëte, & comme je l'ai mis parmi les Philofophes au Recueil des Critiques Grammairiens, je souhaite qu'on aille y chercher les jugemens que j'ai rapportés fur son Ouvrage des Noces de la Philologie au nombre 289.

## POETES LATINS.

J'ESPERE d'un autre côté qu'on me dispensera volontiers de rapporter ici cette foule de pitoyables Verfificateurs ou de Poëtes fauvages qui ont occupé la place des bons Ecrivains à la faveur des ténébres répanduës fur la République des Lettres, depuis le feptiéme fiécle jufqu'à la fin du treiziéme. Je me contenterai donc de parler fuccinctement d'un petit nombre d'entre ceux qui ont paru avec quelque diftinction.

* *Martianus Capella, de Nuptiis Philofophiæ feu Philologiæ & Mercurii, &c. cum Notis Hugonis Grotii* in-8°. *Lugd.-Bat.* 1599. *

## GEORGE PISIDES,

Ou de Pifidie, Diacre de Conftantinople, Bibliothécaire & garde des Chartres de la même Eglife, vivant du tems de l'Empereur Héraclius.

1206 IL ne nous refte de toutes les Poëfies de cet homme que mille quatre-vingt-huit vers de l'Héxaëmeron ou de la Création qu'il avoit écrite en 3000. ïambes (1). Cafaubon faifoit cas de fa verfification, il l'appelle même un Poëte élégant, & dit qu'il avoit de la piété (2).

* *Pifidiæ de Mundi Opificio Gr. Lat. Morelli* in-4°. *ejufque Typis* 1584. *

---

1 ¶ Voffius page 82 de fon livre des Poëtes Grecs dit que des 3000. vers de Pifides il n'en refte effectivement que 1088. mais page 277. de fes Hiftoriens Grecs il trouvoit que le nombre qui reftoit de ces vers étoit de 1880. Fédéric Morel qui dans fon édition a pris foin de les chiffrer de dix en dix n'en a compté que 1879. §

Ger. Joh. Voff. de Hiftor. Græc. lib. 2. cap. 23. pag. 177. 178.
Idem lib. Aug. de Poët. Græc. pag. 82.
2 If. Cafaubon comment. in Athenæi Dipnofoph.
Laur. Craff. de Poët. Græc. pag. 262. Ital.

## JEAN TZETZES,

Poëte Grec, frere d'Isaac le Commentateur de Lycophron, vivant en 1170. &c.

1207 L'Histoire mêlée dont il nous a donné treize Chiliades est écrite en vers libres qu'on appelle ordinairement *Politiques* ou *Populaires*, mais ils ne sont pas du genre des ïambes, comme plusieurs semblent l'avoir crû.

Nicolas Gerbelius son Commentateur prétend (1) que ces vers ont tant d'élégance, de netteté, & de facilité, qu'ils ne peuvent manquer de donner du plaisir à leurs Lecteurs, pourvû qu'on ait seulement une légére teinture de la Langue Grecque. Il ajoute qu'on y apperçoit par tout un fond de doctrine qui n'étoit pas commune, qu'on y trouve une abondance & une variété de choses qui est fort belle. Il mêle les maximes de la Morale aux éxemples des faits Historiques avec un artifice également utile & agréable. A dire le vrai, il est sujet à beaucoup de répétitions; mais il diversifie si bien la maniére de les faire, que cela paroît toujours nouveau.

On ne peut pas nier que Gerbelius n'ait un peu traité son Auteur comme ces Sculpteurs de l'Antiquité Païenne, qui après avoir fait une Idole prenoient l'encensoir, pour satisfaire l'affection qu'ils avoient conçûë pour l'ouvrage de leurs mains. Effectivement les autres Critiques qui n'ont pas eu les mêmes liaisons avec Tzetzes que Gerbelius, n'en ont pas jugé si avantageusement, & Mr Borrichius n'a point fait difficulté de dire (2) que les Savans ont aversion du faste & de l'arrogance qui paroît dans le style de Tzetzes, & qu'ils ne peuvent souffrir tant d'inutilités fades & dégoûtantes qui sont répandües dans tout son Ouvrage.

On a encore imprimé a Bâle quelques Epigrammes Grecques de ce Tzetzes, avec quelques compositions d'Héraclide du Pont (3) [*in-fol.* 1646.]

---

1 Nicol. Gerbelius præfat. in Tzetz. Hister. Politic.
2 Olaüs Borrichius Dissertat. de Poët. Græc. pag. 28. num. 67.
3 ¶ Je pense avoir remarqué sur l'article 857 après Ménage que ce n'est pas Héraclide *du* Pont qu'il faloit dire, mais *de* Pont, & que de plus le livre traduit par Gesner sous le titre des Allégories d'Homére, ne peut être de cet Héraclide, y ayant plusieurs Auteurs cités qui lui sont postérieurs de plus d'un siécle. Il faut voir Ménage sur Laërce page 226. de son Commentaire, dern. édit.

\* *Joan. Tzetz. Poëma de Allegoriis*, Gr. Lat. cum notis F. Morelli in-8°. *Parif.* 1616. \*

## ☞ PSELLUS, PLANUDES,

Anne Comnene, Pachymere, & les autres Verfificateurs Modernes de la Gréce.

1208    Les fréquentes calamités du bas Empire de Conftantinople contribuérent beaucoup au ralentiffement ou pour mieux dire à l'extinction de la chaleur Poëtique dans les Ecrivains de la Nation Grecque. Cette difgrace a été fuivie de la perte qu'on a faite de la belle cadence, & du mépris de la véritable mefure des Vers qui paroît dans plufieurs des derniers Poëtes Grecs. C'eft ce qui a fait dire à Leo Allatius, que les Mufes de tous ces Grecs poftérieurs n'ont eu aucune grace, ni aucuns charmes, qu'elles n'ont eu au contraire rien que d'affreux, de ruftique & de grotefque : en un mot qu'elles n'ont point parlé le langage des hommes, mais le jargon des animaux (1).

On pourroit néanmoins faire une exception en faveur de *Michel Pfellus*, qui vivoit un fiécle avant ce Tzetzes dont nous avons parlé plus haut, parce qu'ayant fait un fort grand nombre d'ouvrages, foit en vers ïambes, foit en vers Politiques, on juge que parmi beaucoup de chofes médiocres, il s'en trouve quelques-unes affés noblement traitées, & d'une maniére digne d'un fiécle plus heureux.

Pour ce qui eft des Vers d'*Anne Comnene*, comme ils compofent l'Hiftoire qu'elle nous a donnée, je crois pouvoir remettre la chofe au Recueil des Hiftoriens.

Je ne dirai rien des Vers de *George Pachymere*, tant parce qu'ils ne font encore que MSS. dans les Bibliothéques, que parce qu'au jugement du même Allatius, ils font fi durs & fi barbares, que ce feroit faire un gain confidérable de les perdre pour toujours.

Pour *Maxime Planudes* qui vivoit au quatorziéme fiécle, il ne paffe pas à la vérité pour un grand Poëte, en ce qu'il a produit de lui-même : mais on lui a l'obligation d'avoir confervé les Epigrammes des Anciens, & d'avoir fait des trois collections de Meleagre, de Philippe, & d'Agathias une Anthologie en fept Livres, après en avoir

---

1 Leo Allatius Diatrib. de Georgiis eorumque fcriptis, pag. 372. edit. in-fol.

retranché les Epigrammes qui lui paroiſſoient trop puériles, ou qui renfermoient des obſcénités trop groſſiéres. C'eſt au moins l'opinion commune des Critiques (1).

\* *Epigrammatum Græcorum libri* VII. *per Maximum Planudem ( ut dicitur ) cum Scholiis Græcis & Annotationibus Joh. Brodæi, & Vinc. Obſopæi & Henr. Stephani* in-fol. Francof. 1600.

1 Ger. Joh. Voſſius lib. de Poëtis Græcis pag. 83. 84.

## GUNTHERE (1)

Poëte Latin, que Sanderus, Sandius & quelques autres prétendent n'être pas différent du Bénédictin d'Elnone de même nom, vivant en l'année 1160. ſous Frederic Barberouſſe.

1209    L*E Ligurin* de Gunthere eſt un Ouvrage également Poëtique & Hiſtorique, mais je ne parlerai ici que de la partie qui fait à mon ſujet, réſervant l'autre pour le Recueil des Hiſtoriens d'Allemagne.

C'eſt un Poëme en dix Livres ſur les expéditions de Frederic I. dit Barberouſſe, [ *in-fol.* à Bâle 1569. ] il lui a donné ce nom à cauſe qu'il a voulu décrire principalement ce que Frederic a fait dans le Milanez qu'il appelle toujours la Ligurie.

Les Critiques conviennent que Gunthere eſt un Poëte de grand génie, de beaucoup de feu, qui faiſoit trop d'honneur à un ſiécle dont le goût n'étoit pas aſſés fin pour ſavoir faire le diſcernement de ſon mérite (2). Outre ce grand talent qu'il avoit pour la Poëſie, il avoit eu ſoin de cultiver ſon ſtyle & de le rendre aſſés élégant pour

1 ¶ Sigebert mort, comme on ſait, l'an 1112. ayant chap. 167. *de viris illuſtribus* fait mention de Guntherus Moine de S. Amand, au Monaſtere dit auparavant d'Elnone, en ces termes: *Guntherus Monachus S. Amandi ſcripſit Martyrium S. Cyriaci, metrico ſtylo.* Voſſius page 74. de ſes Poëtes Latins a eu raiſon de conclurre de là contre Sanderus & Sweertius, que ce Guntherus ne pouvoit être l'Auteur du Poëme intitulé *Ligurinus*, étant mort avant Sigebert, au lieu que l'autre Guntherus, ayant pris pour le ſujet de ſon Poëme les grands exploits de l'Empereur Frédéric I. en Italie juſqu'en 1160. a néceſſairement vécu au-delà. C'eſt un Poëte merveilleux pour le tems, & j'ignore ſur quoi ſe fondent ceux qui diſent qu'il étoit Moine.

2 Jan. Douza in præfat. altera Annal. Batavic. carmine ſcript.
Ger. Joh. Voſſ. Hiſtor. Latin. lib. 2. cap. 53. pag. 431. 432.
Idem lib. de Poët. Latin. pag. 74.
Gaſpar Barthius in Adverſariis.

donner de l'agrément à ses vers, & Mr Borrichius dit (1), que si on a égard au tems où il a vécu, on doit reconnoître que sa diction est magnifique, & que sa composition est savante.

1. Olaüs Borrichius Dissert. secunda de Poët. Lat. pag. 88.

## JEAN DE HANTWILLE (1)

Anglois, vivant à la fin du douziéme siécle, Moine de Saint Alban ou Albayn, mais demeurant à Paris ; surnommé *Architbrenius* à cause de son ouvrage, comme Gunthere a été appellé *Ligurinus* par Baronius.

1210    CEt Auteur est un de ces beaux esprits du moyen âge, qui se sont heureusement élevés au dessus de la barbarie & des autres calamités attachées à l'ignorance de leur siécle. Ayant quitté son pays pour venir se former & se perfectionner à Paris selon la coutume de ces tems-là, il s'appliqua uniquement à la Poësie, & il y réussit. Jean Pitse dit (2) que son talent particulier étoit de savoir accommoder son esprit & son style à la qualité des sujets qu'il avoit à traiter ; de sorte que selon lui, il imitoit fort bien la gravité de Virgile dans des matiéres importantes & élevées, la douceur & la facilité d'Ovide dans les médiocres, & il avoit quelque chose du sel d'Horace dans ses piéces satiriques. Il parloit le mieux Latin de son siécle, & il avoit une élégance, qui bien que fort inférieure à celle des bons Poëtes de l'Antiquité, ne laissoit pas d'avoir beaucoup d'éclat parmi ceux de son tems.

On a de lui un livre d'Epigrammes, & un de Poësies mêlées ; mais le principal de tous ses ouvrages Poëtiques est le célébre *Archithrene* (3). C'est un Poëme divisé en neuf livres, à qui il a donné ce nom Grec à cause qu'il commence par déplorer la misére de l'hom-

1 ¶ Joannes **Hantvillensis** que Giraldus, & après lui Vossius nomment mal Nantuillensis, en quoi Vossius ne se souvenoit pas que dans ses Historiens il l'avoit mieux appelé Joannes Hantvillensis, sive Hantwillensis.

2 Joan. Pitseus de Script. Angl. ad ann. 1200. pag. 167.
Christoph. Sandius Not. & Animadvers. in Voss. Hist. Lat. pag. 321.

3 ¶ Cette étymologie d'ἀρχή & de θρῆνος qu'il a tirée de Vossius n'est pas la véritable, car l'Auteur ne commence pas son ouvrage par déplorer la misére de l'homme. Il s'est nommé *Archithrenius*, comme qui diroit Archi-Jérémie ; parce que comme lui-même le déclare dans son Prologue, il déplore en toute occasion les défauts du genre humain.

## POETES LATINS. 257

me, & il le présenta à Walther ou Gaulthier de Coutance Archevê- Hantwille que de Rouen, qui tint le siége depuis 1184. jusqu'en 1207.

Cet ouvrage a été loué par des Critiques de presque toutes les nations de l'Europe, par Jean Louis Vivès en Espagne (1), par Jean Rav. le Tissier en France (2), par Lilio Gregorio Giraldi en Italie, par Conrard Gesner en Allemagne, & Josias Simler en Suisse (3), par Jean Meursius (4) & Gerard Jean Vossius en Hollande (5), par Erycius Puteanus aux Pays-bas Catholiques (6), par Hector Boëthius en Ecosse, par Jean Bâle & Jean Pitse en Angleterre (7). Ils conviennent la plupart que le style en est fort bon, & pur même pour le tems auquel ce Poëte vivoit ; que c'est un ouvrage plein d'une érudition fort diversifiée ; & que l'Auteur y censure les déréglemens des hommes fort agréablement, fort ingénieusement & fort doctement.

Hugues Legathe Moine Bénédictin de saint Albayn, qui vivoit en 1400. l'ayant trouvé dans son Monastére deux cens ans après la mort de son Auteur, fut si charmé de sa lecture, que dès ce moment il renonça, dit Pitse, à tous les autres livres, pour faire de celui-ci l'objet de ses études & de toutes ses méditations, étant persuadé qu'il y trouvoit toutes choses. Cette passion toute irréguliére qu'elle paroît, fut du moins utile au Public en une chose, qui fut de produire des Commentaires de sa façon sur l'Architherene. (8)

On pourroit former deux difficultés, l'une sur la matiére, & l'autre sur le nombre des livres de l'*Architherene*, si l'on s'arrêtoit à la maniére dont quelques Critiques en ont parlé. Gesner & Simler (9) disent que l'ouvrage à qui l'Auteur avoit donné ce nom, contenoit les Antiquités ou l'Histoire d'Angleterre en vers, & si nous en

---

1 Joh. Lud. Vivès de Discipl. trad. &c.
2 Ravisius Textor & alii.
¶ *Jean Tixier sieur de Ravisi*, suivant la remarque de Ménage tom. 1. de l'Anti-Baillet chap. 35. pag. 115.
3 Conrad. Gesner. in Bibl. & Jos. Simler in Epitome Biblioth.
4 Jo. Meurs. Miscel. Lac. l. 4. c. 17. &c.
5 J. Voss. de Hist. L. l. 3. p. 783. 784.
Item lib. 2. de Hist. Lat. pag. 421. ubi falsò putavit esse Joh. Sarisberiens.
¶ Il a tort, aussi bien que Sandius, de reprendre Vossius d'avoir cru que Jean de Salisbéri étoit l'Auteur de l'Archi:brenius. Vossius, quand il l'a falu, a bien fait voir qu'il ne le croyoit pas, mais il a rapporté modestement ce qu'en croyoit Erycius Puteanus son ami alors vivant, dont par cette double raison il n'a pas voulu marquer plus ouvertement l'erreur. §.
6 Erycius Putean. Centur. 2. Epist. 84. ad Daelhemium &c.
7 Baleus de Scriptor. Angl & Pitseus in Legato ad ann 1400. pag. 568. num. 717.
8 ¶ Ils n'ont jamais été imprimés, non plus que ceux dont parle Erycius Puteanus centur. 2. Epist. 34. & 84. *missum* 2. §.
9 ¶ Gesner n'en parle point du tout. C'est Simler seul, qui sans fondement a donné cette idée de l'ouvrage, puisqu'excepté quelques Fables Angloises rapportées sur la fin du cinquiéme livre, & au commencement du sixiéme, tout le reste ne regarde l'Histoire d'Angleterre ni près ni loin.»

Tome IV.

croyons Voſſius, ces deux Critiques ajoutent qu'il étoit en ſeize livres. Si cela étoit, nous ſerions obligés de conclurre que ce ſeroit un ouvrage tout différent de celui dont nous avons parlé, quoique tous ces Critiques reconnoiſſent que c'eſt celui-là même qui porte le nom d'*Archithrenius*, & qui l'a fait porter auſſi à ſon Auteur. Mais il n'eſt pas impoſſible que Geſner & Simler n'ayant peut-être jamais vû le livre ſe ſoient trompés touchant ſa matiére, puiſque Pitſe Ecrivain Anglois nous aſſure que c'eſt un ouvrage de pure Morale, contenant des Satires & des Cenſures très-ſeveres contre les vices. Et quant au nombre des livres de cet ouvrage, il eſt vrai que Voſſius nous aſſure qu'il a lû dans la Bibliothéque de Geſner abregée par Simler, qu'il y en a ſeize. Mais il faut que Voſſius ait lû une autre édition de cette Bibliothéque abrégée que celle de Zurich de l'an 1555. ou qu'il ait mal lû cet endroit. Car dans cette édition qui eſt la premiére & peut-être la moins corrompuë, quoique la moins avantageuſe des trois qui ont paru chés Froſchover, on lit 6. livres au lieu de 16. marqués en chiffre Arabe ou Barbare, de ſorte que ſelon ce calcul il ne reſtera plus qu'une faute legere d'impreſſion qu'il eſt aiſé de corriger, en diſant que ce 6. eſt véritablement un 9. renverſé qui eſt le nombre des livres de l'*Archithrene* marqué par les Bibliothéquaires Anglois Bâle & Pitſe.

C'eſt une conjecture que j'ai eu lieu de confirmer, depuis que j'ai eu la commodité de voir un éxemplaire de l'*Archithrene*, de l'édition qu'en fit Badius Aſcenſius à Paris l'an 1517. de ſorte qu'on ne peut diſconvenir que Simler ne ſe ſoit trompé au moins pour la matiére de l'ouvrage, en ſuppoſant que la faute qui eſt dans le nombre des livres vient de l'Imprimeur.

## JOSEPH d'ISKE,

Ou Kaër-Iſke, dit auſſi d'Excester au Comté de Devon, près de cette pointe méridionale de l'Angleterre, qu'on appelle la Province de Cornwall ou Cornouaille, vivant ſur la fin du douzième ſiécle & au commencement du ſuivant.

1211 Quelque choſe qu'on ait pû dire ci-devant des facultés Poëtiques de Jean de Hantwille, on n'a point laiſſé de faire paſſer ce Joſeph pour le Prince des Poëtes des Iſles Britanniques, dont ce ſiécle fut aſſés abondant. On le diſtingue ordinairement par le surnom de *Devonius* à cause de sa naissance au pays des anciens Damnoniens, ou par celui d'*Iscanus* à cause de son éducation au pays des Cornubiens. C'étoit un Ecrivain fort disert, habile en Grec & en Latin, mais ses Poësies sont presque toutes sur des sujets profanes & de galanterie. On en peut voir la liste dans *Bâle* & dans *Pitse*.

Le principal de ses ouvrages est celui de la Guerre de Troye en six livres, publié pour la premiére fois à Bâle par Albanus Torinus, & qu'on a vû courir en Allemagne sous le nom de Cornelius Nepos. On ne peut nier que son style n'ait de la pureté, de l'élégance & de la politesse, au moins par rapport à l'état de ces tems-là. Mais il a mieux aimé traiter ce sujet en Historien qu'en Poëte, il s'est étudié scrupuleusement à séparer les Fables Poëtiques d'avec les faits qu'il a crû véritables; & faisant profession de paraphraser l'histoire de cette guerre, qui couroit sous le nom de Dares le Phrygien, il dit nettement qu'il n'a point voulu suivre Homere, parce que c'est un menteur.

Gerard. Joh. Voss. de Hist. Lat. lib. 2. cap. 56. pag. 450.   Joh. Pitseus de Script. Angl. ad ann. 1210. &c.

## GUILLAUME LE BRETON,

Vivant vers l'an 1225.

1212 N'Ous avons de cet Auteur un ouvrage en Vers Latins appellé la *Philippide*, contenant l'histoire de Philippe Auguste en douze livres. Douza prétend que ce Poëte n'a passé Gunthere que par le nombre des livres de son ouvrage, & que celui-ci a le dessus pour l'élocution & pour la disposition (1). Il ajoute que Guillaume semble avoir diminué quelque chose du prix de son ouvrage plutôt faute de génie, que par le défaut de sa matiére, qui lui fournissoit un fonds assés riche pour pouvoir y réussir.

Barthius dit pourtant (2) qu'il étoit un des plus savans hommes de son siécle, & que si on veut lui ôter de certaines taches qui viennent moins de lui que de la nécessité commune de ces tems-là, il passera

1 Janus Donza Nordovix Præfat. alter. Annal. Batavic. Carm. Script.
Ger. Joh. Vossius de Histor. Latin. lib. 3.
pag. 705. 706. ord. alphab.
2 Gasp. Barth. Adversar. lib. 43. cap. 7. col. 1940.

aisément pour un Poëte admirable. Il le préfére même à Gualterus de Châtillon dont nous allons parler (1), tant pour le jugement que pour le véritable esprit Poëtique.

\* Il se trouve dans le Recueil des Historiens de France de Pithou, donné par Frehenes imprimé in-fol. à Francfort 1596. — *Guillermi Britonis Armorici Philippidos libri* XI. *sive Gesta Philippi Regis Franciæ.*\*

1 Idem Barthius lib. 9. Adverf. cap. 11. col. 434. 435.

## PHILIPPE GUALTHER,

Ou Gautier de Chatillon, natif de l'Isle en Flandre, vivant au milieu du treiziéme siécle (1) que plusieurs Critiques ont confondu mal à propos avec Gualter Evêque de Maguelone en Languedoc, qui vivoit près de 150. ans auparavant. (2)

1213    Cet Auteur a composé un Poëme des actions d'Alexandre le Grand en neuf livres (3) qu'on appelle ordinairement l'Alexandreïde. Henri de Gand dit que cet ouvrage étoit en si grande consideration de son tems, qu'il avoit fait tomber les plus excellens Poëtes de l'Antiquité des mains de tout le monde, & qu'on ne lisoit plus que lui (4). C'est tout ce qu'on pourroit dire encore aujourd'hui au deshonneur de ces siécles, dont le goût ne pouvoit être plus corrompu. Il faut avouer avec Barthius, Vossius, Borrichius & les autres Critiques, que Gualther a fait paroître qu'il avoit de

---

1 ¶ Il faloit dire: *au commencement du* XIII. *siécle*, car il est sûr que l'Alexandreïde est dédiée à Guillaume aux blanches mains, transferé de l'Archevêché de Sens à celui de Reims en 1177. & mort l'an 1102. ¶

2 ⁕ Gautier Evêque de Maguelone étant mort l'an 1133. le 13. Décembre la supputation de Baillet auroit été plus juste, s'il avoit dit que cet Evêque de Maguelone vivoit quelque 20. ans avant que l'Auteur de l'Alexandreïde fût né. *b*

3 ¶ Il y en a dix. Baillet qui n'en compte que neuf, s'en est fié à Vossius qui n'en compte pas davantage. Daumius dans une de ses lettres à Reinésius pag. 223. voulant relever cette méprise a donné lieu à une autre qui est assés particuliére. Il avoit apparemment écrit: *Galter non* IX. *sed* X. *scripsit libros Alexandreïdos*. Mais comme on lit dans l'édition *Galterus non* IX. *sed* X. *seculo scripsit libros Alexandreidos*, Sandius a pris de là occasion de reprocher à Daumius sa fausse critique, & de faire voir que Vossius bien loin de placer Gautier au neuviéme siécle, l'avoit très-clairement, & dans ses Historiens, & dans ses Poëtes Latins, placé au treiziéme. Le mot *seculo* prêté à Daumius par l'Imprimeur, a été cause tout ce mal entendu. ¶

4 Henr. Goëthals Gandavus in Catalog. Vir. illustr. cap. 10. où il s'en plaint.
Ger. Johan. Voss. lib. sing. de Poët. Lat. pag. 74. Vidend. & Christophor. Sandius Not. & animadvers. ad Voss. de Hist. Lat. pag. 167. 168. 169.
Sammarth. Gall.-Christian Petr. Lambecius tom. 2. Bibl. Vindob. Cæsar. cap. 6.

l'esprit, de la lecture & quelque habileté, & qu'il parloit des moins mal de son tems (1). Mais on peut dire que cette préoccupation pour le mérite de ce Poëme n'a jamais été générale, non pas même du tems d'Henri de Gand. Car Alain de l'Isle n'a point fait difficulté de le qualifier deslors de méchant Poëte, & de le comparer à Mævius (2); disant qu'il est tombé dans des obscurités & des embarras où il s'est trouvé pris dès le commencement, malgré les vains efforts qu'il avoit fait pour s'en tirer, & les reproches dont il avoit chargé sa Muse pour l'avoir abandonné si-tôt. (3)

En effet les Critiques modernes ayant éxaminé l'ouvrage sur les régles de l'Art, jugent qu'Alain de l'Isle a eu grande raison de s'opposer si judicieusement au méchant goût du siécle. Douza dit (4) que quand on l'a lû une fois pour satisfaire sa curiosité, c'est perdre son tems de vouloir le relire. On peut ajouter qu'il est même assés inutile de le lire une premiére fois, si on a égard à ses imperfections. Car outre l'ignorance des régles de l'Art Poëtique qui lui est commune avec la plupart des Poëtes qui ont paru sur le Théatre du monde depuis l'Empire de Neron, c'est un Auteur sans jugement selon Barthius, Borrichius & Vossius. Il entasse toutes choses sans choix & sans discernement, il est plein d'affectations puériles, de subtilités scholastiques, qui pour l'ordinaire sont impertinentes, de badineries étudiées, d'expressions inusitées non seulement aux bons Auteurs, mais encore aux Ecrivains de son tems, sans parler des fautes de quantité, & de cette imitation servile qui paroît en plusieurs endroits de son ouvrage, & qui nous fait assés connoître que c'est en cela que consistoit presque toute la perfection de ces siécles où l'on croyoit être trop dissimulé lorsqu'on ne produisoit pas tout ce qu'on savoit tout à la fois. (5)

Barthius a fait ailleurs le parallèle de ce Gualther avec Guillaume le Breton. Il dit que Gualther est un pitoyable Versificateur auprès de Guillaume, que celui-ci ne s'amuse pas comme l'autre à de froides

---

1 Gasp. Barthius lib. 31. Adversarior. c. 10. & apud. Voss. de Poët. Lat. pag. 75.

2 ¶ Cette injure ne demeura pas impunie. Un Neveu de Gautier de Chatillon en vengea son Oncle par ces deux vers, le faisant ainsi parler:

GALTERUS ALANO.

Mævius immerito, te judice, dicor, Alane.
Judice me Bavius diceris, at merito.

3 Alanus de Insulis in Anti-Claudiano, & apud Barth. Voss. & Sand.

4 Joan. Douza Præfat. altera in Batavic. Annal. Carmine.

5 Barthius ut supra. Item Olaüs Borrichius Dissert. de Poët. Lat. pag. 88.

& de basses allusions, ni à de sottes rencontres de mots comme fait Gualther; qu'on trouve dans Guillaume le Breton une facilité de style assés naturelle, de bonnes Sentences & peu d'affectation dans un grand savoir; au lieu que Gualther n'a rien que de contraint, peu d'érudition, mais beaucoup de présomption: en un mot, il met peu de personnes au dessus de Guillaume, & peu au dessous de Gualther. (1.)

*Gualth. Phil. de Casteliane Alexandreïs, seu de Alexandri Magni Gestis Carmen heroïcum* in-4°. *Argent.* 1541. — *Ex editione Athanas. Gagger,* in-12. *Ulmæ* 1559.*

1. Gasp. Barth. lib. 9. Adversarior. cap. 11. col. 434. 435.

## ALAIN

De l'Isle, dit le *Convers*, de Docteur de Sorbonne, devenu Frere lai de Cisteaux, mort en 1294. (1) surnommé le Docteur *Universel.*

1214 IL a fait une espéce de Poëme héroïque en neuf livres contre le Rufin de Claudien, qu'il a appellé pour cet effet *Anti-Claudien.* C'est un ouvrage très-docte & très-curieux au jugement de Dom Charles de Wisch (2); qui ajoute qu'on en faisoit tant de cas dans les siécles passés, que non seulement on le traduisit en François, mais qu'Adam de la Bassée Chanoine de l'Isle un des plus savans hommes de son tems en fit un abrégé en fort beaux vers. Barthius dit (3) que pour la Poëtique comme pour le reste il brilloit presque seul au milieu de l'obscurité de son siécle. Mais il ajoute qu'on est encore réduit aujourd'hui à demander ce qu'il a voulu dire dans cet ouvrage. On y trouve beaucoup de pensées guindées, dans lesquelles on voit regner ordinairement un double galimathias en ce que non seulement il ne s'est pas rendu intelligible à ses Lecteurs, mais que probablement il ne s'entendoit pas lui-même. C'est un chaos presque impénétrable. On y voit pourtant assés clair pour y reconnoître un caractére de vrai Sophiste, qui a voulu mettre en

1 ¶ C'est la date marquée dans les six vers de son Epitaphe qui se lisent au Cloître de l'Abbaye de Citeaux. Mais le style de l'Epitaphe donne lieu de douter que cet Alain pour qui elle a été faite soit l'Auteur de l'Anti-Claudien. ¶

2 Carolus Vischius in Biblioth. Cistercienf. pag. 14. 15.

3 Gasp. Barthius Adversar. lib. 53. cap. 1. pag. 2473. 2474.

# POETES LATINS

uſage toutes les ſupercheries ſcholaſtiques. Ce ſont de grands riens enveloppés dans des obſcurités recherchées, au travers deſquelles on devine qu'il a voulu parler de la Providence contre Claudien, qui avoit fait ſemblant d'en douter dans ſon Rufin. (1)

Son ſtyle eſt conforme à ſa matiére, il n'a point de régle, point de méthode, point d'uniformité; il eſt embaraſſé, obſcur & tout-à-fait irrégulier; il eſt inſuportable par l'affectation des figures & des fleurs dont il ne ſait point ménager l'emploi. Après tout on lui trouve l'eſprit vif, hardi, ſubtil, aiſé & agréable même, & qui auroit fait des merveilles avec un peu plus de jugement & de cette Critique dont ces deux derniers ſiécles ont été éclairés.

* *Anti-Claudianus Poëta, Libri* IX. *Carmine* κυκ λοπαιδεῖαν *univerſam & multas res divinas ac humanas complectentes* in-8°. *Baſil.* 1536.*

1 Claudian. *Sæpe mihi dubiam traxit ſententia mentem Curarent Superi*, &c.

2 Olaus Borrichius Diſſert. de Poët. Lat. pag. 89. 90.
Item Barth. iterum.

# JUGEMENS
# DES SAVANS,
## SUR LES
## PRINCIPAUX OUVRAGES
# DES POETES.
### TROISIE'ME PARTIE.

Contenant les Poëtes Modernes depuis la renaissance des Lettres jusqu'à present.

*Parmi lesquels on trouve indifféremment ceux qui ont fait des Vers Grecs & Latins; & ceux qui ont écrit en Langues vulgaires, c'est-à-dire principalement en Italien, en Espagnol & en François.*

## DANTE (1) ALIGHERI,

Ou *Alghieri, Florentin,* que nos Auteurs appellent quelquefois d'Audiguier, Poëte Italien, mort à Ravenne en 1321. selon Matth. Palmerius son compatriote & Papyre Masson, ou en 1325. selon plusieurs autres Auteurs (2), âgé de 56. ans.

1215 ON a coutume de mettre Dante à la tête de tous les Ecrivains Italiens, au préjudice même de son Maître Brunetto Latini, soit parce qu'il est un des premiers qui se soient

---

1 ¶ Il faut conformément aux Académiciens de la Crusca, dire & écrire *Alighieri.* C'étoit le nom de famille. Le nom de batême étoit *Danté* abrégé, comme le croit avec beaucoup d'apparence Volateran, de *Durante,* ce que nul autre Ecrivain, que je sache, n'avoit remarqué. *Dantes Poeta Florentinus, dit-il, è gente Alegheria, Durantes ab initio vocatus, intercise deinde, ut fit in pueris vocabulo.* En François nous ne disons que *Dante,*

mais nous prononçons à l'Italienne *Danté* quand nous y joignons *Alighieri.* Je doute qu'on se soit jamais avisé de rendre ce mot en François par *d'Audignier,* & qui s'en aviseroit aujourd'hui se feroit siffler, quoique peut-être les Gentils-hommes qui parmi nous ont porté ce nom, dont quelques-uns sont connus par leurs écrits, n'étoient pas fâchés qu'on les crût parens des Alighieri.

2 ¶ Ces Auteurs se trompent.

**Dante.** appliqués à défricher la Langue du Pays ou du moins à en démêler les beautés, soit parce qu'on le considére comme le Maître de Petrarque.

Ses Ouvrages sont recueillis ensemble & imprimés à Venise plus d'une fois avec les Commentaires de Christophe Landini. Avant son éxil il fit son premier Traité sur l'*Amour*; durant son exil il fit un autre Ouvrage sur le même sujet en vingt chants. Voulant ensuite profiter de sa disgrace, il s'en alla de Boulogne à Paris, où il devint habile Théologien dans les Ecoles de la ruë au Foarre, & il en voulut donner des marques en publiant la fameuse Comédie de l'*Enfer*, du *Purgatoire* & du *Paradis*, divisée en cent chants : sans parler de sa *Monarchie* que nous avons en Latin ; de quelques Traités de Physique que nous avons aussi (1) ; de son livre de l'*Office*, & *des devoirs du Pape & de l'Empereur*, que l'on retient supprimé quelque part avec grand soin (2) ; & de ses quatre livres de l'*Eloquence vulgaire* dont il n'acheva que les deux premiers, parce qu'il fut surpris de la mort. (3)

Jean Villani qui étoit de son pays & presque son contemporain, assure que personne jusqu'alors n'avoit écrit avec plus de noblesse & de majesté ni en Vers ni en Prose : mais comme il y avoit peu de gens qui eussent écrit avant lui, cette réputation n'a pas dû lui coûter beaucoup. (4)

Petrarque qui l'avoit connu & étudié particuliérement, témoigne (5) qu'il parloit fort bien sa Langue vulgaire & qu'il avoit de l'éloquence, mais qu'il avoit fait paroître quelquefois trop d'entête-

---

1 ¶ *Disputatio de aqua & terra* imprimée in-4°. à Venise l'an 1508.

2 ¶ Ce prétendu livre n'est autre que celui *de Monarchia* qu'il vient de dire que nous avons en Latin, & qui bien-loin d'avoir été supprimé a été imprimé plus d'une fois.

3 ¶ Bocace dans sa vie de Dante dit que des quatre livres que Dante avoit dessein d'écrire en Latin sur cette matiére il ne s'en trouve que deux, soit qu'étant surpris de la mort il n'ait pas eu le tems de composer les deux autres, soit qu'ils ayent été perdus. Jean George Trissin ayant d'abord donné une version Italienne des deux premiers sur l'unique manuscrit qu'on prétend qui en étoit demeuré, Jacques Corbinelli possesseur après le Trissin, de ce manuscrit, les fit imprimer en Latin à Paris in-8°. avec ses notes l'an 1577. Le Crescimbeni pag. 373. de son Histoire *della Poesia volgare* croit que la prétenduë Version Italienne de ces deux livres est une composition originale du Trissin, & que le prétendu original donné par Corbinelli est une Version Latine de l'Italien du même Trissin. Mais quoi qu'il ajoute que telle est l'opinion de tous les Gens de Lettres d'Italie, ce n'est pourtant pas celle ni du Bulgarini contre le Zoppio, ni de l'Abbé Fontanini pag. 261. de son *Aminta difeso*, ni de Vincent Gravina l. 2 de sa *Ragion poetica* pag. 138. 139. & 140. & ce n'a pas même depuis été celle du Crescimbeni, comme il le reconnoit pag. 97. & 98. du 5. vol. des commentaires qu'il a faits sur son Histoire *della volgar Poesia*. ¶

4 Joan. Villan. Hist. Florent. lib. 9.

5 Franc. Petrarcha lib. 4. rerum memor. & Jo. Boccat. de Casib. Vir. illustr.

POETES MODERNES. 267

ment & trop de cette liberté que les perſonnes délicates du ſiécle ne Dante.
peuvent ſouffrir.

Bocace l'a loué en quelques endroits de ſes Ouvrages comme un homme extraordinaire & comme un excellent Poëte (1). Effectivement Dante a été un des premiers qui, ſelon Meſſieurs du Port-Royal, a eu la gloire d'entreprendre en ces derniers ſiécles de faire des Poëmes héroïques : & il y a ſi bien réuſſi qu'il eſt encore aujourd'hui admiré des Savans pour ce ſujet. De ſorte qu'il ne s'eſt encore trouvé perſonne, dit le Chevalier Salviati (2), qui l'ait pû paſſer en ce genre, tant il eſt propre dans ſes mots & dans ſes expreſſions ; quoique le ſujet extraordinaire qu'il avoit choiſi de parler de l'*Enfer*, du *Purgatoire*, & du *Paradis*, l'ait ſouvent obligé de ſe ſervir de mots & de façons de parler un peu ſinguliéres. Mais une des choſes les plus eſtimables dans ce Poëte, au jugement de ces Meſſieurs, eſt que ſon Ouvrage eſt auſſi pur pour les mœurs que pour le langage. (3)

Quoique les Italiens ayent donné à ce Poëme le titre de Comédie, il doit pourtant paſſer pour un Poëme Epique au ſentiment de Caſtelvetro : mais le P. Rapin dit que c'eſt un Poëme d'une ordonnance triſte & morne, & que généralement parlant Dante a l'air trop profond. (4)

Cet Auteur dit encore ailleurs (5) que les penſées de ce Poëte ſont preſque toujours ſi abſtraites & ſi difficiles, qu'il y a de l'art à les pénétrer : que Dante n'a pas aſſés de feu (6) ; que pour l'ordinaire il n'eſt pas aſſés modeſte, & qu'il a été trop hardi d'invoquer ſon propre eſprit pour ſa Divinité. (7)

Le P. Gallucci a trouvé à redire à ſes allégories, dont il dit qu'il eſt tout tiſſu, ajoutant que ſi on les lui ôtoit il ne lui reſteroit plus rien de ce qui lui a acquis la réputation de Poëte (8). C'eſt, dit-il, toute ſon invention, c'eſt toute ſa fiction, en quoi il eſt bien éloigné de l'air naturel qui ſe trouve par tout dans les Ouvrages de Virgile.

Les Gens de Lettres dans l'Italie, ont toujours été aſſés partagés

---

1 Jo. Papyr. Maſſon vit. Dantis pag. 23. tom. 2. edit. Baleſdenii.
2 ¶ L. 2. de gli Avvertimenti c. 12.
3 Ant. Anonym. de la Gram. Ital. préface pag. 4. 5.
4. Ren. Rapin Refl. particul. ſur la Poët. ſeconde part. Refl. XVI.
5 Le même dans la premiére partie des Refl. gen. pag. 69. edit. in-12. Reflex. 27.
6 Le même ſeconde part. Refl. ſeconde.
¶ Citation fauſſe.
7 Reflexion XXIX. du même Traité.
¶ Citation fauſſe.
8 Tarquin. Gallutius oratione 3. de contextu Virgiliani operis allegorico pag. 235 ; poſt Vindication. Virgil. edition.

L l ij

sur le sujet de cette Comédie de nouvelle espéce. Si d'un côté Boccace en a voulu relever le mérite, en disant que (1) cet Ouvrage est écrit avec une industrie & un artifice admirable, & que l'Auteur n'est pas un Ecrivain fabuleux, mais un Théologien Catholique & un homme divin ; & si Paul Jove qui appelle Dante le fondateur & le Pere de la Langue Toscane ou Italienne, dit que cette *triple Comédie* est pleine des belles maximes tirées de la Philosophie Platonicienne (2) : on a vû d'une autre part des adversaires s'élever contre cet Ouvrage de Dante, & se récrier fortement contre cette partie du Public qu'ils en croyoient infatuée.

Un des plus échauffés semble avoit été ce Castravilla contre qui Jacques Mazzoni se crut obligé de prendre la défense de Dante au rapport de Vittorio Rossi, qui dit (3) que Mazzoni mit sur ce sujet deux volumes entiers (4) au jour qui ne sont pas moins un témoignage de son érudition qu'une Apologie de l'Ouvrage de Dante. Mais Mazzoni se brouilla avec le Patrizzi ou Patritius dont il avoit censuré quelque chose en passant, que celui-ci ne pût laisser passer. Ce différend nouveau leur fit prendre la plume l'un contre l'autre à diverses reprises, & divertit les forces de Mazzoni destinées à défendre le Dante.

Ugurgieri cité par le Crasso dans son Recueil des Poëtes Grecs (5), prétend que dans toutes les disputes que l'on a vû naître entre les Savans au sujet de la Comédie de Dante, ce fut ce Mazzoni de Cesene qui commença la querelle, en publiant un livre en faveur de l'Ouvrage de Dante contre les calomnies de ses Censeurs. Belissario Bolgarini (6) fit quelques considérations sur cet Ouvrage de Mazzoni à la sollicitation d'Horace Capponi Evêque de Carpentras. Un galant homme prit ces considérations à Bolgarini, & les fit imprimer sous son nom avec le titre de *Dispute courte & ingénieuse contre l'Ouvrage de Dante*. Bolgarini se tint fort offensé de ce larcin, & il fit réimprimer son Ouvrage en y faisant mettre le nom du véritable Auteur de la piéce. Le Plagiaire se voyant découvert chanta une espéce de Palinodie, & publia en même tems une Apologie pour Dante contre Bolgarini. Mais ce dernier eut l'avantage sur cet adversaire, & il lui fit confesser son vol, après quoi il fit publier à

---

1 Joh. Boccatius lib. 15. de Genealog. Deor. cap. 6. & ex eo Papyr. Masson in vita ejusdem Boccatii pag. 214.

2 Paul Jov. Elog. 4.

3 Jan. Nicius Erythræus Pinacothec. 1. pag. 68. num. 38. in Mazzonio.

4 ¶ Il n'en parut d'abord que le premier en 1587. à Céséne. Le second y fut imprimé cent ans après.

5 Lorenzo Crasso in Collect. Italic. Poët. Græcor pag. 86.

6 ¶ Bellisario Bulgarini.

Siene en 1588. un livre sous le titre de *Défense contre la réponse de* Dante *l'Apologie & la Palinodie d'Alexandre Cariero sur la Comédie de Dante.*

Un Ecrivain de Boulogne nommé Jerôme Zobbi (1), ayant vû les Ecrits des uns & des autres, voulut prendre parti dans la querelle, & l'an 1583. il fit paroître au jour un livre sous le titre de *Dante & Petrarque défendus* contre leurs envieux. Le Bolgarini répondit à Zobbi dans un nouveau livre qu'il fit imprimer à Siene; il y mit encore dans un plus grand jour le vol du Plagiaire de son premier livre contre Dante, & y répliqua aux réponses que Capponi avoit fait pour Dante & son défenseur Mazzoni. Il continua toujours d'attaquer les uns & de se défendre contre les autres, & jamais en faveur de Dante; jusqu'à ce qu'enfin Bolgarini voulut bien finir par un septiéme livre sur ce sujet, qu'il fit contre un Manuscrit qui couroit sous le nom de Sperone Speroni, afin d'avoir plus d'autorité & de mérite plus de créance dans ce qui s'y trouvoit pour la défense de Dante. Et le Vittorio Rossi qui nous a raconté tout le détail de cette petite guerre, soutient (2) que Bolgarini eut l'avantage contre tous ces Antagonistes, que la Poësie de Dante en est demeurée flétrie, & qu'il est venu à bout de faire déclarer conformément aux maximes d'Aristote que cette triple Comédie si vantée dans le Monde ne mérite pas le nom de Poëme.

Voilà les démarches qu'ont faites ceux qui ont voulu juger de cet Ouvrage par les Régles de la Poëtique. Et ceux qui ne l'ont voulu éxaminer que sur celles de la Religion comme saint Antonin de Florence & le P. Possevin (3), semblent n'y avoir trouvé à redire que deux choses qui passeront sans doute pour des réfléxions singuliéres dans l'esprit de quelques personnes; la premiére est d'avoir omis *les Limbes des enfans morts sans Batême*; la seconde est d'avoir eu la hardiesse d'accuser saint Pierre Celestin V. Pape, de foiblesse d'esprit, lorsqu'il quitta son Siege & sa Tiare par un effet de cette crainte dans laquelle on nous recommande de travailler à notre salut.

Mais Bellarmin n'a point été si indulgent à l'égard de notre Dante dont il a censuré les Ouvrages avec beaucoup d'éxactitude dans ses Opuscules qui servent d'additions à ses Controverses (4). On peut dire que de tous ces Ouvrages de Dante, il n'y en a point qui ait été

---

1 € Zoppio, c'est ainsi que le nomme le Crescimbeni.

2 Nic. Eryth. Pinacothec. secunda pag. 72, 73. num. 21. in Bulgarino.

3 Anton. Possevin Apparat. Sacr. pag. 413. in Dante.

4 Rob Bellarmin. opusc. apud eumdem Possevin ibidem loci.

traité plus sévérement que celui de la *Monarchie* en trois Livres, parce que non seulement il a été mis dans l'Index de Clement VIII. comme un Livre défendu d'un Auteur Catholique qui a erré, mais qu'il l'a encore fait considérer comme un véritable Hérétique au rapport du Volaterran & d'Olearius (1). Mais cela ne regarde pas directement notre sujet.

* *L'Opere del Dante Aligeri con comento di Christophoro Landino*, in-fol. *in Brescia* 1487. — *Comentate da Christ. Landino* in-4°. *in Venetia* 1512. — *Comedia del Poëta Dante, con la spositione di Landino* in-4°. *in Venetia* 1536. — *La terza rime di Dante Aligheri, cioè l'Inferno, el Purgatorio el Paradiso* in-8°. *Aldo* 1502. — *L'amoroso convivio, con le additione & molti savi notandi* in-8°. *in Venegia* 1531.*

1 Raphaël Volaterran. Commentar. Urbanor. lib. 21. 771. & ex eo Joh. Gotefrid. Olearius in Abaco Patr. & Script. Eccles. pag. 129.

---

## BENEVENUTO

De Campesanis,

## Et FERRETO

De Vicenza, Poëtes Latins, vivans entre Dante Aligheri & Petrarque, du tems de l'Empereur Louis de Bavière.

1216 ON peut dire que ces deux Auteurs étoient des principaux d'entre les Poëtes qui étoient alors en grand nombre à la Cour de Cane de la Scala dit le Grand, Prince de Verone, nommé en Latin *Canis Scaliger*.

Benevenuto fit entre autres piéces, un Poëme sur les troubles arrivés entre la ville de Padouë & celle de Vicenza, à l'honneur du Prince Cane de la Scala, & au mépris de ceux de Padouë. Cet Ouvrage lui acquit beaucoup de réputation, & par rapport à ces tems là, il lui a mérité la qualité d'éloquent personnage & d'excellent Poëte dans l'histoire que Pajarini a faite de la ville de Vicenze, mais il lui a attiré une réponse en vers que Mussato fit contre lui pour ceux de Padouë.

FERRETTO semble avoir été encore plus loin que Benevenuto dans la Poësie, aussi s'y étoit-il éxercé davantage, comme on peut le conjecturer par la liste que Vossius donne de ses Ouvrages, au Traité des Historiens Latins, où il rapporte le jugement de Felice Osio qui faisoit passer Ferretto pour un Poëte élégant, disert, & digne d'être mis avec Pétrarque au rang des restaurateurs des belles Lettres.

Mais ce que je trouve de singulier dans Vossius, c'est qu'il dit d'un côté que Ferretto a fait 155. vers sur la mort de Benevenuto, & que Benevenuto a fait aussi en vers la pompe funébre de Ferretto. C'est un miracle qui n'a de fondement que dans l'inadvertance ou le défaut d'attention de ce célébre Critique.

Vossius de Historicis Latin. lib. 3. cap. 9. pag. 794. 795. ex Pajarino & Felice Osio

## ALBERTINO MUSSATO

De Padouë, mort l'an 1329. Poëte Latin.

1217 Nous avons les Poësies de cet Auteur jointes à la fin de son Histoire. Les principales sont la Tragédie sur Ezzelin premier du nom, Tyran de Padouë, dans laquelle il semble qu'il a voulu s'élever au-dessus de la médiocrité de son siécle, & qu'il s'est efforcé de marcher sur les pas des Anciens. En effet quelques Critiques ont crû trouver dans cette piéce quelque chose de l'air de Sophocle (1), & ils disent qu'elle a de la gravité & de la douceur même, autant qu'on en pouvoit avoir pour lors.

Il a décrit aussi les guerres de Padouë en vers Epiques dont il a fait trois Livres. C'est pour faire voir l'estime qu'on faisoit de sa Poësie, que tous les ans au jour de Noël, les Docteurs, Régens, & Ecoliers des deux Colléges alloient en cérémonie & comme en procession le cierge à la main avec une triple couronne, le saluer & l'haranguer chés lui. En effet si nous en croyons les Critiques Italiens, Mussato passoit de fort loin tous les Poëtes Latins de son tems. Mais il ne faut pas prétendre juger de son mérite sur celui des Anciens ou sur celui qu'on a éxigé des Poëtes Modernes, & l'on doit songer qu'ayant été l'un de ceux qui ont travaillé fortement à décrasser leur siécle de cette ignorance & de cette barbarie qui le

1 Felix Osius, Laurentius Pignorius, Nicol. Villani, &c. Not. ad Mussat. Item Bern. Scardeon. in hist. Rer. Patavin.
Gerard. Joan. Vossius de Histor. Latin. lib. 3. cap. 9. pag. 793.

couvroit, il n'a pû empêcher, non plus que les autres, qu'il ne lui demeurât quelque chose de cette crasse.

Outre la Tragédie d'Ezzelin qu'il a appellée *Eccerinis* (1), il en a fait encore une autre qu'on nomme l'*Achilléide* ; des Epitres ou Sermons en vers Elégiaques, pour la plupart ; des Elégies dont quelques-unes sont en vers Héxametres ; des Soliloques ; & des Eglogues.

\* *Albertini Mussati, Bella populi Patavini adv. Canem Scaligerum Veronensem*, lib. III. extat in Opp. in-fol. *Venet.* 1626. \*

1 ¶ Lorenzo Pignoria en avoit un Manuscrit. Voyés sa vie par Jaq. Phil. Tomasini.

---

## PORCELLIUS.

Poëte Latin de Naples, quoiqu'il se dit de Rome, vivant en 1370. du tems de Petrarque & de Bocace (1).

1218    Et homme avoit merveilleusement préoccupé Fréderic Duc d'Urbin en sa faveur, jusqu'à le préférer à tous les autres Ecrivains du tems pour écrire son Histoire ou chanter ses louanges en Vers. Mais comme ce Prince qui passoit pour le premier Capitaine du siécle étoit plus habile dans l'Art militaire & dans la Politique que dans l'Art Poëtique, on peut croire qu'un jugement si favorable faisoit plus d'honneur à Porcellius que ce Poëte n'en faisoit à ce Prince par ses vers.

1 ¶ Porcellius ayant eu Poge, Laurent Valle, Antoine de Palerme, François Philelphe, Nicolas Pérot, & d'autres savans hommes, tous vivans au delà de 1450. pour contemporains n'a pû l'être de Petrarque, ni de Bocace, dont le premier mourut, comme on sait, l'an 1374. le second l'année suivante. Vossius que Baillet suit s'est ici extrêmement mécompté. Il est surprenant qu'ayant lû dans Volaterran que Fédéric Duc d'Urbin étoit l'admirateur de Porcellius, il n'ait pas sû que ce Duc d'Urbin mourut l'an 1482. Le Porcellius à qui Philelphe dans le treizième livre de ses Lettres en adresse une datée de 1456. ne différe point comme se l'est imaginé Vossius, de celui dont parle Volaterran. Poge pour faire dépit à Laurent Valle son ennemi contre qui Porcellius avoit fait des vers, affecte d'appeller ce Poëte *virum doctissimum*. Philelphe dans la Lettre citée ayant envie de retirer de ses mains ce qu'il lui avoit prêté, le flate de même, jusqu'à le traiter d'habile homme en Latin & en Grec. Cantalycius Ecrivain d'ailleurs peu estimé, en a fait dans ce Distique un portrait plus ressemblant :

*Nihil aliud Porcellus erat quam garrula cornix ?*
*Grammata non norat Græca, Latina parum.*

Sabellicus dans son Dialogue *de reparatione Latinæ linguæ* ne lui trouve ni érudition, ni gravité. Il convient seulement que ses Elégies, quoique l'amour y soit un peu trop nu, ne manquent pas d'agrément. Le Bandel, Nouvelle sixiéme du livre premier loue Porcellius de la facilité de sa versification : mais il fait ensuite une terrible peinture de ses mœurs.

On peut dire qu'il n'avoit aucune qualité capable de le faire mettre au nombre des véritables Poëtes, quelque naturel & quelque inclination qu'il eût pour faire des Vers. C'étoit un homme, dit le Volaterran (1), qui n'avoit aucun fonds d'érudition, & qui n'aimoit point le travail; qui faisoit quelques Vers sur le champ & sans méditation, mais le plus souvent sans jugement & sans aucun goût. Le Giraldi paroît n'en avoir pas eu beaucoup meilleure opinion (2), puisqu'il dit, que s'il y a quelque chose qui puisse mériter quelque louange dans la versification de Porcellius, c'est plutôt son inclination (3) que son industrie. Ses Vers furent imprimés autrefois à Paris par Simon de Colines, avec ceux de quelques autres Italiens (4).

1 Raph. Volaterran. commentar. Urban. & ex eo Ger. Joh. Voss. de Histor. Latin. lib. 3. cap. 1. pag. 527.
2 Lil. Gregor. Gyrald. Dialog. 1. de Poëtis suor. temper.
3 ¶ Le mot *naturam* dont use *Gyraldus* auroit été mieux rendu par *naturel*.
4 ¶ De Basinius de Parme, de Trebanius, &c. in-8°. 1539. c'est une fort mauvaise collection. *b*

## PETRARQUE

*François*) Poëte Latin & Italien, natif d'Arezzo en Toscane, non pas au village d'Encise : originaire de Florence : né le Lundi vingtiéme jour de Juillet de l'an 1304. mort l'an 1374. le dix-huit Juillet, dans le Territoire de Padouë, à Arquade.

1219 Petrarque véquit jusqu'à l'âge de quarante ans (1) dans les amusemens agréables de la Poësie, & dans les passe-tems de la galanterie. Mais depuis ce tems-là soit qu'il fût fatigué ou déja usé dans les exercices de l'une & de l'autre, soit qu'il voulût bien se faire violence pour souffrir une séparation, il renonça généralement à la bagatelle & au plaisir qu'il y a d'être Poëte & galant (2) jugeant qu'il étoit tems de vivre en Philosophe & en Chrétien (3), quoiqu'on puisse dire qu'il traîna ses chaînes jusqu'à ce qu'il plût à Dieu de les rompre par la mort de sa chere Laure qui arriva l'an 1348. quatre ans après qu'il eut pris la résolution de changer de vie & d'é-

1 ¶ Ménage chap. 66. de l'Anti-Baillet a fait voir qu'il faloit dire jusqu'à l'âge de 34. ans, Pétrarque n'en ayant que 23. lorsqu'en 1327. le 6. Avril il devint amoureux de Laure.
2 Il ne laissa pas de faire encore quelques Poësies serieuses depuis.
3 Petrarch. Epistol. & ex eo passim vitæ ipsius Scriptores, Verger. Squarzafich. &c.
Rosteau sentim. sur quelques livres qu'il a lûs pag. 57.

**Pétrarque** tudes (1). Après quoi il abandonna la belle solitude de Vaucluse, & la France pour se retirer en Italie.

Nous avons de lui des Poësies en Latin & en Italien. Dans le premier genre nous avons son Poëme de l'*Afrique*, c'est-à-dire de la guerre Punique en neuf Livres, dont il témoignoit lui-même faire beaucoup de cas (2). Il dit qu'il y avoit travaillé avec tant d'impétuosité & de si grands efforts de l'Esprit, que lorsqu'étant déja assés avancé en âge il relisoit cet Ouvrage pour y repasser la lime, la hardiesse de l'entreprise & des traits qu'il lui avoit donnés lui faisoit encore peur en cet état.

Si nous en croyons même Paul Verger (3), tout cet Ouvrage est rempli de quantité de belles fictions Poëtiques, & pleins d'excellentes maximes. Il y paroît, dit cet Auteur, une grande connoissance de l'Antiquité & de la Nature, on y trouve beaucoup d'éloquence, & on y voit un grand fonds de prudence & de sagesse. En un mot c'est un Ouvrage capable de faire beaucoup d'honneur à un jeune homme, & qui ne sauroit faire de deshonneur à un vieillard, selon le raisonnement du même Critique, qui reconnoît pourtant, qu'il y a des demi vers & des fautes de prosodie ou de quantité, sans parler de quelques omissions considérables dans l'Histoire qu'il fait de la seconde guerre Punique : mais il ajoute que Petrarque a crû pouvoir agir comme un homme qui se rendoit le Maître de sa prosodie & de sa matiére.

Mais si le mérite de ce grand homme doit porter les Critiques indulgents à excuser en lui cette liberté, il ne leur est pas si aisé de la justifier, puisque quelque grand que soit le droit des Maîtres, il ne s'est jamais étendu jusqu'à la licence de pécher capitalement contre les régles essentielles de leur Art. C'est ce que l'on a remarqué dans ce Poëme de Petrarque, où il y a constamment d'autres fautes que celles de la quantité & des omissions historiques : & le Pere Rapin appelle énormes celles où il est tombé, pour n'avoir suivi d'autre guide que son génie & son caprice (4). Ainsi Paul Manuce (5) n'a point

---

1 ¶ Bien loin de cesser d'être amoureux de Laure quatre ans avant qu'elle mourût il continua de l'aimer encore dix ans après qu'elle fut morte, c'est-à-dire depuis 1348. jusqu'à 1358. tems auquel il étoit dans la 54. an ce ci-dessus marquée de son age.

2 Papyr. Masson. Elog. seu vit. Petrarch. cap. 1. & apud Martin. Hanckium in additionib. ad Script. Rer. Romanar.

3 ¶ Paul. Verger. vit. Petrarch. pag. 182. usque ad finem, apud Tomasin. in Petrarcha redivivo.

4 René Rapin Réflexions générales sur la Poëtique, page 24 edit. in-12.

5 Paul. Manutius commentar. in Epistol. 2. libri 1. Ciceronis ad Quintum fratrem.

eu trop mauvaise raison de dire que Petrarque n'étoit pas un fort Pétrarque bon Poëte Latin.

Ce n'est pas qu'il n'eût beaucoup lû & fort bien étudié Virgile, puisque la lecture qu'il en faisoit pensa lui faire des affaires à Rome, lorsqu'un Cardinal, grand Canoniste d'ailleurs, l'ayant accusé de Magie devant le Pape Innocent VI. ne crût point devoir apporter d'autres preuves de ce crime que parce qu'il lisoit Virgile (1). Mais s'il n'a pû suivre cet excellent modéle, c'est plutôt la faute du siécle où il vivoit, que celle du Génie que la Nature lui avoit donné. C'est au moins un expédient honnête que Vossius nous propose pour excuser un homme d'un si grand mérite, qui au jugement de ce Critique, n'auroit pas pris tant de peine pour faire son Poëme de l'Afrique, s'il avoit sû que Silius Italicus que l'on a déterré depuis son tems avoit traité le même sujet. Car quelques défauts que l'on ait remarqués dans ce que j'ai rapporté de l'Ouvrage de cet ancien Poëte, on peut dire avec le même Vossius, que celui de Petrarque est fort peu de chose auprès de l'autre (2).

Mais il y a une grande différence à mettre entre les vers Italiens de Petrarque & les Latins dont je viens de parler. L'excellence de ceux-là lui a fait donner un rang aussi élevé sur les autres Poëtes de sa langue vulgaire, que la médiocrité de ceux-ci l'a mis au dessous des bons Poëtes des siécles florissans de la Latinité. Paul Jove Evêque Italien, louë extraordinairement ses Poësies Italiennes, & particuliérement ses piéces de galanteries & de ses amours (3), il en recommande sur tout la pureté, la candeur, la douceur & la noblesse, & s'il en étoit crû sur sa parole, Petrarque seroit tout à la fois *le premier & le dernier des bons Poëtes Italiens, & il auroit désesperé ou du moins détourné toutes les personnes de bon sens d'écrire après lui.* Mais Paul Jove étoit venu trop tôt dans le monde pour parler de la sorte, car s'il a voulu comprendre dans ce jugement le Bembe & l'Arioste, on peut du moins en excepter le Tasse, le Cavalier Marin, le Guarini & d'autres venus depuis lui, qui n'ont pas crû devoir s'épouvanter de la menace de Paul Jove, & qui ont mieux aimé s'exposer à perdre le bon sens que de ne pas satisfaire leurs inclinations comme avoit fait Petrarque.

Les autres Critiques Italiens n'ont pas été si outrés dans les éloges

---

1 Papyr. Masson. vit. Petrach. pag. 124. tom. 2 elogior.
2 Gerard. Joh. Vossius de histor. Latin. lib. 1. cap. 29. pag. 157. ubi de Silii Italici Hannibale seu bello Punico.
3 Paul. Jovius Nocer. Episcop. Elogis quinto.

**Pétrarque.** de Petrarque. Jean de la Case Archevêque de Benevent s'est contenté de dire (1) qu'il est comparable aux meilleurs Poëtes d'entre les Grecs & les Latins ; que ses vers ont beaucoup de douceur & de dignité ; qu'ils sont remplis de beautés que l'excellence de son génie & la connoissance de l'art y ont produites ; & qu'ils ont la force de toucher les cœurs & de charmer les esprits, avec tant d'efficace & d'agrémens qu'il ne se peut trouver rien de plus tendre parmi les Poëtes Grecs de l'Antiquité.

Jacques-Philippes Tomasini Evêque de Citta Nova en Istrie, parmi divers éloges dont il a fait un Traité entier sous le titre de *Petrarque ressuscité*, dit (2) que ses vers sont très bien remplis, sans chevilles & sans mots inutiles, qu'ils sont fort nets, fort bien travaillés, & qu'ils sont même très-bien proportionnés au génie & à la capacité de tout le monde, en quoi sans doute il n'est point d'accord avec plusieurs autres Critiques. Il ajoute que l'éclat des Sentences que Petrarque employe dans ses Poësies, la force de ses expressions, & la variété surprenante des choses qu'il y traite font des effets merveilleux dans l'esprit du Lecteur & lui donnent un plaisir singulier.

Paul Manuce temoigne (3) que c'est le plus élégant de tous les Poëtes qui ont écrit en Italien. C'est un jugement qu'il faut expliquer comme celui de Paul Jove, parce qu'on pourroit dire que la vérité de ce sentiment n'a subsisté que jusqu'au tems auquel ce Critique écrivoit. Ce qui n'empêche pourtant pas que Petrarque ne doive passer pour le Pere de la Poësie Italienne & le Maître des Poëtes de son Pays, au préjudice même de Dante qui avoit été son Maître (4).

Il ne l'a peut-être pas moins été de ceux qui ont voulu écrire en cette langue avec pureté & politesse, puisque, selon Messieurs du Port-Royal, la noblesse & la beauté de ses vers l'ont toujours fait considérer comme un des principaux Maîtres de la langue (5). Et s'il n'a pas été si éxact que Dante dans la propriété des mots, il l'a passé de beaucoup par les expressions relevées & hardies dont il a enrichi ses Ouvrages.

Au reste Petrarque s'est trouvé presque le seul qui ait bien voulu préférer ses vers Latins à ses Italiens (6). Il estimoit par exemple son

---

1 Johan. Casa in vita Cardinal. Bembi Pag. 141. edition. Batresian. in-4°.

2 Jacob. Philipp. Tomasini in Petrarcha redivivo & ap. Hanckium.

3 Manutius ut suprà in comment. ad Epist. Ciceron Ep. 2. l. 1. ad Q fr.

4 Rosteau, sentim. sur quelques livres qu'il a lûs.

5 L'Auteur anon. de la Grammaire Italienne de Port R. préface pag 5.

6 Petrarcha ipse lib. 13. Rerum senilium Epistol. ad Pandulph. Malatest. 10 Pap. Mass. in vit. Petrarch. p. 98. & seqq. P. Manut. in Ep Cicer. ad familiar. ut sup. Olaüs Borrichius Dissertat. 3. de Poëtis Latin. recent. pag. 91.

*Afrique* beaucoup plus que ses Chants ou ses *Chansons* qu'il avoit coutume d'appeller de petites niaiseries. Papire Masson dit, que la Postérité n'a point voulu suivre son avis en ce point, & qu'elle s'est toujours déclarée en faveur de ses Chansons contre son Afrique. Il est visible que Masson a raison, si on a égard à la maniére d'écrire & à toutes les circonstances qui regardent la langue & l'Art Poëtique. Mais Petrarque avoit des vûës plus nobles & plus relevées dans le jugement qu'il faisoit de ses Ouvrages, & il avoit grande raison de son côté de préférer le sérieux à la bagatelle. Toute imparfaite & toute irréguliére qu'est son Afrique, quelque bas & quelque impur qu'en soit le style, cet Ouvrage n'est point capable de lui produire devant les hommes sages, & moins encore devant Dieu une confusion pareille à celle dont ses piéces galantes lui ont couvert la face depuis son changement de vie jusqu'à la fin de ses jours (1).

Il ne songeoit pas moins à sa propre réputation qu'à son salut éternel, lorsqu'il se mit en devoir de supprimer & de jetter au feu ces monumens de son premier libertinage ; mais il n'en pût venir à bout (2), parce que la faute qu'il avoit faite de les rendre publics étoit irréparable par la multiplication des copies qui s'étoient répanduës dans le monde.

Plût à Dieu que les Poëtes d'aujourd'hui qui se disent Chrétiens, soit Laïcs soit Ecclésiastiques, voulussent au moins imiter Petrarque dans de pareils efforts, & qu'ils nous donnassent sujet de croire qu'il ne tient pas à eux que leurs vers scandaleux ne fussent supprimés, par des témoignages aussi publics que ceux de Petrarque. C'est une justice que doivent au moins à l'Eglise ceux d'entre eux qui mangent son bien & celui des Pauvres de *Jesus-Christ* en qualité de Bénéficiers ou de Pensionnaires sur Bénéfices. Et c'est par une charité bien surprenante & bien forcée sans doute que l'Epouse de Jesus Christ ait été obligée depuis quelques siécles de faire l'aumône à des Poëtes lascifs ou galants, & de leur donner du pain comme elle fait à ses Ministres & à ses Pauvres.

Petrarque ne s'est pas contenté de détester devant Dieu & devant les hommes les Poësies galantes qu'il appelle les folies de sa jeunesse, & d'en faire une longue & sincére pénitence, comme il l'a témoigné publiquement (3) ; il a voulu encore contribuer à les rabaisser & à en

---

1 Exemple pour nos Abbés qui font réimprimer leurs Poësies galantes sur la fin de leurs jours.
2 Fr. Petrarch. Epistol ad Johan. Boccatium lib. 5. Rerum senilium Epistola 5.

Et Mass. in vita Petrarch. pag. 100. 101. &c
3 Idem Petrarch. Epistol. familiar. lib. 8. Epist. ad Olympium, &c.
Et Pap. Masson pag. 86. tom. 2. elogion

Pétrarque. diminuer le prix devant ceux même qui les estiment si fort. Car il a tâché de leur faire croire que son style n'étoit pas beau, qu'il étoit trop rude, & qu'il avoit trop peu de gravité; que la précipitation dans laquelle il avoit composé ses vers en sa jeunesse, en ne suivant ordinairement que l'impétuosité de son naturel, ne lui avoit pas permis de les polir (1).

On peut dire qu'il a été assés bien secondé dans ces modestes desseins, par divers Critiques qui ne se sont pas bornés simplement à la censure de son style; mais qui se sont étudiés à rabaisser sa qualité de Poëte, ou à la lui disputer même entiérement. Le Pere Rapin témoignant d'ailleurs qu'il écrit fort purement en sa Langue, prétend (2) qu'il a l'air trop vaste pour mériter le nom de Poëte Héroïque.

Mais c'est encore peu de chose en comparaison de ce qu'a dit Alexandre Tassoni contre toutes ses Poësies Italiennes. Ce nouveau Critique qui étoit aussi Poëte Italien, n'a eu aucun égard au respect que toute l'Italie a toujours témoigné pour celui qu'elle a considéré & qu'elle considére encore, à ce que prétend le Vitorio Rossi (3), comme le Prince de tous les Poëtes Lyriques qui eussent jamais paru, non pas seulement parmi les Italiens, mais encore parmi les Grecs & tous les Latins de l'ancienne Rome.

Tassoni a donc fait sur Petrarque des Remarques dans lesquelles il le traite avec une séverité inéxorable. Il n'y a presque pas une locution ni un mot dans toutes ses œuvres Poëtiques auquel il veuille faire grace. Il y reprend généralement toutes choses (4). Il prétend que tout est plein d'absurdités, & de défauts inexcusables. Il tâche d'y tourner tout en ridicule, & de détruire entiérement sa réputation; quoiqu'elle soit universelle & profondément affermie dans les esprits de ceux qui ont lû Petrarque ou qui en ont oui parler. Mais tous ces excès n'ont pas manqué de faire perdre créance à Tassoni, & ils n'ont servi qu'à relever encore davantage le mérite de Petrarque,

---

1 Epistol. ad Pandulph. Malatestam lib. 83. senilium Rer. ut suprâ.

Et Masson. pag. 98. & seq. ut supra. Rosteau dit au sujet de son style & de ses expressions, qu'il a quelquefois besoin d'Interprétes, &c. qu'il y a des Sonnets très-difficiles à entendre, même aux plus habiles. Claud. Verderius censon. in omnes Aurores pag. 70. art : Ternariis quaternos rhytmos inconcinnè ac minus aptè interdum misset.

2 René Rapin Réflexions particul. sur la Poëtiq. Reflex. XVI. seconde partie.

3 Jan. Nicius Erytrhæus Pinacothec. I. pag. 186. & 187. in Alexand. Tassono, & 188. 189, &c. in Nicol. Villano.

4 Le Tassoni ne blâme pas dans Pétrarque si généralement toutes choses, qu'il n'y trouve en divers endroits de grandes beautés. C'est ce que Baillet auroit pû aisément reconnoître, si, au lieu de s'en tenir à Nicius Erythræus il eût consulté le livre même du Tassoni.

parce qu'on s'est persuadé que ce Critique employoit tous ses talens à censurer les plus grands Poëtes de l'Antiquité, qu'il avoit entre autres choses pris la peine de recueillir jusqu'à cinq cens endroits d'Homere qu'il prétendoit faire passer pour impertinens & ridicules.

Tassoni n'en demeura point-là, mais voyant qu'un nommé Joseph Aromatarius (1) avoit entrepris la défense de Petrarque, il revint à la charge & il le poussa fort vivement. Il ne fut pas le seul de son tems qui écrivit pour détruire Petrarque. Nicolas Villani se déclara aussi son adversaire, suivant la résolution qu'il avoit prise de faire la guerre à tous les Poëtes Italiens, comme il avoit déja fait à Dante, à l'Ariofte & au Tasse.

Je n'ai pas crû devoir rapporter cette foule d'éloges que l'on trouve dans un grand nombre d'Ecrivains de toutes sortes de Professions au sujet de Petrarque, parce qu'ils regardent plutôt ce qu'il a fait pour la perfection de sa langue en général que sa Poësie en particulier.

\* *Triomfi del Petrarca*, con *Commento del Bernardo da Monte Illicinio da Siena* in-fol. *Venetiæ* 1488. — *Sonnetti e Canzoni di Petrarcha*, con la interpretatione del Poëta Franc. Philelpho, *ibidem* in-fol. 1486. — *Con l'Espositione di M. Gio. Andrea Gesvaldo* in-4°. *Venet.* 1581.

*Sonetti, Canzoni, e Triomfi di M. Francesco Petrarca con la spositione di Bern. Daniello da Lucca* in-4°. *in Vinegia* 1549. — *Le Rime, sposte per Lodovico Castelvetro* in-4°. 1582. — *Con l'Espositione d'Alessandro Velutello* in-4°. *Venet.* 1573. \*

1 ¶ Ménage se trompe lorsque p. 245. du tom. 1. de son Anti Baillet ch. 67. il dit que Joseph de gli Aromatarii écrivit sous le nom de Crescenzio Pepe contre le Tassoni : ce fut le Tassoni qui sous ce nom de Crescenzio Pepe repondit à l'Aromatari. Celui-ci étant revenu à la charge, sous le nom de Falcidio Melampodio, on prétend que le Tassoni sous le nom de Girolamo Nomisenti lui opposa la Réplique intitulée *La Tenda rossa*; & que l'Aromatari ne se rendant point, y fit une Réponse, non imprimée, si aigre qu'il auroit fallu pour y répliquer, se servir plutôt du poignard que de la plume. Ce sont les termes du Crescimbeni, qui ayant d'abord douté que *la Tenda Rossa* fût du Tassoni, a depuis reconnu qu'elle en étoit véritablement. ¶

## BOCACE

(*Jean*) Poëte Italien (1), né à Certaldo en Toscane, l'an 1318. mort l'an 1375 (2).

1220 IL semble qu'il y ait assés peu de choses à dire ici de Bocace, après ce que j'en ai rapporté au Recueil des Critiques Grammairiens, où j'ai crû pouvoir le placer parmi les Restaurateurs des belles Lettres dans l'Italie en qualité de Philologue.

A dire le vrai, on ne l'a jamais considéré comme un grand Poëte ; car outre qu'il a fait fort peu de Poësies, c'est que, au jugement de Salviati (3) sa Prose est beaucoup plus belle, plus éxacte, & plus naturelle que ses Vers. Paul Jove rapporte (4) qu'on disoit communément de son tems que Petrarque ne réussissoit pas bien en Prose & que Bocace ne faisoit rien qui vaille en Vers.

On doit reconnoître avec le Pere Rapin (5) qu'il écrit fort purement en sa langue ; mais on peut croire avec lui qu'il a l'air trop trivial & trop familier pour mériter le nom de Poëte Héroïque. Ce même Auteur dit ailleurs, que Bocace a l'esprit assés juste dans ses Poësies; mais qu'il est sans étenduë (6). Il l'accuse aussi d'avoir fait paroître trop de vanité & de parler sans cesse de lui-même (7), ce qui ne regarde pas moins sa Prose que ses Vers sans doute.

Papyre Masson dit (8) qu'il a fait son Poëme Bucolique à l'imitation de celui de Petrarque (9).

\* *Ameto Comedia della Nimfe Fiorentine con la dechiaratione di Franc. Sensovino* in-8°. *Venet.* 1545. — *Ejusdem Eclogæ* XVI. in-8°. *Basil.* 1546. \*

1 ¶ Il devoit ajouter: *& Latin*, puisque ses 16. Eglogues Latines contiennent au moins 3000. vers. Voici quel est le titre de l'ouvrage dans un ancien manuscrit : *Joannis Boccacii Bucolicon ad insignem Virum Appenvinigenam Donatum de Prato Veteri, dilectissimum amicum suum.* ¶

2 ¶ Le 21. Décembre agé de 62. ans.

3 V. la préface sur la Gramm. Italienne de P. R. pag. 6.

4 Paul. Jovius elog. 6.

5 Ren. Rapin Reflex. particul. sur la Poëtiq. seconde partie Reflex. XVI.

6 Le même premiére partie des Reflex. gener. Réflex. 2.

7 Le même, seconde partie Reflex. XXXIX sur la Poëtiq. &c.

8 Papyr. Mass. vit. Boccacii pag. 118. 219. tom 2. Elogior.

9 ¶ Les Bucoliques de Petrarche & de Bocace sont en vers Latins. Pétrarque a fait douze Eglogues, Bocace seze. ¶

# ALAIN CHARTIER

Normand, Poëte François, Secretaire des Rois Charles VI. & Charles VII. né l'an 1386. mort vers l'an 1458. où finit son Histoire.
Et de quelques-uns de nos anciens Poëtes François qui ont paru avant lui, & avec quelque distinction.

## §. I.

D'HELINAND, Moine de Froimond, natif de Pron-le-Roy en Beauvaisis, vivant à la fin du douziéme siécle & au commencement du treiziéme, mort l'an 1223.

1221   ON peut mettre parmi nos plus anciens Poëtes François Helinand de Froimond que l'Ordre de Cisteaux met au nombre de ses Saints, & dont la Fête est marquée au troisiéme jour de Février dans le Ménologe de cet Ordre. C'étoit un des plus grands hommes de son tems pour la connoissance des saintes Ecritures & de l'Histoire ; mais il étoit encore excellent Poëte, si on a égard au siécle où il vivoit. Mr Loisel a publié un reste de ses Poësies Françoises [in-8°. 1594.] par lesquelles il paroît qu'il avoit l'esprit fort beau, qu'il n'étoit pas un simple Versificateur, comme la plupart des autres Poëtes de moyen âge, qu'il avoit du feu, de l'imagination & de l'invention, & qu'il ne lui manquoit que l'usage d'une langue plus parfaite que n'étoit alors la nôtre (1). Il est loué par tous ceux qui ont eu occasion de parler de lui, soit parmi les Ecrivains Ecclésiastiques, soit parmi ceux de Cisteaux en particulier. Mais on ne peut pas nier qu'il n'ait été un peu satirique & hardi pour un Moine, & que son sel ne fût un peu acre & picquant, sur tout lorsqu'il vouloit reprendre les désordres de son tems, & particuliérement ceux de la

---

1 Vincent. Bellovacens. lib. 29. Speculi Hist. cap. 108. où il loue beaucoup les vers François qu'Helinand a fait sur la Mort. Saint Antonin Florentin. Chronic. part. 3. titul. 18. cap. 5.
Chrysostom. Henriquez in Menologio Cistercienfi pag. 42.
Voss. in Hist. Lat. & Christoph. Sandius nor. ad Voss. Bellarm. Labb.
Carol. de Visch. in Biblioth. Cistercienf. & alii passim.

Cour de Rome (1). Nous parlerons de lui plus amplement parmi les Historiens, & au Recueil des Auteurs déguifés.

Il étoit auſſi Poëte Latin, comme le remarque la Croix du Maine, qui le fait natif de Beauvais (2).

2 Ant. Loiſel dans l'édit. de ces Poëſies où on lit :

*Rome eſt li mail qui tot aſſomme &c. ....*
*. . . . Qui fait aux Simoniaux voile*
*De Cardonal & d'Apoſtole &c.*

2 Franc. de la Croix du Maine Biblioth; Franc. pag. 161. 162.

¶ La Croix du Maine dit bien qu'Helinand a fait pluſieurs livres tant Latins que François, outre ſes vers François de la Mort, & ſes Chroniques, mais il ne dit point qu'il fût Poëte Latin.

### §. 2.

De GUIOT de Provins Moine Bénédictin, au commencement du treiziéme ſiécle.

C'Eſt l'Auteur du Roman appellé *la Bible Guiot*, dont on a des MSS. & dont on parle aſſés communément dans le Monde, ſans que j'aie encore pû voir un éxemplaire des Imprimés (1).

Le Préſident Fauchet dit qu'on lui a donné le nom de *Bible*, parce que, comme diſoit l'Auteur-même ce Livre ne contient que des Vérités (2) : mais qu'au reſte c'eſt une ſanglante Satire dans laquelle il reprend les vices de tout le Monde de quelque état qu'on pût être, ſans épargner les Grands & les Princes plus que les Petits. Il ajoute que ce Guiot a été homme de grande expérience & qu'il a vécu long-tems.

1 ¶ Il n'y en a jamais eu.

2 Claud. Fauchet des anciens Poëtes & Rimeurs François livre 2. fol. 555.

### §. 3.

CHRESTIEN DE TROYES ; HUON DE MERI ; HUON DE VILLENEUVE ; GACE'S BRULE', qui aidoit THIBAUT Roi de Navarre dans la compoſition de ſes Vers ; BLONDIAUX DE NESLE, JACQUES DE CHISON ; EUSTACE LI PEINTRE, &c.

ONT été les moins mauvais d'entre nos anciens Rimeurs & faiſeurs de Romans, mais comme je ne les crois pas imprimés il est inutile de s'y arrêter. Il suffit de dire que Fauchet estime particuliérement Gacès Brulé, Blondiaux de Nesle, & les deux derniers, mais qu'il fait peu de cas de Huon de Meri, Auteur du Roman satirique de l'Antechrist.

## §. 4.

De GUILLAUME de Lorris en Gastinois, vivant du tems de Saint Louis :

Et de JEAN CLOPINEL ou *le Boiteux* de Meun sur Loire, que quelques-uns font Jacobin du tems de Philippes le Bel, au commencement du quatorziéme siécle.

Guillaume de Lorris passoit pour un des meilleurs Poëtes François du treiziéme siécle. La passion déréglée qu'il avoit pour une Dame lui fit entreprendre la composition du fameux Roman de la *Rose*, où il semble qu'il ait voulu imiter les Livres d'Ovide touchant l'Art d'aimer, & qu'il en ait voulu étendre les pernicieuses maximes, sous prétexte d'y vouloir mêler un peu de Philosophie morale.

Mais la mort ayant empêché cet Auteur de continuer son Ouvrage, un Jacobin (1) Docteur en Théologie nommé *Jean de Meun* ou *Clopinel*, se chargea quarante ans après de la commission de poursuivre ce Roman (2), & d'y mettre la derniére main ; & il montra effectivement qu'il savoit aussi-bien que Guillaume la théorie de cet Art dangereux. Fauchet prétend (3) que de Lorris & Clopinel sont les plus renommés d'entre nos Poëtes anciens ; & que ce Roman fut si bien reçû dans le Royaume, qu'il ne fut pas possible aux Prédicateurs ni aux Théologiens de le décréditer par leurs Sermons & par leurs Ecrits. Ceux qui écrivirent avec plus de succès contre un si misérable Ouvrage, furent Martin le Franc, natif d'auprès d'Aumale, mais Prévôt & Chanoine de Lausanne en Suisse qui composa le *Champion des Dames* ; & Jean Gerson Chancelier de l'Université de Paris qui

---

1 ¶ Ménage chap. 127. de l'Anti-Baillet fait voir que Jean de Meun n'a point été Jacobin.

¶ 2. Si l'on en croyoit Fauchet feuillet 590. de ses œuvres, la continuation de Guillaume de Lorris par Jean de Meun commenceroit au 9. vers du 200. feuillet tourné de l'édition de 1529, mais il est évident que c'est au 13. vers du feuillet 78. tourné.

3 V. Fauchet des anciens Poëtes François fol. 589. & suivans.

De la Croix du Maine dans sa Bibliotk. Françoise p. 245. 246.

Joan. Gerson. tom. 4. operum pag. 922. in-fol.

Ant. du Verdier de Vaupr. dans sa Bibli. Franç.

fit un Traité Latin plus important & plus solide contre ce Roman, & contre l'Amour déréglé de la créature.

Les Rémontrances des Prédicateurs non plus que les Ecrits des Docteurs, n'ont point eu assés de force pour empêcher qu'on n'imprimât dans la suite le Roman de la Rose, & qu'on n'en ait fait même plusieurs éditions, dans lesquelles on a changé les expressions moins intelligibles. (1)

*Le Roman de la Rose *in*-4°. Paris 1519. — Le Codicille & Testament de Maître Jehan de Meun *in* 4°. Paris 1509.*

1 ¶ Quoique Paquier chap. 3. du 7. livre de ses Recherches, & page 86. du tom. 1. de ses Lettres dise que Clément Marot entreprit de rendre le vieux langage du Roman de la Rose plus intelligible, en l'accommodant à celui de son tems; il ne s'ensuit pas que d'autres avant Marot n'eussent déja extrèmement changé le langage de ce livre, comme en font foi des éditions plus anciennes que celle de 1529. *in*-8°. chez Galliot du Pré, laquelle suivant la remarque de Paquier, on pourroit juger être l'édition que Clément Marot a retouchée. §

---

§. 5.

D'ALAIN CHARTIER, au sujet duquel on a parlé des Rimeurs précédens.

Nous avons les Poësies Françoises de cet Auteur, & elles font la seconde partie de ses Oeuvres publiées par Mr Duchesne le Pere l'an 1617. *in*-4°. Mais il y a beaucoup de piéces insérées sous son nom parmi les siennes, qu'on lui a attribuées mal-à-propos dès le tems même de Clement Marot, qui nomme entre les autres, *la Contre-Dame sans merci*; *l'Hospital d'Amours*; *la plainte de Saint Valentin*; & *la Pastourelle de Gransson*. Il dit (1) que ce sont des Ouvrages tout-à-fait indignes de son nom, & qu'elles sont aussi peu de Chartier que *la Complainte de la Basoche* étoit de lui (2). On pourroit y ajoûter encore *le Parlement d'Amours*; & le *Dialogue d'un Amoureux & de sa Dame*.

Après tout cet Auteur n'a jamais dû passer pour un fort excellent Poëte, quoiqu'on puisse dire que personne n'avoit encore mieux fait que lui jusqu'à lors pour les vers François. Il ne manquoit pourtant pas de génie, & l'on dit qu'il parloit le mieux de son tems. Il faisoit même tout l'ornement de la Cour de Charles VII. & on n'en

1 Clem. Marot Epitre à Estienne Dolet du 31. Juillet 1538. citée par Duchesne dans ses Notes sur Al. Chart. pag. 867. 2. Marot.

peut pas douter après le témoignage public que la Princesse d'Ecosse (1) Dauphine de France lui en donna par un baiser (2) qui a été consacré depuis dans nos Histoires (3).

Mais il faut avouer qu'Alain Chartier réussissoit mieux en prose qu'en vers; & s'il a été appellé *le Pere de l'Eloquence Françoise*, c'est plutôt pour son *Curial*, & pour son Traité de l'*Espérance* qui est selon Mr Duchesne, le plus docte & le plus excellent de tous ceux qu'il a faits (4); que pour ses Poësies qui, selon Mr Sorel, n'ont pas eu beaucoup d'approbation, & qui d'ailleurs sont fort obscures & fort ennuyeuses (5).

1 Marguerite Stuart.
2 ¶ Voyés le *Ménagiana* page 205. du Tom. 3.
3 Enguerrand de Monstrelet dans l'Hist. de Fr. & les Auteurs de l'Hist. de Charles VII. Jean Bouchet dans ses Annales d'Aquitaine, & Epit. 13. des Famil.
Estienne Pasquier au livre 5. des Recherches de la France chap. 18.
4 André Duchesne préface sur les Oeuvres d'Al. Chartier, qui cite Pierre le Févre dans son Art de vraie Rhétorique, & J. Bouchet dans ses Annales.
5 Charles Sorel dans sa Bibliothéque Françoise, pag. 250. &c.

## MAFFEO VEGIO,

ou *Maphæus Vegius* de Lodi en Lombardie, Poëte Latin, né l'an 1407. vivant sous les Papes Eugene IV. & Nicolas V. mort l'an 1457. (1) ou 1459. ou même beaucoup plus tard selon d'autres.

1222 Nous avons diverses Poësies de cet Auteur, dont on peut voir la Liste dans le Sieur Jerôme Ghilini & dans les autres Bibliothécaires. Elles sont toutes Latines, mais elles ne sont pas toutes dans un même genre de Poësie.

Jules Scaliger dit que (2) c'est un grand Poëte qui mérite d'être reçû favorablement & avec honneur des plus Savans, & qu'il est d'autant plus estimable qu'il vivoit en un siécle où le mérite des belles Lettres étoit encore peu connu. Vossius prétend même qu'entre tout le tems qui s'est écoulé depuis Pétrarque jusqu'à Jovianus Pontanus, c'est-à-dire durant plus d'un siécle, il ne s'étoit point trouvé

1 ¶ Il est dit dans la vie de Vegius imprimée à la fin de son Traité de l'éducation des enfans, de l'Edition de Bâle in-8°. 1541. qu'il mourut la premiére année du Pontificat de Pie II. d'où il s'ensuit que le Pontificat de Pie ayant commencé le 19. Aout 1458. Végius est mort cette année ou la suivante.
2 Jul. Cæs. Scaliger Hypercritic. seu lib. 6. Poëtices cap. 4. pag. 785. & seqq.

Maffeo Vegic. de meilleur Poëte que Vegius qui fut Dataire du Pape Martin V. (1) vers la fin de son Pontificat (2).

Les Poësies qui lui ont acquis le plus de réputation, sont sans doute ses Epigrammes, & son supplément de Virgile auquel il vouloit donner le nom de treiziéme Livre de l'Enéïde. Nous avons vû ailleurs que c'étoit sans aucun fondement qu'il s'étoit imaginé qu'il manquoit quelque chose à cet admirable Poëme, & que tout ce qu'il a prétendu y ajouter est renfermé dans l'Ouvrage même par anticipation, qui est une des maximes de l'Art Poëtique. C'est pourquoi le P. Gallucci blâmant l'excès de son industrie, n'a point trop mauvaise raison de le comparer à un ouvrier qui voyant un carosse fort accompli dans toutes ses parties, & qui jugeant néanmoins que quatre roues ne lui suffiroient pas, voudroit lui en donner une cinquiéme (3).

Paul Jove n'a pourtant pas fait difficulté de relever cet Ouvrage au-dessus de tous les Poëmes qui avoient paru en Latin depuis la décadence de la Langue. Il prétend que (4) Vegius a effacé généralement tous les Poëtes qui avoient paru depuis mille ans jusqu'alors, c'est-à-dire depuis Claudien sans doute, & il témoigne qu'on n'en doit pas même excepter Petrarque, quoique couronné des Lauriers du Capitole. Il lui trouve l'esprit tout-à-fait Héroïque, & il dit qu'il a heureusement imité Virgile. Et Mr Borrichius estime (5) qu'on ne doit point blâmer l'effort qu'il a fait, quoiqu'il soit fort éloigné de son modéle.

* *Maphæus Vegius, Disputatio inter Solem, Terram, & Aurum* in-4°. *Parif.* 1611. — *De Perseverantia Religionis lib.* VII. — *De Educatione Liberorum libr.* VI. in-4°. 1611. — *Dialogus de Miseria & Felicitate* in-4°. *Parif.* 1511. *

1. ¶ Il le fut du Pape Eugène successeur de Martin. Il fut aussi Abbréviateur, & de plus dès l'an 1543. Chanoine de S. Pierre de Rome. Voyés parmi les Lettres d'Æneas Sylvius celle que lui écrit page 745. le nommé Joannes Campisius.
2. Ger. Joh. Vossius lib. sing. de Poëtis Lat. pag. 78.

3 Tarquin. Gallutius Soc. J. oration. 3. de Virgilii Allegoria pag. 146.
4 Paul. Jovius elogio 107.
5 Olaüs Borrichius Dissertation. de Poët. Latin pag. 107.
Vid. & Hieronym. Ghilin. Theatr. homin. literat. part. 2. pag. 188.

## MOMBRITIUS

(*Boninus*) Milanois, Poëte Latin, vivant en l'année 1480. sous le Duc Galeace Marie (1).

1223 LE Piccinelli rapporté par Laurent Craſſo (2), dit que cet homme étoit un des plus ſignalés d'entre les Poëtes de ſon tems. Jules Scaliger dit qu'il a le ſtyle noble & régulièrement élevé, & qu'il garde fort bien l'égalité en traitant de diverſes choſes, dont la varieté ne l'empêche pas de ſe ſoutenir (3). Il a fait un Poëme ſur la Paſſion de Jeſus-Chriſt.

---

1 ¶ Il peut bien avoir vécu l'an 1480. mais non pas cette même année-là ſous le Duc Galeas-Marie, aſſaſſiné comme on fait, le 26. Décembre 1476. Mombritius, à la fin de ſa traduction en Vers Latins de la Théogonie d'Héſiode, eſt qualifié *Patricius Mediolanenſis*, Gentilhomme Milanois. C'eſt le même qui a recueilli en deux gros volumes *in-folio* les vies des Saints, *Acta Sanctorum* tirés des manuſcrits qui étoient dans les archives de S. Jean de Latran. Il les fit imprimer ſans marque de tems, ni de lieu. On préſume néanmoins que c'eſt à Milan, & comme il les dédia par quelques vers Elégiaques à Cecco (c'eſt-à-dire à François Simonetta) Secretaire d'état des Ducs, on juge que ce fut avant le mois de Septembre 1479. tems auquel Ludovic Sforce fit arrêter Simonetta, qui après un an de priſon fut décapité le 30. Octobre 1480. Conſtantin Laſcaris à la fin de ſa Grammaire Grecque fait mention dès l'an 1463. de Boninus Mombritius, comme d'un homme conſtitué en dignité, ou par erreur cependant au lieu d' $\dot{\alpha}\xi\iota\omega\sigma\epsilon\iota$ Βωνί. ȣ̃ τȣ̃ Μομβριxιȣ̃, on lit Βομβριxιȣ̃

2 Lorenzo Craſſo de Poët. Græc. pag. 93. ex Piccinell. in Athenæo Literator. Mediolanenſ. Italicè ſcript.

3 Jul. Cæſ. Scaliger. lib. 6. Poëtices ſeu Hypercritic. cap. 4. pag. 790.

## APOLLONIUS COLLATIUS.

(*Pierre*) Prêtre de Novare, que plusieurs ont pris pour un Ecrivain du septiéme siécle, vivant sur la fin du seiziéme (1).

1224   CEt Auteur a l'honneur d'être dans la Bibliothéque des Peres sur la bonne foi de Margarin de la Bigne, qui l'a pris effectivement pour un ancien Pere de l'Eglise ou pour un Auteur Ecclésiastique, dont il marque le tems vers l'an 690. (2) C'est sans doute ce qui a porté divers Ecrivains fort habiles d'ailleurs à reconnoître son autorité comme celle des Anciens, selon que Vossius l'a remarqué (3). Et Barthius n'a point laissé de l'expliquer en cette qualité, quoiqu'il sût fort bien que c'est un Poëte moderne, sous prétexte que tant de grands hommes ont témoigné en faire du cas, par rapport au tems où ils l'ont fait vivre (4).

Le Pere Briet juge par la mauvaise Poësie de cet Apollonius & par la bassesse de son style (5), qu'il a vécu au septiéme siécle plutôt que dans celui de Politien, où la belle Poësie commençoit à revivre, & où l'on étudioit le Grec qu'Apollonius ne savoit pas. Il dit pourtant que son style est un peu meilleur que celui du tems de Charlemagne, & que Vossius & Barthius le rabaissent avec excès.

Mais ce Pere pouvoit considérer que ces deux Critiques n'ont rien dit pour le tems d'Apollonius qui ne soit conforme à la maniére dont Jules Scaliger nous l'a fait connoître, & que celui-ci pouvoit

---

1 ¶ Il est hors de doute qu'Apollonius Collatius Auteur du Poëme de la ruine de Jérusalem en 4. livres est mort sur la fin du 15. siécle. Cet ouvrage fut imprimé à Milan in-8°. l'an 1481. & l'on en a vu un autre du même Poëte sur le combat de David & de Goliath en vers héroïques dédiés à Laurent de Médicis, mort l'an 1492. Platinus Platus que je ne crois pas être parvenu à 1500. & dont les Poësies, la plupart de très-vieille date, furent imprimées l'an 1502. in-4°. à Milan a fait ce distique à l'honneur de cet Apollonius.

*Petrus Apollonius referens ab Apolline nomen
Carmina componit nomine digna suo.*

J'ajoute à ceci qu'au 1. livre des Epigrammes de Lancinus Curtius imprimées l'an 1521. à Milan in-fol. il y en a une de dix Hendécasyllabes à un Andréinus Collatius de Novare qui étoit apparemment de la famille d'Apollonius Collatius. Tout cela fait voir que ce Poëte n'a non plus vécu sur la fin du 16. siécle, comme l'écrit Baillet, que sur la fin du 7. comme l'a cru Marguérin de la Bigne.

2 Margarin. Bignæus in Indice Chronol. Vett. Eccl. Script. præfix. tom. 1. Bibl. SS. PP.

3 Ger. Joh. Vossius de Histor. Latin. cap. 10. pag. 811. 812.

4 Gasp. Barthius Adversarior. lib. 23. cap. 27. col. 1163.

5 Philipp. Brietius lib. 5. de Poëtis Latin. pag. 63. 64. præfix. Acutè dictis Poët.

*avoir*

POETES MODERNES. 289

avoir vû Apollonius ou ceux qui l'avoient hanté, comme il paroît par le rang qu'il lui donne au milieu de plusieurs Poëtes du même siécle. Et pour ce qui est de son style, ils en ont encore beaucoup moins dit que Scaliger qui juge que c'est un Ecrivain assés pieux, mais que c'est un Poëte un peu froid, & qu'il n'est pas heureux, sur tout lorsqu'il quitte le genre Elégiaque (1). Mais Scaliger ne parle que des *Fastes* d'Apollonius (2), sans faire mention de ses quatre livres en vers sur la ruine de Jerusalem.

1 Jul. Cæs. Scalig. Hypercrit. seu lib. 6. Poët. pag. 797.   2 ¶ Personne depuis Scaliger n'a vû ces Fastes.

---

Les deux VERINS ou VERRINS (1) de Florence, ou selon d'autres de l'Isle de Minorque.

UGOLIN, mort âgé de 75. ans, vers la 1490. de J. C. selon quelques-uns, mais après l'an 1505. selon d'autres, puisqu'il a survécu à Pierre Crinitus son Ecolier, qui mourut en cette année au plutôt. (2)

MICHEL, fils d'Ugolin, mort long-tems devant son Pere, âgé seulement de 17. ans. (3)

1225    UGOLIN VERIN a composé divers Ouvrages en vers, entre autres la *Charliade* (4) ou les expéditions de Charlemagne, le *Siege la prise de Grenado*, une *Silve* à la louange de Philippe Benita, quelque chose sur l'Astronomie, & diverses autres Poësies, sans parler de ce qu'il a fait en Prose. Mais il n'y en a point

1 ¶ Ceux qui écrivent *Verrins* au lieu de *Vérins*, & ceux qui les font venir de Minorque se trompent également. On en peut croire Ugolin lui-même dans les neuf vers qui commencent : *Si quis forte meam prolem*, rapportés plus bas par notre Auteur. Pierre Dauphin qui a écrit plusieurs lettres à Ugolin les adresse toujours *Ugolino Verino Florentino*. On y trouve quelquefois *Verrino*, mais c'est ou une méprise de l'Ecrivain ou une faute de l'Imprimeur.

2 ¶ Pierre Dauphin dans sa lettre du 10. Juillet 1492. à Ugolin lui donne 50. ans : *Nondum adeo ætate processisti, cum sis modo quinquagenarius, ut emeritus censeri merearis*. C'est

dans la 35. lettre du l. 3. Sur ce pied là en 1505. il n'en auroit eu que 63.

3 ¶ Michel Vérin mourut âgé d'environ 19. ans selon Pierre Dauphin lettre 90. du l. 2. Pocciantius met la mort de Michel Vérin en 1487. Le Chilini la met en 1483. date préférée à toute autre par Baillet art. 26. de ses Enfans célébres, mais sans preuve suffisante.

4 ¶ Il devoit plutôt dire la *Carliade*, poëme divisé en 15. livres. Le manuscrit s'en voir à la Bibliothèque du Grand Duc, & de plus 7. livres d'Epigrammes du même Ugolin écrits de la main de son disciple Petrus Crinitus alors fort jeune, l'an 1489.

Tome IV.                                                    O o

qui lui ait fait tant d'honneur que les trois livres qu'il a faits à la louange de la Ville de *Florence*, où il demeuroit avec son fils, après avoir quitté son pays, & qu'il a depuis adoptée pour sa Patrie, selon l'opinion de ceux qui le font venir de Minorque. (1)

Dans le premier livre, il traite de la gloire & de la majesté de la ville de Florence, & de tout ce qu'il a trouvé dans l'histoire qui étoit propre à son dessein : dans le second, il rapporte les qualités & les actions des hommes illustres de la ville: & dans le troisiéme, il parle des familles de Florence & de leurs origines, mais avec assés peu d'éxactitude.

Il n'y a presque rien de Poëtique dans tout cet Ouvrage, la versification n'y est pas non plus fort délicate, & il étoit fort inférieur en ce point à Jovianus Pontanus, à Politien, & quelques autres Poëtes de son tems. Cependant la piété (2) avec laquelle il a tâché de servir sa patrie, mérite quelques louanges, dit G. Audebert (3), & cette considération peut contribuer à le rendre excusable d'une partie de ses fautes.

2. MICHEL VERIN a composé des Distiques moraux (4), qui pourront faire le sujet de l'admiration de ceux qui considéreront que c'est le fruit de sa première jeunesse. La facilité pour la versification y paroît extraordinaire, mais la sagesse qui éclate dans tous ses Distiques, est quelque chose de bien plus admirable : & elle nous fait assés juger qu'il étoit déja meur pour l'éternité, lorsque l'amour de la continence l'enleva aux Médecins (5), qui ne faisoient point

1 Je serois tenté de croire que ceux qui font Vérin Espagnol se sont trompés, parce que Ugolin ne se contente pas d'appeller Florence sa Patrie sur la fin de son Poëme, en ces termes :

*Hoc opus exegi, Patriæ mihi testis amoris*
*Duret ad extremos ventura in secla nepotes.*

Mais qu'il parle de la famille des *Verini* comme d'une des plus anciennes de Florence, en ces termes, fol. 35. pag. 2.

*Si vis forte meam, Lector, cognoscere prolem,*
*Percurram, quamvis alios memorare deceret.*
*Est Florentinæ Grevis amnis proximus urbi,*
*Verini unde suos primum duxere Penates*
*A quadringentis annis : & Brocculus auctor*
*His fuit : & primum appellata est Broccola proles.*
*A Verio sed post nomen sortita Verini*
*Non plebeia domus, summos Ugolinus honores*
*Ipse meus spectatâ atavus virtute recepit.*

2 ¶ *Pietas in patriam* se doit rendre par zèle pour la patrie.

3 German. Audebertus Aurelian. editor carm. Ugolini Verini, seu quis alius auctor præfation. ad libros tres de illustrat. Flor. Gerard. Johan. Voss. lib. 3. de Histor. Lat. cap. 8. pag. 616. 617.

4 ¶ Ils furent pour la première fois imprimés l'an 1487. à Florence.

5 Voici une Epigramme de Politien qui explique toutes choses sur ce sujet.

*Verinus Michaël florentibus occidit annis,*
  *Moribus ambiguum major, an ingenio.*
*Disticha composuit docto miranda Parenti*
  *Quæ claudunt gyro grandia sensa brevi.*
*Sola Venus poterat lenio succurrere morbo,*
  *Ne se pollueret maluit ipse mori.*
*Hic jacet heu Patri\* dolor & decus, unde juventus*
*Exemplum, vates materiam capiant.*

\* Baillet lisoit *Patriæ* i. e. *Florentiæ*.

scrupule de vouloir sacrifier sa virginité pour la conservation d'une Vérin.
vie misérable.

Le P. André Schott Jésuite d'Anvers qui le fait natif de Minorque, dit (1) qu'il a choisi les plus belles sentences des Philosophes Grecs & Latins, mais qu'il a pris particuliérement celles de Salomon pour les renfermer dans ses Distiques. Il ajoute que la netteté du style, l'élégance & la beauté du sujet, ont été cause qu'on a enseigné & fait apprendre ses Distiques publiquement dans les Colleges de divers pays; ce qui s'est pratiqué encore depuis le tems auquel Schott faisoit cette réfléxion à la gloire de Vérin.

Jules Scaliger juge (2) que ses vers sont dignes de la maturité d'un homme consommé, mais je pense qu'il a eu plus d'égard à la morale de l'esprit & du sens de ces vers, qu'à la maniére de la composition & du style qui est simple, mais naturel & facile. Geraldini qui dit presque la même chose, ajoute qu'il est court, sans obscurité, qu'il a de la cadence, & qu'il est ingénieux sans fiel; mais c'est par une flaterie de Poëte qu'il a osé avancer que les Distiques de Vérin sont comparables aux livres de l'Ecriture sainte. (3)

Il est inutile après cela de rapporter les éloges que Politien & son Pere même lui ont donnés, puisqu'ils ne peuvent rien ajouter à ce qu'on vient de dire.

Ces Distiques ont été imprimés à Lyon chés les Frellons avec les Commentaires de Martin Ivarre Basque d'Espagne, que Schott appelle assés savans. On en a fait aussi une édition jointe à celle des Poësies d'Owen, mais le nom de Vérin n'y paroît pas; c'est ce qui porte le Lecteur à la séduction, & qui a fait croire à quelques-uns que c'étoit un Ouvrage d'Owen (4). C'est une innocence ou plutôt un artifice dont j'ai déja rapporté un éxemple dans les Imprimeurs d'Angleterre au sujet d'un livre du Pere Labbe, qu'ils ont imprimé avec un Traité de Selden, sans y mettre le nom de ce Pere.

Il s'est fait une autre édition de ces Distiques à Beauvais, elle parut l'an 1616. par les soins de Philippes le Clerc qui étoit Principal du Collége de cette Ville, & qui changeant l'ordre & l'œconomie des autres éditions, les rangea selon les matiéres & sous des titres qui lui paroissoient les plus convenables. Mais Colletet a eu raison (5)

---

1 A. S. Peregrinus in Bibl. Hisp. tom. 3. classe 4 Celtiberor. pag. 597. 598.
2 Jul. Cæs. Scalig. Hypercrit. seu lib. 6. Poëtices cap. 4. pag. 791
3 Anr. Gerald. Ep.g. apud Schot. p. 599.
4 Georg. Math. Konig. Bib. Vet. & Nov. in Verino.
Voyés le tom. 2. part 1. des Jug. des Sav. où il est parlé des Crit Hist. art. 67. p 18.
5 Guill. Colletet Art Poët. Traité de la Poëfie Morale nombre 41. pag. 117. & nombre 57. pag. 140.

de taxer de nouveauté & de bizarrerie le titre que le Clerc lui a donné de *Verrinus Belvacensis*. Car il n'est pas impossible que ceux qui ne connoissent pas Vérin ne s'y laissent surprendre, & qu'ils ne confondent le lieu de cette renaissance du livre avec celui de la véritable & premiére naissance de l'Auteur.

Enfin pour faire voir combien ces Distiques ont paru utiles dans la France, on peut faire remarquer au Lecteur qu'ils ont été traduits en Vers François dans le siécle passé par Claude Odde de Triors (1). & en Prose Françoise dans celui-ci par Claude Hardy. (2)

\* *Hugolini Verini lib.* III. *Carm. de Illustratione Florentiæ* in-4°. *Parif.* 1588.\*

1 En 1577.   2 En 1614.

## LANCINUS CURTIUS

De Milan, Poëte Latin, vivant sur la fin du 15. siécle. (1)

1226    Cet Auteur nous a laissé des Silves & des Epigrammes (2), qui ne lui ont pas acquis beaucoup de réputation. Jules Scaliger dit que c'est un Poëte froid, qui n'avoit pas le génie heureux pour l'invention, ni grand talent pour les vers (3). Ce ne sont point les sacrés Mystéres qu'il a renfermés dans sa Poësie, mais on peut dire que c'est sa Poësie qu'il semble avoir mise dans les fers, lorsqu'il l'a renfermée dans des faits tirés de l'Histoire sainte. De sorte que quand on les voit exprimés avec si peu de noblesse & si peu d'agrément, on aime toujours mieux les lire dans le style simple de l'Ecriture, que de les appercevoir dans une Poësie si peu naturelle.

Il ne laissoit pas d'être fort habile dans la connoissance du Grec & du Latin, au sentiment de Paul Jove (4). Mais il avoit trop de légéreté & trop de vent dans la tête. L'inconstance de son esprit l'avoit empêché de réussir en tout ce qu'il avoit entrepris. Quelque grande que fut sa lecture, & quelque longue que fut l'habitude qu'il

1 ¶ Jacobus Julianus surnommé Antiquarius, de Pérouse, & non pas de Boulogne, comme Politien chap. 47. de ses Mélanges l'a cru, dit dans une de ses Epitres, qui est la 20. du livre 1. que Lancinus Curtius mourut l'an 1511.

2 ¶ Imprimées in-4°. en 20. livres l'an 1521. à Milan, dont on peut dire :
*Nulla in tam magno est corpore mica salis.*
3 Jul. Cæs. Scaliger Hypercritic. seu lib. 6. Poëtic. pag. 797.
4 Paul. Jov. Elog. num. 60.

POETES MODERNES. 293

pouvoit avoir avec les bons Auteurs, elle ne lui avoit servi de rien  Lanciaus Curtius; pour se former un style raisonnable. Celui qu'il a employé, soit dans ses Silves; soit dans ses Epigrammes, est toujours dur & fort obscur. Il a préféré la gloire de paroître docte & grand Lecteur, à la qualité de véritable Poëte & d'Ecrivain poli.

Ses Silves sont de vraies Forêts, où l'on voit beaucoup de bois inutile, & par conséquent beaucoup d'embarras & beaucoup d'obscurité, sans parler des épines & des ronces qui empêchent un Lecteur timide & délicat d'y entrer & de les pénétrer.

Ses Epigrammes ne laissent pas de contenir quelquefois des plaisanteries assés agréables, qui portent le Lecteur à rire lors même qu'il se trouve choqué de la dureté de l'expression.

Mais il se plaisoit particuliérement à faire de ces vers qu'on appelle *Serpentins* (1), qui commencent & finissent par le même mot ou par la même phrase (2); il en faisoit de *Retrogrades* ou *Cancrins*, qui se rapportent à l'*Anastrophe* des Rhétoriciens, comme la première espéce se réduit à leur *Epanalepse*. Enfin il se faisoit une occupation fort sérieuse d'en faire de *quarrés* & de *cubiques*, que je ne saurois mieux expliquer qu'en empruntant les termes du Blason, & en disant qu'un vers héxamétre cube ou quarré ne doit contenir que six mots, & fait néanmoins six vers en *pal* & six vers en *fasce*, dont les plus admirables sont ceux qui sont non seulement retrogrades ou qui sont encore six vers en reprenant les six mots de gauche à droit, mais qui font encore un double vers en *sautoir*, soit en montant du troisiéme quartier au second, & du quatriéme au premier, soit en descendant en *bande* du premier au quatriéme, & en *barre* du second au troisiéme quartier du vers quarré.

On pourroit appeller ces sortes d'Ouvrages *la question ou la torture de l'esprit*. Ceux qui s'y sont appliqués les premiers, ont été trompés lorsqu'ils ont vû que le Public avoit reconnu si mal leurs travaux, & qu'il s'étoit contenté de rire de ces efforts si extraordinaires, & de se divertir de leurs sueurs & de leurs veilles. C'est ce qui devoit rendre sages ceux qui sont venus depuis, & qui pouvoit leur apprendre qu'il est fort inutile de se tuer pour faire rire les autres, & acquerir à la fin une réputation de ridicule.

\* *Lancini Curtii Poëmata* in-fol. *Mediol.* 1521.\*

1 *Anguinei*.
2 On peut voir des éxemples de toutes ces especes de vers extraordinaires dans l'Encyclopédie d'Alstedius tom. 1. l. 10. de Poët. sect. 4. cap. 5. num. 10. pag. 550. num. 22. pag. 552. col. 1. num. 54. pag. 563. col. 1.

O o iij

## POLITIEN,

(*Angelus Baffus* (1) né l'an 1454. à Monte-Pulciano en Toscane, d'où lui est venu son nom de Politianus, Précepteur des Princes de Medicis, Chanoine de Florence, mort l'an 1494. âgé de 40. ans Poëte Grec, Latin, & Italien.

1227 J'Ai déja rapporté ailleurs ce que les Savans ont pensé des Ouvrages de ce Critique, & des Traductions de ce célébre Auteur. Et ceux qui auroient la curiosité de voir un Recueil fort ample de divers Eloges qui semblent lui donner la principauté sur les beaux esprits & les hommes doctes de son siécle, le trouveront dans les grosses & savantes compilations de Barthius, où il occupe entiérement le cinquiéme chapitre du quarante-septiéme livre. (2)

Cet Auteur ne s'est pas contenté de bien établir la réputation de Politien en cet endroit, & de l'y défendre contre diverses accusations qu'on a formées de tems en tems contre lui. Il a fait voir encore ailleurs quel étoit son mérite (3) & les avantages qu'il avoit sur les autres dans la Poësie. Il ne fait point difficulté de dire qu'il avoit atteint au point de la perfection des Ecrivains de l'ancienne Rome dans ses Vers Latins, & qu'il avoit fort approché des meilleurs Auteurs d'Athènes dans ses Grecs. Il ajoute que Politien a passé de fort loin dans ses Vers Italiens les Poëtes du pays qui n'avoient point d'autre occupation que celle-là, & qui n'étoient point partagés comme lui.

---

1 ¶ Depuis la remarque ci-dessus faite art. 515. où j'ai dit que le nom de famille de Politien étoit *Cini* & non pas *Baffi*, j'ai reconnu avec d'habiles Italiens, que le mot *Cini* étoit corrompu de celui d'*Ambrogini*, en ce que le même Politien qui l'an 1492. le 1 de Septembre, Indiction XI. en qualité d'un des quatorze témoins du testament de Jean Pic de la Mirande, y signa le second en ces termes : *Ego Angelus Politianus filius Domini Benedicti de Cinis*, *Decretorum Doctor & Canonicus Florentinus &c.* huit ans auparavant dans un acte du 23 Décembre 1485. n'étant pas encore Chanoine de la Cathédrale de Florence, est dénommé D. *Angelus, filius egregii Doctoris D. Benedicti de Ambroginis de Monte Pulitiano, Prior sæcularis & Collegiatæ Ecclesiæ Sancti Pauli Florentini &c.* Par où l'on voit que d'*Ambrogini*, en retranchant les deux premiéres syllabes, on a d'abord fait *Gini* & qu'en suite par le changement du G. en C. familier aux Florentins pour les noms de famille, on a de *Gini* fait *Cini*. Voyés le Crescimbeni pag. 395. 396. 397. du Commentaire sur l'Histoire *della volgar poesia* vol. 1. §

2 Gaspar Barthius Adversarior. lib. 47. cap. 5. col. 1193. & seq.

3 Idem in eodem opere lib. 19. cap. 17. col. 1055. & seq. où il donne une Version en Vers Latins de dix Epigrammes Grecques de Politien.

# POETES MODERNES.

Louis Vivès dit en général de ses Muses, c'est-à-dire de ses Poësies dans les trois langues que nous venons de marquer (1), qu'elles sont également agréables, remplies de mille beautés, pleines de charmes, accompagnées d'une douceur continuelle, & qu'on y trouve par tout le bon goût soutenu d'un sel qui n'a rien de trop acre.

C'est ce qui lui a fait donner par ses admirateurs la qualité de Poëte divin, comme a fait Paul Jove (2), & qui d'un autre côté l'a rendu l'objet de la médisance de ses envieux, parmi lesquels Joseph Scaliger comptoit sans doute Marulle (3) qui croyoit pouvoir impunément se mocquer de Politien, qui non seulement étoit fort au dessus de lui, mais qui ne trouvoit même personne à qui il fut obligé de céder le rang de préséance. (4)

Mr Borrichius témoigne qu'il n'y a point de genre de Poësie dans lequel il ne réussit fort bien, comme dans le Lyrique, l'Elégiaque, & sur tout dans l'Epique. Il ajoute (5) que ses Epigrammes sont aussi fort travaillées & fort polies pour la plupart; car il y en a de moindre prix selon Scaliger (6): mais qu'on y trouve néanmoins plus de fureur Poëtique que d'Art; plus d'esprit que de jugement, ce qui ne regarde pas moins les autres Poësies de Politien que celles-ci, selon la pensée même du Giraldi que Mr Borrichius a suivie.

Mr Konig témoigne faire tant de cas de ses Vers Grecs (7), qu'il ne les juge pas inférieurs à tout ce que l'Antiquité a produit de plus

---

1 Johan. Ludov. Vives lib. 3. de tradend. Disciplin. & apud Barth. col. 2194.
¶ Les jugemens de Vivès touchant les poësies de Politien, se bornent uniquement aux Latines.

2 Paul. Jov. l. 1. de vita Leonis X. Papæ. Quoique cet Auteur ne lui soit pas fort favorable dans ses Eloges, comme nous l'avons déja remarqué ailleurs.
Item G. J. Voss. l. sing. de Poët. L. p. 79.
¶ Ce n'est que par rapport aux Stances Italiennes de Politien, que Paul Jove à qui les hyperboles ne coutent rien, l'a traité de Poëte divin.

3 Joseph Scaliger in Castigation. ad Catulli Carm. & ex eo idem Voss. de Poët. Lat. pag. 79 ut supra.

4 ¶ Il expose fort mal le sens des paroles de Politien. *Marullus*, dit Scaliger sur un endroit de la 67 piéce de Catulle, *ridet Politianum, virum non solum se majorem, sed & nullo nostræ ætatis inferiorem.* Ce qui signifie: *Marulle se moque de Politien, homme non seulement fort au dessous de lui, mais qui n'étoit inférieur à qui que ce soit de nos Savans.*

5 Olaüs Borrichius Dissert. de Poët. pag. 103. & ante illum Lil. Greg. Gyrald. Dial. de Poëtis ævi sui.

6 ¶ Scaliger le pére n'a dit autre chose touchant les Epigrammes Latines de Politien, sinon que chacun pouvoit en faire un choix suivant son gout. *Epigrammata*, dit-il, *sibi quisque examinet.* Jugement, ce me semble peu judicieux, chacun n'étant pas également capable de bien choisir.

7 ¶ Scaliger le fils dit que hors quelques-uns de ces vers en fort petit nombre le reste ne pouvoit passer qu'à la faveur de la grande jeunesse du Poëte. Voici ses termes pag. 51. de sa 1. Epitre. *Poteramus & edere nostra, appositis ætatis annis, ut fecit Politianus in suis Græcis poëmatiis, quæ, præter pauca, digna erant quæ in adolescente potius amaremus quam quæ à seniore Politiano venditarentur.*

**Politien.** délicat dans le même genre, au moins pour ce qui regarde l'élégance & quelques agrémens particuliers. (1)

Et pour ce qui regarde ses Poësies Italiennes, Messieurs du Port Royal nous apprennent que les Stances de huit vers qu'il composa en cette langue vers l'an 1480. sont considerées encore aujourd'hui comme une merveille, & comme les plus belles piéces qu'il ait jamais faites (2). Cependant Jean de la Case Auteur de la Vie du Cardinal Bembe trouve dans ces Poësies de la langue vulgaire trop peu de douceur & trop peu d'élégance pour croire que Politien eût lû les beaux vers de Petrarque (3). Du moins ne s'étoit-il pas assés formé sur cet excellent modéle. Il reconnoît pourtant qu'il étoit le Prince de tous les Poëtes Italiens qui ayent paru depuis Petrarque jusqu'à Bembe. Mais cette Principauté n'étoit pas de difficile acquisition en un siécle où le même Auteur assûre que tous ceux qui ont entrepris de faire des Vers Italiens durant l'espace de ces 150. années n'avoient rien fait que de bas, de trivial, de languissant, rien que de burlesque & de ridicule; en un mot, qu'ils ne méritoient pas le nom d'Auteurs.

Mais avant que de quitter Politien, il faut voir le jugement que Jules Scaliger a fait de la plupart de ses Poësies Latines. Il dit (4) que généralement parlant on peut se persuader qu'il n'y a que le désir de faire paroître son érudition qui a porté Politien à prendre un style propre pour des Silves. C'est ce qui lui a donné assés de rapport & de conformité avec le Poëte Stace. Aussi voit-on qu'il a affecté de montrer par la varieté des choses qu'il traite, combien il avoit de lecture, qu'il n'a consulté que son naturel, à l'impétuosité duquel il n'a jamais apporté beaucoup de résistance, qu'il s'est donné souvent la liberté de sortir de son sujet, & qu'il semble avoir négligé d'observer l'harmonie & la belle cadence qui fait la douceur & la beauté des vers.

Ce Critique prétend que dans la piéce appellée *Nutritia*, c'est-à-dire, le payement ou la récompense des Nourrices, Politien ne s'est soucié d'autre chose que de faire voir qu'il connoissoit ce qu'il y a de plus caché au commun des gens de Lettres; & qu'il avoit non seulement de l'inclination pour Lucain; mais encore de la sympathie avec ce Poëte; mais qu'il lui est fort inférieur aussi-bien qu'à Stace, & qu'il n'approche pas encore de la force & de la beauté de l'expression

---

1 Georg. Math. Konig. in Biblioth. Vet. & Nov. pag. 651.

2 L'Auteur Anon. de la Gram. Italienne pag. 7. de la Préface.

3 Joan. Casa in vita Petri Bembi p. 141. edition. Batesii Angl. in-4.

4 Jul. Cæs. Scalig. Hypercrit. seu lib. 6. Poëtices pag. 802.

pression de l'un & de l'autre.

Il dit la même chose de son *Rustique* jugeant que c'est le même dessein, & que c'est du sang de la même veine. Néanmoins il reconnoît qu'il y a un peu plus de douceur & d'agrément, mais qu'il en a toute l'obligation à sa matiére.

Il avouë que parmi ses Elégies il y en a d'excellentes, fort ingénieuses, bien remplies, nombreuses & justes dans la cadence, fortes dans le sens & nobles dans l'expression ; que celle qu'il a faite sur la mort d'une personne est très-digne d'un homme de sa réputation, & qu'elle vaut mieux que celle qu'Ovide a faite sur la mort de Drusus.

Après avoir parlé à peu près de la sorte des Vers Latins de Politien, il a voulu dire aussi son sentiment sur ceux qu'il a faits en Grec. Il le blâme d'avoir averti le Public qu'il n'étoit encore qu'un enfant lorsqu'il les composa, parce qu'il les juge si excellens qu'il ne croit pas qu'un homme tout fait en puisse faire d'aussi bons en Latin. Quoi que ce jugement de Scaliger le Pere puisse avoir quelque sens véritable, il est bon néanmoins de se souvenir de ce que j'ai rapporté ailleurs de son propre fils touchant la capacité & la qualité de sa Critique sur les Vers Grecs. (1)

\* *Stanze di Messer Angelo Politiano* in:8°. *in Vinegia* 1544. — *Ejusdem Rusticus* in-8°. *Basil.* 1539.\*

1 ¶ L'endroit ci-dessus allégué de l'Epitre 1. de Scaliger le fils fait voir qu'il n'étoit pas d'accord avec son pére touchant l'estime qu'on doit faire des Epigrammes de Politien. Daniel Heinsius en a fort bien jugé dans l'Epitre dédicatoire de son *Peplus*.

## PHILELPHE

Le jeune (*Marius*) d'Ancone fils de François, & d'une fille du célèbre Chryfoloras de Conftantinople, mort fur la fin du 15. fiécle ou vers le commencement du 16. Poëte Latin. (1)

**1228** ON a imprimé les Epigrammes (2) de cet homme en Allemagne, dans lefquelles, comme dans les autres vers on ne trouve prefque point d'autre qualité recommandable qu'une grande facilité. On dit qu'il dictoit une centaine de vers fans

1 ¶ François Philephe ayant épousé à Conftantinople Theodore Chryfolorine fille de Jean Chryfoloras, & petite fille d'Emmanuel l'an 1426. en eut le fils dont il s'agit ici qu'il amena en Italie l'année fuivante avec la mére âgée feulement de 16. ans. Cela paroit par la 2. de fes lettres datée du 11. Octobre 1427. où il dit que ce fils nommé Jean Marie Jaques avoit ce jour là un an 2. mois 17. jours. Il ne fut nommé dans la fuite que Marius Philelphus, né comme on voit à Conftantinople, & non pas à Ancone. Marius avoit de l'efprit, mais aimant le plaifir autant que les Lettres, il n'eut pas autant d'érudition que fon pére, quoi qu'il écrivît en profe & en vers avec plus de facilité encore que lui. Sabellic au Dialogue *de Latinæ Linguæ reparatione*, & après lui Gyraldus au Dialogue 1. des Poëtes de fon tems, difent que cent perfonnes lui propofant chacune par ordre une matiére, il la leur rendoit en vers fur le champ dans le même ordre qu'il l'avoit reçuë, en quoi fa mémoire a retenir ne paroiffoit pas moins admirable que fa facilité à compofer. Baillet qui prétend qu'il ne faifoit que redire dans fon ordre le vers que chacune de ces cent perfonnes lui avoit dicté, & que le tout n'étoit qu'un effet de fa mémoire n'a pas, felon fa coutume entendu le Latin de fon Auteur. *Fuit alioqui*, dit Sabellic parlant de Marius Philelphus, *prompto ingenio, memoriaque capaciffima, quippe qui veftigio ftans uno, centum ordine dictantibus, confeftim cuique fuam, eo quo acceperat ordine, complexam carmine redderet materiam.* Cela eft clair, & Gyraldus, dont je vais rapporter les paroles, ne l'a pas conçu autrement.

*Philelphi filii fuere Marius & Cyrus ex Chryfolorae Græci hominis doctiffimi filia, quorum Marius paratiffimo fuit ingenio, & memoria quadam incredibili, nam ut ipfe ex Cyro fratre audivi, uno pene ftans veftigio, centum per ordinem materiam proponentibus, confeftim cuique, quo propofita fuerat ordine, carmine referebat.* Ce double talent d'un efprit très-vif joint à une merveilleufe mémoire, & le mot *materiam* ne fouffrent pas une autre explication. Gyraldus au refte s'eft trompé lorfqu'il a pris Cyrus pour le frére de Marius. Celui-ci, & Xénophon furent les feuls fils de François Philelphe, & de fa premiére femme Theodore Chryfolorine. Marius mourut en 1480. un an devant fon pére dans la 55. année de fon age, Xénophon dans fa 38. en 1470. Cyrus fils naturel de Xénophon étoit neveu & non pas frére de Marius.

2 ¶ Ce ne font pas des Epigrammes ce font diverfes piéces en Vers Elégiaques, les unes plus, les autres moins longues, mais toutes mauvaifes & très-indignes du foin qu'on a pris à Volfembutel le des imprimer. Je les ai parcourues. La facilité de cet Auteur qu'on a tant vantée, n'étoit qu'une facilité à mal faire. Il ne favoit ni parler ni penfer. Dans 5000. & tant de vers qu'on a imprimés de lui on ne trouve pas un fait curieux touchant les gens de Lettres de fon tems. Il y a feulement une invective groffiére contre George de Trebifonde. J'ai été furpris de fon filence touchant François Philelphe fon pére, dont il n'a pas dit un feul mot, quelque occafion qui fe foit offerte à lui d'en parler. ¶

## POETES MODERNES.

remuer d'une place. Mais pour ne pas tromper le Lecteur il faut dé- Philelphe couvrir l'artifice, & dire que ce n'étoit pas le fruit de la fécondité de son cerveau : mais seulement l'effet d'une mémoire prodigieuse. Car un Auteur Anonyme (1) ne dit pas qu'il composoit ce nombre de vers en cette posture; mais seulement qu'il les recitoit de suite, & dans le même ordre qu'il les avoit oui prononcer une fois.

Son Pere *François Philelphe* (2), qui mourut fort âgé en 1481. s'étoit mêlé aussi de faire des vers, mais sans beaucoup de succès. Ceux que nous avons de lui sont rudes sans doute & mal polis (3), mais ils ne laissent pas d'avoir quelque force (4). Ce sont des *Hecatostiches* compris en dix livres, & chacun contient dix Satires (5); mais Vossius remarque (6) qu'il péche souvent contre la Prosodie.

\* *Franc. Philelphi Satyræ* in-4°. *Mediol.* 1476. — *Philelphi Poëtæ clarissimi Fabulæ* in-4°. *Venet.* 1480.\*

1 Auctor. Dialog. de Ling. Lat. reparat. pag. 401. & ex eo.
G. M. Konigius in Biblioth. Vet. & Nov. pag. 631.
2 ¶ François Philelphe étoit de Tolentin dans la Marche d'Ancone, c'est ce qui a fait croire à Baillet que Marius fils de François étoit d'Ancone.
3 ¶ Il pouvoit ajouter peu Latins. Naudé qui n'étoit pas trop difficile, les méprise extrêmement pag. 224. de son Mascurat.
4 Olaüs Borrichius Dissert. de Poët. Lat. pag. 102.
5 ¶ Chaque Satire est de 100. vers. Ainsi le tout fait 10000. vers. Ces Satires quoique méprisables par leur style, ne laissent pas d'être curieuses. Voyés touchant cet ouvrage ; & quelques autres du même Auteur le 4. volume du Menagiana pag. 54. & 55. Mais prenés garde qu'encore qu'il y soit dit que les cinq premiers livres des Odes de Philelphe n'ont jamais été imprimés qu'à Bresse l'an 1497.in-4°.la vérité est pourtant qu'il s'en trouve une édition in-8°. chés Jean Cranjon à Paris sans date.¶
6 Ger. Joh. Voss. lib. sing. de Poët. Lat. pag. 80. 81.

## Les deux STROZZA

De Ferrare; favoir *Tite* le pere, mort vers le commencement du feiziéme fiécle, & *Hercule* fon fils tué par un rival l'an 1508. Poëtes Latins. (1)

1229  Nous avons leurs Poëfies parmi les *Délices des Poëtes d'Italie* (2) publiées par Gherus ou Gruter. Scaliger témoigne que le fils paroiffoit meilleur Poëte que le pere (3); mais que fes Hymnes ne répondent pas affés bien à la beauté de fon génie. Il ajoute qu'ils fe font appliqués tous deux à fe diftinguer de la populace des Poëtes de ces tems-là qui étoient en fort grand nombre. Mr Borrichius dit (4) que les Elégies du pere font d'un ftyle net & agréable, mais qu'elles font un peu trop tendres & trop amoureufes (5); & qu'on doit porter le même jugement fur ce qu'a fait fon fils Hercule, qui a été encore plus loin que fon pere, felon Paul Jove. (6)

1 ¶ Tite Vefpafien Strozzi, pére d'Hercule Strozzi, vivoit encore en 1502. puifque dans fes Epigrammes il fait fouvent mention de Lucrèce Borgia qu'Alfonfe I. du nom, Duc de Ferrare époufa cette année-là. Hercule fils de Tite mourut l'an 1508. agé tout au moins de 36. ans, Tite étant mort plus qu'octogénaire, puifqu'il avoit 80 ans & fe portoit bien, lorfque de fon plein gré il remit fa Charge de Tribun de Ferrare à Hercule, qui exprime la chofe en ces termes *in Epicedio Patris*:

*Plebis erat noftræ fuprema ætate Tribunus,*
*Cui decus, & folis Ducibus ceffura poteftas,*
*Hæc mihi cum nondum quinta effet Olympias acta*
*Ceffit, ad hoc ævi, fenibus data munera tantum.*
*Non quod onus perferre animo, membrifque nequiret,*
*Cana bis octonis quanquam illi tempora luftris*
*Hoc amor, hoc pietas fuafere, &c.*

Cependant le Cordelier Auguftin Superbi dans fon *Apparato* des Hommes illuftres de Ferrare a donné tout au rebours 74. ans de vie au fils, & 66 feulement au pére. Pour moi je fonde l'age que je donne au fils, fur ce que Domicilla Rangona fa mére mourut de l'aveu de Tite fon mari, *inter Epitaphia*, le 26. Avril 1487. agée de 32. ans après feize ans & demi de mariage, d'où je préfume qu'Hercule Strozzi en ayant alors quinze ou quinze & demi, en avoit par conféquent du moins 36. lorfque, comme tout le monde en convient, il mourut l'an 1508.

2 ¶ Le Recueil intitulé *Italorum Poëtarum Deliciæ*, ne contient pas toutes les Poëfies des deux Strozzi, telles qu'on les trouve dans l'édition d'Alde Manuce à Venife, ou de Simon de Colines à Paris, toutes deux in-8°. 1530.

3 Jul. Cæf. Scaliger Hypercrit. feu l. 6. Poëtic. cap. 4. pag 792.

4 Olaus Borrichius Differt. de Poët. Lat. pag. 107.

5 ¶ Elles ne laifferent pas, au rapport de Sabellic, d'avoir place dans la Bibliotèque du Pape; à quoi je penfe, ne contribua pas peu la longue Elégie à l'honneur de Pie II. laquelle eft à la tête du 5. livre des *Erotica* de Tite Strozzi.

6 Paul. Jovius Elogior. num. 52.

## COTTA

(*Jean*) Italien d'auprés de Verone, mort âgé de 28. ans, vers le commencement du 16. siécle. (1)

1230 QUoi qu'on ait perdu la plus grande partie des Poësies de Cotta, il en reste encore assés dans le Recueil des *Délices des Poëtes Italiens*, pour voir que c'étoit un esprit assés inégal. Paul Jove témoigne (2), qu'il s'étoit formé sur les Anciens, ce qui lui avoit été d'autant plus facile qu'il étoit fort bien secouru par une mémoire prodigieuse que la nature lui avoit accordée.

Jules Scaliger dit(3)qu'effectivement il avoit composé ses Epigrammes sur le modéle de celles de Catulle, mais qu'il en avoit voulu exprimer la mollesse avec trop d'affectation, pour ne rien dire de plus fâcheux. Il juge que ses Vers Lyriques sont trop durs, & en même tems trop lâches & trop mous: que ses Elégiaques sont si efféminés qu'on ne peut rien dire ni penser de plus lascif ni de plus pernicieux (4), de sorte qu'on voit assés qu'il a voulu découvrir la corruption de son cœur, & qu'il a voulu gâter les autres, en faisant entrer dans ses vers toutes les graces & les beautés qu'il a tâché de trouver dans son Art.

Le même Critique ajoute, que les Scazons de Cotta ne valent rien, qu'il n'y a rien de plus fade & de plus désagréable, & qu'ils ont été produits en dépit des Muses & d'Apollon.

Cependant Pierius Valerianus n'a point laissé de dire que les Poësies de Jean Cotta ont une élégance & une douceur incomparable, & qu'il y a renfermé les beautés qu'on trouve dans les Ouvrages des Anciens Poëtes. (5)

---

1 ¶ L'an 1509. Il étoit de Legnago sur l'Adige, & je suis persuadé que c'est lui qu'Erasme Epitre 671. nomme par erreur *Pierre Cotta Venitien*.

2 Paul. Jovius Elogior. num. 54.

3 Jul. Cæs. Scalig. Hypercrit. seu lib. 6. Poëtic. pag. 796.

4 ¶ Scaliger parlant de l'Epigramme Elégiaque de ce Poëte à sa Lycoris dit qu'*adeo molle est, ut vel conatum, vel etiam vota supz-rarit*, que la délicatesse en est si grande, qu'on n'a ni la capacité,ni même l'esperance de la pouvoir atraper. On voit que Scaliger bien loin d'avoir rien trouvé de pernicieux dans l'Elégie de Cotta, semble au contraire avoir essayé d'en faire une aussi délicate; à quoi il déclare qu'il n'avoit pu parvenir, & qu'on ne devoit pas même y aspirer.

5 Johan. Pier. Valerian. de infelicitate literator. lib. 1. pag. 70.

## MENA,

Jean de Mena de Cordoüe, premier Poëte Espagnol de notre connoissance, vivant au quinziéme siécle vers la fin.

1231 C'Est à Mena que les Poëtes Espagnols ont l'obligation de leur avoir fendu la glace pour passer à la connoissance de l'Antiquité & des belles Lettres, & pour chercher hors de leur pays de quoi enrichir & embellir leur langue.

Mena avoit si bien imité Dante Aligheri & Petrarque, que s'il n'eût été traversé par la rudesse & la barbarie de son siécle, il auroit été capable de rendre à la Ville de Cordoüe cette ancienne gloire qu'elle possedoit autrefois sous les Empereurs Romains. Mais les choses ayant changé de face au commencement du seiziéme siécle, & la Langue Espagnole étant venuë à se polir, Mena fut négligé & obscurci quand on vit paroître Boscan & Garsi-Laso.

Ses Poësies furent imprimées [ in-8°. ] à Anvers l'an 1552. par les soins de Fernand Nugnez.

Mais je suis surpris non pas de ce qu'André Schott l'a passé, puis qu'il ne parle pas des Auteurs en langue vulgaire, mais de ce que Dom Nicolas Antonio ne l'ait pas mis dans sa Bibliotheque, & qu'il se soit contenté d'en dire un mot dans sa Préface.

Nicol. Anton. præfat. ad Bibl. Script. Hisp. pag. 23.

## RODRIGUEZ COTA,

(*Rodericus Cotta*) Poëte Espagnol surnommé *El Tio*, c'est-à-dire, l'Oncle, pour le distinguer d'un autre du même nom que l'on ne connoît plus, vivant au commencement du 16. siécle. (1)

1231 *bis* C'Est ce Cota que les Critiques font Auteur de la fameuse piéce Espagnole appellée *La Celestine*, qui est une Tragi-comédie de Calliste & de Melibée. Gaspard Barthius Allemand,

1 ¶ On doit le croire plus ancien, puisqu'on doute qui de Jean de Mena ou de lui est Auteur de la Célestine. piéce constamment du 15. siécle Elle étoit déja fort connuë en France du tems de Marot qui a dit dans son 2. Coc-à-l'ane :

mais grand amateur des Livres Espagnols, a traduit cet Ouvrage en Latin, & l'a publié sous le titre énergique de *Pornoboseo-didascale*. Ce Traducteur que nous avons déja dépeint ailleurs, comme un Critique plein de tendresse & de bonne opinion pour les Auteurs sur lesquels il a travaillé, ne fait point difficulté de dire (2) que cet Ouvrage Espagnol est un Livre tout-à-fait *Divin*. C'est une espece de jeu comique, rempli de Sentences, d'avis moraux, d'éxemples & de figures très-propres pour instruire le Lecteur, & ce qu'il y a de remarquable, c'est que la Langue Espagnole a un avantage tout particulier sur les autres pour les Ouvrages de Morale, & celui-ci est un des mieux écrits en cette Langue au jugement du même Auteur, qui dans une Dissertation & dans un petit Commentaire qu'il y a fait, s'étend fort au long sur les avantages que la lecture de cette piéce peut produire à ceux qui voudront régler la conduite de leur vie.

Il dit que tout y contribuë merveilleusement à faire produire ces bons effets; que le style de la piéce est bien travaillé, poli, éxact, nombreux, grave & majestueux; qu'on y remarque une habileté & une prudence toute particuliére à bien garder les caractéres & les mœurs de ses personnages; & que si on l'en veut croire, nous n'avons rien dans ce que les Grecs & les Latins nous ont laissé qui en approche; de sorte que les Espagnols ont grande raison de compter cet Ouvrage parmi les meilleures productions de leur pays.

Voilà quel est le jugement de Barthius, qui malgré toute la solidité qu'il pourroit avoir, ne doit pas nous empêcher de nous tenir

Rod. Cota.

Or ça le livre de Flammette,
*Formosum Pastor*, Célestine,
Tout cela est bonne doctrine,
Et n'y a rien de défendu.

Où l'on voit qu'il parle de la *Célestine* comme d'un ouvrage aussi commun parmi les gens du monde que le *Formosum pastor* de Virgile, & la Flammette de Bocace. Agrippa en donne la même idée chap. 64. *de vanitate Scient.* où il fait cette énumération de quelques livres dont la lecture pouvoit être dangereuse, *Lancellois*, par éxemple, *Tristanni* ( c'est ainsi qu'il faut lire ) *Eurealis* ( il devoit dire *Euryali* ) *Pelegrini*, *Calisti & similium.* Endroit qui paroit copié d'après Vivès livre 1. de sa femme Chrétienne. *Lancellois* dans Agrippa, c'est le Roman de Lancelot du Lac. *Tristanni*, c'est celui de Tristan de Léonnois. *Eurealis*, ou plutot *Euryali* c'est l'Historiette d'Euryale & de Lucrèce par Æneas Sylvius. *Pelegrini*, c'est le livre Italien contenant les voyages de Jaques Cariero de Parme pour la belle Genèvre dont il étoit amoureux, ce qui a donné lieu à l'Auteur d'intituler son livre *il Peregrino* dont j'ai vu une vieille version sous le nom du *Peregrin*. Enfin *Calisti* désigne la Célestine, parce que *Calisto* amant de Melibea est le principal acteur de la Comédie Espagnole intitulée *Celestina*.

2 Gaspar Barthius Dissert. & comment. in Tragicomœd. *Porno-Bosco Did*.
Et ex eo Nicol. Antonius tom. 2. Biblioth. Hispan. pag. 112. 113.

dans des précautions suffisantes pour la lecture de la Célestine.

On en a fait une Traduction Françoise imprimée plus d'une fois. Elle est de Jacques de Lavardin du Plessis Bourrot [in-8°. Paris 1578.] mais elle ne contribuë pas beaucoup à conserver en nous la haute idée que Barthius a voulu nous donner de cet Ouvrage [ dans le livre qui a pour titre *Porno-bosco-didascalus, seu Celestina Latine cum Comm. per Gasp. Barthium* in-8°. *Francof.* 1624. ]

---

## HERMIGO (1) GAJADO,

qu'Erasme appelle *Henry* Portugais, Poëte Latin, vivant en Italie, depuis 1495. jusqu'en 1501. (2)

1232 Les Eglogues, les Silves & les Epigrammes Latines de cet Auteur ont été imprimées à Boulogne la grasse in-4°. où elles parurent dès l'an 1501.

Erasme juge qu'il a été heureux dans ses Epigrammes (3), & Beroalde l'aîné témoigne que ses vers font voir que Cajado avoit du génie, qu'ils ont de l'élégance, des ornemens recherchés, de l'agrément & du sel; que ses expressions sont véritablement Latines, ses pensées tout-à-fait Poétiques, & sa Versification éxacte & polie; enfin que ses Epigrammes sont fort réguliéres, qu'elles ont une fin heureuse, & que la pointe y est également juste & ingénieuse. (4)

Pour achever le jugement ou plutôt l'éloge de ce Poëte, il faut ajoûter que le Pape Alexandre VII. en a fait donner à Dom Nico-

---

1 ¶ Gyraldus Dialog. 2. des Poëtes de son tems dit, parlant de cet *Hermicus* qu'on l'appelloit en Portugal *Hericus*. Erasme au proverbe *angina vinaria*, & dans son Cicéronien, les deux seuls endroits où il ait parlé de ce Portugais, ne l'a point nommé autrement qu'*Hermicus*. C'est Udalric Zasius Jurisconsulte Alemand qui dans une lettre du 18. Décembre 1504. imprimée au devant des *Sermones convivales* de Conrad Peutinger, au lieu d'*Hermicus Caiadus*, a dit *Henricus Caiadus*. Il y auroit plus de vraisemblance à croire qu'*Hermigo* viendroit d'*Hemerigo* par corruption d'*Emericus*. Mais il est inutile d'user de conjecture, l'Auteur n'ayant jamais varié sur l'orthographe d'*Hermicus*.

2 ¶ Il mourut à Rome l'an 1508. à force de boire, & voici comment. C'étoit un gros homme fort replet, & par là pouffif. Etant tombé malade, un Anglois de ses amis nommé Christophle Fischer l'alla voir, & lui dit : veux tu sans t'amuser aux ordonnances de tes Médecins, te guérir par un reméde sûr ? Prens moi de bon vin. Et dans le moment lui ayant fait venir du Vin Corse de quatre ans, le bon Hermicus en but tant qu'il acheva d'en perdre la respiration & en mourut. De la maniére dont Erasme au proverbe cité conte la chose il semble parler *de visu*, & comme il étoit à Rome en 1508. j'ai daté par cette raison la mort d'Hermicus de cette année-là.

3 Erasmus in Dialogo Ciceroniano & ex eo Nic. Ant. &c.

4 Phil. Beroald. resp. ad Lud. Teixeiran apud eumdem.

las Antonio un témoignage favorable par le favant & le vertueux Cardinal Bona, & que c'eſt à ce Souverain Pontife que l'on a l'obligation de le voir inferé dans la Bibliothèque des Ecrivains d'Eſpagne. (1)

1 Nicol. Anton. tom. 1. Biblioth. Hiſpan. Script. pag. 432. 433.

## MUTIO AURELLI,

(*Johan. Mutius Aurelius* (1) de Mantouë, Poëte Latin, vivant au commencement du 16. ſiécle.

1233   Es Poëſies de cet Auteur ont été imprimées dans le Recueil des *Délices des Poëtes Latins d'Italie*. Jules Scaliger louë cet homme de l'éxactitude qu'il a apportée dans la ſtructure de ſes vers(2). Il dit qu'il a obſervé avec le dernier ſcrupule toutes les regles de la meſure & de la cadence, qu'il a eu un ſoin particulier de bien choiſir les mots & de les placer fort à propos; qu'il s'eſt appliqué à limer ſon diſcours & ſes penſées & celles des autres, auſquelles il donne un tour ſi naturel qu'on les prendroit aiſément pour les ſiennes. Il ajoute que Mutius a mis en uſage toutes les mignardiſes & les afféteries de Catulle, & qu'il a même un avantage conſidérable ſur cet Ancien, qui eſt celui de n'avoir rien de groſſier ni de ruſtique comme lui, & d'être par conſéquent plus moderé, plus diſcret & plus compoſé que lui.

1 ¶ Il ſe nommoit *Arellius*, ſelon Gyraldus, à qui étant fort jeune il lut ſon Hymne héroïque de S. Jean Baptiſte, quelques Elégies & quelques Epigrammes. Pierius au Dialogue 1. *de Literat. infelic.* le nomme *Arelins*, & dit que peu de tems après avoir été fait Gouverneur d'une place par Leon X. il fut trouvé mort avec ſa mule au fonds d'un puits; ce qui arriva, comme on l'apprend de Gyraldus, parce que les Habitans que ce Gouverneur opprimoit, pour ſe tirer de ſes vexations le tuérent.¶

2 Jul. Cæſ. Scalig. Hypercrit. ſeu l. 6. Poët. cap. 4. pag. 792.

## GABRIEL ALTILE', (1)

Ou *Altilius*, natif de la Lucanie aujourd'hui la Basilicate, Evêque de Buxente, aujourd'hui Policastro, dans la Principauté ulterieure (2) au Royaume de Naples, sur la fin du 15. siécle & le commencement du suivant, mort âgé de plus de 60. ans.

1234 PAul Jove dit que cet Altilius étoit délicat, tendre & admirable dans ses Elégies, & qu'il a excellé dans les vers héroïques (3) comme il l'a fait voir dans l'Epithalame d'Isabelle d'Arragon.

Jules Scaliger témoigne aussi (4) que cet Epithalame est très-bon; mais qu'il auroit été encore meilleur s'il eut eu la force de se modérer lui-même, mais que l'indiscrétion qu'il a euë de vouloir dire tout ce qu'il savoit, & de vouloir épuiser son sujet, fatigue & rebute son Lecteur.

Pontanus & Sannazar jugeoient si avantageusement de ses vers qu'ils ne le croyoient point inférieur aux meilleurs Poëtes de l'Antiquité, comme le rapporte Paul Jove, qui ajoute plaisamment qu'on n'auroit pas dû pardonner à Altilius l'ingratitude avec laquelle il avoit quitté les Muses & la Poësie, après qu'on l'eût fait Evêque, s'il n'eût apporté pour prétexte qu'il vouloit se mettre à l'étude de l'Ecriture Sainte. Les Poësies d'Altilius sont au premier tome des *Délices des Poëtes d'Italie*. (5)

---

1 ¶ On ne doit non plus dire d'*Altilius Altilé*, que de *Virgilius* Virgilé.

2 ¶ C'est dans la citérieure.

3 Paul. Jovius Elog. 125. pag. 168. edit. in-8°. Basil.

4 Jul. Cæs. Scaliger Hypercritic. seu l. 6. Poët. pag. 798.

5 ¶ Bayle au mot *Altilius* a remarqué (lettre E) que le Commentateur anonyme de Sannazar, (c'est Jean Brouxusius) avoit pag. 185. &c. de son Commentaire, fait présent au public de trois ou quatre piéces anecdotes d'Altilius: mais s'il avoit sû que ces prétendues piéces anecdotes avoient paru dès l'an 1555. à la suite des Poësies de Basilius Zanchius imprimées à Bâle in-8°. chés Oporin, n'auroit-il pas eu sujet de dire que ce Commentateur ou s'étoit trompé, ou avoit voulu tromper.

## CONRAD CELTES PROTUCIUS,

Allemand, Poëte Latin, natif de Swinfurt sur le Mein, près de Virtzbourg en Franconie, premier Bibliothequaire des Empereurs d'Allemagne, le premier des Poëtes du Pays qui furent couronnés, ou qui reçurent le Laurier Poëtique de la main de l'Empereur. Ce fut Frederic III. qui fit cet honneur à Celtes, à la follicitation de Frederic Duc de Saxe. Celtes avoit alors 32. ans. Il étoit né l'an 1459. le premier de Février. Il mourut l'an 1505. felon l'opinion commune (1); mais l'an 1508. le quatriéme jour de Fevrier, felon Lambecius.

1235 Pour bien juger du mérite de Celtes dont les Poëfies furent imprimées en 1502. in-4°. à Nuremberg & ailleurs depuis ce tems-là (2), il faut confidérer l'état de fon fiécle & celui de fon Pays, dans lequel il peut paffer pour un des reftaurateurs des belles Lettres, & particuliérement de la Poëfie. Sur ce pied on conviendra aifément qu'il n'étoit pas entiérement indigne

---

1 ¶ L'opinion commune au contraire eft qu'il mourut en 1508. Car c'eft celle de Fichard, fuivie par Melchior Adam & depuis par Lambecius. C'eft même celle de Voffius puifque convenant que Celtes né en Février 1459. mourut en Février à l'âge de 49. ans complets, il s'enfuit néceffairement que Celtes mourut en 1508. & qu'il y a par conféquent erreur de chiffre dans Voffius.

1 ¶ Il s'eft mal expliqué. Les Poëfies de Conradus Celtès imprimées à Nuremberg l'an 1502. in 4. ne l'ont pas été depuis. Celles qui parurent du même Poëte l'an 1513. à Strafbourg auffi in-4. font très-différentes. Ce font toutes piéces Lyriques, au lieu que celles de l'édition de Nuremberg font toutes Elégiaques. Elles contiennent quatre livres de fes amours pour quatre maitreffes qu'il eut, Hafiline, Elfule, Urfule & Barbe. Il quitte au 2. livre Hafiline, de laquelle il n'avoit pas lieu d'être content l'ayant furprife jufqu'à deux fois en flagrant délit. Il ne fut pas plus heureux avec Elfule, témoin l'Elégie 6. du 2. l. de laquelle il n'y a qu'à lire l'argument. Les Elégies fuivantes font des reproches continuels à cette Elfule de fes débauches. Le 3. livre a pour fujet les amours d'Urfule, des infidélités de laquelle il fe plaint en plus d'un endroit. Il en parle comme d'une jeune fille, belle à ravir, qui n'avoit que 19. ans. Elle mourut de pefte. Il en fut extrémement touché. On en peut juger par la 14. & derniére Elégie du 3. l. Le 4. eft employé à chanter fes amours avec Barbe, un peu biberone, & jaloufe jufqu'à l'emportement. Tout cela eft décrit avec beaucoup de naïveté ou plutot de groffiéreté. Il fe laiffe quelquefois échaper certaines boutades qui auroient peine à paffer aux payis mêmes qui ne font pas d'Inquifition. Tel eft un endroit de l'Elégie 6. Il y en a un trèscauftique contre la France, au fujet de Marguerite d'Autriche renvoyée à Maximilien fon pére, après avoir été fiancée à Charles fils de Louis 11. Le volume imprimé à Strafbourg contient 4. livres d'Odes, un d'Epodes, & un *Carmen feculare* Sapphique. L'Ode 9 du 3. livre fait l'éloge de l'Alemand inventeur de l'Imprimerie. On a inféré quelques-unes des piéces de Celtès dans le 2. volume de la Collection intitulée *Deliciæ Poëtarum Germanorum*, mais en fi petit nombre, qu'elles ne font pas la huitiéme partie des Poëfies de cet Auteur.

des honneurs qu'il a reçus de ses Princes & de ses compatriotes. Après Rodolphe Agricola, il y avoit peu de Savans en Allemagne, auſquels il ne pût diſputer le rang de préſéance : mais il faut convenir que ce grand Pays a produit dans la ſuite des Poëtes plus habiles & plus ſages que lui. (1)

1 De Honorib. Celtæ redditis vid. præcipuè Petr. Lambecius Commentar. de Biblioth. Cæſar. Vindebon. lib. 1. num. 34. 35. pag. 31. 32.

Vid. & Voſſ. de Hiſt. Lat. lib. 3. cap. 10. pag. 641. ubi mortuus Celtes dicitur anno 1505. pridie Non. Febr.

## PIERRE CRINITUS

De Florence, mort vers l'an 1505. (1) en la fleur de ſon âge, d'un ſaiſiſſement qu'il eut d'une taſſe d'eau fraiche, qu'un de ſes Ecoliers lui avoit jetté à la tête au ſortir de table, croyant ſe divertir avec lui, ſelon Paul Jove ( *Elog.* 55. )

Il s'appelloit PIETRO RICCI dans ſon Pays, & il n'avoit pas 40. ans quand il mourut.

1236    Crinitus s'eſt éxercé dans divers genres de Poëſie. Ses vers ont été imprimés au premier tome des Délices des Poëtes Latins d'Italie. Le Giraldi témoigne (2) qu'ils ne ſont pas entiérement à rejetter, mais qu'ils ne valent pourtant pas mieux que ſa proſe. On retrouve dans ſes vers le même génie & les mêmes qualités d'eſprit que dans ſes autres compoſitions, beaucoup d'oſtentation, & de riches promeſſes, conçuës en des expreſſions ſouvent magnifiques, mais toujours enflées, qui ne produiſent que du vent ou de la bagatelle. Mr Borrichius ſemble dire néanmoins (3) que ce jugement du Giraldi eſt un peu trop ſévére, & qu'il auroit pû ſe contenter de nous perſuader que les Poëſies de Crinitus ne ſont pas au goût de tout le Monde.

\* *Petrus Crinitus de honeſta diſciplina, de Poëtis Latinis, & ejuſdem Poëmata* in-4°. *Baſil.* 1532. \*

1 ¶ La dédicace de ſes Vies des Poëtes étant datée du 1. Novembre 1505. il y a grande apparence qu'il n'eſt mort que l'année ſuivante. §

2 Lil. Gregor. Gyrald. Dialog. 1. de Poëtis ævi ſui, & ex eo Ger. Joh. Voſſ. de Hiſtor. Latin. cap. 12. pag. 673. lib. 3.

3 Olaüs Borrichius Diſſertation. de Poët. Latin. pag. 97.

## JEAN JOVIEN PONTANUS.

( *Gio Gioviano Pontano* ) natif de la Terre de Corretto (1) dans l'Ombrie, autrefois *Ceres* & *Ceretum*, habitant de Naples dès sa premiére jeunesse, mort l'an 1505. selon Vossius (2) & les autres, à l'âge de 78. ans, ou plutôt l'an 1503. à l'âge de 82. ans sur la foi de son Epitaphe.

1237  CEt homme excelloit dans plus d'une sorte de connoissances, & il ne s'est pas borné à un seul genre d'écrire. J'ai rapporté ailleurs ce que quelques Critiques ont pensé de quelques-uns de ses Ouvrages en prose, & je dirai ici en peu de mots ce qu'on a remarqué de plus important sur ses Vers, qui composent ordinairement le quatriéme tome de ses Oeuvres, [ *in-*8°. à Bâle 1556.] contenant son *Uranie* ; ses *Météores* , ses *Jardins des Hesperides* , ses *Eglogues* , ses *Epigrammes* , ses *Baies* , son *Eridan* , ses *Amours* , ses *Tombeaux* , ses *Vers funébres* , &c.

C'est un sentiment assés commun (3) que Pontanus a mieux réussi dans ses vers que dans sa prose, du moins ne peut-on pas nier qu'ils ne soient plus travaillés & plus polis , comme le dit Paul Jove.

Si l'on en vouloit croire le Gaddi , il n'y auroit pas de genre de Poësie dans lequel il n'eût surpassé les Anciens , & il auroit pû traiter les Maîtres & les Peres même qui ont donné la naissance à ce bel Art , comme Jupiter a traité Saturne (4) , c'est-à-dire détrôner tous les autres & regner seul. Il prétend qu'il passe souvent Catulle dans ses Hendécasyllabes ; qu'il a effacé tous ceux qui ont fait des piéces funébres par les siennes, qu'il y a peu de Poëtes à qui il devoit céder le pas pour ses Elégies , pour ses Jardins des Hespérides , & son Uranie , où il fait une alliance assés ingénieuse de l'Astrologie & de la Philosophie.

---

1 ¶ L'Auteur apparemment avoit écrit *Cerretto*. L'usage est pour *Cereto*. Les Pontans tiroient leur nom de *Ponte* bourg voisin de *Cereto*.

2 ¶ Je ne doute nullement qu'ici encore , comme ci-dessus à l'article de Celtès , il n'y ait faute au chiffre dans Vossius , parce qu'ayant remarqué , après Paul Jove , que Pontan étoit mort au même mois qu'Alexandre VI. savoir au mois d'Aout , il a vraisemblablement voulu donner à entendre qu'il étoit mort la même année savoir l'an 1503. sans quoi la remarque du mois seroit extrêmement frivole.

3 Paul Jovius Elogior. numer. 47.

4 Jacob. Gaddius tom. 2. de Scriptorib. Non-Ecclesiast. pag. 164. 165. & sequentib. apud Leon. Nicod. in Addit. ad Nicol. Topp.

**Pontanus.** Mais quelque grand flateur que paroisse ce Critique, il n'a point laissé de reconnoître que Pontanus n'avoit passé personne dans le genre Lyrique, & c'est presque vouloir nous laisser croire qu'il n'y a pas fort bien réussi. Et pour ce qui regarde les Hendécasyllabes, Floridus Sabinus a jugé (1) que c'étoit faire encore beaucoup d'honneur à Pontanus de lui laisser prendre le rang d'après Catulle sur le Parnasse.

La modération de ce sentiment est d'autant plus remarquable que Sabinus étoit un de ces zélés admirateurs de Pontanus, qui tâchoient de le rendre égal aux plus grands hommes de l'Antiquité. Et l'on doit encore estimer la violence qu'il s'est faite pour excepter Virgile de ce nombre, & pour vouloir reconnoître que Pontanus a tâché de se former sur ce modéle, aspirant à la perfection du genre héroïque. Il dit qu'il n'y a rien dans la majesté, la mesure, la cadence, l'ingénuité, la douceur, la force, la gravité, l'élévation, la clarté, l'agrément & les autres qualités ou ornemens du vers héroïque dans Virgile, qu'il n'ait observé fort éxactement, & qu'il ne se soit rendu comme propre & naturel (2).

Le Giraldi parlant des Poëtes de son siécle, dit (3) qu'il a coutume de comparer notre Pontanus avec tous ceux de l'Antiquité; mais que ce Paralléle, qui ne mérite pourtant pas ce nom à cause de son inégalité, ne sert presque qu'à lui faire voir la différence qui se trouve entre le Poëte moderne & ceux d'entre ces Anciens principalement, qui sont au dessus de toute comparaison. Il prétend que Pontanus se donne trop de liberté, qu'il n'a point assés de fermeté ni d'uniformité, & qu'il n'est pas même toujours fort régulier, soit parce qu'il n'a pas crû devoir s'assujettir à des régles qu'il ne jugeoit pas bien établies, soit parce qu'étant Sécrétaire d'Etat sous le Roi Ferdinand, & Président de la Chambre Royale ou de la Cour Souveraine de Naples, les affaires publiques lui ôtoient le loisir qu'il auroit souhaité donner aux Muses. Mais ces obstacles n'ont pû empêcher néanmoins qu'il ne devînt le plus docte, & le plus accompli des Poëtes de son siécle, selon le même Giraldi, & qu'il ne passât même Politien en élégance, en beauté & en politesse. C'a été aussi le sentiment de Mr Borrichius (4), & le Sieur Lionardo Nicodemo qui a fait les

---

1 Francisc. Florid. Sabin. Apolog. adverf. calumniat. L. L.

2 Gerard. Joh. Vossius lib. singul. de Poëtis Latin. pag. 78. 79. ex cod. Flor. Sabine.

3 Lil. Gregor. Gyrald. Dialog. 1. de Poëtis sui ævi pag. 383. 384. &c.

4 Olaüs Borrichius Differtation. de Poët. Latin. pag. 103. 104.

additions à la Bibliothéque Napolitaine du Toppi, prétend (1) que Pontanus est à l'égard de Politien ce qu'Entellus avoit paru à l'égard de Dares.

Jules Scaliger reconnoît (2) que les Poësies de Pontanus ont du nerf, de l'harmonie, du naturel, & de la beauté (3); & que toutes ces qualités jointes ensemble, ont bien été capables de former le corps de ses vers, mais qu'elles n'ont pû leur donner l'ame qui consiste dans la belle médiocrité, & dans le juste tempérament qui est nécessaire à toutes choses. Il a fait, dit-il, le contraire de ce qu'on raconte de Virgile, qui avoit coutume de produire un grand nombre de vers le matin que son esprit étoit plus libre, plus tranquile, & en même tems plus échauffé, & qui les réformoit l'après midi par des retranchemens qui réduisoient souvent ces productions du matin à la dixiéme partie de ce qu'elles étoient.

Au lieu que Pontanus jettoit sur le papier tout ce que son imagination lui fournissoit d'abord, & qu'en les relisant il avoit coutume d'y ajouter toujours quelque chose & d'y inserer de nouveaux vers. Ainsi il semble avoir eu pour ses vers plus de respect & de retenuë que pour sa propre réputation, à laquelle il a fait une bréche considérable pour n'avoir osé toucher à ceux-là. C'est ce qui l'a rendu trop diffus, & trop enflé dans les endroits même où l'on trouve des agrémens.

Mais il y a un défaut dans les Poësies de Pontanus, qui est encore plus considérable que ceux que nous venons de marquer. C'est celui de l'honnêteté & de la pudeur, qu'il n'a point fait difficulté de violer en divers endroits par des expressions lascives, & par des obscénités. C'est ce qu'Erasme a remarqué principalement dans ses Epigrammes (4), ajoutant avec raison que cela en diminuë beaucoup le prix.

---

1 Leonard. Nicodem. add. ad Bibliothec. Neapolitan. Nic. Topp. in *Gioviano*.
¶ Léonard Nicodème n'a fait en cela que copier mot à mot Gyraldus.

2 Jul. Cæf. Scaliger Hypercritic. seu lib. 6. Poëtices cap. 807.

3 ¶ Ces deux mots *candorem & venustatem* qu'il rend par *du naturel & de la beauté*, devoient être rendus par *de la netteté*, & de *l'agrément*. Pontan n'avoit pas beaucoup de naturel pour la Poësie. Raphaël Volaterran qui l'avoit connu en rend ce témoignage, & le compare à Silius Italicus, plus Poëte par nature que par art ; ajoutant qu'il étoit néanmoins parvenu en imitant les anciens à mettre dans ses vers une politesse qu'aucun de ses contemporains n'aveit égalée.

4 Erasm. in Dialogo Ciceroniano pag. 204.

## ACCIUS

Poëte Moderne, vivant au commencement du seiziéme siécle, selon Jules Scaliger (1).

1238 ON attribuoit à cet Auteur une Paraphrase des Fables d'Esope en vers Elégiaques. Jules Scaliger dit (2) que c'est un Poëte tout-à-fait éxact & fort harmonieux. Il ajoute que ses Maîtres avoient remarqué qu'il n'avoit jamais fait une *Ecthlipse*, c'est-à-dire, un élision de l'*m* dans tous ses vers, mais que pour lui il en avoit pourtant trouvé une ou deux (3). *Mais voici*, dit ce Critique, *le jugement que je fais de cet Auteur. Il a si bien dit ce qu'il a voulu dire que je n'aurois pas pû mieux faire* MOI-MESME. *C'est pourquoi les Poëtes novices doivent l'étudier & l'apprendre, non seulement à cause de l'utilité des fables, mais encore pour la netteté & la pureté des vers. Il ne faut pourtant pas s'assujettir si fort à l'imiter dans l'affectation qu'il fait paroitre quel-*

---

1 ¶ On a déja remarqué dans le Ménagiana pag. 172. & 173. du tom. 1. que Jule Scaliger se trompoit extrèmement, soit dans le jugement trop avantageux qu'il faisoit de cet Auteur, soit dans le tems où il le faisoit vivre, le plaçant vers le milieu du seiziéme siécle, quoiqu'il fût aisé de prouver qu'il étoit plutot du treiziéme. Il se trompe encore & bien fort quand il l'appelle Accius, apparemment parce qu'il avoit vu une vieille édition de ces fables *in*-8°. sans marque de tems ni de lieu, mais très-assurément d'Italie, le premier feuillet desquelles portoit ce titre. *Fabulæ de Esopo historiate*, & celui-ci au revers: *Accii Zucchi Summa Campaneæ Veronensis viri eruditissimi in Æsopi Fabulas interpretatio per rythmos in libellum Zuccharinum inscriptum contexta feliciter incipit*. Ce titre que j'ai copié tout au long avec ses fautes d'orthographie, fait voir que Scaliger n'a pas pris garde qu'Esope est regardé comme le véritable Auteur de ces fables Latines en vers Elégiaques, & que cet Accius Zucchus né dans la *Campagna di Verona* est Auteur de la *Summa*, c'est-à-dire du commentaire Italien sur ces fables. Ce commentaire consiste en deux mauvais Sonnets à la suite de chaque fable, le premier intitulé *Sonetto materiale*, parce qu'il est comme une traduction litérale de la fable Latine; le second, *Sonetto morale* parce qu'il expose le sens moral qu'elle contient. Rien au reste ne marque mieux le peu de gout de Scaliger en matiére de style que l'estime qu'il fait de la diction de ces fables, où l'on trouve comme Barthius même en convient, les façons de parler les plus barbares.

2 Jul. Cæs. Scalig. Hypercritic. seu lib. 6. Poëtic. pag. 789.

3 ¶ Pour moi qui ai lu ces fables avec attention d'un bout à l'autre, j'ai reconnu que l'Auteur abhorroit si fort ces élisions que dans le seul endroit de ses vers qui en demandoit une, il n'avoit pas voulu l'admettre ayant mieux aimé dire:

*In gallo stolidum, in jaspide pulchra Sophiæ Dona notes,*

que de manger devant *in* la derniére syllabe de *stolidum*. Barthius n'a rien fait qui vaille en lisant contre l'intention du Poëte;

*In gallo stolidum, tu in iaspide pulchra Sophiæ Dona notes.*

Il n'a pas pris garde que l'Auteur écrivoit & prononçoit *iaspis* comme *jam* & *iactare*, témoin ce 1. vers de la même fable qui est la premiére de toutes:

*Dum stupet inventa jaspide, gallus ait.* ¶

*quefois*

## POETES MODERNES.

*quefois à renfermer beaucoup de sens en peu de mots, & à employer des pointes & des jeux de mots comme on feroit dans l'Epigramme.*

## JANUS (1) PANNONIUS,

Evêque de la Ville de Cinq-Eglises dans la basse Hongrie, dite par les Allemans Funfkirchen, par les Hongrois Otegiasac, & par les Turcs Petscheu, vivant sous le Roi Mathias Huniade (2), au commencement du seiziéme siécle.

1238 bis C'Etoit le premier homme de son pays pour les belles belles Lettres qu'il étoit venu cultiver en Italie auparavant que de les faire fleurir en Hongrie. On dit qu'il parloit & qu'il écrivoit en Latin comme un Romain du bon siécle, & en Grec comme un véritable Athénien.

Il a laissé des Elégies & des Epigrammes qui lui ont acquis de la réputation, au moins en son tems. Mais quelques-uns prétendent qu'il s'est surpassé lui-même dans les Annales d'Hongrie qu'il a mises en vers héroïques (3). En un mot il avoit trop de mérite pour avoir donné lieu à la disgrace dans laquelle Pierius dit qu'il finit ses jours (4).

* *Panegyricus, Elegiæ, & Epigrammata* in-8°. Venet 1553. *

1 ¶ Quelques-uns disent que son nom de famille étoit *Hungaret*. Il ne peut avoir vécu au commencement du 16. siécle puisqu'il mourut avant Mathias Corvin Roi de Hongrie, mort l'an 1490. C'est ce que Pierius, cité ici par Baillet, atteste l. 1. de Literat. infelic.

2 ¶ Il étoit fils de Jean Huniade, mais il n'est appellé que Corvin : Mathias Corvin, & non pas Mathias Huniade.

3 ¶ Cet ouvrage n'est point connu, & nul Auteur digne de foi n'en a parlé.

4 G. Matth. Konigius Biblioth. Vet. & Nov. pag. 604.

Joh. Pierius Valerian. de infelicitate Literator. pag. 27. 28. &c.

*Tome IV.*     R r

## J. FRANC. QUINTIANUS STOA (1)

De Breſſe, vivant vers l'an 1510. & plus tard (2). Poëte Latin.

1239    Cet Auteur a fait diverſes Poëſies Chrétiennes ſur les principaux Myſteres de notre Rédemption, & particuliérement ſur la Naiſſance de J. C. ſur ſa Mort, ſa Réſurrection, ſon Aſcenſion, & ſur le Jugement qu'il doit faire des vivans & des morts. Elles parurent à Paris *in fol.* en 1514. avec ſes autres Ouvrages (3).

Jules Scaliger témoigne (4) qu'il eſt un peu plus éxact dans ſes vers que dans ſa proſe, ou du moins que ſes affectations y ſont plus ſupportables; mais qu'ayant ſuivi le génie des deux Beroaldes & de J. B. Pie (dont nous avons parlé aux Critiques Grammairiens), il a augmenté encore leurs fautes par la grandeur de ſon eſprit (5).

Il ajoute que les Sommaires qu'il a faits des Métamorphoſes d'Ovide, font aſſés connoître que rien ne lui manquoit que le ju-

---

1 ¶ Il quitta, dit le Ghilini, ſon nom de famille, qui étoit Conti, pour prendre celui de *Quintianus*, de Quinzano bourg où il naquit dans le territoire de Breſſe. Quintianus, lui, nous en donne une autre raiſon que ſa vanité lui a fait imaginer. Il dit que les Poëtes ſes camarades le ſurnommérent ainſi, parce qu'il prenoit ſoin de les garantir des Plagiaires, à l'éxemple de ce Quintianus qui en garantiſſoit Martial, comme celui-ci le témoigne, Epigramme 53. du 1. livre. Cela eſt un peu tiré de loin Un trait de vanité encore plus grande, lui a fait dire que ſes mêmes camarades admirant ſa prodigieuſe facilité pour les vers, juſque-là qu'il en faiſoit quelquefois un millier par jour, s'écrioient en le voyant, qu'il étoit Μȣσῶν στοὰ, le portique des Muſes, d'où cet autre ſurnom de Stoa lui étoit demeuré. Tout cela ſe trouve en divers endroits de ſes Epographies, c'eſt le titre d'un Traité de proſodie qu'il a compoſé, où voulant enſeigner la juſte meſure des ſyllabes, il enſeigne ſouvent à faire bréves les longues, & longues les bréves.

2 ¶ Quintianus c. 21. de ſa 1. Epographie dit qu'il n'y avoit pas long-tems qu'il étoit dans ſa 25. année, & comme ce fut le dernier de Juin 1511. qu'il acheva ce Traité, on juge de-là qu'ayant 25. ans en 1511. il étoit né l'an 1486. Jean Planerius Quintianus, dont il y a 57. Epitres Latines imprimées à Veniſe *in-*4°. 1584. a écrit dans la 56. la vie de ce Quintianus ſon compatriote, qu'il dit être mort d'eſquinancie le 7. d'Octobre 1557. agé de 73. ans, d'où il s'enſuivroit que Quintianus ſeroit né en 1485. Cela n'eſt pas d'une grande conſéquence, d'autant plus que le Ghilini ne donnant à Quintianus que 72. ans de vie, cet age s'accorde fort bien avec le tems de la naiſſance du Poëte placée en 1486. avant le mois de Juin, & avec le tems de ſa mort placée en 1557. au mois d'Octobre.

3 ¶ Ce fut Badius qui imprima en 1514. à Paris *in-fol.* les ouvrages ici ſpécifiés: mais ce fut Jean Gourmont qui la même année y imprima *in-*4°. d'autres Poëſies du même Auteur, ſavoir la Cléopolis, l'Orphée, les Diſtiques ſur chaque fable des Métamorphoſes d'Ovide &c. C'eſt ce qu'il étoit à propos de diſtinguer.

4 Jul. Cæſ. Scalig. Hypercritic. ſeu lib. 6. Poëtic. pag. 788. 789.

5 ¶ Il devoit dire par *l'extravagance de ſon eſprit.*

gement (1). Il reconnoît pourtant qu'il y en a un peu dans une Tragédie (2) que Stoa avoit faite, & qui n'est pas tout-à-fait à rejetter selon lui, disant que la difficulté de la matiére ne l'a point empêché de faire de bons vers.

1 ¶ Il faloit ajouter *& le style*.
2 ¶ Il y a deux Tragédies de Quintianus, l'une de la Paffion *Theandrothanatos*, l'autre du Jugement final *Theocrifis*, dont la meilleure ne vaut rien.

---

## JEAN AURELIUS AUGURELLUS

De Rimini, furnommé *Le Petit-homme au grand Génie* (1), Poëte Latin, vivant vers l'an 1510. & 1515. mort âgé de 83. ans à Trevis.

1240   On a de cet Auteur des *Odes* & des *Elégies*, dans lesquelles Paul Jove dit (2) que l'on trouve une fimplicité tout-à-fait Romaine, & des vers *ïambes*, qui felon le même Auteur, approchent affés de la perfection de ceux des Anciens; ce qui est d'autant plus eftimable que perfonne d'entre les Modernes n'y avoit encore réuffi.

Mais Scaliger prétend que les *ïambes* qu'il a mêlés parmi ses piéces Lyriques, font moins coulans & moins beaux que les autres, qu'ils n'ont ni liaifon ni force pour fe foutenir (3). Il a donc fait aussi des piéces *Lyriques*, mais elles ne font prefque pas fupportables au jugement du même Critique; parce que ce genre de Poëfie demande de la vivacité, de l'enjouement, de la force, de la délicateffe, de la nobleffe, de la grandeur, un tour aifé, un air poli, & beaucoup de jugement. Cependant Aurelio Augurelli n'avoit prefque aucunes de ces excellentes qualités, & fes Lyriques font dans le genre le plus bas & le plus rampant, & ils font fans charnure, fans couleur & fans ame.

Ses Difcours ou Sermons ne font véritablement que des difcours,

1 ¶ Ceci est avancé fans preuve. On n'en fait du moins aucune, fi ce n'est que Baillet en lifant cet éloge d'Augurel dans Paul Jove: *Non eft cur miremur in pufillo corpore vivaciffimi hominis Aurelii Augurelli præaltum ingenium enituiffe*, ait cru que ces paroles *in pufillo corpore præaltum ingenium* n'étoient pas de l'invention de Paul Jove, mais qu'il les avoit rapportées comme une façon de parler qui couroit alors en faveur d'Au-gurel, & qui avoit paffé en Proverbe. Ce qui est une pure illufion. Voyés touchant cette louange de *præaltum ingenium* donnée à Augurel, ce qu'en a dit Balzac dans fes Entretiens pag. 615. du tom. 2. *in-fol.*

2 Paul Jovius elogior. num. 68. pag. 159. 160. edit. in-12.

3 Jul. Cæf. Scaliger Hypercritic. feu lib. 6. Poëtic. pag. 785.

**Augurellus;** c'est-à-dire des mots & du babil, les choses y sont débitées sans solidité, on n'y trouve aucune solidité, tout y est trivial pour ne pas dire sordide, enfin il n'y a mis ni sel ni vinaigre, pour me servir des termes du Critique.

Augurelli étoit fou de la passion de souffler & de faire de l'or, & il en fit un Poëme sous le titre Grec de Chrysopœie (1); ce qui a donné lieu à plusieurs de le railler, comme l'a remarqué Lorenzo Crasso (2). Cependant c'est la meilleure de ses piéces, au jugement des Connoisseurs. Scaliger lui-même témoigne qu'elle est plus travaillée que les autres, mais il ajoute qu'elle n'a presque rien de l'esprit Poëtique, & qu'elle est si languissante, que vous diriés qu'elle n'est composée que de vers qui vont rendre l'ame.

\* *Jo. Aur. Augurelli, lib.* III *Chrysopœæ Carminic.* in-8°. *Antuerpiæ* 1582. — *Ejusdem Poëmata quædam* in-8°. *Venet.* 1505. *Aldi*, & in-8°. *Genevæ* 1608.

1 ¶ Il faloit dire *Chrysopée*. On a fait bien des contes d'Augurel à l'occasion de ce Poëme : Entre autres que l'ayant présenté à Leon X. le Pape en reconnoissance lui avoit donné une belle & grande bourse toute vuide, disant qu'un homme qui avoit le secret de faire l'or, la rempliroit aisément. Ce qu'en rapporte Verville chap. 79. de son Moyen de parvenir, est fort plaisant.

2 Lorenzo Crasso de Poët. Græc. pag. 80.

# LE PULCI (1).

Poëte Italien, dont je ne connois ni le tems ni le lieu natal, à moins qu'on ne dise qu'il étoit d'Aquila au Royaume de Naples, qui est le lieu de la naissance des Pulci de notre siécle.

1241 LE P. Rapin dit que le Pulci, dans son Poëme du *Morgante*, ne garde pas la bien-séance, & qu'il y confond le sérieux avec le plaisant.

Il écrit encore ailleurs que ce Poëte paroît s'être laissé gâter aux Livres de Chevalerie & aux Romans de son tems. Voyés ci-après au titre d'Arioste.

\* *Morgante Maggiore, composto per Luigi Pulci*, in-4°. *in Firenze* 1500.
— *Idem corretto per M. Lodovico Domenichi* in-4°. *in Vinegia* 1545.

1 ¶ Baillet, ce qui est remarquable pour un Bibliothécaire, ne connoissant point un Poëte aussi fameux que le Pulci, & n'en pouvant rapporter que ce qu'il en avoit lu dans les Réflexions du P. Rapin sur la Poëtique, se trouva extrèmement embarassé touchant ce qu'il en devoit dire. Pour en avoir des nouvelles, au lieu d'aller à Florence, il prit le chemin de Naples. Il consulta la Bibliothèque du Toppi, où, à la faveur de la Table, ayant démêlé un Alessio Pulci, Auteur d'un panégyrique du Roi d'Espagne Philippe IV, il s'est imaginé, parce que ce Pulci étoit d'Aquila au Royaume de Naples, que le Pulci Auteur du Morgante pouvoit bien en être aussi. Jamais conjecture n'a été moins heureuse que celle-là. Le Pulci dont il s'agit, nommé Luigi, étoit de Florence. Il entreprit son Morgante à l'instance de Lucréce Tornabuoni mére de Laurent de Médicis, mort le 25. Mars 1482. C'est un Poëme en rime octave de 28. chants, d'un gout original. L'Auteur s'y est mis au-dessus des régles, non pas de dessein, comme Vincent Gravina lui a fait l'honneur de le croire, mais parcequ'il les a entiérement ignorées, Fort en repos du jugement des Critiques, il a confondu les lieux & les tems alliée comique au sérieux, fait mourir burlesquement de la morsure d'un cancre marin au talon le Géant son Héros, & cela dés le 20. livre, ensorte qu'il n'en est plus parlé dans les huit suivans. La naïveté de sa narration a couvert tous ces défauts. Les amateurs de la diction Florentine sont encore aujourd'hui leurs délices de la lecture du Morgante, sur tout quand ils en peuvent rencontrer un éxemplaire de l'édition de Venise 1546 ou 1550. accompagnée des explications de Jean Pulci neveu de l'Auteur. Quelques-uns comme Teofilo Folengo stance 20. du chant 1. de de son Orlandino, & après lui Ortensio Lando dans sa *Sferza de gli Scrittori* ont voulu attribuer le Morgante à Politien, & dire qu'il en avoit fait don au Pulci à quoi il n'y a pas d'apparence, tout ce que nous avons de Poësies Italiennes de Politien étant d'un style très-différent, outre qu'étant mort, comme on sait, à 40. ans & ayant travaillé en prose & en vers à tant d'autres ouvrages qui demandoient une grande application, il n'auroit pas eu le loisir de composer un Poëme de si longue haleine. Le Morgante du Pulci, & ses stances à la villageoise *in lode de La Beca* ont place parmi les écrits classiques dans le Dictionnaire de la Crusca. Je le crois mort quelques 5. ou 6. ans avant Laurent de Médicis son patron qui mourut le 9. Avril. 1492.

2 René Rapin Réfléxions sur la Poëtique 1. partie Réflex. XXXIX Item Réflex. XVI. 2. part.

— *Girolfo Calvano di Luca Pulci, con la Gioſtra, del magnifico Lorenzo de Medici* in-4°. *in Fiorenza* 1572. — *Opere Poëtico di Luca Pulci, inſiemo con le Epiſtole compoſte del medeſimo* in-4°. *in Fiorenza* 1582. *

## RICHARD BARTOLIN,

De Perouſe, Ville de cette partie de la Toſcane qui appartient au Pape, vivant vers l'an 1510 (1).

1242  Il a fait une eſpéce de Poëme en douze Livres ſous le titre d'*Auſtriade*, à l'honneur de la Maiſon d'Autriche, & un *Itineraire*.

Gaſpar Barthius témoigne (2) qu'il n'auroit point fait difficulté de le comparer à quelques-uns des Anciens, s'il eût bien ſû ménager ſon eſprit & ſes forces, appliquer les régles que ſon jugement pouvoit lui preſcrire, & faire un bon uſage de ſon éloquence.

Janus Douza nous aſſure (3) que Bartolin avoit entrepris plus qu'il n'étoit capable d'éxécuter, & qu'ainſi on ne doit pas s'étonner de l'avoir vû ſuccomber ſous le fardeau mais qu'il mérite au moins quelque louange pour avoir tâché de donner au Public des marques extraordinaires du reſpect & du zèle qu'il avoit pour ſon Prince qui étoit alors Maximilien I.

---

1 ¶ Il faloit dire *vivant l'an* 1515. & apparemment quelques années au-delà, parce que dans le Recueil des cent lettres philologiques publiées par Goldaſt, il y en a une de ce Bartholin datée de Vienne le 27. Juillet 1515. & qu'il étoit plein de vie le 6. d'Octobre ſuivant comme en fait foi l'Epitre dédicatoire de Joachim Vadien au devant de l'Auſtriade.

2 Gaſp. Barth. Comment. in Stat. Papin. ad lib. 2. Thébaïd. pag. 279.

Et ex eo G. M. Konigius in Biblioth. Vet. & Nov. pag. 88.

3 Janus Douza P. præfat. ſecundâ Annal. Batavicor. carmine conſcript.

Et ex eo Ger. Joh. Voſſius lib. 3. de Hiſtor. Latin. cap. 12. pag. 679.

4 ¶ C'eſt ce qui a fait prendre pour Allemand ce Poëte à l'Auteur de l'Art de penſer, ſoit Mr Arnaud, ſoit Mr Nicole chap. 19. de la 3. part. dans cet endroit que je rapporterai tout au long parceque'il contient une judicieuſe Critique d'une faute d'autant plus répréhenſible dans Bartholin qu'il étoit Eccléſiaſtique. ,, Il y a même ,, des Poëtes, dit l'Auteur de l'Art de ,, penſer, qui s'imaginent qu'il eſt de ,, l'eſſence de la Poëſie d'introduire des ,, divinités Païennes, & un Poëte Allemand ,, auſſi bon verſificateur, qu'écrivain peu ,, judicieux, ayant été repris avec raiſon ,, par François Pic de la Mirande d'avoir ,, fait entrer dans un Poëme, où il décrit ,, des guerres de Chrétiens contre Chrétiens, ,, toutes les divinités du Paganiſme, & ,, & d'avoir mêlé Apollon, Diane, Mer,, cure, avec le Pape, les Electeurs, & ,, l'Empereur, ſoutient nettement que ſans ,, cela il n'auroit pas été Poëte, en ſe ſer,, vant, pour le prouver, de cette étrange ,, raiſon, que les vers d'Héſiode, d'Ho,, mére, & de Virgile ſont remplis des noms ,, & des fables de ces Dieux, d'où il conclud ,, qu'il lui eſt permis de faire le même.

## POETES MODERNES.

Il fut dix ans à travailler sur cet Ouvrage, dans lequel il a voulu décrire la guerre des Ducs de Baviere & des Comtes Palatins. Nous avons ce Poëme parmi les Historiens d'Allemagne, recueillis dans le tome qu'a publié Justus Reuberus. Nous l'avons encore séparément avec les Commentaires d'un Ecrivain d'Alsace, nommé Jacques Spiegel.

### Les deux BEROALDES(1) de Boulogne

(*Philippes*). Le Pere né l'an 1450. & mort l'an 1510. ( ou 1504. selon d'autres, âgé de 51. ans ). Le Fils paroissant principalement depuis l'an 1515.

1243 JE ne rapporterai ici que ce qui regarde leur Poësie, ayant parlé ailleurs de ce qu'ils ont fait concernant la Critique & la Philologie.

Le Pere étoit un fort médiocre Versificateur, & chacun(2) semble avoir conspiré à lui préférer son fils pour la Poësie. En effet, selon Paul Jove, le jeune Beroalde excelloit dans les vers Lyriques(3) : & je crois que c'est de lui plutôt que du Pere, que Mr Borrichius a voulu parler, lorsqu'il a fait les Eloges des Lyriques, des Iambes, des Hendecasyllabes, des Epigrammes, & des Elégies de Béroalde; & que c'est au Pere qu'appartiennent les vers Epiques (4), que le même Critique blâme comme des vers rampans (5). Mais parce que les vers de l'un & de l'autre paroissent confondus dans le premier tome des *Délices des Poëtes Latins d'Italie*, Comme s'ils n'étoient que d'un même Auteur, on peut dire que l'un & l'autre partagent également ce que ces vers ont pû leur produire de gloire ou de deshonneur.

1 J'ai ci-dessus à l'article 324. fait voir par de très-bonnes preuves que Béroalde surnommé le jeune mort l'an 1518. étoit neveu & non pas fils du Béroalde surnommé l'ancien mort le 17. Juillet 1705.
2 Lil Gregor. Gyrald. Dialog. 1. de Poëtis ævi sui.
3 Paul. Jov. lib. 3. de vita Leonis X. Pont. Rom. pag. 67. edition. 1549. & ex Voss. de Histor. Latin. lib. 3. cap. 11.

pag. 668.
4 Ces vers Epiques ne consistent qu'en deux piéces, en une version du Cantique de Pétrarque à la Vierge, *Vergine bella*, & dans une Lamentation pour le Vendredi Saint. C'est ce que Marot qui l'a traduite appelle les tristes vers de Béroalde.
5 Olaüs Borrichius Dissert. de Poëtis Lat. pag. 95.

## MICHEL MARULLE

De Trachanie ou Tarchanie (1) Grec, natif de Constantinople, Poëte Grec & Latin, noyé en Toscane dans la riviére de Cecina le 14. (2) Juin 1511.

1244 **P**Aul Jove ne fait point difficulté de dire que Marulle est admirable dans ses vers Grecs & dans ses Latins, ajoutant que ses Poëfies ont eu du cours & du succès dans le Monde (3).

C'est un éloge un peu excessif, pareil à plusieurs de ceux que cet Auteur a donné à d'autres. Car Marulle n'a jamais passé dans l'esprit des Critiques (4) pour un merveilleux Poëte. Quoiqu'il fût Grec de naissance, il avoit néanmoins plus d'inclination & de facilité même pour les vers Latins. Mais Scaliger témoigne qu'on n'y trouve que de la dureté, du caprice, & du chagrin, qu'il n'a aucun agrément, & que Crinitus a suivi les mouvemens de son amitié plutôt que les régles de la vérité, lorsqu'il lui a donné des louanges (5).

Scaliger ne s'est pas contenté de nous donner une notion générale de la qualité des vers de Marulle, il a voulu nous faire voir encore par le détail d'un assés long éxamen qu'il en a fait, qu'il ne l'a point blâmé en vain, & qu'il auroit encore pû l'accuser de peu de jugement & de quelques autres défauts. Erasme faisoit si peu de cas de ce Poëte, qu'il dit qu'il aimoit mieux un

---

1 ¶ Que veut-il dire par ces mots de Trachanie ou Tarchanie, comme si c'étoit quelque payis ainsi nommé dont Marulle fût originaire. Il étoit de Constantinople Michel est son nom de batème, & ces deux autres noms *Marullus Tarchaniota* signifient que du côté paternel il étoit de la famille des Marulles, & du maternel de celle des Tarchaniotes, noble l'une & l'autre. Son pére s'appelloit Manille Marulle, sa mére, Euphrosyne Tarchaniote. Bayle en a fait la remarque au mot *Marulle*.

2 ¶ Ce fut le 11. Avril 1500. Voyés Baylé au mot ci-dessus marqué, lettre F.

3 Paul. Jovius Elog. 28. pag. 66. 67. edit. in-12.

4 ¶ Il faloit dire *dans l'esprit de certains critiques*, car Marulle constamment soit pour l'expression, soit pour la pensée, a parfaitement réussi dans la plupart de ses vers. On y trouve le τὸν ἁρμόνιον τόνο. Voyés Victorius sur l'Epitre 20. du XI. l. de Cicéron *ad familier*.

5 Jul. Cæs. Scaliger Hypercritic. seu lib. 6. Poëtic. cap. 4. pag. 769. & seqq.

demi-vers

POETES MODERNES. 321

demi-vers du Mantouan que dix mille vers des siens (1). Il veut *Myriades.* croire pourtant qu'ils feroient affés tolérables s'il y avoit moins de Paganisme. C'est peut-être à quoi Vossius a voulu nous faire faire réfléxion, lorsqu'il dit que la Religion de Marulle étoit suspecte, & qu'il n'étoit pas fort bon Chrétien, quoiqu'il fût d'ailleurs affés savant. (2)

Mais au reste Marulle avoit beaucoup meilleure opinion de lui-même que les autres. Il ne se croyoit inférieur à personne (3), & nous avons ailleurs combien il avoit mauvaise grace de mépriser & de maltraiter Politien qui le passoit de fort loin. (4)

* *Michael. Tarchaniotæ Marulli Epigrammata & Hymni* in-8°. *Parif.* 1529. *& in-12. 1561. — Ejusdem Poëmata* in-8°. *Spiræ* 1595. — *Epigrammata & Hymni* in-4°. *Argent.* 1509.*

1 Erasme in Dialog. Ciceronian. pag. 161. editio. Lugd. Batavor. Et in Epistola ad Jacob. Wimphelingum.
¶ Il n'y a dans l'édition des œuvres d'Erasme à Leyde, qui est la plus ample de toutes, qu'une seule Lettre très-courte à Wimphéling, dans laquelle il n'est parlé ni de Marulle, ni de Mantuan. J'avoûë que le P. Cuper Carme dans son Epitre dédicatoire des œuvres de Mantuan imprimées en 4. volumes in-8°. à Anvers 1576. cite la Lettre d'Erasme à Wimphéling, & en rapporte les termes que Baillet a indiqués : *Malim hemistichium Mantuani, quam tres Marullicas myriadas*, ce qui signifie trente mille vers de Marulle, & non pas dix mille, comme l'a interprété Baillet. Mais encore une fois cette Lettre, que je ne crois pourtant pas supposée, ne se trouve pas dans le corps des imprimées.
¶ Erasme faisoit alors le dévot à contretems. Il s'agissoit, religion à part, de savoir qui faisoit le mieux des vers, de Marulle ou de Mantuan ? J'avertirai ici par occasion qu'il y a une édition en 8. très-rare d'environ quatre ou cinq cens vers de Marulle, lesquels je pense avoir été séparés des autres comme n'étant pas dignes d'être imprimés. Ils l'ont pourtant été sous le titre de *Marulli Nenia* àFano l'an 1515 par les soins de Marc-Antoine Flaminius agé pour lors de 18. ans.
2 Vossius de Historicis Lat. lib. 3. cap. 8. pag. 616.
¶ L'irréligion de Marulle ne l'empécha pas de traduire en vers Latins la chanson de Pétrarque *Vergine bella*. Le Crescimbeni pag. 191. du commentaire sur son Histoire *della volgar poësia* dit avoir vu cette traduction que Marulle fit apparemment pour contrecarrer celle de Philippe Beroalde l'ancien: Le même Crescimbeni ajoute que Marulle avoit aussi fait un Capitolo en rime tierce & un Sonnet, l'un & l'autre à l'honneur de la Croix, mais qui n'ont été ni l'un ni l'autre imprimés, & qui ayant été faits vers l'an 1490. se sentoient fort du mauvais goût de la Poësie Italienne de ce tems-là.
3 Idem G. J. Voss. lib. sing. de Poët. Lat. pag. 81.
4 ¶ Politien dans les vers de Marulle est désigné par le nom d'Ecnomus ἔκνομος, irrégulier ou méchant ; & Marulle dans ceux de Politien par le nom de Mabilius *quasi mala bilis.*¶

Tome IV.

## JEAN ANDRE' (1) LASCARIS,

Descendant des Empereurs de ce nom, Grec de Rhyndace, vivant en Italie & en France sous Leon X. (2) & Louis XII. Poëte Grec & Latin, mort à Rome âgé de près de 90. ans.

1245    LE Giraldi nous apprend que ce Lascaris a laissé un grand nombre d'Epigrammes en l'une & en l'autre Langue, & que ce que l'on en a imprimé à Bâle, n'en est qu'une fort petite partie. (3)

Erasme dit qu'il paroît vif, judicieux & harmonieux dans ses Epigrammes, mais que les emplois qu'il a eus dans l'Etat pour des Negociations & des Ambassades, l'ont empêché de faire quelque chose de meilleur. (4)

---

1 ¶ André Jean. Voyés ci-dessus l'Art. 323. tom. 2.

2 ¶ Il faloit dire sous Léon X. Hadrien VI. Clément VII. Paul III. Papes, & Louis XII. & François I. Rois de France.

3 ¶ Il y a dans l'édition de Bâle in-8. 1537. douze Epigrammes Grecques de moins que dans l'Edition de Paris in-4. 1544. Daniel Heinsius dans l'Epitre dédicatoire de son *Péplus*, à quelques-unes près qui lui paroissent fort bonnes, trouve dans le reste de la dureté & de l'obscurité.

Lil. Greg. Gyrald. Dialog. 1. de Poët. sui ævi, & ex eo Laurent. Crass. de Poët. Græc. pag. 157. Ital.

4 Erasm. Dial. Ciceronian. pag. 159. edit. in-12. Lugd. Batav.

---

## QUINTIUS ÆMILIANUS CIMBRIACUS,

Poëte Latin d'Allemagne, vivant vers l'an 1515. (1)

1246    LEs Poësies de cet Auteur ont paru à Francfort en divers tems, & en diverses formes. Quelques Critiques préten-

---

1 ¶ J'ai dit un mot de Cimbriacus page 33. du Menagiana tom. 2. où j'ai fait voir qu'il étoit un des personnages des Dialogues de Petrus Hœdus dont nous avons un ouvrage intitulé *de amoris generibus* ou *Anteroticorum libri* 3. Petrus Hœdus étoit un Prêtre de Pordenone, bourg du Frioul, & j'ai opinion que Cimbriacus étoit d'un pays voisin. Ce qui m'y confirme, c'est que Sabellic Elégie 5. met Cimbriacus *in Cenomanis*, en ces termes :

*cupidusque huc plectra require*
*Cenomani multum sobria Cimbriaci.*

Les *Cenomani* d'Italie sont les peuples de la Marche Trévisane contiguë au Frioul. Le voisinage de Cimbriacus & de Petrus Hœdus fit naitre leur liaison. Cimbriacus n'étoit donc pas Alemand. Il auroit du, s'il

dent (1) qu'il n'étoit inférieur ni à Pontanus ni à Strozza pour l'Epigramme & l'Elégie; & que si on avoit voulu lui faire bonne justice, on lui auroit donné peut-être la préséance sur ces deux Poëtes.

Emilien a beaucoup d'agrémens, disent-ils, mais il a encore plus de gravité. Les plus estimées d'entre ses piéces, sont l'*Asteride* ou de la guerre de Rhode, & les *Encomiastiques* aux Empereurs Maximilien & Frederic jusqu'au nombre de cinq, entre lesquels il s'en trouve un à Frederic qui a enlevé la palme aux autres.

\* *Poëmata Quintii Æmiliani* in-8°. *Francofurti* 1612. — *Ejusdem Encomiastica quinque ad Fridericum & Maxilianum* in-8°. *ibidem* 1602.

l'avoit été, avoit en qualité d'ancien le pas sur Conradus Celtès, celui-ci n'étant né qu'en 1459. au lieu qu'il seroit aisé de prouver par l'Elégie de Sabellic ci-dessus alléguée, que dès ce tems-là Cimbriacus étoit déja reconnu pour un Poëte contemporain d'Antoine de Palerme, qu'on sait qui mourut assés agé en 1467. Ce qu'on voit de poësies de Cimbriacus ne va pas à 500. vers qui ont été imprimés non pas à Francfort, mais à Vienne en Autriche & à Strasbourg in-4. Ce sont 4. plaintes funébres en mauvais hexamètres sur la mort de l'Empereur Fridéric 3. arrivée en 1493. Elles ne virent le jour qu'en 1514. *Publicum modo accipiunt,* dit Jaques Spiégel qui les publia, *Æmiliani Cimbriaci Nenia, jampridem plutei pertæsa.* Les Elégies, Epigrammes & autres piéces que Sabellic dans son Dialogue *de reparatione Latinæ Linguæ* a dit qu'on lisoit de lui, ne couroient qu'en manuscrit, ce qui a donné lieu à Gyraldus de dire que les gens qui les gardoient, s'imaginant que c'étoit quelque chose de rare, ne vouloient point, par cette raison, en faire part au public. C'est le sens que je donne à ces paroles : *at inique hujus hominis scripta ab invidis dicuntur supprimi.* Cimbriacus suivant toutes les apparences, n'a point passé le 15. siécle. Son nom dérivé ce semble des Cimbres a pu le faire passer pour Alemand. Gyraldus l'a même nommé *Cimbricus*, mais Sabellic dans ces mots que j'ai cités de lui,

*cupidusque huc plectra requiro*
*Cenomani multum sobria Cimbriaci.*

paroit y avoir fait une allusion Italienne de *sobrio* à *imbriaco.*

2 Auctor Dialog. de Lat. Ling. reparat. apud Obert. Gifan. pag. 404. & ex eo G. M. Konig. Biblioth. V. & N. pag. 192.

¶ De ces trois citations il n'y a que la première qui serve, puisque les deux autres ne font que la répéter. C'est au reste une grande négligence de citer Gifanius p. 404. comme s'il n'avoit fait qu'un livre, ou que toutes ses œuvres fussent imprimées de suite dans un seul volume.

## LE MANTOUAN,

(*Battista Spagnolo*) Général des Carmes, né l'an 1448. sous le Pape Nicolas V. mort l'an 1516. sous Leon X. appellé par quelques-uns *Johannes Baptista Hispaniolus* (1) en Latin. Paul Jove qui parle fort mal de sa naissance (2) lui donne plus de 80. ans de vie, mais il se trompe aussi bien que ceux qui l'ont fait naître l'an 1444. (3)

1247 Quoiqu'il y ait un grand nombre des Poësies du Mantouan qui ait vû le jour, nous ne pouvons pas néanmoins nous vanter encore de posseder par la gratification de l'Imprimerie toutes celles qu'il avoit composées, s'il est vrai, comme on le publie, qu'il avoit fait plus de cinquante-cinq mille vers. (4)

Le bon homme Tritheme n'a point fait difficulté de dire (5) que notre Mantouan a égalé Virgile pour les vers, & Ciceron pour la prose, il doute même s'il n'a point surpassé ce dernier. On doit l'excuser d'en avoir dit si peu sur la bonne volonté qu'il a eu de faire encore quelque chose de plus, & sur l'impuissance de rien ajouter à ce qu'il a dit. Mais au reste il n'étoit pas le seul homme de mauvais goût qui fût dans ce siécle, où la barbarie que les beaux esprits chassoient de la République des Lettres, ne laissoit pas de trouver encore quelque retraite chés les personnes simples & ignorantes.

Il faut qu'il y en ait eu un peu parmi tant de bien-veillance que ses compatriotes ont témoigné avoir pour lui, lorsqu'ils ont prétendu

---

1 ¶ Parce que ses ancêtres à ce qu'il dit dans l'Epithalame de Ptolomée Spagnolo son frére, étoient originaires d'Espagne.

2 ¶ Paul Jove n'a rien affecté là-dessus, Il a dit naturellement ce qu'il en savoit, & j'ai fait voir pag. 273. du Ménagiana tom. 1. qu'en disant que Baptiste Mantuan étoit batard, il avoit dit la vérité.

3 ¶ Mantuan lui-même ayant dit dans l'abrégé de sa vie,

*Istius accepi lucis primordia, quinsu*
*In solio Petri cum Nicolaus erat.*

ne peut pas être né l'an 1444. puisque ce fut le 6. Mars 1447. que Nicolas V. fut élu Pape. Une chose à remarquer c'est que Pa-

quier dans son livre qui est à la suite de ses Epigrammes, intitulé *Icones*, appelle Mantuan *Baptista Faustus Mantuanus* & lui consacre ce distique:

*Mantua felicem generat fecunda Maronem.*
*Hæc eadem faustis me tulit auspiciis.*

Paquier se trompe, & son erreur peut venir de ce que Mantuan s'est désigné sous le nom de Faustus dans ses Eglogues.

4 Ap. Ger. Joh. Vossium de Histor. Lat. lib. 3. cap. 11. pag. 664. 665.

5 Joan. Trithem. de vir. illust. Eccles. & apud Philip. Labbeum Differt. ad Bellarm. de Scriptorib. Eccles. tom. 1.

POETES MODERNES. 325

l'élever sur un degré de gloire aussi exhaussé que celui de Virgile, en Le Mantouan lui dressant une Statuë de marbre couronnée du Laurier Poëtique, auprès, & à l'égal de celle de cet ancien Prince des Poëtes.

Si les Compatriotes du Mantouan s'applaudissoient d'avoir formé un si beau paralelle, ses Confreres de Religion n'en devoient pas être, ce semble trop mécontens, puisque la gloire de leur membre, & qui plus est de leur tête, pouvoit rejallir sur tout le corps. Cependant ils n'en ont point paru tous également satisfaits, & Pierre Lucius entre les autres n'a pû s'empêcher de donner des marques publiques de la colere & de l'indignation où il étoit de voir la témérité de ces profanes, qui avoient eu la hardiesse de comparer le Poëte Païen au Poëte Chrétien, & pour dire plus, à un Poëte Religieux, tel que le Spagnolo, qui pour cette raison seule méritoit d'avoir la statuë beaucoup plus élevée que celle de Virgile. (1)

A dire le vrai, Lucius auroit eu grande raison de se plaindre de la plaisante injure qu'il croyoit faite au Mantouan, si les statuës & les couronnes du Laurier Poëtique étoient des récompenses établies pour des Chrétiens, & si les habitans de Mantoüe avoient eu dessein par cet acte d'amour & de reconnoissance de récompenser son Christianisme ou ses vertus Monastiques. Mais les habitans du Parnasse croyent être bien mieux fondés en raisons, lorsqu'ils prétendent que c'est leur Virgile qui souffre l'injure dans un paralelle d'autant plus grotesque, que ces deux Auteurs n'ont eu rien de semblable que le surnom de Mantouan. De sorte que s'ils trouvent la plainte du Carme Lucius un peu risible, ils traiteroient aussi volontiers de ridicule la conduite de ceux qui ont donné lieu au paralelle.

Jusqu'ici nous n'avons fait que nous divertir de notre Poëte dans le dessein de donner lieu au Lecteur de méditer sur l'industrie que peut avoir un Poëte Régulier, pour savoir allier les devoirs de la vie Monastique avec les passe-tems de la Poësie. Il faut voir maintenant une partie des jugemens qu'on a faits de ses vers.

On doit considérer la Muse du Mantouan comme sa vie, qui a passé par divers âges. Le Giraldi témoigne (2), que les vers que cet homme a faits dans sa jeunesse sont assés passables ; mais que la chaleur de son imagination s'étant ralentie depuis, sa vivacité s'est dissipée avec les premiers feux de cet âge florissant. On ne lui trouve

---

1 Petr. Lucius Belga in Biblioth. Carmelitan. & apud Vossium, Jovium, &c.
2 Lil. Greg. Gyrald. Dialog. 1. de Poët.

sui sæculi. Item apud Vossium de Hist. Lat. ut suprà.

S s iij

**Le Mantouan.** plus de force ni de vigueur, ni même de génie, sa veine est toute refroidie, elle est lâche, elle est languissante, & lorsqu'elle fait quelques efforts, vous diriés un ruisseau tout bourbeux, qui regorge & se répand par caprice, & qui sort presque toujours de son lit, ne pouvant se contenir dans ses bords.

Effectivement il n'est pas possible de lire long-tems les vers que le Mantouan a faits, lorsqu'il étoit un peu avancé sur l'âge, sans tomber dans le dégoût & dans l'impatience; & comme dans la fleur de son âge il étoit déja dépourvû d'une bonne partie de ce sens que nous appellons commun, comme il avoit dès lors plus de complaisance pour ses propres productions que de docilité, les personnes expérimentées n'ont point paru surprises de le voir sans solidité de jugement, & sans aucun goût pour les bonnes choses, dès que ses feux se sont éteints, & qu'il s'est trouvé destitué de ce brillant qui cachoit les défauts de sa jeunesse, ou qui les déroboit du moins à la vûë de ceux qui en étoient éblouis.

Avec cette notion du Mantouan l'on doit être assés préparé, ce me semble, à entendre dire à Scaliger (1) qu'il n'a qu'une mollesse efféminée, qui est une véritable langueur; qu'il n'a ni régle, ni mesure, ni consistance, ni agrémens, & qu'il ne s'est point distingué de la Populace des Versificateurs. Il avouë néanmoins qu'il ne manquoit pas de génie, mais que l'Art & le jugement lui manquoient. C'est ce qui le portoit à répandre sur le papier tout ce que l'abondance de son cerveau lui faisoit pousser dehors, sans choix, sans discernement, sans méthode.

Mais quoique le Mantouan, n'ait rien de cette délicatesse des maniéres, qui étant jointe à la politesse des expressions, forme cette rare qualité qu'on appelle *Urbanité*, ses vers ne laissent pas d'avoir leur prix, & selon le même Critique, il passera au moins pour un *Poëte de Village*, & il pourra plaire & produire même quelque utilité aux esprits rustiques, & aux personnes simples, ausquelles sa Muse est plus proportionnée.

Je ne sai si c'est en la personne de ces derniers qu'Erasme écrivoit à Wimphelinge, lorsqu'il témoignoit estimer si fort les Vers du Mantouan. J'aime mieux me persuader qu'il ne songeoit alors qu'à rabaisser Marulle dont nous avons parlé plus haut, ou à faire voir que le Mantouan n'est pas entiérement le dernier des Poëtes, puis qu'il croyoit un seul de ses hémistiches préférable à tout ce que ce

---

1 Jul. Cæs. Scalig. Hypercrit. seu lib. 6. Poët. cap. 4. pag. 788.

Grec avoit fait de Vers Latins. (1)

Paul Jove prétend (2) que ce qui a gâté le talent que le Mantouan avoit pour la Poësie n'étoit autre chose qu'une passion insatiable d'apprendre l'Hebreu, jointe à l'ambition de paroître savant dans toutes les autres connoissances. De sorte que songeant à acquerir ou à soutenir cette réputation, il n'a pû donner à la Poësie toute l'application que demande cet Art, & qu'il n'a pû arriver à ses fins pour n'avoir pas voulu se borner.

Il a eu encore le malheur de paroître dans un siécle & dans un pays où l'on ne faisoit plus beaucoup d'honneur aux médiocres Poëtes. Mais ayant trouvé un aussi méchant Versificateur que lui, qui ne laissoit pas d'être en grande considération auprès du grand Capitaine Gonsalve Viceroi de Naples, il profita de l'avantage qu'il avoit sur lui, & de la disgrace qui arriva chés les connoisseurs à *la Gonsalvie* (3), c'est-à-dire, aux quatre livres du Poëme que cet Auteur appellé *Baptiste de Cantalice* avoit fait à l'honneur de Gonsalve. En effet Paul Jove remarque que le mauvais succès de cet Ouvrage fit qu'on tourna les yeux sur le Mantouan, & qu'il se mit en crédit aux dépens de Cantalicio (4). Cette bonne fortune subsista pour le Mantouan, jusqu'à ce que ces deux concurrens furent arrêtés & abbatus par un troisiéme qui étoit *Pierre Gravina*, & qui au jugement de Jovianus Pontanus & de Sannazar effaça la gloire que ces deux prétendus Poëtes avoient acquise avec assés peu de frais.

Mais s'il n'y a point d'Art Poëtique à louer dans le Mantouan, on peut au moins estimer la piété & le zèle qu'il a fait paroître dans quelques-unes de ses piéces pour la Discipline Ecclésiastique, le service & la gloire de Dieu. Néanmoins Mr de Clavigny de sainte Honorine (5) écrit qu'il y a parmi ses Poësies des Satires contre les abus de l'Eglise qui ne devroient jamais paroître (6). Il y a sujet de s'étonner que l'Inquisition les ait laissé passer. On ne trouve rien

---

1 Desid. Erasm. Edist. ad Jacob. Wimpheling. & ex co G. M. Konigius in Biblioth. vet. & nov. pag. 504.

2 Paul Jov. Elog. numero 61. pag. 141. 142. edit. in-12.

3 ¶ Ce Poëme qui est fort long, commencé le 5. Février & fini le 20. Septembre de la même année, ne couta que sept mois quinze jours de tems à son Auteur.

4 ¶ Paul Jove dit néanmoins que Consalve fut très-content de Cantalice, & le récompensa magnifiquement. Il donne seulement à entendre que Mantuan qui entreprit de traiter le même sujet n'eut pas beaucoup de peine à remporter l'avantage sur un pareil concurrent. *b*

5 De Clavigni de sainte Honorine, du discernement & de l'usage qu'on doit faire des livres suspects, chap. 3. pag. 30.

6 ¶ Ce n'est pas contre les abus de l'Eglise que Mantuan a déclamé, c'est contre les abus des Ecclésiastiques. Voyés Bayle au mot Sixte IV. Lettre (AΔ).

de notre Mantouan, ni dans l'*Index* qui porte le nom du Concile de Trente & de Clement VIII. ni dans celui d'Alexandre VII. Et celui de Sotomayor ou des Rois d'Espagne, se contente de dire, qu'il faut effacer dans le troisiéme Livre de l'*Alphonse* de notre Poëte où il décrit les Enfers, tout ce qu'il y a (1) depuis *Hic pendebat adhuc* jusqu'à *Pontificalis adulter.* (2)

\* *Opera Poëtica* in-fol. *Bononiæ* 1501. — *Poëma de calamitatibus temporum cum comment. Ascensii.* — *Contra impudice scribentes cum ejusdem comment. de Patientia lib.* III. in-4°. *Paris* 1505. — *Opera omnia* 4. vol. in-8°. *Antuerpiæ* 1576. \*

1 ¶ Touchant la fable de la Papesse Jeanne. §.

2 Index libb. prohibit. expurgat. Anton. Sotomay. classe secunda lit. B.

## MARC MUSURUS,

De l'Isle de Candie, Archevêque de la vieille Raguse (1) ou d'Epidaure sur les côtes de la Dalmatie, Poëte Grec; mort en 1517. de dépit de n'avoir pas été fait Cardinal.

1248 SEs Epigrammes Grecques font connoître qu'il avoit le génie fort beau. Celle qui est à la tête des œuvres de Platon passe pour la meilleure qu'il ait jamais faite (2). Paul Jove témoigne qu'il étoit fort heureux en Poësie, & éxact dans sa composition (3). Erasme reconnoît de son côté qu'il étoit fort savant dans toutes sortes de connoissances; mais qu'il est un peu obscur dans ses vers, & qu'il y fait paroitre un peu trop d'affectation. (4)

\* *Marci Masuri Carmen admirandum in Platonem*; *una cum versione*

1 ¶ Il n'y a pas de ville qu'on appelle la vieille Raguse. On dit simplement Raguse, l'Archevêché d'Epidaure que Paul Jove dit avoir été donné par Léon X. à Musurus n'étoit pas l'Archevêché de Raguse qui est l'Epidaure en Dalmatie, mais l'Archevêché de Malvasia qui est l'Epidaure dans la Morée. C'est ce que Bayle au mot *Musurus* a fort bien prouvé par le passage d'une Lettre de Bombasius du 6. Décembre 1517. à Erasme.

2 ¶. Cette prétenduë Epigramme est une piéce de deux cens Vers Grecs élégiaques, traduits en autant de Latins par Zenobius Acciaiolus. Vossius, que Baillet a copié, a eu tort pag. 84. *de Poëtis Græcis*, de donner le nom d'Epigramme à une piéce de cette étenduë. Gyraldus a cru pouvoir lui donner celui de *libellus*, & prenant occasion de louer l'Auteur en a fait une courte apologie contre ceux qui ont voulu dire que le chagrin de n'avoir pas été Cardinal avoit avancé sa mort. Cet homme, qu'il dit avoir été aussi modeste que docte, mourut d'hydropisie à l'age d'environ 36. ans. §.

3 Paul. Jov. Elog. num. 30. pag. 71. 75. edit. Basil. in-12.

4. Def. Erasm. in Dial. Ciceron. p. 161.

*Latia*

POETES MODERNES.

*Latina & elegantissima Zenobii Acciaioli Metaphrasi Poëtica, editum à Phil. Munckerc* in-4°. *Amst.* 1676.*

## Le Poëte ANDRELINI,

(*Publius Fr.* (1) *Faustus Andrelinus*) de Forli dans la Romandiole, mais Professeur à Paris sous Charles VIII. & Louis XII. Poëte couronné Poëte du Roi, (& de la Reine, si l'on veut rire avec Erasme) mort l'an 1518.

1249 LEs Poësies de Faustus Andrelinus ne sont point rares(2) premiérement, parce qu'on les a imprimées en plusieurs endroits & en divers tems, secondement parce qu'elles ne sont pas fort excellentes ni fort recherchées.

Il ne se soucioit pas beaucoup de mettre du sens dans ses compositions pourvû qu'il y mît des mots bien choisis & de riches expressions, comme si les choses étoient faites pour les mots, au lieu d'assujettir les mots aux choses.

Vossius écrit (3) qu'on pourroit dire des Ouvrages de ce Poëte,

---

1 ¶ Ces deux lettres Fr. qui semblent signifier *Franciscus* devoient être supprimées, Faustus ne s'étant jamais nommé que Publius Faustus Andrelinus. Erasme ne lui a donné en riant la qualité de *Poëta Regius & Reginens*, que parce que ce Poëte lui-même la prenoit, sous les règnes non seulement de Charles VIII. & de Louis XII. mais encore de François I. Voyés Chasseneuz son contemporain dans son Catalogue de la gloire du monde part. 10. consid. 4t. Erasme n'a pas suivi une éxacte chronologie lorsqu'[en]pitre 307. de l'édition de Leyde, il a écrit que Faustus mourut la même année que Musurus, celui-ci étant mort pendant l'automne de 1517. & Faustus pendant l'hyver de 1518. le 25. Février, comme le marque en termes exprès Textor feuillet 110 tourné de ses Epithètes, imprimées l'an 1518. à Paris *in-fol.* où il dit l'avoir vû très-gai la veille, & avoir causé avec lui. Une chose qu'on doit ici observer, c'est que l'année qu'en France on comptoit alors avant Pâque 1518 étoit suivant le calcul Romain 1519.

2 ¶ Elles sont rés-rares sur tout sa Livie, ou les 4 livres de ses amours, in-4. à Paris l'an 1490. & les 3. livres de ses autres Elé-

gies, là-même aussi in-4. 1494. le tout en Gothique, mais très-aisé à lire. Ses 12. Eglogues ne sont guére moins difficiles à rencontrer. Voyés dans Bayle au mot *Andrelinus*, lettre G. ce que je lui ai autrefois écrit là-dessus.

3 Ger. Joh. Vossius Institut. Poët. lib. 1. cap. 1. parag. 3. pag. 2.

¶ Ce que Vossius, dans l'endroit qu'on cite de ses Institutions poëtiques, rapporte d'Anaximénès, est véritablement dans Stobée. Mais ce qu'il rapporte ensui[te] touchant Longueuil sur la foi de Lusin, & touchant Faustus sur la foi d'Erasme paroit apocryphe. Il ne marque en effet ni l'endroit de Lusin touchant Longueuil, ni l'endroit d'Erasme touchant Faustus. Il y a pourtant cette différence que s'il avoit marqué l'endroit où Lusin dit que Constantin Lascaris comparoit Longueuil avec Anaximénès on prouveroit que le témoignage de Lusin est faux, parce que Constantin Lascaris est mort que Longueuil n'avoit pas dix ans, au lieu que s'il avoit marqué l'endroit d'Erasme touchant la syna[..]e qui manquoit aux écrits de Faustus, il n'y auroit nul moyen de contester.

*Tome IV.* Tt

Andrelini que *c'est une riviere de paroles & une goutte d'esprit.* C'est ce que Theocrite de Chio disoit autrefois des Ouvrages de l'Orateur Anaximenes, comme le rapporte Stobée. Erasme en jugeoit encore plus sévérement, lorsqu'il semble avoir voulu souten irqu'on ne trouvoit pas même cette *goutte d'esprit* dans tout ce q'uil a fait. C'est ce qu'il prétendoit nous faire entendre, lorsqu'il disoit qu'il ne manquoit qu'une seule syllabe aux Poësies de Faustus Andrelinus pour les rendre accomplies (1). Il paroît encore ailleurs n'avoir pas voulu laisser échapper les occasions de se mocquer de lui & de le tourner quelquefois en ridicule. (2)

Mais je ne sai pas bien si c'est de notre Faustus ou d'un autre Poëte vivant en 1540. appellé Gerard Faustus (3) que Jules Scaliger a voulu parler, lorsqu'il a dit que sa facilité à faire des vers a été fort bien receuë tant qu'il a vécu, mais qu'au reste il n'y a rien qui ne sente la poussiére de l'Ecole moderne. (4)

Cependant nos François n'ont pas laissé de l'entretenir & de l'honorer en qualité de bon Poëte. Ils ont témoigné même en faire assés de cas pour tâcher de rendre ses vers immortels en plus d'une maniére. Car sans parler des Commentaires (5) qu'y a faits Josse Badius Ascensius étranger, mais Professeur & Imprimeur à Paris, ses Distiques ont été traduits vers pour vers par Etienne Privé Parisien d'une maniere fort propre à faire mépriser leur Original (6). Et longtems auparavant Jean Paradin avoit mis en Quatrains François (7) une centaine des Distiques que cet Andrelinus adressa à Jean Ruzé Trésorier Général des Finances du Roi Charles VIII. pour le remercier d'une pension forte & honorable que cet aimable Prince lui faisoit payer avec des soins extraordinaires, & qui ne méritoit pas le deshonneur que ce plaisant Poëte a pensé lui faire, en nous donnant lieu de croire qu'on lui payoit ses vers au cartron ou au cent. (8)

\* *Fausti Andrelini Amorum lib.* IV. in-4°. *Parif.* — *Ejusdem Elegiæ.* — *Ejusdem de virtutibus carmen.* — *Ejusdem Elegiæ quædam castiores, sanc-*

---

1 1585.
2 Desid. Erasm. in Adagio *Mensa Syracusana.* Item apud Konig. in biblioth. Vet. & Nov. & Vossium loc. cit.
3 ¶ Ce Gérard Faustus est imaginaire.
4 Jul. Cæs. Scalig. Hypercrit. seu lib. 6. Poët. pag. 797.
5 ¶ Sur les Distiques moraux seulement.
6 Ils ont été imprimés l'an 1604.
7 L'an 1545.
8 Guil. Colletet Art Poëtique, Traité de la Poësie Morale nombre 42. pag. 118. & nombre 45. pag. 125. 126. Voici la Traduction de l'endroit d'Andrelinus par Jean Paradin :

Croissez mes vers, soyez en plus grand nombre,
Car c'est aux frais & salaires du Roy,
Seure richesse empeschant tout encombre
Exige vers en copieux arroy.

*tiorefque* in-4°. *Argent.* 1508. — *Ejufdem in Annam Francorum Reginam Panegyricon, de morte Francifci Britanniæ Ducis, & Annæ Reginæ patris Nænia* in-4°. *apud Afcenfium* 1519. — *De obitu Caroli* VIII. *deploratio.* — *Epitaphia varia.* — *Carmen de congratulatione Urbis Parrhifiæ primi Franciæ præfidis Electionem Carmen* in-4°. *Parif.* 1504. — *Ejufdem de fecunda victoria Neapolitana Parif.* 1507. — *Ejufdem Regia in Genuenfes victoria* 1509. — *Ejufdem Bucolica Parif.* — *Ejufdem Hecatodiftichon Paris* 1512. — *Ejufdem de geftis Legati, de captivitate Lud. Sphorciæ Triumphus Parif.* 1500. — *Ejufdem de fuga Baldi ex urbe Parifia & Epiftolæ proverbiales & morales* in-4°. *apud Afcenf.* 1516. — *Claudii Bodini de laudibus Fauftinis metricè* in-4°. *Parif.*

## ARIAS BARBOSA,

Qui aimoit mieux s'appeller Arius, Portugais, Poëte Latin, mort vers l'an 1520. vivant particuliérement fous les Rois Catholiques Ferdinand & Ifabelle, Precepteur d'Alphonfe & d'Henri freres de Jean III. Roi de Portugal, auparavant Regent à Salamanque.

1250    CE Barbofa fut un des principaux reftaurateurs des belles Lettres en Efpagne avec Antoine de Lebrixa & André de Refende. Il rétablit principalement l'honneur & l'ufage de la Poëfie dans fon pays, tandis que les autres tâchoient de décraffer & de polir les autres Arts. André Schott dit qu'il étoit heureux dans la ftructure de fes Vers (1), & qu'il avoit pour cela un avantage particulier, en ce qu'étant né Muficien, pour le dire ainfi, comme la plupart des Portugais qui excellent ordinairement en cette profeffion, il fembloit avoir naturellement l'harmonie & la cadence, qui étant jointe à l'étude ne pouvoit manquer de faire produire un bon effet à fa Mufe. Effectivement Dom Nicolas Antoine témoigne qu'il réuffiffoit mieux que de Lebrixa ou de Nebriffe dans la Poëfie. (2)

Les Epigrammes & les autres Poëfies de Barbofa ont été recueillies en un feul volume in-8°. qui eft affés petit.

---

1 A. S. Peregrin. Biblioth. Hifp. tom. 3. pag. 472. in-4.

2 Nicol. Anton. tom. 1. Biblioth. Scripr. Hifpan. pag. 132.

## TRANQUILLUS MOLOSSUS

De Casal en Piémont (1), vivant vers l'an 1520.

**1251** Jules Scaliger nous fait connoitre que cet homme avoit beaucoup de talent pour la Poësie, qu'il paroît du feu, de la noblesse & de l'élévation d'esprit dans ce qu'il a fait; mais qu'il ne s'est point assés appliqué à faire les retranchemens que demande la superfluité. (2)

1 ¶ Il n'y a point de Casal en Piémont, Gyraldus parlant de Tranquillus Molossus le fait de Crémone, & Jaques Philippe Tomasin rapporte entre les manuscrits qui se trouvoient dans la Bibliothèque de Laurent Pignoria *Tranquilli Molossi Cremonensis carmina*. Pignoria cependant inclinoit plutôt à le croire de Casal : *Cremonensem*, dit-il Epitre 33. *facit Gyraldus; ego Casalensem arbitror*, ce qui se doit entendre de Casal maggiore dans le Crémonois & non pas de Casal dans le Montferrat. Par le petit essai que Pignoria, dans l'Epitre alléguée, donne des vers de Molossus, on peut juger que ce n'étoit pas un Poëte du commun, & que ses Epigrammes, ses Odes, & ses Élégies méritoient fort de voir le jour ¶

2 Jul. Cæs Scalig. Hypercrit. seu lib. 6. Poët. cap 4. pag. 790.

## PIERRE GRAVINA

De Catane en Sicile (1), vivant vers l'an 1520. (2)

**1252** J'ai déja rapporté plus haut l'avantage que ce Poëte avoit remporté sur Baptiste Mantouan & Baptiste de Cantalice, au jugement de Pontanus & de Sannazar. Il faut ajouter ici que ce dernier qui n'avoit point coutume de louer personne, lui donnoit le prix pour l'Epigramme au préjudice de tous les autres Poëtes de son tems, & que Paul Jove a remarqué dans ses Elegies beaucoup de tendresse & de génie. (3)

1 ¶ Paul Jove qui dans ses Eloges dit que *natus est Petrus Gravina Catinæ in Sicilia*, avoit dit auparavant dans la vie qu'il avoit écrite de ce Poëte un peu plus au long : *natus est PetrusGravinaPanormi in Sicilia*. LeToppi qui d'abord l'appelle Napolitain, semble convenir ensuite qu'il étoit né à Palerme, mais qu'il étoit originaire de Gravina ville du Royaume deNaples en la terre de Bari, d'où sa famille avoit pris le nom de Gravina.

2 ¶ Gravina mourut l'an 1528. dans sa 75. année. Il y a un recueil de ses vers imprimés à Naples in-4. 1532. parmi lesquels ne se trouve pas le Poëme à l'honneur de Consalve, l'Auteur par sa négligence l'ayant laissé périr faute d'avoir voulu prendre la peine d'y mettre la derniére main ¶

3 Apud Paul. Jov. elog. 74. ubi vid. utrumque & in elog. Bapt. Mantuani.

## PAUL CERRATUS

D'*Alba* dans le Monferrat, au Duc de Savoie, surnommée par les anciens Latins *Pompeia*; vivant en 1520. & peut-être depuis.

1253 Les Poësies de cet Auteur se trouvent parmi les *Délices des Poëtes Latins d'Italie*, & ses trois Livres de la Virginité furent imprimés à part in-8°. à Paris l'an 1528. Scaliger témoigne (1); qu'il s'étoit tellement accoutumé au grand style, qu'il ne lui étoit pas possible de descendre de cette élévation, lors même qu'il traitoit des matiéres basses par elles-mêmes: de sorte qu'il párloit d'une mouche d'un ton aussi magnifique qu'il auroit fait d'un Héros. Il ajoute qu'il est court, qu'il est plein, & que, comme la Poësie est composée de quatre parties qui sont le *nerf* ou la force, le *nombre* ou la mesure, la *candeur* ou l'air naturel, & cette beauté qui consiste dans les agrémens accompagnés de la douceur, il ne lui manquoit que la derniére de ces quatre qualités pour être bon Poëte. Mais cet obstacle venoit plutôt du défaut de sa matiére que de celui de son génie ou de son jugement.

1 Jul. Cæs. Scalig. Hypercrit. seu lib. 6. Poët. pag. 798. 799.

## LE COMTE DE CHASTILLON

(*Baltafar*) Baldeſſar Caſtiglione, dit en Latin, ſelon la fantaiſie des Ecrivains *Caſtellio*, *Caſtalioneus*, *Caſtalio*, *Caſtilionæus*, &c. né à Mantouë, mari de la célébre Hippolyte Taurella (1), Evêque d'Avila en Eſpagne après diverſes Ambaſſades, mort à Madrid après la priſe de Rome par l'armée de l'Empereur Charles-Quint, âgé de 46. ans (2). Poëte Latin & Italien.

1254. Et Auteur s'eſt rendu célébre par ſes vers auſſi bien que par ſa Proſe. Ses Poëſies Latines ſont au premier tome des *Délices des Poëtes d'Italie*, recueillies par le prétendu Ranutius Gherus; & ſes Italiennes ont été imprimées diverſement.

Parmi les Latines, il y a des Elégies d'une grande délicateſſe. Jules Scaliger en louë une entre les autres qu'il ne fait point difficulté de préférer à toutes celles de Properce. Il dit (3), qu'il n'y a rien de plus élégant, de plus net, ni de plus agréable.

Sa *Cleopatre*, ſelon le même Critique, eſt capable de charmer toutes ſortes d'eſprits, & Paul Jove témoigne (4) que cette piéce eſt écrite dans un ſtyle tout-à-fait grand & héroïque. On y trouve, dit encore le même Scaliger, ce ſublime des penſées que Lucain avoit affecté ſi fort & qu'il avoit cherché inutilement. Mais le Comte de Chaſtillon a eu la prudence de mêler la douceur de Virgile avec cette grandeur qui lui étoit naturelle pour la compoſition de ſon ſublime. C'eſt ce qui le fait aimer & rechercher d'autant plus volontiers qu'on eſt rebuté du faſte & de l'aigreur de Lucain. De ſorte que ſi de Chaſtillon avoit compoſé tous ſes autres Ouvrages Poëtiques de la même force, on n'auroit point eu raiſon de lui diſputer le ſecond rang d'après Virgile.

Paul Jove écrit que cet Auteur a fait aſſés peu de vers Italiens; mais qu'ils n'ont pas laiſſé de lui acquerir la réputation d'excellent Poëte. C'eſt dommage que ces vers ne comprennent preſque que des amours & de la galanterie.

1 ¶ Ce qui l'a renduë célébre eſt une fauſſe prévention de quelques gens de lettres qui ont cru que c'étoit véritablement d'elle qu'étoit l'Elégie imprimée ſous ſon nom parmi les Poeſies Latines de ſon mari. Voyés là-deſſus le 2. tome du Menagiana pag. 36.

2 ¶ Agé de 56. ans l'an 1527.
3 Jul. Cæſ. Scalig. Hypercrit. ſeu lib. 6. Poët. pag. 797.
4 Paul. Jov. Elog. num. 77. pag. 172. edit. Baſil. in-8.

## ULRIC HUTTEN

Gentilhomme Allemand de Franconie, mort l'an 1523. (1)
Poëte Latin.

1255 ON trouve une bonne partie des Poëſies de Hutten au troiſiéme tome des *Délices des Poëtes d'Allemagne*; & ſéparément en un corps raſſemblé & imprimé à Francford. Quelques-uns ont cru pouvoir dire qu'il étoit plus heureux en Proſe qu'en Vers (2). C'eſt le contraire, ſelon Eraſme (3), qui témoigne que quelque éclat & quelque abondance qu'il paroiſſe dans ſa Proſe, elle n'a pourtant pas eu le ſuccès de ſa Poëſie.

Mr Borrichius dit (4) qu'il a beaucoup de ſel dans ſes Epigrammes, qu'il eſt vif & éloquent dans l'exhortation qu'il a faite à l'Empereur pour l'exciter à faire la guerre aux Venitiens; mais il ajoute qu'il n'a pû s'élever au deſſus du genre médiocre dans le Poëme Epique qu'il a fait ſur la pêche des Venitiens, ni dans celui qu'il a fait ſur l'Allemagne; qu'il a fait paroitre un peu plus d'élévation dans le triomphe de Capnion (5), & dans le Panegyrique de l'Archevêque de Maïence.

---

1 ¶ De la vérole à l'age de 36. ans.
2 ¶ Il ne l'a été en l'un ni en l'autre. On peut dire cependant que ſa Proſe avoit pour lui un avantage particulier, en ce qu'elle l'exemtoit de faire des fautes de quantité.
3 Eraſm. in Dial. Ciceronian. pag. 181. & apud Konig. pag. 419.
4 Olaüs Borrichius Diſſert. de Poët. Lat. pag. 131.
5 ¶ Piéce d'abord imprimée ſous le nom d'Eleutherius Byzenus, du Grec ἐλευτέριος liber & de Βύζηνος nom, ſelon Eraſme au proverbe *Byzeni libertas*, d'un homme qui diſoit librement tout ce qu'il penſoit. Zénobe, d'où Eraſme a tiré cela, écrit Βύζιγος

## MARC ANTOINE CASANOVA,

Dit, de Como, quoique né à Rome, & mort dans la même Ville de la peste, qui succeda à sa prise en 1527.

1256 IL fut déclaré le Prince des Poëtes Epigrammatiques de son tems, par le jugement même des Romains, c'est-à-dire de ceux qui ne pouvant encore presque digérer la perte qu'ils ont faite de l'Empire du monde, prétendoient du moins au siécle passé retenir une espéce de domination sur les esprits & sur les Lettres.

Effectivemement il avoit un talent tout particulier pour l'Epigramme. Il étoit enjoué, plaisant & subtil : il étoit le maitre de sa fin, pour laquelle il avoit toujours des pointes & des rencontres ingénieuses, dont il étoit si sûr, qu'elles n'étoient plus en lui de véritables rencontres.

Mr Konigius nous apprend que quelques-uns l'appellent le Catulle de son siécle (1.) Cependant Casanove, selon la remarque de Mr Colletet (2) aimoit beaucoup moins ressembler à Catulle qu'à Martial. Mais Colletet se trompe fort, de croire que cette disposition retourne à la gloire de Casanove, ou de Martial contre Catulle. Car Paul Jove qui est son unique garant, blâme Casanove du peu de raison qu'il faisoit paroître dans ce choix qui étoit la marque de son mauvais goût.

Il témoigne (3) qu'il n'a rien de cette pureté & de cette douceur qui fait tout le charme des vers de Catulle, qu'il est dur dans son stile, & qu'il a contracté l'impureté de Martial en voulant devenir mordant comme lui. Il ajoute pourtant à l'avantage de Casanove qu'il a fait un mélange assés heureux des caractéres de ces deux Poëtes dans les éloges ou inscriptions en vers qu'il a faites pour les hommes illustres de l'ancienne Rome.

\* Dans le tome 1. des *Délices des Poëtes d'Italie* on y voit son Epiphe, ainsi que ses Epigrammes.

*Comensis Casanova dum priores*
*Et Duces canit & canit Poëtas*
*Præcurtis Epigrammatis : perennem*
*Ac longam sibi gloriam paravit.*
De Casanova.\*

1 G. M. Konig. in Biblioth. Vet. & Nov. pag. 17.
2 Guil. Colletet Art Poëtique Traité de l'Epigramme pag. 60.
3 Paul. Jov. Elog. num. 76. pag. 176. edit. Basil. in-12.

JEAN

## JEAN PEREZ,

Dit en Latin PETREJUS, Espagnol, Poëte Latin de Tolede, Professeur d'Alcala de Henarez, vivant vers 1530. mort à l'âge de 35. ans.

1257  CEt Auteur a composé un Poëme Héroïque sur la *Madeleine*, que André Schott dit être dans le grand style, & des Epigrammes d'une maniére fort élégante & fort nette au jugement du même Auteur (1). Il a laissé encore quatre Comédies. Mais outre que ce n'est qu'une traduction Latine de l'Italien, c'est que l'Ouvrage n'est qu'en prose.

Si l'on s'en rapporte à Matamore (2), Pétrejus loin d'avoir rien de bas & de trivial, n'a même rien d'humain dans sa Poësie. Tout y est surnaturel, tout y est divin. Quoiqu'il fût fort Cicéronien, on ne trouve néanmoins dans ses Vers aucune marque de cette langueur que la douceur & l'abondance du discours, & particuliérement l'imitation de Ciceron, produit ordinairement dans ceux qui s'appliquent à la versification. S'il avoit vécu, il seroit devenu le Maître des cœurs & des esprits de ses Lecteurs par cette élévation de génie, jointe à ce grand feu avec lequel il faisoit ce qu'il vouloit, & il auroit peut-être accompli la prédiction que André Nauger Ambassadeur de la République de Venise auprès du Roi d'Espagne, avoit faite de lui au désavantage des Italiens (3).

1 A. S. Peregrin. Biblioth. Hispan. tom. 3. class. 3. pag. 577. 578.
2 Alphons. Garsi. Metamor. de Claris Academ. & Vir. illustr. Hispaniæ
3 Nicol. Anton. Biblioth. Scriptor. Hispan. tom. 1. pag. 579. 580.

## SANNAZAR

( *Jacques* ) dit en Latin *A Sancto Nazario*, qui s'eſt nommé lui-même *Actius Sincerus*, Azzio ou Attio Sincero Sanazarro ou Sannazaro, Cavalier ou Gentilhomme de Naples, né au lieu appellé *Le Banc ou le Siége de la Porte Neuve*, l'an 1458. mort l'an 1530. âgé de 71. ans & quelques mois. Le Toppi met pourtant ſa mort en l'année 1533. (1) Poëte Latin & Italien.

1258     Les principales d'entre ſes Poëſies Latines, ſont les trois Livres du Poëme ſur les Couches ſacrées de la ſainte Vierge, trois Livres d'Elégies, une Lamentation ſur la mort de Jeſus-Chriſt, trois Livres des Epigrammes, & cinq Eglogues (2). Parmi les Italiennes on compte ſon *Arcadie*, divers Sonnets, & des Chanſons.

Les unes & les autres lui ont fait beaucoup d'honneur, & elles ont acquis à ſon pays la gloire d'avoir produit un homme qui a penſé faire revivre dans ces derniers ſiécles la plus belle Antiquité, ou qui du moins ſemble être celui des Modernes qui ait approché le plus près des Anciens, au jugement de quelques Critiques (3). Barthius & Boiſſard ont prétendu même qu'il pouvoit avec juſtice diſputer le rang à quelques-uns de ces Anciens qui ſont du premier ordre (4). Mais Floridus Sabinus ſe contente de dire (5) qu'il a preſque touché au point de leur élégance & de leur délicateſſe : & le P. de la Cerda a crû (6) qu'il ſuffiſoit de convenir qu'ayant ſurpaſſé tous les Poëtes

---

1 ¶ Il eſt hors de doute qu'il mourut l'an 1530. Le Bembe parmi ſes Lettres Italiennes écrites aux Dames, remercie Veronica Gambara de deux Sonnets qu'elle lui avoit envoyés ſur la mort de Sannazar. Sa Lettre eſt du 16. Juin 1530. L'inſcription ſépulcrale rapportée par Sweertius marque la même époque, & de plus qu'il avoit vécu 72. ans, un mois 29. jours.

2 ¶ Quelques-uns n'ont compté que cinq églogues de Sannazar parce qu'ils n'y ont pas compris celle qui a pour titre *Salices* que Jule Scaliger ne laiſſoit pas de reconnoître pour la ſixiéme, quoiqu'il la trouvât fort mauvaiſe. Sur quoi on peut voir Ménage page 178. de ſes Obſervations ſur l'Aminte du Taſſe.

3 Vid. Nicol. Topp. Bibl. Neapolit. in paucis, & Leon. Nicod. addit. in multis.

4 Gaſp. Barthius Comment. in Eclog. quartam Nemeſiani pag. 215.
Item Jan Jacob. Boiſſard. in Iconib. ſeu Elogiis pag. 211.
Et apud Georg. Math. Konigium in Biblioth. Vet. & Nov.

5 Franc. Floridus Sabinus Apolog. L. L. adv. calumn. pag. 111.

6 Joan. Ludov. de la Cerda commentar. in verſ. 734. libri VII. Æneïd. &c.

POETES MODERNES. 331

de son tems, il a contribué à l'ornement de la ville de Naples plus Sannazar.
que n'avoit fait autrefois le Poëte Stace.

Mr Borrichius prétend qu'il a porté la Poësie Latine jusqu'au plus haut degré qu'on la puisse faire monter, dans des siécles où la Langue qu'on employe n'est pas la vulgaire (1). Et Paul Manuce ne fait point difficulté de lui donner beaucoup d'encens, parce qu'il juge que ses Poësies devoient le rendre immortel, & qu'il étoit unique à prétendre légitimement cet honneur (2). Il releve particuliérement le mérite de ses Latines, en quoi il se faisoit aussi une espéce de plaisir à cause du soin qu'il prenoit de les publier.

Manuce n'étoit pas le seul dans Rome qui rendoit de si glorieux témoignages aux vers de Sannazar. Erasme dit (3) que les Citoyens de la ville les avoient reçûs avec des applaudissemens merveilleux, & que deux Papes même, savoir Leon X. & Clement VII. lui en avoient fait chacun un Bref de compliment & de congratulation.

C'est principalement le Poëme des Couches de la sainte Vierge qui a attiré tant de gratifications à Sannazar. On peut dire en effet qu'il y avoit employé tous ses talens. Jules Scaliger y trouve toutes les parties qui sont essentielles à la Poësie pour en faire un beau corps comme sont les nerfs, la juste proportion, l'air naturel, & la beauté; & toutes ces parties y sont animées, selon lui, par un admirable tempérament comme le corps l'est par son ame. Il ajoute que Sannazar a la veine très-pure & très-modérée, & qu'elle coule avec beaucoup d'égalité (4).

Joseph Scaliger y reconnoît aussi (5) une grande netteté & beaucoup de clarté, jointe à une fort belle invention. Erasme, témoignant (6) que son style est également éxact & agréable, comble son éloge, en disant qu'il est heureux dans les vers jusqu'au miracle. Et pour donner plus de jour à cette pensée d'Erasme, il faut s'imaginer avec Valentino Odorici (7) que la matiére que Sannazar avoit choisie pour le sujet de son Poëme, quelque noble & quelque sublime qu'elle fût par elle-même, ne laissoit pas d'être très-simple, & toute nuë, pour me servir de ses termes, c'est-à-dire, toute dépourvûë

---

1 Olaüs Borrichius Dissertat. tertia de Poët. Latin. pag. 105. numero 113.

2 Paul. Manut. in Epistol. dedic. operum Lat. Sannaz. ad Carlon.

3 Des. Erasm. in Dialog. Ciceronian. pag. 205. 206.

4 Jul. Cæs. Scaliger Hypercritic. seu lib. 6. Poëtices pag. 812.

5 Joseph. Just. Scalig. in primis Scaligeranis pag. 132.

6 Erasm. iterum in Dialog. prædict.

7 Valentin. Odoricius in additionib. ad Biblioth. Neapolit. N. Topp. per Leonardo Nicodemum pag. 36. ubi & de Elogiis Sannazari.

*Sannazar.* d'ornemens; & qu'il a fallu avoir la capacité de Sannazar pour savoir la revêtir si richement. Je parle selon le sens de ces plaisans Critiques qui croiroient une de nos Religieuses bien parée, s'ils la voyoient couverte des habits pompeux d'une Comédienne.

Je n'ai pas sujet de craindre d'être désavoué des plus judicieux dans cette comparaison, puisqu'ils conviennent que les ornemens dont Sannazar a prétendu embellir son sujet, sont entiérement profanes & indignes de la sainteté de sa matiére.

Erasme (1), Scipio Gentilis (2), Mr de Balzac (3), & le P. Rapin (4) n'ont pas crû qu'on pût lui pardonner une si grande faute de jugement. Ce mélange qu'il a osé faire des fables du Paganisme avec les Mystéres de notre Religion, a toujours paru quelque chose de monstrueux aux personnes de bon sens.

Sannazar n'a point eu honte de remplir un Poëme Chrétien de Dryades & de Nereïdes; d'ôter d'entre les mains de la sainte Vierge les Livres des Prophétes & des Pseaumes pour y mettre les vers des Sibylles (5); d'introduire au lieu d'Isaïe, de David, ou de quelqu'autre Prophéte, le Protée de la Fable à l'antre du Jourdain, prédisant le Mystére de l'Incarnation; & par ce moyen de rendre fabuleuse, autant qu'il a pu, l'une des plus saintes & des plus importantes vérités de notre Religion. Il n'a pas même daigné nommer une seule fois le nom du Sauveur du Monde, ayant affecté visiblement, selon Scipio Gentilis, de ne jamais employer le nom de JESUS : Et lorsque quelques-uns entreprennent de l'excuser sur ce qu'il a crû que ce nom n'ayant pas été en usage parmi les anciens Latins, il auroit pû choquer les oreilles de ses Lecteurs, ils ne songent peut-être pas qu'ils appuyent une délicatesse qui est fausse, & qui semble tenir quelque chose de la folie & de l'extravagance.

Mais en récompense Sannazar ne sera pas accusé d'avoir péché par un excès pareil de circonspection & de scrupule, lorsqu'il a appellé la sainte Vierge l'*Espoir des Dieux*.

Une conduite si peu réguliére a fait croire à Erasme que Sannazar n'avoit pas songé à servir sa Religion, ni à travailler pour l'Eglise en faisant ses vers; & lui a fait dire que quand il s'agira de parler sérieu-

---

1 Des. Erasm. pag. 207. 208. Dial. Ciceroniani edit. Lugd. Batav.

2 Scipio Gentilis in not. ad Epistol. D. Pauli ad Philemonem pag. 40.
Et ex eo G. M. Kœnigius pag. 723. Bibl. V. & N.

3 J. L. G. de Balzac Dissertat. sur la Tragédie de Dan. Heinsius sur *Herode ou le Massacre des Innoc*. pag. 29.

4 Ren. Rapin Réflexions particul. sur la Poëtique seconde partie Refl. XIII.

5 ¶ Ceci est excusé pag. 342. d'un Glossaire imprimé à Dijon l'an 1720. ↓

fement, il préférera toujours une feule hymne de Prudence fur la Naiſſance de Jeſus-Chriſt, à tous les trois Livres de Sannazar, étant sûr d'y trouver incomparablement plus de piété & de ſolidité Chrétienne.

Voilà le ſentiment d'Eraſme qui pour cette fois, comme en quelques autres occaſions, a témoigné plus de ſageſſe que ces flateurs Italiens qui ont voulu nous perſuader que ce ſeul Poëme de Sannazar ſuffiſoit pour térraſſer Goliath & pour appaiſer le trouble de Saül : comme ſi c'eût été une fronde propre à fendre la tête au premier, & une lyre capable de charmer le Démon du ſecond.

Car on peut dire que cette conduite eſt beaucoup moins tolérable dans Sannazar que dans ces autres Poëtes du Chriſtianiſme, qui diſſimulant qu'ils ſont Chrétiens, croyent pouvoir traiter les matiéres profanes en Ecrivains profanes : au lieu qu'on ne peut guéres excuſer de ſacrilége Sannazar, & ceux qui comme lui ont traité les choſes ſaintes en Païens.

Ce défaut capital que nous venons de remarquer dans le Poëme des Couches, n'eſt pas le ſeul que les Critiques y ayent trouvé, quoiqu'il en ſoit le principal. Le P. Rapin y en a fait voir d'autres qui regardent l'ordonnance du Poëme & les maniéres de la compoſition. Il avouë de bonne foi (1) que la pureté du ſtyle de Sannazar eſt admirable, mais il prétend que la conſtitution de ſa fable n'a nulle délicateſſe, & que ſa maniére n'eſt nullement proportionnée à la dignité de ſon ſujet. Il dit ailleurs (2) que ce Poëte s'eſt contenté de copier les phraſes de Virgile ſans en exprimer l'eſprit ; qu'à la vérité il a quelques traits de ce grand air, mais qu'il en a trop peu ; qu'il retombe dans ſon génie, & que parmi les vains efforts d'une imitation ſervile, il laiſſe de tems en tems échaper des traits de ſon propre eſprit.

Paul Jove ſemble en avoir dit encore quelque choſe de plus déſavantageux en moins de mots, lorſqu'il ſemble ſe mocquer de la patience que Sannazar a euë de travailler vingt ans durant à acquérir ſur cet Ouvrage une gloire à laquelle il n'a pourtant pas pû parvenir (3).

Le Giraldi qui donne d'ailleurs beaucoup d'éloges à Sannazar pour ſa diligence, pour ſon éxactitude, & pour la ſolidité de jugement qu'il lui attribuë, n'a pû s'empêcher auſſi de blâmer ce Poëte

---

1 R. Rapin dans la Réfl. XVI. de la même partie.
2 Réflex. générales ſur la Poët. Réflex. XXXII.
3 Paul. Jovius Elogior. numer. 80. pag. 186. & ſeq. edit. in-8°. Baſil.

*Sannazar.* d'avoir fait gémir & crier son Poëme sous la lime durant un si long espace de tems, & de l'avoir trop usé & trop affoibli sous prétexte de le polir de plus en plus. (1)

Erasme trouvoit aussi que l'usage trop fréquent des Synalephes dont ce Poëme est rempli, ôte quelque chose à sa beauté; & il ajoute que toute la composition paroît plus digne d'un jeune homme qui a voulu éprouver ses forces sur la Poësie, que d'un homme grave & sérieux qui auroit voulu rendre service au Public (2).

Cependant si l'on considére encore ce Poëme par cet endroit, l'on trouvera qu'il sera encore beaucoup moins estimable que les *Eglogues* du même Auteur, lesquelles, selon le sentiment de Paul Jove (3), ont obscurci & effacé généralement tous les autres Ouvrages de Sannazar, parce qu'il les avoit composées, ou plutôt, pour me servir de ses termes, qu'elles lui étoient échappées du cerveau parmi les boüillons de sa jeunesse, qui est l'âge auquel on est le moins scrupuleux & le moins difficile sur ses propres Ouvrages. Sannazar n'ignoroit pas ce qu'en pensoit le Public dès son vivant; & quoiqu'il eût de la confusion de voir que l'on reconnût si mal le mérite d'un Ouvrage de vingt années, qui étoit le fruit de la maturité de son âge & d'une longue expérience dans l'Art Poëtique, il ne laissoit pas de ressentir un plaisir secret de voir qu'on se déclarât pour ce qui faisoit l'objet de sa tendresse plutôt que de son estime.

Paul Jove a été suivi dans cette opinion par d'autres Critiques assés connus, & particuliérement par le P. Vavasseur (4), qui veulent nous faire connoître par la réfléxion qu'ils y ont faite, qu'en matiére de Poësie les Ouvrages formés à la hâte dans la première chaleur de l'imagination & sans une longue méditation, enlévent quelquefois l'estime qui est dûë aux piéces les plus travaillées.

Pour ce qui regarde les Poësies Italiennes de Sannazar, on peut avancer avec le même Paul Jove qu'elles n'ont pas été moins estimées que les Latines par ceux du Pays. Elles ont, dit-il, le même sel, les mêmes agrémens, & elles portent le caractére de leur Auteur, particuliérement dans les excès qu'il y a commis, soit dans l'aigreur de ses vers mordans qui sont pleins de traits acérés & envenimés, soit dans la mollesse de ses vers galans, par lesquels il a fait voir le

---

1 Lil. Gregor. Gyraldus Dialogo 1. de Poëtis sui ævi pag. 384.
2 Erasm. loco supra citat. &c.
3 P. Jovius in Elogio Act. sinc. Sannazari ut suprà.
4 Johann. Math. Toscan. in Peplo Italiæ lib. 2. pag. 47. & alii quidam à Leonardo Nicodemo citati in additionib. ad Toppinm F. V.

Remarques sur les Réflex. concern. la Poëtique pag. 103. 104.

le jour aux désordres que l'amour déréglé avoit causés dans son cœur (1).

La plus célébre de toutes ses piéces Italiennes, est son Arcadie qui parut dès l'an 1514. Messieurs de Port-Royal disent qu'elle est écrite avec une délicatesse & une naïveté merveilleuse, soit pour les vers soit pour la prose (2).

* *Actii Sincerii Sannazarii de partu Virginis lib.* III. — *Lamentatio de morte Christi, & piscatoria* in-8°. *Paris.* 1527. — *Idem Venet. apud Aldum* 1533. — *Arcadia del Sannazario,* in-8°. *Venet. apud Aldum* 1534. — *Ejusdem opera omnia Latine scripta,* in-8°. *Venet.* 1535 & 1570. — *Ejusdem Elegiarum lib.* III. & *totidem Epigrammatum* in-8°. *Venet.* 1535. — *Sonnetti & Canzoni di Sannazaro,* in-8°. *in Venetia* 1533.

1 ¶ Baillet confond ici ce que Paul Jove distingue en ces termes : *Scripsit tanquam ambidexter Etrusca simul, atque Latina carmina pari lepore, sale-que, arridentibus utrinque Musis quum multo felle odii subamarus, præpilata jaculo iambis intorqueret : aut amorum suorum dulcedine resolutus tenerrime lasciviret.* Les Poësies Italiennes de Sannazar étant toutes amoureuses, il n'y faut pas chercher l'aigreur de ces vers mordans, ni ces traits acérés & envenimés que Baillet croit qui s'y trouvent. Le mot seul *iambis* devoit bien lui faire sentir que cela regardoit les Epigrammes Latines de Sannazar, parmi lesquelles, entre autres vers Satiriques dont le nombre n'est pas petit, se trouvent ces ïambes contre César Borgia : *O taure &c.* & ceux-ci contre Politien : *Vanas gigantium iras &c.* ¶

2 L'Auteur Anon. de la Préface sur la Gramm. Italienne nomb. 4. pag. 7.

---

## MARCEL PALINGENE,

Poëte Latin d'Italie, vivant en 1531. appellé le Poëte *Etoilé* (1) peut-être à cause du titre de son Ouvrage.

1259   LE principal Ouvrage de cet Auteur, est ce grand Poëme moral auquel il a donné le titre de *Zodiaque de la vie humaine.* Il est divisé en douze Livres qui portent chacun le nom d'un signe céleste, mais sans autre mystére que celui du rapport qu'il peut y avoir entre douze & douze, comme Hérodote avoit autrefois donné le nom des neuf Muses aux neuf Livres de son histoire.

Jules Scaliger n'a pas laissé de blâmer ce titre, à cause qu'il n'y a

1 ¶ Le titre de l'ouvrage doit être ainsi ponctué, *Marcelli Palingenii Stellati, Poëtæ doctissimi Zodiacus vitæ.* Ce qui signifie ; Le Zodiaque de la vie par Marcel Palingéne de la Stellada, Poëte très-docte. Le mot *Stellati* marque le lieu de la naissance du Poëte, savoir la *Stellata* ou *Stellada* dans le territoire de Ferrare sur la rive du Pô au midi. Quelques-uns par cette raison l'ont au lieu de *Stellatus* appelé *Stellatensis*, entre autres Christophle Wirsungus Commentateur de Palingéne. ¶

**Palingene.** rien dans l'Ouvrage qui nous marque quelque rapport avec ce que nous avons coutume d'entendre par le mot de Zodiaque & des douze signes (1).

Il juge que tout ce Poëme n'est qu'une Satire continuelle, mais qu'elle est sans aigreur, sans emportement, & qu'il n'y a rien de contraire à l'honnêteté ni à la bien-séance. Il dit même que sa diction est pure, mais que son style est d'un caractére fort bas aussi-bien que sa versification. Il ajoute qu'il a fait connoître la légéreté de son esprit & le peu de solidité de son jugement en diverses rencontres, & que cela paroît particuliérement lorsqu'il traite un sujet. Il ne se contente pas de dire ce qu'il y a de nécessaire, mais il va toujours chercher une infinité de choses étrangéres au sujet (2), ou qui ne le regardent que de bien loin, & il ne finit point qu'il n'ait épuisé toute la matiére jusqu'aux moindres minuties. C'est sans doute ce qui a fait dire à l'Abbé d'Aubignac (3), qu'on pourroit bien ôter des œuvres de Palingene plusieurs milliers de vers, sans lui en ôter de nécessaires.

D'ailleurs Joseph Scaliger estime (4) que ce n'est pas un Poëte si fort à mépriser, & il reconnoît en lui une assés grande facilité. Mr Borrichius dit même qu'il y a de l'industrie dans la conduite de l'Ouvrage ; nonobstant la bassesse du style (5).

Mais ce qu'il y a de plus important à considérer, est la Morale qu'il a entrepris de nous enseigner dans tout cet ouvrage. Le Sieur Colletet dit (6) que Palingene semble avoir voulu faire le plus grand effort qu'on eût encore essayé de faire dans une matiére si nécessaire à la conduite de la vie de l'homme. Et quoique dans la vaste étenduë de son Poëme il y ait des maximes qui semblent tenir un peu du libertinage & même de l'impiété, avec des traits picquans contre l'autorité des Papes & la vie des Moines (7) ; on ne laisse pas d'y

---

1 Jul. Cæf. Scaliger Hypercrit. seu lib. 6. Poëtic. cap. 4. pag. 792. 793.

2 ¶ Le sens de ces paroles de Jules Scaliger : *Nam si quid semel arripuit ad dicendum, omnes illius rei vicinas, omnes excutit affinitates*, est que Palingéne lorsqu'il entreprend de traiter un sujet, n'omet rien de tout ce qui le regarde près, ou loin.

3 Hedelin d'Aubignac de la pratique du Théâtre livre 1. chap. 8. pag. 71.

¶ Pourquoi renvoyer à l'Abbé d'Aubignac qui ne fait eu cela, comme il le déclare lui-même, que copier Scaliger, dont il rapporte les paroles tirées du propre endroit que cite Baillet.

4 Joseph. Scaliger in primis Scaligeranis pag. 118.

5 Olaüs Borrichius Dissertation. tertia de Poët. Latin. pag. 102.

6 Guill. Colletet Art Poëtiq. Disc. de la Poësie Morale nombre 26. pag. 94. 95.

7 ª C'est pour cela que le cadavre de l'Auteur, quoique dans son Epitre dédicatoire il eût soumis ses vers à l'autorité de l'Eglise, fut déterré & brulé. On en rapporte une autre raison, mais fabuleuse, pag. 617. &c. du Journal des Savans 1703.

*trouver*

trouver mille endroits remplis d'une doctrine assés bonne & assés solide (1).

* *Marcelli Palingenii, Zodiacus vitæ* in-8°. 1569. — *Ejusdem* in-8°. *Lugd. apud Fornæsium* 1556. 1559. — *Ejusdem Zodiacus vitæ* in-8°. *Amst.* 1698.

6 Voyés l'Index des livres défendus dans la premi. Classe, où on le fait passer pour un Lutherien.

## NICOLAS BOURBON (1).

L'ancien, fils d'un Forgeron, natif de Vandeuvre en Champagne, entre Troyes & l'Abbaye de Clairvaux, Précepteur de la Reine de Navarre Jeanne d'Albret fille de Marguerite de Valois Niepce de François I. & Mere d'Henri le Grand, vivant du tems d'Erasme, Poëte Latin.

1260    Cet Auteur a laissé huit Livres d'Epigrammes qu'il a appellées ses *Niaiseries* (2), dont un Allemand nommé Lundorpius tira les plus agréables, & en fit un Recueil qu'il publia à Francford il y a environ soixante ans. On peut voir encore une partie des Poësies de ce Bourbon, au premier tome des *Délices des Poëtes Latins* de la France.

Erasme témoignoit faire un cas tout particulier de ses vers, dont la douceur & les agrémens l'ont rendu fort recommandable à la postérité (3). Paul Jove fait connoître aussi qu'il étoit dans les

---

1 ¶ On sait qu'il naquit l'an 1503. & qu'il vivoit l'an 1550. mais on ne sait pas quand il mourut.

2 ¶ En voici le titre tel que l'Auteur l'a donné.

*Nicolai Borbonii Vandoperani Lingonensis Nugarum libri octo.*

Sur quoi Joachim du Bellai fit cette Epigramme qui est d'autant meilleure qu'elle dit vrai.

*Paule tuum inscribis Nugarum nomine librum*
*In toto libro nil melius titulo.*

Cette pensée se présentoit d'elle-même; celle-ci d'Owen a plus de finesse & de tour.

*Quas tu dixisti Nugas, non esse putasti.*
*Non dico nugas esse, sed esse puto.*

Voyés aussi Balzac dans sa Dissertation 7. addressée à Dom André, où ce livre d'Epigrammes dont il paroit si mal content n'est autre que celui des *Nugæ*. C'est à la page 598. du 2. tom. in-fol. *Bagatelles*, comme l'a fort bien remarqué Ménage, étoit le mot propre à rendre en François le Latin *Nugæ*, & non pas *Niaiseries*, d'autant plus que les *Nugæ* de Bourbon ne sont pas dans ce style niais dont Patris faisoit profession.

3 P. Pellisson Relat. historique de l'Académie Françoise pag. 266.

Desid. Erasm. in Epistol. apud Konig. in Biblioth. pag. 124.

mêmes sentimens, ajoutant que Bourbon étoit fort tendre & fort agréable (1). Monsieur de Sainte Marthe dit que ce qu'il y a de plus louable en lui, c'est d'avoir joint à ses talens naturels une grande connoissance de l'Antiquité & de la Langue Grecque, qui lui a donné lieu de mêler du solide parmi le brillant de ses vers (2).

Un Ecrivain de Port-Royal reconnoît (3) qu'il a une belle cadence, & qu'il y a une certaine harmonie qui plaît beaucoup à l'oreille dans la plupart de ses Epigrammes, mais il prétend en même tems qu'il y en a aussi beaucoup qui sont vuides de sens. Ce qui ne doit pourtant pas faire perdre à Bourbon la qualité de bon Poëte, que Joseph Scaliger semble avoir voulu lui refuser (4), en l'appellant avec assés de dureté un Poëte de nul nom & de nulle considération. Car si cela étoit, ceux qui ont fait des Commentaires sur sa Pædologie ou ses Distiques moraux, comme Jean Descaures d'Amiens, qui publia les siens l'an 1571, auroient travaillé assés inutilement (5).

1 Paul. Jovius ad calcem Elogior. pag. 301. 302. edit. in-8°. Basil.
2 Scævol. Sammarthan. Elogior. Gall. lib. 1. pag. 18. edit. in-4°.
3 Delect. Epigramm. in Dissertation. præfix. operi, &c.
4 Joseph. Scaliger in primis Scaligeranis pag. 75.
5 Guill. Colletet Art Poëtique Discours sur la Poësie Morale nomb. 42. pag. 1:3,

§. 1.

## LOUIS ARIOSTE

Natif de Ferrare (1) originaire de Boulogne, Poëte Italien & Latin, mort le 6. Juin l'an 1534. âgé de 59. ans.

1261 L'Arioste a fait quelques Poësies Latines, que l'on a inférées (2) dans le premier tome des *Délices des Poëtes d'Italie*. Elles y sont confonduës, avec celles de plusieurs autres Poëtes de médiocre réputation : mais il n'en est pas de même de ses Poësies Italiennes, qui ont mérité d'être considérées avec beaucoup de distinction, & d'être mises à part.

Les principales de ce dernier genre sont 1°. ses *Satires* qui ont fait

1 ¶ Il naquit à Reggio.
2 ¶ Elles avoient été long-tems auparavant imprimées chés Valgrise avec celles de Pigna & de Calcagninus.

quelque éclat dans leur naissance, mais qui ne font plus grand bruit aujourd'hui (1) : 2°. ses *Comédies* dont les plus célébres sont *Il Negromante*, *la Cassaria*, *Gli Suppositi*, *La Lena*, & *La Scolastica* (2).

Bumaldi ou Montalbano dit (3) que toutes ces Comédies sont écrites avec un artifice admirable. Mr de Balzac témoigne (4) qu'il y a dans ces Comédies de l'Ariofte comme dans celles de Térence un juste milieu entre le sublime & le bas, & que c'est cette médiocrité toute d'or, toute pure, & toute brillante qui étoit si connuë & si estimée dans l'Antiquité. Le même Auteur nous fait connoître dans un autre de ses Ouvrages (5) qu'il n'étoit pas satisfait du P. Pallavicin, depuis Cardinal, sur les Comédies de l'Ariofte, & qu'il n'entend pas ce *Grande Positivo* ( ou cet air plus que médiocre ) dans lequel il veut qu'on le croye. Il ajoute qu'il ne trouve pas le grand Poëme meilleur en son genre que les Comédies le sont au leur; & que pour la régularité il n'y a pas de comparaison.

Quoique toutes ces Comédies ayent fait avoir à leur Auteur l'estime & les applaudissemens du Public, néanmoins Paul Jové nous apprend que celle des *Supposés* a remporté le prix sur les autres (6); & que si l'on en considére l'invention & les divers agrémens, on trouvera qu'elle ne céde presque à aucune de celles de Plaute.

3°. Mais rien n'a mis l'Ariofte en si grande réputation que son Poëme de *Roland le Furieux*. Le premier jugement qui fut rendu de cet ouvrage à son Auteur, ne lui fut pas fort favorable. C'est celui du Cardinal Hippolyte d'Est, qui ayant reçû le Poëme en qualité de Patron, parce qu'il lui étoit dédié, se fit son juge après l'avoir lû, & lui dit en le lui rendant d'un ton assés cavalier, qu'il ne savoit où il avoit pêché tant de sottises (7). *Dove, Diavolo, Messer Ludovico, avete pigliate tante coglionerie?*

Cependant toutes ces fadaises bien arrangées, assaisonnées d'un goût un peu relevé, & débitées avec beaucoup d'agrémens, ont fait

---

1 ¶ Elles sont autant estimées que jamais par les connoisseurs.

2 ¶ Il n'y a pas d'autres Comédies de l'Ariofte que ces cinq. §

3 Joan. Anton. Bumald. sive ut volunt Ovid. Montalban. in Minerv. Bonon. sive Anadem. Civ. Bonon script. illustr. pag. 151. 152.

De Balzac Lettre xx. du 4. livre à Chapelain de l'an 1638.

4 J. L. Guez de Balzac Traitt. du Caractére de la Comédie pag. 38. edit. d'Holl. & 511. du 2. vol. *in-fol.*

5 Le même Balz. Lettre 19. du 4. livre à Chapelain de l'an 1639. Voyés aussi Lettre 6. & Lettre 8. du même liv.

6 Paul Jovius Elogior. num. 84. pag. 198. edit. in-8°. Basileens.

7 ¶ *Badineries* auroit été un mot plus propre. L'Aretin dans une Lettre au Dolce du 7. Décembre 1537. *un mio servitor*, dit-il, *sentendo leggere i mei salmi*. Il entend sa paraphrase des sept Pseaumes Pénitentiaux : *disse : mi non sò u Diavolo il padron si cotti tante bagatelle?* §

**Ariofte.** dire à Muret (1) & à Paul Jove que l'Ouvrage pourroit bien passer à l'immortalité avec son Auteur ; & l'on peut dire qu'il en a assés bien pris le chemin, puisque le Bumaldi nous assure (2), qu'il n'y a presque point d'endroits dans le monde où il n'ait été imprimé, ni de langues, sur tout en Europe, dans lesquelles il n'ait été traduit.

C'est une opinion assés commune dans l'Italie que ce Roland a terrassé tout ce qui avoit paru devant lui, & particuliérement le Roland du Boiardo & le Morgante du Pulci ; ce dernier par la grandeur des choses & la majesté des vers, & l'autre en se saisissant de son titre, en réformant & en perfectionnant ses inventions (3) De sorte que selon Mr Rosteau (4) Roland le furieux n'a eu de concurrent ou de superieur que le Godefroy du Tasse, qui est venu après lui dans le monde.

Jamais piéce ne fut remplie de tant de choses différentes, de combats, d'enchantemens, d'avantures bizarres, que ce Poëme de l'Arioste ; & l'on dit qu'il partage encore aujourd'hui une partie des beaux Esprits de l'Italie, avec la Jerusalem délivrée dont nous venons de parler.

Il semble que ce soit un trophée composé des dépouilles des autres Auteurs Italiens, & il paroît qu'il n'a rien oublié de ce que son génie & son industrie lui ont pû suggerer pour rendre son Ouvrage accompli, & lui donner tous ses ornemens (5).

Messieurs de Port Royal disent qu'il a écrit avec une éxactitude merveilleuse, & qu'il peut être lû avec profit, si l'on en retranche quelques endroits qui peuvent blesser l'honnêteté (6). Il n'a pourtant pas donné un caractére de sublime & de grandeur à son style, & on y reconnnoît aisément l'Auteur des Comédies dont nous avons parlé plus haut. Mais il ne laisse pas d'avoir de l'élévation dans son caractére enjoué & plaisant. C'est ce que Mr Despreaux semble avoir jugé d'estimable en lui, lorsqu'il dit (7) :

*On peut être à la fois & pompeux & plaisant,*
*Et je hais un sublime ennuyeux & pesant.*
*J'aime mieux Arioste & ses fables Comiques,*
*Que ces Auteurs toujours froids & mélancholiques* (8).

---

1 Marc. Ant. Muret. variar. lection. lib. 18. cap. 8. edit. 1604. Francofurt. in-8°.
2 Minerv. Bonon. Anadem. Bumaldi ut suprà pag. 152. &c.
3 Jovius in Elogiis ut suprà.
4 Rosteau sentim. sur quelques livres qu'il a lûs pag. 59. MSS.
5 Paul Jov. ut suprà.

6 Aut. Anon. de la Gramm. Ital. Nouv. Method. préface pag. 13. & 14. de P. R.
7 Despreaux Art Poëtiq. chant 3.
8 ¶ Quiconque aura les Epitres de Barthelemi Riccius imprimées l'an 1560 in-8°. à Boulogne y trouvera au 5. livre un bel & ample éloge de l'Arioste dans l'Epitre *ad Virginium & Joannem Baptistam fratres Ludovici filios.*

## POETES MODERNES.

Mais avec tant de belles qualités les Critiques ne sont pas encore *Arioste* convenus de dire que le Roland est un Poëme parfait, ou même que c'est un véritable Poëme, si l'on en juge suivant les régles de l'Art.

Le Tasse trouvoit qu'il n'y avoit point d'unité de Fable ni d'Action dans ce Poëme. Jacques Mazzoni ayant entrepris la défense de l'Arioste, fit voir au Tasse qu'il se trompoit, & il le contraignit d'avouer que le sujet du Roland est simple, & qu'il n'y a point de multiplicité ni dans la Fable, ni dans l'Action (1), comme nous l'apprenons de Victorio Rossi. Mais le P. Mambrun sans avoir eu connoissance des raisons de Mazzoni, ou sans s'y être voulu arrêter, a décidé nettement, que l'unité de l'Action n'est point dans le Roland, & que ce Poëme n'est pas régulier (2) ni dans l'ordonnance, ni dans la proportion des parties.

Les autres Critiques François n'en ont pas jugé plus favorablement. Jacques Peletier du Mans y a trouvé beaucoup de choses dignes de sa Censure (3). Il accuse d'abord le Titre du Poëme de peu de justesse. Ou le titre n'est pas bon, dit-il, ou le Poëte a mal suivi son sujet. Car ayant pris le titre de Roland, il ne parle de lui qu'en trois ou quatre chants. Après divers circuits & détours il veut finir son Livre par Roger. Ce qui nous fait voir que le Poëme est mal conçû, & que l'ordonnance en est mal entenduë. S'il avoit dessein de rendre service ou de faire honneur à la Maison d'Est, il devoit le faire sous le Titre d'un Roger plutôt que d'un Roland.

Le même Auteur prétend qu'Arioste n'a pas dû s'assujettir comme un esclave à suivre Virgile dans toutes ses démarches, & qu'il a dû étudier davantage le génie de son siécle & de celui de cet Ancien, & avoir plus d'égard aux circonstances différentes. Qu'il débite d'ailleurs beaucoup de choses frivoles & indignes du Poëme heroïque, & qu'il amasse des tas de contes & de plaisanteries fort désagréables & fort mal-placées.

Mr de Balzac dit (4) que si les Italiens ont raison d'appeller Arioste le Prince des Poëtes de son pays, c'est peut-être parce qu'il s'est comporté dans son Poëme comme un Prince dans ses Etats. C'est, dit-il, en vertu de cette souveraineté qu'il ne reconnoît point les Loix, & qu'il se met au-dessus du droit commun. Il fait une partie

---

1 Jan. Nicius Erythr. Pinacoth. 1. Elogior. pag. 67. in Jac. Mazz.
2 Petr. Mambrun. Dissertation. de Carmine Epico quæstion 5. pag. 372.
3 Jac. Peletier Art Poëtique livre 1. chap. 5. de l'Imitation, & dans du Verdier., &c.
4 Balz. Discours Critiq. sur l'Infanticide de D. Heinsius.

**Ariofte.** de ſes Fables de nos Myſtéres, & il ſe joue de ce que nous adorons. Il traite la Religion avec des indignités étranges. Quoiqu'il arrive ſouvent que le déſordre ſoit divertiſſant dans ſes Ecrits, & que ſa confuſion nous cauſe ſouvent plus de plaiſir & de délectation que d'embarras, ce n'en eſt pas moins un déſordre, & c'eſt toujours une confuſion. Il mêle preſque par tout le faux avec le vrai, & il forme quelquefois un compoſé qui dégoûte même les profanes judicieux. Il fait jurer le vrai Dieu par l'eau du Styx, & lorſqu'il mêle & qu'il compare les Miracles & les Hiſtoires de l'Ancien Teſtament avec la Fable, il ſemble donner atteinte à la vérité de l'Hiſtoire Sainte

Le Pere Rapin n'a point été moins pénétrant que Mr de Balzac dans la découverte des défauts du Roland de l'Arioſte. Il reconnoît en un endroit que ce Poëte a trop de feu; en un autre, qu'il eſt trop rempli d'événemens prodigieux & ſurnaturels, qui ſont ſemblables aux imaginations creuſes d'un malade, & qui font pitié à tous ceux qui ont du ſens, parce qu'ils n'ont aucune couleur de vraiſemblance (1).

Il dit ailleurs que ſon deſſein eſt trop vaſte, ſans proportion, & ſans juſteſſe, que c'eſt un méchant modéle du Poëme Epique (2); que ſes Epiſodes ſont trop affectés, jamais vrai-ſemblables, nullement préparés & ſouvent hors d'œuvre (3), que ſes Héros ne ſont que des Paladins; que ſon Poëme reſpire un air de Chevalerie Romaneſque plutôt qu'un eſprit héroïque.

Il avouë (4) en d'autres endroits qu'Arioſte eſt pur, élevé, grand, admirable dans l'expreſſion; que ſes deſcriptions ſont des chefs-d'œuvre: mais qu'il n'a aucun diſcernement, qu'il n'y a que la beauté de ſes expreſſions jointe aux autres charmes de ſes vers qui ait pû impoſer au monde, & qu'elle a tellement enchanté nos Poëtes qu'ils n'ont pas aſſés reconnu les fautes énormes de jugement où il eſt tombé (5). Son eſprit, dit-il ailleurs, paroît ſemblable à ces terres fertiles qui produiſent des fleurs & des chardons tout enſemble: & quoique tous les morceaux de ſon Poëme ſoient très-beaux, l'ouvrage tout entier ne mérite pas de paſſer pour un Poëme Epique.

---

1 Ren. Rapin Rélféxions générales ſur la Poëtiq. pag. 2. 11. & 13.
2 Seconde part. des Réflex. particul. Réflex. 3. du même Auteur.
3 Le même Réfl. xviii. de la ſeconde partie.
4 Réflex. xvi. ſeconde partie.
5 Réflex. particul. du même Traité R.
3. comme ci-deſſus part. 1.

Le Pere Mambrun avoit blâmé l'Ariofte (1), d'avoir introduit trop indifcrétement les Femmes dans les armées. C'eft ce que le Pere Rapin femble avoir auffi défaprouvé, lorfqu'il dit (2) que ce Poëte ôte aux Femmes leur caractére qui eft la pudeur & la timidité, ajoutant qu'il a eu la même indifcrétion pour les Héros aufquels il ôte la nobleffe de leur condition pour les faire badiner.

Enfin l'Ariofte n'avoit pas étudié les régles d'Ariftote, comme a fait depuis lui le Taffe, qui vaut mieux, dit ce Pere que l'Ariofte, quoique l'Académie de Florence en puiffe dire. En quoi le goût du Pere Rapin eft entiérement conforme à celui de l'Académie Françoife & de la plupart des connoiffeurs de déçà les Alpes, puifque felon Mr Godeau (3), l'on difoit communément que *le Tombeau de l'Ariofte étoit dans le Taffe.*

Mais il a eu un grand nombre de Partifans dans l'Italie, & l'on peut dire qu'après Meffieurs de la Crufca & le Mazzoni dont nous avons parlé, il n'y en a point eu de plus affectionnés que Simon Fornari qui a bien voulu y faire des Commentaires, Paul Beni qui en a fait la comparaifon avec Homere enfuite de celle du Taffe avec Homere & Virgile, & Louis Dolce qui a fait fon Apologie.

* *Orlando Furiofo di Lod. Ariofto da Girolamo Porro* in-4°. *in Venetia* 1568. 1584. — *La fpofitione di Simon Fornari, fopra l'Orlando Furiofo dell'Ariofta* in-8° *in Fiorenza* 1549. — *Parte fecunda* in-8°. *in Fiorenza* 1550. — *Le Satire di Lud. Ariofto* in-8°. *Venet.* 1538.

1 P. Mamb. Differt. de Carm. Epic. præfix. Conftantino ejufd. pag. 390. 391.
2 R. Rap. Réflex. gener. 25. fur la Poëtiq.
3 Ant. Godeau Ev. de V; préface fur le Poëme de faint Paul &c.

## MATHIEU BOIARDO,

Dit, le Comte de Scandian (1), Poëte Italien, vivant au commencement du seiziéme siécle. (2)

1261 CEt Auteur a fait le Poëme des amours de *Roland & d'An-*
bis *gelique*, mais comme nous l'avons remarqué plus haut, il a été effacé ensuite par celui de l'Ariosté, selon le sentiment de Paul Jove. En effet le P. Rapin (3) nous en donne une assés méchante idée en deux endroits de ses Réfléxions sur la Poëtique. Il dit dans l'un que l'Ouvrage de Boiardo est un très-méchant modéle pour le Poëme Epique : & dans l'autre que ce Comte paroît s'être laissé gâter aux livres de Chevalerie & aux Romans de son tems. (4)

1 ¶ Le Comté de Scandian étoit au territoire de Reggio dans le Modénois. Les noms de Mandricard, de Sacripant, de Gradasse, d'Agramant, &c. que le Boiardo a donnés aux Héros de son Roman ; étoient les noms de famille de quelques payisans ses sujets au rapport du Castelvétro p. 22. de son Commentaire sur la Poétique d'Aristote de l'édit. de Bâle. ¶

2 ¶ Je doute qu'il ait passé l'an 1490. Ses Eglogues, qui sont les seuls Vers Latins qu'on ait de lui ; ne parurent qu'assés long-tems après sa mort, à la suite de ceux de Barthelemi Crottus en l'an 1500. Le manuscrit qu'en avoit laissé le Boiardo étoit si ancien que la cire dont il avoit couvert les endroits qu'il vouloit changer, & sur laquelle il avoit marqué avec un poinçon ces changemens s'étoit écaillée par la longueur du tems. *Si quid*, dit Crottus au Lecteur, *quod minus consonum reliquis tibi videatur carminibus* 

*offendes, noscas divinum hunc Poëtam istis correctiora alia eisdem, ut consueverat, cera super affixisse, quae temporum incuria deperdita sunt.* ¶

3 René Rapin seconde part. des Refl. sur la Poët. Refl. III. & XVI.

4 ¶ Merlin Cocaie sur la fin de son ouvrage Macaronique a dit parlant du Boiardo

*Maxime Boiardus, dictusque Maria Mathéus*
*Plus sentimento facili quam carmine dives.*

Le Boiardo avoit du talent pour la Poësie Lyrique autant qu'on en peut juger par quelques Sonnets qui restent de lui, d'un stile plus chatié de beaucoup que celui de son *Orlando innamorato*. Il fit en rime tierce une Comédie en 5. actes, intitulée *il Timone* dont le sujet étoit tiré de Lucien. Elle est peu connuë & ses dix Eglogues Latines, imprimées à Reggio in-4. l'an 1500. ne le sont guére plus. ¶

THOMAS

## THOMAS MORUS

Chancelier d'Angleterre, sous Henri VIII. mort pour des raisons d'Etat & de Religion, l'an 1535. Anglois, Poëte Latin.

2161 bis. Les Poësies de Morus ont paru en divers endroits de l'Italie, de l'Allemagne & de l'Angleterre en diverses formes, tantôt séparément, & tantôt avec quelques-uns de ses Ouvrages en Prose. Il a fait paroitre assés de naturel & de feu. Mr Borrichius prétend même (1) qu'on lui trouve quelque chose d'assés grand & d'assés agréable; ce qui est d'autant plus remarquable, qu'il n'avoit pas eu d'autre maître ni d'autre guide que son propre génie. Il s'est porté de lui-même à l'imitation des Anciens, autant qu'il a été possible, & il s'est montré un des plus zélés adversaires de ces Vers qu'on appelle *Léonins* (2), c'est-à-dire de ces sortes de Vers Latins qui ont une même consonance au milieu qu'à la fin, ou qui riment par hemistiches; ce qui est une invention des siécles du moyen âge.

\* *Thomæ Mori Epigrammata* in-8°. Lond. 1638.\*

1 Olaüs Borrichius Dissert. 4. de Poët. Lat. pag. 154. num. 198.
2 ¶ Il fit en ce genre de vers, pour se divertir l'Epitaphe d'un Musicien du Roi d'Angleterre Henri VIII. sur quoi Brixius dans son Anti-Morus l'a un peu chicané.

## GARCILAS ou GARCILASSO,

Ou pour parler plus correctement Garsi-Laso, dont le nom entier est, *Garsias Laso de la Vega*, Poëte Espagnol, né à Toléde, tué l'an 1536. d'un coup de pierre par un Paysan, au pied d'une Tour en Provence, portant les armes pour Charles-Quint, âgé de 36. ans.

1262 Ce Garsillas (1), comme nous avons coutume de l'appeller, est un de ceux à qui la Poësie Espagnole a le plus d'obligation, non seulement parce qu'il l'a fait sortir de ses premiéres bornes, mais encore pour lui avoir procuré diverses beautés prises sur les Etrangers.

1 ¶ On écrit & on prononce Garcilas par une simple l.

**Garcilas.** Il étoit effectivement le premier & le plus estimé des Poëtes Espagnols de son tems, selon le témoignage d'André Schott, & il réussissoit même assés bien en vers Latins. (1)

Ayant jugé que c'étoit faire tort à la Nature de ne point employer l'Art pour cultiver le naturel qu'il pouvoit avoir pour la Poësie, il s'appliqua fortement à la lecture des meilleurs d'entre les Poëtes Latins & Italiens, & il se forma fort heureusement sur le modéle des Anciens & de quelques-uns d'entre les modernes. Ayant remarqué que Jean Boscan avoit réussi dans les efforts qu'il avoit faits pour faire passer la mesure & la rime des Italiens dans les vers Espagnols; il abandonna cette sorte de Poësie qu'on appelle *ancienne*, & qui est propre à la Nation Espagnole pour embrasser la *nouvelle* qui est imitée des Italiens.

Il quitta donc les Couplets & les Rondelets (*Coplas y Redondillas*) qui répondent à nos Stances Françoises, sans vouloir même retenir ceux de douze syllabes, ou d'onze, quand l'accent est sur la derniére du vers, qui étoient fort estimés dans les commencemens, c'est-à-dire du tems de *Jean de Mena*, qui passe pour en être l'Auteur dans l'esprit de plusieurs personnes. Il renonça même aux Villanelles qui répondent à nos Ballades, aux Romances, aux Seguidilles & aux Gloses, pour faire des Hendécasyllabes à l'Italienne, qui consistent en des Octaves, des Rimes tierces, des Sonnets, des Chansons, & des vers libres. C'est ce qu'on peut voir dans la Bibliothèque de Dom Nicolas Antonio (2) & dans la Nouvelle Méthode Espagnole. (3)

Garcilas composa doctement en toutes ces sortes de Rimes nouvelles, & il réussit particuliérement en Rimes tierces, qui sont 1. des Stances de trois vers, dont le premier rime au troisiéme, le second au premier de la Stance suivante, & ainsi jusqu'à la fin, où ils ajoutent un vers de plus dans la derniére Stance pour servir de derniére rime : 2. des Stances dont le premier vers est libre, & les deux autres riment ensemble.

Cette nouvelle forme de Poësie fut trouvée d'abord si étrange, que quelques-uns se mirent en devoir de la ruiner & de rétablir l'ancienne, comme étant propre & naturelle à l'Espagne. C'est ce qu'entreprit de faire particuliérement Christophe ou Christoval de Castillejo entre les autres. Mais ni lui ni les autres ne purent empêcher qu'elle

---

1 A. S. Peregrin. Biblioth. Hispan. tom. 3. pag. 579. in-4.

2 Nicol. Anton. Bibl. Script. Hisp. tom. in-fol. pag. 393. 394.

3 Nouvelle Methode Espagnole troisiéme partie de la Grammaire chap. 3. & 4. de la Poësie pag. 94. & suiv.

ne devint enfin victorieuse de l'autre, à la gloire de Boscan & Garcilas.

Au reste, les Ouvrages de ce dernier sont animés par tout de l'esprit & du feu Poëtique, selon le même Antonio : ils sont accompagnés d'une majesté naturelle, & sans affectation ; & ce qu'il y a de singulier, c'est qu'on y trouve de la subtilité jointe avec beaucoup de facilité. Paul Jove même ne fait point difficulté de dire (1) que ses Odes ont la douceur de celles d'Horace.

Sanctius ou Sanchez de las Brozas, le plus savant des Grammairiens d'Espagne, a fait des Commentaires sur toutes ses Oeuvres, & il a eu soin d'y remarquer les endroits imités des Anciens & d'en relever les beautés par des Observations doctes & curieuses. Thomas Tamayo de Vargas, & d'autres Critiques y ont fait encore des Notes.

\* *Garcilasso de la Vega Obras Poëticas con annotationes de Franc. Sanchez* in-8°. *Nap.* 1664.\*

\* Paul. Jov. ad calcem Eleg. pag. 303. edit. in-8. Basil. seorſ.

---

## DIDIER ERASME,

Holandois de Roterdam, né l'an 1465. le 28. Octobre, mort l'an 1536. le 11. de Juillet, âgé de 70. ans & de quelques mois à Bâle.

1263    SEs Epigrammes & ses autres Poësies ont été imprimées d'abord à la fin du premier tome de ses Oeuvres in-folio de l'édition de Froben, [ & dans celle d'Amsterdam ] ensuite séparément en diverses maniéres.

Jules Scaliger dit (1) qu'il étoit fort heureux à tourner les Poësies des Grecs en Vers Latins ; mais que si ce qu'il a employé & pris de ces Anciens est de la véritable Poësie, ce qu'il y a mis du sien n'est que de la versification. Aussi n'y a-t-il point d'apparence qu'il ait voulu briguer la qualité d'excellent Poëte, à laquelle il pouvoit assés juger qu'il ne parviendroit pas. Mais si nous en croyons le même Critique, Erasme ne laissoit point de faire paroître quelque jalousie à l'égard de ceux qui le passoient dans la connoissance de cet Art, &

\* Jul. Cæs. Scalig. Hypercrit. seu lib. 6. Poët. pag. 797.

il feignoit fort mal-à-propos de mépriser une chose dans laquelle il ne pouvoit réussir comme les autres.

---

## JOANNES SECUNDUS,

Qui se nomma ainsi lui-même (1), & ajouta le surnom *Nicolajus*, à cause de son Pere Nicolas d'Everard, Président au Conseil souverain de Malines. Secundus nâquit à la Haye en Hollande l'an 1511. & mourut à saint Amand en Hainaut l'an 1536. n'ayant pas encore 25. ans.

1263 bis. Nous avons de ce jeune Poëte trois Livres d'Elegies, un d'Epigrammes, deux d'Epitres, un d'Odes, un de Silves, un de piéces funébres, un de piéces galantes & folâtres qu'il appelloit ses baisers, & quelques autres Ouvrages Poëtiques qui ne se peuvent point rapporter à aucune de ces espéces.

On voit par tous ces Ouvrages que Secundus avoit l'esprit fort beau, fort agréable, & fort enjoué. Ce qui est d'autant plus remarquable, qu'il étoit né dans un climat qui ne paroît point favorable à la gentillesse d'esprit qui est necessaire à ceux qui veulent réussir dans la belle Poësie. Il n'y avoit rien de trouble & de bourbeux dans sa veine, quoi qu'elle fut fort abondante, qu'elle coulât avec la plus grande facilité du monde : & qu'il composât sur le champ tout ce qu'il vouloit.

---

1 ¶ On ne voit pas bien pourquoi il a été nommé Jean Second, soit que ce soit lui qui ait pris ce nom de lui-même, soit que ce soit son père qui le lui ait donné. Ses Historiens sont partagés là-dessus, les uns disant que *Secundi nomen non sine omine induit*, les autres que *Parentes, non sine omine, Secundi nomen indiderunt*. Ils ne conviennent que sur cet *omen*, sur ce présage attaché au nom de *Second*, parce que, disent-ils, ce nom marquoit que l'enfant ainsi nommé ne trouveroit pas aisément son second. Je ne puis rendre en François plus intelligiblement leur Latin, que voici : *Secundi nomen non sine omine induit*, ou *indiderunt ut cui secundum non facile reperias*. Il y a là ce me semble une espèce de galimatias. S'ils avoient dit qu'il fut appellé *Secundus quasi nemini secundus*, comme *bellum quasi minime bellum*, on auroit compris que ç'au- roit été par antiphrase, mais qu'il ait été appelé *Secundus quasi neminem secundum habiturus*, c'est ce qu'il n'est pas aisé de comprendre. Quant au surnom de *Nicolai* que Baillet veut qu'ait pris Jean Second, c'est ce qui ne se trouvera point. Ni Jean Second ni ses fréres, ne se sont jamais surnommés *Nicolai*. Naturellement, puisque leur pére s'appeloit Nicolas Evérard, & non pas d'*Everard*, leur nom de famille étoit *Everard*; mais comme ce Nicolas Evérard a été un homme illustre & par son mérite personnel & par ses charges, ceux qui ont parlé de ses enfans leur ont donné le surnom de Nicolaï, tiré de Nicolas, nom de batême de leur pére, ce qui n'est pas sans éxemple, comme je l'ai fait voir sur l'article de Poge Florentin. ¶

Theodore de Beze dit qu'il a excellé si fort dans tous les genres de Poësie qu'il a justement mérité la Principauté sur tous les Poëtes Modernes (1). En effet on doit convenir avec Melchior Adam (2) qu'il est doux, tranquile & fort net dans ses Elégies; qu'il est subtil & délicat dans ses Epigrammes; qu'il est agréable & délicieux dans ses Vers Lyriques; qu'il est grave dans ses piéces funébres, sans être enflé ni guindé; qu'il a le style plein, élégant & tendre dans tous ses Ouvrages généralement : & que s'il avoit eu le loisir de travailler & de se perfectionner dans l'Epopée ou le Poëme Epique, il auroit infailliblement effacé tout ce que l'Italie, la France & l'Allemagne ont produit de meilleur en ce genre depuis un siécle. C'est au moins ce qui a paru aux yeux de quelques Critiques de son pays qui ont vû les essais qu'il en avoit laissés à sa mort.

Enfin il ne lui manquoit que l'expérience, & que cette maturité d'âge qui produit celle de l'esprit (3). Et l'on ne peut lui pardonner la licence & le déréglement de sa Muse que sur la foiblesse de ses lumiéres & la force de ses passions dans une si grande jeunesse, quoi qu'il n'y ait point d'âge ni de considérations de quelque autre chose que ce puisse être, qui doivent servir d'excuse aux mauvaises impressions, soit dans ceux qui font profession de les donner, soit dans ceux qui veulent bien les recevoir.

L'incontinence & l'impureté de la Muse de Secundus n'est pas le seul défaut que les Critiques y ayent remarqué. Le sieur Borrichius semble l'avoir voulu taxer encore de legereté (4), lorsqu'il dit qu'il ne pouvoit demeurer long-tems sur un sujet sérieux. Il reconnoît néanmoins que dans cet âge même, il ne manquoit ni de forces ni d'agrémens pour prendre un tempérament juste & honnête dans les choses qui demandent de la gravité.

\* *Joannis Secundi Hagiensis Basia* in-4°. *Lugd. apud Griph.* 1536. 1539. — *Ejusdem Opera* in-12. *Lugd.-Bat.* 1651. — *Ejusdem Regia Pecunia* in-4°. *Lugd.* 1552.\*

1 Theod. Beza apud G. M. Konigium in Bibl. V. & N. pag. 744.
2 Melch. Adam Vit. Philosoph. Germanor. pag. 102. & seq.
3 Aubert. Miræus in Elogiis Belgicis pag. 200. Item Valer. Andr. Dessel. in Biblioth. Belgic. pag. 561. 562.
Item Isaac Bullart de l'Academie des Sciences & des Arts, tom. 2. livre 5. pag. 334.
4 Olaüs Borrichius Dissertation. 5. de Poët. Lat. pag. 147.

## JEAN VOUTÉ,

Dit Vultejus, de Rheims, Poëte Latin, vers l'an 1537. (1)

1264 ON a de cet Auteur quatre Livres d'Epigrammes, avec un Recueil d'Etreines qui ont été imprimés à Lyon in-8°. en 1537. [ & à Paris chés Colines in-8°. 1558.] & qu'on a mis depuis au troisiéme tome des *Délices des Poëtes Latins de France* (2). Mais Jules Scaliger ne nous en donne pas une idée fort avantageuse. Il dit que Vultejus embrassoit toutes sortes de sujets, sans consulter ses propres forces; il le compare à ces femmes publiques qui n'ont de reserve pour personne. Il prétend que s'il s'étoit voulu contenter de la réputation d'un Poëte médiocre à laquelle il pouvoit légitimement aspirer, il auroit eu son prix; mais qu'ayant voulu porter son ambition plus haut, il a tout perdu. (3)

1. ¶ Il fut tué le 30. Decembre 1542. fort jeune encore, quoi qu'on ne sache pas précisément à quel age, par un homme qui ayant perdu un procès contre lui, le querella dans une rencontre, & lui porta un coup sous la mammelle gauche, suivi d'une prompte mort. Voyés-en la relation dans une lettre de Denys Faucher Religieux de Lérins au Cardinal du Bellai, & dans une autre à Paquier Clément. La premiére par une faute d'impression est datée de 1552. au lieu de 1542.

2. ¶ Il y a un volume entier de ses Hendécasyllables, imprimé in-16. séparément.

3 Jul. Cæs. Scalig. Hypercrit. seu lib. 6. Poët. cap. 4. pag. 790.

## GASPAR URSINUS VELIUS,

Poëte Latin de Swernnic (1) en Silesie, perdu le 5. Mai de l'an 1538. sans qu'on ait jamais oui parler de lui depuis ce jour-là. (2)

1265   URsinus Velius a laissé au Public des Silves, des Elégies & des Epigrammes, sans parler de ses Ouvrages en Prose. Erasme jugeoit qu'il étoit fort heureux en Poësie, qu'il a fait paroître du feu & du génie, & de cette délicatesse même que quelques-uns appellent *Urbanité*. (3)
* Voyés au Tome 6. *des Délices des Poëtes d'Allemagne*.*

1 ¶ Schweidnitz.
2 ¶ Le bruit courut que comme il se promenoit au bord du Danube, cette partie du rivage où il étoit s'étant tout-à-coup affaissée sous ses pas, il étoit tombé dans le fleuve qui l'avoit emporté. Mais Hadrianus Marius frére de Jean Second & Poëte Latin comme lui, nous apprend dans l'Epigramme suivante imprimée pag. 60. de ses poësies à Leyde que ce fut Gaspar Ursin lui-même qui de douleur de la mauvaise conduite de sa femme se jetta dans le Danube & y périt.

*In mortem Ursini Velii.*

*Conjugis impatiens morum, se jecit in Istrum,*
   *Et mortem cupido Velius ore bibit.*
*Siccine semper eris sacris infesta Poëtis*
   *Femina & Orphæa non satiata nece es?*
*Nec sat erat sceleris vestri quod conscius Hebrus*
   *Erubuit, lacrymis intumuitque suis,*
*Ni nunc Ursini infames nece volveret undas*
   *Opprobrium vestri Danubius generis.*

3 Erasm. in Ciceronian. pag. 183. editionî Lugduno-Batav. in-12.
Et ex eo G. M. Konig. in Biblioth. V. & N. pag. 835.

## ALVARE GOMEZ,

Espagnol de Ciudad-Real, Poëte Latin, mort en 1538. âgé de 80. ans. (1)

1266   CEt homme étoit un assés bon Poëte Latin, si nous en croyons les Critiques Espagnols. Erasme même louë fort son Poëme *de la Toison d'or*, qui en effet passe pour le Chef-d'œuvre de sa Muse, & qui n'a paru néanmoins qu'après sa mort en 1540. C'est le sentiment de Dom Nicolas Antonio, & s'il est véritable, il faut qu'Erasme ait vû l'Ouvrage manuscrit long-tems avant sa publication, puisqu'il mourut quatre ans auparavant.

1 ¶ Il mourut agé de 50. ans.

Sa *Phalichriſtie* ou le Triomphe de Jeſus-Chriſt comprenant les Myſtéres de notre Religion en 25. livres, a reçu beaucoup d'éloges d'Antoine de Lebrixa ou de Nebriſſe, qui témoigne en nous recommandant ce grand Poëme que toutes les perſonnes conſidérables, & ſur tout Pic de la Mirandole (1) avoient long-tems attendu & ſoupiré après cet Ouvrage, dans l'eſperance de le voir égal à celui de Virgile.

Sa *Muſe Pauline*, c'eſt-à-dire, les Epitres de ſaint Paul en Vers Elégiaques eſt un Ouvrage très-vaſte, & qui bien que fort ſpirituel ne laiſſe pas de renfermer toutes les graces d'Ovide, au jugement de Nicolas Antonio.

Il a mis auſſi les Proverbes de Salomon & les ſept Pſeaumes de la Pénitence en Vers Latins avec la même facilité.

On dit qu'il a fait encore diverſes Poëſies Eſpagnoles; mais nous ne voyons pas que ceux du Pays l'ayent compté parmi les illuſtres de leur Parnaſſe.

\* *De Principis Burgundi Militia quam Velleris aurei vocant cum notis Vanegas in locos obſcuriores* in-8°. 1540.\*

1 ¶ Quand on dit tout court *Pic de la Mirande*, on entend l'oncle; mais comme il s'agit ici du neveu, il faloit dire: *Jean François*, parce qu'Alvar Gomez étant mort en 1538. agé de 50. ans, n'en avoit que six dans le tems de la mort de Jean Pic arrivée, comme on ſait, le 17. Novembre 1494.

2 Nicol. Anton. Biblioth. Script. Hiſp. pag. 47. 48. tom. 1.

---

## JEAN-BAPTISTE FIERA (1).

De Mantouë, Poëte Latin, né l'an 1469. mort l'an 1538.

1267  Fiera s'eſt rendu recommandable à la Poſtérité par des Ouvrages de Médecine, de Philoſophie, & par diverſes Poëſies dont on peut voir la liſte dans le Catalogue de la Bibliothèque Bodlejane d'Oxford, où l'on voit qu'il étoit fort ſérieux & fort ſage, ſoit dans ſes Eglogues, ſoit dans ſes Poëſies Epiques, s'étant voulu ſignaler même dans un Poëme qu'il a fait contre les Poëtes laſcifs & contre les autres Ecrivains impudics.

1 ¶ Baptiſte Fiera de Mantouë ne s'eſt jamais appelé ni Jean-Baptiſte, ni ſimplement Baptiſte de Mantouë. Qu'on voie toutes les éditions de ſes livres, on trouvera par tout *Baptiſtæ Fieræ Mantuani*, &c. Marulle écrit *Færa*, Gyraldus *Fera*, mais l'Auteur lui-même *Fiera*.

*Jules*

# POETES MODERNES.

Jules Scaliger dit (1) que c'est un Poëte fort savant & fort éxact, mais qu'il est dur. Il paroît aussi que d'autres ont fait beaucoup de cas de ses Poësies, puisqu'on les a mises en plusieurs Langues, & que divers Critiques comme Jean Corunno, Sebastien Murrhone, Badius Ascensius, &c. y ont fait des Commentaires.

Au reste il faut prendre garde de ne pas confondre ce Fiera (2) avec le Spagnuolo Général des Carmes dont nous avons parlé, sous prétexte qu'une bonne partie de ses Ouvrages paroît sous le nom de Baptiste Mantouan.

\* *Joan. Bapt. Mantuani Opera* 2. *vol.* in-fol. *Mediolani.* \*

1 Jul. Cæf. Scaliger Hypercritic. Poëtic. feu lib. 6. cap. 4. pag. 788.

2 ¶ C'est la faute qu'il vient de faire en attribuant à Fiera l'invective en vers contre les Poëtes impudiques, & en supposant que ce sont ses vers & non pas ceux du Carme qui ont été commentés par Badius, & par Murrho qu'il appelle Murrhone, comme si c'étoit un Italien, quoique ce fût un Alemand, Chanoine de Colmard sa patrie. §

## JACQUES ROGER

De Tournay, Poëte Latin, vers l'an 1539.

1268 LEs *Neopægnies* ou les Divertissemens de la jeunesse de ce Poëte, se lisent au troisiéme tome des *Délices des Poëtes Latins de la France.*

Jules Scaliger qui le croyoit natif d'Orléans, dit (1) qu'il avoit vû de lui des Hendécasyllabes fort bons. Il prétend qu'il s'est beaucoup distingué de tous ces Poëtes de bale, qui font consister tout leur mérite dans la fluidité du style: au lieu que Roger s'est appliqué à rendre son style concis & nombreux, sans lui refuser les autres ornemens nécessaires à la belle Poësie. Il est agréable, & sententieux; & ce qui doit le rendre plus recommandable, c'est qu'il est court & qu'il a toujours une pointe à sa queuë.

1 Jul. Cæf. Scalig. Hypercritic. feu lib. 6. Poëtic. cap. 4. pag. 789. 790.

## BENOIST LAMPRIDIUS,

De Cremone, Poëte Grec & Latin, mort vers l'an 1540 (1).

1269  ON a de cet Auteur des Epigrammes & des vers Lyriques, tant en Grec qu'en Latin, que l'on trouve séparément & parmi *les délices des Poëtes d'Italie.*

Paul Jove dit que ses Odes sont graves & savantes, & qu'il a tâché d'imiter parfaitement Pindare (2). Mais il ajoute que c'est cette attache qui les a rendu moins agréables, parce que n'ayant point eu assés de force pour suivre Pindare, qui est assurément difficile à atteindre, il n'en a imité que les défauts. Il est devenu enflé & tortueux dans son cours comme lui, & parce que la Langue Latine n'a point les mêmes avantages que la Grecque pour la douceur de la Poësie, on ne doit point s'étonner de voir dans ses Ouvrages des duretés qui ne sont point dans Pindare.

\* *Bened. Lampridii, nec non Jo. Bap. Amalthei carmina* in-8°. *Venet.* 1550. \*

1 ¶ Il mourut cette année-là.

2 Paul. Jovius Elogior. numero 99. pag. 232. edit. in-12. Basil.

---

## HELIUS EOBANUS

De Hesse en Allemagne, né au milieu des champs sous un arbre (1) l'an 1488. mort à Marpurg l'an 1540. le 4. Octobre, Poëte Latin.

1270  IL paroît qu'on n'a point sû le nom ni le surnom véritable de cet Auteur (2), & qu'il l'a voulu supprimer lui-même en se donnant celui du *Soleil Levant*, qu'on lui a toujours conservé jusqu'ici, & qu'il a pris de la Langue Grecque.

C'est un des plus considérables d'entre les Poëtes Latins que l'Al-

1 D'autres disent dans les hayes d'un village.
2 ¶ Son nom de batème étoit *Elias* qu'il changea en *Helius*, aimant mieux un nom à la Grecque qu'à la Juive. *Eobanus* étoit son nom de famille, *Hessus* celui de son payis. Ἥλιος au reste ne signifie pas *Soleil levant*, mais simplement *Soleil*, ʃ

POETES MODERNES.

lemagne ait jamais produits. Ceux de fon Pays ont été fi favorablement prévenus de fon mérite, que quelques-uns d'entre eux n'ont pas fait difficulté de le comparer à Homere même. En effet j'ai remarqué dans Melchior Adam (1) trois circonftances qui paroiffent avoir rendu Eobanus Heffius (2) femblable à Homere. La premiére eft celle du lieu de la naiffance de ces deux Poëtes, qui felon la réflexion de cet Auteur a été inconnu au Public jufqu'ici; de forte que l'un & l'autre ont pû paffer dans le Monde pour des Enfans trouvés. La feconde eft celle de la difgrace où ils font tombés tous deux par l'affoibliffement ou la perte de la vûë. Il y a pourtant eu quelque petite différence; & comme ces Critiques dont nous parlons conviennent qu'Eobanus Heffius n'étoit pas tout-à-fait auffi grand Poëte qu'Homere, ils ont eu foin auffi de nous avertir qu'il n'étoit pas fi aveugle que lui, felon la fuppofition vulgaire, qui veut qu'Homere ait perdu la vûë entiérement; & qu'il n'avoit qu'une taye qui lui couvroit les yeux. La troifiéme eft celle de l'indigence qui a été prefque égale dans l'un & dans l'autre, mais qui ayant été accompagnée d'une mendicité publique dans Homere, doit lui conferver le pas devant Eobanus avec toute forte de juftice.

Un homme qui ne reffembleroit à Homere que par ces endroits, pafferoit plutôt pour le jouet de la fortune humaine que pour un grand Poëte. Auffi eft-ce par d'autres voies qu'Eobanus a acquis cette qualité. La principale de fes perfections étoit cette facilité merveilleufe qu'Erafme admiroit en lui (3), & qui faifoit dire qu'il étoit né Poëte, & que l'ame d'Ovide étoit paffée dans fon corps. Cette heureufe facilité a porté d'autres Critiques à l'appeller tantôt l'Ovide Allemand, & tantôt l'Ovide Chrétien (4), & l'on croyoit ne l'avoir encore trouvée en pareil dégré dans perfonne; de forte que Milichius n'a point fait difficulté de foutenir que les vers ne coutoient à Eobanus que la peine & le tems de les écrire (5). Il faut avouer néanmoins qu'il avoit quelquefois befoin pour cet effet de cette chaleur Bacchique qui réjouit l'efprit Poëtique. Eobanus s'en étoit perfuadé le premier, & il n'étoit pas moins habile à boire qu'à faire des vers, puifqu'il défefperoit & mettoit fur le carreau les meilleurs beuveurs d'Allemagne, & qu'il vuidoit d'un feul trait une

Eobanus.

---

1 Melch. Adam lib. de Vit. philofophor. German pag. 105. ac deinceps.

2 ¶ Eobanus, & généralement tous ceux qui ont parlé de lui, n'ont jamais écrit *Heffius*, toujours *Heffus*.

6 Erafm. Epiftol. ad Mucian. Rufum pag. 177. poft ejufd. Vit. edit. Lugd. B.

4 Borrichius, Erafmus & alii Critici paffim.

5 Vita Eobani apud Melch. Adam pag. 110. ubi de Milichio.

Z z ij

*Eobanus.* cruche de douze setiers de vin ou de biere.

    Cela ne l'empêchoit pourtant pas de garder la retenuë & la sagesse dans ses vers. C'est ce qu'Erasme a loué particuliérement dans ses *Heroïnes Chrétiennes* (1), où il dit qu'on le trouve revêtu de l'esprit de Beatus Rhenanus, de Capnion, de Melanchthon, & de Hutten par dessus ses propres qualités. Mr Borrichius dit néanmoins que ses Elégies sont ce qu'il y a de plus estimable parmi tous ses Ouvrages (2), & il ajoute que généralement parlant Eobanus est naturel, aisé ouvert, châtié, & que l'Allemagne n'avoit encore rien produit jusqu'alors de plus agréable.

    J'aurois pû rapporter encore des témoignages honorables que quelques Critiques étrangers ont rendus au mérite des Poësies d'Eobanus (3), mais je les ai crû d'autant plus inutiles qu'ils n'ajoutent rien à ce qu'on vient de rapporter, & qu'ils n'enchérissent point sur les Allemans.

    Au reste il semble qu'il se soit plû davantage à tourner en vers Latins les Ouvrages des anciens Poëtes Grecs. Il a traduit entre autres les Bucoliques de Théocrite, l'Iliade d'Homere, le ravissement d'Helene par Coluthe; & il a mis les Pseaumes de David en vers Elégiaques.

    ON s'est plaint néanmoins qu'Erasme n'avoit pas assés bien connu le mérite d'Eobanus en d'autres occasions, ou qu'il l'avoit dissimulé (4).

    \* *Helii Eobani Hessi Opera Poëtica* in-8°. *Halæ* 1539. \*

---

3 Def. Erasm. Epistol. ad Jo. Draconem pag. 178. 180. post Vit. Er.
2 Olaüs Borrichius Dissertation. 5. de Poëtis Latin. pag. 129.
3 Lil. Gregor. Gyrald. Dialog. de Poëtis ævi sui.

4 ¶ Eobanus lui-mème quoiqu'à tort, s'en plaignit, mais il fait voir la belle & longue réponse qu'Erasme lui fit là dessus, du 12. Mars 1531. C'est la 1164. Let. de l'Edit. de Leyde.

## ANDRE' NAUGER ou NAVAGERI.

Poëte Latin & Italien, Noble Venitien, Senateur, Ambassadeur pour la République vers Charles-Quint, & François I. mort à Blois en France d'une pleuresie contractée par la précipitation des relais qu'il avoit pris pour avancer son voyage auprès du Roi, qu'il eut la satisfaction de saluer avant que de mourir. Il n'avoit alors que 46. ans & quelques mois (1).

1271 NOus avons de cet Auteur un Livre d'Epigrammes & quelques Eglogues. Il a fait même des vers Italiens, dans lesquels on prétend qu'il n'a point eu moins de succès que dans les Latins.

Jules Scaliger juge (2) qu'il a le style tout-à-fait noble & élevé, & qu'il a grand soin de ne rien entreprendre au-delà de ses forces. mais il dit que l'Eglogue qu'il a faite au Pape Jules, est moins agréable que le reste, parce qu'on n'y trouve rien de nouveau qui excite la curiosité ou l'appetit des Lecteurs.

Paul Jove témoigne (3) que ses Epigrammes ont eu l'estime & l'approbation publique; que comme il s'étoit proposé d'imiter Ciceron dans sa prose, en s'opposant au mauvais exemple que donnoient Hermolaüs Barbarus & Politien, par le mépris qu'ils faisoient de cet Orateur (4), de même il avoit pris Catulle pour le modéle de ses Epigrammes, pour faire voir par sa propre conduite le mauvais goût où il croyoit qu'étoient ceux qui lui préféroient Martial.

En effet on ne trouve point dans les Epigrammes de Nauger ces pointes dont l'usage ne s'est introduit que depuis que le goût du siécle d'Auguste s'est perdu, ni ces autres affectations de subtilités & de rencontres ingénieuses, qui sont devenuës à la mode depuis le tems des Seneques, des Plines, de Tacite, de Martial, &c. mais les Connoisseurs y remarquent quelque chose de cette tendresse, de cette douceur, & de cette délicatesse qui regnoit

---

1 ¶ Il mourut l'an 1529.
2 Jul. Cæs. Scalig. Hypercritic. seu lib. 6. Poëtices cap. 4. pag. 796.
3 Paul. Jovius Elogio 78. pag. 181. 182. edit in-12. Basil.
4 ¶ Paul Jove ne dit point qu'Hermolaüs Barbarus ni Politien eussent méprisé Ciceron, mais qu'ils sembloient ne l'avoir pas gouté, leur opinion étant que lorsqu'on avoit un certain fond de litérature, il étoit plus noble de se faire un style qui marquât le génie de l'écrivain, que de s'attacher à l'imitation servile de quelque Auteur que ce fût, même de Cicéron. ¶

sur la fin de la République. C'est à ce jugement que l'on doit rapporter ce que nous avons dit ailleurs de la coutume de Nauger, qui tous les ans au jour de sa naissance, qu'il appelloit la fête des Muses sacrifioit un Martial à Catulle, selon le rapport de divers Auteurs (1).

Mr Borrichius dit que Nauger a fait, outre ses Epigrammes & ses Eglogues qu'il appelle héroïques, des Elégies sur divers sujets, lesquelles ont été fort bien reçûës du Public (2).

Ainsi il paroît que Nauger pouvoit être le Maître du succès de ses Ouvrages, & il ne pouvoit manquer de réussir à quelque genre de Poësie qu'il voulût s'appliquer, ayant autant de facilité & de génie qu'il en faisoit paroître. C'est ce qu'il est aisé de juger sur ce que Fracastor nous apprend de la fureur ou de l'enthousiasme, dont il dit que Nauger étoit souvent saisi, & qui lui faisoit faire ses vers sur le champ (3).

\* Dans le 2. Tome des délices des Poëtes Italiens.

*Epigrammatum lib. unus* in-8°. — *Ecloga lib.* 11. in-8°. *Basil.* 1546.

---

1 Nicol. lib. 7. Epigrammat. delect. pag. 365.
2 Olaüs Borrichius Dissertation. 3. de de Poët. Latin. num. 107. pag. 102.
3 Hieronym. Fracastor in Dialogo de arte Poëtic. cui nomen Naugerius Petr. Pet. Tract. de furore Poëtico pag. 76. præfix. carminib.

---

## ANGE BEOLQUE surnommé LE RUZANTE

*Agnolo Beolco* Bourgeois de Padouë, Poëte Italien, Comique, Burlesque & Bouffon, mort l'an 1542. le 17 Mars, âgé de quarante ans.

1272    LE Ruzante ne pouvant espérer de parvenir à la gloire des premiers Ecrivains Italiens, tels qu'étoient alors le Bembo, le Speroni, & quelques autres qui excelloient dans le langage Toscan par des écrits sérieux, crût pouvoir en prendre le contrepied, aimant mieux se voir le premier dans le genre le plus bas d'écrire, que de se voir le second dans le plus sublime.

Pour se signaler, il rechercha tout ce qu'il y avoit de plus grotesque dans les gestes & le langage des Villageois; & s'étant mis à converser & à étudier les esprits les plus facétieux de la Campagne, il sût si bien trouver dans l'air paysan qu'il se donna, le point du Ridicule & du plaifant qui en fait tout l'agrément, qu'il charma les Peuples par fes farces & fes Comédies ruftiques, & qu'il fe faifoit fuivre par une foule incroyable de monde, fur tout au tems du Carnaval qu'il habilloit fes Acteurs en Villageois portant des mafques, dont la figure contribuoit encore à rendre l'Action plus bouffone & plus burlefque.

Ce qu'il y a de fingulier dans les piéces Comiques de Ruzante, c'eft de voir que tout bas & tout populaire qu'eft fon ftyle, il ne laiffe pas d'avoir de la force, & de fe foutenir avec une vigueur, qui étant jointe à l'agrément, n'a point laiffé de plaire jufqu'au point de donner envie à de favans hommes de l'imiter pour acquerir de l'immortalité par ce moyen, comme l'a remarqué le fieur Tomafini (1).

Il court par le Monde un grand nombre de vers de ce Beolque de diverfes efpéces. Les principales de fes Comédies, font 1°. *La Vaccaria*; 2°. *L'Anconitana*; 3°. *La Mofchetta*; 4°. *La Fiorina*; 5°. *La Piovana*, &c.

1 Jac. Philipp. Tomafini Elog. Viror. Illuftr. pag. 11. 12. 13.

---

## JEROME ALEANDRE

L'Ancien, natif de la Motte des Comtes de Landri dans le haut Frioul (1), fur les confins de la Seigneurie de Venife vers la Carniole, Profeffeur Royal de la Langue Grecque à Paris, Archevêque de Brindes au Royaume de Naples dans la Terre d'Otrante, Cardinal de la Sainte Eglife Romaine, mort à Rome par la bêtife de fon Médecin (2) l'an 1542. âgé de 62. ans.

1273    C'Etoit un homme de grande réputation pour la connoiffance des Langues Latine & Hébraïque, & parti-

1 ¶ De la maniére dont il s'explique, il n'y a perfonne qui n'ait lieu de croire que la ville où naquit Aléandre s'appelloit *la Motte des Comtes de Landri*, pour la diftinguer de quelque autre ville ou place du même nom. Mais ce n'eft point cela. Baillet a voulu dire qu'Aléandre defcendoit des Comtes de Landri &c. Il s'en difoit effectivement defcendu, quoiqu'il n'en ait jamais fourni de preuves, & qu'Hutten le lui ait nié.

2 ¶ Paul Jove (comme l'a fort bien remarqué Bayle au mot Aléandre, Jérome, lettre C.) dit qu'Aléandre avoit ruiné fa fanté pour s'être fait trop de reméde s dont il n'avoit pas befoin, étant devenu par là pour lui-même un très malheureux, & trés peu fage Médecin. *Nimia tuendæ valetudinis follicitudine intempeftivis medicamentis, fibi hercle infanus, & infelix medicus, vifcera corrupit.* Voila fur quoi Baillet s'eft fondé pour dire qu'Aleandre étoit mort par la bêtife de fon Médecin.

culiérement pour celle de la Grecque. Il en étoit redevable à la faculté de sa mémoire qui étoit prodigieuse, & qui n'avoit pas moins de fidélité que d'étenduë.

Le Sieur Lorenzo Crasso l'a mis parmi les Poëtes Grecs (1), comme plusieurs autres qui paroissent l'avoir mérité aussi peu que lui. Car il ne suffit pas de faire en toute sa vie une Epigramme ou deux pour mériter cette qualité.

---

1 Laur. Crass. de Poët. Græc. Italicè in-fol.

¶ Je ne sache pas qu'on voie d'autres vers Grecs de lui que ces deux de son Epitaphe qui sont véritablement fort bons.

Κάτθανον ἐκ ἀέκων, ὅτι παύσομαι
ὧν επιμάρτος
Πολλῶν, ὥσπερ ἰδεῖν ἄλγιον ἦν
θανάτε.

Et pour des Latins, hors une Epigramme de 22. vers imprimée dans le premier tome du Recueil de Mathieu Toscan, je n'en connois aucun. Son Epitaphe Grecque qui pourroit convenir à bien des gens, a été fort mal renduë en Latin tant en prose qu'en vers. La voici en François.

Je meurs. A la bonne heure. Un favorable sort
Ne veut pas que je continuë
A voir des choses dont la vuë
Est cent fois pire que la mort.

---

## JEAN BOSCAN,

Gentilhomme de Barcelonne, Poëte Espagnol, mort vers l'an 1542. ou 1543.

1274 IL faut rapporter à ce Boscan une bonne partie des choses que nous avons dites plus haut au sujet de Garsi-Laso de la Vega.

C'étoient deux amis qui s'étoient étroitement liés dans le dessein de perfectionner la Poësie Espagnole. Ils ont été considérés comme les premiers qui ont donné de l'ordre & de la méthode à la Poësie Espagnole, & qui ont commencé à mêler l'érudition avec la beauté du naturel. Ils ont introduit la forme de la Poësie Italienne dans la Langue de leur pays, s'y étant formés les premiers par la communication qu'ils eurent avec les plus excellens Poëtes Italiens de leur tems, dans les voyages qu'ils firent à Naples & ailleurs (1).

Le Boscan (2) profita particulièrement de la conversation & des entretiens qu'il eut avec André Nauger, qui pour lors étoit Am-

---

1 Préface de la Nouvelle Méthode pour L. L. Espagnole de P. R.

2 ¶ On ne met point l'article devant les noms Espagnols. Ainsi c'est une faute à du Bartas, au 2. jour de sa 2. Semaine d'avoir dit *Guévare, le Boscan, Grenade, & Garcilace.* ♪

bassadeur

## POETES MODERNES.

bassadeur en Espagne pour la Republique de Venise auprès de Charles-Quint, & qui l'emmena avec lui à Venise. Il réussit mieux dans les Sonnets que dans les autres piéces de vers. Et quoique Garsi-Laso l'emporte sur lui dans la perfection de cet Art, néanmoins la gloire de cette invention ne laisse pas d'en être duë à notre Boscan, qui a beaucoup contribué à l'embellissement de la Langue Espagnole, comme nous l'apprenons de Dom Nicolas Antonio. (1)

Ambroise de Moralès prétend que Boscan n'est nullement inférieur à ceux d'entre les Italiens qui ont le plus contribué à la perfection de la Poësie en Langue vulgaire, si l'on considére la majesté de son style, la variété des sujets & des vers, la subtilité des pensées, la facilité & la force des expressions (2). Il ajoute que c'est même le sentiment de Louis Dolce Italien dans son Apologie pour l'Arioste.

Boscan voyant son ami mort, eut soin de recueillir ses Poësies & de les garder avec les siennes dans son cabinet, où on les prit après sa mort, & elles furent imprimées ensemble à *Medine* l'an 1544. in-quarto, & ensuite à *Venise* l'an 1553. in-12. [augmenté par Garcilasso de la Vega in-8°. à Salamanque en 1547.]

1 Nicol. Anton. Biblioth. Script. Hispan. pag. 503. &c.

2 Ambr. Moralès Tract. de Ling. Hisp. apud Nic. Ant.

## CLEMENT MAROT,

Poëte François, natif de Cahors, fils d'un Poëte Normand nommé Jean Marot, Valet de Chambre du Roi François I. mort à Turin âgé environ de 60. ans, en l'année 1544. que les nôtres remporterent la victoire sur les Imperiaux à Cerisolles.

1275 Marot a été le Poëte des Princes, & le Prince des Poëtes de son tems dans la France, selon l'expression du Sieur de Vauprivas (1). Et quelques autres de nos Ecrivains François n'ont point fait difficulté de dire qu'il pourroit bien être encore le premier de ceux qui sont venus après lui (2). Mais ils ne nous ont

1 Ant. du Verdier Bibl. des Ecriv. Franc. pag. 220. & suivantes.
2 Franc. de la Croix du Maine Biblioth. Franc. pag. 65. &c.

☞ La Croix du Maine est le seul qui ait dit cela de Marot, dont on ne peut pas dire qu'il fût compatriote.

donné pour garants de l'avenir que le zèle & l'affection qu'ils paroissent avoir euë pour leur compatriote. On croit néanmoins qu'il auroit pû parvenir aisément à cette Principauté, s'il avoit eu le secours des belles Lettres, & s'il avoit pû pénétrer dans l'Antiquité savante par la connoissance des Langues Grecque & Latine. C'a été du moins le sentiment de Mr de Sainte Marthe (1), qui ajoute qu'il avoit le génie très-heureux, & qu'il a rendu un service signalé à la France, lorsqu'il a entrepris d'en purifier la Langue, de la débrouiller, de la rendre traitable & intelligible, & de lui donner de l'ordre & de la méthode.

Voila sans doute en quoi consiste le principal mérite de Marot qui joignit au malheur d'embrasser la nouvelle Réforme des Protestans, celui d'infecter la Cour de France par les ordures & les obscénités de ses vers. C'est ce dernier point qui a fait dire à Mr Jurieu (2) que comme *Marot étoit un Poëte, & un Poëte de Cour, ce caractére est à peu prés incompatible avec le grand mérite.* ,, La Poësie, continuë cet Auteur, ,, amollit les ames, & les Poësies de la Cour ont pour but de flater ,, & d'embraser les cœurs des passions impures. Les occupations de ,, ces sortes de gens sont opposées à l'esprit du Christianisme ; & on ,, peut compter les Poëtes de Cour entre les Ministres des voluptés, ,, caractére qui est odieux dans l'Eglise. La jeunesse pleine d'esprit, ,, de feu, & de passions emportées & souvent criminelles, donne là ,, dedans. Mais l'esprit de grace ne repose point dans les ames qui ,, ne s'occupent qu'*à tourner un Sonnet en faveur de Philis, à composer* ,, *une ballade, & à dire des sottises de bonne grace.*

,, Ainsi Marot (c'est toujours Mr Jurieu qui parle) étoit assuré-,, ment ce que sont tous ces honnêtes gens du monde qui s'érigent en ,, Auteurs par des Romans, par des Comédies & par des Poësies ef-,, féminées. Marot étoit un esprit libre & libertin, qui s'étoit nourri ,, de vanités dans une Cour souverainement corrompuë.

Mr Maimbourg a remarqué encore autre chose que de la dissolution & de la saleté dans les vers de Marot, il prétend aussi qu'on y découvre un caractére de libertinage & d'impieté, qui fait voir qu'il n'avoit pas l'esprit moins corrompu que le cœur. Il dit que ce Poëte étoit un de ces libertins qui ont de l'esprit, mais de l'esprit tourné à une certaine espéce de plaisanterie, qui donnant sur les choses les plus saintes d'une maniére beaucoup plus profane que fine & déli-

---

1 Scævol. Sammarth. Elogior. lib. 1. pag. 26. edit. in-4.
2 Paralelle du Calv. & du Pap. tom. 1.

Apolog. pour les Reformat. chap. 7. pag. 55. & suivantes.

cate, conduit droit à l'impiété & même à l'Athéïsme, comme il pa- Marot. roit dans plusieurs piéces qu'il nous a laissées de sa Poësie. (1)

Mais par la grace de Dieu il n'est plus si dangereux aujourd'hui qu'il l'étoit alors, non seulement parce que le changement de notre Langue lui a ôté une bonne partie des agrémens exterieurs qu'on lui trouvoit de son tems, mais encore parce que le goût de notre siécle ayant un peu plus de finesse & de délicatesse que l'autre, la profanation qu'il semble avoir voulu faire des choses saintes, est plus capable de rebuter que d'empoisonner nos esprits, depuis que ses plaisanteries qu'on faisoit passer pour spirituelles, ont paru grossiéres & bouffones aux personnes de bon goût.

Après ces considérations sur les sentimens & les mœurs que Clement Marot a exprimés dans ses vers, il faut voir quelque chose de ce qu'on a dit de ses maniéres, de son style & de la qualité de ses Poësies.

Le Sieur Naudé ou celui qui a travaillé conjointement avec lui (2) au Mascurat s'est trompé, s'il a cru lui faire honneur en le faisant passer pour un Poëte Burlesque. Il prétend même (3) qu'il est le premier qui ait embrassé par profession ce genre d'écrire dans la France. Car quoique les *Cretins* & les *Villons* fussent dans le style bas, plaisant & approchant même du ridicule, c'étoit toutefois plutôt par nature, pour ne savoir pas mieux faire, & pour ne pouvoir s'élever au dessus des autres méchans rimeurs de leur tems, que par affectation ou par quelque délicatesse d'esprit, comme a fait, à son avis, Clement Marot, depuis lequel nous n'avons eu personne, dit-il, jusqu'au petit Scarron, qui ait osé tenter l'explication des choses les plus sérieuses par des expressions plaisantes & ridicules.

Mais Mr Despreaux nous a fait voir qu'il n'est nullement de ce sentiment. Il semble n'avoir rien reconnu de burlesque dans Marot, rien de plat ou de bouffon dans son style, mais seulement quelque chose de naïf dans sa maniére d'écrire, lorsqu'il dit. (4)

*Imitons de Marot l'élégant badinage,*
*Et laissons le burlesque aux plaisans du Pont-neuf.*

Néanmoins l'opinion qui met Marot parmi les Poëtes burlesques,

---

1 Histoire du Calvinisme par L. Maimbourg tom. 1. pag. 96. &c.
2 ¶ On n'a jamais dit que Naudé ait eu un coadjuteur dans la composition de cet ouvrage, non plus que dans les autres qu'il nous a donnés.§
3 Jugement de ce qui s'est fait contre le Cardinal Mazarin pag. 213. &c.
4 Despreaux Art Poëtique premier chant.

Aaa ij

**Marot.** ni nouvelle ni particuliére aux Ecrivains de notre nation. Il y a plus de six-vingt ans qu'Antoine Lull (1) Espagnol de Majorque, un des plus célébres Rhéteurs de son siécle, en a parlé en ces termes. ,, Il ,, s'est introduit de nos jours, dit-il, une espéce de Poësie satirique & ,, burlesque en France, qui est une Nation tout-à-fait tournée à la rail-,, lerie & aux subtilités, où les bons mots & les rencontres ingénieuses ,, semblent avoir pris leur naissance. Cette sorte de Poëme, ajoute-t-il, ,, s'appelle *Cocq-à-l'Asne* dans le Pays, & il est constant que c'est ,, Marot Poëte Epigrammatique, facétieux & plaisant, qui l'a mis ,, en usage dans ses vers rimés en Langue vulgaire. Et c'est ce que les ,, Italiens avoient déja appellé *Pasquils* du nom d'une statuë informe ,, & brute à Rome, qui fait l'objet de la risée & du passe-tems du ,, petit Peuple. (2)

La chose du monde qui méritoit le moins de porter le caractére burlesque parmi les Ouvrages de Marot, est sans doute la traduction qu'il a faite en vers François de cinquante Pseaumes de David. Mr Maimbourg n'a pas laissé de remarquer que ces vers ont un air burlesque. Mais quoique cela soit vrai par rapport à l'état présent de notre Langue, on ne peut pas dire raisonnablement que cela fût ainsi du tems de François I. & qu'il n'eût pas alors le dessein de faire un Ouvrage sérieux. Les Défenseurs de Marot n'ont pas manqué de mettre cette réfléxion dans tout son jour, & pour faire voir qu'on veut garder toute sorte d'équité à leur égard, & reconnoître que le Schisme & l'Hérésie en leur ôtant la véritable Religion, ne leur ôte pourtant pas toujours le sens commun, je rapporterai ici ce que deux Protestans en ont écrit pour éclaircir la remarque de Mr Maimbourg.

Ces Messieurs (3) disent que s'il y a de l'air burlesque dans les Pseaumes de Marot, c'est moins la faute du Poëte que celle de notre siécle, qui contre l'usage de la bonne Antiquité, ainsi que l'a fait voir le Pere Vavasseur (4) savant Jésuite, s'est abandonné à ce style avec une manie furieuse. Ce style burlesque s'étant chargé entre autres ornemens des mots & des phrases qui étoient à la mode sous François I. & ses Successeurs, a été cause que les Poësies composées en ce tems-là, ont acquis quelque comformité avec les Poësies bur-

---

1 ¶ Il faloit écrire Antoine Lulle, comme on écrit Raimond Lulle.¶
2 Anten. Lullus Balearis l. 7. de Oratione cap. 5. & ex eo Gerard Joan. Vossius Institution. Poët. lib. 3. pag. 45.

3 Critique générale de l'Histoire du Calvinisme lettre 15. pag. 281. & suivantes p. 286. &c. Item Apolog. pour les Reformés pag. 272. &c.
4 De Ludric. dictione.

lesques. Mais si c'est une disgrace pour Marot, elle lui est commune Marot, avec tous les faiseurs de vers de son tems & d'avant lui, & il a encore aujourd'hui l'avantage sur la plupart de ceux qui n'ont songé pour lors à rien moins qu'à prendre un caractére bouffon.

Au reste Marot excelloit particuliérement dans l'Art de faire des Epigrammes, comme l'a remarqué le Sieur Colletet (1), & il n'y avoit que Mellin de Saint Gelais qui pût lui disputer le premier rang, pour ce genre d'écrire durant ces tems-là.

Il y auroit même une espéce d'ingratitude de ne point reconnoître que c'est à lui que nos Poëtes François sont redevables du *Rondeau*, & qu'ils doivent en quelque façon la forme moderne ou le rétablissement du *Sonnet* & du *Madrigal*, & de quelques autres espéces de petits vers négligés avant lui & Mellin de saint Gelais (2). C'est ce qui a fait dire à Mr Despreaux que

> *Villon sceut le premier dans les siécles grossiers*
> *Débrouiller l'Art confus de nos vieux Romanciers.*
> *Marot bient-tôt après fit fleurir les Ballades,*
> *Tourna des Triolets, rima des Mascarades,*
> *A des refrins reglés asservit les Rondeaux,*
> *Et montra pour rimer des chemins tout nouveaux.*

Le P. Rapin témoigne qu'il a excellé dans ces petits vers, & particuliérement dans le Rondeau, ayant su joindre pour cet effet la naïveté à la délicatesse. Il en a fait, selon lui, qui sont encore admi-

---

1 Guillaume Colletet Art Poëtique François. Traité du Sonnet, nombre 6. pag. 27. 31. 32. où l'on voit néanmoins que l'on est en France plus redevable du Sonnet à Mellin de saint Gelais & à Joachim du Bellai qu'à Clement Marot.
Le même Colletet Traité de l'Epigramme nombre 6. pag. 29. 31. où l'on voit qu'on a été partagé dans la préférence de Marot & de saint Gelais pour l'Epigramme.

2 ¶ On en faisoit auparavant d'aussi bons & d'aussi réguliers. Les Rondeaux de Jean Marot valent bien ceux de Clément son fils. Quant aux Sonets, Marot & S. Gelais en ont faits en même tems. On a dit que S. Gelais à son retour d'Italie avoit apporté le Sonnet en France, on pouvoit ajouter qu'il y avoit aussi apporté le Madrigal, ou, pour me servir de son orthographe, le *Madrigale*. C'est ainsi que pendant plus de cent ans après lui on a écrit ce mot, & si quelques-uns disoient *Madrigaux*, d'autres, qui ne passoient pas pour mauvais Auteurs, disoient *Madrigales*. Baillet au lieu de *rétablissement* devoit dire *introduction*. Marot a un peu contribué à celle du Sonnet, mais nullement à celle du Madrigal, dont il ne paroit point par ses poësies, qu'il ait connu le nom. Celui du Sonnet, je l'avoüe, est très ancien dans notre langue, y signifiant une sorte de chanson dès le commencement du treiziéme siécle, & peut-être plutôt, mais que dès ce même tems il y ait signifié un poëme de quatorze vers dont les deux quatrains en rime double, & les deux tercets fussent rangés, comme nous les rangeons, c'est ce que je ne croirai point sur la parole de Colletet, à moins qu'on ne m'en produise un exemple tiré de quelque ancien manuscrit digne de foi. ¶

**Marot.** rables aujourd'hui, & qui peuvent servir de modéles, & il ajoute que nous n'avons proprement point d'autre Original de ce caractére en notre Langue que ce Marot (1). Car bien qu'il ait souvent négligé de pratiquer les trois significations différentes de la chute où l'on met la perfection du Rondeau, néanmoins le tour qu'il leur donne est presque toujours fort heureux. Il se fait tantôt par une équivoque fine qui a du myſtére dans son ambiguité : tantôt par un sens caché qui dit tout en feignant de ne vouloir rien dire : quelquefois par un trait fier & hardi sous un terme modeſte : une autre fois par une plaisanterie débitée sous un air férieux : ou bien enfin par une finesse de sentiment exprimée sous un mot simple & grossier. Tout cela y est ordinairement soutenu d'une grande simplicité sans aucune affectation. En un mot, il avoit le génie tout-à-fait tourné pour cette maniére d'écrire, & tous ceux qui y ont réussi depuis, l'ont copié (2), ou du moins ils ont tâché de prendre son air & son génie.

" Ses Poësies ont été recueillies en un seul volume, & elles semblent être devenuës asses rares aujourd'hui, aussi bien que les 25. tomes des Amadis (3). Ce qui est plutôt un effet de la tendresse que les gens du monde conservent pour ces Ouvrages, que d'aucune suppression qu'on en ait jamais faite. On peut voir la liste des piéces de Marot dans la Bibliothéque Françoise d'Antoine du Verdier. (4)

\* Les Amours de Clement Marot in-8°. Paris. 1547. — Les mêmes in-8°. à Lion chés Dolet 1542. — Les mêmes in-12. 2. vol. à Amſterdam 1700. — Les mêmes, avec les Oeuvres de Michel Marot, fils dudit Marot in-8°. à Niort 1596. — Jean Marot de Caën sur les deux heureux Voyages de Genes à Venise par le Roi Louis XII. in-8°. à Paris 1532.\*

1 René Rapin Réfléxions sur la Poëtique seconde partie, Réflex. xxxii. pag. 168. 169. edition in-4.

2 ¶ Si l'on compte Voiture & Benserade parmi ses copiſtes, on sera bien fondé à dire que les copies ont surpassé l'original.

3. ¶ Elles le sont infiniment moins que les 25. tomes d'Amadis parce que de ces 25. tomes il n'y a qu'une seule édition, & qu'il y en a trente des poëſies de Marot.

4 ¶ On en pourroit indiquer plusieurs qui sont inconteſtablement de lui, & qui ont été jusqu'ici omises dans les plus amples éditions.

## THEOPHILE FOLENGI.

*De Mantoue*, Moine Benedictin, Poëte Macaronique, mort l'an 1544. le 9. de Décembre, âgé de plus de 50. ans, frére de Jean Baptiste Folengi.

1276    NOus ne connoissons presque plus Théophile Folengi, que sous le faux nom de *Merlin Coccaïe*, quoi qu'il n'ait pas publié tous ses Ouvrages sous ce masque. On a de lui 1. un Poëme des *Couches de la Sainte Vierge* (1), & nous verrons ailleurs s'il est vrai que Sannazar le lui ait dérobé en qualité de Plagiaire. 2. La Macaronée ou l'Ouvrage *Macaronique*, qui porte le nom de Coccaïe. 3. Un autre Ouvrage en Vers Macaroniques appellé *Il libro della Gatta*. 4. Un autre qui n'est Macaronique qu'en partie, & qui s'appelle *Il Chaos del tri per uno*, ou le Dialogue des trois âges. 5. Un autre du tems, intitulé, *Il Giano*, qui est peut-être le même que le Poëme appellé le *Janus de Théophile* (2), que le Mascurat attribuë à Jean-Baptiste frére de notre Théophile. 6. Des Satires en Vers Macaroniques (3), sous le titre de *le Gratticcie*. 7. Un livre d'Epi-

---

1 ¶ C'est un Poëme Italien, *d'ell'humanità di Christo*, en rime octave, dont la lecture fit, à ce qu'on dit, former à Sannazar le dessein de sa *Christeide*, car c'est sous ce titre qu'il fit d'abord paroître son ouvrage, que depuis ayant augmenté & perfectionné il intitula *de partu Virginis*; titre qu'il faut bien se garder de croire qu'il ait emprunté de Theophilus Folengius, étant très-faux que celui-ci ait jamais fait en Vers Latins un Poëme *de partu Virginis*. Jaques Philippe Tomasini Evêque de Citta nova, homme fort sujet à se tromper, a sur quelque oui dire débité légérement cette fable, que Baillet a prise pour une verité. En quoi il a eu d'autant plus de tort que Tomasini lui-même cite ces vers de la 25. & derniére Macaronée, où Folengius fait l'éloge de l'Arcadie & de la Christeïde de Sannazar en ces termes :

*Exiet Arcadicus per sdruzzola metra libellus*
*Nazzari, quo prata, greges, armenta, capellas,*
*Pastoresque canet, silvas, magalia, Nymphas;*
*Christeïdam post hæc cantabit dignus Homero*
*Laudibus ; ut cedet Vati quem protulit Andes.*

La considération de Folengius pour Sannazar paroît encore dans cet endroit de la 2. Stance du 6. capitolo de son *Orlandino*.

*Non tutti Sannazzarri, ed Ariosti*
*Non tutti son Boïardi, ed altri eletti.*

2 ¶ Naudé a eu raison de l'appeler le *Janus de Théophile*, puisqu'il est véritablement de Théophilus Folengius, & non pas de Jean-Baptiste frére de Théophile. C'est à la suite de quelques Dialogues Latins de celui-ci, lesquels ont pour titre *Pomiliones* que ce Janus de Théophile a été imprimé in-8. l'an 1538. apparemment à Rome, car il y a *in promontorio Minervæ, ardente Sirio*. Il est visible que cette piéce étant en Vers Latins n'a pas dû être appelée *Il Giano*.

3 ¶ Ce livre & le suivant n'existent que dans le Catalogue fabuleux du Tomasini à la suite de l'éloge de Theophilus Folengius.

**Folengi.** grammes & d'Epitres mêlées de mots Italiens & Latins. 8. Puis en style Berniesque ou empoullé (1) l'*Orlandino*, sous le nom de Limerno Pitocco (2). 9. Il a fait aussi en style sérieux, outre l'Ouvrage Latin des Couches de la sainte Vierge (3). Un Poëme de l'*Humanité de Jesus-Christ* en Vers Italiens. 10. Et une autre piéce sur la Passion du Sauveur en vers héxamétres Latins.

Voila ce que j'ai pû trouver des Ouvrages Poëtiques de Folengi. Il a écrit aussi en Prose, mais cela n'est pas du sujet présent.

Le Pignoria dit (4) qu'il réussissoit également dans le style sérieux & dans le burlesque; que l'un & l'autre genre le rendoit comparable aux Anciens pour l'air naturel; & que pas un des Modernes ne devoit prétendre d'arriver au point de sa perfection, non pas même de le suivre de près.

Je m'imagine que comme ce n'est pas le style sérieux qui a donné à Folengi l'avantage sur plusieurs bons Ecrivains, cet Eloge ne regarde que sa Macaronée & ses autres Ecrits du même genre.

La Poësie Macaronique, selon Mr Naudé (5) est la troisiéme espéce du Burlesque Latin. Macaroné chés les Italiens (6) veut dire un homme grossier & rustique (7). Les personnes aussi bien que les vers dont nous parlons ont pris leur nom des *Macarons* d'Italie, comme nous l'apprend le sieur Tomasini (8). Ce sont de petites pâtes ou espéces de petits gateaux faits de farine non blutée, d'œufs & de fromage, qu'on sert sur table à la campagne, & que l'on compte parmi les principales douceurs des Villageois.

La Poësie Macaronique est pour ainsi dire un ragoût de diverses choses qui entrent dans sa composition; mais d'une maniére qu'on peut appeler Paysanne. Il y entre pêle-mêle du Latin, de l'Italien,

---

1 ¶ Le style Berniesque étant un style goguenard, négligé en apparence, comme celui d'Horace, mais d'une négligence qu'il n'est pas aisé d'attraper, ne doit être rien moins qu'empoulé.

2 ¶ *Pitocco* c'est un gueux. *Limerno* par la transposition de la seconde syllabe c'est *Merlino*, nom sous lequel cet Auteur étoit plus connu que sous le sien propre. Ainsi *Limerno pitocco da Mantoa* désigne parfaitement Teofilo Folengi, nommé *Limerno* par transposition pour Merlino. *Pitocco* gueux, à cause qu'en qualité de Moine, il faisoit vœu de pauvreté, & *da Mantoa* parce qu'il étoit de Mantouë.

3 ¶ Ce prétendu Ouvrage Latin des Couches de la sainte Vierge, ou *de partu Virginis* est, comme je l'ai fait voir ci-dessus, une chimére, n'y ayant du Folengi autre chose sur ce sujet que le Poëme Italien *dell' Humanità di Christo*.

4 Laurent. Pignorius in Elog. apud Thomasinum pag. 76. tom. 2.

5 Gabr. Naudé, jugement de tout ce qui s'est imprimé contre le Cardinal Mazarin, depuis le 6 Janvier jusqu'au 1. Avril 1649. pag. 232. Idem iterum fuse ibid. pag. 173. 174.

6 Ludov. Cæl. Rhodigin. in Antiq. Lect. lib. 17. cap. 3. &c.

7 ¶ Par métaphore empruntée du mets rustique & grossier appelé *maccherone*. ¶

8 Jac. Philip. Tomasini Elog. tom. 2. pag. 72. 73. & seq.

ou de quelque autre langue vulgaire, aux mots de laquelle on don- Folengi.
noit une terminaison Latine, on y ajoute du grotesque du village,
& tout cela joint ensemble fait le fond ou la matiére de la piéce
comme le Canevas d'une tapisserie. Mais il faut que tout soit couvert & orné d'une naïveté accompagnée de rencontres agréables,
qu'il y ait un air enjoué & toujours plaisant, qu'il y ait du sel partout,
que le bon sens n'y disparoisse jamais, & que la versification y soit
facile & correcte. (1)

Mascurat prétend que si notre Theophile Folengi n'a point la
gloire d'avoir inventé cette espéce de Poësie (2), il a du moins été
le premier qui l'a cultivée, & que la Macaronée de Rimini publiée
l'an 1526. en six livres par Guarino Capella (3) contre Cabri Roi de
Gogue-magogue n'a point dû passer pour la premiére piéce en ce genre, puisque la Macaronée de Folengi avoit paru dès l'an 1520 (4). sous
le nom de Merlin Coccaïe. Outre qu'elle a effacé toutes les autres
Macaronées de son tems, soit pour le style, soit pour l'invention, soit
pour les riches Episodes qui se rencontrent dans l'Histoire de Baldus
qui est le Heros du Poëme. (5)

En effet le sieur Tomasini estime que c'est une piéce de fort
bon goût, remplie d'agrémens qui cache des sentimens &
des maximes fort sérieuses sous des termes facétieux & sous
les railleries apparentes d'un Rieur, & qui comprend un mélange
artificieux du Plaisant avec l'Utile. (6)

Il y tourne en ridicule les titres vains des Grands avec beaucoup
d'adresse. Il y dépeint les mœurs des hommes sous diverses figures,
il attaque les vices, & particuliérement la paresse, la curiosité frivole,
l'une & l'autre débauche, l'envie. Il y fait paroitre une grande connoissance des choses naturelles, des Antiquités, des Arts &
des Sciences, des usages, rits & coutumes. Enfin son Ouvrage
est une Satire de nouvelle espéce; mais qui est sans fiel & sans
venin.

On dit que Rabelais a voulu imiter en partie cet Ouvrage, & qu'il
en a tiré les plus beaux morceaux de son Pantagruel: mais ceux qui

---

1 ¶ Facile, j'en conviens, mais *correcte*,
non, puisque c'est l'incorrection, s'il est
permis de parler ainsi, qui le plus souvent
en fait l'agrément.

2 Ce sont deux piéces en une.

3 ¶ Il faloit dire conformément à Naudé
par *Guarinus Capellus Sarsinas in Cabrinum Ga-
gamagogæ Regem*.

3 ¶ J'en ai vu une édition du 1. Janvier

1517. à Venise in-8. chés Alexandre Paga-
nini, où il n'y a que 17. Macaronées, tres-
différentes de celles qui ont paru dans les
éditions suivantes; lesquelles ont huit Macaronées de plus, & diverses autres Poësies.

5 Naudé Dialogue entre Saint Ange &
Mascurat au jugement des Piéces contre
Mazarin, comme ci-dessus.

6 Tomasini in Elog. ut suprà.

l'ont voulu traduire en notre langue ont travaillé fort inutilement, & ils sont à plaindre s'ils ont crû pouvoir faire passer dans notre langue les graces d'un Ouvrage de cette nature.

Les applaudissemens que Folengi reçut de ses piéces purement Macaroniques lui enflérent le cœur, & le portérent à tenter un autre genre d'écrire, qui fut celui de prendre un milieu entre le sérieux & le Macaronique. Il fit dans ce genre le Chaos des trois âges en Italien; mais il y échoua, & le chagrin qu'il eut du mauvais succès de cet Ouvrage le fit renoncer au style Macaronique pour prendre le Berniesque qu'il employa dans son Orlandin. Mais enfin las de se divertir, & de suivre son humeur plaisante & bouffone, il abjura le burlesque pour écrire sérieusement sur des matiéres de piété telles que sont celles que j'ai nommées au commencement. (1).

* Jugement des Piéces comme ci-dessus.

## SCIPIONE CAPECE,

En Latin, *Scipio Capicius*, Gentilhomme du Royaume de Naples en 1545. mort vers le milieu de ce siécle, Poëte Latin.

1277   Et Auteur a fait de la Prose & des Vers. Sa Prose traite des matiéres de Droit. Ses principales piéces en Vers Latins sont 1. deux livres des *Principes des choses*. 2. Trois *du grand Prophete*, c'est-à-dire saint Jean Baptiste. 3. Des Elégies. 4. & des Epigrammes.

Il a tâché d'imiter Lucrece dans ses livres des Principes des choses, & le Cardinal Bembe dit (1) qu'il en a pris le style, qu'il a même quelque chose de son élégance & du goût des Anciens. Mais comme c'est dans une Lettre qu'il lui écrit, il paroit peut-être un peu trop de compliment dans un jugement si honorable, si on veut le confronter avec celui de Giraldi.

En effet ce Critique n'en a point jugé si favorablement, non plus que de son Poëme du grand Prophéte (2), & il s'est contenté de dire que le Capece pouvoit mériter quelque rang parmi les Poëtes.

1 Petr. Bemb. Epistol. ad Scip. Capicium dat. 4. Non. Jul. anni 1545.
2 Lil. Greg. Girald. Dial. 2. de Poët. sui ævi pag. 417.

Cet éloge a paru trop froid & trop rigoureux à plusieurs Italiens. Le Gaddi entre les autres & le Nicodemo l'ont jugé trop dur à digérer (1), & ce dernier n'a point fait difficulté d'accuser le Giraldi de mauvais goût ou de malignité.

Paul Manuce n'a point été non plus dans le sentiment du Giraldi pour le Poëme de la Nature ou des Principes des choses. Car il dit à la Princesse de Salerne, en lui adressant l'édition qu'il avoit faite des Poësies de cet Auteur, que c'est un Poëme divin, rempli de beaucoup de lumiéres, travaillé avec beaucoup d'art & d'industrie, égal à celui de Lucrece, de la lecture duquel il s'est désacoutumé, dit-il, par celle qu'il a faite de ce Poëme (2). Mais les Connoisseurs ne trouveront peut-être pas moins d'excès dans ce jugement ou plutôt dans cet éloge que fait Manuce, que dans celui que nous avons rapporté de Bembe.

Pour ce qui est du Poëme du grand Prophéte, Gesner dit seulement (3) que c'est un Poëme savant, & qu'il mérite d'être comparé aux Anciens pour sa majesté.

* Scip. Capici de Initiis rerum lib. 11. in-8°. Francof. 1631. *

---

1 Jacob. Gaddius Flor. de Scriptorib. non Ecclef. tom. 1. & apud Leon. Nicod. Addition. ad Bibliothec. Neapolit. Nicolai Toppii p. 216. col. 1. per Leonard. Nic.

2 Paul. Manut. Præfat. in Capicii Poëmata ad Isabellam Villamarinam, &c.
3 Conrad Gesner in Bibliothec. ejusque breviatores seu continuat. &c.

---

# ESTIENNE DOLET

D'Orleans, Imprimeur à Lyon, Poëte Latin & François, brûlé à Paris pour le fait de Religion l'an 1545. (1) à la Place Maubert, le jour de Saint Estienne, & dans la Parroisse de Saint Estienne dont il portoit le nom.

1279    Les Poësies Latines de Dolet sont comprises en six Livres, & elles ont été imprimées à Lyon par lui-même & par Sebastien Gryphe.

Parmi ses Poësies Françoises, on trouve son *second Enfer*, qui est

---

1 ¶ Bayle au mot *Dolet* fait voir par de trè-bonnes preuves que ce fut le 3. d'Aout jour de l'Invention S. Etienne 1546. que Dolet fut étranglé & ensuite brûlé comme Athée, & non pas comme Lutherien.

**Dolet.** une piéce sur son second emprisonnement (1), & qui fut imprimée à Troyes en 1544. avec quelques Dialogues de sa façon. Il a mis aussi en vers François le Poëme Latin qu'il avoit fait sur les actions du Roi François.

Il faut avouer que Dolet n'a jamais été un fort excellent Poëte, & que Joseph Scaliger (2) a eu quelque raison de le considérer comme un Versificateur d'assés petite consideration. Mais les personnes de sens frais & rassis auront peine à juger que Jules Cesar son pere ait eu la tête libre, lorsqu'il l'a appellé le *chancre* ou *l'apostume* des Muses (3). Il dit (4) qu'il n'y a pas un grain de sel dans tous ses Ouvrages, & que cependant il a voulu faire le Tyran insensé dans la Poësie. Il devoit ce semble se contenter de reprendre en lui son style froid, languissant, insipide & l'accuser de trop de liberté, de licence, d'entêtement ou d'aveuglement sur ce qui regarde la Religion, sans passer à des injures capables de faire taire les crocheteurs & de faire rougir les harangéres.

\* *Francisci Valesii, Gallorum Regis, facta*, Steph. Doleto autore in-4°. Lugd. 1539.

Les Gestes de François de Valois Roi de France par Etienne Dolet *in*-4°. à Lyon 1540. \*

1 ¶ Francisc. Floridus dans un petit livre *adversus Doleti calumnias* imprimé à Rome in-4°. 1541. appelle la prison *Doleti patriam*. Marot & Dolet ont eu cela de commun qu'ils furent tous deux mis en prison, comme suspects d'héréfie. Marot prisonnier en 1525. fit la description de sa prison, & donna pour titre à cette description l'Enfer, ce qui a fait que depuis par maniére de proverbe, l'Enfer de Marot a signifié prison. Dans ce langage-là le premier Enfer de Dolet fut en 1533. à Toulouse où ayant été accusé de Lutheranisme, il fut arrêté par ordre du Juge maje Dammartin, & de là promené par les carrefours, comme lui-même le dit dans son Ode satirique contre ce Juge. Il sortit de cet enfer de Toulouse, mais celui de Paris fut plus terrible pour lui, puisque comme je l'ai remarqué, il n'en sortit le 3. Aout 1546. que pour être conduit à la Place Maubert où il fut éxécuté.

2 Joseph Scalig. in primis Scaligeran. pag. 75.

3 Carcinoma aut vomica.

4 Jul. Cæs. Scalig. Hypercritic. seu lib. 6. Poëtic. cap. 4. pag. 791.

## LE CARDINAL SADOLET.

(*Jacques*), né à Modene l'an 1478. Secretaire de Leon X. puis Evêque de Carpentras au Comtat d'Avignon, mort à Rome l'an 1547. âgé de 70. ans trois mois & six jours, Poëte Latin.

1280 Quoique Sadolet excellât en Prose il n'a point laissé de réussir aussi en vers. Il semble que son *Curtius* & son *Laocoon* tiennent les principaux rangs parmi ses Poësies.

Joseph Scaliger dit qu'il est bon Poëte (1). Mr de Thou témoigne qu'il a beaucoup de politesse dans ses vers, & qu'il a même un avantage au-dessus du Cardinal Bembe pour la Poëlie, qui est celui d'être sérieux & grave (2). Mais le P. Rapin écrit (3) que Sadolet a copié les phrases de Virgile sans en exprimer l'esprit, & que parmi les efforts d'une imitation servile, il a laissé de tems en tems échapper des traits de son propre esprit.

1 Joseph. Scaliger in primis Scaligeran. pag. 27.
2 Jac. Aug. Thuan. Histor. sui temp. ad annum 1547.
3 Ren. Rapin Réflex. générales sur la Poëtiq. première part. pag. 87. édit in-12

## LE CARDINAL BEMBE

(*Pierre*) Venitien, né l'an 1470. Secretaire du Pape Leon X. Evêque d'Eugubio, puis de Bergame, mort l'an 1547. (1) Poëte Italien & Latin.

1281 ON peut dire avec Scaliger le fils, que Bembe est bon Poëte généralement parlant (2).

Jean de la Case dit (3) que ses vers Italiens ont de la gravité, de la plénitude & du corps, & que les autres Poëtes doivent se reconnoître inférieurs à lui pour ce point. Il ajoute qu'entre les autres, le Poëme qu'il a fait sur la mort de son frere Charles est quelque chose de si achevé, qu'on peut dire qu'il n'y a rien de plus beau, rien de plus délicat, rien de plus tendre, ni enfin rien de plus passionné.

Le même Auteur dit que ses vers Latins sont doux & élégans, &

1 ¶ Agé de 76. ans 7. mois 28. jours.
2 Joseph. Scalig. in primis Scaligeranis pag. 27.
3 Joan. Casa in vita Petri Bembi pag. 153. collect. Baresii in 4°.

Bembe. qu'on sent presque le même plaisir à les lire, que lorsqu'on lit quelqu'un des Poëtes de l'Antiquité.

Mr Costar estime (1), que ce qu'il y a de singulier dans ses Poësies, c'est la pureté de style; mais on peut dire que c'est le caractére universel de tous ses Ouvrages, comme nous le verrons parmi les Epistolaires & les Historiens. Mr de Thou lui attribuë la même politesse qu'à Sadolet; mais il ajoute qu'il s'est donné trop de licence, & qu'il n'a pû se mettre au dessus de la corruption de son siécle (2). C'est parler avec assés de retenuë de ce qu'il y a de deshonnête & scandaleux dans les Poësies de Bembe, qui étoit d'autant plus obligé à se renfermer dans les bornes de la pudeur & de la pureté morale, qu'il s'étoit engagé dans l'état Ecclésiastique.

On ne peut pas nier que ce ne soit au moins une des régles de la bienséance, à laquelle il a manqué en chantant des amours dissoluës & profanes; & si nous en croyons Mr Borrichius, il a pris assés l'air d'un Poëte *Ithyphallique* (3). Après quoi je ne crois pas qu'on puisse rien ajouter de plus humiliant pour la réputation de Bembe.

Quant à sa maniére d'écrire, Scaliger le Pere témoigne (4) que c'est l'uniformité de son esprit qui a produit en lui cette grande pureté de discours; mais qu'elle n'a pû lui donner de grandeur & d'élévation; & qu'après avoir trouvé assés heureusement le tour naturel & les nombres, il est facheux qu'il ait souvent manqué de beauté, & presque toujours de nerfs & de forces. Il le reprend ensuite d'une trop grande affectation qu'il a fait paroître, même en voulant imiter Ciceron dans ses vers. Il remarque de plus que le scrupule excessif qu'il a témoigné, dans la peur de blesser tant soit peu la pureté de la Langue Latine l'a rendu ridicule; & qu'il y a eu de la foiblesse d'imagination, pour ne pas dire de l'impertinence en lui, de n'avoir osé employer des termes qui n'étoient pas en usage dans la bonne Latinité, quoiqu'ils fussent nécessaires à son sujet. Enfin il a raison de blâmer en lui l'indiscrétion qu'il a euë d'appeller Jesus-Christ *un Héros* en quelque sens qu'il l'ait voulu faire entendre. C'est une injure qui tient quelque chose du blasphème, quelque liberté qu'on puisse permettre à un Poëte.

\* Dans le 1. volume des délices des Poëtes d'Italie.

*Rime di M. Pietro Bembi* in-4°. *Romæ* 1548. — *Rime di Pietro Bembo*, in-12. *in Venetia* 1548. — *Idem* in-8°. *in Venetia* 1554.

1 Costar. tome second de la Défense de Voiture pag. 61.
2 Jac. August. Thuan. Histor. suor. tempor. ad annum 1547.
3 Olaüs Borrichius Dissertation. de Poëtis Latinis pag. 94.
4 Jul. Cæs. Scalig. Hypercritic. seu lib. 6. Poëtic. pag. 800.

## FRANCESCO MARIO MOLZA,

Natif de Modéne, mort l'an 1548. (1) Poëte Latin & Italien.

1282    Cet Auteur s'eft rendu affés célébre dans fon Pays par fes vers Latins & Italiens qu'on a imprimés parmi *les Délices des Poëtes d'Italie.* Mr de Thou en a parlé en ces termes (2), & Mr Borrichius dit (3) que fes Elégies font nettes, nombreufes, claires, & qu'on eftime particuliérement la piéce qu'il a faite fur le divorce d'Henri VIII. Roi d'Angleterre & de Catherine d'Aragon. Mais on peut dire que fes Poëfies ont été peu lûës dans les Pays étrangers.

\* *Rime di Franc. Maria Molza* in-8°. *in Bologna* 1513. — *La Nimpha Tiberina del Molza* in-8°. 1549. *in Ferrara.* \*

1 ¶ On peut voir dans le Dictionnaire de Bayle un long & curieux article du Molza, mort, non pas l'an 1548. comme l'a dit Mr de Thou, mais l'an 1544. comme je l'ai prouvé par les Lettres d'Annibal Caro citées dans l'article marqué. *b*

2 Jacob. Auguft. Thuan. Hiftor fuor. tempor. ad ann. 1548.

3 Olaüs Borrichius Differtation. de Poët. Latin. pag. 101.

## MELLIN DE SAINT GELAIS,

Originaire du Poitou, natif d'Angoulême, Abbé de Reclus, Poëte Latin & François, fils du Poëte Octavien de Saint Gelais, fieur de Lanfac, Evêque d'Angoulême ; mort du tems d'Henri II. vers le milieu du feiziéme fiécle (1).

1283    Mellin étoit beaucoup plus habile, plus éloquent & plus délicat que fon Pere Octavien, qui fous Louis XII. avoit mis en vers Gaulois affés élégamment pour fon tems diverfes rhapfodies d'Homere (2), de Virgile & d'Ovide, autant que le génie de fon fiécle put le lui permettre.

1 ¶ Octavien de S. Gelais Evêque d'Angoulême mourut l'an 1502. Mellin fils d'Octavien vivoit encore le 21. Décembre 1557. comme il paroit pag. 20. de fes œuvres *in-*8°. à Lyon 1574. ce qui fait voir que ceux qui le croient mort en 1554. fe trompent. Il mourut en 1558. On voit fur fa mort plufieurs Epigrammes Latines imprimées chés Féderic Morel *in-*4°. 1559.

2 ¶ Octavien n'a pu rien traduire d'Homére que fur des verfions Latines.

**S. Gelais.** Mais le fils s'éleva fort au-dessus du langage populaire, & il contracta même quelque air de noblesse & d'élévation par la connoissance qu'il acquit des Langues Grecque & Latine, & des Mathématiques; ce qui servit beaucoup à le distinguer de Marot & des autres.

La plupart de ses Poësies sont Françoises, elles consistent en Elégies, Epitres, Rondeaux, Sonnets, Quatrains, Chansons, Epitaphes, & particuliérement en Epigrammes, sans parler de *Genievre* (1) qui est une imitation de l'Arioste, & de sa Tragédie de *Sophonisbe*, dont il n'y a que les chœurs qui soient en vers, & qui proprement n'est qu'une Traduction.

Il étoit estimable en son tems pour sa douceur, sa naïveté, & le tour aisé qu'il sembloit avoir pris des Anciens, & il partageoit avec Marot les Esprits de la Cour & du Royaume (2).

Plusieurs ont prétendu que c'est à Saint Gelais que l'on doit le *Sonnet* François, & que c'est lui qui l'a fait passer d'Italie en France (3). Mais il avoit un talent particulier pour l'Epigramme, dont Lazare de Baïf avoit introduit l'usage & le nom dans le Royaume (4). Il passoit pour l'esprit le plus raffiné de son siécle en ce point, selon Colletet (5), qui ajoute qu'on ne savoit auquel de Marot ou de lui adjuger le prix pour le genre Epigrammatique.

Néanmoins les Connoisseurs (6) qui donnent à Marot la gloire du *Rondeau* & à du Bellay celle du *Sonnet*, ont préféré S. Gelais à l'un & à l'autre pour l'Epigramme.

Mais Mr de Sainte Marthe dit (7) qu'autant que de S. Gelais étoit au-dessus de Marot, autant étoit-il inférieur à Ronsard, tout jeune

---

1 ¶ C'est une imitation du 5. chant de *l'Orlando Furioso* où est racontée l'histoire de Genèvre fille du Roi d'Ecosse. S. Gelais n'acheva pas cette piéce, où il n'y a que 310. vers de sa façon. Le reste est de Jean Antoine de Baïf. La Sophronisbe est une Tragédie de Jean George Trissin en vers Italiens non rimés, excepté les chœurs. S. Gelais en usa de même dans sa traduction. Le nommé Claude Mermet l'a mis toute depuis en vers François, & la fit imprimer à Lyon en 1584.

2 Ant. du Verdier Sieur de Vauprivas, & Franç de la Croix du Maine dans leurs Bibliothéques Françoises, &c.

3 Guillaume Colletet Art Poëtique Traité du Sonnet nomb. 6. pag. 29. 30. 31.

4 ¶ On faisoit des Epigrammes en France avant Lazare de Baïf, mais on les appeloit quatrains, sizains, huitains, dizains &c. suivant le nombre des vers dont elles étoient composées. Clement Marot qui en avoit fait plusieurs, les intitula Epigrammes, & fut en cela le premier qui mit en œuvre le mot qu'avoit introduit Lazare de Baïf, car, comme l'a fort bien remarqué Ménage, chap. 43. de l'Anti-Baillet. c'est le nom de l'Epigramme seulement que Lazare de Baïf introduisit dans la langue, & non pas l'usage.

5 Le même Colletet au Traité de l'Epigramme nomb 6. pag. 29. 30. 31. 32.

6 ¶ Les bons Connoisseurs diront toujours que S. Gelais n'a eu nul autre avantage sur Marot que celui de l'érudition, talent fort inutile pour le tours du vers.

7 Scævol. Sammarthan. Elogior. lib. 1. pag. 23. edit. in-4°.

qu'étoit

qu'étoit alors ce dernier. La jalousie le prit, & le porta à traiter le Poëte naissant avec une fierté & une dureté qui ne fit tort qu'à lui-même. Il s'en apperçût, & jugeant qu'il n'avoit plus rien à faire dans la Poësie Françoise, il retourna aux vers Latins qu'il avoit autrefois abandonnés. Il en fit jusqu'au dernier soupir; & l'on disoit que le Soleil levant l'ayant effacé ou fait fuir d'une horison, il s'en étoit allé sur l'autre.

* Oeuvres Poëtiques de Melin de S. Gelais *in*-8°. Paris 1658. & Lyon in-8°. 1574. *

---

PIERRE L'ARETIN (1) Natif d'Arezzo en Toscane,

Et NICOLAS FRANCO natif de Benevent Poëtes satiriques

L'Aretin mourut vers le milieu du siécle (2), & le Franco fut pendu à Rome l'an 1554. (3). Ils ont écrit tous deux en Italien.

1284. Nous pourrons parler ailleurs des Satires en prose que ces deux Auteurs ont faites contre presque tout le genre humain. Mais il faut au moins avertir qu'ils en ont fait aussi en vers, & d'autres Poësies dont la liste est dans le Crasso (4). Ils avoient l'un & l'autre l'esprit plaisant & ingénieux. Leur Poësie est délicate, mais étrangement acérée. Nous verrons ailleurs la différence de leurs caractéres, & comme après avoir lié amitié & société ensemble, ils ne purent se souffrir, & se séparérent. Il suffit de remarquer ici que bien que l'Aretin fit profession de n'épargner personne, non pas

---

1 ¶ Le Crescimbeni pag. 287. de son Histoire *della volgar poësia* ayant dit que Pierre Arétin étoit fils naturel de Louis Bacci gentilhomme d'Arezzo, a depuis déclaré pag. 215. de son Commentaire sur cette Histoire, vol. 2. part. 2. qu'il tenoit cette particularité d'un ouvrage manuscrit intitulé *Glorie letterate di Valdichiana* de l'Abbé Jaques Marie Cenni, mort le 31. Mai 1692. Voyés le Ménagiana pag. 63. du tom. 4.

2 ¶ Il faloit au moins déterminer le siécle, & dire du 16. siécle. L'Aretin, comme je l'ai autrefois écrit à Bayle, mourut l'an 1556. agé de 66. ans.

3 ¶ Nicolo Franco s'étant brouillé avec l'Arétin, fit contre lui un ouvrage satirique divisé en 5. parties, dont la première contient 41. Sonnets, la seconde 39. la troisiéme 52. la quatriéme 46. & la cinquiéme 40. en tout 218. Sonnets. Il s'avisa, étant déja vieux, de commenter les Priapées. Paul IV. en ayant fait bruler les copies, & l'original, Nicolo Franco déchira la mémoire de ce Pape, ce que Pie IV. son successeur ayant dissimulé à cause du Cardinal Moron protecteur alors de ce Poëte, l'injure faite au Pape Paul, fut sous Pie V. très sévérement punie. Le Franco par ordre de ce Pape fut arrêté, & comme Auteur de libelles diffamatoires condamné à être pendu l'an 1569.

4 Laur. Crass. dans les Eloges Ital. des hommes de Lettres in-4°. tom. 1.

même les Princes dont il se disoit *le fleau*, & qu'on lui ait fait dire à sa mort qu'il n'avoit épargné Dieu, que parce qu'il ne le connoissoit pas; & qu'au contraire, quoique le Franco se fût fort bien ménagé auprès des Grands dont il avoit acquis l'amitié; la fin de l'Aretin fut assés paisible & commune, au lieu que celle de Franco fut violente & fort extraordinaire.

* *Quáttro Comedie del divino Pietro Aretino, cisè il Marescalco, la Cortegiana, la Talanta l'Ipocrito* in-8°. 1588. — *Il filosopho*, *Opera di M. Pietro Aretino* in-8°. *in Vinegia*. 1549. — *L'Horatia* in-8°. *ibidem* 1546. — *Capitoli di M. Pietro Aretino* — *Lod. Dolce*, *Franc. Sansevino e di Altri* 1540. — *Tre primi canti di Marfisa*, *del Aretino* in-8°. *Vinegia* 1544. — *Il Marescalco* 1540. in-8°. — *Il Cortegiano* 1539. in 8°. *Ternali di Aretino in gloria di Giulio III. Pont. e della Reina Christianissima* in-8°. 1551.

## JEAN-GEORGE TRISSINO,

Gentilhomme de Vicenze, né l'an 1478. le 7. Juillet, mort à Rome l'an 1550. âgé de 72. ans, dépouillé de ses biens en Justice par un de ses enfans (1), Poëte Italien, & même Poëte Grec & Latin.

1285   IL est inutile de rechercher les Poësies Grecques & Latines du Trissino, puisqu'elles ne sont pas encore imprimées, & qu'elles ne sortent point du cabinet de quelques Curieux d'Italie.

Celles qu'il a faites en Langue vulgaire sont ; 1°. un volume d'*Odes* ou de *Chansons*, & de *Sonnets* ; 2°. la Comédie *des Simillimi*, ou *Très-semblables* ; 3°. la Tragédie de *Sophonisbe* ; 4°. la principale est le *Belisaire*, ou l'Italie délivrée de la domination des Gots, qui est un Poëme Epique.

Ces Poësies & ses autres Ouvrages le firent regarder par les Florentins, & particuliérement par les Académiciens de la ville avec des ieux de jalousie ; & ils ne pouvoient souffrir qu'un Etranger travaillât avec tant de succès & de gloire à perfectionner la Langue du pays, qu'ils se croyoient seuls capables d'enrichir & d'embellir. Mr de Thou prétend (2) qu'il a été le premier dans l'Italie qui se soit

1 ¶ Nommé Jule, qu'il avoit voulu deshériter, par prédilection pour Cyrus son fils d'une seconde femme.

2 Jacob. August. Thuan. Histor. sui tempor. ad fin. anni 1550.

servi de vers libres depuis Petrarque dans la Poëſie vulgaire, & qui ne ſe ſoit point aſſujetti à la rime; qu'il s'eſt attaché uniquement à ſuivre les maximes d'Ariſtote, ayant fait pour l'expliquer un Commentaire qui eſt lû de beaucoup de perſonnes & entendu de peu de gens (1). Le même Auteur ſemble dire auſſi qu'il a été le premier qui ait donné de véritables Comédies & de véritables Tragédies parmi les Italiens. Il ajoute que ſa *Sophonisbe* a toujours été en fort grande conſidération dans le pays. Et Torquato Taſſo témoignoit faire tant de cas de cette Tragédie (2), qu'il ne faiſoit point difficulté de la comparer à celles des Anciens. Cependant le P. Rapin dit (3) que cette piéce n'atteint pas à la perfection du caractére tragique.

Mais le Triſſino a fait connoître du moins qu'il étoit capable de quelque choſe dans ſon Poëme de l'*Italie délivrée* [ *in*-8°. à Rome 1547.] Le ſieur Tomaſini a voulu nous perſuader qu'il avoit ſuivi la pratique d'Homere & la ſpéculative d'Ariſtote (4), ainſi il ne pouvoit pas aiſément s'égarer ſous la conduite de ces deux excellens guides.

Auſſi le P. Rapin témoigne-t-il (5) qu'il eſt le premier des Poëtes Italiens qui a fait voir que l'Art de la Poëtique ne lui étoit pas tout-à-fait inconnu, & qu'il en a donné des preuves dans ce Poëme de l'Italie délivrée, qu'il compoſa ſous le Pontificat de Léon X. & de Clement VII.

Il y a deux choſes dans ce Poëme qui ont paru extraordinaires & d'une entrepriſe bien hardie: la premiére eſt la nouveauté de quelques Lettres qu'il avoit inventées pour la facilité & la perfection de la Langue; la ſeconde eſt l'uſage des vers libres & ſans rime dont nous avons parlé. Mr de Thou dit (6) que la premiére invention ne lui réuſſit pas & qu'elle n'eut point d'approbateurs, mais qu'il n'en a pas été de même pour la ſeconde, dans laquelle il a eu des Sectateurs d'importance, tels que Louis Alamanni & Torquato Taſſo, qui a témoigné du regret de n'avoir pas compoſé ſa Jeruſalem en cette ſorte de vers libres, & qui y a mis ſa *Semaine divine* ou *les ſept jours de la création*. Poëme qui a été le dernier de ſes Ouvrages & en même tems le plus ſage.

\* *Giovan. Georgio Triſſino, la Sophonisba*, in-8°. Ven. 1553. \*

1 ¶ Voici les paroles de Mr de Thou: *Et Poëſim ad Ariſtotelicam normam exegit, luculento de ea ad interpretationem tam à multis triti, quam à paucis intellecti operis ſcripto edito.* Il eſt aiſé de voir que cet ouvrage tant lû & ſi peu entendu n'eſt pas le Commentaire du Triſſin ſur la Poëtique d'Ariſtote, mais la Poëtique d'Ariſtote-même.

2 Torq. Taſſo in Forno ſeu Dialogo della Nobilta, & apud Thomaſin. tom. 1.
3 Ren. Rapin Reflex. particul. ſur la Poët. ſeconde Part. Réfl. xxii.
4 Jac. Phil. Thomaſin. in eo tom. qui an. 1644. editus eſt pag. 55. & retro 50.
5 Refl. générales ſur la Poëtiq. Réfl. xi.
6 Thuan. in Hiſt. ut ſuprà loc. laudat.

## ANDRÉ ALCIAT(1) ou ALZIATO,

Jurisconsulte Milanois, Poëte Grec & Latin, mort l'an 1550. le douziéme jour de Janvier, âgé de 57. ans 8. mois, & 4. jours.

1286 C'Est à ses *Emblêmes* qu'il est redevable du rang qu'on lui donne parmi les Poëtes ; & l'on peut dire que ce rang n'est pas un des derniers, quoiqu'il soit rare d'être tout à la fois grand Jurisconsulte & grand Poëte.

Jules Scaliger dit que (2) ses Emblêmes sont en état de tenir tête à toutes sortes de productions d'esprit ; qu'ils ont de la douceur, de la pureté, de l'élégance, de la force & du nerf : & que les sentences y sont assés belles pour pouvoir servir à la conduite & au réglement de la vie.

Le (3) Toscan estime (4) que ces Emblêmes seuls suffisent pour faire voir qu'Alciat étoit heureux en Poësie, & qu'il auroit pû égaler les premiers Poëtes de son siécle. Il juge que ç'a été aussi le jugement du Public par le grand nombre des éditions & des versions qui en ont été faites.

En un mot le Bossu n'a point fait difficulté d'assurer (5) que si les Muses avoient voulu chanter avec une autre bouche que la leur, elles auroient selon toutes les apparences emprunté celle d'Alciat, tant ses vers Grecs (6) & Latins sont charmans & soutenus d'érudition.

Mais il vaut mieux cesser de parler que de continuer à rendre ridi-

---

1 ¶ Naudé pag. 98. de son Mascurat avoué n'avoir jamais pû trouver le nom de famille d'Alciat, prétendant qu'Alciat étoit un nom de patrie, tiré d'Alzato bourg du Milanez, d'où venoit Alciat. Pour moi, quoique je sois persuadé que ce nom, formé originairement du bourg Alzato, étoit par la longueur du tems devenu le nom de famille des Alciats, je ne laisserai pas de déclarer qu'à la fin d'un petit livre intitulé *Ars brevis Quintiani Stoæ de aliquibus metrorum generibus,* imprimé à la suite des Epographies de Quintianus, j'ai trouvé à la louange de ce Quintianus un Echo en vers Iambiques dont l'Auteur est nommé *Andreas Alzatus Victor Mediolanensis Patricius.*

2 Jul. Cæf. Scaliger lib. 6. Poëtices five Hypercritic. pag. 795 796.

3 ¶ Remarqués ce *le* mis au-devant du nom d'un Auteur qui n'est connu que par des oûvrages Latins, & qui à cause de ce *le* sera peut être pris, quoique Lombard, pour un Ecrivain de Toscane.

4 Joan Math. Tosc. in Pepl. Ital. & ex eo Laur. Crass. in Poër. Græc. Ital. descript. ord. alph pag. 33. in-fol.

5 Bossius in Oration Funebr. Andr. Alciati, & ap Crassum, &c.

6 ¶ Il n'y a nuls vers Grecs d'Alciat, qui par conséquent n'a pas dû être appellé Poëte Grec.

cule un Poëte qui ne l'a point mérité, & qui ne doit recevoir que de sérieux éloges.

\* *Andr. Alciati J. Consf. Emblemata in Tomo 6. oper. Lugd.* in-fol. 1560. \*

## MARC-ANTOINE FLAMINIUS ou FLAMINIO,

Natif d'Imole dans la Romagne, fils du Poëte Jean-Antoine Flaminius, mort l'an 1550. au mois d'Avril, Poëte Latin.

1287   Nous avons de cet Auteur un grand nombre de Poësies Chrétiennes & spirituelles sur divers sujets de notre Religion. Elles ont toutes été fort estimées, mais il n'y en a pas qui lui ayent acquis plus de réputation que la version des Pseaumes en vers. Quoiqu'il ait traité toutes choses fort sérieusement & d'une maniére conforme à la dignité de ses matiéres comme il le devoit, il n'a point laissé de faire voir par divers traits qu'il avoit l'esprit fort beau & très-fin, comme nous le marque le Sieur Ghilini (1). Mr de Thou témoigne qu'il fut le premier de son pays qui mit le Pseautier de David en vers (2), ce qui est presque lui donner la gloire d'un original. Joseph Scaliger juge (3) qu'il ressemble assés à Buchanan pour la facilité du style & le tour de l'expression, & il ajoute qu'il est très-pure & très-agréable. \*

\* *M. Antonii Flaminii, Libri Psalmorum explanatio* in-12. Typis Plant. 1558. — *Ejusdem Epigrammatum libri* 11. in-8°. Lugd. 1561. \*

1 Girolam. Ghilini Teatro d'Huomini Litterati part. second. pag. 192.
2 Jac. August. Thuan. in histor. suor. tempor. ad ann. 1551. lib. 8.
¶ Mr de Thou a dit que Flaminius *Divinam Davidicorum Psalmorum majestatem primus inter suos, cum aliqua laude, Latinis versibus expressit*; ce qui signifie qu'il est le premier Italien qui ait exprimé avec quelque succès la majesté toute divine des Pseaumes de David, mais non pas qu'il ait mis en vers le Pseautier, c'est-à-dire tous les Pseaumes, car il n'en a paraphrasé que trente.
3 Joseph Scalig. in primis Scaligeran. pag. 82.

## JEAN DE DAMPIERRE (1)

Natif de Blois, Avocat au grand Conseil à Paris, puis Cordelier, & Directeur d'un Couvent de Religieuses près d'Orleans, mort vers le milieu du seizième siécle, Poëte Latin.

1288    Les Poësies de ce Pere se trouvent au premier tome des *Délices des Poëtes Latins de la France*. Elles ont fait dire à Mr de Sainte Marthe que notre pays n'avoit plus sujet de porter envie à l'Italie pour les vers Latins, & que lui & Salmonius Macrinus avoient au moins fait partager la gloire de la Poësie entre la France & l'Italie (2). Il ajoute que Dampierre avoit encore plus de douceur & de mollesse que Macrinus, & qu'il approchoit fort près de Catulle.

Jules Scaliger nous assure que ses Poësies ne sentent ni le froc ni le cloître, ce qu'il mettoit au nombre des raretés & des merveilles du Monde. Il admire principalement ce grand talent que Dampierre avoit pour joindre la facilité & la douceur avec la force & la cadence des nombres, ce qui paroissoit presque incompatible dans les autres Poëtes. Il dit que ses pensées sont si belles & si solides, qu'elles gagnent & attirent l'esprit sans lui faire trop de violence & qu'elles remplissent le Lecteur sans le dégoûter ou l'incommoder (3).

---

1 ¶ Theodore de Beze alors Catholique a fait l'Epitaphe de Dampierre, mort, comme je le présume, avant l'an 1540. Un Cordelier de Meun, nommé Olivier Conrard dont il y a des Poësies Latines, sur divers sujets pieux, imprimées in-8°. l'an 1529. à Orleans, invitoit par quelques Hendécasyllabes Frére Jean Dampierre son confrére à mettre au jour au plutôt tant de beaux vers qu'il avoit faits à l'honneur de Jesus-Christ & de ses Saints. Il n'en a cependant paru aucuns & tout ce qui nous reste de Dampierre, par les soins de Germain Audebert ne consiste qu'en minces Hendécasyllabes, qui ne soutiennent guére les louanges qu'on a données à leur Auteur. ¶

2 Scævol. Sammarth. Elegior. lib. 1. pag. 17. edition. in-4°.

3 Jul. Cæs. Scalig. Hypercritic. seu lib. 6. Poëtic. cap. 4 pag. 789.

## JEROME FRACASTOR

De Verone, Médecin & Poëte Latin, mort d'apopléxie le fixiéme jour d'Août de l'an 1553. âgé de plus de 70. ans.

1289  Fracaſtor n'eſt point du nombre de ces Poëtes qui n'ont fait profeſſion d'écrire que pour acquérir de la gloire. Comme il avoit le naturel tourné à la Poëſie, il ne fit que ſuivre ſon inclination qui ſembloit avoir été prévenuë des Muſes qui ſe font ordinairement rechercher & prier par les autres.

Cette indifférence & ce déſintereſſement qu'il témoignoit avoir pour ſes vers nous en ont fait perdre une bonne partie, & entre les autres ſes Epigrammes, & ſes Odes qui avoient été reçuës dans le Monde avec un merveilleux applaudiſſement de ſon vivant, ſans avoir paſſé néanmoins par la Preſſe.

Il ne nous reſte, ce me ſemble, que les trois livres de la *Syphilide* ou de la Verole, un livre de Poëſies mêlées, & deux Livres du Poëme de *Joſeph* qui n'eſt pas achevé, parce que l'ayant commencé ſur la fin de ſes jours, la mort ne lui en donna pas le loiſir. Tous ces Ouvrages ſeroient péris comme les autres, ſi ſes amis n'avoient eu ſoin de communiquer leurs copies. Ils ſont imprimés à la fin des Traités que Fracaſtor a compoſés en proſe. Mais il en faut excepter ſon *Alcon* ou du ſoin des chiens de Chaſſe, qui a paru à part.

Jules Céſar Scaliger n'a point fait difficulté d'aſſurer que Fracaſtor eſt le meilleur des Poëtes après Virgile (1), & non content de l'avoir conſidéré comme un homme parvenu au ſouverain dégré de la perfection, non ſeulement de la Poëtique, mais encore de la Philoſophie, des Mathématiques, & de la Médecine, il ſemble l'avoir pris pour la Divinité qui préſide à ces ſciences-mêmes, & il lui a dreſſé des autels ſi nous en croyons Mr de Thou (2).

Cela ſuffit pour nous faire voir que les ſentimens que Scaliger avoit de Fracaſtor tenoient quelque choſe de l'idolâtrie au moins mentale, & que le jugement que nous venons d'en rapporter, doit être d'autant plus ſuſpect que c'eſt un Poëte qui parle d'un Poëte, un

---

1 Jul. Cæſ. Scaliger Hypercritic. ſeu lib. 6. Poëtices cap. 4. pag. 817.
2 Jacob. Auguſt. Thuan. Hiſtor. ſuor. tempor. ad ann. 1553.
¶ Il n'a pas vu que Mr de Thou faiſoit allufion au titre que Jule Scaliger a donné d'*Ars Fracaſtore* à un livre de ſes Poëſies, compoſé de pluſieurs petites piéces en divers genres de vers, toutes conſacrées à la mémoire de Fracaſtor.¶

**Fracaſtor.** Médecin, d'un Médecin, & un Citoyen de ſon Compatriote, ſelon la remarque de Voſſius (1).

Mais quoiqu'il ſoit aſſés ordinaire aux éloges exceſſifs de nuire à ceux qui en font le ſujet, l'impreſſion que celui-ci a pû faire ſur les eſprits, a été d'autant moins dangereuſe pour la réputation de Fracaſtor qu'elle n'a fait que pouſſer la vérité hors de ſes bornes, ſans la détruire entiérement ou lui ſubſtituer le menſonge. Car on ne peut pas nier qu'il n'ait été un des plus excellens d'entre les Poëtes modernes, & il étoit reconnu tel par Joſeph Scaliger, un des Critiques qui ayent été les plus difficiles à contenter (2).

Mais il faut avouer qu'il n'y a que ſa *Syphilide* qui lui ait mérité le rang glorieux qu'il occupe ſur le Parnaſſe. L'Auteur de ſa vie (3), & Mr de Thou après lui (4), écrivent que Sannazar homme très-réſervé ſur la louange d'autrui, & Cenſeur fort peu indulgent des Ouvrages des autres, ayant vû ce Poëme de Fracaſtor, prononça en ſa faveur non-ſeulement contre Jovianus Pontanus, Politien (5) & les autres Poëtes Latins des derniers ſiécles, mais contre lui-même, quelque bonne opinion qu'il eût du Poëme qui lui avoit coûté vingt ans.

Le P. Rapin témoigne (6) qu'il a réuſſi dans cet Ouvrage avec un ſuccès merveilleux, que c'eſt la plus belle piéce de Poëſie qui ait été faite dans l'Italie en vers Latins depuis ces derniers ſiécles, & qu'il l'a compoſée à l'imitation des Géorgiques de Virgile. Il ſera aiſé de ſe le perſuader, lorſqu'on conviendra avec Jules Scaliger que ce Poëme n'eſt dépourvû d'aucune des qualités eſſentielles à l'accompliſſement d'un chef-d'œuvre, ni d'aucun des agrémens qui en compoſent la beauté. En effet on y trouve de la force, du nombre, de l'air naturel, & de la délicateſſe jointe avec la douceur. Et toutes ces vertus Poëtiques y ſont accompagnées d'une grande pureté, de beaucoup d'éxactitude, & de modération (7): de ſorte que le même Scaliger jugeant qu'on n'y peut rien ajouter, a voulu nous faire conclure que c'eſt un Poëme *divin*.

Mais une des principales qualités de Fracaſtor, eſt celle de s'être

---

1 Gerard. Joan. Voſſius Inſtitution. Poëticar. lib. 1. cap. 3. §. 2. pag. 24.
2 Joſeph Scalig. in primis Scaligeranis pag. 84.
3 Auct. Anon. vitæ Fracaſtorii præfix. operibus ejuſdem.
4 Thuan. lib. xii. ad finem anni 1553, iterum ut ſuprà.

5 ¶ Sannazar ne parla que de Pontan & de lui-même. Il mépriſoit trop Politien pour le mettre au rang des bons Poëtes. ¶
6 Ren. Rapin Réflex. gener. ſur la Poët. Réflex. 14.
7 Jul. Scaliger de Art. Poëtic. ut ſuprà iterum pag. 817.

parfaitement

parfaitement rendu le maître de son esprit & de sa matiére; c'est ce Fracastor. qui a fait que quelque élevé qu'il fût dans sa maniére ordinaire d'écrire, il n'a eu pourtant aucune peine à descendre & à s'abbaisser quand il l'a voulu, au jugement de Mr de Balzac (1).

Il ne faut pourtant pas s'imaginer qu'un bel ouvrage mis en vers soit toujours un beau Poëme. Celui de Fracastor nous peut convaincre du contraire au jugement de plusieurs Critiques. Quelque chagrin que Castelvetro semble avoir fait paroître dans les sentimens qu'il avoit des Auteurs, il n'avoit peut-être pas fort mauvaise raison de refuser à Fracastor la qualité de véritable Poëte pour sa Syphilide même, & de ne lui donner que celle de Versificateur judicieux à cause de la matiére de ce Poëme qui est en effet moins Poëtique que Physique (2). Et c'est quelque chose d'assés consolant pour Fracastor de se voir traité par Castelvetro comme Empedocle, Lucrece, Nicandre, Serenus, Aratus, Manilius, Jovien Pontanus pour son Uranie, Hésiode & Virgile pour leurs Géorgiques.

Il n'a pas même senti la vertu de ce génie qui regne dans les Géorgiques de Virgile, qu'il s'est proposé de suivre généralement dans son Ouvrage; il n'en a pû prendre le caractére, & il n'a pû attraper ce point de perfection qu'on est bien aise de nous figurer comme imperceptible & presque insensible, afin de n'être pas obligé de nous le définir autrement que par la solution triviale du *Je-ne-sai-quoi*.

C'est peut-être ce qui a fait dire au P. Rapin (3) que Fracastor a copié les phrases de Virgile sans en exprimer l'esprit; qu'il a pourtant quelque trait de ce grand air, mais peu; & qu'il retombe dans son génie. Il ajoute que parmi les efforts d'une imitation servile, il laisse de tems en tems échaper des traits de son propre esprit.

Mais d'autres enchérissant encore sur cette Critique, ont prétendu que Fracastor avoit commis une faute capitale qu'il n'est pas possible d'expier même par un hécatombe. Ils disent qu'il a péché dans l'Imitation même qui est l'ame de toute la Poëtique; qu'il a de tems en tems oublié son sujet quoiqu'il en fût fort bien instruit; & que bien qu'il fût fort habile & fort capable, il n'a point laissé de commettre des négligences. Antoine Lull de Majorque dit (4) que sans ce grand défaut, il n'auroit point fait difficulté de le mettre au rang des plus grands Poëtes: mais qu'il lui a servi de peu

1 J. L. Guez de Balzac Epitre xxi. lettre 5. à Chapelain dattée de l'an 1640.
¶ Ces prétenduës paroles de Balzac ne se trouvent dans aucunes de ses Lettres à Chapelain.

2 Lud. de Castel. Com in Poët. Aristot.
3 R. Rap Réfl. sur la Poët. en gén. Réfl. 32.
4 Anton. Lullus Balear de Oratione lib. 7. cap. 5. & apud Gerard J. Vossium in Institutionibus Poëticis lib. 1. cap. 3.

de mêler des fonctions si agréables & si élégamment décrites dans un Ouvrage de Physique ou de Médecine.

Néanmoins Mr Borrichius semble l'avoir voulu excuser sur ce qu'il a mieux aimé instruire son Lecteur que de lui plaire(1), c'est pour cela même que dans plusieurs endroits la cadence n'est pas si belle qu'il auroit pû la rendre s'il avoit voulu préférer l'agréable à l'utile.

C'est ce qu'il dit aussi de son Alcon ou de son Poëme des chiens de chasse qui tient le second rang parmi ses Poësies. Car pour son Joseph qui est un Poëme Epique qu'il avoit entrepris sur les avantures de cet ancien Patriarche, Le P. Rapin l'a condamné comme une piéce fort imparfaite, d'un fort petit génie & d'un caractére médiocre (2). Aussi n'avoit-il entrepris cet Ouvrage que sur le déclin de son âge, lorsqu'il avoit perdu son premier feu & sa vigueur Poëtique & que sa veine étoit tarie & dessechée.

\* *Hier. Fracastoris libri* 11. *de morbo Gallico.* in-8°. *Antuerp.* 1562. —*Ejusd Alcon de Cura Canum venaticorum* in-8°. *Genev.* 1637. — *Opera Medica Philosophica* 2. *partit. Genev.* 1637. — *Operum pars posterior continens Poëmata &c. de Morbo Gallico lib.* III. in-8°. 1611. — *Syphilis sive Morbus Gallicus* in-4°. *Veronæ* 1530.\*

1 Olaus Borrichius Dissertat. 3. de Poët. Lat. num. 102. pag. 99.   2 R. Rapin Refl. sur la Poët. en gener. Refl. 14.

---

## JEAN DE LA PEROUSE ou PERUSE (1),

Poëte François, mort en 1555.

1290    C'Est un de nos premiers Poëtes tragiques avec Etienne Jodelle qu'il surpassoit en pureté de style & en netteté d'esprit, & il commençoit déja de marcher sur les pas d'Euripide au goût des Savans de ce tems-là, lorsque la mort le prévint au milieu de ses plus belles résolutions, comme on le peut voir dans Mr de Sainte Marthe. (2)

\* Oeuvres de Jean de la Peruse, avec quelqu'autres Poësies de Cl. Binet in-16. à Paris 1573.\*

1 ¶ On ne l'a jamais appelé que *de la Peruse*.   2 Scævol. Sammarthan. elog. lib. 4. pag. 104. edit. in-4. in elog. Rob. Garnerii.

## JEAN DE LA CASA

Natif de Florence, Secretaire des Brefs sous Paul IV. Archevêque de Benevent au Royaume de Naples, Poëte Latin & Italien, mort l'an 1556. (1)

1291   LA Casa a écrit en prose & en vers, en l'une & en l'autre Langue, comme chacun le fait. Il s'en est acquité avec tant de succès pour la Langue vulgaire au jugement de Mr de Balzac (2), qu'on le propose aujourd'hui pour éxemple à ceux qui cherchent la pompe & la dignité du style, & qui veulent ajouter la force & l'éclat à la douceur & à la clarté.

Il fut admiré des Orateurs & des Poëtes de son tems, & ce n'étoit point sans raison, puisqu'il s'étoit élevé au dessus des uns & des autres aussi bien que le Cardinal Bembe son ami dont il nous a donné la vie. Les Italiens reconnoissent aujourd'hui ces deux Auteurs pour la régle de leur Langue, de laquelle ils ont été les Réformateurs dans le déclin & la corruption où ils la trouvérent.

Nous parlerons ailleurs du Galatée de la Casa qui est le principal de ses Ouvrages en prose. Et pour nous renfermer ici dans ce qui regarde seulement ses Poësies, nous pouvons juger que celles qu'il a faites en Langue vulgaire ont été d'un grand prix, ou du moins que le célébre Torquato Tasso les a crû telles, puisqu'il a pris la peine de les expliquer par des Commentaires (3) : & que celles qu'il a composées en Latin n'ont point été à méprifer, puisque P. Vittori ou Victorius, c'est-à-dire le premier des Critiques de son tems en Italie a eu soin de les recueillir & de les publier à Florence après la mort de leur Auteur, avec ses autres monumens Latins qu'il a même recommandés à la postérité par une préface de sa façon qu'on a mise à la tête du recueil.

Janus Rutgersius ou plutôt Joseph Scaliger a prétendu que la Casa

---

1 ¶ Il naquit le 28. Juin 1503. & mourut le 14. Novembre 1556. agé par conséquent de 53. ans 4. mois & 16. jours. ¶

2 J. L. Guez de Balzac Entret. 4. Dissert. Crit. chap. 7. pag. 114. 115. 116. edition d'Hollande ¶ ou p. 517. du 2. tom. in-fol.

3 Le même dans le même Entret. & pag. suiv. & au 1. tom. de l'Ap. pour les Refor. par Jurieu.

Casa, ne réussissoit pas bien en Vers Italiens (1), & qu'ayant été blâmé d'avoir fait un certain Poëme en sa Langue maternelle, il tâcha de se justifier, ce qu'il fit par des Iambes Latins assés froids & peu agréables. Mais Mr de Balzac soutient qu'ils valent encore mieux que tous les Vers des deux Scaligers ensemble.

Il demeure d'accord néanmoins qu'ils ne sont pas dans le genre sublime. Ils n'ont, dit-il, rien de *tempestatif* & de foudroyant, comme parle le Docteur Capitan. Mais la Mer irritée & le Ciel en feu, ne sont pas toujours des objets fort agréables à voir. On ne doit pas mépriser la pureté des fontaines & la sérénité des beaux jours, parce qu'il y a des gens qui n'estiment que le trouble, l'orage & l'obscurité. Il ajoûte qu'il aimeroit beaucoup mieux avoir fait ces Iambes de la Casa qui sont si faciles, si Latins & si modestes, que les Scazons que Scaliger a composés contre Rome, & qui sont si raboteux, si sauvages & si insolens.

Il est inutile dans le tems où nous sommes de cacher le nom, la matiére & la fortune de ce fameux & détestable Poëme dont l'Auteur a crû pouvoir se justifier devant les hommes, puisque le scandale en est fini, & que les Protestans n'ont pas jugé à propos d'en laisser périr la mémoire. Ce livre qui n'est plus, ou qui du moins mérite de n'être plus au Monde, avoit pour titre *De Laudibus Sodomiæ seu Pæderastiæ*. Il parut à Venise l'an 1550. chés Trajan Nævus (2). Ceux qui l'ont lû nous apprennent que ce misérable Poëte a prétendu faire voir qu'il n'y avoit rien que d'héroïque & de divin dans le plus horrible de tous les crimes, & qu'il en préféroit l'exercice à tout ce qu'il y a de plus abominable dans tous les autres péchés de cette nature, sans ajouter beaucoup de foi à ce que l'Ecriture sainte nous apprend de la punition des cinq Villes atteintes de ce crime. (3)

---

1 J. R. Batav. Confutation. Fabul. Burdonian. & dans Balz. &c.
Item Jos. Scalig. in posteriorib. Scalig. pag. 44. ¶ où les ïambes du Casa sont appellés Scazons.

¶ Joseph Scaliger n'a dit nulle part que le Casa ne réussissoit pas en vers Italiens, & si parlant du *Capitolo del Forno* il a dit qu'on avoit blamé le Casa d'avoir fait ce Poëme, il n'a pas entendu que c'étoit parce que les vers n'en étoient pas bons, mais parce qu'ils étoient scandaleux. Voici le passage du livre intitulé *Confutatio fabulæ Burdonianæ* auquel Baillet renvoie ; *Hic* ( Joannes Casa ) *pæderastiam Etrusco carmine celebravit, & cum hoc nomine male audiret*. Baillet a crû que ces mots *cum hoc nomine male audiret* signifioient que cette piéce Italienne étoit cause que le Casa passoit pour un mauvais Poëte.

2 ¶ Il faloit dire *Trajano Navo*, associé de *Curtio Navo* son frére, qui dès 1538. avoit intitulé ce *Capitolo* du Casa & ceux de plusieurs autres Poëtes dans un même recueil in-8.

3 ❋ Ménage chap. 119. & 120. de l'Anti-Baillet a répondu amplement & solidement à cette déclamation.

## POETES MODERNES.

Quoique Dieu ait souffert que ce Ministre d'iniquité se soit glissé Casa. parmi les Princes de son Eglise, & qu'il se soit revêtu d'une des principales d'entre les dignités Ecclésiastiques, il n'a pourtant pas permis que ce Poëme infame & sa défense Latine demeurassent longtems dans l'impunité, même dès ce Monde. Il s'est servi de deux moyens assés opposés pour arriver à cette fin. Le premier est celui de la discrétion des Catholiques qui ont toujours été très-persuadés que la punition la plus humiliante pour un méchant livre, & en même tems la plus utile pour les Fidelles, est de l'accabler sous le silence & sous les horreurs d'une éternelle nuit, & qui expérimentent tous les jours que la réfutation ou la condamnation éclatante des écrits les plus méchans, est toujours dangereuse en ce qu'elle n'éteint pas en nous la curiosité de connoître ce qui a mérité la condamnation. Le second moyen dont Dieu s'est servi pour punir la Casa en ce Monde, est ce zèle extraordinaire que la plupart des Protestans ont témoigné pour révéler la turpitude d'un homme dont la réputation pouvoit imposer à la postérité. Il a été suffisamment décrié par leurs soins dans toute l'Europe & dès sa naissance, en Allemagne par Jean Sleidan, Thomas Naogerorge, & Charles du Moulin Jurisconsulte François de Germanie qui étoit alors à Tubinge; en Suisse par Josias Simler continuateur & abbréviateur de Gesner; en France par Henri Estienne; en Angleterre par Jean Juvel ou Ivell (1); en Espagne par Cyprien de Valera; en Hollande par Gisbert Voet naturel du pays, par Joseph Scaliger, par André Rivet & quelques autres retirés de France, dont le plus signalé est sans doute Mr Jurieu, qui a trouvé depuis peu des couleurs assés noires pour nous dépeindre cette production monstrueuse de l'esprit corrompu de la Casa dans un de ses Livres contre l'Eglise Romaine. (2)

Quelque désobligeante qu'ait été l'intention de tous ces Censeurs à notre égard, nous leur avons toujours l'obligation de nous avoir inspiré une forte horreur contre un Livre (3) dont ils ont tâché de rétablir la mémoire, dans la pensée de nous humilier & de nous faire du déplaisir. Mais s'il m'étoit permis de me servir d'une des expressions du P. Labbe, j'oserois dire, que puisqu'il y a des Prophétes en Israël, il n'étoit pas fort nécessaire que nous allassions con-

1 ¶ *Ivel* est le vrai nom.
2 Hist. du Cal. & du Pap. 1. part. Apol. pour les Reform. chap. 9. pag. 314. 315.
3 ¶ Ce n'est pas un livre c'est un poëme de 166. vers.

Caſa. ſulter l'Oracle d'Accaron ni le Béelſébud des Philiſtins (1). Car ſans parler de ceux qui ont fait perdre à cet Auteur le Chapeau de Cardinal dont on avoit voulu couronner ce qu'il avoit de mérite d'ailleurs(2), nous n'avons pas manqué d'Auteurs Catholiques qui ont cenſuré cet Ouvrage & flétri le Poëte avec une ſévérité auſſi aigre, mais plus ſalutaire pour nous que celle de ces Meſſieurs. C'eſt même une eſpéce de conſolation pour nous de voir qu'un Proteſtant ait vangé l'Egliſe Catholique de l'inſulte de quelques-uns de ſes confréres (3), lorſqu'il a fait voir que dès l'an 1569. un célébre Critique de la communion Romaine avoit cenſuré le Poëme de la Pæderaſtie ou Sodomie d'une maniére qui n'eſt guéres plus indulgente que celle des plus animés d'entre nos Adverſaires. (4)

\* *Rime & proſe di Giovani della Caſa* in-4°. *Ven.* 1558. — *Idem & il Galateo* in-8°. *Fiorenza* 1572. — *Rime di Giovani della Caſa con annotationi del Menagio* in-4°. *Pariſ.* 1667.\*

1 Differt. de Scrip. Eccl. ad Bellarm. ubi de Crit. heterodox. minimè conſulend.

2 Thom. Harding. in Confutat. Apolog. J. Ivelli pro Eccl. Anglican. & Balzac Entr. 4. pag. 115. & P. Jurieu p. 316. 317. 318. tom. 1.

¶ La véritable raiſon qui empècha le Caſa d'être Cardinal en 1555. C'eſt que Paul IV. en cette premiére Promotion, voulut, ſans avoir aucun égard aux recommandations des Puiſſances, demeurer abſolument le maitre de choiſir pour cette dignité tels ſujets que bon lui ſembleroit. On voit pag. 620. des Mémoires de Ribier que les Cardinaux de Lorraine & de Tournon écrivant le 21. Décembre de la même année 1555. à Henri II. qui avoit demandé le Chapeau pour le Caſa ne lui firent point d'autre excuſe que celle-là de la part de ſa Sainteté, ajoutant ſeulement qu'à la ſeconde Promotion le Pape aſſuroit le Roi de ne point oublier le Caſa, qui en conſéquence n'auroit pas manqué d'être Cardinal, s'il ne fût mort quatre mois avant cette ſeconde Promotion, faite le 15. Mars 1557. Voila au vrai comment la choſe s'eſt paſſée touchant le Caſa, d'où l'on peut conclurre que ce qui lui a fait perdre le Chapeau, n'eſt ni le *Capitolo del forno*, ni, comme quelques-uns l'ont prétendu, l'Epigramme Latine de la fourmi, dont le Caſa n'eſt point l'Auteur, mais uniquement la raiſon que j'ai rapportée.¶

3 Paul. Colomeſius in Gal. Orientali pag. 142. ubi de Joſ. Scalig. ubi citat. adverſus Caſæ librum ex Lutheranis & Calvinianis Joh. Sleidanum in hiſt. ad ann. 1548.

Carol. Molinæum in oratione habitâ Tubingæ, & ex eo Wolphium Lect. memorab. cent. 16.

Joſ. Simlerum in Epit. Biblioth Geſner. Thom. Naogeorg. ad finem reg. Papiſti. Henr. Stephanum cap. 13. l. 1. vernacul. Apolog. pro Herodot.

Cyprian. à Valera in Tract. Hiſpanicè edito de Papa pag. 234.

Joh. Ivellum in Apolog. Eccl. Angl. pag. 69.

Andr. Rivet. ſub finem cap. 3. caſtigat. not. in Epiſt. Molinæi ad Balzacium.

Gisb. Voetium in diſputat. ſelect. tom. 1. pag. 205.

4 Gull. Canterus præfat. in Propert. edition Plantinian. anni 1569. ex eodem Colomeſio ejuſque Parentis obſervatione. Canteri verba in Caſam ſic habent: *Quis ferat quod ſuperioribus annis accidit, Caſalem quemdam, ſummum propè dignitatis in Hierarchia gradum obtinentem, carminibus turpiſſimis infanda flagitia ſua prædicare? En egregium familiæ divinæ columen, cui turpitudo per ſe magna ſatis non ducitur niſi ad eam impudentiſſima accedat gloriatio.*

## ANDRE' FRUSIUS,

Jésuite de Chartres en France, mort à Rome l'an 1556: trois mois six jours après S. Ignace, Poëte Latin.

1292    JE crois que cet Auteur est le premier de la Societé qui ait acquis de la réputation à faire des Vers. Le P. Alegambe prétend que sa Poësie a de l'élégance, de la pureté, de la douceur, & qu'il y a fait paroitre du jugement. On a estimé entre les autres piéces l'*Echo* qu'il a fait sur les adversités de l'Eglise, & quelques Epigrammes contre les Hérétiques de son tems. [in-8°. à Anvers 1582.] Mais dès que l'on voudra comparer Frusius avec les autres Poëtes célébres que la Société a produits dans la suite, je ne doute presque pas que ce que je viens d'en rapporter, ne passe plutôt pour un éloge que pour un véritable jugement.

Nous avons parlé ailleurs du service signalé qu'il a rendu au Public en corrigeant & purifiant Martial & les autres Poëtes de leurs obscénités, & comme le P. Edme Auger a purgé encore le même Poëte après lui, le P. Mathieu Rader après Auger, & le P. P. Rodeille après Rader.

Phil Alegambe Biblioth. Soc. Jes. pag. 26, 27.

## JEAN SALMON,

Natif de Loudun entre le Poictou, la Touraine & l'Anjou, Poëte Latin, qui pour sa maigreur étoit souvent appellé en riant *Macrinus* par le Roi François I. & qui voyant que son nom de *Jean* ne plaisoit point à sa femme s'en défit, & s'appella pour toujours SALMONIUS MACRINUS, mort l'an 1557. (1)

1293    Les Poësies de cet Auteur se trouvent au second tome des Délices des Poëtes Latins de France (2). Il réussissoit particuliérement dans les Odes, pour lesquelles il avoit beaucoup de talent, selon l'aveu de tous les Critiques. Jules Scaliger témoignoit en toutes rencontres l'estime qu'il en faisoit. C'est son fils Joseph

---

1 ¶ J'ai vu des Epigrammes de lui imprimées l'an 1514. à la louange de Vivès & de Quintianus Stoa où il se nommoit Joannes Salmonius Maternus. Mais en 1516. à la tête des Hendécasyllabes qu'il fit sur le poëme de la Pucelle de Valerandus Varanius, retenant *Joannes Salmonius*, il changea *Maternus* en *Macrinus*, & cela plusieurs années avant qu'il eut été à la Cour, ce qui fait voir que si c'est par rapport à sa maigreur qu'il a pris ce nom, il n'est pas vrai que ce soit François I. qui en riant le lui ait donné. Fauchet l. 4. de ses Antiquit. Franç. chap. 14. p. 133. l'appelle Salomon Maigret dit Macrin. Varillas l. 1. de son Histoire d'Henri II. pag. 34. année 1547. parlant de la Duchesse d'Etampes qui Catholique en apparence, étoit Huguenote dans le cœur, dit que si François premier eût su cela il l'auroit aussi peu épargnée qu'il fit son valet de chambre Mitron, qui ayant reçu de lui d'aigres reproches accompagnés de menaces sur ce sujet, en perdit l'esprit, & au sortir du Louvre se précipita dans le premier puits qu'il rencontra. Par Mitron Varillas qui par tout affecte de dire des singularités a sans doute entendu Macrin, mais pour donner un air de vraisemblance à son conte, il devoit ajouter que des gens officieux retirèrent Macrin du puits, & qu'il vécut encore très longtems, puisqu'il ne mourut qu'en 1557. Baillet dit que Jean Salmon voyant que son nom *Jean* déplaisoit à sa femme, s'en défit & s'appela pour toujours *Salmonius Macrinus*, en quoi il n'a pas entendu le sens des paroles de du Verdier qui page 754. de sa Bibliothèque dit que *Jean Salmon ayant laissé le nom propre Jean, qui par avanture lui fachoit à cause de sa femme, print pour nom propre Salmon, & Macrin pour surnom* : ce qui ne signifie pas que le nom de Jean déplût à la femme de Macrin, mais que peut être Macrin lui même étant marié, ne voulut point garder son nom de Jean, & de *Salmon* qui étoit son nom de famille, en fit son nom propre. Il retint pour surnom *Macrinus*, au lieu de *Maternus* qu'il portoit originairement. On voit par le premier recueil de ses poësies qui n'est que de 28. pag. in-8. chés Simon de Colines 1528. qu'il avoit déja épousé cette Gélonis qu'il a tant célébrée & vivante & morte. Il lui donna ce nom de Gélonis de γέλως, comme qui diroit *riante* par allusion à son nom propre François *Gillonne*, car à la fin de ce recueil de 1528. il y a un court Epithalame *Salmonii & Gillonoes*. Que Salmon fût le nom de famille de Macrin, la preuve s'en tire des vers que ce Poëte pag. 118. de ses premiéres Hymnes imprimées in-8. l'an 1537. chés Robert Etienne, adresse *ad Pacificum Salmonium fratris filium*, à Pacifique Salmon son neveu.

2 ¶ Il ne s'y en trouve qu'une très petite partie. Le nombre en est si grand, car je crois qu'il est tout au moins de 20000. vers, qu'elles auroient pu seules remplir les deux tomes entiers.

qui

## POETES MODERNES.

Salmon

qui nous en assure, & qui ajoute que Macrinus faisoit parfaitement des Odes, mais qu'il n'étoit pas toujours égal. (1)

Il a voulu nous marquer par cette restriction, que l'on doit mettre de la différence entre les Odes de ce Poëte, parce que selon Mr de Sainte Marthe, celles qu'il a faites dans la vigueur de sa jeunesse, sont sans comparaison plus excellentes que celles qu'il a faites étant déja avancé en âge; les premiéres lui ont acquis selon lui le premier rang parmi les Poëtes Lyriques après Horace; mais les derniéres qui sont en beaucoup plus grand nombre lui ont fait grand tort (2). Il en faut excepter néanmoins celles qu'il fit après avoir renoncé à la Cour & au Célibat, sur la beauté & les vertus de sa nouvelle Epouse, parce que selon Mr de Thou (3), elles ont mérité l'estime & l'approbation publique.

Paul Jove l'appelle (4) un Poëte tendre, doux & agréable.

L'aîné de ses enfans qui s'appelloit CHARILAUS MACRINUS (5), & qui périt à la saint Barthelemi de Paris avec l'Amiral, étant Précepteur de la Princesse Catherine de Bourbon sœur d'Henri IV. ne cédoit point à son Pere pour la Poësie, & il le passoit pour la connoissance du Grec.

---

1 Jos. Scalig. in primis Scalig. pag. 131. edit. Groning.
2 Scævol. Sammarth. Elog. Gall. lib. 1. pag. 14. edit. in-4.
3 Jac. August. Thuan. Hist. suor. temp. ad ann. 1557.
¶ C'est tout le contraire. Les poësies de Macrin les plus estimées sont celles qu'il fit dans sa premiére jeunesse, à son entrée à la Cour après avoir épousé sa Gelonis. *Ex lyricis autem illis præcipuè laudantur, quæ cœlibis vitæ pertæsus, cum de uxore ducenda cogitaret, in Gelonidis suæ castissimos amores lusit.* Il fut choisi au sortir de l'Université pour être

Précepteur de Claude & d'Honoré fils de Réné de Savoie Comte de Tende, & ce fut dans ce même tems-là qu'il se maria. Il eut douze enfans de sa chére Gélonis, passa 22. ans avec elle, & lui survécut quoiqu'elle n'en eut pas dix-huit accomplis quand il l'épousa. §
4 Paul. Jov. Elog. ad calcem pag. 302. edit. in-12. Basileens.
5 ¶ C'est Charles. Salmon Macrin aimoit à donner un tour Grec à la plûpart des noms. Bonaventure chés lui est *Eutychus*, Nicole *Laonice*, Toussains *Panagius*, &c.

---

*Tome IV.* Eee

## JACQUES MOLTZER, qui s'eſt appellé MICYLLUS, (1)

Natif de Straſbourg, mort l'an 1558. le 28. Janvier, âgé de 55. ans, Poëte Latin.

1294    Nous avons les Elégies & les Epigrammes de cet Auteur publiées par ſon fils Jules, ſous le nom de *Silves*, en cinq livres. Jules Scaliger dit, qu'il paroît avoir beaucoup du génie & du caractére d'Ovide; mais qu'il n'eſt pas égal ni uniforme. Ce qui fait voir qu'il n'avoit pas aſſés d'adreſſe pour ſe bien ſervir de ce qu'il empruntoit des Anciens. (2)

On peut joindre *George Macropedius* de Boſleduc, qui mourut la même année au mois de Juillet. C'étoit un Poëte d'une facilité merveilleuſe, & qui avoit pris le ſtyle Comique aſſés heureuſement. (3)

\* *Auſonii Jacobi Micylli & Urſini Velii Icones Imperatorum* in-8°. 1543 \*

---

1 ¶ Ayant à jouer, étant écolier, le perſonnage de Micyllus dans la repréſentation du Dialogue de Lucien, qui a pour titre le Songe ou le Coq, il s'en acquita ſi bien que le nom de Micyllus, qu'il voulut bien retenir, lui en demeura. ¶

2 Jul. Cæſ. Scalig. Hypercrit. ſeu Poët. lib. 6. pag. 788.

3 Melch. Adam vit. Philoſoph, German. pag. 181. 182. &c.

Les deux SCALIGERS, dits en Italie *De Burden* ou *de la Scala*, & en France *de l'Escale*. (1)

JULES CESAR, né le 23. Avril, un Vendredi de l'an 1484. dans le Château ou plutôt le Village de Ripa au Veronese, sur le Lac de Guarda, mort le 21. Octobre de l'an 1558. en sa 75. année à Agen en Guyenne.

JOSEPH JUSTE son fils, né à Agen le 4. Août de l'an 1540. mort à Léyde en Hollande le 21. Janvier de l'an 1609. âgé de 68. ans cinq mois & dix-sept jours.

1295 Puisque les Critiques ont pris plaisir de joindre les deux Scaligers dans les jugemens qu'ils ont faits des vers de l'un & de l'autre, je n'ai pas cru les devoir séparer.

Les Poësies de Jules furent rassemblées en deux parties qui font un gros volume, & parurent à Heidelberg l'an 1621. in-8°. celles de Joseph furent aussi recueillies en un corps & imprimées ensemble l'an 1615. in-12. Les Hymnes & les Poësies sacrées du premier ; les traductions en vers de l'Ajax de Sophocle, & de la Cassandre de Lycophron par le second ; les Epigrammes de l'un & de l'autre se trouvent détachées du corps en diverses formes.

Lorarius

Mais il ne faut pas s'imaginer que ces grands hommes tiennent parmi les Poëtes le même rang qu'ils possedent ailleurs, aussi n'ont-ils point été si fort entêtés de la Principauté du Parnasse que de celle de Verone.

---

1 ¶ Gyraldus livre 2. des Poëtes de son tems parlant de Jule Scaliger a dit *Julius Scaliger qui prius Burdonis cognomine fuit*, mots qui ont donné lieu aux ennemis de Joseph Scaliger d'accuser son pére d'avoir substitué à son vrai nom *Bordone* le faux nom *della Scala*. Joseph pour réponse a prétendu que Gyraldus au lieu de *Burdonis* devoit dire *Burdenis* ou *Burdenii cognomine*, parce que dans le Frioul *Burden* est le nom d'un territoire dont ses ancêtres étoient Seigneurs, & que son pére dans sa premiere jeunesse y étoit connu par le nom de Comte de Burden. Joseph a pû dire ce que bon lui a semblé, mais il est pourtant vrai que son pére dans les Lettres de naturalité qu'au mois de Mars 1528. il obtint de François I. s'appela *Julius Cesar de l'Escalle de Bordoms*, & non pas *de Burden* ni *du Burden*. Pour moi je crois que faute d'avoir mis un point sur l'i, on a lu *de Bordoms* au lieu de lire *de Bordonis*. Voyés ces Lettres citées pag. 517. des Origines Italiennes de Ménage *in-fol.* & representées tout au long dans le Dictionnaire de Bayle au mot *Verone*. L'Abbé Baluze en avoit fourni la copie d'après le regitre original. La correction de *Bordonis* pour *de Bordoms*, est considérable & Scioppius dans son Scaliger hypobolimæus s'en seroit bien prévalu. ¶

## POËTES MODERNES.

**Les deux Scaligers.**

Le P. Rapin témoigne qu'ils n'ont pas réussi ni l'un ni l'autre dans la Poësie (1), pour avoir commencé trop tard. Il dit qu'ils ne pûrent tous deux vaincre l'opiniâtreté de leur génie qui s'étoit déja tourné ailleurs, & que bien que le Fils eût plus de politesse que le Pere, il n'avoit toutefois rien de *gracieux en sa Poësie*. Mais je crois que ce jugement regarde plus particuliérement le Pere que le Fils, pour le tems auquel ils ont commencé de faire des vers. Car si nous en croyons Leo Allatius (2) Christianus Liberius (3), & Joseph Scaliger lui-même, il avoit fait dès l'âge de 16. ans la Tragédie de l'Oedipe avec tant de succès qu'il s'en faisoit encore un honneur dans sa plus grande vieillesse. (4)

Ils ont fort bien connu tous deux la matiére de la Poësie, & ils n'ont manqué d'invention ni l'un ni l'autre. Mais n'ayant eu que cela ils n'ont pû, selon la réfléxion d'un Critique moderne (5) mériter la qualité de Poëtes accomplis, parce quelque heureux qu'on soit dans l'invention & dans le choix de sa matiére, on n'est pas encore véritablement Poëte, si l'on n'a l'expression noble, élégante, & tout-à-fait Poëtique. Tout le monde, dit cet Auteur, est capable de penser; mais il y en a peu qui puissent s'exprimer noblement & *Poëtiquement*, s'il est permis d'user de ce terme. Cependant c'est la maniére d'exprimer sa pensée, qui distingue particuliérement les Poëtes d'avec les autres Ecrivains. Et quoique les deux Scaligers pussent légitimement aspirer à tout ce dont l'esprit de l'Homme est capable pour les Sciences & les Arts, ils ne sont point parvenus à la perfection de la Poësie pour avoir négligé l'expression.

Les vers de *Jules* ont de grandes duretés, ceux de *Joseph* en ont un peu moins, mais il en est redevable à la Nature plutôt qu'à l'Art, puisqu'il ne travailloit pas plus que son Pere à polir ses vers.

Mr de Thou n'a point fait difficulté de dire, que Jules excelloit également en Vers comme en Prose (6). Mais quoique cet Historien ait paru fort désinteressé à l'égard de tout le monde, il n'a pourtant pû obtenir de son désinteressement la liberté de dire toujours sa pensée des deux Scaligers, dont le dernier étoit son ami particulier.

---

1 R. Rap. Refl. gener. sur la Poët. vers la fin de la premiére partie Reflex. 40. pag. 113. 114. edit. in-4.
2 Leo Allatius in Apib. Urbanis p. 147. in Joan. Argolo.
3 Christian. Liber. Dissert. de leg. & scribend. libris pag. 180.
4 Joseph Scaliger in vita Julii Cæsaris parentis à se scripta.
5 P. Petit Medic. & Phil. Epist. ad Dan. Restitut. pag. 2.
6 Jacob. August. Thuan. Hist. suorum temp. ad ann. 114. pag. 106.

## POETES MODERNES.

Mr Borrichius dit (1) que les Epigrammes de *Jules* sont doctement écrites à la verité, & beaucoup travaillées; mais qu'elles sont sans agrémens, qu'elles n'ont pas le tour aisé, ni la délicatesse que demande cette espéce de vers, & qu'elles ont un air rude & sauvage, qui choque & qui rebute son Lecteur. Le P. Possevin a prétendu que (2) les Hérétiques de Genève avoient eu la malice de supprimer les premiéres éditions de ces Epigrammes & des Poësies sacrées du même Auteur, & que dans celle qu'ils ont donnée, ils ont inseré des piéces supposées, qui ne sont nullement de Jules Scaliger. C'est, dit-il, ce qui a fait mettre ses Poësies à l'*Index*.

Pour ce qui regarde les Poësies de *Joseph* Scaliger en particulier, on peut dire qu'il les a jugées lui-même avec plus de rigueur qu'aucun autre. Car il n'a point été honteux de dire (3), qu'on se trompoit si l'on s'imaginoit qu'il faisoit bien des vers. S'il est croyable dans sa propre cause, & si son témoignage doit être reçu, il faut que Daniel Heinsius & ses autres Disciples soient de grands flateurs, lorsqu'ils prétendent que les vers qu'il a faits en Grec & en Latin (4), même dans sa plus grande vieillesse sont excellens, & pareils à ceux des Anciens. Heinsius trouvoit mauvais (5) que Joseph Scaliger se plaignît de ce que ses vers languissoient & se sentoient de la pesanteur de ses années. Il dit que quelque répugnance qu'il témoignât pour en faire sur le déclin de son âge, & quoi qu'ils parussent plutôt arrachés par l'importunité de quelques personnes, que sortis de lui volontairement, il ne laissoit pas de leur avoir donné un caractére héroïque, & qu'on y trouvoit de la grandeur & de la gravité, ce qu'il nous veut faire remarquer particuliérement dans ses Iambes Moraux ou Gnomiques.

Scriverius dit que l'on ne peut montrer aucune de ses Poësies qui soit dépourvûë d'érudition & de bon sens, quoiqu'il ne se soit presque jamais donné le loisir de les revoir & de les polir: que la facilité de les composer sur le champ, comme il faisoit, doit être considerée comme quelque chose d'extraordinaire: & que si l'on songe au déplaisir qu'il avoit de ne pouvoir refuser une Epigramme ou quelque autre piéce liminaire que les importuns avoient coutume d'exiger de lui pour mettre à la tête de leurs livres nouveaux en forme de re-

---

1 Olaüs Borrich. Dissert. de Poët. Græc. num. 75. p. 32. & Dissert. 4. de Poët. Lat. num. 186. pag. 118. 119.
2 Ant. Possevin. in Apparat. Sacro Scrip. Eccl. pag. 988.
3 Jos. Scalig. in ipsis Scaligeranis pag. 213.
4 ¶ On peut voir pag. 325. &c. du Ménagiana tom. 1. la Critique de quelques Vers Grecs de Joseph Scaliger.
5 Dan. Heinsius Epist. de morte Joseph. Scalig. ad Casaub. in Collect. Batef.

commandation, on excusera aisément la négligence qui s'y trouve, & les louanges fades & insipides qu'il n'avoit pû refuser à ces Fâcheux, qui faisoient de son nom une espece d'herbe pariétaire. (1)

Nous avons vû en parlant de la Casa, combien Mr de Balzac estimoit raboteux, sauvages & insolens les Scazons qu'il a faits contre Rome, & qui ont été souvent imprimés à part dans les Villes Protestantes (2). Et je ne répéterai pas ici ce que j'ai dit au Recueil des Traducteurs Latins, de l'obscurité affectée & de l'air Gothique qu'il a donné aux Vers Iambes dont il a composé sa version de la Cassandre de Lycophron.

1 Petr. Scriverius in Epistol. dedicat. Pœ-maticon edit. 1640. &c.

2 Balzac Entretien 4. chap. 7. pag. 128. de l'edition d'Hollande in-12.

---

### PHILIPPE SCHWARTZERDT, dit MELANCHTHON,

Né à Bretten, au Palatinat du Rhin, l'an 1497. le 16. Février, mort l'an 1560. le 19. Avril, Poëte Latin, Professeur à Wittemberg en Saxe.

1296    MElanchthon s'est mêlé de Poësie, comme de beaucoup d'autres choses. C'étoit un esprit aisé, étendu, capable & tourné à toutes sortes de disciplines, comme le témoigne Jules Scaliger, qui estimoit ses vers, & particuliérement ses Epigrammes, & ce qu'il a fait sur les Eclipses & sur la vicissitude des tems, pour la netteté & la facilité du tour (1). Il ajoute que c'est sur ses pas qu'ont marché les plus considérables d'entre les Allemands qui sont venus après lui, comme Stigelius, Æmilius, Acontius, Volscius, Camerarius, &c. (2)

Mr Borrichius dit que les Poësies de Melanchthon sont aisées & élégantes, & qu'elles ont même quelque délicatesse (3). [ Voyés au Tome IV. des *Délices des Poëtes d'Allemagne.* ]

   * Philip. Melanchthonis Epigrammata in-8°. Witt. 1592. *

1 Jul. Cæs. Scalig. Hypercrit. seu lib. 6. Poët. pag. 798.

2 ¶ Comme quelques uns de ces Poëtes ont des noms qui leur sont communs avec d'autres Auteurs, il sera bon de les spécifier ici avec leurs noms de batême.
Joannes Stigelius.

Georgius Æmilius.
Melchior Acontius.
Hieronymus Volfius, car c'est Volfius qu'il faut lire, & non pas Volscius.
Joachimus Camerarius.

3 Olaüs Borrich. Dissert. 4. de Poët. Lat. num. 160. pag. 133.

## C. ERASME MICHAELIS LÆTUS,

Du Dannemarck, Professeur de Copenhague, Poëte Latin, vivant vers l'an 1560. & depuis.

1296 bis    L'On trouve la Liste des Poësies de cet Auteur dans le Recueil qu'Albert Bartholin a fait des Ecrits des Danois (1), entre autres :

1°. Onze Livres des affaires de Dannemarck, faits pour les nôces de Frederic II. imprimés à Francford en 1573. *in-*4°. 2°. dix Livres des Margaretiques, concernant les différends entre Marguerite Reine de Dannemarck & Albert Roi de Suede, à Francford en 1573. *in-*4°. 3°. Quatre Livres de la Marine à Bâle en 1573. *in-*4°. 4°. Quatre Livres de la République de Nuremberg à Francford, en 1574. *in-*4°. 5°. Quatre Livres de Colloques Moraux à Bâle en 1573. *in-*4°. 6°. Les Bucoliques à Wittemberg en 1560. *in-*8° 7°. Les Cesars Italiens des Romains à Francford en 1574. *in-*4°. 8°. Une Congratulation sur le retour de Christiern III. à Copenhague en 1551. *in -* 4°.

Mr Borrichius son compatriote (2), nous fait remarquer par ce grand nombre de Poësies qu'il avoit une grande facilité & une grande abondance, disant que ç'avoit été aussi le sentiment de Melanchthon (3). Mais il ajoute qu'il n'y a rien de digeré dans tous ces grands Ouvrages, que tout y est peu médité, mal poli, sans choix ; qu'il avoit de l'élévation, mais par boutade & par caprice ; en un mot qu'il s'étoit peu soucié de faire de bons vers, pourvû qu'il en fît beaucoup.

---

1 Alb. Bartholin. Casp. Sil. de scriptis Danor. pag. 40. edente Thoma fratre.
2 Olaüs Borrichius Dissertat. ultima de Poëtis Latinis num. 221. pag. 168.
3 Philipp. Melanchthon Epistol. ad Frederic. II. Daniæ Regem.

## PETRUS LOTICHIUS SECUNDUS,

Du Comté de Naffau, né l'an 1528. le jour des Morts, Poëte Latin, mort l'an 1560. le feptiéme jour de Novembre, âgé de 32. ans & cinq jours.

1297 Les Poëfies de Lotichius ont été recueillies enfemble par Joachim Camerarius & par Jean Hagius de Franconie fon ami, & on peut dire qu'elles en ont mérité la peine, puifque l'Allemagne n'avoit point encore eu de meilleur Poëte que lui, fi on en excepte Eobanus de Heffe, dit Mr de Thou (1). Il ne lui étoit pourtant inférieur en quelque genre de Poëfie que ce fût & l'on peut dire qu'il le paffoit pour le genre Elégiaque, pour lequel tous les meilleurs Poëtes du pays lui ont cédé volontairement la préféance, & nommément George Sabinus, Jean Stigelius, George Fabricius, Jean Poftius, & Paul Meliffus (2). En effet il avoit un talent tout extraordinaire pour l'Elégie, & quelques-uns prétendent que depuis Ovide perfonne n'y avoit encore mieux réuffi. Ce qu'il y a de remarquable, c'eft qu'il compofoit ces vers parmi le tumulte du camp & fous les armes (3).

\* *J. P. Lotichii & Chriftiani Lotichii Poëmata* in-8°. *Francof.* 1620.
— *Ejufdem Gynaicologia, five de Nobilitate & perfectione fexus feminei*, in 8°. *Rhint.* 1630. \*

---

1 Jacob. Aug. Thuan. Hiftor. fuor. tempor. lib. 26. ad ann. 1560.
¶ *Omnium, meo quidem iudicio*, dit Mr de Thou, *qui fecundum Eobanum Heffum in Germania Poëticam attigerunt, præftantiffimus*. Ce qui ne marque pas que Mr de Thou préfére Eobanus à Lotichius, mais qui en bon Latin fignifie que de tous les Poëtes qui depuis Eobanus avoient paru en Allemagne, Lotichius au jugement de Mr de Thou étoit le meilleur.

2 Melch. Adam. de Vit. Philofoph. German. pag. 210 & Joach. Camerarius præf. ad edition. Carm. Petri Lotichii Secundi.

3 Gafp. Barthius & ex eo Georg. Math. Konigius in Bibl. V. & N. pag. 482. L. Joach. Fellerus præf. & not. ad Lotichii Eclog. de Saxon. & Palat. origin. Acta Eruditor. Lipfienfium anni 1682. pag. 55. 56. Item ead. anni 1684. tom. 3. pag. 542. ad fin. ubi de Brouchufio.

## GEORGE SCHULER dit G. SABINUS.

Né dans la Marche de Brandebourg (ou dans la Ville même) l'an 1508. le 23. Avril, gendre de Malanchthon par sa premiére femme, mort l'an 1560. le deuxiéme jour de Décembre.

1298 ON trouve parmi les *Délices des Poëtes Latins d'Allemagne* diverses Poësies de Sabinus comme de Lotichius, de Mélanchthon, &c. mais ce n'en est pas un recueil fort accompli, & il s'en trouve de Sabinus qui sont encore éparses de côté & d'autres, quoiqu'on ait tâché de les ramasser toutes dans l'édition de Leipsick de l'an 1597. *in-8°*.

Il faut que ce Poëte ait eu de bonnes qualités pour se faire estimer par des connoisseurs aussi difficiles que les Italiens, & sur tout par les Cardinaux P. Bembo & G. Contarini, par Baptiste Egnace, Louis Beccatelli, & quelques autres dont le goût n'étoit pas moins délicat (1). En effet Mr Borrichius croit (2) qu'il y a peu de Poëtes Allemans que l'on doive préférer à ce Sabinus, sur tout si l'on considére comme sa diction est éxacte, son expression correcte & circonspecte, quoique selon le même Auteur, elle n'en soit pas moins naturelle ni moins aisée. Il n'est point capricieux, il ne s'enfle & ne s'éleve point, sa veine coule avec autant d'égalité & de douceur que d'abondance. C'est aussi la pensée de Melchior Adam, qui ajoute que Sabinus a eu grand soin d'éviter les élisions & le concours des lettres qui sont rudes à prononcer, & qu'il a tâché sur toutes choses de se former sur les Anciens (3).

---

1 Jacob. August. Thuan. Histor. suor. tempor. ad ann. 1560. ad fin.
2 Olaüs Borrichius Dissertation. de Poët.
Latin. num. 165. pag. 135.
3 Melch. Adam de Vit. Philosophor. Germanor. pag. 230. 231.

## GEORGE DE MONTEMAJOR

Portugais, Poëte Caſtillan, natif de Montemor près de Conimbre, Muſicien de la Chapelle du Roy d'Eſpagne, mort vers l'an 1560. ou 1561.

1299 Es Poëſies rimées de cet Auteur en Langue vulgaire ont été imprimées pluſieurs fois à Sarragoſſe, à Salamanque & ailleurs, en un volume qui a pour titre le *Chanſonnier de George de Montemajor*; mais comme elles lui ont fait moins d'honneur que ſa *Diane*, je reſerverai à parler de lui plus au long parmi les faiſeurs de Romans, c'eſt-à-dire, de Poëſies en proſe.

\* *Las obras Poëticas de George de Montemayor* 2. Tom. in-8°. *en Amberes* 1554. — *Los ſiete libros de la Diana de Montemayor* in-8°. *en Valencia* 1602. \*

---

## Les quatre CAPILUPI

de Mantoüe; ſavoir, 1. Lælius; 2. Hippolyte; 3. Camille; 4. & Jules, tous freres, Poëtes Latins (1). Lælius vécut 62. ans & 15. jours & mourut l'an 1560. le 3. Janvier.

130 E plus célébre des quatre, eſt Lælius Capilupus qui s'eſt diſtingué dans le Monde par ſes Parodies & ſes Centons ſur Virgile [ *in*-8°. à Cologne 1601. ] On y a remarqué tant d'adreſſe, d'artifice & de conduite, que, ſelon Mr de Thou (2), il n'a pas ſeulement effacé Auſone & Proba Falconia, mais qu'il ſemble même que c'eſt Virgile qui a fait un Poëme ſur les *Moines* & un ſur la *Vérole*, quoiqu'il n'y eût de ſon tems ni Moines ni Vérole (3).

On prétend néanmoins qu'il a eu la même fortune que ceux qui l'avoient devancé dans ce genre d'écrire; & que quelques-uns de ceux qui l'ont ſuivi, comme Alexandre Roſſ d'Aberdeen en Ecoſſe,

---

1 ¶ Et Italiens. Camille mourut le premier des quatre. Hippolite fait Evêque de Fano en 1560. mourut l'an 1580. agé de 68. ans.

2 Jacob. Aug. Thuan. Hiſtor. ſuor. tempor. ad ann. 1560.

Hieronym. Ghilin. in Theatro Homin. litterator. part. prima Italicè p. 145. 146.

3 C'eſt de la Groſſe que nous appellons mal de Naples.

& Pierre Ange Spera de Pomarico dans la Basilicate, ont beaucoup encheri sur lui dans cet Art de démembrer & de recoudre Virgile; le premier dans sa *Psychomachie*, à laquelle quelques-uns ont prétendu joindre les treize Livres de son *Virgile Evangelizant*; le second dans ses quatre Livres de la Passion de Jesus-Christ.

Les trois autres Capilupi se sont éxercés à diverses sortes de Poësie, sans s'élever beaucoup au-dessus de la populace des Poëtes. On dit toutesfois que leurs Elégies sont plus fleuries que le reste (1). Leurs Poësies se trouvent au premier tome des *Délices des Poëtes Latins d'Italie*.

\* *Julii & Lælii Capiluporum fratrum Centones Virgiliani &c. ab Henrico Meibomio* in-4°. *Helmestadii* 1600. — *Eorumdem Carmina* in-4°. *Romæ* 1527. \*

1 Olaüs Borrichius Dissertatione 3. de Poët. Latin. num. 96. pag. 96.

## LE CARDINAL DU BELLAY

(*Jean*) frere de Guillaume & de Martin Evêque de Paris, mort à Rome l'an 1560. Poëte Latin.

1301 ON a de ce Prélat trois Livres de Poësie Latine (1) qui feroient honneur à un homme qui n'auroit paru dans le Monde qu'en qualité de Poëte. Mais il en a eu d'autres qui l'ont rendu si recommandable dans l'Eglise & dans l'Etat, que celle de Poëte en a été presque obscurcie ou couverte.

Ses vers ont été loués par Messieurs de Thou (2) & de Sainte Marthe (3), qui disent qu'on y trouve cet air de noblesse, & les marques de ce grand cœur qu'il faisoit paroître ailleurs.

1 ¶ Le 1. d'Elégies.
Le 2. d'Epigrammes.
Le 3 d'Odes.
Le tout imprimé in-8°. chés Robert Etienne 1546. à la suite de 3. livres d'Odes de Salmon Macrin. ¶

2 Jac. Aug. Thuan. Histor. suor. tempor. ad ann 1560

3 Scævol. Sammarthan. Elog. Gallor. eruditor. lib. 1. pag. 10.

## JOACHIM DU BELLAY,

Natif d'Angers, Archidiacre & Chanoine de Notre-Dame de Paris, Parent du Cardinal du Bellay, oncle de l'Evêque Euſtache (1), Seigneur de Gonnor, mort l'an 1560. (2) le premier jour de Janvier, âgé de 35. ans, Poëte Latin & François.

1302   DU Bellay fut un des premiers en France qui allérent au-devant des Muſes que Ronſard y fit venir, & qui les embraſſérent avec le plus d'affection, pour me ſervir des termes de Mr de Sainte Marthe (3).

Il avoit pour les vers François une abondance & une facilité preſque ſemblable à celle d'Ovide, & Scaliger n'a point fait difficulté de dire (4) qu'il avoit même la douceur de Catulle autant dans les vers Latins que dans les vers François. Mr Sorel prétend que ſes vers avoient de la force, qui étant jointe à cette douceur (5) lui avoit acquis l'eſtime des perſonnes de ſon ſiécle. Et Mr Godeau dit que c'étoit une force de génie prodigieuſe accompagnée de beaucoup de doctrine pour la Poëſie (6), mais qu'il n'a point apporté tout le ſoin poſſible pour obſerver les régles de la Poëſie. Ce défaut n'a pourtant pas empêché quelques Critiques étrangers de dire (7) que ſes vers étoient aſſés travaillés & polis, & qu'ils faiſoient paroître même une certaine élévation qui a quelque choſe d'Héroïque.

Ces qualités véritables ou apparentes lui ont fait donner le ſecond rang d'après Ronſard, parmi nos Poëtes qui ont précédé la réforme de notre Langue. Et ce rang lui a été donné aſſés généralement, même au préjudice de Remi Belleau par des Critiques de la premiére conſidération, par Mr de Thou (8), par Joſeph Scaliger (9), par Mr le Cardinal du Perron (10), par Mr de Sainte Marthe, & par

---

1 ¶ Joachim du Bellai étant fils de Jean du Bellai, qui étoit frere d'Euſtache Evêque de Paris, étoit par conſéquent non pas oncle, mais neveu de cet Euſtache.

2 ¶ Que ſuivant le Calendrier François on comptoit alors 1559. avant Pâque.

3 Scævol. Sammarthan. lib. I. Elogior. de Gall. erudit. pag. 37. edit. in-4°.

4 Joſeph Juſt. Scalig. in primis Scaligeranis pag. 119. 130. au mot *Ronſardus*.

5 Charles Sorel dans la Biblioth. Françoiſe pag. 102.

6 Ant. Godeau dans ſon Diſcours ſur les Oeuvres de Malherbe à la tête de l'édit.

7 Olaüs Borrichius Diſſertationum de Poëtis Latinis pag. 112. &c.

8 Jacob. Aug. Thuan. Hiſtoriar. ſuor. tempor ad ann. 1560. Sed præcipuè ad annum 1577. ubi de Remigio Bellaqueo Poët. Gall.

9 Prim. Scaligeran. ut ſuprà Edition. Greningan. &c.

10 Perronian. Collect. pag. 30. in Joach. du Bellay, &c.

d'autres encore de moindre trempe, quoique quelques-uns d'entre eux ayent remarqué beaucoup d'inégalité & d'autres défauts dans ses piéces.

Il avoit un talent tout particulier pour le Sonnet, comme l'a remarqué Mr Colletet (1), qui dit que de tout ce grand nombre de Sonnets divers qui parurent dans le siécle passé, il n'y a guéres que les siens qui ayent forcé le tems. Il remarque que ceux qu'il a faits sur les Antiquités de *Rome*, & ceux qu'il a appellés ses *Regrets*, ont été estimés des personnes les plus intelligentes, & reçûs du Public avec des applaudissemens qui semblent durer encore aujourd'hui, à cause de quelques beautés naturelles qui n'ont pas vieilli comme a fait le langage.

Mais il n'avoit pas le même succès dans ses vers Latins que dans ses François. C'est ce qu'il éprouva avec assés de chagrin, lorsqu'étant à Rome avec le Cardinal du Bellay, il voulut faire changer de langage à sa Muse. Car comme elle étoit accoutumée à la mollesse & aux maniéres de la Langue Françoise qui avoit même alors ses beautés particuliéres, elle ne pût s'accommoder aisément de la gravité & de la majesté de la Latine. On n'a point laissé d'estimer ce qu'il a fait sur *Veronide*, sur *l'enlevement d'une fille*, *quelques Epigrammes*, & d'autres piéces Latines (2).

La liste de ses Ouvrages se trouve en partie dans le Ghilini (3), & dans François de la Croix du Maine (4), mais elle est beaucoup plus accomplie dans du Verdier de Vauprivas (5), & l'édition qui en fut faite à Paris in 4°. en 1561. est assés complette, aussi-bien que celle de l'an 1584. *in*-12. (6)

Mais pour faire honneur à sa mémoire, il ne faut pas oublier de dire qu'il avoit déja dit adieu à la galanterie, & qu'il ne songeoit plus qu'à prendre des occupations sérieuses & dignes d'un Ecclésiastique destiné pour être Archevêque de Bourdeaux, lorsqu'il mourut en la fleur de son âge; & l'on peut dire que ses Poësies lascives sont d'autant moins dangereuses aujourd'hui que le vieux style les met moins en état d'être lûes & goûtées dans notre siécle, qui ne sent plus si fort cette douceur admirable qui étoit le vrai caractére de ses

---

1 Guill. Colletet. Art Poëtique Traité du Sonnet, nombre 7. pag. 36. 37. nombre 8. pag. 43. 44. 45. & nombr. 11. pag. 75. 76.
2 Sammarthan. in Elog. & Thuan. in histor. ut suprà.
3 Girolam. Ghilini nel Theatro d'Huom. litterat. parte segond. pag. 115. 116.
4 Franc. de la Croix du Maine dans sa Bibliothéque Françoise.
5 Antoine du Verdier dans sa Biblioth. des Ecrivains de la France, &c.
6 ¶ La derniére est celle de 1592. à Rouen *in*-12.

414  POETES MODERNES.
Poësies, selon Estienne Pasquier (1).

*Joachimi Bellaii Poëmatum libri IV. Elegiæ, amores, varior. Epigrammata, Tumuli, in-4°. Parif. 1558. — Tumulus Henrici II. Gall. Regis, & ejusdem Elegia in-4°. Parif. 1559.*

1 Estienne Pasquier Recherches de la France livre 7. chap. 7. pag. 622.

## GABRIEL FAERNO

De Cremone, Poëte Latin, mort l'an 1561. le 17. Novembre à Rome.

1303    Cet Auteur n'étoit pas seulement bon Critique pour la correction des Auteurs & le déchiffrement des Manuscrits, (ce que je suis bien aise de remarquer en passant, parce que je n'en ai point parlé au Recueil des Critiques Grammairiens) : mais il étoit encore assés heureux en Poësie.

Nous avons de lui outre quelques Elégies Latines, une centaine de Fables choisies parmi celles des Anciens, & sur tout d'Esope, mises en vers de diverse mesure, mais particuliérement en vers Iambes.

Mr Borrichius a remarqué que bien qu'il ne soit pas toujours égal, il ne laisse pas de marcher pour l'ordinaire assés rondement, ayant le style conforme à la matière qu'il traite, c'est-à-dire modéré & médiocre (1).

Mr de Thou reconnoît (2) qu'il a rendu fort bon service aux Ecoliers par ce travail, mais qu'il auroit encore beaucoup plus obligé le Public, s'il eut bien voulu faire à Phedre l'honneur de le nommer & de reconnoître qu'il s'étoit servi utilement de lui (3), ou qu'il l'avoit voulu imiter au lieu d'en supprimer l'éxemplaire qu'il avoit chés lui, & d'empêcher, s'il eût pû, que ce bel Auteur ne vît le jour, comme il a fait dans la suite par la grace de Mr Pithou, de Mr Rigaut & des autres.

*Faerni (Gabrielis) Explicationes in centum Fabulas ex antiquis Scriptoribus delectas in-8°. Bruxellis 1582. — Gab. Faerni Fabulæ ex veteribus Auctoribus depromptæ in-4°. Romæ 1515.*

1 Olaüs Borrichius dissertation. de Poët. Latin. pag. 98. &c.
2 Jac. Aug. Thuan. Hist. suor. tempor. ad ann. 1561. &c.
3 ¶ Voyés le Menagiana tom. 3. pag. 225. &c.

## JEAN STIGELIUS,

Allemand, natif de Gothe en Thuringe, mort le 21. Février 1562. en la quarante-septiéme année de sa vie, Poëte Latin.

1304    Les vers de cet Auteur se trouvent au sixiéme Tome des *Délices des Poëtes d'Allemagne*. On les a mis aussi en un volume à part qui comprend des Epithalames, des Epitaphes & des Epigrammes. Il avoit aussi tourné plusieurs Pseaumes en vers, il avoit même commencé des Fastes Chrétiens à l'imitation d'Ovide.

Mr Borrichius dit qu'il a le style serré, grave, & agréable; qu'il fait paroître du feu quand la matiére semble le demander; & que ses Elégies ont quelque chose de plus beau que le reste de ses Poësies.

\* *Joh. Stigelii Elegia in Germaniam* in-8°. *Isleb.* 1604. — *Ejusdem Eclogæ* 1. in-8°. *Basil.* 1546. \*

1 Olaüs Borrichius Dissertation. de Poët. Latin. pag. 136.

## ESTIENNE DE LA BOETIE,

Natif de Sarlat en Périgord, Conseiller de Bourdeaux, mort l'an 1563. le dix-huitiéme jour d'Août, âgé de 32. ans, 9. mois & 17. jours. Poëte François & Latin.

1305    Nous avons des Ouvrages de cet Auteur tant en prose qu'en vers, qui nous font juger qu'il auroit pû aller fort loin s'il avoit plû à Dieu de le laisser vivre. Michel de Montagne son ami eut soin de les recueillir après sa mort, & de les publier(1). Mr de Thou témoigne qu'il avoit l'esprit fort beau, qu'il avoit du génie, de la doctrine, de la délicatesse même, & de l'éloquence (2). Mr de Sainte Marthe dit (3) que ses Poësies ont beaucoup de grace, d'élégance & de facilité. Il ajoute même que la Boëtie

1 ¶ A Paris *in-8°*. chés Fédéric More 1571.
2 Jacob. Aug. Thuan. Histor. suor. tempor. lib. xxxvi.
3 Scævol. Sammarthan. Elogior. Gallor. erudit. lib. 2. pag. 40.

a été le premier dans l'Aquitaine ou la Guienne, qui depuis Aufone ait traité la Poëfie férieufement & qui ait fait même quelque envie à l'Italie. On peut voir fes Eloges dans les Effais de Montagne, dans la Bibliothéque de la Croix du Maine & de du Verdier, &c.

## ADRIEN TOURNEBOEUF dit TURNEBE, (1)

Natif d'Andelis en Normandie, Profeffeur Royal en Langue Grecque à Paris, mort l'an 1565. le douziéme jour de Juin, âgé de 53. ans, Poëte Grec, Latin & François, appellé *Tourné-vous* par les Gafcons & les Languedochiens, lorfqu'il régentoit à Touloufe.

1306    Urnebe ne s'eft point contenté de la réputation d'excellent Critique & de bon Traducteur, il a fait encore un grand nombre de vers en Grec, en Latin & en François (2), dont plufieurs n'ont pas vû le jour : mais ce que l'on en a imprimé a été fuffifant pour faire dire à Scaliger (3) qu'il étoit laborieux & éxact dans fa verfification (4), & à Mr de Sainte Marthe qu'il étoit fublime & fubtil dans fa Poëfie (5).

    * *Adriani Turnebii Opera omnia* in fol. 3. Tom. *Argent.* 1600. — *Ejufdem Poëmata* in-8°. *Parif.* 1580.

1 ¶ Voyés l'Art. 19.
2 ¶ Il ne nous en refte point en François, & prefque point en Grec.
3 ¶ Il falcit dire *Jofeph Scaliger.*
4 Lorenzo Craffo Hiftor. de Poët. Græc.

pag. 11. de Scaligero.
5 Scævol. Sammarthan. Elogior. lib. 2. pag. 45. 46.
Item. La Cr. du Maine Bibl. Fr.

AONIUS

## AONIUS PALEARIUS. (1)

Natif de Veroli dans la Campagne de Rome, Poëte Latin, brulé (2) à Rome l'an 1566. pour avoir dit que l'Inquifition étoit un poignard dont on vouloit affaffiner les Gens de Lettres (3).

1307 CEt Auteur, outre quatre Livres d'Epitres & d'Oraifons, a publié un Poëme fur l'immortalité de l'ame en trois Livres, qui a été imprimé en différens endroits de l'Italie & de l'Allemagne. Jules Scaliger qui avoit vû cet Ouvrage avant que de publier fa Poëtique, dit qu'Aonius a choifi un fujet auffi difficile à traiter en vers qu'il eft illuftre, & que c'eft de cette difficulté que vient cette inégalité que l'on trouve dans fon ftyle. Car on voit que tantôt il s'éléve, qu'il devient figuré & fleuri; & que tantôt il rampe par terre, fe contentant d'expliquer fa penfée d'une maniére toute nuë & toute fimple pour la mieux faire entendre. Ce Critique ajoute qu'Aonius a été fi fcrupuleux & fi fuperftitieux, qu'il n'a pas même ofé achever les Hemiftiches (4) qui ont un fens accompli (5).

\* *Aonii Palearii, Opera* in-8°. *Bafil.* 1540. — *Ejufdem de animarum immortalitate libri* III. in-8°. *Lugd.* 1536. \*

1 ¶ Voyés le Ménagiana tom. 1. pag. 215. &c.

2 ¶ Bayle qui au mot *Palearius* a repris Simler d'avoir dit dans fon Abrégé de la Bibliothèque de Gefner que Palearius avoit été décapité à Rome en 1570. n'a pas pris garde que cette double erreur ne tomboit pas fur Simler qui n'a continué Gefner que depuis 1545. jufqu'à 1555. mais fur Jean-Jaques Frifius qui a continué l'ouvrage jufqu'à 1583.

3 Jac. Aug. Thuan. Hiftor. fuor. temp. lib. 39. ad ann. 1566. pag. 812. edit. Parifienf.

4 ¶ Il n'y en a en tout que cinq, mais c'eft trop, & s'il l'a fait à l'éxemple de Virgile, on peut dire qu'il ne l'a imité qu'en cela, fa verfification n'étant rien moins que Virgilienne.

5 Jul. Cæf. Scalig. in Hypercritic. feu lib. 6. Poëtic. pag. 726.

## ANNIBAL CARO,

Commandeur de Malte, natif de *Civita-nuova* dans la Romagne, Poëte Italien, mort à Rome l'an 1566. âgé de 59. ans, cinq mois & deux jours.

1308     Nous avons parlé ailleurs de la belle Traduction qu'il a faite de l'Enéïde de Virgile en vers Italiens (1). On peut ajouter seulement que cet excellent Ouvrage est, au jugement de quelques Critiques (2), le plus célébre de tous ceux qui ont été composés dans l'Italie en vers *déliés* qu'on appelle *Sciolti*. Ce sont des vers de suite comme ceux de Virgile même; & la diversité de Stances y seroit fort inutile, puisqu'il n'y a pas de rime. Le corps de l'Ouvrage est de vers héroïques d'onze syllabes. Mais l'Auteur y mêle quelquefois des vers de douze syllabes appellés *Sdruccioli*, principalement quand il fait parler les Dieux. Il y mêle aussi des vers de dix syllabes, qui finissent par l'accent. Et c'est par cette pratique qu'il a plus facilement exprimé les beautés & les graces de son Original.

Ses autres Poësies en Langue vulgaire, ont été recueillies & imprimées ensemble à Venise l'an 1584. [ *in-*4°. 1572. chés Alde Manuce ], & depuis encore ailleurs. On estime beaucoup ses *Sonnets*, dont le plus beau & le plus remarquable, au jugement du Caporali & de Mr Ménage (3), est celui de la *Belle Matineuse*, qui a été imité depuis par plusieurs de nos Poëtes François.

Le Caro a fait une Comédie sous le titre de *Li Straccioni* (4). Mr de Balzac dit (5) qu'elle paroît assés bonne & judicieuse, mais qu'il y en a encore de meilleures. Il témoigne ailleurs que l'on trouve dans cette Comédie quelque chose de moral qui plaît assés, & qu'il semble qu'on y voit la grandeur modeste, & le bon ménage de la République Romaine.

Il a composé encore une autre piéce de Poësie, qui a fait beaucoup

---

1 ¶ Paul Béni pag. 153. de la comparaison qu'il a fait d'Homére & de Virgile, a observé que cette Traduction excédoit de cinq mille vers l'original.

2 Nouv. Méthode de la Langue Ital. 3. partie pag. 117 de Port Royal.

3 Gilles Ménage Dissertat. sur les Sonnets pour la Belle Matineuse, à la fin de ses Oeuvres de l'édit. in-4°. pag. 107. 108. & suivantes.

4 Les Déchirés.

5 J. L. Guez de Balzac Lettre XVII. à Chapelain de l'an 1638. du troisiéme livre, & lettre XVIII. au même du même livre.

POETES MODERNES. 419

de bruit en Italie. C'eſt *La Canzone de' Gigli d'oro* (1), [ *in*-4°. à Florence 1568. ] que le Cardinal Farneſe lui fit faire à l'honneur de la Maiſon Royale de France. Elle fut cenſurée par Louis de Caſtelvetro de Modene, Critique célébre pour ſa capacité, mais plus fameux encore par ſon chagrin & ſa bizarrerie. Il a parlé ſi mal de la piéce & de ſon Auteur, que les Académiciens des *Banchi* de Rome, ſe ſont crûs obligés de prendre la défenſe de l'un & de l'autre, & ils publiérent une Apologie qui eſt forte pour la piéce du Caro & vigoureuſe contre Caſtelvetro, comme nous l'apprend le Ghilini (2). Et c'eſt peut-être par rapport à ce ſujet que Mr de Balzac diſoit à Mr Chapelain (3) qu'il eſtimoit toujours le Caro plus honnête homme que ſon adverſaire (4), quoique cet adverſaire fût peut-être plus grand Docteur que lui.

Ce même Auteur témoigne qu'il préféroit le Caro à l'Arioſte en bien des endroits, & l'on peut dire que la qualité dominante de toutes ſes Poëſies, eſt la gentilleſſe qui ſemble en être le caractére, ſelon la remarque de Mr Coſtar (5).

1 Des Lys d'or.
2 Girolamo Ghilini Teatro d'Huomini Letterati parte prim. pag. 14.
3 Balz. livre cinquième lettre cinquiéme à Chapelain.
4 ¶ Balzac en cela ſe trompoit: Caſtelvetro alloit droit & fondoit ſa critique ſur de bonnes raiſons. Le Caro n'en ayant pas de ſolides pour y répondre ſe ſauva comme il put par le ridicule qu'il tâcha de donner à ſon adverſaire.
5 Coſtar Défenſe de Voiture tom. 2. p. 61. &c.

---

## BENEDETTO VARCHI,

Natif de Fieſoli (1) en Toſcane, Poëte Italien (2), mort le 16. Novembre de l'an 1566. (3)

1309   LA proſe de cet Auteur eſt fort éloquente, au jugement des Italiens, mais ſes vers n'ont guéres moins de douceur, quoiqu'ils n'ayent pas la force ni la beauté de ceux des Poëtes du premier ordre (4).

1 ¶ Il étoit de Florence comme lui-même le dit dans ſon *Ercolano* dont on peut voir les termes c. 35. p. 112. du tom. 1. de l'Anti-Baillet, où il eſt auſſi remarqué qu'il faut dire *Fieſolé* & non pas *Fieſoli*.
2 ¶ Il pouvoit ajouter, & Latin. Le livre intitulé *Carmina quinque Etruſcorum Poëtarum* de l'impreſſion des Giunti 1562. *in*-8°. contient depuis la page 137. juſqu'à la 172. des vers Latins du Varchi.
3 ¶ Agé de 63. ans.
4 Girol. Ghilini tom. 1. Theatr. d'Huom. Letter. part. 1. pag. 30.

Ggg ij

On a ses Epigrammes, deux Livres de Poësies mêlées, des Idylles ou Pastorales, une Comédie appellée *La Suocera* ou *La Belle-Mere*, [in-8°. *in Fiorenza* 1569.]

*\* Sonnetti di M. Benedetto Varchi* in-8°. *in Fiorenza* 1555 \**

## VIDA

(*Marc Jerôme*) natif de Cremone, Evêque d'Alba au Montferrat; Poëte Latin, mort le vingt-septiéme jour de Septembre de l'an 1566.

1310 CE Poëte, outre les trois Livres de l'Art Poëtique dont nous avons parlé ailleurs, a donné divers Ouvrages dont les principaux sont; 1° *La Christiade*; 2° *Les vers à Soie*; 3° *Le jeu des Echecs*; 4° *Des Hymnes*; 5° *Des Bucoliques*, & diverses autres piéces de moindre grandeur.

Si l'on s'étoit donné la peine de recueillir dans le Senat des Critiques, les voix de ceux qui ont été & qui sont encore pour Vida, lorsqu'il s'agit de donner au premier des Poëtes modernes le second rang d'après Virgile; on les auroit trouvées en si grand nombre, qu'il auroit été inutile à tout autre Poëte d'aspirer à cet honneur à son préjudice. Aussi étoit-il, selon Sixte de Sienne (1), l'imitateur incomparable de la Poësie de Virgile; & selon Boissard (2), c'est celui qui en a approché le plus près. C'est sans doute cette considération qui aura pu porter Joseph Scaliger à dire (3) que Vida est un Poëte très-grand & très-accompli, & que quiconque en jugeroit autrement, ne pourroit passer que pour un niais & pour un innocent. Jules César son Pere nous apprend que la plûpart des Connoisseurs de son tems le faisoient passer pour le Prince des Poëtes de ce siécle-là (4), & ceux qui ont voulu lui disputer cette principauté en lui opposant Buchanan, ont perdu leur cause, au jugement de tout le Monde (5).

Entre les divers Ouvrages qu'il a faits, il n'y en a point qui ait plus contribué à le mettre dans cette réputation que les deux Livres des

---

1 Franc. Sixt. Senens. in Biblioth. Sanct. lib. 4. &c.
2 Janus Jacob. Boissard. in Bibliothec. Calcograph. &c.
3 Joseph Scaliger in Confutatione fabulæ Burdon. pag. 332.
4 Jul. Cæs. Scaliger in Hypercr. seu lib. 6. Poëtices. pag. 802. 803. 804.
5 L'Ab. de Saint Leu Lettre seconde MS. à Abel de Rantilly.

*Vers à Soie*. Ce Poëme dit Scaliger l'ancien (1), est le Roi des Ouvrages de Vida. Il est beaucoup plus correct & plus châtié que les autres, & l'on y trouve plus d'Art Poëtique.

Celui qui occupe le second rang du mérite dans l'esprit des Critiques, est le Poëme du *Jeu des Echecs*. Le même Auteur témoigne que l'invention en est belle, quoiqu'elle paroisse plutôt venir d'un jeune homme que d'une personne de sa gravité. Le tour des choses y est si heureux, qu'il suffit seul pour nous convaincre qu'il avoit un génie admirable; & le style y ressemble si fort à celui de Virgile, qu'on le prendroit volontiers pour une parodie de ce Poëte.

Ce sont principalement ces deux Poëmes qui ont fait dire à Mr Borrichius que Vida est fort exact dans sa diction, qu'il est réglé & juste dans la disposition & l'ordonnance de sa Fable, égal & proportionné dans la distribution de ses parties, qu'il a de la force par tout, qu'il a l'air noble & élevé même dans les moindres choses, qu'il est même éloquent, abondant, & fleuri presque par tout (2).

Les cinq Livres de la *Christiade* lui ont fait aussi beaucoup d'honneur, quelque chose que les Critiques ayent faite pour en diminuer le prix, ou du moins pour en publier les défauts. Mais Mr de Thou a cru que ce seroit faire son éloge suffisamment de nous marquer seulement (3) que Vida a été le premier d'entre les Italiens après Sannazar, qui se soit avisé de transporter l'Art Poëtique dans le Christianisme, & qui s'en soit acquitté avec tant d'élegance & de pureté.

Ceux qui savent combien il faut de respect, de circonspection, & de délicatesse pour traiter dignement un sujet de Religion, n'auront pas de peine d'un côté à concevoir que cet Ouvrage doit être le moins heureusement exécuté d'entre ceux de Vida; & de l'autre ils se porteront plus volontiers à excuser les défauts de la Christiade, que ceux qui pourroient se trouver dans les Poëmes des vers à Soie, & du Jeu des Echecs.

C'est une indulgence qui semble être dûë a la piété de son Auteur, dont cet Ouvrage est un grand monument. Mais les Critiques ne se croyent pas obligés à tous ces égards, & ils n'ont pas manqué de nous dire au sujet de ce Poëme, que sachant fort bien distinguer le Poëte d'avec le Chrétien, ils ne s'appliquent qu'à l'éxamen de la

---

1 Cæs. Scalig. in Poëtic. loco suprâ laudato fusè pag. 805. 805.

2 Olaüs Borrichius Dissertation. 3. de Poët. Latin. num. 117. pag. 107.

3 Jacob. August. Thuan. Histor. suor. tempor. ad ann. 1566.

Ant. Teissier dans les Additions aux addditions des Eloges de Mr de Thou tom. 2.

**Vida.** Poëſie, ſans vouloir ſe rendre les Juges de la Piété. C'eſt dans cette diſpoſition que Jules Scaliger, le P. Rapin, le P. Friſon & les autres Critiques, ont crû pouvoir faire leurs réfléxions ſur ce Poëme.

Le premier après avoir témoigné qu'il ſeroit difficile de trouver quelqu'un qui fût plus régulier & mieux entendu que lui pour l'arrangement de ſa matiére, & qui sût faire un choix plus judicieux de ce que l'invention peut produire pour les comparaiſons, dont perſonne après Oppien n'a fait un emploi plus fréquent que lui ; après avoir auſſi remarqué en lui toutes les graces & les beautés, toute la force & l'énergie, toute la naïveté & la candeur qu'on peut attendre d'un habile ouvrier & de la qualité de cet ouvrage, n'a point laiſſé d'y trouver quelque choſe de défectueux. Il prétend que ſon ſtyle n'eſt point égal ni uniforme ; qu'il n'eſt point juſte ni diſcret dans quelques-unes de ſes comparaiſons, & entre autres dans celle qu'il fait de JESUS-CHRIST avec la riviére du Pô, qui eſt enflée de toutes les autres riviéres de Lombardie ; qu'il a inſéré beaucoup de choſes contraires à la ſimplicité de la Religion, qui pourroient paſſer pour des traits d'impiété dans la penſée des Dévots & des perſonnes graves, quoiqu'elles ne paſſent que pour des taches légéres dans l'eſprit des Critiques. Il ajoute qu'on ne peut preſque pas dire quel eſt le caractére de Vida, parce qu'il n'eſt pas le même par tout, & qu'il s'en eſt formé un tout-à-fait bizarre par le mélange qu'il a fait de ceux de Lucrece, de Catulle & de Virgile, qu'il a tâché d'imiter tout à la fois. C'eſt ce qui fait que ſa Muſe paroît tantôt toute nuë, tantôt revêtuë de trop d'ornemens ; quelquefois trop précipitée, & quelquefois trop lente (1). Enfin il dit que Vida n'a point ménagé ſes ombres & ſes irrégularités comme font les habiles Peintres dans leurs tableaux, mais qu'il s'en trouve un ſi grand nombre que le corps de ſon ouvrage en eſt tout obſcurci & tout contrefait.

Le P. Rapin qui reconnoît que Vida eſt celui des Modernes qui a le plus de génie pour ſoutenir toute la nobleſſe d'une narration en vers héroïques & qu'il en a donné des marques dans ſon Poëme ſur la mort de J. C. prétend (2) que s'il n'avoit quelquefois des baſſeſſes d'expreſſion & des duretés ſemblables à celles de Lucrece, ſon ſtyle ſeroit incomparable. Il dit en un autre endroit que la pureté du ſtyle de Vida eſt admirable, mais que l'ordonnance de ſa Fable n'a nulle délicateſſe, & que ſa maniére n'eſt nullement proportionnée à la

---

1 Scaliger pag. 806. 807. libri 6. Poëtices, &c.
2 René Rapin Réfléxion ſur la Poëtique, ſeconde partie Réfléxion x. Item Réfléxion xvi.

dignité de son sujet. Et dans la premiére partie de ses Réfléxions (1) Vida. il juge de lui, comme de plusieurs autres, qu'il a copié les phrases de Virgile sans en exprimer l'esprit ; qu'il a quelques traits de ce grand air, mais en assés petit nombre ; & que parmi les efforts d'une imitation servile, il laisse de tems en tems échapper des traits de son esprit. Ce qui ne regarde pas moins les autres Poëmes de Vida que celui de la Christiade.

Enfin le P. Frizon a trouvé dans ce dernier diverses fautes contre les bien-séances (2), parmi lesquelles il compte deux discours aussi longs que celui d'Enée à Didon, faits par Saint Joseph & par Saint Jean, pendant que Jesus-Christ est conduit devant le Tribunal de Pilate pour y être condamné à mort. En quoi Mr Bayle approuve la censure du P. Frizon (3), parce qu'effectivement il n'y a point d'apparence que ce Juge fût alors en état d'écouter tranquillement toutes les particularités de la naissance, de l'éducation, & de la vie du Fils de Dieu.

Pour ce qui est des Hymnes, des Odes, des Eglogues & des autres petites piéces de vers que Vida a faites, Mr Borrichius avouë (4) qu'elles sont beaucoup inférieures à ses trois grands Poëmes. Jules Scaliger a osé dire même qu'elles sont puériles, & triviales, & qu'ayant voulu imiter Catulle mal à propos, au lieu des graces & des beautés naturelles de cet Ancien, il n'a que du fard & de l'afeterie qui le rend méprisable (5). Mais ceux qui jugent que cette Critique de Scaliger est excessive, peuvent se contenter de dire avec le P. Rapin (6) que Vida est trop contraint dans ces Piéces, parce qu'il s'est attaché avec trop de scrupule à la pureté de son Latin.

\* *Marci Hier. Vida Cremonensis Poëmata omnia* in-8°. *Cremonæ* 1550.
— *De Arte Poëtica*; *de Bombyce*, & *Ludo Scacchorum Libri. Hymni* & *Bucolica, ex antiquissima editione ipsius Auctoris,* in-4°. *Romæ* 1527. \*

1 Le même aux Refl. générales de la poët, pag. 87. edit. in-12.
2 Leonard Frizon in libr. 1. de Poëmate cap. quinto, pag. 41. 42. Item in præfatione ad id operis.
3 Nouvelles de la Republ. des Lettres du mois d'Octobre de l'an 1684. pag. 230.
4 Ol. Borrich. ut suprà.
5 Jul. C. Scalig. ut suprà.
6 Ren. Rap. Reflex. xxx. de la seconde partie sur la Poëtique, &c.

## LOUIS DOLCE,

Venitien, Poëte Italien, mort dans son pays l'an 1568. âgé de 60. ans, dans la derniére nécessité.

1311 ON compte parmi les Poësies du Dolce deux Poëmes héroïques; savoir, 1°. *Les premiéres expéditions ou entreprises de Roland*, 2°. *Le Sacripante*. Deux Tragédies, savoir, *Didon* & *Jocaste* : plusieurs Comédies, comme 1° le *Mari*, 2° le *Ragazzo* c'est à dire, le Valet ou le Goujat, 3° le *Capitaine*, 4° la *Fabrizia* : quelques Romans en Stances de huit vers, comme *Palmerin d'Olive* & *Primaleon de Grece*, sans parler d'un Recueil qu'il a fait des Poësies de divers Auteurs Italiens, & de quelques traductions des Anciens qu'il a publiées en vers.

Il avoit une grande facilité pour la Poësie; mais il n'avoit pas l'esprit assés libre ni assés dégagé pour bien réussir, & l'on dit que ses vers se sentent un peu de la dureté de sa fortune.

Ils sont pourtant loués par le Ghilini (1), mais cet Auteur s'est fait un devoir de faire des éloges plutôt que des jugemens.

\* *Lud. Dolce cinque primi centi di Sacripante* in-8°. *Vinegia* 1535. & in-4°. 1536. — *Tragedia intitula Didone* in-8°. *Vineg.* 1547. — *Ifigenia* in-8°. *Venet.* 1551. — *Thyeste* in-8°. *Venet.* 1547 — *La Hecuba* in-8°. *Venet.* 1549. — *Comedia Fabritia* in-8°. *Venet.* 1549. — *Il Capitano & il Marito*, in-8°. *Venet.* 1547. — *Tragedia, Mariana* in-8°. *Venet.* 1593. — *Tragedia sito è forma dell Inferno* in-8°. — *Le Trojane* in-8°. *Venet.* 1593. — *Le Transformationi d'Ovidio, di Lud. Dolce, con gli argomenti & allegorie & al fine diciascum canto.* in-4°. *in Venet.* 1571. 1557. — *Vita di Carlo Quinto* in-4°. *Venet.* 1561. — *L'Achille & l'Enea di Ludov. Dolce con allegorie & figur.* in-4°. *Venet.* 1572.

1 Girolam. Ghilini Teatr. d'Huom. Letterat. part. 1. pag. 148.

DIEGO

## DIEGO HURTADO DE MENDOZA,

Né à Grenade, ou selon Tamaïo à Tolede, Grand d'Espagne, Poëte Espagnol, mort l'an 1570. ou plutôt en 1575.

1312 CEt Auteur dont les Poësies parurent à Madrid en 1610. *in·*4°. réussissoit particuliérement en *Rondelets quartetes* ou quatrains, & en *Quintilles* ou Rondelets de cinq vers à deux rimes seulement.

Dom Nicolas Antonio témoigne (1) qu'ils ont de la subtilité, de la délicatesse & de l'érudition accompagnée de beaucoup d'ornemens, & qu'il a tâché d'imiter les Anciens, ce qui étoit assés rare alors en Espagne parmi les Ecrivains en Langue vulgaire.

On ne trouve point dans l'édition de ses Poësies les piéces Satiriques, Burlesques & Bouffones, qu'il avoit faites pour se divertir, & le même Auteur nous apprend qu'on les en a excluës sagement, pour conserver la réputation d'un homme de cette qualité.

C'est à ce Seigneur Espagnol qu'on attribuë le fameux *Lazarille de Tormes* (2), ou le Gueux de Castille.

1 Nic. Ant. tom. 1. Biblioth. Hispan. Script. pag. 224.

2 ¶ La premiére partie de Lazarille de Tormes passe en Espagne pour un chef-d'œuvre de la langue. C'est uniquement cette premiére partie qu'on attribuë à Diego Hurtado de Mendoze. Il est accusé d'avoir volé, pendant qu'il étoit Ambassadeur à Venise les meilleurs manuscrits de la Bibliothèque publique, transferé, depuis à celle de l'Escurial, où ils sont demeurés. Sur quoi on peut voir une Lettre de Domenico Molino à Meursius parmi celles que Mr Burman publia l'an 1697. à Utrech, in-4°. page 130. de la 1. partie. ¶

## JACQUES GREVIN,

Natif de Clermont en Beauvaisis, Médecin de la Duchesse de Savoie, mort à Turin le cinquiéme jour de Novembre de l'an 1570. âgé de 29. ans, & quelques mois, Poëte François & Latin.

1313 UNe bonne partie des Poësies Latines de Grevin est périe avec lui, parce que ses amis étant en France pour la plupart, ne purent les retirer des mains de sa veuve qui étoit en Italie.

## POETES MODERNES.

Grevin. Les Françoises qui avoient déja parû avant que la Princesse Marguerite l'eût emmené avec elle, sont, 1° *son Olympe* en deux parties qu'il fit pour Nicole Estienne, fille de l'Imprimeur & Médecin Charles Estienne qu'il recherchoit alors, & qui épousa depuis Jean Liebaut. C'est un Recueil de Sonnets, Chansons, Odes, Pyramides, Villanelles, & autres piéces galantes faites à l'imitation des Italiens & des Espagnols. 2° Son *Théâtre* contenant la Tragédie de *Cesar*, & deux Comédies ; savoir la *Tréforiére* & les *Ebahis*. 3° Sa *Gelodacrye*, c'est-à-dire, *Rispleurs*, composée de Sonnets & d'autres piéces. 4° Des *Pastorales* & *Hymnes* sur divers Mariages des Princes & Princesses de son tems. 5° Les œuvres de *Nicandre* ancien Médecin & Poëte Grec qu'il a mises en vers François. 6° Un Dessein ou *Poëme* sur l'Histoire de France qu'il avoit composée, & les personnes illustres de la Maison de Médicis. 7° Et divers autres Ouvrages en vers.

Grevin étoit un des plus beaux esprits de son siécle, & ce qu'il y a d'assés surprenant, c'est de voir qu'il avoit fait la plupart de ses Poësies & même de ses Ouvrages en Prose, en un âge où les autres sont à peine sortis du Collége. C'est ce que Ronsard n'a pû s'empêcher d'admirer en ces termes (1), avant qu'il se fût brouillé avec lui.

*Et toi Grevin, toi mon Grevin encor,*
*Qui dores ton menton d'un petit crespe d'or,*
*A qui vingt & deux ans n'ont pas clos les années*
*Tu nous a toutefois les Muses amenées,*
*Et nous a surmontés qui sommes ja grisons*
*Et qui pensions avoir Phebus en nos maisons.*

Mr de Thou qui dit que Grevin avoit joint une rare érudition avec ce grand génie qu'il avoit reçû de la Nature, louë particuliérement sa *Gelodacrye* & quelques-autres de ses piéces qu'il témoigne être de bon goût & comparables à ce que les premiers Poëtes de son tems avoient produit de meilleur (2). Il ajoute que ses vers de la Traduction de Nicandre sont fort élégans & qu'ils valent ceux de l'Original. Du Verdier témoigne que la Tragédie & les deux Comédies ravirent d'étonnement & d'admiration les plus habiles gens de son tems, sur tout lorsqu'on sût que des Ouvrages qu'on jugeoit alors si ac-

---

1 P. de Ronsard Elégie à Jac. Grev. parmi ses autres Ouvrages.
2 Jacob. Aug. Thuan. Hister. suor. tempor. ad ann. 1570. in fine libri 47. pag. 554. edit. Paris. in-8°.

complis avoient été composés par un jeune garçon (1).

Mais on peut dire que tous ces jugemens avantageux nous sont devenus assés inutiles, puisque les vers de Grevin ont de nos jours le sort des Poësies qu'on ne lit plus, & que leur beauté s'en est allée avec le goût du siécle précédent.

1 Ant. du Verdier Bibliothèque Franç. pag. 604. & 605. & la Croix du Maine. Bibliothèque Françoise où l'on voit aussi la liste de ses Ouvrages.

## GEORGE FABRICIUS,

Allemand, né à Kemnitz, dans la Misnie, Province de la haute Saxe, l'an 1516. le 24. Avril, mort l'an 1571. le 13. Juillet, Poëte Latin.

1514 CEt Auteur a fait un trés-grand nombre de Poësies Latines, & il avoit une si grande passion pour les vers, qu'il y mettoit même les Histoires qu'il composoit. Ses Poëmes sacrés sont compris en vingt-cinq Livres, & ils parurent à Bâle en deux Volumes in-8°. l'an 1567. Outré ce gros Recueil on a encore des Hymnes, des Odes contre les Turcs, sans parler de sa *Rome* (1), de ses *Voyages*, & des Histoires de son pays.

On remarque dans toutes ses Poësies beaucoup de pureté & de netteté. Il a le style facile, selon Melchior Adam (2), & ce qu'il y a de remarquable, c'est qu'il est court sans être obscur. Il s'est appliqué particuliérement au choix de ses mots, & il a poussé le scrupule si loin, qu'il n'en a voulu employer aucun dans ses Poëmes sacrés qui sentit tant soit peu le Paganisme. Il ne se contentoit pas de condamner en lui-même la liberté qu'il s'étoit donnée en sa jeunesse d'écrire en Poëte profane, mais il blâmoit encore tous les autres Chrétiens qui avoient recours aux Divinités du Parnasse & aux Fables de l'Antiquité pour fournir la matiére de leurs vers. Mais sa piété n'a point

1 ¶ La Rome de George Fabrice, & les Histoires de son pays, étant des ouvrages en prose, il ne faloit-pas les mettre au nombre de ses Poësies. Il est vrai que Melchior Adam ou plutôt Mathieu Dresser que Melchior Adam a copié, dit, parlant de la Rome de Fabrice, que *pulcrè adversus vetustorum Poëtarum sic aptata est ut expressa ex illis, & efficta esse videatur.* Ce qui ne signifie pas, comme l'a cru Baillet, que cette Description de Rome étoit un poëme où Fabrice avoit fait entrer si juste les expressions des anciens Poëtes, qu'il sembloit effectivement que ce fût l'ouvrage d'un Ancien; mais que de la maniére dont Fabrice avoit su ajuster sa Description aux vers qu'il y avoit cités des anciens Poëtes, il sembloit qu'elle fût composée que de ces morceaux.

2 Melch. Adam Vit. Philosophor. Germanor. pag. 157.

été assés forte pour le rendre Chef de secte.

Wellerus prétend que l'on trouve dans sa diction la douceur de son naturel & de ses mœurs, & dit qu'il a exprimé le Caractére Attique dans son Latin (1). Barthius parle très-avantageusement de lui en plusieurs rencontres, il louë particuliérement sa Rome, qu'il appelle une piéce excellente, admirable, & toute d'or (2). Il composa cet Ouvrage sur les observations qu'il avoit faites lui-même dans cette Ville; mais il se servit autant qu'il pût des expressions des anciens Poëtes qu'il tâcha d'accommoder à son sujet. En quoi il réussit si bien, qu'il semble que ce soit l'Ouvrage de quelque Ancien au jugement des Allemans (3).

1 Hieronym. Weller. in judicio de Georg. Fabricio apud Martin. Hanckium de Script. Roman. cap. 61. parte secund. seu additionib.

2 Gasp. Barthius in Adversariorum libris non semel, imò sexies.

Item comm. in Statium Papin. in Rutilium Claud. Numatian. &c.

3 M. Ad. pag. 254. Vit. Fabricii ut suprà. Item ex eo Joseph Andr. Quenstedt de Patriis Viror. illust. & Math. Konig. Bibl. V. & N &c.

Vid. & Olaüs Borrichius Dissertat. de Poët. Lat. pag. 129. 130. num. 156.

---

## ESTIENNE FORCADEL (1),

Appellé ordinairement FORCATULUS, natif de Beziers, Professeur en Droit à Toulouse. Poëte François & Latin.

**1314 bis** LE Recueil des Poësies Françoises de cet homme parut à Toulouse & à Paris dès l'année 1548. puis à Lyon en

1 ¶ Il mourut l'an 1573. Un homme qui composoit les vies des Jurisconsultes, me demandant il y a quelques années des nouvelles d'Etienne Forcadel, je lui envoyai ce qui suit. Vous ne devés donner place à Etienne Forcadel parmi les Jurisconsultes que pour avoir occasion de venger Cujas de l'injure qu'on lui fit de lui préférer ce ridicule compétiteur. Du Moulin qui blame & louë quelquefois un peu trop légerement, n'y songeoit pas, lors que, dans son *Extricatio labyrinthi*, citant le livre intitulé *Necyomantia Jurisperiti*, il use de ces termes? *Forcatulus in elegantissima & festivissima Necyomantia*. Il pouvoit dire *festivissima* dans un sens peu favorable, comme nous dirions en François *dans sa plaisante Negromancie*, mais il n'a du jamais dire *elegantissima*. Mornac à la fin de ses Observations sur le 4. livre du Code en a mieux jugé, & avant lui l'Auteur anonyme de ce Dizain.

Quand Forcadel son livre publia
Auquel il mit pour titre *Nigromance*;

Dame Thémis contre l'Auteur cria:
C'est un sorcier, maitre en noire science.
Tout doux Thémis, j'entreprens sa défense,
Pour ce Docteur je demande quartier,
Grand tort avés de vouloir chatier
Un Ecrivain qui n'a grain de malice,
En aucun art onc il ne fut sorcier,
On le connoit, ce n'est pas là son vice.

Le Catalogue exact de ses œuvres est dans la Bibliothèque de du Verdier. Il consiste en Poësies Latines & Françoises, en livres de Droit, & en Histoires. Ses poësies n'ont la plupart ni style, ni sel; ses livres de Droit rien de solide, & ses Histoires ne sont que des fables. Il laissa un fils nommé Pierre, & avoit un frere de même nom, célébre Professeur Royal en Mathématiques à Paris, si habile dans son art, qu'au rapport de Gassendi livre 2. de la vie de Peiresc, il entendoit tous les livres de Mathematique écrits en Latin sans avoir appris cette Langue.

1551. Ses Epigrammes Latines furent imprimées à Lyon l'an 1554. & il fit encore quelques autres piéces depuis qui sont errantes. On dit que ses vers avoient l'approbation du Chancelier de l'Hospital (1). C'est peut-être tout ce qu'on peut dire à leur avantage. Car ils étoient tombés dans le tems de sa mort; & ayant perdu la qualité de bon Poëte, c'est tout ce qu'il a pû faire que de conserver celle de médiocre Jurisconsulte, même après avoir supplanté le grand Cujas à Toulouse.

1 ¶ Forcadel de son côté avoit fait en toute occasion le panégyrique du Chancelier.

## MICHEL DE L'HOSPITAL,

Chancelier de France, Poëte Latin, natif d'Aigue-Perse en Auvergne, mort en sa Maison de Bel-esbat, ou selon Mr de Sainte-Marthe en celle de Vigny lieu de sa sépulture, l'an 1573. le treiziéme jour de Mars, âgé de 70. ans.

1315 Nous avons six Livres de ses Poësies qui consistent en *Epitres* ou *Sermons*, qui ont été imprimés chés Patisson [*in folio* 1585.] & ailleurs par les soins de Mr Huraut de l'Hospital son petit-fils, de Mr de Pybrac, de Mr de Thou, & de Mr de Sainte-Marthe. Ses autres Poësies ont été recueillies sous le titre de *Silves*. Elles ont paru souvent, soit dans le Royaume, soit dans les Villes voisines. Mais il y en a quelques-unes chés les Curieux qui n'ont pas encore vû le jour (1).

Si nous en croyons Joseph Scaliger, l'Hospital est un Poëte du nombre de ceux qui rampent au pied du Parnasse (2), qui n'a aucune élévation, & qui n'a rien de l'air d'Horace. Au contraire Mr de Sainte-Marthe prétend qu'il a imité Horace plus qu'aucun autre Poëte, qu'il l'a non seulement égalé pour la beauté de l'expression

---

1 P. Colomiez Bibliothèque choisie pag. 50. & suivantes, où l'on voit le Testament du Chancelier.

2 Joseph. Scalig. in Collectan. Scaligeran. prim. pag. 91.

¶ Les paroles de Joseph Scaliger dans l'endroit marqué sont mémorables. *Hospitalius Poëta fuit humilis*, comme si des discours, à la maniére de ceux d'Horace, demandoient un style élevé. Il ajoute : *Nec eius opera sapiunt Stylum Horatianum*, voici le bon, *sed bene patris plurima, quod multi hactenus putarunt*. Il semble qu'il faille lire *non putarunt*, & qu'il ait entendu que les vers du Chancelier de l'Hospital ne tenoient rien de ceux d'Horace, mais que ceux de Jule Scaliger en tenoient beaucoup, chose à quoi jusques-là bien des gens n'avoient pas pensé.

L'Hopital. & la gravité des Sentences : mais qu'il l'a surpassé même par la douceur de sa versification (1). Mr de Thou semble donner encore du poids à ce dernier jugement qu'il appuye de son autorité, lorsqu'il dit (2) que les Vers du Chancelier de l'Hospital ont assés de pureté dans le style, de graces, de politesse & de subtilité dans l'expression, de solidité & de majesté dans les pensées, pour disputer le prix à tout ce qu'il y a de meilleur dans l'Antiquité. Cet Auteur ajoute que ce Chancelier s'est mieux dépeint dans ses Poësies que la Nature n'avoit dépeint Aristote sur son visage, ( car on dit communément que l'Hospital ressembloit tout-à-fait au portrait que les Medailles & les pierres nous ont conservé d'Aristote ), parce qu'il ne s'est pas contenté d'y représenter la gravité de ce Philosophe, mais qu'il y a fait paroître encore toute la sagesse de Solon, de Lycurgue, de Charondas, de Platon & des autres vertueux personnages de l'Antiquité.

Quoique le Chancelier fût tel que Messieurs de Thou & de Sainte-Marthe nous le dépeignent dans sa conduite & ses mœurs, il ne le paroît pourtant pas toujours dans ses Vers, au contraire si nous en croyons Mr Varillas (3) il a eu l'adresse d'y repandre un air de gaieté qu'on n'appercevoit ni sur son visage, ni dans ses mœurs.

Et quoique nous ne voulussions pas nier qu'il n'y eût un peu de flaterie ou de prévention de faveur dans le jugement de ceux qui l'ont estimé comparable aux Anciens, il faut néanmoins que ses Piéces ayent quelque goût de l'Antiquité, pour avoir sû imposer à un aussi bon connoisseur qu'étoit le Critique Marcus Zuerius Boxhornius (4), qui corrigea & commenta une Satire *De Lite* qu'il croyoit ancienne, & qui néanmoins est de ce Chancelier, comme nous l'apprend Mr Colomiez (5).

1 Scævol. Sammarth. Gallor. erud. elog. lib. 2. pag. 64. edit in-4º.
2 Jacob. Aug. Thuan. Histor. suor. tempor. lib 56. ad annum 1573.
3 Ant. Varillas avertissement sur son Histoire de Charles IX.
Louis Maimbourg Hist. du Calvinisme.

4 ¶ C'est la question. Boxhornius n'a jamais passé pour tel. Henri Etienne l'avoit induit en erreur. Voyés là-dessus la curieuse note de Jean Albert Fabrice pag. 676. de sa Biblioth. Latine de l'édit. de 1708.
5 Paul. Colomesius ex Isaaco Vossio in Opusculis Latinis pag. 124. &c.

## ESTIENNE JODELLE,

Parisien, sieur du Lymoudin (1), Poëte François & Latin, mort l'an 1573. âgé de 41. ans.

1316 Jodelle a été celui d'après Ronsard qui a le plus travaillé à faire prendre le goût des Anciens à la Poësie Françoise, selon du Verdier (2), quoiqu'avec assés peu de succès, comme l'expérience l'a fait voir dans le siécle suivant. Mr de Sainte-Marthe dit (3) que c'est le premier de nos Poëtes Tragiques pour le tems, que c'étoit un homme d'un esprit très-vif & très pénétrant; mais qu'il a le style trop dur & trop obscur; qu'au reste il devoit la meilleure partie de sa réputation à la nouveauté du Spectacle de la Tragédie (4), qui fit parler de lui par toute la France avec beaucoup d'éclat.

Du Verdier de Vauprivas que je viens d'alléguer, le loue d'avoir voulu écrire en notre langue à l'imitation des anciens Poëtes Grecs & Latins (5). Il dit qu'il est le premier de tous les François qui donna dans sa Langue maternelle la Tragédie & la Comédie en la forme ancienne. Mais quoique Jodelle eût beaucoup lû & fort bien entendu les Anciens, comme il paroît par ses Poësies selon le même Auteur, néanmoins il avoit tant de présomption & de confiance en ses propres forces, qu'il ne voulut point s'assujettir à ces Anciens. Mais s'étant mis en tête de ne suivre que son propre génie, il s'est appliqué particuliérement à ne rien écrire qui pût donner lieu de croire qu'il l'eût fait par imitation, si ce n'est lorsqu'il s'est crû obligé de traduire quelques morceaux de quelques Anciens pour les inférer dans ses Tragédies, ce qui a été très-rare. De sorte que si l'on trouve

---

1 ¶ L'Auteur de l'Anti-Machiavel, chap. 1. de la 2. partie dit que Jodelle après les débauches d'une vie toute Epicurienne, mourut de faim. Le nom de sa terre n'étoit pas *Lymoudin* mais Lymodin, comme Jodelle lui même l'écrivoit, ou Limodin comme le portent les titres qu'en avoit Mr de Gagnères, ce qui est confirmé par cette Epigramme Grecque de Jean Antoine de Baïf, sur le genre de mort de Jodelle par rapport au nom de sa terre. ¶

Ὅς σφέτερον θρέψαι τὸν κύριον ἀγρὶς ὀφείλεν,
Ἀι, λιμὸς δεινὸς κτεῖνεν Ἰωδέλιον.

2 Ant. du Verdier Biblioth. Françoise pag. 285. 286.
3 Scævol. Sammarth. Elog. Gallor. lib. 4. pag. 104. edition. in-4°.
4 ¶ Paquier liv. 7. de ses Recherch c 7. pag. 612.
5 ¶ Paquier pag. 613. dit que Jodelle les avoit peu lus. ¶

**Jodelle.** des traits qui soient semblables à ceux des Anciens, c'est le hazard qui les a fait rencontrer.

Tel que nous voyons aujourd'hui son style, on ne laissoit point d'en être charmé de son tems. On y trouvoit la propriété des mots fort bien observée, les phrases & les figures judicieusement & adroitement placées: On y remarquoit, ou l'on croyoit du moins y trouver, de l'élégance & de la majesté dans son style, de la subtilité dans ses inventions, de la grandeur & de la noblesse dans ses conceptions, beaucoup de suite & de liaison dans son discours, de l'harmonie & de la gravité dans la structure de ses vers dans lesquels il avoit tâché d'éviter les chevilles.

Je n'ai rapporté ce jugement que pour faire mieux connoître la différence du goût de ce siécle-là d'avec celui du nôtre, si toutesfois on doit attribuer à tout un siécle les défauts de quelques particuliers à qui la passion avoit gâté le goût. Car le Cardinal du Perron, qui n'étoit que de 24. ans plus jeune que Jodelle, avoit coutume de dire que cet Auteur ne faisoit rien qui vaille, & qu'il faisoit des vers de *Pois pilés* (1).

Mr Sorel dit que (2) Jodelle étoit de ces Poëtes qui ont voulu faire changer de forme à notre langue; mais en la rendant à demi-Grecque, comme ont tâché de faire Ronsard & du Bartas. Ils firent si bien qu'ils gatérent la Cour, & qu'ils introduisirent une espéce de Barbarie dans la langue par leurs mots composés, leurs termes appellatifs, & leurs périphrases. Ils entrérent si avant dans l'esprit & dans le cœur des Grands de l'un & de l'autre séxe, que sans les troubles du Royaume qui survinrent, ils auroient fait une infinité de Disciples & auroient perdu la langue.

Jodelle mourut au milieu des applaudissemens que l'on donnoit à ses nouveautés (3); & comme il fut emporté dans la plus grande chaleur de ses Inventions, il ne vécut pas assés long tems pour voir la vanité de cette entreprise. C'est ce qui a porté Mr Gueret à nous

---

1 Perronian. seu Collectan. dictor. Perronian. pag. 31. sive alter. editio 34. au mot *Belleau*.

¶ Il faut écrire *pois pilés*. On appelloit ainsi autrefois par maniére de proverbe les choses de néant, telles que sont des pois pilés quand on en a tiré la purée. Ces Comédies informes, mêlées de sérieux & de burlesque jouées en France du tems de François I. étoient vulgairement nommées *Jeux des pois pilés*, & de là le qualibet de *Reine des pois pilés*

pour marquer une Bourgeoise qui faisoit la Dame, comme qui auroit dit une Reine de Comédie. ♭

2 Charles Sorel Bibl. Franç, Traitt. du Langage François pag. 139 chap. 4.

3 ¶ Jodelle reçut ces applaudissemens sous Henri II. & mourut plusieurs années après sous Charles IX. Voyés Paquier dans l'endroit ci-dessus allégué, & Brantome, vie d'Henri II. ¶

representer

représenter ce même Jodelle dans notre siécle ; mais tout surpris *Jodelle.*
de se voir enseveli dans l'oubli avec les autres Poëtes de son tems,
& d'apprendre que ce tems qu'on pouvoit appeller l'âge d'or des
Poëtes François, passe présentement pour un tems de barbarie & de
„ ténébres. On nous respectoit, dit Jodelle par la bouche de cet
„ Auteur, comme des hommes extraordinaires, on nous adoroit,
„ la Cour nous prodiguoit l'encens que nous sommes aujourd'hui
„ obligés de lui donner en tremblant, & l'on ne trouvoit point de
„ bonheur égal à celui de posséder nos bonnes graces. Nous étions
„ de la Faveur & du Cabinet. Les Rois eux-mêmes lioient com-
„ merce avec nous, nous leur apprenions à grimper sur le Parnasse,
„ & souvent ils faisoient des vers à notre louange. Ainsi nous étions
„ Maîtres du goût de la Cour. On ne se formalisoit pas de voir dans
„ nos Poësies des *Epithétes* obscures & fabuleuses, des *Cacophonies* ni
„ des *Hiatus* : & ce que nous appellons licences entre nous, passoit
„ pour beauté dans le Public. Nous faisions de la langue ce qu'il
„ nous plaisoit, nous l'assujettissions à tous nos besoins, & quand
„ la nécessité nous obligeoit de la violer dans ses termes, personne
„ n'y trouvoit à redire. On croyoit au contraire que nous avions
„ droit d'en user ainsi. D'ailleurs le myftére nous faisoit valoir.
„ Nous n'avions pas l'indiscrétion de divulguer comme on fait
„ aujourd'hui les secrets de l'Art. Nous les cachions sous des
„ ténébres savantes, & la doctrine étoit si généralement répandue
„ dans toutes nos piéces, qu'on s'imaginoit que pour être Poëte,
„ il falloit avoir une connoissance universelle de toutes choses (1).

Au reste quoique Jodelle soit tombé dans la disgrace commune
des Poëtes de son siécle, il ne laisse pas de mériter encore aujour-
d'hui une partie de la réputation qu'il a acquise pour la facilité éton-
nante avec laquelle il composoit ses vers. Car du Verdier (2) nous
assure qu'il ne méditoit rien, & que sa main ne pouvoit pas suivre
la promptitude de son esprit. La plus longue & la plus difficile de
ses Tragédies (3) ne l'a jamais occupé plus de dix matinées, & sa
Comédie d'*Eugene* ne lui a couté que quatre traits de plume. Dans sa
premiére jeunesse même on lui a vû composer & écrire par gageure
en une seule nuit cinq cens vers Latins qui ont paru assés bons, quoiqu'on lui eût prescrit une matiére à laquelle il n'étoit pas préparé.

1 L'Aut. anon. de la guerre des Auteurs pag. 113. 114. 115.

2 ¶ Ou plutot Charles de la Mothe dans la préface ci-après mentionnée que du Ver-dier, sans la citer, n'a fait que copier mot à mot.

3 Du Verdier de Vauprivas pag. 286. de sa Bibliothéque Françoise, &c.

Il lui étoit fort ordinaire de prononcer des Sonnets sur le champ, & ceux de rencontre ne l'ont souvent occupé que le tour d'une allée de jardin.

Il ne voulut point souffrir qu'on imprimât ses Poësies de son vivant; mais dès l'année 1574. (1) on vit paroître à Paris in-4°. le premier volume de ses mélanges qui consiste en Sonnets, Chansons, Elégies, Odes, Epithalames, deux Tragédies, savoir, *Cleopatre captive*, & *Didon se sacrifiant*, la Comédie d'*Eugene*, &c. La Croix du Maine dit que le Discours de César au passage de Rubicon, contient environ dix mille vers (2). Mais il y a beaucoup d'autres Poësies de lui qui n'ont pas vû le jour.

1 ¶ Depuis en 1583. il en parut une plus ample in-12. par les soins de Charles de la Mothe Conseiller au grand Conseil, qui mit au-devant une préface où il donne un abrégé de la vie de Jodelle son ami.

2 Fr. de la Croix du Maine Biblioth. Franç. pag. 78. &c.
¶ La Croix du Maine devoit dire *contenoit*. Le fragment qui en reste peut bien être de 2000. vers.

## ANDRE' DE RESENDE,

Portugais ( *Lucius Andreas Resendius* ) né à Evora l'an 1493. mort l'an 1573. Poëte Latin.

1317 Les Poësies de cet Auteur composent le second volume de ses Ouvrages, & la principale piéce est son Saint Vincent qui contient deux Livres en vers héroïques, ausquels il a fait lui-même des Commentaires.

Le P. Schott & Dom Nicolao Antonio disent qu'il a assés bien pris le caractére d'Horace dans ses vers, que sa maniére d'écrire est assés fleurie & grave en même tems (1). Clenard lui trouvoit aussi beaucoup de majesté, de force & d'invention; de sorte que s'il eût voulu continuer & se perfectionner, il jugeoit qu'il auroit atteint Lucain (2). Mais on peut dire que Clenard songeoit moins à la ressemblance des esprits & des qualités de ces deux Auteurs dans cette comparaison, qu'à la proximité du lieu de la naissance de l'un & de l'autre (3); & que le principal rapport qu'il y a remarqué, n'est autre que la

1 A. S. Peregrin. Biblioth. Hispan. tom. 3. pag. 481. edit. in-4°. in class. Lusitan.
2 Nicol. Anton. Biblioth. Scriptor. Hispan. tom. 1. pag. 66. 67.
3 Joan. Vasæus in Chronico cap. 6. de Clenardo apud. Nicol. Anton. &c.

¶ Sur le pied de la prétendue proximité des lieux, la proximité des esprits n'étoit pas grande, & dire de Resendius *Lucano Musa proximus, ut patria.* C'étoit dire que Resendius n'approchoit pas de Lucain.

rencontre d'Evora & de Cordouë dans l'Éspagne.

*\* L. And. Resendii, Vincentius Jesuita & Martyr, Carmine in-4°. Olyssipone 1545. — Poëmata, Epistolæ historicæ, & Orationes in-8°. Colon. 1613. \**

---

Les trois freres AMALTHE'ES (1) du Frioul, nés à Oderzo, en Latin *Opitergium*, dans la Marche Trevisane.
Poëtes Latins.

1. JEROME, mort en l'année 1574.
2. JEAN-BAPTISTE (2), mort la même année.
3. CORNEILLE, dont je n'ai pû trouver l'obituaire.

1318    Es Poësies de ces trois freres se trouvent au premier tome des *Délices des Poëtes Latins de l'Italie*. Nicius Erythræus dit (3) qu'elles ont fait le sujet de l'admiration de leur siécle, & qu'on les a jugé presque égales aux productions des Anciens pour leur douceur & leur netteté.

Mr de Thou témoigne que Jerôme étoit si heureux à faire des vers (4), que Muret grand connoisseur en ce genre d'écrire, témoignoit vouloir lui accorder la palme au préjudice des autres Italiens. Il ajoute que Jean-Baptiste écrivoit bien en Italien.

*\* Amaltheorum Fratrum carmina in-8°. Venet. 1627. \**

---

1 ¶ Grévius fit réimprimer leurs vers l'an 1689. à Amsterdam in-12. chés Werstein & y mit une préface au devant qui contient l'éloge des trois freres, mais qui n'en apprend rien qu'on ne sût déja.

2 ¶ On trouve en divers Recueils plusieurs vers Italiens de Jean-Baptiste Amalthée, lesquels consistent en quelques Sonnets & Chansons qui lui ont donné rang parmi les bons Poëtes de sa Nation. On voit de sa main à Rome, dans la Bibliothèque du Cardinal Pierre Ottobon un morceau d'une Tragédie intitulée Ino, qu'on dit qui auroit été digne d'ètre comparée aux plus belles des Anciens, si l'Auteur avoit eu le tems de l'achever. ¶

3 Janus Nic. Erythr. Pinacothec. 1. pag. 45. 46. in Hier. Aleandri Elogio.

4 Jacob. August. Thuan. Histor. suor. temp. ad ann. 1574.

## JEAN VERZOZA,

Espagnol de Sarragosse, né l'an 1523. mort à Rome l'an 1574. le 24. Février, Poëte Latin.

1319 IL n'y a rien de fort extraordinaire dans les vers héroïques de Verzoza, ni même dans ses Lyriques. Mais ses Epitres ont été plus estimées. Elles parurent à Palerme après sa mort l'an 1575. en quatre Livres.

Le Pere Schott dit (1) que les savans Critiques lui ont donné d'un commun consentement le premier rang d'après Horace, parce qu'ils n'ont remarqué personne qui eût approché plus près de cet Ancien pour ce genre d'écrire en vers par lettres. Et parce qu'il y avoit des choses obscures & difficiles à entendre pour ceux qui n'ont point vécu à Rome, on lui avoit persuadé d'y faire des explications que Louis de Torres continua après sa mort (2).

1 A. S. Peregrin. Bibl. Hisp. in-4°. tom. 3. pag. 589.

2 Nicol. Anton. Bibl. Script. Hispan. tom. 1. pag. 609. 610.

## PIERRE PAGANUS,

Allemand de Wanfriedt au Lantgraviat de Hesse, mort l'an 1576.

1320 L'Opinion vulgaire veut qu'il soit plus rare de trouver de l'enjoument que de la gravité & du sérieux dans les esprits des Peuples Septentrionaux (1). Cette rareté doit contribuer

1 ¶ C'est tout le contraire. Il n'y a pas de payis d'où il nous soit venu plus de livres de plaisanterie que de la haute & basse Alemagne, témoin

Joannis Adelphi Mulingi Margarita Facetiarum, à Strasbourg 1509. in-4°.

Henrici Bebellii Facetiarum libri 3. in-4°. in-8°. & in-12. en divers lieux d'Alemagne & à Paris.

Ottomari Luscinii Joci, à Ausbourg 1524. in-8°. & ailleurs.

Hadriani Barlandi Joci ex variis auctoribus selecti in-8°. Cologne 1529. & 1603.

Luricii Cordi Epigrammata. Francfort 1550. in-8°.

Joannis Gastii, qui & Joannis Peregrini Petrofelani in prioribus editionibus nomen assumpsit, Convivalium Sermonum tomi tres, uno volumine. Bâle in-8°. 1561.

Joannis Hulsbusch Sylva Sermonum jucundissimorum. Bâle in-8°. 1568.

Martini Lutheri Colloquia mensalia ab Henrico Petro Rebenstok edita 1571. Francfort in-8°.

Sebastiani Schefferi Epigrammata.

Nicodemi Frischlini Facetiæ. Strasbourg. 1625. in-12.

Othonis Melandri Joco-seriorum tomi 3. Francfort

à rehausser le prix de Paganus & à renchérir ses Poësies. C'étoit un homme tout-à-fait agréable & plaisant, qui étoit plein de rencontres ingénieuses, d'une humeur facétieuse, & toujours fourni de bons mots ; qui ne disoit & n'écrivoit rien sans sel. Mais il faut avouer que ces qualités se rendoient plus sensibles dans ses conversations qu'elles ne le sont dans ses écrits, où l'on ne trouve plus ces graces, qui viennent de l'accent, ou du ton & du geste qui anime les entretiens (1).

Ses Poësies sont au cinquiéme tome des *Délices des Poëtes d'Allemagne*, elles sont élégantes au jugement des Allemans. La principale est l'Histoire des trois Horaces & des trois Curiaces en vers Epiques.

3. Francfort in-12. & plusieurs autres qui ne s'offrent pas à ma mémoire, ou que j'ignore, sans parler de la Vie de l'Espiégle en vers Latins Elégiaques par Ægidius Periander avec les figures in-8°. à Francfort 1567. d'*Epistolæ obscurorum virorum* dont il y a une infinité d'éditions, de *Pasquillorum tomi duo* en un volume in-8°. à Bâle, de *Nugæ venales*, de *Facetiæ Facetiarum*, &c. Jule Scaliger dans son Hypercritique parlant des Poësies Latines des Alemans, dit qu'il n'est pas jusqu'à Melanchthon qui n'ait voulu rire dans ses Epigrammes. Il ajoute que c'est assés le tour d'esprit des autres Poëtes de la Nation, mais il n'en parle pas si obligeamment.

1 Joh. Petrus Lotichius part. 3. Biblioth. Poëtic. pag. 96. & ex eo Georg. Math. Konigius in Biblioth. V. & N. pag. 598. 599.

# REMY BELLEAU,

Percheron, dit *Bellaqua* par les uns, & *Bellaqueus* par les autres, Poëte François, natif de Nogent le Rotrou, mort à Paris le sixiéme jour de Mars de l'an 1577. un des sept de la Pleïade Françoise.

1321 SI l'on veut s'en rapporter au jugement de Mrs de Thou, de Sainte Marthe (1 & 2) & de quelques autres Critiques de notre Nation, Belleau n'est pas un Poëte de si petite importance que quelques-uns ont voulu nous le persuader. Il s'est appliqué particuliérement à bien choisir ses mots, à donner de belles couleurs à ses pensées, & à polir son discours avec tant d'éxactitude, qu'on auroit pû attribuer ce soin à quelque affectation vicieuse, si l'on n'avoit sû que cela lui étoit naturel. C'est dans cette vûë que Ronsard

1 Jac. Aug. Thuan. lib. 64. histor. suor. tempor. ad ann. 1577.

2 Scævol. Sammarth. Elogior. lib. 3. pag. 72. edition. in-4°.

**Belleau,** avoit coutume de l'appeller *le Peintre de la Nature.* C'est particuliérement dans ses *Bergeries* ou Bucoliques, qu'il fait paroître son industrie & son art à peindre les choses. Mais il ne pût parvenir qu'au troisiéme rang de séance parmi les Poëtes François, après Ronsard & Joachim du Bellay. Et si nous en croyons le Cardinal du Perron (1), Belleau étoit encore au-dessous d'Etienne Jodelle qu'il mettoit fort bas, comme nous l'avons vû plus haut.

La version qu'il a faite en vers François des Ouvrages qui nous restent d'*Anacreon*, a été aussi estimée, parce qu'il étoit en réputation de sçavoir assés bien le Grec parmi ses égaux (2). Néanmoins Mademoiselle de Scudery remarque que Belleau a fait perdre aux Odes d'Anacreon la plus grande partie de leurs graces, & l'on peut dire que ce n'est pas moins la faute de notre Langue que celle du Poëte Traducteur.

On a considéré dans cet ouvrage comme une chose assés singuliére de voir qu'un homme aussi frugal & aussi sobre qu'étoit Belleau, eût pris plaisir à traduire le plus grand ivrogne des Poëtes Grecs. Mais ce qu'il a fait de meilleur au sentiment de quelques Critiques, est l'ouvrage de ses *Echanges* ou son Traité *des Gemmes & Pierres précieuses*; & la principale des qualités qui lui a acquis l'estime des autres, est la naïveté, selon le Sieur Sorel (3).

On peut voir la liste de ses Poësies dans les Livres de du Verdier de Vauprivas, & de la Croix du Maine.

\* Les œuvres Poëtiques de Rhemy Belleau, *in*-12. Lyon 1592.
— Chant Pastoral de la Paix par le même *in*-4°. Paris 1569. — Les amours & nouveaux échanges des Pierres prétieuses, vertus & propriétés d'icelles *in*-4°. Paris 1576. \*

---

1 Perronius seu potius collectanea Perroniana pag. 31. seu 34. edit. Var.

2 ¶ C'est de quoi ne convenoient pas Malherbe & ses Disciples, que Régnier dans sa neuviéme satire sans les nommer, fait ainsi parler de Belleau, & de plusieurs autres Poëtes du même tems.

Ronsard en son métier n'étoit qu'un apprentif,
Il avoit le cerveau fantastique, & rétif.
Desportes n'est pas net. Du Bellay trop facile.
Belleau ne parle pas comme on parle à la Ville,
Il a des mots, hargneux, bouffis, & relevés,
Qui ne sont aujourd'hui du vulgaire approuvés

Car c'est ainsi que conformément aux anciennes éditions ce dernier vers se doit lire, & non pas comme dans les nouvelles qu'une main étrangére a retouchées.

Qui du peuple aujourd'hui ne sont pas approuvés. ¶

3 Charles Sorel Bibl. Franç. in-12. pag. 202.
4 Ant. du Verdier Bibl. Fr. pag. 1088. La Croix du Maine pag. 429.
Scudery Roman de Clelie tom. 8. pag. 859. sur la foi de Mr Teissier tom. 1. des Eloges de Mr T.

## BRUNO SEIDELIUS,

Allemand, natif de Querfurt au Comté de Mansfeldt, Médecin & Poëte Latin, mort vers l'an 1577.

1322 Nous avons sept Livres des Poësies de cet Auteur; savoir, deux d'Elégies, trois d'Odes, un d'Epigrammes, & un d'Idilles Epiques. Mais on n'estime guéres que ses Elégies, qui ont de la douceur & de la naïveté, au sentiment de Mr Borrichius (1).

* *Brunonis Seidelii Poëmatum libri* VII. *scilicet Elegiarum* II. *Odarum* III. *Idylliorum* I. in-8°. *Basileæ* 1554. *

Olaüs Borrichius Dissertat. 4. de Poët. Latin. num. 166. pag. 136.
Joh. Andr. Quenstedt Dialog. de Patr.
Viror. illustr.
Melch. Adam vit. Medicor. Germanor. pag. 235. 236.

## THOMAS NAOGEORGIUS (1) ou KIRCHMAIER en Alemand.

Poëte Latin, né l'an 1511. mort vers 1578.

1323 Cet Alemand a fait un assés grand nombre de Poësies; entre autres, cinq Livres de Satires, des Piéces héroïques, des Tragédies, dont les principales sont, le *Judas Iscarioth*, & les *Incendies* ou *Pyrgopolinice*, qui est une des plus envenimées des piéces qu'il a faites contre l'Eglise Romaine.

Mais Mr Borrichius témoigne (2) qu'il a entrepris au-dessus de ses forces, & qu'il n'a point réussi.

* *Thomæ Naogeorgii Regnum Papisticum, cui adjecta sunt quædam alia ejusd. argumenti* in-8°. 1553. — 1559. *Basil.* *

1 ¶ Plusieurs hommes doctes d'Alemagne sentant combien étoit rude la prononciation de leurs noms en ont pris de Grecs de même signification. De là nous sont venus les Oecolampades, les Melanchthons, les Bibliandres, & tant d'autres. De là vient aussi *Naogeorgus* savoir de ναὸς Temple Eglise, & de γεωργός laboureur, ensorte que ces deux mots joints ensemble forment celui de *Naogeorgus* synonyme de l'Alemand Kirchmaier. Il étoit de Straubing ville de la basse Bavière. Baillet l'a mal appellé *Naogeorgius*, & Bayle qui dit que le plus célébre des poëmes de Naogeorgus étoit *Bellum Papisticum* devoit au lieu de *Bellum* dire *Regnum Papisticum* en vers Héxamétres, ouvrage divisé en quatre livres.

2 Olaüs Borrichius Dissertat. 4. de Poët. Latin. num. 163. pag. 134.

## LOUIS DE CAMOENS,

Natif de Lisbonne, Poëte Portugais, mort l'an 1579. dans la derniére misére, agé d'un peu plus de cinquante ans.

1324   LE Camoëns passe dans le monde pour le Martial, l'Ovide, l'Horace, & le Virgile des Portugais. Ce qu'il a fait d'Epigrammes, d'Elégies & d'Odes, a été imprimé *in*-4°. à Lisbonne. On auroit pû le prendre aussi pour le Plaute du pays, s'il suffit d'avoir fait des Comédies pour cela.

Mais nous ne le considérerons ici que comme un Poëte héroïque, & comme le veritable Virgile de sa Nation, à cause de son célébre Poëme *des Lusiades* (1), ou de la Conquête des Indes par les Portugais.

Dussé-je m'écarter un moment de mon institut, je dirai un mot de la fortune du Poëme & de l'état du Poëte, pour n'être pas toujours insensible au goût de ceux de mes Lecteurs, qui souhaiteroient que j'en usasse par tout de la même maniére.

Le Camoëns au sortir du Collége alla porter les armes en Afrique, où ayant perdu un œil contre les Maures, il quitta la garnison de Ceuta ou Septa sur le détroit de Gibraltar, où il demeuroit pour s'en aller aux Indes. Ce fut dans ces pays éloignés qu'il composa la plupart de ses Poësies, qui lui valurent la bienveillance de son Capitaine, & de quelques-uns des Portugais qui avoient quelque teinture des belles Lettres. Mais ayant piqué par des vers satiriques & licentieux quelques Officiers qui ne connoissent point le privilége des Poëtes, il fut obligé de se sauver dans la Chine, jusqu'à ce que ses amis eussent ménagé sa paix. Comme il revenoit à Goa, il fut surpris d'une tempête qui lui fit faire naufrage, & lui fit perdre tout ce qu'il avoit. Il ne perdit pourtant pas le jugement, & il eut l'esprit assés présent pour sauver son Poëme des *Lusiades*, en le tenant de sa main gauche tandis qu'il nageoit & qu'il ramoit de sa droite, comme on dit qu'avoit fait autrefois Jules Cesar auprès d'Aléxandrie.

Notre Camoëns voulant profiter de sa bonne fortune, obtint son congé pour revenir en Portugal, dans le dessein de présenter son

---

1 ¶ Les Lusiades sont les Portugais nommés Lusiades, disent les conteurs de fables, ou de Lusus dix-septiéme Roi d'Espagne, ou de Lusus fils, ou compagnon de Bacchus qui conquit les Indes.

Poëme

## POETES MODERNES.

Poëme au jeune Roi Dom Sebaſtien. Mais le mérite qu'il avoit Camoëns) acquis en travaillant ainſi pour la gloire de ſon Prince & de ſa Nation, ne fut pas capable de le mettre à couvert des inſultes & des mauvais traitemens de la Marâtre commune des Poëtes, je veux dire de la mauvaiſe Fortune qui le pourſuivit juſqu'au tombeau, & qui non contente de l'avoir réduit à la beſace, ne lui laiſſa la jouiſſance & la poſſeſſion paiſible de ſa réputation qu'après ſa mort.

Si cette Belle-mere ne l'aimoit pas, ce n'eſt point tant à cauſe qu'il étoit rouſſeau & borgne, qu'il avoit un grand nés arrondi en globe par le bout, le front avancé & vouté ; que parce qu'elle ne peut ſouffrir ceux des Poëtes qui veulent ſe diſtinguer & ſe tirer de la lie des autres.

En effet le Camoëns avoit un génie tout-à-fait extraordinaire ; il étoit né Poëte ; il avoit l'eſprit vif, ſublime, net, abondant, aiſé, & prompt à tout ce qu'il vouloit. Dom Nicolas Antonio qui nous apprend toutes ces circonſtances, dit (1) qu'il réuſſiſſoit parfaitement dans les matiéres héroïques & galantes ; & que non ſeulement les Connoiſſeurs du pays, mais encore toutes les perſonnes de bon goût répanduës dans le Monde lui ont rendu ce témoignage. Il ajoute que ce Poëte avoit un talent particulier pour faire des Deſcriptions des lieux & des Portraits des perſonnes, & qu'il y eſt ſi juſte & ſi accompli, que ſon Art égale preſque la Nature. Ses comparaiſons ſont riches, ſes épiſodes fort agréables & fort diverſifiés, quoiqu'ils ne détournent pas le Lecteur du ſujet principal de ſon Poëme. Il témoigne par tout beaucoup d'érudition, mais elle n'eſt pas affectée ; & l'on trouve qu'il a le goût des Anciens, qui eſt tout le fruit qu'un Poëte puiſſe prétendre de retirer de la connoiſſance de l'Antiquité.

Voici les défauts que le P. Rapin a remarqué dans ce Poëme des *Luſiades*. Il dit dans la premiére partie de ſes Réfléxions (2), que tout divin que ſoit le Camoëns, au jugement des Portugais, il ne laiſſe pas d'être blâmable en ce que ſes vers ſont ſi obſcurs qu'ils pourroient paſſer pour des myſtéres. Et dans la ſeconde partie il prétend que le deſſein de ce Poëme eſt trop vaſte, ſans proportion, ſans juſteſſe d'expreſſion, & que c'eſt un très-méchant modéle pour le Poëme Epique. Il ajoute en d'autres endroits que ce Poëte eſt fier & faſtueux dans ſa compoſition, qu'il n'a point de jugement ; qu'il parle ſans diſcrétion de Venus, de Bacchus & des autres Divinités profanes dans

---

1 Nicol. Anton. tom. 2. Biblioth. Script. Hiſpan. pag. 20. 21.

2 Ren. Rap. Refl. 27. ſur la Poëtiq. prem. part. & part. ſeconde Reflex. 3. 13. 16. &c.

*Tome IV.*                          K k k

un Poëme Chrétien ; & qu'il a même peu de difcernement & de conduite pour le refte.

Nonobftant tous ces défauts, il eft bon de favoir que le Public s'eft obftiné à demeurer dans l'eftime & dans l'amour qu'il a témoigné pour le Poëme des *Lufiades*. C'eft ce qui l'a fait paffer très-fouvent par la Preffe des Imprimeurs. C'eft ce qui l'a fait auffi tourner en plufieurs Langues. On le mit en François il y a environ cent ans. Il y en a eu deux verfions Italiennes, la premiére par un Anonyme, la feconde par Charles-Antoine Paggi de Genes, qui parut à Lifbonne l'an 1659. dédiée au Pape Alexandre VII. Il y en a eu quatre Traductions Efpagnoles, c'eft-à-dire, du Portugais en Caftillan ; la premiére de Benitez Caldera ; la feconde de Louis Gomez de Tapia, qui y ajouta des notes & des obfervations, la troifiéme d'Henri Garzès ; mais Dom Nicolas Antonio ne nous apprend pas le nom du quatriéme Traducteur. Enfin il a été mis en Latin par un Carme nommé Thomas de Faria Evêque de Targa en Afrique, lequel ayant caché fon nom, & n'ayant pas dit que c'étoit une verfion, a donné lieu à quelques-uns de croire que l'original des *Lufiades* avoit été compofé en Latin.

Entre ceux qui ont fait des Commentaires fur ce Poëme, outre ce Gomez de Tapia dont nous avons parlé, l'on compte Emmanuel Correa, Pierre Mariz, Louis Silva de Britto ; mais le plus confidérable, eft fans doute Emmanuel Faria de Soufa, dont les Commentaires en Langue Caftillane furent imprimés à *Madrid l'an 1639.* en deux volumes *in-folio*, qui ne laiffent pas d'être favans, dit-on, quoiqu'ils foient un peu gros ; avec un autre volume *in-folio* imprimé l'année fuivante dans la même Ville pour défendre ces Commentaires ; fans parler de huit autres volumes d'Obfervations que le même Faria de Soufa fit fur les Poëfies diverfes du Camoëns, qu'il laiffa dans fon cabinet en mourant l'an 1650.

---

## FERDINAND DE HERRERA,

De Seville, Poëte Efpagnol Caftillan.

1325 Es Poëfies de cet Auteur parurent à Seville l'an 1582. [ *in*-4°. ] & depuis encore [ en 1619. ] On prétend que c'eft un de ceux qui ont le mieux réuffi dans le genre Lyrique pour la Poëfie Efpagnole. Il a le ftyle net & fort châtié ; il a fû joindre

POETES MODERNES. 443

l'élégance avec l'abondance, & donner un tour honnête à la galanterie & aux passions qu'il a voulu exprimer ; enfin son discours a tant de charmes, que ceux du pays n'ont pas fait difficulté de l'appeller un homme divin.

Ses vers héroïques ont aussi les mêmes beautés pour le style, mais il n'a pas si bien pris le caractére de ce genre que celui du Lyrique.

1. Nicol. Aont. tom. 1. Biblioth. Hispan. pag. 288.

## DIEGUE ou JACQUES XIMENE'S DE AILLON,

Natif d'Arcos de la Frontera en Andalousie, Poëte Espagnol Castillan, vers 1580.

1326 Nous avons de cet Auteur un Poëme héroïque en Langue vulgaire sur les expéditions de l'*Invincible Cavalier le Cid Ruy Dias de Bivar* ou *Vibar*. Le Poëme est composé en Octaves ou Stances de huit vers à la maniére des Italiens, imprimé à Alcala de Henarez in-4°. [ en 1568. ] & 1579. dédié au Duc d'Albe, sous qui il avoit porté les armes aux Pays-bas.

Mais le Pere Rapin nous avertit que ce Poëme est essentiellement défectueux, en ce qu'il commence historiquement & non en épisode, ou en croisant la matiére. Il dit aussi que le dessein en est trop vaste, sans proportion & sans justesse ; en un mot que c'est un fort mauvais modéle du Poëme Epique (1).

Ximenès a fait encore un volume de Sonnets imprimés à Anvers l'an 1569. in-8°.

1 Ren. Rapin Réflex. sur la Poétique seconde partie Réflex. III. & IX.

## ADAM SIBERUS,

Alemand de Kemnitz en Misnie, né l'an 1515. Poëte Latin.

1327 Ses Poësies sont en deux volumes, & aux sixiéme tome des *Délices des Poëtes Latins d'Alemagne*. Il a fait des Hymnes, des Epigrammes, des Faites Ecclésiastiques Il paroît par Jean-André Quenstedt que cet Auteur est fort estimé dans toute l'Ale-

Kkk ij

magne (1); & Mr Borrichius dit que sa veine coule doucement & agréablement, qu'elle est régulière & modeste: mais que son style ne plaira peut-être pas à ceux qui ne cherchent que l'élévation & la grandeur (2).

1 Joh. Andr. Quenstedtius in Dialog. de Patriis Viror. Illustr.

2 Olaüs Borrichius Dissertation. 4. de Poët. Latin. numer. 166. pag. 136.

## GEORGE BUCHANAN,

Ecossois, né dans un Village de la Province de Lenox (*in Levinia*) l'an 1506. au commencement de Février, mort à Edimbourg l'an 1582. le vingt-huitiéme jour de Septembre. Poëte Latin.

1328 Plusieurs personnes se persuadent encore aujourd'hui que Buchanan est le Prince des Poëtes Latins du 16. siécle. En effet si nous en croyons Joseph Scaliger (1), il n'y avoit alors personne en toute l'Europe qu'il ne laissât fort loin derriére lui pour la Poësie Latine. Aussi Beze l'appelloit-il le Pere de la Poëtique (2); & le P. Vavasseur disoit encore en ces derniers tems (3), que de tous ceux qui ont écrit en Latin, il ne connoissoit personne qui se possedât davantage, qui fût plus le maître de ses idées, & qui fît plus aisément ce qu'il lui plaisoit de son style & de ses expressions que Buchanan.

Il avoit le génie également heureux, fécond, & capable des plus grands efforts dans l'Art Poëtique. C'est ce qu'il a fait voir dans divers genres de Poësies, sur lesquels il s'est éxercé.

On divise ordinairement en trois parties les Ouvrages que nous avons de lui. La premiére contient la Paraphrase Poëtique des Pseaumes de *David*, la Tragédie de *Jephté* ou du Vœu, & celle de *S. Jean-Baptiste* ou de la Calomnie. La seconde comprend la longue Satire contre les Cordeliers, sous le titre de *Franciscanus*, & les

1 Prima Scaligerana pag. 37. ubi & lacteæ venæ parentem cultissimum appellat Buchananum.

¶ Il a ici confondu les deux Scaligers. Le fils dans le *Prima Scaligerana*, au mot *Buchananus*, a dit *unus est in tota Europa omnes post se relinquens in Latina Poësi*. Mais c'est le pére qui dans des ïambes qu'on trouve à la suite des *Miscellanea* de Buchanan commence par ce vers.

*Felix Georgi, lacteæ venæ pater.*

2 Theodor. Beza in Iconib. & in Eleuch. Script. in Bibl. Sacr. per Crow.

3 Remarq. anonym. sur les Réflex. touchant la Poëtique pag. 66.

piéces diffamatoires qu'il a faites sous le titre de *Fratres Fraterrimi*, un Livre d'*Elégies*, un de *Silves*, un d'*Hendecasyllabes*, un d'*Iambes*, trois d'*Epigrammes*, un de *Mélanges*, & cinq de *la Sphére*. La troisiéme ne contient que deux Tragédies Latines traduites du Grec d'Euripide, savoir *Medée & Alcestis*.

Le plus louable de ses ouvrages, est la *Paraphrase sur les Pseaumes* qu'il fit en prison dans un Monastére de Portugal, comme il le raconte lui-même dans sa vie. On estime qu'elle est assés fidelle pour le sens qu'il a rendu en vers, & qu'elle est fort heureuse pour la versification, dont il a employé les différentes espéces comme il l'a jugé à propos. Et c'est sur le grand succès de cet ouvrage que Charles Uten-hovius a fait cette célébre Epigramme Latine (1) qui a passé pour un jugement assés plausible dans l'esprit de plusieurs personnes.

*Tres Italos Galli senos vicere, sed unum*
*Vincere Scotigenam non potuere virum.*

Ces trois Poëtes François sont Michel de l'Hospital, Adrien Turnebe, & Jean Dorat; & les six Italiens que l'on dit céder à ces trois François sont Sannazar, Fracastor, Flaminius, Vida, Nauger, & le Cardinal Bembe, comme nous l'apprenons d'Edouard Leigh, dans Crowæus (2).

Il faut avouer néanmoins qu'Uten-hovius étoit trop avant dans l'amitié de Buchanan, pour ne nous rendre pas son témoignage un peu suspect, & pour nous persuader qu'il auroit eu assés de lumiéres & de désinteressement pour en juger sainement. Quoiqu'il en soit, l'on doit convenir avec George Fabricius (3) que les Pseaumes de Buchanan ont effacé entiérement tous ceux qu'on avoit mis en vers Latins avant lui, & qu'il a passé toutes les Paraphrases qu'on ait jamais faites de ce divin Ouvrage, autant par la variété des pensées que par la pureté du discours.

Il n'est pas possible que ceux qui veulent trouver le solide, joint à l'agréable dans les vers, veuillent préférer aucun des autres ouvrages de Buchanan à cette Paraphrase. Elle passe avec raison pour son chef-d'œuvre dans l'esprit des personnes graves & judicieuses. On dit même que Nicolas Bourbon le jeune, bon Poëte & bon

---

1 Carol. Uten-hov. Epig. in Paraphr. Psalm Buchan. inter prolegom. &c.

2 Eduard. Leigh apud G. Cr.wæum in Elench. script. in sacr. script. pag. 145. 146.

3 Georg. Fabricius Chemnicens. in testim. præfix. edit. Buchan.

Buchanan. juge de Poësie, la préféroit à l'Archevêché de Paris (1), de même que Galand & Passerat préféroient au Duché de Milan l'Ode que Ronsard a faite pour le Chancelier de l'Hospital, & que Jules Scaliger témoignoit (2) qu'il auroit mieux aimé être l'Auteur de la neuviéme Ode d'Horace du troisiéme Livre, que d'être Roi de Perse; ou même avoir fait la troisiéme du quatriéme Livre, que d'être Roi d'Arragon, comme l'ont remarqué à l'envi Mr. Gueret, Mr Dacier, Mr. Teissier, & d'autres personnes de Lettres.

Après la Paraphrase sur les Pseaumes, il semble qu'il n'y ait rien de plus digne de considération que ses quatre *Tragédies*. Il régentoit à Bourdeaux quand il les composa. Celle qu'il fit la premiére fut le *Baptiste*, qui néanmoins fut imprimée la derniére. Il n'avoit point d'autre vûë en y travaillant que de satisfaire au devoir de sa profession, qui l'engageoit à donner tous les ans une piéce de Collége pour éxercer ses Ecoliers à la déclamation publique. Et parce qu'il leur vouloit ôter le goût des fades *Allégories* qui étoient alors en usage dans la plupart des Colléges de France, il tenta de leur inspirer celui de l'Antiquité, & de les porter à l'imitation des Anciens par ce premier essai, & par la Traduction qu'il fit l'année suivante de la *Medée* d'Euripide. Le grand succès qu'eurent ces deux piéces étant allé beaucoup au-delà de ses espérances lui enfla le courage, & voyant qu'elles se communiquoient dans le Monde, nonobstant le dessein qu'il avoit eu de les laisser ensevelir dans la poussiére de son Collége, il se mit à travailler avec plus de précaution & d'éxactitude, afin de mettre ses piéces en état de voir le grand jour, & de pouvoir passer à la postérité avec honneur. C'est Buchanan lui-même qui nous avertit de ce changement, & qui dit (3) que ce fut dans cet esprit qu'il composa son *Jephté*, & qu'il fit la Traduction de l'*Alcestis* d'Euripide. Ainsi l'on ne devroit pas douter que ces deux der-

---

1 Gill. Menage dans ses Observations sur le 3. Livre des Oeuvres de Malherbe pag. 191. & Ant. Teissier au 1. tome des Eloges de Mr de Thou dans les additions touchant Passerat, & au tome 3. pag. 30. Eloge de Ronsard, où il est parlé de Galland sur la foi de Balzac.

2 Gueret de la Guerre des Auteurs pag. 97. & suiv.

Andr. Dacier, Remarques sur les Odes d'Horace pag. 86. du 4. tome.

Ant. Teissier, dans les Additions aux Eloges de Mr de Thou tom. 1. pag. 578.

L'Ode qui au goût de Scaliger vaut mieux que le Royaume de Perse est la 9: du 3. livre C'est un Dialogue d'Horace & de Lydia qui commence par *Donec gratus eram*. Celle qui vaut mieux que le Royaume d'Aragon est la troisieme du quatriéme livre à Melpomene, qui commence par *Quem tu Melpomene*.

L'Ode de Ronsard qui vaut deux Duchés de Milan, selon Gallandius, commence par *Errant par les Champs*, &c.

3 Georg. Buchanan in vita sua à se conscripta biennio ante obitum. præfix. operib.

niéres piéces ne fussent plus travaillées, plus polies & plus achevées que les deux premiéres; sur tout après que leur Auteur les a jugé telles deux ans avant que de mourir.

Il semble néanmoins que cette distinction n'ait pas été fort sensible aux Critiques, qui sans éxaminer les deux versions d'Euripide, se sont particuliérement attachés à censurer les deux Tragédies originales; & nous voyons que le *Jephté* n'a point paru beaucoup plus régulier ni plus accompli que le *Baptiste*, aux yeux de Vossius le Pere, de Mr de Balzac, du P. Rapin, & de Grotius.

Vossius dit que Buchanan a péché essentiellement dans son *Jephté* contre les régles de l'Art qui regardent l'unité du tems, & qui veulent que l'Action du Poëme Dramatique soit renfermée dans l'espace d'un jour; au lieu que la durée du Jephté, est pour le moins de deux mois (1). Le même Auteur écrit encore ailleurs que le style de Buchanan est peu élevé & peu Tragique dans le *Jephté* aussi bien que dans le *Baptiste*, qu'on le trouve souvent rampant, & presque toujours dans le genre Comique.

Mr de Balzac l'accuse d'avoir mal nommé ses Personnages dans son *Jephté*, & d'avoir fait en cela une faute de jugement contre la connoissance de l'Antiquité (2). En effet Buchanan ne devoit pas employer des noms Grecs, tels que ceux de *Storge* & de *Symmaque*, puisque le tems, le lieu, & la matiére ne souffroient pas cet usage.

Le Pere Rapin prétend (3) que ni son *Jephté* ni son *Baptiste* n'ont rien de considérable que la pureté dans laquelle ces Tragédies sont écrites. Enfin Grotius dit que Buchanan n'y a pas bien soutenu la gravité du Cothurne (4).

Après avoir vû le jugement que l'on fait des Tragédies de Buchanan, il est bon de dire un mot de ce que l'on pense de ses autres Poësies, dont la plus longue est le Poëme de la *Sphére* en cinq livres. C'est un ouvrage fort estimable en son genre, selon le sentiment de Mr Petit (5), qui témoigne que Buchanan y a fait voir la force de son génie, & qu'il s'y soutient dans plusieurs endroits avec beaucoup de vigueur. Mais il ajoute qu'il n'y est pas toujours égal ni uniforme. Ses deux derniers Livres ont été suppléés & achevés par J. Pincier Médecin.

1 Gerard. Joh Vossius lib. 2. Institution. Poëticar pag. 13. Item ibid. pag. 72.
2 J. L Guez de Balzac, Discours sur l'Infanticide Traged. de Dan. Heinsius pag. 30 31. 32.
3 Ren. Rapin seconde part. des Réflex. en partic. Réflex. XXIII.
4 Hug Grotius Epistol. ad Gallos. Epistol 5. & ap. Ant. Teissier ut suprà.
5 Petr. Petit. Medic. Epistol. ad Al. ett. Idalian. MS.

**Buchanan.** Les *Odes* de Buchanan sont fort mêlées & fort inégales au jugement de plusieurs (1), il y en a beaucoup qui sont négligées, & d'autres qui sont fort achevées & dignes de l'Antiquité.

Pour ce qui est de ses *Epigrammes*, elles sont pour la plupart vuides de sens, si l'on s'en rapporte au sentiment d'un Auteur anonyme du Port Royal (2), qui reconnoît qu'elles ont néanmoins du nombre & de la cadence, & qu'elles sont accompagnées de beaucoup de douceur.

Mais parmi le grand nombre des autres piéces, il y en a qu'on auroit dû laisser périr pour conserver la réputation de Buchanan. Il faut mettre dans ce nombre son *Franciscanus* & le Recueil *Fratres fraterrimi*, qui sont des Satires ingénieuses à la vérité ; mais trop injurieuses contre les Ordres Religieux, contre diverses personnes du Clergé, & contre l'Eglise Romaine même. On y doit aussi compter quelques Piéces mal-honnêtes & lascives qui se trouvent parmi ses Hendecasyllabes, & une Elégie impudente faite en faveur des Courtisanes publiques, & adressée à un Conseiller de Bourdeaux, appellé Briand de la Vallée (3).

Entre ceux qui jugent de toutes les Piéces de Buchanan en général, les uns prétendent qu'elles sont presque toutes pleines d'esprit (4), qu'elles sont toutes assés élegantes (5), que son style est pur & net par tout (6), quoique d'autres le trouvent mêlé : qu'il est grand dans ses vers Epiques, fleuri dans ses Lyriques, passionné dans ses Elégiaques, brillant dans ses Epigrammes, grave dans ses Tragédies, acéré dans ses Satires : qu'il n'a fait paroître aucune affectation nulle part : que ses Poësies sont comparables à ce que l'Antiquité a produit de meilleur (7), & qu'elles sont sans contredit (8) au-dessus de toutes

---

1 L'abbé de S. Leu Miscell. & Ren. Rap. Reflex. sur la Poët. part. 2. Reflex. xxx.
2 ¶ Pierre Nicole.
Auct. Anon. Delectûs Epigrammat. Latin. in Dissertation. prælimin. de pulcr. Poët.
3 ¶ Beze pag. 24. du tom 1. de son Histoire Ecclésiastique l'appelle aussi Briand de la Vallée. Mais comme l'a fort bien remarqué Ménage chap. 70. de l'Anti-Baillet, le vrai nom de ce Conseiller étoit Briand de Vallée. Avant que d'être Conseiller au Parlement de Bourdeaux, il fut Président au Présidial de Saintes sa patrie. Rabelais qui le connoissoit dès ce tems là, le nomme familiérement Briand Vallée chap. 37. de son quatriéme livre en ces termes : *J'eu vis l'ex-*

*périence à Xaintes en une procession générale, présent le tant bon, tant vertueux, tant docte, & equitable President Briand Vallée, Seigneur du Douhet.* Il n'y a pas apparence que les Vallées d'Orléans fussent de cette famille.
4 Viltanesius in Epistol. 2. Vernac. ad Dan. Restit. &c. ubi stylo Lucanum referre dicit.
5 Nicole in Delect. Epigr. lib. septimo pag. 377. edit. Paris. ap Carol. Savr.
6 Olaüs Borrichius Dissertation. 5. de Poët. Latin. numer. 192. pag. 150.
7 Johan. Andr. Quenstedt Dialog. de Patriis Vir. Illustr. pag. 102.
8 Joseph Scaliger in prima collectione Scaligeranor. &c. ut suprà.

celles

POETES MODERNES. 449

celles qui ont paru depuis le siécle d'Auguste.

Les autres reconnoissant qu'il a beaucoup d'imagination, qu'il a l'esprit aisé, délicat & fort beau, & qu'il a l'air tout-à-fait naturel (1) ne laissent pas de trouver en lui de certains défauts généraux, & l'accusent d'avoir peu d'élévation, de noblesse & de grandeur, de n'avoir pas senti l'agrément du nombre & de l'harmonie des paroles, ou du moins de l'avoir négligé : & supposant que ce défaut a beaucoup diminué le prix de ses Poësies, ils veulent nous persuader qu'il ne lui manquoit que cette perfection pour pouvoir mériter le nom de Poëte accompli.

Nous aurons encore lieu de parler de Buchanan au Recueil de nos Historiens, & dans celui de nos Ecrivains de Politique.

\* *Georg. Buchanani Poemata quæ extant* in-24. *Amst.* 1676. — *Psalmorum Davidis Paraphrasis Poëtica*: *Tragœdia Jephthes* in-16. *Paris. apud H. Steph.* 1566. — *Idem* in-8°. *Rob. Steph.* 1566. — *Franciscanus & Fratres, Elegiarum lib.* I. *Sylvarum lib.* I. *Hendeca-syllabon lib.* I. *Epigrammatum lib.* III. *de Sphæra lib.* V. in-8°. 1594. \*

1 R. Rap. Réflex. générale XXXVII. sur la Poët. & Réflex. particul. XVI.

---

## ZACHARIAS URSINUS,

De Breslaw en Silésie, dit *Beer* dans sa famille, Poëte Grec & Latin, né le 18. Juillet de l'an 1534. un Samedi, mort le six Mars de 1583.

1329 MElanchthon a témoigné par écrit qu'Ursinus étoit bon Poëte Grec & Latin, que sa versification est noble & magnifique, que le fond des choses qu'il traite est pris dans les sources-mêmes, & que ses vers plaisent aux Savans tant à cause de l'élégance du style que par la gravité des matiéres.

Mais ce témoignage de Mélanchthon a plus de l'air d'un certificat d'amitié que d'un jugement véritable des Poësies d'Ursinus.

\* *Zach. Ursini, Opera seu Tractationum præcipuè Theologicarum tomi* I I. in fol. *Heid.* 1612. — *Ejusdem Tomus* I I I. *aliorum opere operibus Ursini adjunctus, &c.* in-fol. \*

Melch. Adam vit. Theolog. Protestant. German. pag. 540.

Tome IV.  LII

## DE GUERSENS,

(*Cajus Julius*, auparavant *Julien*) natif de Gisors en Normandie, Sénéchal à Rennes; où il mourut de la peste le Jeudi cinquiéme Mai de l'an 1583. âgé de 38. ou 40. ans, Poëte François & Latin.

1330    L'On trouve quelques-unes de ses Poésies Françoises dans les Bibliothèques de la Croix du Maine & de du Verdier, entre autres une Tragédie nommée *Panthée*, qui sur la foi du titre paroît tirée du Grec de Xenophon.

Joseph Scaliger dit (1), que ses vers Latins & François sont de *moyenne étoffe*, & fort inférieurs à ceux de Scevole de Sainte-Marthe. Mais il ajoute que ce qui les faisoit trouver bons, c'étoit le tour, l'air & l'accent qu'il leur donnoit en les prononçant. C'étoit un excellent Poëte pour le tems présent auquel il vivoit, mais non pas pour l'avenir, parce que tout ce qu'il faisoit n'étoit point propre pour l'éternité, & qu'il empruntoit des autres tout ce qu'il donnoit au jour. C'étoit un esprit cynique, fort irrégulier, de peu de Religion, d'une mémoire prodigieuse, qui savoit beaucoup de choses, mais superficiellement, & qui éclatoit parmi les personnes d'un savoir médiocre.

1 Joseph Scaliger in primis Scaligeran. Collection. pag. 87. 88. edit. Groning. au mot *Julius Guersensius*, apres le mot 겨너.

## Mr DE PIBRAC,

(Gui du Faur, *Vidus Faber* ou *Fabricius*) de Conseiller & Juge Mage à Toulouse, devenu Avocat Général au Parlement de Paris, puis Président au Mortier, Chancelier du Duc d'Alençon, né à Toulouse l'an 1529. mort le vingt-septiéme jour de Mai de l'an 1584. Poëte François.

1331    NOus avons de Mr de Pibrac des Quatrains Moraux, qui ont procuré à la France des biens plus solides & plus importans que ne lui auroit été l'acquisition d'une Province entiére. Ils

POETES MODERNES. 451

contiennent des Inftructions également utiles & agréables. Le ftyle Pibrac. en étoit fort beau & fort pur dans le tems de leur compofition, la verfification aifée & nombreufe; & l'on peut dire que cet Ouvrage de Pibrac a été le Maître commun de la jeuneffe du Royaume jufqu'au tems de nos Peres, c'eft-à-dire jufqu'au milieu de notre fiécle qu'il s'eft vû comme rélégué à la campagne par les Réformateurs de notre langue.

Cette difgrace, qui lui eft commune avec les meilleurs Livres écrits en notre langue au fiécle paffé, n'a rien diminué du prix des chofes qui font contenuës dans ces Quatrains; & comme les Maximes de la Morale ne font point fujettes à la viciffitude des tems, on ne doit pas douter que cet Ouvrage ne devienne immortel, & qu'il ne fe diftingue par cet endroit de tous les autres livres écrits en langue vulgaire, qui ne font recommandables que par la beauté du ftyle, & qui par conféquent n'ont ni défenfes ni protection contre le caprice des hommes & l'inftabilité des langues vivantes.

On voit regner le bon fens & le jugement du Poëte dans ces Quatrains, on y trouve le goût des Anciens avec un fond de véritable érudition. Mais comme fon deffein a été de dreffer une morale purement humaine, pour former d'honnêtes gens dans le monde, on ne doit pas être furpris de n'y pas trouver toutes les régles du Chriftianifme dans la derniére févérité & dans l'éxactitude de l'Evangile. Auffi ne s'eft-il pas voulu borner aux fentimens que lui avoient infpiré les Livres de David, & de Salomon, dont il faifoit pourtant fes principales délices; mais il a pris auffi ce qu'il a trouvé de plus fain dans les anciens Poëtes Grecs, & Philofophes profanes, & il a fuivi particuliérement Phocylide & Epicharme, defquels il a traduit les reftes qu'on nous a confervés.

C'eft fans doute ce qui a rendu ces Quatrains fi conformes au goût de toutes fortes de perfonnes, comme il eft aifé d'en juger par la multitude des éditions qui en ont été faites durant plus de quatre-vingts ans, depuis qu'ils commencérent à paroître pour la premiére fois en 1574. & par les diverfes Traductions qui en ont été faites. Car Florent Chrétien les a mis en vers Grecs & Latins dont on vit deux éditions *in*-4°. & *in*-8°. tout-à-la fois l'an 1584. qui étoit celui de la mort de notre Auteur. Un Sécretaire du Roi nommé Auguftin Prevoft les publia en vers héroïques Latins dans la même année. L'an 1600. un Normand nommé Chriftofle Loyfel Régent à Paris, les mit en d'autres vers Latins. Pierre du Moulin le Miniftre les traduifit en Grec & publia fa verfion à Sedan l'an 1641. Un Poëte

L ll ij

452 POETES MODERNES.

Alemand de Silesie nommé Martin Opitius les mit en sa langue maternelle, & il y en a deux éditions de Francford en 1628. & 1644. & une d'Amsterdam, en 1644. Enfin un Avocat du Parlement de Bourgogne & Sécretaire du Roi, nommé Nicolas Harbet les traduisit en autant de Distiques Latins qu'il y a de Quatrains François & les publia à Paris l'an 1666. in-4°.

V. Carol. Paschasius in vita Vidi Fabricii Pibrachii pag. 8. 9. & alibi.
Jac. Aug. Thuan. Histor. suor. tempor. ad ann. 1584.
Scævol. Sammarth. Elogior. Gall. erud. libr. 3. pag. 82. 83. edit in-4°.

Guill. Colletet. Art Poëtic. Trait. de la Poësie Morale nombre 15. pag. 69. 70. & nombre 53. pag. 133. 134. 136. du même Traité.
Henning de Witte Memor. Philosophor. nostri sæculi tom. 1. pag. 477.

---

### PIERRE DE LAMOIGNON (1),

Parisien, Originaire du Nivernois, frere aîné du Président au Mortier, oncle du premier Président de ce nom, Poëte Latin, mort l'an 1584. âgé de 24. ans (2).

1332    LEs Poësies de ce jeune Auteur ont été imprimées à Paris in-4°. & ensuite en Alemagne l'an 1619. au second tome du Recueil des *Délices des Poëtes Latins de la France*, par le prétendu Ranutius Gherus (3). Quoiqu'il les eût composées en un âge auquel les autres ont coutume de commencer les Elémens de la Grammaire, elles n'ont point laissé de remporter l'approbation publique sans même qu'il ait eu besoin de faveur. L'estime du Roi Charles IX. qui se mêloit de faire des vers & de juger de ceux des autres, lui a été fort glorieuse. Mais celle des premiers Connoisseurs du siécle, tels qu'étoient Jean Dorat le Maître commun des Poëtes du Royaume en ces tems-là, Theodore de Beze, Adrien Turnebe le jeune, le Baron de Morencé qui s'appelloit Joseph du Chesne, Jean-Bac-

---

1 ¶ Qui auroit du s'appeler en Latin non pas *Lamonius* comme il a fait, mais *Lamonio*. Ménage dans ses poësies Latines a dit *Lamonius, Lamonæus & Lamonio*, & en a varié la quantité comme il lui a plû pour la commodité de son vers; ce que je ne crois pas devoir être approuvé.

2 ¶ La généalogie des Lamoignons le faisant, comme le reconnoit notre Auteur, article 45. des Enfans célébres, naître en 1555. il s'ensuivroit qu'en 1584. il seroit mort agé de 29. ans.

3 ¶ Il n'y a, comme Ménage l'a remarqué p. 194. du tom. 1. de l'Antibaillet, c. 53. rien d'imprimé de Pierre de Lamoignon dans ce tome 2. des Délices, &c. qu'une seule Epigramme de douze vers à l'honneur de Germain Audebert d'Orleans.

quet, Charles Menard, Antoine Faye (1) & divers autres Auteurs, fera un témoignage folide du mérite de ce Poëte, que les uns nous dépeignent comme un rare génie formé de tous les avantages de la Nature, & les autres comme une merveille de Doctrine, dont un fiécle entier n'eft pas toujours capable de donner plufieurs éxemples.

1 ¶ Antoine de la Faye. Mifcellaneor. in-folio vol. 3. col. 32. in Bibliothec. Lamon. Pluteo G. Forulo 5.

## DE MURET.

(*Marc-Antoine*) natif de Muret, village du Limoufin, mort à Rome le 4. Juin de l'an 1585. âgé de 59. ans & deux mois, Poëte Latin & François.

1333   ON ne parle plus guéres des vers François de Muret (1), qui confiftoient prefque tous en chanfons, dont plufieurs portent le nom de *fpirituelles* : mais le goût de fes Poëfies Latines n'eft point encore paffé, & il ne paffera pas tant qu'il y aura dans la Républiqne des Lettres des Critiques judicieux qui en fauront faire le difcernement. Ses Ouvrages Poëtiques ont été ramaffés en deux Recueils divers ; le premier comprend les fruits de fa jeuneffe fous le titre de *Juvenilia*, & il renferme une Tragédie, des Elégies, des Satires, des Epigrammes, des Odes, &c. le fecond eft compofé d'Hymnes facrées & de diverfes autres piéces mélées.

Il eft aifé de voir dans la meilleure partie de ces Poëfies des marques de la beauté de fon efprit, de la fineffe de fon goût, de la délicateffe de fes maniéres, & de la douceur incomparable de fon ftyle. Le fieur Vittorio Roffi prétend (2) qu'elles approchent beaucoup de l'élégance des Anciens. Il faut en effet que Muret ait fû bien parfaitement imiter les Anciens puifque Jofeph Scaliger qu'il appelloit fon frere d'adoption (3) & qui connoiffoit fort bien l'Antiquité,

1 ¶ On trouve en de vieux Recueils quelques Epigrammes Françoifes affés libres de Muret alors fort jeune. Etant avancé dans l'age il fit quelques vers Grecs moraux d'une grande netteté & très dignes d'être lus. ¶

2 Janus Nicius Erythr. Pinacothec. 1. pag. 12. &c.

3 C'eft que dans le tems que Muret demeuroit à Agen en penfion chés Jules Scaliger Pere de Jofeph, Jules l'appelloit fon fils. Jofeph voulut fe venger de la fourbe de Muret par une allufion affés froide (a) qu'il fit au fupplice qu'on préparoit à Touloufe pour Muret accufé d'un crime détestable, & il fit cette Epigramme.

*Qui flammas rigide vitaverat ante Tolofa*
(b) *Rametus, fumos vendidit ille mihi.*

¶ *a* Ménage a fait voir en cela le mauvais goût de Baillet. *b*

*b* Il faut lire ainfi par Metathèfe.

Lll iij

**Muret.** s'y laissa prendre lorsqu'il lui fit passer une Epigramme (1) qu'il avoit faite pour l'ouvrage d'un ancien Auteur.

Mr de Sainte-Marthe estime que les *Epigrammes* de Muret sont du nombre de ses meilleures piéces, & qu'il ressemble autant à Catulle que Catulle est semblable à lui-même (2).

Mr Pétit semble se déclarer pour ses *Elégies* qu'il prétend n'être point inférieures à celles de Tibulle (3), mais il remarque que Muret n'avoit point assés de vigueur ni assés de feu pour un Poëte, & qu'il ne s'éléve presque jamais. Ces défauts se rendent plus sensibles dans la *Tragédie* qu'il a faite de *Jules Cesar*, où l'on ne trouve presque rien de la gravité & de la grandeur que demande ce genre d'écrire, & où le style paroît trop simple, trop languissant & trop semblable à de la Prose. Cela n'empêche pas que Muret ne soit sans comparaison plus poli & plus élégant dans ses vers que Jean Dorat, au sentiment du même Auteur.

Le Pere Rapin juge (4) qu'il est trop contraint dans ses *Odes*, & que ce défaut vient de l'attachement trop grand qu'il fait paroître pour la belle Latinité. Enfin l'on convient (5) que ses *Hymnes* sont écrites avec beaucoup de pureté & que tous ses vers généralement sont très-Latins; mais il y en a qui sont trop libres & trop licencieux, surtout ceux qui sont sortis des bouillons & des feux de sa jeunesse, dont il s'est repenti sérieusement dans un âge plus avancé. Ainsi on n'a point agi conformément à ses derniéres volontés, & moins encore aux régles de l'honnêteté, lors qu'on s'est mis en tête de traduire ses Poësies galantes en notre langue.

\* *Juvenilia, Tragœdiæ, Elegiæ, Satyræ, Epigrammata, &c.* in-8°. 1590. *Bardi Pomeraniæ*. — *Juvenilia* in-8°. *Parif.* 1553. — *Hymni in B. Virginem Mariam cum paraphrasi Attica & parodia Fred. Morelli Gr. Lat.* in-4°. *Parif.* 1621.\*

1 ¶ Ce n'étoit pas une Epigramme. C'étoient huit vers sententieux de Philémon imités en Latin de deux maniéres différentes avec tant de grace, que Scaliger à qui Muret dit qu'il avoit trouvé les premiers attribués à Trabeas, les seconds à Attius, donna dans le panneau, & les cita comme deux fragmens de ces anciens Comiques, pag. 212. de son Varron *de re rustica* de l'édition d'Henri Etienne 1573. Il faut voir Ménage qui rapporte la chose éxactement & avec toutes ses circonstances chap. 83. de l'Anti-Baillet. ¶

2 Scævol. Sammarth. Elogior. Gall. erudit. lib. 3. pag. 85. edit. in-4°.

3 Petr. Petit Medic. Observat. Epistolic. ubi de Mureto, &c.

\* 4 Ren. Rapin Réflex. génér. sur la Poëtique Réflex. xxx.

5 Saint Leu dans ses Mémoires, & les autres Critiques dont il suit l'autorité.

## JEAN SCHOSSERUS,

De Turinge (1), Poëte Latin, né en 1534. mort le 3. de Juillet de l'an 1585.

1334    Les Poëſies Latines de cet Auteur parurent en public l'année de ſa mort, diviſées en onze Livres [ *in-8°*. 1585. ] Elles font voir qu'il avoit la veine féconde & heureuſe, & Mélanchthon témoignoit une eſtime particuliére de ſes vers, croyant y trouver beaucoup d'élégance, à laquelle Schoſſerus avoit eu ſoin de joindre la propriété des mots, la netteté de l'expreſſion, & le poids des penſées. Les Italiens-mêmes, & entre les autres Sigonius, ont fait connoître en différentes occaſions avec quelle diſtinction ils le conſidéroient au deſſus du commun des Verſificateurs & Poëtes d'Alemagne. Auſſi Melchior Adam prétend-il (2) qu'il approchoit aſſés de l'air des anciens Latins dans ſes Elégies.

1 ¶ *Æmiliæ in Turingia*, dit Melchior Adam.     2 Melch. Adam vit. Philoſoph. German. pag. 310.

## JEAN POSTHIUS.

1334 *bis*    Nous pourrions parler encore de Jean Poſthius Médecin de Germersheim au Palatinat du Rhin, qui nâquit en 1537. & mourut en 1597. & de divers autres Auteurs Alemans qui faiſoient leurs délices de la Poëſie Latine au ſiécle paſſé, quoiqu'ils fuſſent engagés dans d'autres Profeſſions que celle de faire des vers. On peut dire à la gloire de Poſthius, que ſi on excepte Meliſſus de Franconie, il n'avoit peut-être point de ſupérieur dans toute l'Alemagne pour ce genre d'écrire.

\* Ses Ouvrages ſe trouvent dans le cinquiéme volume des *Délices des Poëtes Alemans.*

V. Joh. Petr. Lotichius part. 3. Biblioth. Poëtic. pag. 117. & alibi.

## PIERRE RONSARD (1).

Gentilhomme du Vendômois, né dans le Château de la Poiſſonniere, au Village de la Couture en la Varenne du bas Vendômois, le Samedi onziéme jour de Septembre de l'an 1524. mort le vingt-ſept Décembre dans ſon Prieuré de ſaint Coſme lès Tours, dans la chambre du fameux Berenger l'an 1585. Poëte François.

1335    Ronſard poſſéde encore aujourd'hui le titre de Prince des Poëtes François qui ont paru juſqu'à Malherbe. Les Ouvrages qui lui ont acquis ce glorieux titre ſe diviſent ordinairement en dix parties. Les principaux de la premiére ſont deux Livres de ſes *Amours*, deux Livres de *Sonnets*, &c. de la ſeconde cinq Livres de ſes *Odes* ; de la troiſiéme, quatre Livres de la *Franciade*, &c. de la quatriéme, les deux *Bocages* Royaux ; de la cinquiéme, les *Eglogues*, les *Maſcarades* & les *Cartels* ; de la ſixiéme, les *Elégies*, &c. de la ſeptiéme, les *Hymnes* en deux Livres ; de la huitiéme, les *Poëmes* divers en deux Livres, les *Epigrammes*, quelques *Sonnets*, &c. de la neuviéme, les *Diſcours* de la miſere de ſon tems, &c. de la dixiéme, les *Epitaphes*, les derniers Ouvrages de Ronſard, divers fragmens ; les Traités tant en proſe qu'en vers qu'on a faits à ſon ſujet, &c.

Ces Ouvrages ont été imprimés pluſieurs fois & en diverſes formes, & ſi la réputation de ſes Commentateurs peut contribuer à

---

1 ¶ Le vrai nom de famille de Ronſard, ce que Claude Binet n'a pas remarqué dans ſa vie, étoit Rouſſart. Jean Bouchet de Poitiers, dit le Traverſeur des voies périlleuſes, parle ſouvent dans ſes Epitres de Louis de Ronſard pére de Pierre, & ne le nomme jamais autrement que Louis de Rouſſart. C'eſt ce qu'on peut voir Epitre 96. & 97. La 126. eſt adreſſée à Meſſire Louis Rouſſart Chevalier, Maitre d'Hotel de Monſieur le Dauphin, & Sieur de la Poiſſonniéte, par l'entremiſe duquel Jean Bouchet avoit obtenu pour ſa fille Marie une place gratuite dans le Monaſtére de ſainte Croix de Poitiers dont Louiſe de Bourbon étoit Abbeſſe. On prononçoit encore Rouſſart en 1550. ce qui paroit par une Elégie de Salmon Macrin imprimée cette année là parmi ſes *Nenia* ſur la mort de ſa *Gelonis*, où pour dire qu'il auroit bien voulu que Mellin de Saint-Gelais & Ronſard l'euſſent, à l'éxemple de tant d'autres Poëtes, célébrée par leurs vers, il dit

*Mellinum iis utinam, Rouſſartumque addere poſſem.*

On ſait par tradition que Ronſard étoit rouſſeau, & c'eſt apparemment parce que la plupart de ceux de cette famille naiſſoient roux, qu'ils eurent le nom de Rouſſart qu'on a depuis prononcé Ronſard. *b*

rehauſſer

# POETES MODERNES.

rehausser leur prix, il est bon de dire que Muret l'un des plus Ronsard. habiles Critiques du siécle & le Poëte Remi Belleau ont commenté les premiers Livres de la première partie; que Claude Garnier a fait des Commentaires sur toutes les piéces de la neuviéme; que Nicolas Richelet a commenté les deux Livres de Sonnets de la première partie, les cinq Livres des Odes qui font la cinquiéme & les deux Livres des Hymnes qui font la septiéme; & que Pierre de Marcassus outre diverses piéces de la première partie, a commenté la Franciade qui fait la troisiéme, le Bocage Royal qui fait la quatriéme, les Eglogues Mascarades & Cartels qui font la cinquiéme, les Elégies qui font la sixiéme, & les Poëmes qui font la huitiéme. (1)

Si nous voulions nous arrêter au jugement des Etrangers qui ont eu occasion de parler de Ronsard, nous n'aurions pas d'exceptions à faire de l'estime générale dans laquelle ils ont crû que ses Poësies demeureroient toujours, & la France devroit conserver pour son Poëte des sentimens aussi glorieux que le sont ceux qui paroissent s'être établis dans l'Italie, l'Allemagne & la Hollande (2).

Nous n'aurions pas sujet même de nous défaire des préjugés où l'opinion avantageuse de nos Ancêtres nous pourroit jetter en sa faveur, si nous voulions recevoir encore sans restriction les éloges & les témoignages honorables qui ont été rendus au mérite de Ronsard par les Ecrivains les plus considérables du Royaume qui ont eu occasion de parler de lui jusqu'au tems de Malherbe, c'est-à-dire jusqu'au milieu du regne de Louis XIII.

Car on peut dire qu'il n'y a point de finesse cachée dans la maniére dont les deux Scaligers, Adrien Turnebe, Papire Masson, Etienne Paquier, le Président de Thou, Gaucher de Sainte-Marthe, & le Cardinal du Perron l'ont voulu faire passer pour le premier de tous les Poëtes de notre Nation, & le troisiéme (3) de tous ceux de l'Univers (4).

---

1 ¶ Voici touchant les Commentateurs de Ronsard ce que Baillet en pouvoit dire plus succinctement & plus éxactement.
Muret a commenté le 1. livre des Amours
Belleau le second.
Nicolas Richelet la 2. partie du 2.
Le même Richelet, & Jean Besly les Odes.
Jean Besly les Hymnes.
Pierre de Marcassus la Franciade.
Claude Garnier le reste. §

2 Pierre Victorius, B. Bargæus, Spero Speronius in Elog. Jac. Ph. Thomasini,

& dans les Addit. d'Ant. Teissier. Gerard. Joh. Vossius in lib. de Institut. Poët. Martin. Opitius Germ. Poët. Olaüs Borrich. in Dissertat. de Poët. &c. Vid. & Claud. Binet in vita Petr. Ronsardi vernacul. à se script. ad calcem operum Ronsardi.

3 ¶ Homére, Virgile, Ronsard.

4 Jul. Cæs. Scaliger cujus Anacreontici versus de Ronsardo inter Poëmatia & in vit. per Binet.

Joseph Scaliger in Collectaneis Scaligeran. prim. pag. 130.

Adrian. Turneb. inter Poëmat. præfix. edit.

Ronsard. Etienne Paquier ne craint pas de dire (1) que jamais Poëte n'a tant écrit que Ronsard, c'est-à-dire avec tant de diversité, & que néanmoins à quelque espéce de Poësie qu'il se soit tourné, il a surmonté tous les Anciens, ou pour le moins égalé les premiers d'entre eux en les imitant. Il a, dit-il, heureusement representé en notre langue Homere, Pindare, Théocrite, Virgile, Catulle, Horace, & Petrarque, & pour cet effet il a trouvé le secret admirable de diversifier son style en autant de maniéres qu'il a voulu, & de lui donner un caractére tantôt sublime, tantôt médiocre, & quelquefois même bas & simple, comme il le jugeoit à propos. Enfin si nous en croyons ce Critique passionné, il n'y a aucun triage à faire dans tout ce que Ronsard a écrit, & tout y est d'une beauté & d'une force égale.

Mr de Thou semble avoir pris le langage de Paquier son ami, lorsqu'il a dit (2) que Ronsard avoit lû avec tant d'application les Ouvrages des anciens Auteurs, & qu'il les a imités avec tant de succès dans ses vers, qu'il s'est élevé jusqu'au dégré des plus élevés & des plus grands d'entre les Poëtes de l'Antiquité, & qu'il en a passé plusieurs d'entre eux. Car comme il avoit reçû de la Nature une imagination très-vive & un jugement très-exquis, ce qu'il est très-rare de rencontrer dans une même personne; ces deux qualités jointes au talent merveilleux qu'il avoit pour la Poësie, & au soin qu'il prit de mêler adroitement l'Art avec la Nature, & le Génie des Muses Grecques & Latines avec celui des Françoises, le rendirent le plus accompli de tous les Poëtes qui ont paru depuis le siécle d'Auguste.

Mr de Sainte-Marthe, qui étoit bon Poëte & bon Critique, ne s'est pas contenté de le préférer à tout ce que les siécles ont jamais produit de Poëtes après Virgile, & de n'en pas excepter même Homere; mais il s'est rendu encore son admirateur perpétuel, & il l'a fait passer pour le prodige de la Nature & le miracle de l'Art (3).

Mr le Cardinal du Perron qui se mêloit aussi de juger des esprits, & qui se vantoit de savoir sur tout le prix des Poëtes François, avoit coutume de dire que Ronsard, Cujas, & Fernel étoient les premiers hommes, les plus excellens, & les plus éminens Ecrivains de

---

edit. op. Ronf.
Papyr. Masson. in Elog. Ronsardi tom. 2. pag. 283. 284.
1 Etienne Paquier des Recherches de la France livre 7. chap. 7. pag. 622. & 623. & plus haut encore.

2 Jacob. August. Thuan. lib. 82. Historiar. suor. tempor. ad annum 1585.
Idem in Joannis Aurati elogio ad annum 1588.
3 Scævol. Sammarthan. in Elog Gallor. eruditor. lib. 3. pag. 86. edit. in-4°.

POETES MODERNES. 459

notre Nation (1). La chose étant ainsi, personne n'étoit capable de Ronsard. disputer à Ronsard la principauté sur les Poëtes; & comme il ne songeoit point à troubler Cujas & Fernel dans la possession de celle qu'ils avoient acquise chacun dans leur profession, ceux-ci l'ont laissé jouir de la sienne sur le Parnasse sans jalousie & sans inquiétude.

Ce Cardinal témoigne encore ailleurs (2) que Ronsard avoit le plus beau génie que Poëte eût jamais eu, sans excepter Virgile & Homere. L'avantage qu'ont eu ceux-là, est d'être venus dans une langue toute faite, au lieu dit-il, que Ronsard est venu lorsque la langue étoit encore à faire; car c'est luiqui l'a mise hors de l'enfance, & jusqu'alors nous n'avions point eu de Poëte véritablement Poëte que lui. Il ajoute qu'il est admirable en beaucoup d'endroits, qu'il employe les Fables si à propos, qu'il semble qu'elles soient à lui, outre qu'il y met toujours une queuë du sien qui ne doit rien au reste, qu'il réussit particuliérement aux piéces de longue haleine, dans lesquelles on trouvera quelquefois dix ou douze vers qui paroîtront bas à la vérité, mais ensuite on est toujours infailliblement payé de quelque chose d'excellent.

Mais il est tems de revenir de notre égarement, & de chercher des Critiques qui puissent nous informer des qualités de Ronsard avec plus de discernement qu'il n'en paroît dans tout ce que nous venons de rapporter à son avantage. Nous ne trouverons pas ce discernement dans les Ecrits de Zamariel, de Mont-Dieu, de la Baronnie (3) & de quelques autres Auteurs déguisés que j'espére démasquer ailleurs, parce que la censure qu'on a prétendu y faire de quelques Poësies de Ronsard est moins le fruit de la liberté du jugement ou de la capacité de ces Auteurs, que de la jalousie & des inimitiés qu'ils avoient conçûës contre lui.

Nous pouvons donc assurer que le Cardinal du Perron que nous

---

1 Perroniana pag. 79. au mot *Fernel*.
2 Ibid. au mot *Ronsard*.
3 ¶ Il parut en 1563. un écrit in-4°. contenant trois Réponses en vers à Ronsard, la premiére par A. Zamariel, les deux autres par B. de Mont-Dieu. On ne doute point que cet A. Zamariel ne soit le Ministre Antoine de la Roche Chandieu, qui dans ses ouvrages, par rapport à son nom François, composé de *Champ* ou de *Chant* & de *Dieu*, s'est appellé en Hebreu *Sadeel* & *Zamariel*. *Antonius Chandeus*, dit Mr de Thou l. 100. de son Histoire, *qui primum*

Zamariel, dein Sadeel nomine ex Hebraico detorto dici voluit. Bayle au mot Ronsard, prétend mais sans preuve, qu'A. Zamariel & B. de Mont-Dieu, que Claude Binet, la Croix du Maine & du Verdier prennent pour deux Auteurs différens n'en font qu'un, savoir ce même Antoine de Chandieu, ou de la Roche-Chandieu. A l'égard de François de la Baronnie, on convient généralement que c'est Florent Chrétien Auteur de diverses piéces en prose & en vers contre Ronsard, entre autres du poëme intitulé *le Temple* auquel Binet croit que Grevin aussi eut part.

M mm ij

*Ronsard.* venons de voir si avant dans les interêts de Ronsard, a été pourtant un des premiers clairvoyans qui ont découvert une partie de ses défauts, & qui ont sû distinguer l'apparent & le faux d'avec la véritable & la solide beauté. Mais il semble que la gloire de détromper entiérement le Public ait été particuliérement réservée à Malherbe. Comme ce nouveau Réformateur de notre Langue & de notre Poësie se l'étoit assés persuadé de lui-même, il ne crût pas devoir faire la moindre grace à un homme qu'il n'accusoit de rien moins que d'avoir gâté tous les esprits de la Cour & du Royaume: & non content de s'être rendu par un éxemple inouï Partie, Accusateur, Témoin, & Juge du pauvre Ronsard, il ne fut pas honteux de se faire encore son Boureau, parce que son zèle & sa colére ne trouvoient pas leur compte dans l'indulgence des autres Critiques de son tems, qui ne jugeoient pas le crime de Ronsard si énorme.

En effet Mr de Balzac nous apprend en plusieurs endroits de ses Ouvrages (1), que Malherbe eut le courage & la patience d'effacer de sa propre main tous les Ouvrages de Ronsard, sans en épargner une seule syllabe. Cette rigueur excessive a déplû à beaucoup de monde. Balzac témoigne aussi qu'il ne l'a pû approuver, & l'on ne doit pas douter que Malherbe lui-même ne se soit fait justice après être rentré dans la tranquilité de son ame, & qu'il n'ait reconnu que ceux qui par chaleur aiment mieux arracher toute la production d'une piéce de terre que d'y laisser un seul chardon, ne sont pas moins blâmables que ceux qui par négligence aiment mieux laisser croître les chardons parmi le grain que de s'exposer à en arracher un seul épi. En effet Malherbe demeuroit d'accord qu'il y a dans les Poësies de Ronsard (2) de belles & de grandes fictions qui les soutiennent encore aujourd'hui, selon la remarque de Mr Gueret, malgré la rudesse du vieux style de leur Auteur; que l'Invention qui est l'ame des vers ne manque point dans la plupart des siens: qu'elle y paroît même encore avec beaucoup d'éclat & d'avantage, & qu'il a quelques beautés assés réguliéres qui seront de tous les siécles. Enfin il ne pouvoit nier que Ronsard n'ait été animé de la fureur Poëtique, & possédé de cet enthousiasme qui fait les véritables Poëtes. Mais il ne jugeoit pas à propos de rien relâcher de sa sévérité en sa faveur, pour n'être point obligé de faire grace aux autres, &

---

1 J. L. Guez de Balzac dans ses Entretiens & dans le 6. livre des lettres à Chapelain.

2 Gueret dans le Parnasse réformé pag. 67. 68. & suivantes, pag. 77. &c.

## POETES MODERNES.

& pour faire un éxemple éclatant de réforme dans son nouvel établissement.

Ronsard.

Le jugement que Mr de Balzac a porté de Ronsard dans ses Entretiens, ne lui est pas plus favorable (1). Il le commence par le tort qu'il donne au Président de Thou & à Scévole de Sainte-Marthe d'avoir mis notre Poëte à côté d'Homere, vis-à-vis de Virgile, & je ne sai combien de toises au-dessus de tous les Poëtes Grecs, Latins, & Italiens. Il se récrie contre sa bonne fortune qui le faisoit encore admirer de son tems par les trois quarts du Parlement de Paris, & généralement par les autres Parlemens de France. Il trouve fort mauvais que l'Université & les Jésuites tinssent encore pour lors son parti contre la Cour & contre l'Académie.

Ce Poëte si célébre & si admiré, dit-il, à Mr de Pericard Evêque d'Angoulême, a ses défauts propres, & ceux de son tems. Ce n'est pas un Poëte bien entier, *c'est le commencement & la matiére d'un Poëte*. On voit dans ses Oeuvres des parties naissantes, & à demi-animées d'un corps qui se forme & qui se fait, mais qui n'a garde d'être achevé. C'est une grande source à la vérité, mais c'est une source trouble, remplie de boue & que l'ordure empêche de couler.

Il a du naturel, de l'imagination & de la facilité tant qu'on veut ; mais peu d'ordre, peu d'œconomie, & point de choix ni pour les paroles ni pour les choses ; une audace insupportable à innover ou à faire des changemens extraordinaires ; une licence prodigieuse à former de mauvais mots & de méchantes locutions, à employer indifféremment tout ce qui se présentoit à lui, fût-il condamné par l'usage, trainât-il par les ruës, fût-il plus obscur que la plus noire nuit de l'hyver, fût-ce de la rouille & du fer gâté. La licence des Poëtes Dithyrambiques, dit le même Critique, la licence même du menu Peuple à la fête des Bacchanales & aux autres jours de débauche, est moindre que celle de ce Poëte licentieux : & si on ne veut pas dire absolument que le jugement lui manque, c'est lui faire grâce de se contenter de dire que dans la plupart de ses Poësies le jugement n'est pas la partie dominante, & qui gouverne le reste comme elle devroit faire.

Pour la doctrine & la connoissance des bons Livres qu'on a voulu attribuer à Ronsard, ceux qui en parlent se mocquent de lui & des

---

1 Balz. treiziéme Entretien à Peric. Ev. d'Angoul. pag. 316. 317. & suiv. de l'édit d'Hollande in-12. V. aussi les Add. d'Ant. Teissier aux Eloges de Thou.
Gilles Menage Epit. dédicat. à Colb. des Oeuvres de Malherbe.

autres Poëtes de la vieille Cour, en la maniére qu'ils en parlent. Appellent-ils doctrine une lecture toute cruë & toute indigeste; de la Philosophie hors de sa place; des Mathématiques à contre tems; du Grec & du Latin grossiérement & ridiculement travestis. Ces Poëtes étoient à proprement parler des *Frippiers* & des *Ravaudeurs*. Ils traduisoient mal au lieu de bien imiter. Ils barbouilloient, ils défiguroient, ils déchiroient dans leurs Poëmes les anciens Poëtes qu'ils avoient lûs; & n'y voit-on pas encore maintenant Pindare & Anacreon écorchés tout vifs, qui semblent crier miséricorde à leurs Lecteurs, & qui font pitié à ceux qui les reconnoissent en cet état.

Mr de Balzac ne s'est point démenti dans les autres témoignages qu'il a rendus aux Ouvrages de Ronsard. Il dit encore en plus d'un endroit de ses Lettres à Mr Chappelain & ailleurs (1), que ce Poëte a du génie, mais peu de jugement : que dans le feu dont son imagination étoit échauffée, il y avoit beaucoup moins de flamme que de fumée & de suie. Il ne sauroit souffrir que l'on traite Ronsard comme un grand Poëte, mais il témoigne que pour lui, il ne l'estime grand que dans le sens du vieux Proverbe de Callimachus, qui dit qu'*un grand Livre est un grand mal*. Il faudroit, ajoute-t-il, que Mr de Malherbe, Mr de Grasse (2) & Mr Chappelain fussent de petits Poëtes, si celui-là peut passer pour grand.

Mr Godeau prétend (3) que jamais personne n'a apporté une force de génie si prodigieuse ni une doctrine si rare à la profession des vers que Ronsard & du Bellay. Mais il est certain aussi, dit-il, qu'ils n'ont pas eu tout le soin qu'on pouvoit désirer pour l'observation des régles de le versification, soit qu'ils la négligeassent, ou que les oreilles de leur tems fussent plus rudes que les nôtres, que les Juges fussent moins sévéres, & la Langue moins rafinée. La passion qu'ils avoient pour les Anciens étoit cause qu'ils pilloient leurs pensées plutôt qu'ils ne les choisissoient; & que mesurant la suffisance des autres par celle qu'ils avoient acquise, ils employoient leurs Epithétes sans se donner la peine de les déguiser pour les adoucir, & leurs Fables sans les expliquer agréablement, & sans considérer d'assés près la nature des matiéres ausquelles ils les faisoient servir.

Le P. Rapin a parlé de Ronsard dans les mêmes sentimens que ce

---

1 Balzac lettre XVII. du sixiéme livre à Chapelain de l'an 1641. pag. 305. in-12. Item lettre XX. du même livre pag. 310. édit. d'Holl.

2 Godeau.

3 Antoine Godeau, Discours sur les œuvres de Malherbe publié par Ménage.

## POETES MODERNES.

Prélat. Il dit (1) que ce Poëte voulant s'élever par de grands mots de Ronsard. sa façon composés à la manière des Grecs, & dont notre Langue n'est pas capable, est tombé dans l'impropriété, & qu'il a paru comme un véritable Etranger. Il témoigne encore ailleurs que notre Ronsard & du Bartas ont eu à la vérité tout le génie dont leur siécle étoit capable: mais que (2) comme les Poëtes François de leur tems étoient ignorans pour la plupart, ils affectérent l'un & l'autre de faire les savans pour se distinguer du commun; & qu'ils se gatérent l'esprit par une imitation des Poëtes Grecs très-mal entenduë. Ils ne furent pas assés habiles pour mettre le genre sublime du vers héroïque dans les choses plutôt que dans les mots, ni assés intelligens pour concevoir que le génie de notre Langue ne sauroit souffrir ces compositions de noms qu'ils formoient sur le modéle de la Langue Grecque dont ils remplissoient leurs Poëmes, & ce fut par cette affectation indiscréte d'imiter les Anciens qu'ils devinrent tous deux Barbares.

Cette passion qu'on a remarquée dans Ronsard pour se rendre un homme extraordinaire, & pour s'élever au-dessus des autres Poëtes par une distinction nouvelle, lui a fait chercher tout ce qu'il y avoit de plus rare & de moins commun même dans l'Antiquité. C'est ce qui l'a exposé à la risée des vrais connoisseurs, lors même qu'il s'est rendu l'objet de l'admiration des ignorans.

Mr Menage cité par Mr Teissier (3), nous assure qu'il a acquis la réputation d'un véritable Pédant dans l'esprit des premiers, pour avoir employé trop de Fables qui ne sont connuës que des Savans; au lieu que quand un Poëte veut se servir de Fables, il ne doit prendre que celles qui sont connuës de tout le Monde.

Ronsard s'est trompé, selon Mr Gueret, de croire qu'un Poëte devoit paroître savant (4). C'est ce qui l'a engagé mal-à-propos dans ce mauvais amas de Fables obscures & d'Epithétes recherchées, dont l'intelligence dépend d'une profonde lecture des Livres Grecs & Latins: au lieu d'appeller les Personnes & les Choses par leur véritable nom, il a mieux aimé les exprimer par mille circonlocutions difficiles, embarassées, & qui demandent des Commentaires: & il s'est imaginé sans raison qu'un habile Poëte devoit s'enfoncer dans le

---

1 René Rapin Réfléxions sur la Poëtiq. part. 1. Réflex. 30.
2 Partie seconde du même Traité. Réflex. 16.
3 G. Menage dans ses Remarques sur les poësies de Malherbe, & Antoine Teissier dans ses Additions aux Eloges de J. A. de Thou tom. 2. pag. 30.
4 Dans le Parnasse réformé pag. 69 &c. comme ci-dessus.

**Ronsard.** abyrinthe des Antiquités les plus cachées, pour se dérober à la connoissance du Peuple.

C'est ce qui a fait dire que Malherbe avoit eu l'avantage sur Ronsard, quoiqu'il fut moins savant que lui, parce qu'il s'est humanisé davantage, & qu'il a beaucoup mieux étudié le goût du commun des hommes, & particuliérement des personnes de l'autre sexe, qui ne peuvent souffrir une érudition qui paroît recherchée avec trop d'affectation. C'est même ce qui porte encore aujourd'hui un tiers du monde à lire plus volontiers Marot que Ronsard, & qui a fait dire que ce dernier, quoiqu'incomparablement plus capable, est entiérement tombé, au lieu que Marot se soutient encore pour les choses qui sont de son invention, comme il paroît par la maniére dont en a parlé Mr Despreaux dans l'Art Poëtique, où après avoir loué Marot, il ajoute (1).

> *Ronsard qui le (2) suivit par une autre Méthode*
> *Réglant tout, brouilla tout, fit un Art à sa mode ;*
> *Et toutefois long-tems eut un heureux destin.*
> *Mais sa Muse en François parlant Grec & Latin,*
> *Vid dans l'âge suivant par un retour grotesque,*
> *Tomber de ses grands mots le faste Pédantesque.*

Mais quand on n'auroit aucun égard à toutes ces affectations vicieuses de Ronsard, on ne pourroit pas encore raisonnablement soutenir qu'il eût mérité cette nuée d'éloges sur laquelle il semble que son siécle l'ait voulu élever jusqu'au Ciel. Car si l'on veut le considérer avec un peu d'attention, & l'éxaminer sur les régles de la véritable *Beauté Poëtique*, on jugera aisément que la sienne est fausse ; & qu'étant toute fardée, elle a imposé à tous ses Panégyristes & à ses Admirateurs. En quoi on peut dire, selon la Réfléxion d'un Auteur Anonyme de Port Royal (3), que Ronsard a pû contribuer à rehausser encore le mérite de Virgile après tant de siecles, parce que lorsque les Connoisseurs sont venus à sonder le fonds de Ronsard & à visiter ses qualités intérieures, ils n'en ont trouvé aucune qui fût fort solide ; & l'ayant mis auprès de Virgile pour le mieux éprouver il est tombé devant lui, & il a paru avec lui par cette épreuve comme le bois avec l'or dans un même feu.

1 Nicol. Boileau Despreaux Art Poëtique chant 1. pag. 178.
2 Marot.
3 Nicole, seu quis alius (a) in Delectu Epigrammat. lib. 7. p. 395. edit. Car. Savr.
a ¶ Non est alius.

## POETES MODERNES.

Mais quoiqu'on ne soit plus bien reçû dans notre siécle à dire que Ronsard est un excellent Poëte en général, il ne faut pas conclure que tout ce qu'il a fait ne vaille plus rien, il y a des piéces qui auront leur prix malgré les changemens de la Langue & du goût des siécles.

On peut compter ses *Hymnes* parmi ce qu'il a fait de meilleur. Etienne Paquier témoigne que c'est ce qu'il y a de plus admirable même entre tous ses autres Ouvrages. Il prétend que c'est Ronsard qui a introduit le premier ce genre de Poësie en France (1); & parmi ses Hymnes, il préfére celles des quatre saisons de l'année aux autres. Papire Masson a eu le même goût que Paquier pour les Hymnes, en nous faisant remarquer qu'elles sont les fruits de la jeunesse de Ronsard. Le Cardinal du Perron n'en a point eu d'autres sentimens, lors même qu'il a jugé que Ronsard avec toute son élévation, & sa force n'avoit point de politesse. Il dit en plus d'un endroit (2) que ses Hymnes sont d'excellentes piéces, que celle de l'Eternité est admirable aussi bien que celles des Saisons, que toutes les autres ne seroient pas moins merveilleuses si elles étoient retouchées en quelques endroits; & que ce seroit leur redonner la vie. Enfin Mademoiselle Scudery qui reconnoît d'ailleurs que Ronsard n'avoit pû donner à ses Ouvrages la perfection nécessaire pour pouvoir subsister long-tems dans l'estime & l'approbation publique, dit (3) que ses Hymnes ne laissent pas de nous faire juger que la Nature lui avoit donné beaucoup de talens, & qu'il avoit mérité la grande réputation qu'il avoit acquise.

Après les Hymnes il semble que Ronsard n'ait rien fait de meilleur que ses *Odes* qui sont en très-grand nombre. Scaliger (4) dont le P. Rapin rapporte le témoignage (5), reconnoissoit que Ronsard avoit beaucoup de talent pour les vers Lyriques, & que c'est par ses Odes qu'il a rendu son nom célébre. Le même Pere avoüe en un autre endroit (6) que ce Poëte a de la noblesse & de la grandeur dans ses Odes, mais il ajoute que cette grandeur devient fade & niaise par cette affectation de paroître savant, que nous avons remarquée plus haut. C'est pourquoi il me semble que Mr de Balzac auroit pû sans

---

1 Eti. Paq. Rech. de la Fr. comme ci-dessus pag. 622.

2 Perronian. au mot Ronsard. V. aussi l'Oraison funébre prononcée par du Perron à l'honneur de Ronsard &c.

3 Scudery dans le Roman de Clelie tom. 8. pag. 852. & sur le rapport d'Ant. Teissier.

4 ¶ C'est Jule Scaliger dans l'Ode dédicatoire de ses Anacréontiques à Ronsard, où il le traite de *sublimis fidicen lyræ*.¶

5 R. Rapin Refl. générales sur la Poëtiq. Réflex. 14.

6 Le même partie 2. des Réfl. particul. Réflex. xxx. &c.

*Tome IV.* N n n

**Ronsard.** faire tort à son jugement distinguer ces Odes des Sonnets & de la Franciade du même Auteur, lorsqu'il a dit (1) que si tous ses Ouvrages étoient perdus, il n'auroit pas eu besoin d'être consolé de cette perte. Les plus belles de ces Odes, au jugement d'Etienne Paquier, sont celles que Ronsard a faites sur la mort de la Reine de Navarre, qui a pour titre *Hymne triomphal*, & celle qu'il adressa au Chancelier de l'Hospital (2). Et c'est cette derniére Ode que Passerat au rapport de Mr Ménage (3), préféroit au Duché de Milan, comme nous l'avons dit ailleurs en parlant de Buchanan.

**Sonnets.** Pour ce qui est des *Sonnets* de Ronsard, on peut dire qu'ils ont presque toujours eu jusqu'à présent l'estime de ceux qui ont eu du goût pour la galanterie grossiére. Le jeune du Verdier dans sa Censure générale (4), & même Etienne Paquier dans ses Recherches (5), n'ont point fait difficulté de préférer Ronsard à Petrarque pour ses Sonnets. Ce dernier dit qu'on ne peut nier que Petrarque ne se soit rendu admirable dans la célébration de sa Laure pour laquelle il fit plusieurs Sonnets; mais que ceux qui liront la Cassandre de Ronsard, y trouveront cent Sonnets qui prennent leur vol jusqu'au Ciel, avouant qu'il ne voudroit pas dire la même chose des secondes & des troisiémes amours de Marie & d'Helene, qui contiennent chacune deux Livres de Sonnets. Car dans les premiéres, c'est-à-dire, dans celle de Cassandre, il n'a songé qu'à satisfaire son propre esprit, au lieu que dans les secondes & dans les troisiémes il ne s'est appliqué qu'à donner du contentement aux autres, & particuliérement aux personnes de la Cour. Mr Colletet pour réfuter ou expliquer la pensée de Paquier, dit que s'il y a d'un côté beaucoup de doctrine dans la Cassandre, il trouve de l'autre qu'il y a beaucoup plus de douceur & de délicatesse dans les Sonnets sur Marie & Helene. Il nous apprend que Ronsard avoit reconnu la même chose de lui-même, & qu'il s'étoit apperçû que sa Muse étoit blamée dans les commencemens pour être trop savante & trop obscure, mais qu'il s'étoit depuis accommodé au goût & au sentiment du vulgaire avec plus de complaisance (6). On n'ignore pas que toute la Cour de Charles IX. n'ait été comme enchantée de ces Sonnets, & que leur

---

1 Balzac lettres à Chapelain, livre 6. pag. 310. comme ci-dessus.
2 Eti. Paquier livre 7. des Recherches cap. 7. &c.
3 Gilles Ménage Observations sur le troisiéme livre des Poësies de Malherbe pag. 395.

4 Claud. Verderius Cension. in omn. Auct. libr. pag. 64. &c.
5 Paquier, Binet, du Perr. & les autres comme ci-dessus.
6 Guill. Colletet Art Poëtique, Traité du Sonnet nombr. 7. pag. 34. 35. &c.

charme n'ait fait encore de grands effets depuis ce tems-là sur les Esprits, selon le témoignage du Cardinal du Perron (1). Mais il faut être bien hardi pour assûrer comme fait Colletet, après le changement du siécle & de la Langue de Ronsard (2), que le nom ni la mémoire de tous ses Sonnets ne devoient jamais périr, quoiqu'il n'ignorât point qu'on ne les trouvât déja fort rudes de son tems, & que quelques Critiques moins affectionnés que Muret qui a commenté une partie de ces Sonnets, avoient déja jugé que ce n'étoient point des piéces achevées. Au reste le Cardinal du Perron qui l'admiroit d'ailleurs & qui savoit que le Monde étoit encore infatué de ces Sonnets après la mort de Ronsard, n'a point laissé de témoigner en diverses rencontres (3) que ce Poëte n'avoit rien fait qui vaille dans tous ces Sonnets d'amour. Tantôt il juge qu'il approche fort du ridicule dans ces sortes de piéces, & qu'il y a quelquefois du galimathias : tantôt reprenant sa premiére tendresse, il dit pour excuser Ronsard qu'on ne doit pas s'étonner de ce qu'il n'a point réussi dans les Sonnets & les petits vers, parce que son esprit n'étoit porté qu'à representer des guerres & des siéges de villes : qu'on doit lui pardonner ses rudesses d'autant plus volontiers que l'on sait assés que les grands génies ne peuvent s'assujettir à ces petites choses qui leur échappent aisément, parce qu'elles sont au-dessous de leur imagination. Enfin il conclud que le Sonnet n'étoit pas son talent, parce que la Langue n'étoit pas encore assés polie de son tems.

<sup>Ronsard.</sup>

Les Critiques de notre tems n'ont point parlé plus avantageusement de ses *Eglogues*, quoique ceux d'auparavant les eussent mises avec ses Elégies au nombre de ses piéces admirables pour leur douceur. Le Pere Rapin dit (4) que Ronsard n'a rien de tendre ni de délicat dans toutes ses Eglogues. Et Mr Despreaux qui les appelle des Idylles Gothiques, accuse leur Auteur de trop de bassesse & de grossiéreté, & il le blâme (5) d'avoir changé mal-à-propos

<sup>Eglogues.</sup>

*Lycidas en Pierrot & Phylis en Thoinon,*

quoiqu'on ne voye pas bien en quoi les noms de nos Bergers & de nos Bergéres choquent l'oreille & le son plutôt que ceux des anciens Grecs & Latins. Du moins n'accusera-t-on pas Ronsard d'avoir pour

---

1 Jacq. Davy du Perron Oraison Funebre de Ronsard, à la fin de ses œuvres in-fol.
2. Colletet pag. 37. n. 7. & nombr. 10. pag. 69. 70.
3. Perroniana au mot *Ronsard*.

4 Reflex. particul. seconde partie. Reflex. XXVII.
5 Despr. de l'Art Poët. chant 1. pag. 185. &c.

**Ronsard.** cette fois trop affecté d'imiter l'Antiquité Païenne dans l'emploi des noms d'*Angelot*, de *Margot*, *Carlin*, *Aluyot*, *Fresnet*, *Bellin*, *Michau*, *Catin*, &c.

**La Franciade.** Mais le moindre de tous les Ouvrages de Ronsard, selon les régles de l'Art, est le Poëme de la *Franciade*, au jugement de ses Amis & de ses Envieux. Claude Binet de Beauvais qui a fait sa vie, avoit tâché de nous persuader que cet Ouvrage n'a point d'autres défauts que celui de n'être point achevé. Ronsard lui même a voulu informer la Postérité de la raison de cette imperfection en ces termes (1).

> *Si le Roi Charles eut vécu,*
> *J'eusse achevé ce long Ouvrage.*
> *Si-tost que la Mort l'eut vaincu,*
> *Sa mort me vainquit le courage.*

Mais il paroît que Binet n'étoit ni assés libre des préjugés de l'amitié, ni assés versé dans la Critique pour en juger. Car le Pere Rapin nous apprend en plus d'un endroit de ses Réfléxions (2), que non seulement il se trouve dans le Poëme de la Franciade un air dur & sec qui regne par tout, & qui tient peu de l'héroïque: mais aussi que l'ordonnance de la Fable du Poëme n'est pas naturelle, & que le genre de vers qu'il a pris n'est pas assés majestueux pour un Poëme héroïque (3). On s'étonnera moins des défauts de ce Poëme, lorsqu'on songera que Ronsard n'étoit presque plus que son ombre quand il se mit à le composer. Papire Masson nous fait connoître (4) qu'il étoit déja avancé en âge pour lors, & qu'il avoit perdu beaucoup de sa premiére chaleur, ajoutant que la Franciade a eu le même sort que l'Afrique de Petrarque.

Au reste c'est rendre un bon office à la mémoire de Ronsard, d'avertir le Public que dans ses derniéres années il a condamné ce que la licence & l'amour du libertinage lui avoient fait écrire contre l'honnêteté & la pureté des mœurs. Il avoit commencé même de reformer sa Muse, & il s'étoit reduit à ne plus composer que des Poësies Chrétiennes le reste de ses jours. Non content de pourvoir à la sûreté de sa conscience pour l'avenir, il songeoit encore à l'expiation du passé par la suppression de plusieurs productions entiéres de

---

1 Claud. Binet vie de P. Ronsard pag. 1660. de l'edit. in-fol. de Ronf.
2 R. Rapin premiere part des Réflex. en génér. Reflex. 14.
3 Ces vers sont de dix syllabes au lieu de 12.
4 Joh. Papyr. Mass. tom. 2. Elogior. ut suprà.

sa jeunesse, & le retranchement de tous les endroits qu'il n'approuvoit pas dans les piéces dont le fond n'étoit pas entiérement mauvais. Mais on peut dire qu'il s'y comporta plutôt en pere qui ne peut se dépouiller de la tendresse pour ses enfans, qu'en juge incorruptible.

Paquier écrit (1) que deux ou trois ans avant sa mort se voyant beaucoup affoibli par son grand âge, tourmenté de la goutte, rongé par les chagrins & abattu par des maladies presque continuelles, il eut encore le déplaisir de se voir abandonné de sa verve Poëtique. Il prétend que c'est ce qui le porta à réformer l'œconomie générale de ses Ouvrages, en les faisant réimprimer tous en un seul volume, qu'il y fit beaucoup de changemens, qu'il retrancha un très-grand nombre de piéces galantes pleines d'esprit & d'agrémens, & qu'il leur en substitua d'autres de moindre force. Mais Paquier lui ôte tout le mérite de sa Pénitence, en l'attribuant à la foiblesse de son esprit, & à l'effet d'une mélancholie que sa vieillesse lui procura.

Il s'est trouvé encore d'autres Critiques qui n'ont pas trouvé que Ronsard eût été fort judicieux dans la correction de ses œuvres (2), comme l'a remarqué Binet. De sorte qu'on peut dire que Ronsard pour avoir voulu balancer & tenir le milieu entre le goût des débauchés & celui des personnes sages, n'a satisfait ni les uns ni les autres, qu'il s'est mis mal avec les premiers qui n'ont pû souffrir le retranchement des galanteries de sa jeunesse, & qu'il n'a pû se faire approuver des derniers qui ont jugé que c'étoit par une lâche complaisance pour ses vieux péchés qu'il avoit épargné les piéces licencieuses que l'on voit encore par sa permission dans cette édition corrigée. Le Cardinal du Perron semble reconnoître aussi la répugnance que Ronsard avoit pour cette résolution (3), lorsqu'il nous dit que ce Poëte se considéroit en cette occasion comme un Pere infortuné que l'on veut obliger de couper les bras à ses enfans. Mais il attribuë à la perte de sa premiére vigueur & à la diminution des forces de son esprit, le peu de succès qu'il a eu dans ses corrections.

\* Les œuvres de Pierre Ronsard *in-folio* Paris 1609. \*

---

1 Eti. Paquier Rech. de la Fr. &c.
2 Cl. Binet. pag. 1661. à la fin des Poës. de Ronsard.
3 Oraiſ Funebre de Ronſ. pag. 1677. 1678. & surtout dans les Perronianes pag. 284. &c.

## LOUIS TANSILLO

De Nole, demeurant à Naples, sous Paul IV. Poëte Italien. D'autres le font natif de Venouse.

1336   LE Tansillo a composé divers Ouvrages en vers Italiens dont on trouve la liste dans le Ghilini, dans le Toppi & dans le Nicodemo (1). On y voit trois Comédies (2), des Stances, des Chansons & des Sonnets qui lui ont acquis de la réputation dans son pays. Mais rien ne l'a tant fait paroître que sa piéce *du Vendangeur* (3), *& de la Culture des Jardins des Dames*, & son Poëme des *larmes de saint Pierre*.

Sa Piéce du Vendangeur lui donna beaucoup de chagrin, pour modérer un peu les applaudissemens qu'il en avoit reçus. Comme il l'avoit remplie de divers traits du libertinage qui passe la galanterie ordinaire, Messieurs de l'Inquisition justement indignés ne se contentérent pas de condamner cet Ouvrage ; mais ils envéloppérent encore toutes ses autres Poësies dans la même Censure, sans épargner son nom. Ce qui l'humilia tant, qu'il crût devoir ne rien oublier, non pas pour tirer son Vendangeur de l'Index où il convenoit qu'il avoit mérité son rang ; mais pour délivrer ses autres Ouvrages, ou du moins pour faire effacer son nom qu'il croyoit en devoir être éternellement flétri. Il porta ses soumissions aux pieds du Pape Paul IV. qui se laissa fléchir, & fit effacer la tache qu'on avoit faite à son nom. L'esprit de pénitence joint au mouvement de reconnoissance, le porta à faire son *Poëme des larmes de saint Pierre*, & quoiqu'en ait dit le Toppi, la mort en fut jalouse, & ne lui permit pas de l'achever.

Il est pourtant, en l'état que nous le voyons, le plus considérable

---

1 Girolam. Ghilini nel Teatro d'Huomini letterati parte 1 carte 159.
Nicolo Toppi nella Bibliotheca Napoletan. a carte 197. & 346.
Lionardo Nicodemo nell' Addizioni alla Bibliot. Napolet. a carte 159. 160.

2 ¶ J'ai remarqué pag. 62. du Menagiana tom. 4. que ces trois Comédies étoient de l'Arétin, mais que toutes les œuvres de cet Auteur étant défendues, on s'étoit avisé pour tromper l'Inquisition, de les imprimer sous des noms supposés, & sous d'autres titres. Qu'on avoit donné celui de *Fento* à l'*Hipocrito*, de *Cavallarizzo* au *Mariscalco*, & de *Sofista* au *Filosofo* sans changer autre chose, que les deux ou trois premiéres lignes de ces trois piéces, qui ensuite pour mieux couvrir le jeu, avoient été publiées sous le nom de Luigi Tansillo.

3 ¶ Elle avoit d'abord paru sous le titre de *Stanze della coltura de gli Orti delle Donne*, & depuis sous celui de *Vendemmiatore*.

de ſes Ouvrages. C'eſt ce qui a porté l'Attendolo à le revoir & à le corriger (1), le Coſto à faire un diſcours ſur le mérite de l'Ouvrage, Malherbe à le mettre en notre Langue, Sedegno à le traduire en Eſpagnol, comme nous l'avons rapporté ailleurs. Sur quoi l'on peut voir les additions du ſieur Lionardo Nicodemo à la Bibliothéque de Naples & les obſervations de Mr Menage ſur Malherbe (2).

Nous apprenons du Stigliani (3), que le bruit commun a donné durant quelque tems ce Poëme à Jacques Tanſillo ſon neveu, parce qu'il tient peu du caractére de ſes autres Piéces, & que l'on attribuoit deux (4) de ſes Comédies à un homme de Vicenze peu connu & de peu de lettres, parce qu'elles ne paroiſſent pas dignes de lui. Au reſte ſi nous nous en rapportons au jugement de ce Critique, le Tranſillo étoit meilleur Poëte Lyrique que Petrarque même ; & ſon talent particulier ſelon Mathieu Toſcan (5), conſiſtoit dans une grande facilité accompagnée de beaucoup de ſubtilité.

\* *Luigi Tanſillo Sofiſta, Comedia* in-12. *Vicenza* 1601. \*

---

1 ¶ Il s'en acquita ſi mal que le Caſto fut obligé de revoir l'ouvrage dont il donna une édition plus correcte. §

2 Gilles Ménage Obſervations ſur le 1. livre des Poëſies de Malherbe pag. 257. 258.

3 Tomaſo Stigliani nelle ſue lettere a carte 118. 119. & ap. L. Nicod.

¶ Le Stigliani s'eſt trompé. On trouve dans la deuxiéme partie du Recueil de l'Atanagi *delle Rime di diverſi* une belle Ode du Tanſille au Pape Paul IV. où il compte en termes exprés parmi ſes ouvrages le Poëme des larmes de ſaint Pierre. Voici l'endroit.

Un v'è che volto a Dio lo ſtil e'l core,
Canta l'amare lagrime, che ſparſe
Poiche'l gran Rever lui degnò girarſe,
Il nocchier ſanto, il nobil peſcatore.

4 ¶ J'ai remarqué plus haut que trois Comédies de l'Arétin l'*Hipocrito*, le *Maricalco*, & le *Filoſofo* avoient ſous les titres de *Finto*, de *Cavalarizzo*, & de *Sofiſta* été attribuées par la fourbe des Libraires à Louis Tanſille, d'où il s'enſuit que les deux Comédies dont on parle ici ne ſont ni de Louis Tanſille, ni de Jaques Tanſille ſon neveu. §

5 Joh. Math. Toſcan in Peplo Ital. pag. 104. &c.

## JEAN DORAT(1),

Dit *Auratus*, Limoufin, né aux fources de la Vienne, l'an 1517. mort à Paris l'an 1588. âgé de 71. ans, contre l'opinion commune qui lui a donné jufques ici plus de 80. ans (2). Poëte Grec, Latin, & François. ( *Quoique la Croix du Maine foutienne que tous ceux qui l'ont crû fi âgé fe font trompés; il eft pourtant difficile de n'être pas du fentiment de Papire Maffon, du Préfident de Thou & de Scevole de Sainte-Marthe qui l'avoient tous connu très-particuliérement.*

1337    Dorat n'étoit pas feulement confidéré comme le Pere & le Maître commun des meilleurs Poëtes du Royaume durant fon fiécle ; mais il étoit auffi grand Poëte lui-même. Du Verdier de Vauprivas dit, que la quantité de fes Poëfies Grecques & Latines paffoit le nombre de cinquante mille vers. L'hyperbole paroît un peu trop forte pour être employée dans un fait hiftorique, fûr tout au fûjet de Dorat qui a paffé la meilleure partie de fa vie à enfeigner publiquement plutôt qu'à écrire. Mais au refte le grand nombre de fes vers Grecs & Latins ne l'a point empêché d'en faire encore de François, dont quelques-uns ont été imprimés féparément (3).

Mr Teiffier nous a donné une lifte de fes Poëfies Latines (4) qui ont vû le jour. On y trouve cinq livres de fes Poëmes, trois de fes Epigrammes, un de fes Anagrammes, un de fes vers Funébres & Epitaphes, deux de fes Odes, deux de fes Epithalames, un des Poëfies diverfes, l'Hippolyte d'Euripide, & Phocylide traduits en vers, les fommaires ou arguments des Pfeaumes mis en diftiques (5) ce qui

---

1 ¶ Je ne dis rien de fon nom de famille *Dine-mandi* qui en langue Limofine fignifie *Dine-matin*, ni des diverfes raifons qu'on donne du nom qu'il prit de Dorat, parce que Bayle qui a rapporté tout ce que les Auteurs en ont dit, a épuifé la matiére, à une remarque près qui eft de feu Mr Baluze, favoir que Dorat tiroit fon nom de la ville nommée le Dorat, capitale de la Baffe-Marche au Limofin. ¶

2 Cette opinion pourroit rendre un peu moins grande la licence Poëtique avec laquelle il époufa une fille de 19. ans fur la fin de fes jours. *Sainte-Marthe*.

3 Ant. Du Verdier de Vauprivas Biblioth. Franc. &c.

4 ¶ Cette lifte n'eft rien moins qu'éxaête. Il étoit difficile d'en donner une qui le fût, les Poëfies de Dorat ayant été imprimées très confufément, & très peu correctement. Ce qu'il y a de fûr, c'eft qu'il n'y en a jamais eu d'autre édition que celle de Paris in-8°. 1586. & qu'on n'y trouve ni la traduction de Phocylide, ni celle de l'Hippolyte d'Euripide. *b*

5 Ant. Teiffier Addit. aux Eloges de Mr de Thou tom. 2. &c.

fut réuni en un Recueil & publié à Bâle *in-4°*.

Joseph Scaliger qui faisoit passer Dorat pour un des plus fins & des plus délicats d'entre tous les Critiques (1) disoit qu'il étoit encore un très-excellent Poëte, & qu'il avoit un talent extraordinaire pour s'accommoder à toutes sortes de sujets, mais qu'il étoit un peu fantasque.

Papire le Masson dit (2), que le Portrait que saint Jérôme a fait d'Horace convient merveilleusement à notre Dorat, parce qu'on a trouvé en lui la subtilité ingénieuse jointe à la gravité & à la profonde érudition, par une rencontre qui est très-rare (3). Il ajoute que c'est Dorat qui a donné du cours & du crédit à l'Anagramme, & qui l'a remis en usage, s'il est vrai que les Anciens en ayent jamais fait aucun commerce (4). C'est une invention tout à fait ingénieuse. C'est un amusement de l'esprit qui paroît également innocent & divertissant, lorsqu'on ne prétend pas en tirer aucune conséquence ; mais qui certainement est ridicule & extravagant, lorsqu'on tâche de nous faire croire qu'il y a du Mystére dans le sens que produit la transposition des lettres. Aussi tous les Poëtes modernes qui ont eu le goût des Anciens ont-ils mieux aimé laisser l'Anagramme aux Ecoliers comme un véritable jeu de Collége que de s'exposer à passer pour des Poëtes puériles en s'y exerçant.

Mr de Thou témoigne, que comme ce n'est point Dorat qui a donné lui-même le Recueil que nous avons de ses Poësies, on ne doit pas s'étonner qu'il y ait si peu de choix dans le ramas qu'en ont fait les Libraires, qui se soucient peu de la réputation d'un Auteur quand il s'agit de leurs propres interêts (5). Il dit que parmi ses vers il y en a plusieurs que Dorat a faits véritablement, mais qu'il n'auroit pas reconnus pour les siens, s'il en avoit pû disposer.

---

1 Joseph Scaliger in primis Scaligeranis pag. 13. 18. &c.
In posteriorib. etiam Scaligeran. pag. 21.
2 ¶ On dit ordinairement Papire Masson, mais il y a Papire le Masson pag. 591. de la liste des Avocats imprimée à la suite du Dialogue des Avocats de Loisel.
3 Papir. Masson. tom. 2. Elogior. pag. 288. & seqq. Aurati Elog.
4 ¶ Voyés Tabourot chap. 9. de ses Bigarrures.
5 Jacob. August. Thuanus in histor. suor. tempor. ad ann. 1588.
¶ Ce ne sont pas les Libraires qui ramasférent les Poësies de Dorat. Il déclare lui-même dans la dédicace qu'il a mise au devant que ce sont ses Disciples qui les recueillirent sans le consulter. Bien loin cependant de leur en savoir mauvais gré, il reconnoit toutes ces Poësies pour siennes, & les présente à Henri III. comme des fruits précoces.

*Tu quoque respueris mea ne præcocia poma ,*

ne faisant pas réfléxion que le mot *præcocia* ne convenoit pas à un Poëte décrépit, & qu'il péchoit d'ailleurs lourdement contre la quantité de *præcocia* dont il allongeoit la seconde syllabe, qui est brève.

En effet les Critiques modernes ont remarqué dans ce Recueil (1) quantité de piéces négligées, qui n'ont souvent ni force ni délicatesse, ni pureté, parce que la trop grande facilité avec laquelle il les composoit ne souffroit pas qu'il se donnât le loisir de les limer & de les polir. Quelques-uns prétendent même qu'il est difficile de trouver dans tout ce Recueil une piéce ou deux qui arrêtent l'esprit, & qui puissent contenter ceux qui ont le goût fin & l'oreille délicate, & qu'il n'est jamais extraordinairement heureux, ni dans l'invention, ni dans l'expression, ni dans l'harmonie de la composition.

Mais je crois que ce jugement regarde plus particuliérement les Poësies qu'il a faites en sa vieillesse, dans lesquelles on ne trouve plus ces beautés & cette force que la vigueur de l'âge avoit données aux productions de sa jeunesse, & qui sont presque toutes fades & languissantes. Mais il faut convenir avec Mr de Sainte-Marthe, que tant qu'il a été possédé de la fureur Poëtique, personne n'a mieux réussi que lui dans le genre Lyrique, & qu'il a eu grande part à la gloire d'Horace & de Pindare (2).

1 P. M. & Ph. not. ad Aurati Poëmatia & aliorum.   2 Scævol. Sammarthan. lib. 3. Elogior. Gall. erudit. pag. 100.

## NICODEME FRISCHLIN,

Né à Balinghen ou Paling en Souabe, au Duché de Wirtemberg, l'an 1547. tué d'une chûte en se sauvant par les fenêtres de sa prison d'Aurach, la nuit de Saint André, l'an 1590. âgé de 43. ans & quelques mois. Poëte Latin.

1338   ON a de cet Auteur seize Livres d'Elégies, sept Comédies, deux Tragédies, des Odes, des Anagrammes, sept Livres de vers heroïques sur le mariage de Louis Duc de Wirtemberg, cinq sur les Ducs de Saxe, & d'autres piéces dont on peut voir les noms dans la liste de tous ses Ouvrages que donnent Melchior Adam & Mr Teissier (1).

La Comédie de Rebecca lui valut une couronne de Laurier d'or que l'Empereur Rodolphe voulut lui donner solennellement de sa propre main à la Diéte de Ratisbonne avec la qualité de *Poëte cou-*

1 Melch. Adam vit. Germanor. Philosophor. pag. 366. 367.   Antoine Teissier Addit. aux Eloges de Mr de Thou tom. 2. pag. 146. 147.

ronné. Mais ceux qu'il fit pour le Duc de Wirtemberg n'eurent point d'autre récompense que la prison.

Il avoit le génie tout à fait tourné à la Poësie, & une facilité si grande que les vers se présentoient à lui avant même qu'il les eût cherchés (1), au jugement du même Adam. Mr Borrichius remarque de la naïveté & de l'air naturel dans ses Comédies ; de la netteté, du choix, & de la cadence dans ses Elégies (2).

\* *Nicod. Frifchlini Opera Epica* in-8°. *Argent.* 1598. — *Ejusd. Opera Elegiaca* in-8°. *ibid.* 1601. — *Ejusd. Opera scenica* in-8°. *Ibid.* 1604. — *Operum Poëticorum Paralipomena* in-8°. *Geræ ad Eliftrum* 1607. — *Ejusdem Opera Poëtica* in-8°. 1589. \*

1 M. Ad. pag. 360. ut suprà, & G. M. Konig. in Biblioth. Vet. & Nov. pag 319.  2 Olaüs Borrichius Differtat. 4. de Poët. Latin. num. 157. pag. 130.

## DU BARTAS,

( *Guillaume de Sallufte* ) Gentilhomme, né au Bartas près d'Auch en Gascogne, mort l'an 1590. selon Mr de Thou, & 1591. selon Mr de Sainte-Marthe, âgé de 46. ans. Poëte François.

1339 LE Capitaine du Bartas a fait connoître par sa conduite le tort que les Poëtes de Robe, & particuliérement ceux de l'ordre Ecclésiastique ont eu de vouloir nous persuader par leur éxemple que l'esprit Poëtique ne réside & ne fait bien ses fonctions que dans l'expression des passions honteuses que l'on se contente d'appeller aujourd'hui Tendresse & Galanterie. Du Verdier nous assure qu'entre tous les Poëtes François qui avoient paru jusqu'alors, il n'y avoit que le seul Ronsard à qui il cédât la préséance (1), mais il s'est trouvé des personnes qui le lui ont préféré, au moins pour le choix qu'il a fait des matiéres graves & sérieuses, pour occuper & entretenir sa Muse.

Entre ses Poësies nous avons 1° *La Semaine* ou la création du Monde, en autant de Livres qu'il y a de jours. 2° *La seconde Semaine* ou l'enfance du Monde. 3° La Muse Chrétienne qui comprend *La Judith* en six Livres, *l'Uranie* ou Muse céleste, le *Triomphe de la Foi* en quatre chants, divers Sonnets, les *neuf Muses*, les *Peres*, la *Foi*, les *Trophées*, la *Magnificence*, *Jonas*, la *Bataille de Lepante*, la *Victoire d'Ivry*,

2 Ant. du Verdier de Vauprivas dans sa Bibl. Franç. au tit. Guill. de Sallufte, &c.

O o o ij

**Du Bartas.** le *Cantique de la Paix*, la suite *de la seconde semaine, &c.*

Le plus célébre de tous ses Ouvrages est celui de la *Semaine* ou de la création, & quoique ce soit un Livre en langue vulgaire, on n'a pas laissé d'en faire en moins de cinq ou six ans plus de vingt éditions, selon le sieur de Vauprivas, & plus de trente selon le sieur de la Croix du Maine (1).

Le plus considérable d'après l'Ouvrage de la Semaine est le Poëme de la *Judith*, dans lequel Joseph Scaliger dit qu'il a suivi le style de Lucain, qu'il s'est heureusement élevé, & qu'il s'est soutenu avec assés de force & d'égalité, quoiqu'il fasse paroître souvent des duretés dans son style (2).

C'est particuliérement à ces deux Ouvrages qu'il faut rapporter la plupart des jugemens qu'on a faits de du Bartas. Ceux que les Critiques Etrangers en ont portés sont sans doute fort honorables à ce Poëte, mais leur poids & leur autorité est d'autant moins de conséquence qu'ils ont été moins en état de connoître le génie de notre langue. C'est pour cela que si nous admirons encore du Bartas, ce n'est pas absolument parce que Gaspar Barthius (3) l'a appellé un Poëte admirable. Et sur ce que Gerard Jean Vossius a dit (4) que c'est un Poëte savant & élégant, on peut bonnement croire le premier sur sa parole; mais on peut aussi s'en rapporter à d'autres pour le second.

Mais parmi ceux du pays qui ont voulu faire connoître à la postérité les sentimens qu'ils ont eu des Poësies de du Bartas, on doit donner le premier rang à Ronsard pour reconnoître en quelque façon la générosité qu'il a euë de ne point traiter du Bartas comme il avoit été traité par Mellin de Saint Gelais, & de ne point user pour cette fois du Privilége que les Poëtes prétendent avoir de se vanger des uns sur les autres. Il faut donc savoir que Ronsard ayant lû l'Ouvrage de la Creation de du Bartas, en conçût tant d'estime & d'admiration, que sans s'arrêter aux inspirations de la jalousie, il lui fit présent d'une plume d'or, en lui témoignant qu'il avoit plus fait en sa *Semaine* que lui même, tout Ronsard qu'il étoit, n'avoit fait en toute sa vie (5).

---

1 Franç. de la Croix du Maine dans sa Biblioth. Françoise, &c.

2 Joseph. Scaliger in prim. Scaligeranor. Collectionib. pag. 87. 88.

3 Gaspar Barthius in Adversar. & apud Konig. Bibl. Vet. & Nov. voce Bartassin.

4 Ger. Johan. Vossius in libro de Arte Poëtica cap. 6. paragr. 4. pag. 32.

5 Jac. Aug. Thuan. lib. 99. Historiar. sui temp. &c. loco quasi peregr.

6 Simon Goulart dans son Commentaire sur la Babylone de du Bartas, not. 32. est le premier qui ait rapporté ce mot de Ronsard, mais il n'a fait nulle mention du présent de la plume d'or. Mr de Thou n'a parlé nulle part ni du mot ni du présent.

## POETES MODERNES. 477

Mr de Thou de qui nous apprenons cette circonstance témoigne *Du Bartas* ailleurs (1) que du Bartas a mérité d'autant plus de gloire pour le grand succès de ses vers, qu'il a eu plus d'obstacles à surmonter pour y parvenir. Car sans parler des emplois militaires ausquels il s'est trouvé engagé par les devoirs de sa naissance, & de sa condition dès son enfance, il avoit trouvé dans le langage de son pays un grand éloignement pour la pureté de la langue Françoise à laquelle il aspiroit. Ce qui ne l'a point empêché de passer pour ainsi dire sur le ventre à tous nos Poëtes François, pour aller prendre sur leur Parnasse le rang qui est immédiatement après celui de Ronsard.

Il y a des Critiques, dit le même Auteur, qui ont trouvé le style de du Bartas trop rempli de figures, trop enflé, trop ampoullé, & trop outré en hyperboles, en un mot trop Gascon. Mais si sa plume étoit infectée de l'air de son pays, on peut dire que son ame n'en avoit rien contracté, & qu'il avoit des sentimens très-modestes de lui-même, qui étoient accompagnés d'une simplicité honnête dans sa conduite, & d'une grande probité dans ses mœurs.

Mr de Sainte-Marthe a reconnu aussi que c'étoit un Poëte d'un esprit grand, noble & généreux ; mais que comme les jugemens des hommes sont divers, son Poëme de la Semaine Divine a rencontré parmi les applaudissemens de ses Approbateurs quelques Critiques savans & difficiles, qui ne lui ont pas été entiérement favorables. Ces personnes prétendoient (2) que ce Poëme n'étant qu'une narration simple & continuë des choses arrivées à la Création (comme il est certain que son sujet sembloit éxiger cela de lui) on devoit considérer son Auteur plutôt comme Historien que comme un véritable Poëte. D'autres même soutenoient que n'ayant point assés de connoissance de l'Antiquité, il s'est écarté du chemin que les Anciens ont tracé pour tous ceux qui voudroient réussir à leur imitation, & que pour n'avoir pas suivi leurs régles, il est tombé dans des imperfections, & dans de grandes irrégularités.

Il ne faut pas douter que Mr le Cardinal du Perron n'ait été un des plus sévéres d'entre les Censeurs dont nous venons de parler, & qu'il ne soit d'autant plus a craindre pour la réputation de du Bartas, qu'il étoit grand connoisseur & bon Juge de Poësie. Il dit nettement que du Bartas est un fort méchant Poëte, & qu'il a toutes les conditions

---

1 Idem Thuan. loc. propr. ejusdem operis ad annum 1590. & tom. 2. Ant. Teissier.

2 Scævol. Sammarth. Elogior. Gall. erud ditor. lib. 4. pag. 114. edit. in-4°.

**Du Bartas.** qu'un très-mauvais Poëte puisse avoir, soit dans l'invention, soit dans la disposition, soit enfin dans l'élocution (1).

Premiérement pour ce qui regarde l'*Invention*, chacun sait, dit ce Cardinal, que du Bartas ne l'a pas, qu'il n'a rien qui soit à lui, & qu'il ne fait que raconter une Histoire : ce qui est entiérement contraire aux régles de l'Art Poëtique, qui veulent que dans un Poëme on enveloppe les Histoires de Fables & que l'on dise toutes choses d'une maniére qui surprenne sans qu'on s'y attende ou qu'on s'y prépare.

2°. Pour la *disposition*, il ne l'a pas non plus. Car il va son grand chemin sans se soucier d'observer ce que les anciens Maîtres ont écrit touchant l'ordonnance ou la constitution d'un véritable Poëme.

3°. Pour l'*Elocution*, elle y est très-mauvaise, impropre dans ses façons de parler, impertinente dans ses métaphores, qui pour l'ordinaire ne se doivent prendre que des choses universelles, ou si communes qu'elles ayent passé comme de l'espéce au genre. Au lieu que du Bartas descend toujours du genre à l'espéce, qui est une maniére d'écrire fort vicieuse. Ainsi pour exprimer le Soleil, au lieu de dire *le Roi des lumiéres*, il dira *le Duc des chandelles* : au lieu de dire *les Coursiers d'Eole* il dira *ses Postillons*, & se servira de la plus sale & de la plus malhonnête métaphore qui pourra se présenter à son imagination.

Le P. Rapin n'a point été plus persuadé de l'excellence de ce Poëte que le Cardinal du Perron. Il le blame en un endroit (2) d'avoir voulu faire consister l'essence de sa Poësie dans la grandeur & la magnificence des paroles. En un autre il nous fait remarquer (3) que du Bartas pour avoir entrepris de s'élever par de grands mots de sa façon, composés à la maniére des Grecs, & dont notre langue n'est pas capable, il est tombé dans l'impropriété, & qu'il est devenu tout barbare. Ailleurs il dit qu'il s'est rendu ridicule, lorsqu'il a voulu imiter Homere & Pindare dans l'invention des mots métaphoriques, & il le reprend de quelques autres vices qui lui sont communs avec Ronsard, & que j'ai rapporté plus haut à l'occasion de ce dernier.

Au reste la Semaine de du Bartas n'est point un Ouvrage tout à fait Original, si nous en croyons le sieur Colletet qui prétend que c'est une imitation de l'Hexaëmeron de George Pisides Diacre de l'Eglise de Constantinople dont il a suivi le modéle (4).

1 Perroniana au mot *Bartas*.
2 René Rapin Reflex. gener. xxx. sur la Poëtique.
3 Réflex. particul. xvi & xxxiii.
4 Guillaume Colletet de l'Art Poëtique au Discours de l'Eloquence pag. 32. 33.

POETES MODERNES. 479

On peut ajouter à la gloire de cet Ouvrage de du Bartas, qu'il a eu la fortune des Livres les plus célébres, c'est-à-dire des Traducteurs, des Commentateurs, des Abbréviateurs ou Imitateurs, & des Adversaires. Il a été mis en vers Latins par *Gabriel de Lerme* (1) Gentilhomme Languedochien, dont on voit la version au second tome des *Délices des Poëtes Latins de France*, & séparément de l'édition de Londres in-8°. en l'an 1591. & de celle de Paris qui parut dès l'an 1584. puis en 1585. Il a été traduit en Italien par un *Anonyme* (2) dont l'Ouvrage parut à Venise in-8°. l'an 1595. Il a été tourné aussi en Anglois par *Josué Silvester* qui fit imprimer sa version à Londres l'an 1621. Il l'a été pareillement en Espagnol par *François de Cazeres* dont l'édition parut à Anvers chés Pierre Beller in-8°. l'an 1612. ou plutôt pour ne point abuser le monde par Diegue ou Jacques de Carcerès Espagnol Juif, dont la Traduction parut à Amsterdam l'an du Monde 5372. selon le calcul des Juifs de ces quartiers-là, c'est-à-dire la 1612. de nôtre Epoque in-8°. Enfin on l'a tourné aussi en Allemand, & on l'a imprimé en cette langue à Leipsick & à Cothen dans la Principauté d'Anhalt, au rapport de Draudius.

Il a été commenté par diverses personnes en François, par Simon Goulart de Senlis Ministre à Genève, & par Pantaleon Thevenin de Commerci en Lorraine, & en Latin par Valerius Hartungus qui fit imprimer ses Notes avec la version Latine à Leipsick l'an 1635. in-8°.

*Jean Edoard du Monin* de Gy en Bourgogne (3) en a fait un nouveau Poëme, ou plutôt une version en vers Latins sous le titre de *Beresithiade*.

Et l'on a vû paroître à Lyon l'an 1609. in-8°. un Ouvrage contre celui-ci composé par *Christofle de Gamon* sous le même titre de la Semaine ou Création du Monde (4).

1 ¶ Son nom s'écrivoit de Lerm. Samuel Benoit a aussi traduit la 2. Semaine en vers Latins. Jean Benoit son frere a parlé de cette traduction dans l'Epitre dédicatoire de son Lucien de l'édition de Saumur.

2 ¶ Il n'est point anonyme. Son nom est Ferrante Guisone, sa version est plus belle de beaucoup que l'original.

3 ¶ Il faloit dire de Gy en Franche-Comté. ¶

4 Voyés les Bibl. de Thom. Hyde Oxon. Bodlei. de Mart. Lipenius Philosoph. de Georg. Draud. tom. 3. des Ecrits Allemans. de Nic. Antonio des Auteurs Espagnols, De la Croix du M. des Ecriv. Franç. de Konigius & des autres.

## ROBERT GARNIER,

Natif de la Ferté-Bernard au Maine, né l'an 1534. Lieutenant Général (*Criminel*) du Mans, puis Conseiller au grand Conseil, mort l'an 1590. Poëte François Tragique.

1340    CEt Auteur a passé pour un excellent Poëte dans ce Royaume jusqu'à la fin du seiziéme siécle, & l'on étoit alors si bien coëffé de son mérite, qu'on ne le jugeoit pas même inférieur aux anciens Poëtes Tragiques de la Grece (1). C'est ce qu'on peut voir dans les Eloges qu'en ont faits du Verdier de Vauprivas, & de la Croix du Maine.

Mr de Thou estime (2) qu'il a arraché la palme à Jean de la Perufe & à Etienne Jodelle, dont nous avons parlé en leur lieu ; & il ajoute que c'étoit le sentiment de Ronsard, qui ne mettoit personne au-dessus de Garnier pour ce genre d'écrire.

C'a été aussi celui de Mr de Sainte-Matthe (3), qui nous apprend que cet Auteur s'étoit attaché plutôt à suivre Seneque que les Grecs ; mais que d'ailleurs il avoit eu assés de jugement & de capacité pour observer les bien-séances, & faire garder éxactement les caractéres & les mœurs convenables à ses personnages ; & que si on a eu raison de le comparer aux Anciens, c'est pour le grand nombre & la force de ses pensées & de ses sentences, & pour l'abondance & la beauté de ses expressions par rapport à son siécle.

Ses Tragédies ont été lûës avec beaucoup de plaisir par toutes sortes de personnes, & elles ont fait assés long-tems les Délices des curieux & des curieuses ; & les uns & les autres y ont également admiré cette grande facilité qu'il avoit pour la versification, sur tout lorsqu'on consideroit combien il avoit d'éxercice & de distraction dans l'occupation pénible de sa Charge.

Ses Piéces ont paru en divers tems les unes après les autres. 1° La *Porcie* ou des guerres Civiles de Rome l'an 1568. 2° L'*Hippolyte* l'an 1573. 3° La *Cornelie* l'an 1574. 4° Le *Marc-Antoine* l'an 1578. 5° La *Troade* l'an 1579. autrement la Destruction de Troye. 6° L'*Antigone* ou la Piété l'an 1580. qui est une invention de Stace dans

---

1 Biblioth. Franç. d'Ant. du Verd. & de Franç. de la Cr. du Maine.
2 Jacob. Aug. Thuan. Histor. suor tempor. ad ann. 1590.
3 Scævol. Sammarthan. Elogior. lib. 4. pag. 104, 105. edit. in-4°.

sa Thebaïde. 7°. La *Bradamante* Tragicomédie imitée du Roland de l'Arioste l'an 1582. 8°. *Le Sedecias* ou les Juïves l'an 1583. Toutes ces huit Tragédies furent recueillies & imprimées ensemble la même année chés Mamert Patisson. Elles sont toutes fort approuvées & estimées d'Etienne Paquier (1); qui confirme les sentimens des autres Critiques que nous venons de rapporter. Il a fait encore depuis une neuviéme Tragédie, & d'autres Piéces de Poësie de différentes espéces imprimées séparément.

Garnier est donc un grand Poëte Tragique par rapport à son siécle. Mais après tout ce que j'ai remarqué ailleurs de la différence des goûts & des capacités de chaque siécle, de la révolution des choses, de la vicissitude des Langues, & de l'accroissement des Arts & des Sciences, il ne faut pas trouver mauvais que nous comptions au nombre des médiocres ou mauvais Poëtes ceux qui se sont contentés de l'égaler dans notre siécle sans aller plus loin, & que nous ne laissions pas de considérer comme de bons Poëtes quelques-uns de ceux des derniers tems, dont nous pourrons dire plus de mal que nous n'avons fait de Robert Garnier.

\* Les *Tragédies de Robert Garnier* in-8°. Lyon 1592. — *Hymne de la Monarchie* par le même, in-4°. Paris 1568.\*

1 Etienne Paquier Recherches de la France livre 7. pag. 618.

---

## LOUIS DE LEON, dit LEGIONENSIS,

Ermite de Saint Augustin, né à Madrid ou plutôt à Bel-Monte l'an 1527. Poëte Espagnol, mort l'an 1591. le 23. jour d'Aout, à Madrigal durant l'Assemblée de son Ordre.

1341   Les Oeuvres Poëtiques de cet Auteur parurent à Madrid in-16. l'an 1631. par les soins de François Quevedo de Villegas qui les dédia au Comte Duc d'Olivarez. Dom Nicolas Antonio dit (1) qu'il avoit un naturel merveilleux pour la Poësie, & qu'il étoit né Poëte : mais qu'il avoit si heureusement cultivé ses talens, qu'outre le génie extraordinaire qui paroît dans ses vers, on y trouve une grande pureté de style qui est jointe avec la force & la douceur du discours (1).

1 Nicol. Anton. tom. 2. Biblioth. Script. Hispan. pag. 36. 37. 38.

Les principales de ses Poësies, sont les Paraphrases qu'il a faites de quelques Pseaumes, & de quelques Chapitres de Job.

## JEAN-ANTOINE DE BAIF.

Secrétaire de la Chambre du Roi. Originaire d'Anjou, né à Venise l'an 1531 (1). durant l'Ambassade de son Pere Lazare qui le légitima depuis: Poëte François, mort l'an 1592.

1342 LE Catalogue des Poësies de Baïf se trouve dans de la Croix du Maine, mais plus amplement encore dans du Verdier (2); le nombre en est trop grand pour pouvoir être mis ici en détail. Il suffit de dire en général qu'il a fait neuf Livres de Poëmes divers; sept Livres d'Amours; cinq Livres des Jeux; cinq Livres des Passe-tems; plusieurs Traductions en vers tant du Grec que du Latin, entre autres celles des Pseaumes de David, de quelques Tragédies d'Euripide & de Sophocle, de quelques Comédies d'Aristophane & de Terence; & deux gros volumes d'Odes, d'Elégies, d'Iambes, de Chansons, &c. sans parler d'un Recueil d'Etreines contenant plusieurs Poësies en vers mesurés écrits dans l'Orthographe des Meigretistes, & d'un autre Recueil fort gros de Mimes, de Proverbes, & d'autres vers Moraux & sententieux.

Baïf étoit de la célébre Pleïade des Poëtes François qui vivoient sous Charles IX. & elle avoit été imaginée par Ronsard à l'imitation de celle des Poëtes Grecs dont nous avons parlé. Les six autres étoient Jean Dorat, Etienne Jodelle, Joachim du Bellai, Remi Belleau, Ronsard lui même, & Pontus de Thiard, qui est le seul dont nous n'avons pas encore parlé.

Mr de Sainte-Marthe témoigne que bien que le jeune Baïf sût fort bien faire des vers Grecs & Latins (3), il ne s'appliqua néanmoins qu'à la Poësie Françoise, qu'il tâcha de perfectionner en sa maniére, en cultivant notre Langue à l'imitation de Ronsard. Il ne voulut pas même se contenter de faire des vers rimés comme les autres, il tâcha aussi d'en introduire de mesurés à la mode des anciens Grecs & Romains; & dans le dessein de faire mieux réussir la chose, il avoit établi dans sa maison de plaisir qu'il avoit à un des

---

1 ¶ La Croix du Maine met l'an 1532.
2 Fr. de la Cr. du Maine, & Ant. du Verdier dans leurs Biblioth. Franç.

3 Scævol Sammarthan. Elogior. lib. 1, pag. 11. in Lazaro Baïfo.

POETES MODERNES. 483

Fauxbourgs de Paris une Académie de beaux Esprits, & particuliè- Baïf. rement de Musiciens, pour prendre plus sûrement la Mesure, les Nombres, & la Cadence du vers François sans rime: Mais la brutalité des Gens de guerre ayant ruiné son Académie, les troubles publics & les difficultés particuliéres de son dessein, dissipérent tous ses beaux projets.

Il ne pût même parvenir à se rendre bon Rimeur comme les autres. Mr le Cardinal du Perron disoit qu'il étoit bon homme, mais fort mauvais Poëte(1), il témoigne pourtant en un autre endroit qu'il avoit commencé à faire quelque chose pour l'avancement de la Langue, mais que cela étoit fort imparfait (2). C'est ce qui a fait dire à Mr Sorel qu'il n'a pû vaincre la rudesse de son style (3).

C'est pourquoi Mr Colletet qui l'a voulu faire passer d'ailleurs pour un des plus savans hommes de son siécle, a eu raison de dire (4) qu'il n'etoit Poëte François que par étude & par contrainte, que ses Sonnets entre les autres piéces sont extrémement durs & fort raboteux, & qu'il a fort mal rencontré dans le choix d'une Orthographe aussi bizarre qu'est la sienne, & d'une espéce de caractére dont la nouveauté a paru ridicule (5).

* Les Oeuvres de J. Ant. de Baïf *in*-8°. Paris 1581. & *in*-12. 1573. — Les Mimes, Enseignemens & Proverbes du même IIII. livres *in*-12. Paris chés Patisson 1597. *in*-8°. Paris 1581. — Les Amours de J. Ant. Baïf *in*-4°. Paris 1576.

1 Perroniana au mot Baïf.
2 Item ibid. pag. 267.
3 Charl. Sorel dans sa Biblioth. Franç. pag. 202. &c. Poës. Franç.

4 Guill. Colletet de l'Art Poëtique Traité du Sonnet nombr. 7. pag. 35.
5 Le même au Traité de la Poësie Morale nombre 15. pag. 71.

## LE CARDINAL DE LA ROVERE ou DU ROUVRE.

Piemontois ( *Hieronimus Ruverens*, & quelquefois *Roborens* ) natif de Turin Evêque de Toulon, puis Archevêque de Turin, mort l'an 1592. âgé de 62. ans ou environ. Poëte Latin.

1345 LA Rovere fit dans sa première enfance des vers qui ne firent pas de deshonneur à sa vieillesse ni a sa pourpre, & qui n'en font pas encore aujourd'hui à sa réputation, pourvû qu'on lui pardonne quelques piéces de galanterie dont il faut rejetter la faute sur ses Maîtres, puisqu'il étoit au-dessous de dix ans lorsqu'il publia toutes ces Poësies, c'est-à-dire, en un âge auquel la malice de l'homme n'a point encore assés de force & de maturité pour produire des fruits de cette nature sans la suggestion & le secours d'autrui.

Les Poësies de la Rovere avoient été imprimées à Pavie dès l'an 1540. mais parce qu'il ne s'en fit que cette édition, la rareté des exemplaires porta les Curieux à les multiplier par des copies manuscrites, jusqu'à ce qu'un Allemand nommé le Sieur Joachim Hartlieb les fit remettre sous la Presse à *Ratisbonne* l'an 1683. *in-8°.* pour la satisfaction du Public. Il y a des vers de différentes espéces, des Epiques, des Elégiaques, des Sapphiques, des Phaleuques, &c.

Messieurs de Leipsick témoignent qu'on n'y trouve aucune marque de l'âge de leur Auteur (1), mais qu'on y remarque par tout une facilité merveilleuse, une imagination heureuse & fertile, une force & une vigueur d'homme fait, avec une pureté de style & un choix de mots qui fait voir de la discrétion au-dessus de la portée ordinaire des Esprits, qui ayant commencé de si bonne heure, n'ont pas coutume de durer aussi long-tems que le sien.

1 Acta Eruditor. Lipsiens. ann. 1683. tom 2. pag. 389.

## FRANCOIS BENCE ou BENCI,

Jéfuite Italien, natif d'Aquapendente en Tofcane ( dite en Latin *Aquæ Taurinæ* ou *Aquila* (1), mort à Rome l'an 1594. âgé de 52. ans, le 6. May, Poëte Latin.

1344   Les Poëfies de ce pere font jointes avec fes Oraifons, en deux volumes, & elles ont été imprimées en Italie & en Allemagne. Il a fait encore un Poëme héroïque fur la mort de cinq Martyrs de la Société dans les Indes.

Jofeph Scaliger prétendoit (2) que de fon tems il n'y avoit que lui parmi les Jéfuites qui fût bien faire des vers. Ce n'eft pas, difoit-il par une efpéce de correction, que Bencius en fit de bons effectivement, mais feulement, que ceux qu'il faifoit n'étoient pas méchans; & il concluoit à fa maniére que cet Auteur ne méritoit ni louange ni blâme, parce qu'il n'étoit ni bon ni mauvais Poëte. Mais Thomas Bofius en jugeoit autrement (3), lorfqu'il l'eftimoit comparable aux Poëtes de l'Antiquité même; & le Cardinal Baronius nous faifant connoître qu'il avoit heureufement allié la Piété & l'Erudition avec l'Efprit Poëtique, dit à fa gloire qu'il avoit converti les Mufes, & qu'en les rendant Chrétiennes, il les avoit rendu plus honnêtes & plus agréables.

\* *Francifci Bencii Orationum ac Poëmatum volumina duo* in-8°. *Lugd.* 1590. *Idem Ingolft.* in-8°. 1599. — *Ejufdem quinque Martyrum ex Societate Jefu in India, Poëma. Ibid.* \*

1 ¶ C'eft *Acula* ou *Aquula*.
2 Jofeph Scalig. in Collectan. Scaligeraïs pofteriorib. pag. 29.

3 Thom. Bofius, Cæf. Baronius, Fam Strada & alii apud Alegamb. & Sotwell in Biblioth. Societ. Jefu voce *Francifcu*

## LEWIS VANDER-BEKEN,

Plus connu en Latin sous le nom de *Lævinus Torrentius* Flamand, natif de Gand, second Evêque d'Anvers, troisième Archevêque de Malines, mais désigné seulement, mort à Bruxelles le 26. Avril de l'an 1595. âgé de 70. ans. Poëte Latin.

1345   Nous avons un grand nombre de Poësies de cet Auteur, savoir, deux Livres d'Odes à ses amis, trois Livres sur les couches sacrées de la Sainte Vierge en vers Lyriques, deux Livres de la vie de Saint Paul en vers Héroïques, cinq Livres du sacrifice sanglant de Jesus-Christ, un Poëme sur la guerre des Turcs & la célébre bataille de Lepante ; des Elégies, des Hymnes, &c. [ *in-*8°. à Anvers 1594. ]

  Les Critiques des Pays-bas, se sont formé une grande idée du mérite de toutes ses Poësies, & ils ont voulu la communiquer au Public. Lipse dit (1) qu'il n'étoit pas seulement un grand & un vrai Poëte, mais qu'il n'avoit même personne au-dessus de lui pour les vers, & qu'il avoit eu une portion plus qu'ordinaire de cet esprit divin ; c'est à-dire de l'Enthousiasme qui fait les Poëtes. Aubert le Mire le fait passer pour le Prince des Lyriques après Horace, il nous assure que ç'a été aussi le sentiment des Italiens, & que dans la contestation que produisoit le Paralléle de son Poëme des couches de la Sainte Vierge avec celui de Sannasar, on a jugé que ce sont deux Ouvrages excellens chacun en leur genre, sans adjuger la palme à l'un au préjudice de l'autre (2). Valere André en a parlé conformément à cette opinion (3) & il l'appelle l'Horace des Catholiques, ajoutant qu'il s'est rendu tout-à-fait semblable à celui des Romains pour la pureté, la douceur & la beauté de ses vers.

---

1 Just. Lipsius lib. 1. Elector. cap. & ap. Val. Andr.
2 Aub. Miræus in Elog. Belgic. p. 7. &c.
3 Valer. Andr. Dessel. in Biblioth. Belgic. pag. 610. edition. poster.

## VALENS ACIDALIUS.

Allemand, natif de Wiſtock, dans la Marche de Brandebourg, mort l'an 1595. à Neiſſz en Sileſie, mais d'une maniére moins extraordinaire que Barthius & quelques autres Proteſtans nous l'ont voulu perſuader; âgé de 27. ans & quelques mois. Poëte Latin.

1346   Les Poëſies de cet Auteur parurent en un volume à Lignitz, ou Hegetmatz en Sileſie, l'an 1603. *in*-8°. puis à Francford, l'an 1612.

Mr Borrichius dit (1) que ſes Odes, ſes vers Epiques, & ſes Epigrammes paroiſſent aſſés ſupportables, mais qu'il eſt ſans force, ſans nerfs, & ſouvent ſans nombre & ſans cadence. Il ne faut pas conteſter que cette cenſure ne ſoit équitable ou du moins qu'elle n'ait du fondement. Mais la maniére obligeante dont Mr Borrichius parle de divers Poëtes Hétérodoxes d'un mérite moindre que celui d'Acidalius, & le mauvais tour que quelques Proteſtans ont voulu donner à ſa converſion, nous font juger qu'il auroit pû être meilleur Poëte & meilleur Auteur dans la bouche, & les écrits de ces Meſſieurs, s'il avoit voulu mourir dans leur communion.

1 Olaüs Borrichius Diſſertat. 4. de Poët. Latin. num. 148. pag. 125.     G. M. Konig. in Bibl. V. & N. & Gaſp. Barth. in Claudian. & lib. 50. Adverſ.

## TOUSSAINS D'USSEL,

Ou plutôt du Sel de S. Omer, dit en Latin *Panagius Salius*, mort l'an 1595. le 28. Janvier. Poëte Latin.

1347   Ce Poëte n'a point encore reçû du Public toute la reconnoiſſance qui lui eſt dûë, pour l'avoir enrichi de ſes travaux, car il y a un certain tems de maturité pour la réputation des Auteurs qu'il faut attendre ſans impatience. Les Poëſies de Salius n'ont point reu grand éclat dans leur commencement, parce qu'apparemment, elles devoient durer plus long-tems que les ouvrages qui font d'abord tout leur fracas, & qui tombent enſuite faute de soutien. Il se peut faire aussi que la négligence de Salius ait un peu contribué à le faire confondre parmi la Populace des Poëtes médiocres, quoique selon les Critiques, il eût le génie excellent, & le jugement plus sain & plus solide que le commun des Poëtes, parce qu'effectivement il ne s'étoit pas donné la peine de revoir ses ouvrages ni d'y repasser la lime.

Il a donné au jour un Poëme héroïque en cinq Livres sous le titre de la *Vedastiade ou de la Gaule Chrétienne*, à la louange de S. Vaast [ *in*-4°. à Douai 1591.] 2. un autre Poëme en vers Héroïques, touchant la fin de l'homme appellé la *Telanthropie*, contenant deux Livres: 3. quatre Livres d'Elégies: 4. un de Silves; 5. une Tragédie sur le *Prince d'Orange ou de Nassaw*, une Parodie sur *l'Epithalame de Catulle*, &c.

Olaüs Borrichius Dissertat. 5. de Poët. Valer. Andr. Dessel. Biblioth. Belgic. Latin. num. 185. pag. 146. pag. 70.

*Fin de la troisième Partie des Poëtes.*

*Corrections des fautes survenuës dans l'impression des Notes sur le Tome IV.*

| Pag. | Lig. | Col. | Fautes | Corrections |
|---|---|---|---|---|
|  | 7 | A | d'Appelle | d'Apelle |
| — | 13 | B | 1526. | 526. |
| 54 | 5 | — | censé | sensé |
| 57 | 5 | — | d'ancien ne | d'anciennes |
| 59 | 9 | — | Ætate | Leguntur ætate |
| 118 | 9 | — | quelques douze | quelque douze |
| 167 | 13. 14 | — | posterieure | posterieur |
| 175 | 1 | — | 3 Hadrien | 3 ¶ Hadrien |
| 177 | 2 | — | d'Italica | d'Italia |
| — | 3 | — | Polignis | Pelignis |
| — | 5 | — | Κοισην | κισινην |
| — | 6 | — | ὀνομάσουντες οὗ | ὀνομάσουντες, οὗ |
| — | 7 | — | Ἰταλικήν | Ἰταλικήν. 1 |
| 202 | 2 | — | BABPOY | BABPIOY |
| 230 |  |  | *Sur l'article* PALLADIUS, *ajoutés en note* : Le tems auquel Palladius a vécu n'est pas si incertain qu'on ne puisse le reconnoître, si on prend garde que d'une part cet Auteur a cité Apulée Ecrivain du deuziéme siécle ; & que d'une autre il a été cité par Cassiodore écrivain du siziéme, d'où il est à présumer que l'on peut fort bien le placer au quatriéme, & le prendre pour le Rhéteur Palladius contemporain de Symmaque. La profession de Rhéteur n'est point incompatible avec la composition d'un traité d'Agriculture, & de plus, le style de ce traité sent extrêmement le siécle de Symmaque. Une autre observation à faire, c'est que Palladius ayant été mis ici au rang des Poëtes, à cause que son quatorziéme & dernier livre est en vers, Columelle, dont le diziéme, près de trois fois plus long, est en vers aussi, auroit bien dû recevoir le même honneur. Du reste, quoique j'aie déclaré que je me chargeois uniquement de remarquer les fautes de Baillet, je ne puis néanmoins pour le coup, sans tirer à conséquence, m'empêcher d'avertir que l'addition faite entre deux étoiles à cet article, en ces termes : *Domicii Palladii Epigrammata in-4. Venet.* 1498. doit être rayée. | |
| 243 | 6 | B | Barius | Bavius |
| 260 | d | A | Galter | Galterus |
| — | 10 | B | cause tout | cause de tout |
| 265 | 5 | A | Volateran | Volaterran |
| 266 | 12 | — | ayent | aient |
| 272 | 8 | B | Nihil | Nil |
| — | 15 | — | sixiéme | siziéme |
| 280 | 9 | — | Petrarche | Pétrarque |
| 285 | 3 | — | *Ajoutés.* J'ai dit que Vegius étant mort la première année du Pontificat de Pie II. il faloit que ce fût en 1458. ou 59. Mais j'aurois pu décider que ce fut en 1458. parce que si c'avoit été l'année suivante, Pie II. qui a remarqué dans ses Mémoires pag. 57. de l'édition de Francfort 1614. que l'année 1459. fut fameuse par la mort de trois des plus éloquens hommes de ce tems là, savoir Jean Aurispa, Poge Florentin, & Janot Ma- | |

| Pag. | Lig. | Col. | Fautes | Corrections |
|---|---|---|---|---|
| | | | netti, n'auroit pas manqué, au lieu de trois, d'en compter quatre, par rapport à Vegius qu'il avoit connu particuliérement, & qu'il estimoit beaucoup. | |
| 287 | 15 | A | à Cecco ( c'est à dire | à Cecco Simonetti ( c'est à dire |
| 289 | 9 | B | Ajoutez. Une bonne raison encore pour mettre en 1487. la mort de Michel Vérin, c'est qu'au 8. livre des Lettres de Marsile Ficin, il y en a une de consolation à Hugolin affligé de la perte qu'il venoit de faire de ce cher fils. Lettre à la vérité sans date, mais qu'on doit présumer être de 1487. parce qu'elle se trouve entre une du 26. Juin, & une autre du 24. Décembre, toutes deux de cette même année, qui est aussi celle de la premiere édition des Distiques de Michel Vérin à Florence. | |
| 292 | 1 | B | in-4. | in-fol. |
| 295 | 2 | -- | au dessous | au dessus |
| 298 | 15 | A | écrivit | écrivit |
| 299 | 11 | B | Cranjon | Granjon |
| 300 | 13 | -- | à Venise, ou de Simon de Colines à Paris, toutes deux in-8. 1530. | à Venise 1512. ou de Simon de Colines 1530. toutes deux in-8. |
| 302 | 17 | | Sur ces mots du texte, Mais je suis surpris &c. C'est dequoi Baillet ne devoit pas être surpris, lui qui a ci-dessus remarqué à l'article 128. que la Bibliothèque d'Espagne, qu'il cite, ne contient que les Auteurs qui commencent depuis 1500. d'où il s'ensuit que Jean de Ména Historiographe, & Secretaire de Jean II. Roi de Castille étant mort l'an 1456. âgé de 45. ans, a dû être renvoyé à la Bibliotheca Hispana vetus, où Dom Nicolas Antoine promettoit de comprendre tous les Ecrivains d'Espagne depuis l'Empire d'Auguste jusqu'à l'an de Jesus-Christ 1500. Elle a été depuis imprimée en deux tomes contenus en un volume in-fol. à Rome 1696. par les soins & les liberalités du Cardinal Dom Joseph Saenz d'Aguirre. C'est effectivement là que pag. 175. du tom. 2. depuis le nombre 412. jusqu'au nombre 427. inclusivement, il est parlé amplement de Jean de Ména. Cette Bibliothèque surnommée Vetus, qui naturellement auroit du paroître la premiere, a pourtant été précédée de 24. ans par l'autre Bibliothèque, où sont contenus les Auteurs depuis 1500. jusqu'à 1672. | |
| 303 | 5 | B | Caricio | Caviceo |
| 306 | d | -- | tromper. | tromper? |
| 307 | 10 | A | 1 § | 2 § |
| ---- | 8 | B | biberone | biberonne |
| 311 | 3 | -- | plus Poëte | moins Poëte |
| 317 | 21 | A | mort | morte |
| ---- | 29 | -- | alliée | , allié le |
| 320 | 10 | -- | Manille | Manile |
| 335 | 3 | B | ἐλδυτέ ει ☉ | ἐλδυξέει ☉ |
| 343 | 5 | A | jaculo | jacula |
| 344 | 12 | -- | eu cela | en cela |
| 347 | 11 | B | si cotti | si catti |
| 361 | 5 | -- | Colmard. | Colmar. |
| 364 | 2 | -- | il fait | il faut |
| 368 | 7 | A | πιμφρτος | ἐπιμφρτυς |
| 368 | 3 | B | Garcilace. | Garcilasse. |
| 375 | 1 | A | d'ell'humanità | dell' humanità |
| ---- | 2 | B | tu | at |

| Pag. | Lig. | Col. | Fautes | Corrections |
|---|---|---|---|---|

380    8    B    *Après ces mots* où il fut éxécuté.    *Ajoutés.* Depuis l'impression de cette Note, la piéce en vers intitulée *le second Enfer de Dolet*, m'étant tombée entre les mains, j'y ai reconnu qu'il auroit bien pu l'intituler son quatrième Enfer, puisque sans parler de sa prison de Toulouse, il y fait mention de deux autres emprisonnemens de sa personne, l'un à Paris, l'autre à Lyon, car voici ses termes :

*Et me depite en moi-même trop plus*
*Que quand je fus à l'autresfois reclus*
*Tant aux prisons de Paris, qu'à Lyons*

Feu Mr Baluze qui a cru que ce qu'a dit Pierre Galland chap. 39. de la vie de Pierre du Chatel, doit être entendu de la prison de Toulouse, s'est trompé. Il y avoit long-tems que Dolet étoit, quoique très ignominieusement, sorti de cette prison. Ce fut de celle de Paris que pour cette fois le crédit de Pierre du Chatel le tira. Quant à la piéce qu'il intitula son *second Enfer*, il ne lui donna ce titre que par rapport à Lyon, où il demeuroit, & où il fut pour une seconde fois emprisonné. C'est un petit *in-8*. imprimé uniquement à Lyon l'an 1544. chés l'Auteur, qui fit pourtant mettre dans une partie des éxemplaires, que c'étoit chés Nicole Paris à Troies.

| Pag. | Lig. | Col. | Fautes | Corrections |
|---|---|---|---|---|
| 384 | 6 | A | Sophronisbe | Sophonisbe |
| — | 17 | B | tours | tour |
| 389 | 3 | — | Pseautier | Psautier |
| 391 | 2 | — | Aræ Fracastore | Aræ Fracastoreæ |
| 432 | 7 | A | quand ou | quand on |
| 435 | 2 | — | Werstein | Wetstein |
| 436 | 7 | — | Bebelii | Bebelii |
| 470 | 2 | B | Fento | Finto |
| 471 | 1 | A | le Casto | le Costo |
| — | 3 | B | Rever | Re ver |
| — | 8 | — | Cavalarizzo | Cavallarizze |

Contraste insuffisant
**NF Z 43**-120-14

www.ingramcontent.com/pod-product-compliance
Lightning Source LLC
Chambersburg PA
CBHW060230230426
43664CB00011B/1596